STUDIEN ZUR
INTERNATIONALEN SCHULBUCHFORSCHUNG

Schriftenreihe des Georg-Eckert-Instituts

Herausgegeben von
Professor Dr. Karl-Ernst Jeismann
Direktor des Georg-Eckert-Instituts für
internationale Schulbuchforschung

Band 26

GEORG-ECKERT-INSTITUT FÜR INTERNATIONALE SCHULBUCHFORSCHUNG
Rebenring 53, 3300 Braunschweig

DIE DEUTSCH-POLNISCHEN SCHULBUCHEMPFEHLUNGEN IN DER ÖFFENTLICHEN DISKUSSION DER BUNDESREPUBLIK DEUTSCHLAND

Eine Dokumentation

eingeleitet und ausgewählt von
Wolfgang Jacobmeyer

GEORG-ECKERT-INSTITUT FÜR INTERNATIONALE SCHULBUCHFORSCHUNG

Braunschweig 1979
ISBN 3-88304-226-9
Druck: Limbach, Druck- und Verlagshaus, Braunschweig

INHALT

Einleitung

„Eine echte, nicht manipulierte, beiderseitige Verbesserung der polnisch-deutschen Beziehungen auf zwischenmenschlicher Ebene und zwischen den Gesellschaften ist eine der wichtigsten Aufgaben, die im letzten Viertel des 20. Jahrhunderts vor uns liegt. (. . .) Kein kluges Volk kann sich in seiner Politik von der Pflege eines Feindbildes leiten lassen".[1]

Mit der vorliegenden Dokumentation von öffentlichen Reaktionen auf die „Empfehlungen für Schulbücher der Geschichte und Geographie in der Bundesrepublik Deutschland und in der Volksrepublik Polen" wird dem Wunsch Rechnung getragen, die Grundlinien der in der Bundesrepublik geführten Diskussion von den grellen Schlagschatten einer nur tagespolitischen Aktualität zu entlasten.

Das Georg-Eckert-Institut für internationale Schulbuchforschung wurde Anfang der 50er Jahre von dem Lehrstuhlinhaber für Geschichte an der Braunschweiger Pädagogischen Hochschule, Professor Dr. Georg Eckert (gestorben am 7. 1. 1974), unter dem Namen „Internationales Schulbuchinstitut" gegründet. Seit seinem Bestehen hat es weit über 150 bilaterale und multilaterale Schulbuchkonferenzen angeregt und durchgeführt. Diese Tätigkeit stellt den anspruchsvollen Versuch dar, den in der Tradition des Nationalismus gewachsenen und bis heute davon beeinflußten Selbstausdruck der Schulbücher kritisch zu überprüfen und zu modifizieren, ihn in ein umfassenderes europäisches Geschichtsbild einzuordnen und dieses Geschichtsbild an den Zielvorstellungen einer europäischen Völkerfamilie nach den äußeren wie inneren Verwüstungen des Zweiten Weltkrieges zu orientieren. Die Offenlegung nationalegoistischer Schulhistoriographien erfordert nicht nur moralische und wissenschaftliche Anstrengung, sondern sie ist immer auch Mißverständnissen oder zeitbedingten Fehldeutungen unterworfen – leidet mithin an den eigenen Gegenständen. Wie diese Arbeit in den 50er Jahren, die deutsch-französischen Schulbuchgespräche zumal, als Antwort auf die sowjetische Deutschland- und Europapolitik verstanden wurde, geriet sie in den 60er Jahren in den falschen Geruch einer deutschen Option für die Westintegration. Beides waren keine sachlich angemessenen Erklärungen.

Als die beiden nationalen UNESCO-Kommissionen der Bundesrepublik Deutschland und der Volksrepublik Polen nach langjährigen Konferenzen 1977 einen Katalog von Empfehlungen zur deutsch-polnischen Beziehungsgeschichte vorlegten, war mit neuerlich falschen Interpretationen zu rechnen. Die Beachtung, die diesen Empfehlungen in der deutschen Öffentlichkeit geschenkt wurde, muß angesichts der jetzt deutlichen quantitativen Breite und inhaltlichen Streuung als außerordentlich bezeichnet werden; die deutsch-polnischen Schulbuchgespräche und die aus ihnen hervorgegangenen Empfehlungen übertrafen jedenfalls an Breitenwirkung alle früheren bilateralen Schulbuchkonferenzen und deren gleichfalls publizierte Empfehlungen.

Wenn hier der Versuch unternommen wird, diese Diskussion zu dokumentieren, so geschieht das weniger in der archivalischen Absicht, die einen gegenwärtigen Stand lediglich festhalten möchte. Vielmehr, da Ordnung ohne Ziel fragwürdig bleiben wird, soll diese Zusammenstellung zu jener Erinnerungsleistung beitragen, die für eine zukunftsfähige Selbstidentifizierung einer jeden Gesellschaft notwendig ist. Diesem allgemeinen historiographischen Ziel ist internationale Schulbuchforschung verpflichtet, die ihren Anstoß aus der historisch begründbaren Einsicht gewonnen hat, daß gerade auch Illusionen, Mißverständnisse, Fehldeutungen und unbegründete Ansprüche ebenso geschichtsmächtig zwischen Nationen wie in der eigenen Gesellschaft wirken.

[1] Dokument der Gruppe „Polnische Verständigung für Unabhängigkeit" (PPN), in: Osteuropa 29. Jg., H. 2 (1979), A 105.

Die Publizistikwissenschaft stellt für einen der Hauptgegenstände der vergleichenden Schulbuchforschung den Begriff der Stereotypen zur Verfügung. Sie sind historisch, sozial und gesellschaftlich-politisch herausgebildete Formen des Vorurteils, das Völkerverständigung von vornherein in das Prokrustesbett solcher Fehldeutungen zwingt, die für den Augenschein keiner weiteren Prüfung mehr bedürfen. Stereotypen sind eine höhere Klasse von Vorurteilen, weil sie als Abwehreinrichtungen gegen die andernfalls notwendigen Anstrengungen einer umfassenderen Detailerfahrung fungieren, weil sie sehr komplexe Vorstellungsinhalte bündeln, als Selektionsinstrumente bei der Tatsachenauswahl wirken und stets in einem hohen Maße affektbesetzt sind. Je stärker das Subjekt, das seine Stereotypen entwickelt, von dem Objekt betroffen ist, auf das es sie anwendet, desto ausgeprägter ist auch das Stereotyp.[2]

Wendet man solche abstrakten Einsichten auf die deutsch-polnische Beziehungsgeschichte an, so kann die intensiv erfolgte und fortwirkende Reaktion der Öffentlichkeit auf die Empfehlungen allerdings nicht verwundern. Für das traditionelle deutsche Geschichtsbild von Polen, wie es sich seit der Abkehr von der romantisierenden Polen-Begeisterung des Vormärz über die Hakatistenmentalität des späten Kaiserreichs bis hin zur skrupellosen Selbstgewißheit der Besatzungsherrschaft im Zweiten Weltkrieg entwickelt hat, sind die Empfehlungen eine Herausforderung, und zwar deshalb, weil sie lapidar – nach dem Urteil eines Journalisten: ,,mit der Nüchternheit eines Wetterberichts" – einen hohen, anspruchsvollen wissenschaftlichen Erkenntnis- und Problemstand wiedergeben, und weil sie nicht mit der Bemerkung abgetan werden können, es handele sich bei ihnen erneut um ein mit staatlichen Zwangsmitteln verordnetes Produkt einer ,,re-education".

Daran reibt sich die publizistische Kritik an den Empfehlungen. Sie hat auffällig wenig zum sachlichen Gehalt der Empfehlungen beigetragen, sondern unterstellt grundsätzlich, es könne so etwas wie eine gleichsam aseptische, bloß feststellende geschichtswissenschaftliche Forschung und Selbstvergewisserung geben.

Eine gründlichere Prüfung solcher Behauptungen, als sie im politischen Meinungsstreit begreiflicherweise vorgenommen werden kann, müßte daher an erster Stelle klären, welchen erkenntnis-theoretischen Status historische Urteile als Ergebnisse solcher bilateraler Kommissionsarbeit überhaupt haben. Ein Mitglied der deutschen Kommission, Professor Gotthold Rhode, hat öffentlich ausgeführt, daß auch ,,außerwissenschaftliche Erwägungen eine Rolle"[3] gespielt hätten bei der endgültigen Formulierung der Empfehlungen. Dieser Satz ist dann von einem Teil der Kritiker politisch übersetzt worden: die Beratungen hätten ,,im Schatten des großen Bruders UdSSR" gestanden, die deutschen Teilnehmer hätten dem Druck von Vertretern eines anderen politischen Systems nicht widerstehen können, usw.

Mit solchen Folgerungen, die sich übrigens durch öffentliche Selbstzeugnisse der polnischen Kommissionsmitglieder widerlegen lassen, hat die Debatte freilich den Bezugspunkt der Empfehlungen aufgegeben und benutzt den Text nur noch als das Medium für politische Aussagen und als Instrument im politischen und parteipolitischen Streit. Da jeder Gebrauchsgegenstand durch unsachgemäße Benutzung beschädigt und verschlissen wird, muß die Frage erlaubt sein, ob die Empfehlungen sich zu solchem Gebrauch eignen. Eine schlüssige Antwort auf diese Frage findet sich durch die Klärung des Objektivitätsbegriffs, auf dessen Basis die Kommissionen tätig gewesen sind und dem die Empfehlungen als Ergebnis der Kommissionsarbeit verpflichtet sind. Dann allerdings sind auch die Geltungsansprüche einer politischen Nutzbarkeit der Empfehlungen hinreichend geklärt.

[2] Vgl. hierzu F. W. Dröge, Publizistik und Vorurteil. Münster 1967, S. 127–143.

[3] FAZ (31. 1. 1977): ,,Sollte man lieber gar nichts empfehlen?"

Wenn Historiker verschiedener Länder zusammenarbeiten, um die gegenseitigen Schulbuchdarstellungen sachlich ,,richtiger", für beide Seiten politisch akzeptabler zu machen, geschieht keine historische Forschung im klassischen Sinne. Vielmehr geht es dabei um eine Kontrolle der historiographischen Selbstdarstellung und Fremddarstellung, also um einen Objektivitätszuwachs eigener und fremder Identität. Ein solcher Objektivitätszuwachs darf als Gradmesser für historische Aufklärung gelten; und wie ,,Aufklärung" mißverstanden wäre, wenn sie als ein Stein der Weisen gewertet würde, den man nach dem Aufsuchen unveränderlich nutzen und weiterreichen will, so kann unter ,,Objektivität" auch kein Zustand verstanden werden, die im Befund fertig und zu Ende ist. Die deutsch-polnische Kommissionsarbeit muß vielmehr unter dem von Hermann Lübbe vorgeschlagenen Objektivitätsbegriff verstanden werden:

,,Ich schlage vor, Objektivität eine Eigenschaft von Historien zu nennen, die in Erfüllung der erläuterten Funktion, eigene und fremde Identität zu präsentieren, unter Beteiligten intersubjektiv akzeptabel sind".[4]

Dieser Begriff von historischer Objektivität bedeutet nicht die Abkehr von der Forderung, daß keine anderen als die begründbaren Behauptungen zulässig sind; er macht aber die Abhängigkeit historiographischer Urteile vom Gang der Geschichte selbst deutlich. Da dieses so ist, hat Geschichtswissenschaft, wenn sie die öffentliche (auch: politische) Kultur unserer Gesellschaft aufklären soll, zur Voraussetzung, daß die Distanz zwischen ihrer Urteilsbildung und der politischen Verfügungs- und Entscheidungsgewalt institutionell gewährleistet ist. Diese Distanz hat, wie Lübbe ausführt (S. 319), wechselseitigen Nutzen:

Der Politiker wird angreifbar, wenn die Wirkungen seines Handelns länger anhalten als die Wirklichkeitsannahmen, aus denen er seinen Entschluß abgeleitet hat; und der Historiker verliert die intellektuelle Tugend, an einem bloßen Rechtbehalten desinteressiert zu sein, wenn er in politische Entscheidungsprozesse mit eingebunden wird.

Die hier vorgelegte Dokumentation liefert auf eine, wenngleich verwickelte Weise den schlüssigen Beleg für die oben aufgestellte These, daß die inzwischen sichtbare Benutzung der Empfehlungen im politischen Meinungsstreit keine angemessene Form des Umgangs mit ihren Inhalten darstellt. Dieses Urteil wird durch zwei Beobachtungen gestützt – durch die Zustimmung oder Ablehnung im Hinblick auf eine ,,Verwirklichung" der Empfehlungen, und durch die geradezu monotone, auf wenige Punkte begrenzte Kritik an den Empfehlungen.

,,Verwirklichung" ist leicht gefordert, aber schwer einzulösen, da eigentlich niemand präzise darstellt, was er darunter versteht. Wer die Empfehlungen verständig liest, muß gewahr werden, daß es inhaltlich kaum um einen platten Katalog geht, der so (und nicht anders) verwirklicht werden sollte oder auf keinen Fall verwirklicht werden dürfte. Der Anspruch der Empfehlungen geht tiefer. Schon ihre Formulierung steht einer schlichten Übernahme in Schulbücher im Wege. Zudem ist die Forderung nach Verwirklichung politisch-pragmatischer Natur. Solche Überlegungen haben bei der Kommissionsarbeit nicht Pate gestanden. Daß es sich um ,,Empfehlungen" und nicht um ,,Richtlinien" handelt, ist ernst gemeint und keine List der Titelei. Die Behandlung der Empfehlungen als Richtlinien liefe darauf hinaus, diese als ein Regelwerk gleichsam instrumental einzusetzen, nämlich eine neue Klasse von orthodoxen Sätzen zu schaffen, deren korrekte Anwendung die ,,richtige" Darstellung der deutsch-polnischen Beziehungsgeschichte zur notwendigen Folge hat. Automatismen dieser Art widersprechen aller vernünftigen historischen Erfahrung, sind auch wissenschaftlich und pädagogisch nicht zu begründen.

[4] H. Lübbe, wer kann sich historische Aufklärung leisten? In: Wozu noch Geschichte? (Hrsg. v. W. Oelmüller). München 1977, S. 318.

Die Stereotypie in der Kritik an den Empfehlungen hingegen ist ein zutiefst widersinniges Resultat, da die Empfehlungen doch vor allem einer Stereotvpisierung entgegenwirken sollen. Während die Empfehlungen überhaupt erst deshalb zustande gekommen sind, weil sich beide Seiten der Gemeinsamen Schulbuchkommission vor den Gefahren von Selbstgerechtigkeit oder Selbstaufgabe gehütet haben, driftet die Diskussion wieder auseinander. Es kann überhaupt keinem Zweifel unterliegen, daß in der hier ausgebreiteten Diskussion sehr häufig wissenschaftliche Argumente zur Verfolgung politischer Absichten verwendet werden. Dieses scheint das Ergebnis einer verschleierten, nicht klargelegten Zielmotivation zu sein, die der Annäherung, Verständigung und Aussöhnung vielleicht verbal, nicht aber real hohe Priorität gibt und auch keine zureichende Vorstellung von der dazu erforderlichen empfindlichen Balance besitzt. Da die Kritik sich in erster Linie gegen die Empfehlungen zur Zeitgeschichte wendet, ist unschwer zu sehen, daß sich hier tiefsitzende Muster einer Rekonstruktion von Vergangenheit zu Wort melden, die auf Identifikationsstiftung und Legitimation eigenen Handelns abgestellt sind. Daß geschichtliche Darstellung die Härte historischen Geschehens aushalten muß, ist eine Forderung mit doppelter und erst noch zu diskutierender Perspektive.
Die dargelegten Gesichtspunkte treffen im übrigen auch auf die „Alternativ-Empfehlungen" zu. Ihrer Form nach muß man sie als Glossen (im philologischen Sinne) beschreiben, die keine eigene Textgestalt gewonnen haben, sondern mit einer großen Zahl von Einzelveränderungen aus einem fremden Text einen eigenen zu machen suchen und ihren anderen Inhaltszielen gleichsam „huckepack" entgegenreisen. In dieser Form sind die Alternativ-Empfehlungen durch mehrfache Veröffentlichungen im Druck inzwischen leicht greifbar (vgl. die Bibliographie am Ende dieses Bandes), so daß hier der Versuch unternommen werden durfte, die Eigengestalt der Alternativ-Empfehlungen vorzustellen. Erst dann ist ein Vergleich möglich, kann die nötige Diskussion sich auf saubere Textgrenzen beziehen. Der „Härte historischen Geschehens", die man aushalten muß, sind die Alternativ-Empfehlungen nur zum Teil verpflichtet. Zumindest ist dem Vergleich mit den UNESCO-Empfehlungen schon allein dadurch eine enge Grenze gezogen, daß die im Auftrage verfaßten Äußerungen nicht aus harter Diskussion mit polnischen Wissenschaftlern hervorgegangen sind, sondern daß hier eine Redaktionsarbeit am ruhigen Arbeitstisch erfolgte. Der Anspruch, den die Schulbuchkommission mit ihren *gemeinsamen* Empfehlungen stellt, wird von den Alternativ-Empfehlungen nicht erreicht. Sie sind daher wohl ein wichtiger Beitrag, äußern sich jedoch auf einer anderen Ebene der Gesamtdiskussion.
Es sollte eigentlich offensichtlich sein, daß sich die Empfehlungen zur instrumentell-politischen Verwendung nicht eignen, daß sie ihren intersubjektiven Objektivitätscharakter einbüßen, wenn sie so verwendet werden sollen. Das Drängen von welcher Seite auch immer auf Dogmatisierung der Empfehlungen stünde im Widerspruch zur ausdrücklichen Absichtserklärung und tatsächlichen Praxis beider Kommissionen und ihrer erklärten Absicht, die Arbeit gemeinsam fortzusetzen.
Wenn an dieser Leitlinie einer nicht für alle Zeiten festgeschriebenen Setzung, sondern fortzuentwickelnden Ausgangslage nicht festgehalten wird, werden die Empfehlungen selbst eher verdächtig, ist der Charakter des Konsenses gefährdet und wird die Intention der Empfehlungen verfälscht.
Die Empfehlungen müssen vielmehr so verwendet werden, wie sie sich selbst verstehen. Sie stellen – im Gegensatz zu einem verbreiteten Irrtum – erklärtermaßen keine Richtlinien dar, sondern geben wirklich nur Empfehlungen zur Darstellung einzelner Problembereiche der deutsch-polnischen Beziehungsgeschichte. Damit ist auch ein zweiter Irrtum angesprochen, der sich sehr hartnäckig in der Debatte eingenistet hat: Die Empfehlungen erheben keinen Anspruch einer komplexen Darstellung der

deutsch-polnischen Beziehungsgeschichte in allen ihren Aspekten, sondern sie beschränken sich auf Hinweise zu wichtigen Punkten dieses historischen Gesamtkomplexes. Eine Darstellung hätte sich nicht in der Form von thesenhaften Empfehlungen geben lassen; auch wäre es nach wissenschaftlichen Prinzipien unmöglich gewesen, eine Beziehungsgeschichte so ausschließlich auf Elemente der deutsch-polnischen Geschichte zu begrenzen, wie das in den Empfehlungen geschehen ist.
Bei dieser Klarstellung handelt es sich nicht um eine fragwürdige Schutzbehauptung ex post, sondern die Verfasser der Empfehlungen haben sich dazu in der Einführung unmißverständlich geäußert:
„Die Empfehlungen beschreiben freilich nicht den gesamten Ablauf der deutsch-polnischen Beziehungen im Verlauf eines Jahrtausends. (. . .) Sie bemühen sich in erster Linie dort um Aussagen, wo die Beurteilung der Ereignisse besonders kontrovers gewesen ist, oder wo bisher die andere Seite zu wenig zur Kenntnis genommen wurde. (. . .) Das heißt nicht, daß diese [vorher genannten] und viele andere Ereignisse und Beziehungen nunmehr aus den Schulbüchern und aus dem Unterricht ausgeklammert oder daß sie gar „verschwiegen" werden sollten. Jeder Schulbuchautor und jeder Lehrer, der die Empfehlungen zur Hand nimmt, wird wesentlich mehr an Fakten und Ereignissen behandeln oder zumindest kennen müssen". (S. 159)
Da die Empfehlungen eben keine Gesetzesakte sind, muß man die breite, von ihnen ausgelöste Diskussion für einen ganz wesentlichen Erfolg halten, weil sie die Wichtigkeit des deutsch-polnischen Nachbarschaftsverhältnisses überhaupt erst in den Problemhorizont von Lehrern und Schülern gerückt hat. Eine gesetzliche Fixierung dadurch, daß die Empfehlungen auf dem Erlaßwege in den Rang von Richtlinien erhoben würden, liefe nicht nur dem Unterrichtsstil an deutschen Schulen zuwider, wo statt einer unbesehenen Übernahme fertiger Wahrheiten ja doch Thesen diskutiert werden sollen, sondern sie würde auch den Effekt einer Problematisierung des überkommenen Bildes von der deutsch-polnischen Geschichte schwer beeinträchtigen.

Die Dokumentation gliedert sich materialiter in die beiden Teile von (1) Länderstellungnahmen und Landtagsdebatten und (2) eine chronologisch geordnete Sammlung von Äußerungen in der Presse und wissenschaftlichen Zeitschriften. Die chronologische Anordnung deckt sich mit der Genese des Materials und soll gewährleisten, daß der Benutzer dieses Bandes sich ein Bild vom Ablauf der öffentlichen Diskussion verschaffen kann. Dieses schien wichtiger zu sein als der Versuch, die Einzelstücke nach Kriterien wie Typen, Aussageinhalten oder Provenienz zu ordnen. Die Presseäußerungen in der hier vorliegenden Zusammenstellung erheben keinen Anspruch auf Vollständigkeit. Dieses Ziel verbot schon allein die außerordentliche Redundanz nicht nur der Agenturenmeldungen, sondern auch der persönlich gezeichneten Beiträge. In der Dokumentation, die Wert darauf legt, daß alle Argumente erfaßt werden, aber nicht danach strebt, die Häufigkeit der Wiederholungen der einzelnen Argumente quantitativ erfaßbar zu machen, zeichnet sich deutlich die Strukturierung der Diskussion durch bestimmte Zentren veröffentlichter Meinungsbildung ab, treten – wie gegensätzliche „Lager" – Befürworter und Gegner hervor. Der aufmerksame Leser wird sie selbst erkennen. Er wird auch erkennen, daß Vielfalt und Niveau der Beiträge auf der Mitte zwischen den Lagern höhergradig sind, bedenkenswerter und weiterführend als an den Flügeln der Diskussionsfront. Aber die Dokumentation überläßt es dem Leser selbst, die Stimmen zu sortieren, einzuordnen und aus dem jeweiligen Kontext zu verstehen. Sie gibt also kein immer schon interpretierendes und parteinehmendes Ordnungsraster vor, verzichtet auf das, was oft verhüllend als „Strukturierung" bezeichnet wird. Aber sie erhebt den Anspruch, ein repräsentatives Spektrum der Argumentationsbreite vorzustellen und die Veränderung dieses Spektrums seit dem Erscheinen des vollständigen

Textes der Empfehlungen zu zeigen – ein Anspruch, den der Leser schon allein von der Quantität, von der regionalen Reichweite, von der Typendifferenzierung und der nicht künstlich zurückgedämmten Meinungsvielfalt der Einzelstücke her bestätigen wird.
Unter diesen Kriterien blieben Auswahl und teilweise Kürzung der aufgenommenen Texte immer noch ein schwieriges Problem. Schon aus Umfangsgründen konnten nicht jene längeren Beiträge nachgedruckt werden, in denen unterschiedliche Positionen und die Genesis der deutsch-polnischen Schulbuchgespräche in aller Breite dargestellt werden. Diese Texte werden in der Bibliographie nachgewiesen und sind leicht zugänglich. Es wurde versucht, inhaltliche Wiederholungen womöglich zu begrenzen. Dies konnte allerdings nur gelegentlich gelingen: einmal deshalb, weil die Kritik der Schulbuchempfehlungen über weite Strecken von der Wiederholung lebt und man ihr nicht gerecht würde, wollte man nicht die Kontinuität z.b. des Monitum gegen das Fehlen des Hitler-Stalin-Pakts oder gegen die Ersetzung des Begriffs ,,Vertreibung" durch alliierte Begrifflichkeit und eine verbalisierte Form dokumentieren; zum anderen deshalb nicht, weil gerade die Wiederholungen und die Unwirksamkeit aller Versuche, die umstrittenen Stellen aus der Sache und aus den politischen Bedingungen des Gesprächs begreiflich zu machen, die neuralgischen Punkte des Verhältnisses zur Vergangenheit im Kontext politischer Positionen der Gegenwart bloßlegen. Internationale Schulbuchforschung deckt notwendig solche neuralgischen Punkte auf, an denen rationale Diskussion (bisweilen dürftig) konkrete Gegenwarts- und Zukunftsinteressen, aber auch Bindungen des Gefühls nur überlagert und deshalb von Gegenargumenten nicht zu erschüttern ist. Eine rigorose Streichung aller Wiederholungen hätte dieses verwischt.
Zu begründen bleibt noch der Zeitpunkt, mit dem die Dokumentation einsetzt. Ihr Beginn mit dem Jahre 1976, also unmittelbar nach dem Erscheinen der abgeschlossenen und vollständigen Empfehlungen, hat den Vorzug, daß sich alle hier vereinigten Stellungnahmen auf den gleichen, vollständigen Sachverhalt beziehen und also uneingeschränkt an einem feststehenden Text zu überprüfen sind. Das gibt der Dokumentation bei aller verwirrenden Vielfalt von Stellungnahmen in den Medien doch einen sicheren Grund und ein klares Profil. Es gibt ihr zugleich die politische Relevanz, denn dieser Text ist ein grundlegendes Dokument und ein klarer offizieller Bezugspunkt. Freilich beginnt die Dokumentation nicht mit einer Stunde Null des deutsch-polnischen Gesprächs. Das wird mittelbar in vielen Stellungnahmen deutlich. Man hätte bereits mit der Denkschrift der evangelischen Kirche, oder mit dem Zeitpunkt des Warschauer Vertrages beginnen können. Es hätte sich dann gezeigt, um wieviel zustimmender die Resonanz der deutschen Öffentlichkeit zu den deutsch-polnischen Schulbuchgesprächen und ihren ersten Arbeitsergebnissen in den frühen 70er Jahren war;[5] soviel zustimmender gegenüber der Reaktion nach 1976, daß es den Anschein hat, als hätten manche verbreiteten Blätter einen radikalen Schwenk vollzogen. Ob dieses an dem sich verändernden politischen Klima, an den erst 1976 veröffentlichen Empfehlungen zur Zeitgeschichte oder an beidem liegt, ist schwer zu entscheiden. Aber eine solche weit zurückgreifende Dokumentation wäre sich ihres Bezugsgegenstandes nicht sicher gewesen; aus Raumgründen verbot sie sich von selbst.
So wird denn nur die jüngste Schicht der innerdeutschen Auseinandersetzung dokumentiert, soweit sie sich in der parlamentarischen und publizistischen öffentlichen Mei-

[5] Die Veröffentlichung der Empfehlungen erfolgte gestaffelt: 14 Empfehlungen zur Behandlung der deutsch-polnischen Beziehungen in der Schulbüchern der Volksrepublik Polen und der Bundesrepublik Deutschland. Bericht über die erste deutsch-polnische Schulbuchkonferenz der Deutschen und der Polnischen UNESCO-Kommission vom 22. bis 26. Februar 1972 in Warschau. Hg. v. d. Deutschen UNESCO-Kommission, Köln 1972 (2 Auflagen). – 17 Empfehlungen zur Behandlung der deutsch-polnischen Beziehungen in den Schulbüchern der Volksrepublik Polen und der Bundesrepublik Deutschland. Bericht über die zweite deutsch-polnische Schulbuchkonferenz der Deutschen und der Polnischen UNESCO-Kommission vom 11. bis 16. April 1972 in Braunschweig. Hg. v. d. Deutschen UNESCO-Kommission, Köln 1972. – Für die endgültige Fassung der 26 historischen und der 7 geographischen Empfehlungen 1977 vgl. das Literaturverzeichnis am Ende des Bandes.

nung sichtbar machen läßt, und zwar in der Hoffnung, daß auch und gerade in der Raffung ein Befund sichtbar wird, der es erlaubt, das Verhältnis der Gesellschaft zu Geschichte und Gegenwart an einem Beispiel zu analysieren, und der Material zur Einsicht in elementare Probleme unseres Selbstverständnisses und (vielleicht) auch Anlaß zum erneuten und distanzierten Nachdenken geben kann.
Will diese Dokumentation über sich selbst hinaus Anregungen geben, das Umfeld internationaler Schulbuchrevision, die Bedingungen, in denen sie sich vollziehen muß, durch eindringendere Forschungen zu erschließen, dann muß auch auf die Grenzen ihrer Reichweite hingewiesen werden. Hier findet man keineswegs die gesamte Reaktion auf die deutsch-polnischen Schulbuchempfehlungen in der Bundesrepublik, sondern nur ihre gleichsam nach außen gekehrte, für die politische Auseinandersetzung im Inneren selbst bestimmte scharfe und schartige Seite; man findet weithin die Instrumentalisierung der Ergebnisse der Schulbucharbeit im politischen Streit. Da gehen Zwischentöne leicht verloren, besonnene Abwägung wird selten, Zugeständnisse und Differenzierungen sind kaum am Platze. Vor der Parlamentsöffentlichkeit und in der Presse äußert man sich nicht wie auf einer Akademietagung.
Aber daneben gibt es diese ganz andere Schicht der Auseinandersetzungen mit den Empfehlungen eben auch: In ungezählten Veranstaltungen, Seminaren, Freizeiten waren und sind die Empfehlungen Gegenstand gründlichen Nachdenkens und lebendiger Diskussion. Unterhalb der Oberfläche veröffentlichter Meinung ist eine Auseinandersetzung im Gange, von der langfristig fruchtbarere Wirkungen ausgehen werden für die deutsch-polnische Verständigung als von der verbissenen öffentlichen Diskussion. Schulbuchempfehlungen sind ihrer Natur nach – und die deutsch-polnische Empfehlungen sind dieses in ganz besonderer Weise – zur pfleglichen, sorgfältigen, sich auf ihre Besonderheiten im Schnittpunkt zwischen Wissenschaft, Pädagogik und Politik ohne Nebeneinsichten einlassenden Behandlung gemacht. Notwendig werden sie Gegenstand, ja bisweilen Vehikel des hier dokumentierten Streites, weil mit der Darstellung von Vergangenheit in zugespitzter, allgemein lehrhafter Form Positionen der Gegenwart und Optionen für die Zukunft miteinander verbunden sind. Dennoch wäre zu wünschen, daß in diesen Streit mehr einginge vom Begreifenwollen des Anderen und weniger von dem Pathos ebenso unerschütterlicher wie enger „Überzeugungen". So betrachtet, ist die öffentliche Diskussion der Empfehlungen auch ein Maßstab für den Stand unserer nationalen politischen Kultur.
Faßt also diese Dokumentation die Schicht gründlicherer und weniger der unmittelbaren politischen Tagesbedeutung als vielmehr der pädagogisch-politischen Grundsatzfrage gewidmeten Diskussion nicht, so kann sie die eigentlich fachwissenschaftliche und fachdidaktische Auseinandersetzung gar nicht vorführen, weil diese noch kaum begonnen hat. Das ist verständlich, denn diese benötigt doch mehr Grundlage und Unterfutter als die knappen und bewußt abstrakt gehaltenen Thesen der Empfehlungen. Die wissenschaftliche und didaktische Auseinandersetzung um die Konkretisierung, Auslegung und Überprüfung der Empfehlungen wird jedoch durch die Folgekonferenzen polnischer und deutscher Fachwissenschaftler und Lehrer, so ist zu hoffen, jetzt angestoßen. Die Ergebnisse der ersten Konferenzen über den Widerstand (1977), den Vormärz (1978) und Schlesien und Pommern (1979) in der Geschichte beider Länder werden in Kürze in der Schriftenreihe des Instituts erscheinen. Der Leser dieser Dokumentation sollte die weiteren und umfassenderen Bereiche der Diskussion im Blick behalten, wenn er sich ein Urteil über die Aufnahme der deutsch-polnischen Empfehlungen in der Bundesrepublik machen will.

Wolfgang Jacobmeyer

Teil I: parlamentarische Debatten

(Die Debatten wurden chronologisch geordnet. Da die Bundesregierung sich nicht zum Inhalt der Empfehlungen geäußert hat, werden ausschließlich Landtagsdebatten dokumentiert. In den Ländern Bayern, Baden-Württemberg und im Saarland sind keine Debatten erfolgt.)

1. Hessischer Landtag: 8. Wahlperiode, 28. Sitzung am 29. 1. 1976 (stenographischer Bericht 8/28 v. 29. 1. 1976, S. 1451 ff)

(Beginn: 9.11 Uhr.)

Präsident Dr.Wagner: [Klärung von Fragen der Geschäftsordnung]

Ich rufe Punkt 9 der Tagesordnung auf: Antrag der Abg. Friedrich, Borsche, Runtsch, Lengemann, Prusko, Jagoda (CDU) und Fraktion betreffend Empfehlungen der 8. deutsch-polnischen Schulbuchkonferenz – Drucks. 8/2057 –

Das Wort hat Herr Abg. Friedrich.

Friedrich (CDU): Herr Präsident, meine sehr verehrten Damen und Herren! Die CDU-Fraktion fordert mit dem vorliegenden Antrag die Landesregierung auf, die umstrittenen Empfehlungen der 8. deutsch-polnischen Schulbuchkonferenz für das Land Hessen nicht zu übernehmen.

Bevor ich auf die einzelnen Empfehlungen eingehe, gestatten Sie mir ein kurzes Wort zur Konferenz selbst. Seit Oktober 1972 haben nach Absprachen der UNESCO-Kommission beider Länder insgesamt 8 Konferenzen stattgefunden. Insgesamt 37 Empfehlungen für die Schulbücher beider Länder wurden dabei erarbeitet.

Sinn und Zweck dieser Empfehlungen soll sein, das Verhältnis der Bundesrepublik Deutschland zu Polen nicht gegensätzlich, sondern einheitlich in den Schulbüchern beider Länder darzustellen. Dies begrüßen wir, dies findet unsere Zustimmung, soweit es – und dies muß ich hinzufügen – nicht auf Kosten der geschichtlichen Wahrheit geht.

(Beifall bei der CDU.)

Die 8. Konferenz, deren Ergebnis wir heute hier kritisieren, hat im vergangenen Jahr in Warschau getagt. Ihre Empfehlungen, um die es hier geht, betreffen den Zeitraum vom Ende des Krieges bis zur Gegenwart. In der Präambel ist ausgeführt, daß das Verhältnis beider Staaten nicht erschöpfend behandelt werden konnte. Die Empfehlungen – so heißt es wörtlich –

beschränken sich auf Problemkreise, die für die Praxis des Schulunterrichts vorrangig sind.

Nach dem Inhalt dieser Empfehlungen vermag ich überhaupt keine Vorrangigkeit zu erkennen, wohl aber eine sehr gefährliche Einseitigkeit, und die dann unbeschränkt.

Wir kennen das Wort „Politik macht Geschichte". Nach den vorliegenden Empfehlungen kann ich mich des Eindrucks nicht erwehren, daß durch entsprechende Darstellungen mit Geschichte Politik gemacht werden soll. Dies ist nichts Neues. Das 20. Jahrhundert bietet dafür eine Menge von Beispielen. Totalitäre Regime spannen immer die Geschichte in den Dienst ihrer Politik ein, um aus ihr Propagandakapital zu schlagen. Die leidvolle Erfahrung mit unserer Hitler-Dikatur ist dafür ein ebenso beredtes Beispiel wie die heute im Ostblock herrschenden menschenverachtenden Systeme.

Dabei ist auf fundamentale Unterschiede hinzuweisen. Es ist ein Unterschied, ob sich z. B. Franzosen und Deutsche über gemeinsame Schulbücher unterhalten oder ob dies Polen und Deutsche tun. Im ersten Fall kommen freie Bürger freier Länder zusammen. Im Fall der deutsch-polnischen Schulbuchkonferenz sind es Begegnungen zwischen freien Bürgern und Vertretern einer kommunistischen Diktatur, also eines totalitären Regimes. Nur unter dieser Prämisse ist es zu verstehen – auf keinen Fall aber zu billigen –, daß die

Empfehlungen mit keinem Wort die Vertreibung der Deutschen und die Annexion der deutschen Ostgebiete erwähnen, dagegen die Heimatvertriebenen als „Hort des Revisionismus" bezeichnen und an innerdeutschen Vorgängen einseitig Kritik üben.

(Krüger. [F. D. P.]: Das steht in der Empfehlung?)

– Herr Krüger, ich komme jetzt auf die einzelnen Empfehlungen zu sprechen; Sie können sich beruhigen.

In der ersten Empfehlung, die mit „Territoriale Veränderung" überschrieben ist, werden die Grenzregelungen – hören Sie genau hin – nicht als Folge, sondern ausdrücklich als Ergebnis des Krieges dargestellt.

(Zuruf von der SPD.)

– Sehr schön!, sagen Sie. Ich bin eigentlich erschüttert darüber.

(Beifall bei der CDU.)

Daraus muß doch befürchtet werden, daß vor unseren Schulkindern die kommunistische Geschichtsphilosophie „Gewalt geht vor Recht" verherrlicht werden soll, und dazu sagen Sie: Sehr schön!

(Beifall bei der CDU.)

Welche eine Zumutung für ein geteiltes Land, das doch darauf bauen muß, daß das Recht die Waffe des Schwachen ist!

Unter dem zweiten Kapitel, das die unverfängliche Überschrift „Bevölkerungsverschiebungen" trägt, wird der historisch einmalige Vorgang einer so gewaltigen Massenvertreibung, wie wir sie 1945/46 erleben mußten, die das Gesicht Europas einschneidend veränderte und bei der allein aus den Oder-Neiße-Gebieten über 1,5 Millionen Deutsche ihr Leben verloren haben, ganz human mit „Zwangsumsiedlungen nach internationalen Transferabkommen" bezeichnet. Welch ein Hohn, wenn diese Vertreibung dann auch noch mit der Notwendigkeit, die staatlichen und ethnischen Grenzen in Übereinstimmung zu bringen, begründet wird, so wie es die Empfehlungen verkünden! Verschwiegen wird dabei, daß vor der Vertreibung der 3.5 Millionen Deutschen die ethnischen und staatlichen Grenzen sehr wohl in einem sehr großen Umfang in Übereinstimmung waren.

Für die polnischen Konferenzteilnehmer sei Vertreibung – so hörte man aus Konferenzkreisen – ein Reizwort gewesen. Kann, ja muß man nicht durch die Unterschlagung dieser durch nichts zu rechtfertigenden Unrechtstat für die betroffenen Deutschen diesen die gleiche Reizwirkung zubilligen?

(Beifall bei der CDU.)

Unter „Aufbauprobleme" sagt die dritte Empfehlung, daß faktisch die Auflösung des Deutschen Reiches vollzogen sei, ohne auf das Wiedervereinigungsgebot, das uns das Grundgesetz aufgibt und das erst in jüngster Zeit durch das Bundesverfassungsgericht präzisiert wurde, auch nur andeutungsweise einzugehen.

In der gleichen Empfehlung steht, daß nicht etwa der Einmarsch der Roten Armeen oder die Machtpolitik Rußlands zum kommunistischen System in Polen führte, sondern daß das „Übergewicht der linken Parteien Voraussetzungen für revolutionäre Veränderungen" brachte. – Abgesehen von dieser geschichtlichen Unwahrheit wird doch allein schon in der Formulierung „Übergewicht der linken Parteien", „Revolution" klar und deutlich, was psychologisch mit Blick auf die Bundesrepublik Deutschland bewirkt werden soll.

(Beifall bei der CDU.)

Dagegen haben die drei westlichen Besatzungszonen – so ist den Empfehlungen zu entnehmen – nicht etwa, wie es Art. 20 des Grundgesetzes klar sagt, einen „demokratischen und sozialen Bundesstaat" gebildet, sondern hier erwähnen die Empfehlungen nur zaghaft ein „Anknüpfen an Traditionen der parlamentarischen Demokratie".

In dem Bericht über die 1. deutsch-polnische Schulbuchkonferenz wurde aus der Satzung der UNESCO zitiert. Dort heißt es,

daß der furchtbare Krieg durch Verleugnung der demokratischen Grundsätze, der Würde, der Gleichheit und gegenseitigen Achtung der Menschen möglich wurde so-

wie dadurch, daß an deren Stelle unter Ausnutzung von Unwissenheit und Vorurteilen die Lehre eines unterschiedlichen Wertes von Menschen und Rassen verbreitet wurde.
Diesem hohen und, wie ich meine, sehr richtigen Satzungsauftrag der Kulturorganisation der Vereinten Nationen genügen die jetzt vorliegenden Schulbuchempfehlungen in keiner Weise.
(Beifall bei der CDU.)
Die eben zitierten Aussagen – Verleugnung der demokratischen Grundsätze, Ausnutzung von Unwissenheit, gegenseitige Achtung von Menschen – lassen doch Zweifel aufkommen, ob diese Schulbuchkonferenz überhaupt noch unter der Obhut der UNESCO arbeitet. Die große Einseitigkeit dient doch nicht der Verständigung, sondern trägt bereits heute den Keim für neue Mißverständnisse und Auseinandersetzungen in sich.
(Beifall bei der CDU.)
In der vierten Empfehlung wird die Vergangenheit bewältigt, natürlich ebenfalls vollkommen einseitig. Da werden Inkonsequenzen bei der Durchführung der Entnazifizierung und der gerichtlichen Verfolgung nationalsozialistischer Verbrechen als Belastung für das Verhältnis zwischen Deutschland und Polen hingestellt. Meine Damen und Herren, wir wissen um die Unzulänglichkeiten; sie werden von uns nicht gedeckt. Aber wir fragen: Was soll denn diese einseitige Kritik? Wäre dann nicht auch zu kritisieren gewesen, daß Verbrechen der anderen Seite, die doch ebenfalls in großem Umfang stattgefunden haben, ausdrücklich für straffrei erklärt wurden?
Kritik ist kein Gegensatz, meine ich, sondern geradezu Voraussetzung für Objektivität in der geschichtlichen Betrachtung. Damit wird Kritik sicher zur Bedingung echter Völkerverständigung. Unser Nachbarverhältnis zu Frankreich ist dafür das beste Beispiel. Nur einseitig geführte, einseitig zugelassene Kritik führt genau zum Gegenteil. Diese Einseitigkeit nährt Argwohn und Mißtrauen, und deshalb glauben wir, daß diese Empfehlungen nicht in unsere Schulbücher aufgenommen werden dürfen.
(Beifall bei der CDU.)
In der fünften Empfehlung werden zunehmende Bedrohungsvorstellungen der Polen festgestellt. Diese Bedrohungen werden begründet mit dem NATO-Beitritt der Bundesrepublik Deutschland. Die Blockade Berlins, die die Schwelle der Bedrohung doch bei weitem überschritten hatte, bleibt dagegen unerwähnt.
In der sechsten und letzten Empfehlung wird die Unverletzlichkeit der bestehenden Grenzen beschrieben, jetzt und in Zukunft, wie es darin heißt. Dies, möchte ich ehrlich zugeben, kann sicher weniger der Schulbuchkonferenz als der Bundesregierung mit ihrer leichtfertigen Vertragspolitik angelastet werden.
(Beifall bei der CDU. – Aha! bei der SPD.)
Aber immerhin ist doch festzustellen, daß auch in dieser Schulbuchempfehlung eine friedliche Grenzveränderung für ausgeschlossen erklärt wird und damit auch eine Wiedervereinigung Deutschlands als unmöglich dargestellt wird.
In der Präambel zum vorliegenden Konferenzbericht ist ausgeführt, daß die sechs Empfehlungen nach harter und kontrovers geführter Diskussion angenommen wurden. Nach Presseberichten war wegen Unüberbrückbarkeit der Meinungen sogar mit einem vorzeitigen Scheitern der Konferenz zu rechnen. Daraus müssen wir schließen, daß das Ergebnis der Konferenz mit einem Kompromiß erzwungen wurde. Kompromisse, das wissen wir Politiker alle, sind für den Bereich der Politik nötig. Aber zu Lasten der geschichtlichen Wahrheit sollten Kompromisse ausgeschlossen sein.
(Beifall bei der CDU.)
Wahrheit sollte unteilbar sein und es auch bleiben, und, ich glaube, gerade weil Deutsche und Franzosen nach 1945 auch die belastenden Geschichtsfakten bei der Neugestaltung ihres Verhältnisses nicht ausgespart haben, konnte dieses fest begründete Freundschaftsverhältnis zu unserem westlichen Nachbarn geschaffen wer-

den, und dies sollte uns auch Beispiel für das Verhältnis Deutschland-Polen sein.
(Beifall bei der CDU.)
Nur einen Teil der Unmöglichkeiten in diesen Empfehlungen konnte ich hier ansprechen. Ich glaube aber, daß sie für Sie alle ausreichend sein können, um zu erkennen, daß diese Empfehlungen keine Aufnahme in die Schulbücher für unsere Kinder finden dürfen.
In meiner sudetendeutschen Heimat gab es die Redensart: Das sind mir böhmische Dörfer. Damit bezog man sich auf die für deutsche Zungen oft unaussprechlichen tschechischen Ortsnamen. Meine Damen und Herren, wir haben diesen Antrag hier eingebracht, und wir führen über diese Empfehlungen diese Debatte, damit Sie nachher nicht sagen können: Die Empfehlungen der deutsch-polnischen Schulbuchkonferenz waren für uns böhmische – oder besser gesagt: polnische – Dörfer.
(Lebhafter Beifall bei der CDU.)
Präsident Dr. Wagner: Das Wort hat der Herr Kultusminister.
Krollmann, Kultusminister:
Herr Präsident, meine sehr verehrten Damen und Herren!
Die Stellungnahme der CDU/CSU in der Auseinandersetzung um die Polen-Verträge und damit, nach meinem Verständnis, in der Auseinandersetzung um die Frage, wie eine Normalisierung des Verhältnisses mit diesem unserem östlichen Nachbarn, wie so etwas wie Aussöhnung – ich scheue mich fast, das Wort zu verwenden, und werde das nachher noch darlegen – zustande kommen kann, kennen wir. Daß diese Auseinandersetzung nun ausgetragen werden muß auf dem Felde der Tätigkeit des Eckert-Instituts, das sich über viele Jahre bemüht hat, im Geschichtsunterricht insonderheit, zur Objektivierung gegensätzlicher Standpunkte beizutragen, das bekümmert mich; denn es ist ein Indiz dafür, daß wir zunehmend in einer vom Wahlkampf bestimmten Polarisierung offensichtlich nicht mehr imstande sind, das, was über lange Zeit im Einvernehmen vorangetrieben werden konnte, nämlich die Bereinigung der Schulbücher von Relikten der Vergangenheit, mit denen eigentlich niemand mehr etwas zu tun haben will, in Ruhe und Bedacht fortzusetzen.
Ich halte es, um das ganz klarzumachen, aus meiner Sicht für ein Gebot der Stunde und für unser Volk wirklich lebensnotwendig, dieses offene Anschauen unseres Verhältnisses zu Polen, um es nun zuzuspitzen auf diesen Staat und auf diese Nation, fortzusetzen.
(Beifall bei SPD und F.D.P.)
Nach der Aussöhnung mit unserem westlichen Nachbarn ist dies eine Sache der Nation. Hier ist ein Zusammenhang, in dem man dieses tönende Wort wirklich gebrauchen kann. Es ist vorhin von dem Kollegen Friedrich gesagt worden, wir hätten beachtliche Erfolge in der gegenseitigen, objektivierten, soweit es überhaupt möglich ist, Betrachtung der Geschichte zwischen Frankreich und Deutschland erreicht.
Meine Damen und Herren, wir müssen sehen, und ich spreche das deshalb hier unverblümt aus, daß hier von der Historie her Unvergleichbares verglichen wird. Lassen Sie mich das so klarmachen: Das, was wir mit Frankreich auszuräumen hatten, läßt sich aus der deutschen Sicht mit der Vokabel ,,Erbfeind" bezeichnen. Für das, was wir mit Polen auszuräumen haben, steht die Vokabel ,,slawisches Untermenschentum", und dafür steht die Vokabel ,,Vertreibung". Dieses ist, darüber sollten wir uns doch wohl einig sein, ein Anderes, ein Unvergleichbares. Wenn deshalb die Verhandlungen der Schulbuchkommissionen auf Schwierigkeiten stießen, wenn es deshalb eine Zeitlang so schien, als gebe es überhaupt keine Möglichkeit, zu einer solchen Empfehlung zu kommen, dann muß betrachtet werden, was auf polnischer aber auch auf deutscher Seite aufzuarbeiten war aus dieser doch noch sehr, sehr jungen Vergangenheit.
Lassen Sie mich zunächst einmal in gedrängter Kürze darlegen, was eigentlich die rechtliche Bedeutung der Empfehlungen ist, weil dies einmal mehr klarmacht, daß hier offenkundig die Empfehlungen nur als ein Vehikel benutzt werden, um

auch in diesem Forum die Auseinandersetzung über die deutsch-polnischen Verträge zu führen.
Ich bin sicher, daß der Antrag die rechtliche Bedeutung der Empfehlungen verkennt. Es geht nicht darum, daß diese Empfehlungen von der Landesregierung übernommen werden. Insoweit geht der Antrag ins Leere. Es ist in des Wortes reinster Bedeutung eine Empfehlung zu behandeln, die eine gemeinsame Schulbuchkonferenz der UNESCO-Kommission der Bundesrepublik Deutschland und Polens erarbeitet hat. Nicht mehr und nicht weniger. Solche Empfehlungen sind früher in einer ganzen Reihe von Fällen, auch im Hinblick auf die historischen Beziehungen Deutschlands zu anderen Nationen, insbesondere – wie dargelegt – auch zu seinen westlichen Nachbarn, gegeben worden, ohne daß darüber hätte debattiert werden müssen. Solche Empfehlungen sind von Schulbuchautoren und Schulbuchgutachtern ernstgenommen worden als Material und als Hinweis auf Problemstellungen und als ein Hinweis auf möglichen Konsens bei der Darstellung von Problemstellungen.
Sie haben auf diese Weise sicherlich zu einer Verbesserung der Beziehungen zu anderen Völkern beigetragen. Sie sind aber nie als amtliche Sprachregelungen, die einer freiheitlichen Demokratie fremd wären und die auch nach ihrem Zustandekommen schlechterdings so nicht geregelt werden können, förmlich übernommen worden; es handelt sich um eine deutsche und eine polnische UNESCO-Kommission, nicht um ein Organ, das die beiden Staaten binden können. Gerade dieser Charakter einer solchen Veranstaltung auf nichtstaatlicher Ebene ist ja der anderen Seite, die dirigistisch denkt, die sich nicht vorstellen kann, daß es, abgelöst vom Staat und abgelöst von der staatstragenden Partei, die Möglichkeit der Diskussion gibt, so schwer verständlich zu machen. Diese Möglichkeit will aber gerade die UNESCO-Kommission eröffnen, um überhaupt weiterzukommen, um überhaupt einen Beitrag zu dieser Art von Bewältigung der Vergangenheit zu leisten.
Ich werde ihrer Bedeutung gemäß die Empfehlungen der 8. deutsch-polnischen Schulbuchkonferenz, wie bereits 1979 die bis dahin erarbeiteten Empfehlungen der deutsch-polnischen Schulbuchkonferenzen, im Amtsblatt bekanntmachen, allerdings wegen ihres nichtstaatlichen Charakters im nichtamtlichen Teil dieses Amtsblattes. Sie werden ihr Teil dazu beitragen, daß sich Schulbuchautoren, daß sich Lehrer, sich unsere Schulbuchgutachter mit den Problemstellungen, die dort aufgezeigt sind, erneut auseinandersetzen.

Ich möchte es mir aber nicht versagen, bei der Behandlung dieses Antrages auch meinerseits noch ein paar Bemerkungen zur Sache zu machen, weil ich den Eindruck habe, daß die Antragsteller sich nicht sonderliche Mühe gegeben haben, auch nur den Inhalt der Empfehlungen zu verstehen. So darf ich meinerseits jetzt einmal die Aufmerksamkeit des Hauses strapazieren für ein Zitat aus der Empfehlung unter der Überschrift „Territoriale Veränderung". Dort heißt es, und dies ist klar eine Formulierung, aus der man erkennt, wie schwer mit der polnischen Seite ein Einvernehmen möglich war, folgendermaßen:
Die Anerkennung der polnischen Administration durch die Westalliierten bedeutete nach deren Auffassung mit zunehmendem zeitlichen Abstand von der Konferenz noch keine völkerrechtlich definitive Anerkennung der Grenzlinie.
Man merkt die Mühe um den Kompromiß; man merkt aber auch, daß diese Formulierung durchaus eine Annäherung der Standpunkte beinhaltet; denn es geht ja gerade um die polnische Behauptung, eine völkerrechtlich definitiv geregelte Westgrenze zu haben. Ich komme darauf nachher noch einmal zurück.
Weiter heißt es:
Mit der gleichzeitigen Einigung über den Artikel 18 (Transfer der deutschen Bevölkerung) und der Aufstellung eines Aufnahmeplans des Alliierten Kontrollrats in Deutschland im November 1945 wurde aber von den Alliierten selbst präjudiziert,

daß es sich bei der polnischen Administration der ehemals deutschen Gebiete nicht um ein revidierbares Provisorium handeln könne.
(Lauterbach [CDU]: Transfer!)
– Wissen Sie denn nicht, woher das Wort „Transfer" kommt? Das kommt aus einem Vertrag, den unsere Westalliierten mit der Sowjetunion abgeschlossen haben. Diese Schönung von Sprache ist nichts, was Sie denen vorwerfen könnten, die hier die Kommission besetzt haben. Das ist doch der Punkt. Es ist ein völlig falscher Ansatz.
(Beifall bei SPD und F.D.P.)
Man kann darüber philosophieren, ob es nicht grausam ist, ob es nicht geradezu unmenschlich ist, Sprache dazu zu verwenden, um menschliches Leid zu übertünchen. Aber es ist für einen Historiker völlig unmöglich, einfach nicht zur Kenntnis nehmen zu wollen, daß eben diese sprachlichen vertraglichen Fakten gesetzt worden sind.
Aus dieser klar vertretbaren Aufnahme des Inhalts eines Vertrags, der für uns eine erhebliche Rolle gespielt hat und spielt, in eine solche Empfehlung wollen Sie auf Einseitigkeit dieser Empfehlung schließen. Das verstehe ich nicht. Ich verstehe dies auch und gerade vom Standpunkt dessen nicht, der doch vorgibt – ich will das einmal abnehmen –, sich um historische Realitäten zu bemühen.
Präsident Dr. Wagner: Herr Minister, gestatten Sie eine Zwischenfrage?
(Minister Krollmann: Bitte!)
Herr Lauterbach, bitte!
Lauterbach (CDU): Herr Kultusminister, wollten Sie mit Ihrer Bemerkung über den Begriff „Transfer" soeben unterstellen, daß sich die westlichen Alliierten des letzten Weltkrieges unter „Transfer" die Dinge haben vorstellen können und gemeint haben, die sich tatsächlich ereignet haben? Und ich frage Sie: Waren Sie dabei, als die Vertreibung stattgefunden hat?
(Beifall bei der CDU.)
Krollmann, Kultusminister: Sehr verehrter Herr Kollege, ich verstehe, daß es Ihnen schwerfällt, ein Argument zu akzeptieren, das Sie nicht widerlegen können. Es ist nicht mein Problem, mir jetzt darüber Gedanken zu machen, ob sich die westlichen Alliierten haben vorstellen können, was dieses Wort „Transfer" bedeutet. Daß es jedenfalls den Heimatverlust bedeuten würde, das haben sie sich mit Sicherheit vorstellen können. Daß sie sich vielleicht in ihrer Vorstellung hinter der Möglichkeit versteckt haben, daß dies alles ohne, über den Heimatverlust hinausgehendes zusätzliches menschliches Leid und ohne Verluste an Leben und Gesundheit vor sich gehen könnte – auch dieses könnte ich mir denken; denn Menschen sind leicht geneigt, etwas, was sie vereinbaren, zu rationalisieren, sich die Möglichkeit offenzulassen zu einer solchen Rationalisierung.
Präsident Dr. Wagner: Gestatten Sie eine weitere Zwischenfrage?
(Minister Krollmann: Bitte!)
Herr von Zworowsky!
von Zworowsky (CDU): Herr Kultusminister, ist Ihnen nicht bekannt, daß in dem gleichen Vertragspapier, in dem vom „Transfer" gesprochen wurde, auch davon die Rede war, daß er in humaner Weise vor sich gehen sollte, und sind Sie nicht der Auffassung, daß das, was realisiert wurde, dem total widerspricht?
Krollmann, Kultusminister: Herr Abgeordneter, meine Antwort hat bereits, so glaube ich, deutlich gemacht, daß ich die Frage, die Herr Kollege Lauterbach gestellt hat, verneint habe. Mir ist dies bekannt. Ich bin schließlich großgeworden – das ist eine einfache Frage des Jahrgangs – in der Auseinandersetzung um die Vertreibung.
(Zurufe.)
– Haben Sie daran Zweifel, daß für einen Angehörigen des Jahrgangs 1929 diese Frage zum Bestandteil der politischen Auseinandersetzung gehörte? Ich glaube doch wohl nicht. Soweit sollten wir uns doch wenigstens in der Auseinandersetzung über solche Fragen gegenseitig noch respektieren.
Der Gegenstand meiner Darstellung ist keinesfalls, rückblickend nun etwa das,

was sich bei der Vertreibung aus den jetzt polnisch administrierten Gebieten abgespielt hat, zu verniedlichen, das ungeheuerliche menschliche Leid hier herunterzureden; o nein! Mein Problem ist es lediglich, hier klarzumachen, daß in dem Abkommen eben diese Wendung enthalten ist, daß die Kommission diese Wendung aufgenommen hat und daß wir nicht gehalten sind, weder des rechtlichen Charakters der Empfehlungen wegen noch aus dem Inhalt der Empfehlungen unsere eigene Darstellung dagegenzusetzen.

Was wir allerdings tun müssen – dieses ist auch ein Gegenstand der Empfehlungen; das ist ihr Hintergrund –, ist, die polnische Seite der Sache ebenfalls darzustellen, und ich wage zu behaupten, daß wir aus unserer Sicht durchaus Defizite in der Darstellung der polnischen Seite haben und daß diese Defizite aufgearbeitet werden müssen. Dies, so verstehe ich es, war die Intention derer, die an diesen Empfehlungen gearbeitet haben, insonderheit auf deutscher Seite.

Lassen Sie mich abschließend noch ein Zitat aus den hier inkriminierten Empfehlungen bringen, den Schlußabsatz.

Es heißt dort:

Auf Grund der deutsch-polnischen Verträge vom Mai 1969 wurden seit Februar 1970 konstruktive Verhandlungen geführt. Diese mündeten in den Warschauer Vertrag zwischen der Volksrepublik Polen und der Bundesrepublik Deutschland vom 7. Dezember 1970. Darin stellten beide Vertragspartner fest, daß die bestehende Grenzlinie, deren Verlauf in den Potsdamer Beschlüssen festgelegt ist, die westliche Staatsgrenze der Volksrepublik Polen bildet. Beide Staaten sicherten einander die Unverletzlichkeit ihrer bestehenden Grenzen jetzt und in Zukunft und die uneingeschränkte Achtung ihrer territorialen Integrität zu. Sie erklärten, daß sie gegeneinander keinerlei Gebietsansprüche haben und solche auch in Zukunft nicht erheben werden. Der Warschauer Vertrag bietet Grundlagen zur Normalisierung und Verbesserung der Beziehungen zwischen der Volksrepublik Polen und der Bundesrepublik Deutschland in wesentlichen Bereichen. Beide Regierungen haben die Absicht bekräftigt, diese Zusammenarbeit im Geiste der Vereinbarung von Helsinki vom 1. August 1975 konstruktiv weiterzuentwickeln.

„Sie sicherten sich die uneingeschränkte Achtung ihrer territorialen Integrität zu". Jetzt stellen Sie sich einmal vor – ich will gar nicht erst versuchen, völkerrechtlich zu argumentieren –, wie die polnische Seite in einer solchen Kommission ihre Westgrenze anschaut. Allein die Frage stellen, heißt bereits die Antwort geben. Es wäre niemals zu einer Empfehlung gekommen, wenn nicht der polnische Anspruch, in dem Gebiet, in dem polnische Menschen heute leben, unangetastet zu bleiben, ebenso in die Schulbuchempfehlungen aufgenommen wäre, wie dies im Vertrag selbst der Fall ist.

Was dies mit der Frage der Wiedervereinigung in Freiheit zu tun hat, ist für mich nicht so leicht einzusehen, es sei denn, wir würden uns in der Tat dazu verstehen, die polnische Westgrenze in Frage zu stellen. – Wir sollten uns also sehr sorgsam, wirklich sehr sorgsam auf diesem Felde bewegen. Denn hier geht es um Fragen von größtem Gewicht, hier geht es um Fragen, die die friedliche Entwicklung gegenüber unserem östlichen Nachbarn auf das intensivste berühren.

Dies alles in allem genommen und weiterhin noch einmal betonend, daß es sich hierbei nicht um eine für mich als Kultusminister oder für irgendeinen, der in dieser Frage arbeitet, verbindliche amtliche Empfehlung handelt, sondern um ein Papier, das aus sich selbst heraus zu beachten ist, mit dem man sich auseinanderzusetzen hat, kann ich nur noch einmal unterstreichen, daß ich dieses Papier so behandeln werde wie frühere Empfehlungen. Ich möchte die Hoffnung zum Ausdruck bringen, daß es uns gelingt, über diese Fragen gerade mit Bezug auf die Schule zu einer sachlichen Diskussion zu kommen.

(Beifall bei SPD und F.D.P.)

Präsident Dr. Wagner: Das Wort hat Herr Abg. Holzapfel.

Holzapfel (SPD): Herr Präsident, meine Damen und Herren! Der Satz, daß Bonn nicht Weimar sei, enthält neben vielen Erwartungen auch die Erwartung, daß wir nach dem zweiten verlorenen Krieg in diesem Jahrhundert einen anständigeren, rationaleren und vernünftigeren Weg zur Bewältigung der Folgen dieses Krieges und zur Bewältigung des Problems finden, wie Aussöhnung über die Folgen dieses Krieges hinweg möglich ist.

Ich glaube, daß Bonn nicht Weimar ist. Aber was betrüblich ist, ist der ständige Versuch der CDU/CSU, in dieser Frage aus Bonn Weimar zu machen. Wir haben das in diesem Parlament in jenen Passagen erlebt, in denen der Kollege Milde für seine Fraktion die – wenn der Ausdruck gestattet ist – schlichte Geschmacklosigkeit besessen hat, die Polen-Verträge mit den Haushaltsberatungen dieses Parlaments in Verbindung zu bringen. Wir haben es gestern wieder erlebt, als der Kollege Milde versucht hat, die Polen-Verträge und die Politik einer Aussöhnung mit Osteuropa mit der angeblichen Gefährdung der freiheitlich-demokratischen Grundordnung in der Bundesrepublik in Verbindung zu bringen. Wir erleben mit der Art und Weise, in der wir mit dem Antrag der CDU zu den Bemühungen der deutsch-polnischen UNESCO-Kommissionen konfrontiert werden, einen dritten Schritt auf derselben Ebene.

Diese Verhandlungen, die vom Georg-Ekkert-Institut geführt worden sind, sind schwierige Verhandlungen gewesen; darüber ist berichtet worden. An ihnen haben, um dies gleich hinzuzufügen, von deutscher Seite unstrittig die qualifiziertesten Vertreter der neueren Geschichte an unseren Hochschulen teilgenommen. Ich nenne nur den Namen von Prof. Dr. Martin Broszat vom Institut für Zeitgeschichte in München oder den Namen von Prof. Dr. Hans-Adolf Jacobsen vom Institut für Politische Wissenschaft der Universität Bonn, die beide zu den kompetentesten Vertretern der neueren Geschichte, der Gegenwartsgeschichte in der Bundesrepublik Deutschland gehören. Aus Hessen hat Prof. Dr. Klaus Zernack vom Historischen Seminar für osteuropäische Geschichte an der Frankfurter Universität teilgenommen.

Diese Verhandlungen haben zu einem Ergebnis geführt, das sicher Kompromißcharakter hat, weil es das Ergebnis einer Bemühung ist, über Gräben hinweg zu Formulierungen zu kommen, mit denen beide Völker leben können und von denen aus beide Völker einen Neuanfang in ihren Beziehungen zueinander setzen können.

Um so unsinniger ist der Vorwurf, den die CDU erhebt, diese Papiere seien einseitig. Dies genau sind sie nicht. Sie sind das Ergebnis einer langen und langwierigen Verhandlung, einer langen und langwierigen Bemühung um eine sachliche Darstellung dessen, was aus der Nachkriegsgeschichte zu bewältigen war.

Dabei ist darauf hinzuweisen, daß diese Empfehlungen nur der letzte Teil eines umfassenderen Paketes sind, dessen erste vierzehn Punkte bereits 1972 verabschiedet worden sind und die die Geschichte bis 1945 umfassen. Es ist auch darauf hinzuweisen, daß in der Zwischenzeit längst Verhandlungen begonnen haben, um einzelne Bereiche der deutsch-polnischen Beziehungen genauer auszuarbeiten und dort zu einer Übereinstimmung zu kommen.

Die Art und Weise, in der Sie, Herr Kollege Friedrich, sich mit diesem Papier auseinandersetzen, kann man an einer ganzen Reihe Ihrer sogenannten Zitate deutlich machen. Wenn Sie etwa diesem Hause erklären, dieses Papier sei deswegen so skandalös, weil darin die Heimatvertriebenenverbände als Revisionisten bezeichnet würden, dann hätten Sie fairerweise die Stelle zitieren sollen. An dieser Stelle steht ausdrücklich, daß dies eine polnische Interpretation der Heimatvertriebenenverbände war, d. h. daß diese Interpretation von deutscher Seite nicht übernommen wird, daß dort über den Begriff der Heimatvertriebenen ein ganz anderer Passus enthalten ist, nicht zuletzt im Hinblick auf deren soziale Integration und ihren Beitrag zum Aufbau in Deutschland nach dem Zweiten Weltkrieg.

Sie können sich bei einer solchen Auseinandersetzung auch nicht hier hinstellen und sagen, der Beitritt zur NATO wäre einseitig als krisenverschärfend hingestellt worden, wenn Sie in dem gesamten Papier immer parallel den Hinweis darauf haben, daß die Bindung sowohl der beiden deutschen Staaten als auch Polens in den jeweiligen Lagern beidseitig in der Blockbildung Ursache dieser Verhärtung war; eine einseitige Ableitung dieses Prozesses wird also nicht versucht.

Auf den Abschnitt über die territoriale Veränderung ist der Kultusminister schon eingegangen. Wenn Sie in der Begründung Ihres Antrags behaupten, die Beschlüsse der Potsdamer Konferenz würden so dargestellt, als ob eine endgültige Übergabe von Ostpreußen, Ostpommern und Schlesien durch die Siegermächte an Polen erfolgt sei, dann steht dies schlicht im Widerspruch zu dem, was Sie in den Empfehlungen nachlesen können. In den Empfehlungen wird die Vorgeschichte des Potsdamer Abkommens umrissen. In den Empfehlungen wird umrissen, daß zwischen den Alliierten das Ausmaß der Westverschiebung strittig war. Das wissen Sie sicherlich auch, daß es historisch nicht die Frage war, ob eine Verschiebung der Westgrenze erfolgt, sondern ob sie über die Oder-Linie hinaus bis zur Neiße erfolgt oder nicht.

In dieser Darstellung wird festgehalten, daß bereits vor Beginn des Potsdamer Abkommens die faktische Gewalt in diesen Gebieten auf seiten Polens lag. Es wird festgehalten, daß die Westmächte dieses als eine provisorische Regelung betrachtet haben, hier aber zugleich ein Widerspruch in der Konstruktion des Potsdamer Abkommens lag. Denn das war es ja ganz offensichtlich, und das hat ja die Folgen in der Nachkriegsgeschichte ausgelöst, daß auf der einen Seite die juristische Vorläufigkeit dieser Regelung festgehalten wurde und zugleich im selben Potsdamer Abkommen unter dem Abschnitt ,,Transfer" die Ausweisung und Vertreibung der deutschen Bevölkerung legalisiert worden ist. Churchill hat damals, wie Sie wissen, gesagt: Weswegen hätten wir denn eigentlich diesen Transfer-Passus zugebilligt, wenn wir gemeint hätten, wir wollten dies zu irgendeinem Zeitpunkt wieder rückgängig machen?

Von daher auch die Übernahme des Begriffes ,,Transfer", worauf schon hingewiesen worden ist. Wenn Sie meinen, daß die Vertreibung der Deutschen in diesem Papier nicht hinreichend gewürdigt worden wäre als die Belastung, die es war, und als das menschliche Leid, das es war, dann will ich Sie nur darauf hinweisen, daß hier sehr deutlich nicht nur Zahlen über das Ausmaß derjenigen Deutschen, die dort gewohnt haben und vertrieben wurden, genannt werden, sondern daß ich auch nicht Ihre Einschätzung teile, daß die Wortwahl hier irgend etwas beschönigt.

Der Begriff ,,Transfer" ist aus dem internationalen Recht des Potsdamer Abkommens übernommen. Daneben aber stehen Formulierungen wie ,,evakuiert", ,,flüchteten unter großen Verlusten", ,,wurden ausgewiesen" oder ,,wurden zwangsumgesiedelt". Ich glaube, daß dies durchaus klare und deutliche Begriffe sind, die zeigen, daß auch seitens der polnischen Vertreter ein Bemühen zu erkennen war, ein realistisches Verhältnis zu dem zu gewinnen, was sich um 1945 dort abgespielt hat.

Sie sagen in Ihrer Begründung schließlich, der Bonner Deutschlandpolitik werde das Ziel der Wiedervereinigung nicht zuerkannt. Ich vermag dies allerdings aus dem Text dieser Empfehlung nicht zu erkennen. Ihre Kritik an der Feststellung, daß 1945 das faktische Ende des Deutschen Reiches bedeutet hat, ist wohl in keiner Weise nachvollziehbar; denn dieses ist ja nun unbestritten historische Wahrheit.

(Krüger [F.D.P.]: Münchner Abkommen!)

Daß unsere Kinder in den Schulen lernen sollen, daß jener ,,Gröfaz", der einmal meinte, daß dieses Deutsche Reich bis zum Ural auszudehnen wäre, als historisches Ergebnis die Zerschlagung eben dieses Deutschen Reiches produziert hat, ist in der Tat ein Punkt, den wir in einem solchen Abkommen übereinstimmend festhalten sollten, können und müssen.

(Beifall bei der SPD.)

Bei Ihnen ist zum Schluß deutlich geworden, daß eigentlich Ihre Kritik gar nicht so sehr auf die Empfehlungen der UNESCO-Kommissionen geht, sondern daß Sie eigentlich den Sack prügeln und den Esel meinen, wenn Sie mit

(Kanther [CDU]: Sehr schönes Beispiel, ja!)

einem kleinen Schlenker darauf hinweisen, daß die Schulbuchempfehlungen auf Passagen des deutsch-polnischen Vertrages verweisen, nach denen die beiden Vertragspartner feststellen, „daß die bestehende Grenzlinie die westliche Staatsgrenze der Volksrepublik Polen bildet" und beide Staaten einander „die Unverletzlichkeit ihrer bestehenden Grenzen jetzt und in Zukunft" und die „uneingeschränkte Achtung ihrer territorialen Integrität" zusichern. Sie meinen damit eigentlich, daß es ja Verschulden der sozial-liberalen Bundesregierung sei, daß wir so etwas heute in unseren Schulen lehren müssen. Ich meine, dann sollten Sie ehrlich sein und in diesem Hause nicht eine solche Debatte über diejenigen anfangen, die die Ergebnisse der Ostpolitik in gemeinsamen Schulbuchkommissionen festhalten. Sie sollten dann offen, wie Herr Milde das ja in seiner „charmanten" Art schon mehrmals getan hat, massiv gegen die Aussöhnungspolitik dieser Bundesregierung mit Osteuropa auftreten, aber nicht mit dem Vorwand, Sie meinten hier nur irgendwelche Empfehlungen, in denen deren Ergebnisse festgehalten werden.

(Beifall bei SPD und F.D.P.)

Ihr heimlicher Führer – oder vielleicht besser: Ihr unheimlicher Führer –, Herr Strauß, hat 1970 in Bad Reichenhall erklärt:

Man muß sich der nationalen Kräfte bedienen, auch wenn sie noch so reaktionär sind. Mit Hilfstruppen darf man nicht zimperlich sein.

(Zurufe von der SPD.)

Dies ist ein interessantes Zitat. Ich habe an dieses Zitat gedacht, als ich in der Presse las, daß Ihr Parteifreund Albrecht seinen Sieg in Hannover in der Nachbarschaft des früheren NPD-Vorsitzenden Thadden gefeiert hat

(Zurufe von der SPD: Hört, hört!)

und dies offensichtlich niemandem aufgefallen ist. Ich glaube es gibt Stunden im Parlament, in denen man versteht, weshalb dem so ist.

(Beifall bei SPD und F.D.P.)

Präsident Dr. Wagner: Das Wort hat Herr Abg. Krüger.

Krüger (F.D.P.): Herr Präsident, meine sehr verehrten Damen und Herren! Die deutsche Rechte hat sich in den ausgehenden zwanziger und den beginnenden dreißiger Jahren an einer verschwindenden Minderheit von Kommunisten so hochgeschaukelt, daß sie 1932 durch Wahlen im Deutschen Reich die Macht übernahm. Das Ergebnis war Unfreiheit; das Ergebnis war ein Krieg, der 50 bis 60 Millionen Tote auf allen Seiten,

(Zurufe von der CDU.)

bei allen Beteiligten, gekostet hat. Diese 50 bis 60 Millionen Toten – und hier berufe ich mich gern auf Martin Niemöller, der ja viele Jahre in diesem Lande zu dieser Frage mahnend Stellung bezogen hat – gehen auf das Konto des Deutschen Reiches. Dabei will ich nicht verkleinern – nur ist dies nicht unsere heutige Frage -, wer auf der anderen Seite auch Schuld auf sich geladen hat. Ich rede hier und ganz bewußt in diesem Zusammenhang von uns, von den Deutschen. Ich sage Ihnen dazu: Es gibt Leute der Generation – und ich zähle mich dazu –, die nicht mehr beteiligt waren, die erst in den Kriegsjahren geboren worden sind, die noch heute Schuld verspüren, weil sie zu einem Volk gehören, das an so viel Unrecht in der Welt beteiligt gewesen ist.

(Beifall bei F.D.P. und SPD.)

Lassen Sie mich, um zum unmittelbaren Zusammenhang zu kommen, eine Passage – mit freundlicher Genehmigung des Präsidenten – aus den hier inkriminierten Empfehlungen zitieren:

In den Polen gemäß den Potsdamer

Beschlüssen übertragenen ehemaligen Reichsgebieten östlich von Oder und Neiße lebten 1939 ca. 8,5 Millionen Menschen. Etwa die Hälfte von ihnen, außerdem die Mehrzahl der deutschen Bevölkerung Danzigs sowie der in Polen lebenden Deutschen, wurden entweder evakuiert oder flüchteten unter großen Verlusten noch vor Kriegsende in die deutschen Gebiete westlich von Oder und Neiße. Der größte Teil der in den Oder-Neiße-Gebieten verbliebenen deutschen Bevölkerung wurde in den Jahren 1945 bis 1947 ausgewiesen bzw. im Rahmen des interalliierten Transfer-Abkommens zwangsumgesiedelt. In der Folgezeit fanden noch einzelne Übersiedlungen und individuelle Ausreisen im Rahmen der Familienzusammenführung u. a. in den Jahren 1956/57 statt.
Wer ein bißchen von Sprachanalyse versteht, muß sehen, daß – wenn hier bei ,,Familienzusammenführung" erstmalig das Wort ,,Ausreise" und ansonsten das Wort ,,Zwangsumsiedlung" gebraucht wird – die Polen eine ganze Menge bei der Zustimmung zu diesen Empfehlungen haben auf sich nehmen müssen, nämlich gegenüber dem Großen Bruder in Moskau!
(Beifall bei F.D.P. und SPD.)
Dies ist doch nun wirklich eine höchst peinliche Geschichte, daß in einem deutschen Parlament, egal auf welcher Ebene, an einer solchen Stelle angesetzt wird.
(Beifall bei F.D.P. und SPD. – Zurufe von der CDU.)
Es ist dies eine außerordentlich peinliche Angelegenheit, und ich schäme mich für Sie, meine Damen und Herren, daß Sie dieses Schauspiel veranstalten.
(Zurufe von der CDU.)
Meine Damen und Herren, was wollen Sie denn eigentlich? Anstatt des Wortes ,,Zwangsausweisung" das Wort ,,Zwangsvertreibung"? Das wäre natürlich wieder die Verballhornung der deutschen Sprache, mit der Sie sich in den letzten Jahren bedeutende Verdienste erworben haben.
(Sturmowski [CDU]): Etwas ruhiger, Herr Krüger!)
Allerdings ist ,,Zwangsvertreibung" eine Tautologie; denn Vertreibung beinhaltet bereits den Zwang. Was soll's also? Hier steht ,,Zwangsumsiedlung". Das ist die schärfste Form dessen, was man in einer solchen Situation überhaupt darstellen kann. Was eigentlich wollen Sie? Den Krieg nachträglich gewinnen?
(Beifall bei F.D.P. und SPD.)
Dann stellt sich der Kollege Friedrich, der ja nahezu zu meiner Generation gehört, hier hin und redet von 1,5 Millionen umgekommenen Deutschen in diesem Bereich.
(Friedrich [CDU]: Wollen Sie das bestreiten?)
– Soll ich Ihnen sagen, daß unser Land 6 Millionen tote Polen in der gleichen Zeit zu verantworten hat? Das müssen Sie doch mit dazusagen!
(Friedrich [CDU]: Ist das bestritten worden?)
– Das haben Sie nicht erwähnt; das lassen Sie weg. Das ist das, wo Sie durch Geschichte Politik machen, Herr Kollege Friedrich!
(Beifall bei F. D. P. und SPD.)
Ich schäme mich für derartige Auftritte!
(Friedrich [CDU]) Deshalb werden Sie auch so rot! – Weitere Zurufe.)
Meine Damen und Herren, meiner Generation ist es egal, ob ein Deutscher, ein Pole, ein Ire oder ein Afrikaner umgebracht wird: Es ist ein Mensch, und das zählt. Nichts sonst!
(Beifall bei F.D.P. und SPD.)
Hier soll nicht das Leid der Betroffenen verkleinert werden. Im Gegenteil! Wer ein Herz hat, wer Moral hat, auch in der Politik, Herr Kollege Friedrich, der leidet mit denen auch. Obwohl diese Schicksale zum Teil längst vergessen sind; der kann auch heute noch mit den Betroffenen leiden. Aber es waren eben auch 6 Millionen Polen betroffen und nicht nur 1,5 Millionen Deutsche. Das ist das Entscheidende, und dies vergessen Sie, vor allen Dingen draußen an Ihren Stammtischen und wo immer Sie über die deutsch-polnischen Verträge sprechen. Es gibt wenige in Ihrer Partei, die das nicht vergessen. Ich schätze mich glücklich – dies darf ich an dieser Stelle

ausdrücklich sagen –, daß ich als Gegenkandidaten für den kommenden Deutschen Bundestag Walther Leisler Kiep habe, der mehr Moral hat, als Sie alle zusammen haben, die Sie hier so etwas unterstützen.

(Beifall bei F.D.P. und SPD. – Bohl [CDU]: Wer soll sich denn hier schämen? – Weitere Zurufe von der CDU.)

Lassen Sie mich schließen und an etwas anknüpfen, was Herr Kollege – –

(Beifall bei der CDU.)

– Mein Gott, Sie sind ja noch billiger, als ich es für möglich gehalten habe.

(Beifall bei F.D.P. und SPD.)

Lassen Sie mich damit schließen, daß ich an etwas anknüpfe, das Herr Kollege Holzapfel hier schon erwähnt hat, nämlich diese schillernde Figur Albrecht in Niedersachsen. Lesen Sie einmal im „Spiegel" nach; in dem „Spiegel"-Interview bietet Herr Albrecht das, was Sie hier mit dem Tremolo des Deutschnationalen vertreten, als Handelsobjekt im Bundesrat an, nur damit er an der Macht bleiben oder an die Macht kommen kann.

(Beifall bei F.D.P. und SPD. – Zurufe von der CDU.)

Das ist Ihre politische Moral! Pfui!

(Lebhafter Beifall bei F.D.P. und SPD. – Anhaltende Zurufe von der CDU.)

Präsident Dr. Wagner: Das Wort hat Herr Abg. Stanitzek.

Stanitzek (CDU): Herr Präsident, meine sehr verehrten Damen und Herren! Hätte Herr Krüger mit weniger Lautstärke, dafür aber mit mehr Sachlichkeit wenigstens nachgelesen, dann hätte er Herrn Kollegen Friedrich nicht derartige Vorwürfe machen müssen. Herr Kollege Friedrich hat hier die Einseitigkeit der Empfehlungen dargestellt.

(Klocksin [SPD]: Durch Einseitigkeit!)

Wenn Sie, Herr Krüger, in der Passage 4 – Bewältigung der Vergangenheit – nachgelesen hätten, so hätten Sie bemerkt: Da steht etwas über die Verluste des polnischen Volkes: „Polen hat mehr noch als andere besetzte Länder durch die Gewaltpolitik des Hitlerregimes schwere Verluste hinnehmen müssen." Was Herr Kollege Friedrich hier deutlich machen wollte, ist der andere Standpunkt.

(Zuruf Klocksin [SPD].)

Man kann nicht miteinander rechten, ob 1 oder 10 Tote oder 6 Millionen oder 1.5 Millionen; rechten kann man, ob der andere Standpunkt, hier der deutsche Standpunkt, nicht zum Ausdruck kommt.

(Krüger [F.D.P.]: Den habe ich doch zitiert, den deutschen Standpunkt!)

Da, Herr Krüger, hilft auch kein Schreien, da hilft nur nachlesen und ruhig nachdenken.

(Beifall bei der CDU.)

Bei dem, was der Herr Kultusminister zu den rechtlichen Empfehlungen gesagt hat, hat er so getan, als wenn dies gar nicht verbindlich sei, obwohl sehr klar gerade in diesen Empfehlungen gefordert wird, daß sie unverzüglich in den Schulbüchern durchgesetzt werden sollen. Man weiß aus Erfahrung, und wir haben praktische Beispiele, wie Sozialisten dies in ihren Ländern halten. Wenn es ihnen politisch genehm ist, dann tun sie das auch.

Ich habe in diesem Zusammenhang ein Beispiel, wie Sie mit Andersdenkenden in dieser Frage umgehen, Herr Kultusminister. Die Historische Kommission für Schlesien hat Ihnen im Januar 1975 geschrieben und im Zusammenhang mit der Veröffentlichung der Empfehlung von 1972 im „Staatsanzeiger" darum gebeten, auch den entsprechenden kritischen Standpunkt dort abzudrucken. Sie haben es noch nicht einmal für nötig befunden, die Historische Kommission für Schlesien schriftlich zu bescheiden; denn bis heute ist dieser Brief unbeantwortet. Auch dies gehört zur Wirklichkeit und zur Auseinandersetzung in der Sache.

(Beifall bei der CDU.)

Sie sollten hier nicht philosophieren über die unterschiedliche Auslegung des Potsdamer Abkommens. Die Sowjetunion hatte in den ostdeutschen Gebieten vollendete Tatsachen geschaffen, und daher blieben die Formulierungen auch so unklar, weil die Westalliierten gar nicht anders konnten, als wenigstens durch Unklarheit

die Frage bis zu einem Friedensvertrag offenzuhalten.
Herr Kollege Friedrich hat in einzelnen Nachweisen für die Empfehlungen der 6. und 8. Schulbuchkonferenz dargelegt, wie durch Auslassungen historische Tatsachen schlichtweg verfälscht werden. Dieser Tatbestand ist in den Empfehlungen der 6. und 8. Schulbuchkonferenz besonders augenfällig, weil die Vertreter des kommunistischen Staates auf die historische Darstellung der Zeit in der sie regierten, besonderen Wert legten. Aber der verfälschende Tatbestand fehlt auch nicht in den übrigen Empfehlungen.
In den meisten der 31 Empfehlungen aus dem Jahr 1972 zieht sich wie ein roter Faden ein Motiv: für die kommunistische These den Nachweis zu erreichen, die deutschen Ostgebiete hätten ohne den deutschen bzw. preußischen Imperialismus immer schon zu Polen gehören müssen. Damit wird der untaugliche Versuch immer wieder unternommen, die Annexion der deutschen Ostgebiete historisch zu rechtfertigen.
Aus der Fülle möglicher Beispiele in den Empfehlungen will ich vier herausgreifen, und Sie können das nachprüfen. In einer Fülle weiterer Fälle ließe sich das nachweisen.
Am Beginn der Empfehlungen steht lapidar:
Es steht fest, daß die Ostgermanen keine Vorfahren der deutschen Stämme waren.
Was soll das?
(Holzapfel [SPD]: Es ist so!)
– Ja, aber es ist auch so, daß feststeht, daß die Slawen keine Autochthonen, keine Ureinwohner des Odergebietes sind. Auch das ist eine historische Tatsache und hätte um der Genauigkeit willen mit als lapidarer Satz dazugehört.
Oder: Die Empfehlungen sprechen vom polnischen Reichsbürger Kopernikus. Das ist so. Aber es hätte hinzugehört, daß er ein Deutscher war und deutsch sprach. Auch dies ist eine Tatsache zur Ergänzung, und es zeigt die Einseitigkeit.
Oder: Die Empfehlungen sprechen von der Verantwortung Preußens unter Friedrich II. für das Zustandekommen der ersten Teilung Polens – als ob die Verantwortung Rußlands unter Katharina oder die Verantwortung Österreichs unter Maria Theresia nicht im gleichen Maße zur geschichtlichen Wahrheit gehörte.
Oder: Die Empfehlungen stellen fest, daß in der Abstimmung vom 20. März 1921 in Oberschlesien die Landbevölkerung mehrheitlich für Polen gestimmt habe und nur die Städte des Industriereviers Mehrheiten für Deutschland erbracht hätten. Wahrheit ist, daß alle Klein- und Mittelstädte des flachen Landes in Oberschlesien bis auf eine Ausnahme außerhalb des Industriegebiets für Deutschland gestimmt haben. Wahr ist, daß an dieser Abstimmung die westlichen Kreise Oberschlesiens nicht teilnehmen durften; sonst wäre ein riesiges Ergebnis für Deutschland herausgekommen.
Weil diese von mir aufgezeigten Fakten, wie viele andere ebenso, für die kommunistische Seite und ihre Politik unangenehm sind, setzen sie in den deutsch-polnischen Schulbuchempfehlungen ihre Art der Geschichte durch. Die deutschen Teilnehmer der Konferenz hätten entsprechend entgegenwirken müssen. Sie befanden sich aber gerade im Jahre 1972 in der allgemeinen ostpolitischen Euphorie, die ein objektiviertes Nachdenken erschwerte.
(Beifall bei der CDU. – Zuruf Nitzling [SPD].)
Zudem haben die deutschen Delegationsleiter, Herr Professor Eckert und Professor Mertineit, zwei SPD-Mitglieder, kein Hehl aus ihrer Haltung gemacht, daß sie in Übereinstimmung mit den polnischen Kollegen die deutsch-polnische Schulbuchkonferenz nicht in erster Linie historisch, sondern unter politischen Gesichtspunkten geführt haben wollen. Schon vom Ansatz her ist diese Auffassung verfehlt; denn das Feststellen historischer Fakten darf sich nicht nach politischen Tagesauffassungen richten.
Die geschichtliche Wahrheit ist aber offensichtlich nicht nur den kommunistischen Vertretern aus Polen unangenehm gewesen, sondern die deutschen Teilnehmer

haben es zugelassen, daß der für unsere Rechtsordnung unverzichtbare Standpunkt – die Verwirklichung der Menschenrechte und die Grundsätze des Völkerrechts – nicht in die Schulbuchempfehlungen einfließen konnte. So beginnen die Empfehlungen zum Thema Vertreibung mit dem Satz:

Die territorialen Veränderungen bei Ende des Zweiten Weltkrieges wurden mit umfangreichen Bevölkerungsverschiebungen verbunden. Sie zielten darauf ab, staatliche und ethnische Grenzen nach Möglichkeit in Übereinstimmung zu bringen.

Dieser Vorgang der Vertreibung, der Abtrennung deutschen Reichsgebiets – das wurde erwähnt –, wird so in den Empfehlungen abgefaßt, als wäre er eine zwangsnotwendige, selbstverständliche Folge eines Krieges auch im 20. Jahrhundert und nicht im Mittelalter. Kein Wort darüber, daß es sich um die völkerrechtlich verbotene Annexion fremden Staatsgebiets handelt; kein Wort erfährt der deutsche Schüler davon, daß die sogenannte Bevölkerungsverschiebung die millionenfache Verletzung der Menschenrechte darstellt.

Wenn Geschichtsunterricht ohne Bezug zu den allgemeinen Rechtsgrundsätzen der Menschlichkeit und des Völkerrechts gelehrt wird, dann wird in der heranwachsenden Generation keine Grundlage geschaffen, Recht und Unrecht zu unterscheiden.

Ein Rechtsstaat wie die Bundesrepublik Deutschland – im Unterschied zu anderen, die mit am Verhandlungstisch saßen – kann insbesondere auf dieses Erziehungsziel der Unterscheidung von Recht und Unrecht auch im Geschichtsunterricht nicht verzichten.

(Beifall bei der CDU.)

So wie in den Empfehlungen die Verletzung der Menschenrechte verschwiegen wird, so wird die kommunistische Machtergreifung in Polen als Befreiung dargestellt. Den deutschen Schülern soll die These suggeriert werden, daß die Rote Armee selbstlos Polen und damit auch die DDR befreit hat.

Kein Wort über die unterschiedliche Legitimität zur Bundesrepublik Deutschland, kein Wort über den Molotow-Ribbentrop-Pakt vom August 1939, der doch sicherlich geschichtliche Wahrheit ist, zum Verständnis des Westdranges Polens gehört und eine der Ursachen des Zweiten Weltkrieges ist, kein Wort über die Teilung Polens im Jahre 1939, kein Wort über das Wirken der Roten Armee im Nachkriegs-Polen. – Statt dessen die kommunistische Formel von der Befreiung Polens.

Wenn die kommunistischen Machthaber Polens die Besetzung Polens durch die Rote Armee als Befreiung nach sozialistischem Völkerrecht darstellen, so ist das von uns nicht zu verhindern. Daß aber deutsche Schulkinder historische Tatbestände auf den Kopf gestellt kennenlernen sollen, mit dem Anspruch auf historische Objektivität, das ist unzumutbar.

(Beifall bei der CDU.)

Es stellt sich das grundsätzliche Problem, ob über Geschichtsabläufe ähnlich wie über künftige außenpolitische Beziehungen Verträge abgeschlossen werden können, indem Tatsachen im Stil des diplomatischen Kuhhandels so lange behandelt werden, bis ein nach Worten deckungsgleiches Ergebnis erzielt wird, das aber mit dem historischen Geschehensablauf nichts mehr zu tun hat.

In den Fällen, in denen eine übereinstimmende Auffassung von Völkerrecht und Menschenrecht vorliegt, sind Schulbuchempfehlungen, wie z. B. zwischen Deutschland und Frankreich, ohne Schwierigkeiten möglich. Hier waren tatsächlich in deutschen Schulbüchern Vorstellungen von Haßgedanken. Nur, dieser Gedanke, der von Prof. Labuda geäußert wurde, ist wohl heute in deutschen Schulbüchern in der Bundesrepublik Deutschland nicht mehr vorhanden. Er hatte wohl Beispiele – als er von der Beseitigung von Vorurteilen und Haßgedanken sprach – aus seinem Land, nicht aus dem unseren.

Mit den Staaten, in denen das Völkerrecht in der staatlichen Wirklichkeit auf den Kopf gestellt wird, sind wohl Schulbuchkonferenzen notwendig und nützlich; ihr

Ziel dürfen aber nicht gemeinsame Empfehlungen um jeden Preis sein, sondern man muß auch in Kauf nehmen, objektive unterschiedliche Auffassungen in diesen Schulbüchern darzulegen.
Jeder ernstzunehmende deutsche Leser der Schulbuchempfehlungen muß sich verhöhnt vorkommen, wenn diese Empfehlungen in dem Kapitel „Auf dem Wege zur Normalisierung" auf die Vereinbarung von Helsinki vom 1. 8. 1975 Bezug nehmen und man gleichzeitig weiß, wie die kommunistischen Machthaber die ausreisewilligen Deutschen in Polen heute behandeln.
(Beifall bei der CDU.)
Fortdauernde Verletzung der Menschenrechte unseren Kindern vorzuenthalten, ist aber nur dann verständlich, wenn man Willy Brandt in den letzten Tagen richtig versteht, daß es in den kommunistischen Parteien interessante Entwicklungen gibt.
Wer – so wie es nach den Empfehlungen der deutsch-polnischen Schulbuchkonferenz vorgesehen ist – die deutsche Jugend mit Halbwahrheiten ausbilden will, der möchte absichtlich verhindern, daß bei der Jugend ein eigenes kritisches Beurteilungsvermögen über Geschichtsabläufe entsteht.
Präsident Dr. Wagner: Herr Abgeordneter, ich muß Sie bitten, zum Schluß zu kommen.
Stanitzek (CDU): Herr Präsident, ich komme zum Schluß.
Historische Teilkenntnisse lehren, heißt junge Menschen bewußt unwissend halten, um sie dann besser manipulieren zu können.
(Beifall bei der CDU.)
Da ein fundiertes Urteil über deutsche Geschichte auch ein Urteil über die verfehlte Ostpolitik der gegenwärtigen Regierung bedeuten kann, liegt der Gedanke nahe, daß es die Absicht der einseitig zusammengesetzten deutschen Verhandlungskommission war, die verfehlte Ostpolitik auf den Schulen durch eine verfälschte Geschichtslehre zu rechtfertigen.
(Holzapfel [SPD]: Die UNESCO ist auch schon unterwandert!)
Ein solcher Versuch darf nicht Wirklichkeit werden, weil er dem Recht, der Wahrheit, dem Frieden und der echten Versöhnung zwischen dem deutschen und dem polnischen Volk entgegensteht.
(Beifall bei der CDU.)
Präsident Dr. Wagner: Das Wort hat Herr Abg. Dr. Best.
Dr. Best (SPD): Herr Präsident, meine sehr verehrten Damen und Herren! Wir haben ja im Verlaufe dieser Debatte einige sehr interessante Ausführungen auch zur geschichtlichen Betrachtung insgesamt gehört. Ich freue mich, Herr Kollege Stanitzek, daß Sie ausgeführt haben, die Feststellung historischer Fakten dürfe sich nicht nach der Tagesauffassung richten. Wenn man aber alles das zusammenfaßt, was hier heute geradezu als Appell an die Emotionen all der Vertriebenen zu verstehen ist, dann ist das immer noch keine Geschichtsbetrachtung aus der Distanz von 30 Jahren, sondern da ist das ganz primitiv der Appell an die Emotionen all derer, die unter dieser Vertreibung gelitten haben. Das dient in keinem Fall dem, was wir im Grunde genommen als Geschichtsbewältigung im Verhältnis auch zwischen Deutschland und Polen herbeiführen wollen.
Herr Kollege Krüger hat mit Recht darauf hingewiesen, daß Polen viel Leid hat auf sich nehmen müssen, nicht nur im Verhältnis zu uns, sondern auch im Verhältnis zu seinen östlichen Nachbarn.
(Krüger [F.D.P.]: Jahrhundertelang!)
– Jawohl. Was wir letzten Endes – wenn wir distanziert von Tagesfragen und losgelöst von den Emotionen, die Sie aufputschen – über unser Verhältnis zu Polen zu sagen haben, das muß von einer anderen Warte ausgehen. Dabei können Sie ruhig in die Geschichte zurückgreifen. Dann haben Sie nicht eine Teilung Polens, Herr Kollege Stanitzek, sondern gleich drei Teilungen festzustellen. Sie müssen den Frieden von Brest-Litowsk erwähnen, und dann können Sie weiterfahren in der leidvollen Geschichte dieses polnischen Volkes. Da sind keine Höhepunkte, die einen Vergleich mit dem Verhältnis Deutsch-

land-Frankreich erlauben würden, wenn man an die Siege Frankreichs von 1918 und 1945 denkt, um nur in der jüngsten Vergangenheit zu bleiben. Für Polen gab es 1945 keinen Sieg. Wer das als Sieg dieses leidgeprüften Volkes hinstellen will, der geht an den geschichtlichen Tatsachen doch eklatant vorbei.

(Beifall bei der SPD und F.D.P.)

Präsident Dr. Wagner: Gestatten Sie eine Zwischenfrage?

(Dr. Best [SPD]: Bitte sehr!)

Bitte, Herr Abg. Stanitzek!

Stanitzek (CDU): Herr Kollege Dr. Best, können Sie mir sagen, ob am heutigen Morgen jemand das Ende des Zweiten Weltkrieges für Polen als Sieg der Polen dargestellt hat?

Dr. Best (SPD): Es kommt nicht darauf an, wie Sie das hier darstellen wollen.

(Jagoda [CDU]: Sie können doch so etwas nicht unterstellen!)

Es wird vielmehr sehr entscheidend darauf ankommen – wie ich in Anknüpfung an die Ausführungen des Kollegen Krüger gesagt habe –, die ganze Situation Polens vor dem Hintergrund der Verträge von 1945 und mit Rücksicht auf die Besonderheit des Verhältnisses Polens zu seinem größeren östlichen Nachbarn zu sehen. Nur so sind alle diese Positionen zu verstehen. Ich möchte Ihnen den guten Rat geben, auch einmal zu überdenken, wie weit man sich auf polnischer Seite frei bewegen konnte bei der Darstellung politischer Tatsachen und geschichtlicher Ereignisse. Ich glaube, diese sehr freimütige Form der Geschichtsbuchempfehlungen bedeutet, einen Schritt weitergekommen zu sein.

Ich bin dem Kultusminister sehr dankbar, daß er in diesem Zusammenhang sehr deutlich herausgestellt hat, daß die UNESCO-Empfehlungen und überhaupt die Zusammenarbeit innerhalb der UNESCO den einzigen Weg darstellen, auf dem wir dieses deutsch-polnische Verhältnis entkrampfen können, auf dem wir weiterkommen können. Wir wollen doch die Dinge nehmen, wir sie sich in der politischen Realität darstellen, und nicht, wie wir sie uns wünschen. Wir wollen doch keine Geschichtsschreibung nur nach unseren Vorstellungen betreiben.

Geschichtsbücher – das wollen wir auch einmal den Lehrern sagen – sind ja heute nicht die einzige Erkenntnisquelle für junge Menschen, sondern es kommt noch eine weitere Reihe von Möglichkeiten der Information hinzu. Ich kenne auf dem deutschen Buchmarkt nach 1945 kein Buch, das in irgendeiner Weise etwa die Begriffe „Zwangsumsiedlung" oder „Transfer" oder was weiß ich noch in irgendeiner Form beschönigend dargestellt hätte, sondern hier sind doch alle die Grausamkeiten, alle die Erlebnisse in zahlreichen Einzelschilderungen – auch in Fernsehsendungen – so deutlich geworden, daß jedem zusätzlich zu der Erkenntnisquelle Geschichtsbuch noch eine breite Palette weiterer Informationsmöglichkeiten angeboten wurde. Wenn daneben auch eine etwas – sagen wir – nationalbezogene Darstellung aus der polnischen Sicht mit einfließt im Rahmen dieser Empfehlungen – ich weiß nicht, warum man dafür jetzt kein Verständnis haben sollte, zumal man sich sicher auch auf das Verhältnis Deutschland–Frankreich bezieht.

Präsident Dr. Wagner: Gestatten Sie eine Zwischenfrage?

(Dr. Best [SPD]: Bitte sehr!)

Bitte Herr Abg. Pulch!

Pulch (F.D.P.): Herr Kollege Best, sind Sie mit mir der Auffassung, daß man die geschichtliche Realität und die geschichtliche Entwicklung der letzten Jahrzehnte hier in Fünf-Minuten-Referaten nicht einmal annähernd darstellen kann?

Dr. Best (SPD): Genauso will ich auch meinen Schluß zu diesem Beitrag formulieren. Es ist ja wohl kaum vorstellbar, daß wir in der Lage sind, hier in einer Debatte über Geschichtsbuchempfehlungen das gesamte deutsch-polnische Verhältnis zu bewältigen, und es ist unmöglich, das hier in Referaten im einzelnen darzustellen. Aber es kann nicht unwidersprochen bleiben, Herr Kollege Pulch, daß – mit einem Appell an die Emotionen – auch wieder nicht nach historischer Betrachtung, sondern aus einer Tagesauffassung heraus Geschichtsauslegung in den Raum gestellt wird, die völlig fehlgeht.

Ich möchte Ihnen, meine Damen und Herren von der CDU, den dringenden Rat geben: Überdenken Sie auch in dieser Hinsicht einmal Ihr eigenes Verhältnis. Sie wissen, daß Sie die Dissidenten hinsichtlich dieser Auffassung, wie Sie sie hier bekunden, in Ihren eigenen Reihen haben; ich lese gerade heute in der Zeitung, daß mit den Stimmen der CDU-Abgeordneten Blüm und Müller-Remscheid der Bundestagsausschuß für Arbeit und Sozialordnung am Mittwoch die umstrittenen Polen-Vereinbarungen gebilligt hat.

Sie sollten inzwischen auch einmal zur Kenntnis nehmen, daß Ihr Appell an die Emotionen der Vertriebenen ins Leere geht. Informieren Sie sich bei denen, die inzwischen mit sehr viel mehr, auch persönlichem Abstand zu all dem Leid, das sie erfahren haben, ihren polnischen Nachbarn anders sehen, als sie ihn 1945 gesehen haben.

(Beifall bei SPD und F.D.P.)

Präsident Dr. Wagner: Das Wort hat Herr Abg. Milde.

Milde (CDU): Herr Präsident, meine sehr verehrten Damen und Herren! Die Debatte heute morgen hat gezeigt, daß in den Reihen der Koalitionsfraktionen die Vereinbarungen der deutsch-polnischen Schulbuchkonferenz entweder nicht gelesen worden sind – jedenfalls nicht ganz gelesen worden sind – oder man sich leider dem Trend der Feststellungen dieser deutsch-polnischen Schulbuchkonferenz anschließen möchte, geschichtliche Tatbestände nicht mehr richtig zu sehen. Daraus ergibt sich dann die Gefahr, daß man auch nichts dagegen unternimmt, wenn entweder in Schulbüchern oder in anderem Unterrichtsmaterial solche geschichtsklitternden Darstellungen verwandt werden; denn immerhin ist – unabhängig von der Frage der rechtlichen Qualität der deutsch-polnischen Schulbuchkonferenz-Vereinbarungen – die Landesregierung dafür zuständig, das daraus entstehende Unterrichtsmaterial in den Schulen dieses Landes zuzulassen.

Meine Damen und Herren, es haben sich heute hier für die Koalitionsfraktionen und die Regierung Abgeordnete und ein Minister zu Wort gemeldet, die offensichtlich auch nicht die leiseste Ahnung von den Realitäten des deutsch-polnischen Zusammenlebens, des Zusammenlebens der Menschen in diesen Gebieten in den letzten Jahrhunderten bis in die jüngste Gegenwart hinein haben.

(Zurufe von SPD und F.D.P.)

Wer in den deutschen Ostgebieten aufgewachsen ist, wer die Erfahrung der letzten Generationen von diesen konkret aus dem Erlebnis heraus übermittelt bekommen hat, der weiß, daß zwischen deutschen und polnischen Menschen auf der Ebene der Beziehungen in Gemeinden und Kreisen der Grenzgebiete jenseits der deutschen Grenze – umgekehrt jenseits der polnischen Grenze – es eine Vielzahl von persönlichen, menschlichen Bindungen gab, die lediglich jeweils durch politische Einwirkungen verschlechtert worden sind, und zwar immer dann, wenn irgendeine Seite den Totalitätsanspruch geltend gemacht hat.

Verschlechterungen konnten deswegen auch schon früher entstehen, weil unter anderen Vorzeichen es natürlich auch in Polen im vorigen Jahrhundert Nationalismus gegeben hat, der sich in Chauvinismus ausdeutete und der dazu führte, daß es nach 1918 zu der von dem Kollegen Stanitzek erwähnten Volksabstimmung kommen mußte, bei der – auch das ist eine historische Tatsache – entgegen den vorherigen Zusagen und entgegen dem Abstimmungsergebnis eben nicht alle zur Abstimmung gestellten Gebiete dementsprechend wieder nach dem Wunsche der Bevölkerung angegliedert wurden.

Es gibt aus der Zeit nach dem Krieg eine Vielzahl von Erlebnissen, wo polnische Bürger, die ihrerseits in die deutschen Ostgebiete zwangsumgesiedelt worden sind, aus dem Empfinden heraus, wie negativ dies ist, alles getan haben, um dem einzelnen deutschen Menschen, der vor

der Vertreibung stand oder zu Hause geknechtet wurde, zu helfen. Dies alles wissen wir, und das wissen insbesondere wir Vertriebenen, die wir diese leidvollen Erfahrungen am eigenen Leib und in der eigenen Familie mitgemacht haben.
Nur, das alles war doch möglich, weil Diktaturfunktionäre – diesmal unter kommunistischem Vorzeichen – dies so wollten. Wir müssen, um der geschichtlichen Wahrheit willen und um zu verhindern, daß dies nochmals möglich wird, dafür sorgen, daß dieser Bereich deutscher, polnischer Geschichte, dieser Bereich der Weltgeschichte ordnungsgemäß in unseren Büchern dargestellt wird.
Der Kollege Best hat eigentlich den Vorschlag gemacht, dafür zu sorgen, daß die Empfehlungen in dieser Form nicht verwandt werden dürfen; denn er hat gesagt – was der Kollege Stanitzek vorher schon ausgeführt hatte –, daß 1945 natürlich kein Sieg für die Polen gewesen ist.
Die deutsch-polnischen Schulbuchkonferenz-Empfehlungen tun aber so und sprechen davon, daß eine Befreiung der Polen stattgefunden habe. Es hat nur eine Fortsetzung der Knechtschaft stattgefunden, und dies möchten wir unseren Schulkindern auch weiter sagen!
(Beifall bei der CDU.)
Präsident Dr. Wagner: Weitere Wortmeldungen liegen nicht mehr vor. Damit ist die Aussprache geschlossen. Der Ältestenrat empfiehlt, diesen Antrag dem Kulturpolitischen Ausschuß zu überweisen. Ich höre keinen Widerspruch. Es ist so beschlossen.

2. Bremische Bürgerschaft (Landtag): 9. Wahlperiode, 12. Sitzung am 17. 3. 1976 (Plenarprotokoll, S. 722 ff.)

Empfehlungen der deutsch-polnischen Schulbuchkonferenz
Antrag der Fraktion der CDU vom 10. Februar 1976
(Drucksache 9/81)
Dazu als Vertreter des Senats Herr Senator Thape.
Der Antrag mit der Drucksachen-Nummer 9/81 ist unterschrieben von dem Abgeordneten Neumann und Fraktion der CDU. Der Antrag ist gedruckt an die Abgeordneten verteilt worden.
Die Beratung ist eröffnet. Wir haben uns vorgenommen bis zu 20 Minuten je Fraktion.
Das Wort hat der Abgeordnete Guter.
Abg. Guter (CDU): Herr Präsident, meine sehr verehrten Damen und Herren! Im Deutschen Bundesrat haben vorige Woche alle Bundesländer dem deutsch-polnischen Renten- und Kreditabkommen zugestimmt, nachdem die polnische Regierung in gleichsam letzter Minute die Ausreise aller Deutschen zugesagt hatte.
(Heiterkeit bei SPD und FDP)
Nach Aussage von Bundesaußenminister Genscher zugesagt hatte, meine Damen und Herren!
Dies ist eine begrüßenswerte Entscheidung der polnischen Regierung. Wir wissen hier, welche Zusammenarbeit notwendig war, um zu diesem Ziel zu kommen. Wir haben erlebt, daß Geduld, Zähigkeit und fester Wille sich lohnen!
(Beifall bei der CDU)
Wir begrüßen es, daß die polnische Regierung den Weg zum versöhnenden Kompromiß gefunden hat. Nach langen Tagen und Stunden des Wartens und des zähen Kontaktierens konnte die Brücke zueinander geschlagen werden. Die deutsch-polnische Verständigung kann auf diesem neuen Fundament weitere Fortschritte machen.
Ein solches Fundament erfordert vor allem, meine Damen und Herren, Klarheit, unmißverständliche Aussagen, das Durchlesen des Kleingedruckten und exaktes Wissen um die gegenseitigen Verpflichtungen. Ein solches Fundament erfordert aber

auch Leute, die bereit, fähig und willens sind zu verhandeln. Bundesaußenminister Genscher hat dies bewiesen.

(Beifall bei der FDP)

Die merkwürdigste Rolle spielte in der vergangenen Woche allerdings der Bundeskanzler selbst, der die eigenartige Anwandlung hatte, polnischer sein zu wollen als die Polen selbst. Er behauptete doch steif und fest, an seinem Verhandlungsergebnis von Helsinki sei nichts mehr zu verbessern, alles sei gesagt, alles sei getan, das letzte Wort sei in Warschau längst gesprochen! Dieser merkwürdige und eigenartige Kanzler wurde klar widerlegt, ihm wurde bewiesen, wie man Politik macht.

(Abg. Anneliese Leinemann [SPD]: Und das wird nicht gerügt?)

Der Bürgermeister dieser Stadt hat angesichts des blamablen Verhaltens dieses Bundeskanzlers denn auch schon verkündet, er sehe das Ende dieser sozial-liberalen Ära kommen.

(Starker Beifall bei der CDU)

Jawohl, die Zeiten sind lausig, die Kartoffeln werden teurer, und so hat der stellvertretende Parteivorsitzende der SPD das Bratkartoffelverhältnis der beiden Parteien denn auch schon enden sehen!

(Heiterkeit und Beifall bei der CDU)

Er betätigte sich dabei als Astrologe und nennt sogar Jahre, Jahresdaten, ja, er gibt Tage an. Dies dürfte aber gefährlich sein.

(Abg. John [FDP] meldet sich zu einer Zwischenfrage – Glocke)

Bitte, Herr John!

Präsident Dr. Klink: Nein, Herr Guter! Eine Sekunde! Der Tagesordnungspunkt heißt Empfehlung der deutsch-polnischen Schulbuchkonferenz!

(Starker Beifall und Zurufe bei der SPD)

Ich bitte, zu diesem Tagesordnungspunkt, das heißt zur Sache zu kommen!

(Abg. Neumann [CDU]: Hat er doch)

Nun überlassen Sie es mir, ob ich etwas zur Sache ansehe oder nicht. Ich glaube nicht, daß der Tagesordnungspunkt der deutsch-polnische Vertrag ist, sondern die deutsch-polnische Schulbuchkonferenz!

(Zurufe von der CDU)

Sind Sie bereit, eine Zwischenfrage des Abgeordneten John anzunehmen, Herr Guter?

Abg. Guter (CDU): Ich habe den Willen, die Zwischenfrage anzunehmen, möchte aber gern zu dem Wort des Präsidenten ebenfalls etwas sagen. Ich bin ein freier Abgeordneter und habe eben vorhin vernommen, daß es – –

(Glocke)

Präsident Dr. Klink: Ich rufe Sie zur Ordnung, Herr Guter!

(Starke Unruhe und Zurufe bei der CDU)

Ich kann Sie auf Paragraph 46 hinweisen: „Wer die Ordnung, besonders durch persönliche Angriffe, verletzt, wird vom Präsidenten zur Ordnung gerufen.

(Zurufe von der CDU)

Spricht ein Redner nicht zur Sache, so wird er vom Präsidenten darauf hingewiesen." Das habe ich gemacht.

Abg. Guter (CDU): Ich habe zur Sache gesprochen, und Sie werden es gleich hören.

(Beifall bei der CDU – Glocke)

Präsident Dr. Klink: Nach der Geschäftsordnung sind Ordnungsrufe nicht weiter zu kritisieren.

(Starke Unruhe)

Meine Damen und Herren, ich kann ja verstehen, daß Sie sehr erregt sind, Herr Guter, aber wenn Sie Klagen haben, dann kommen Sie – –

(Zurufe von der CDU)

Meine Damen und Herren, es wird fast unerträglich!

(Beifall bei der CDU)

Ich weiß nicht, ob irgendeiner glaubt, daß dieser Stil dem Ansehen dieses Hauses noch nutzen kann.

(Beifall)

Herr Abgeordneter Guter, sind Sie bereit, eine Zwischenfrage anzunehmen?

Abg. Guter (CDU): Bitte sehr!

Präsident Dr. Klink: Bitte sehr, Herr John!

Abg. John (FDP): Herr Kollege Guter, sind Sie mit mir der Meinung, daß es sich bei dem Abschluß der Polenvereinbarungen und der Zustimmung des Bundesrates um einen Erfolg aller, unabhängig von der

Parteizugehörigkeit, handelt, die sich um diesen Abschluß bemüht haben?
(Abg. Neumann [CDU]: Aber nicht von Herrn Schmidt!)
Abg. Guter (CDU): Herr Abgeordneter John, ich bin mit Ihnen völlig dieser Meinung, möchte allerdings mir das Recht vorbehalten, als Abgeordneter auch dieses Hauses darauf hinzuweisen, daß es notwendig ist, Verhandlungen echt, klar und unmißverständlich zu führen!
(Beifall bei der CDU)
Nun, meine Damen und Herren. Sie haben unseren Antrag gelesen. Ich darf ihn wiederholen. Er lautet: „Die Bürgerschaft (Landtag) wolle beschließen: Der Senat wird aufgefordert sicherzustellen, daß die geschichtsfälschenden Empfehlungen der achten deutsch-polnischen Schulbuchkonferenz im Unterricht an den Schulen des Landes Bremen keine Verwendung finden."
Was ist hier geschehen? Nun, eine gemeinsame Schulbuchkommission war gegründet worden, die bisher insgesamt acht Konferenzen abgehalten hat und an der auf deutscher Seite Hochschullehrer, Institutsdirektoren, Verlagsleiter und Lektoren teilgenommen haben. Auf polnischer Seite Persönlichkeiten aus denselben Bereichen, die aber vielfach gleichzeitig hohe und hoch zu bewertende Funktionen in der Polnischen Vereinigten Arbeiterpartei bekleideten und bekleiden. Federführend war auf deutscher Seite das Georg-Eckert-Institut für internationale Schulbuchforschung in Braunschweig beteiligt. Die deutsche Expertengruppe wurde von Professor Georg Eckert geleitet und nach dessen allzu frühem Ableben von Professor Dr. Walter Mertineit.
Gegenstand des Streites sind nun die Empfehlungen eben der achten Schulbuchkonferenz von Oktober 1975, die den Zeitraum von 1945 bis zur Gegenwart umfassen. Diese Empfehlungen enthalten in wesentlichen Passagen fast ausschließlich die kommunistische Sicht der Geschichte im Verhältnis der beiden Staaten zueinander. Der Grund unseres unmittelbaren Aufbegehrens aber ist die Tatsache, daß Bremen bereits entschieden hat, diese Empfehlungen zu befolgen. Im Ergänzungsband zu den Lehrplänen der Gymnasien im Land Bremen verfügte der Senator für Bildung in seinen Leitlinien für den Umgang mit dem geltenden Lehrplan, daß bei der Behandlung der Staatengeschichte die einschlägigen Empfehlungen des internationalen Schulbuchinstituts heranzuziehen seien. Gleiches ist vorgesehen für die Ergänzungsbände des Haupt- und Realschullehrplans. Das heißt also nach unserer Überprüfung und Meinung: Geschichtsklitterung in Zukunft und Geschichtsfälschung in bremischen Schulbüchern! Das, meine Damen und Herren, kann nicht wahr sein! Wir bitten daher dringend und fordern den Senat auf, dies schnell und restlos zu korrigieren.
(Beifall bei der CDU)
Meine Fraktion nahm am 16. Februar 1976 telefonisch mit Professor Dr. Walter Mertineit in Glücksburg bei Flensburg Rücksprache. Professor Mertineit, der Verhandlungsführer in Warschau auf deutscher Seite, erklärte, er halte es persönlich ebenfalls für denkbar unglücklich, wenn diese ersten Empfehlungen für die bremischen Schulen bereits als verbindlich festgelegt werden. Er erstelle gegenwärtig eine Bewertung dieser Empfehlungen für die Zeitschrift „Geschichte in Wissenschaft und Unterricht". Er erklärte, die Empfehlungen seien ein erstes Diskussionsergebnis und sollten nicht als orthodoxe Texte behandelt werden.
Die Empfehlungen, meine Damen und Herren, sind drei DIN-A4-Seiten stark, eng gedruckt, dreispaltig, es ist also unmöglich, hier etwa den Text verlesen zu wollen. Ich muß, um wortgetreu zu sein, immer auf diesen Text verweisen und muß auch zitieren. Aber befürchten Sie bitte kein einziges langes Zitat, ich möchte nur aus diesem besonderen Grunde schon jetzt den Herrn Präsidenten um die Genehmigung bitten, mehrfach zitieren zu dürfen. Es geht darum, im Klartext, meine Damen und Herren, ob bremische Schüler in Zukunft nicht mehr hören sollen, daß es eine Vertreibung gegeben hat. Es sei, so mei-

nen die Empfehlungen, nur eine Zwangsausweisung nach interalliierten Transferabkommen gewesen. Diese Worte finden sich im Potsdamer Abkommen, allerdings mit folgendem Vorspann – ich darf mit Genehmigung des Herrn Präsidenten zitieren –: „Die drei Regierungen haben die Frage unter allen Gesichtspunkten beraten und erkennen an, daß die deutsche Bevölkerung oder Bestandteile derselben, die in Polen, Tschechoslowakei und Ungarn zurückgeblieben sind, nach Deutschland übergeführt werden muß. Sie stimmen darin überein, daß jede derartige Überführung, die stattfinden wird, in ordnungsgemäßer und humaner Weise erfolgen soll."
Was ist geschehen? Was ist erfolgt? Meine Damen und Herren, die größte und grausamste Vertreibung der neueren Staatengeschichte Europas! Unter vollkommenem und klarem Bruch dieser Bestimmungen des Potsdamer Abkommens selbst!
(Beifall bei der CDU)
Unter dem Eindruck dieser Ereignisse hat ein uns allen bekannter Politiker, heute noch agierend und aktiv, im Deutschen Bundestag am 14. September 1950 erklärt – ich darf zitieren, Herr Präsident, mit Ihrer Genehmigung: „Das deutsche Volk sieht in der Anerkennung der Oder-Neiße-Linie, in der Verteidigung der unmenschlichen Behandlung deutscher Kriegsgefangener und Verschleppter, in der Mißachtung des Schicksals und des Heimatrechts der Vertriebenen, Verbrechen an Deutschland und gegen die Menschlichkeit"!
(Zurufe von der CDU: Wer war das?)
Dieser Politiker heißt Herbert Wehner!
(Beifall bei der CDU)
Nach 25 Jahren allerdings leidet gerade dieser Politiker, wie mir scheint, an völligem Gedächtnisschwund, da er von fremdem Territorium aus alle jene Leute verunglimpfte, die heute noch geschichtliche Wahrheiten, ähnlich wie er 1950, aussprechen.
(Erneuter Beifall bei der CDU)
Ich kann auch nur hier wie dort Bundesaußenminister Genscher ein Lob zollen. Er hat diese Dinge klar beim Namen genannt, auch heute noch, genau wie damals. Er sagte jüngst, am 19. Februar, im Deutschen Bundestag, wenn Sie erlauben, Herr Präsident, daß ich zitiere: „Und auch bei uns, vor allem bei den vielen Millionen, die ihre Heimat verloren haben, ist die Erinnerung wach an die Not der Vertreibung, an viele schmerzliche Schicksale."
Zweitens: Bremische Schüler sollen nach den Empfehlungen allerdings in Zukunft nicht mehr lernen, nicht mehr hören, daß es einen Hitler-Stalin-Pakt gegeben hat.
Drittens: Daß Ostpolen von der Sowjetunion überfallen und annektiert wurde und als einverleibtes Gebiet auch 1945 nicht mehr für Polen zur Debatte stand, sondern Polen dafür die Oder-Neiße-Gebiete von der Sowjetunion zugestanden erhielt, das sollen sie nicht mehr hören, denn die Empfehlungen sprechen lediglich davon, daß im Rahmen der territorialen Umordnungen und Neugliederungen nach 1945 bedeutende und umfangreiche Bevölkerungsverschiebungen stattgefunden hätten.
Viertens: Daß die Hoheitsgewalt über die deutschen Gebiete jenseits von Oder und Neiße den polnischen Behörden vor Beginn der Konferenz von Potsdam allein von den sowjetischen Machthabern übertragen worden ist, das sollen bremische Schüler nach diesen Empfehlungen nicht mehr hören.
Fünftens: Daß die Potsdamer Konferenz ausdrücklich auf eine Friedenskonferenz verweist, auf der die endgültige Festlegung der Westgrenze Polens erfolgen sollte.
Sechstens: Daß nicht 8,5 Millionen, wie die Empfehlungen sagen, sondern nach Aussagen aller, auch der UNO-Institute, die sich mit diesen Fragen befassen, mindestens eine Million mehr in diesen Gebieten lebten und daß aus dem gesamten Osten etwa 12 Millionen Menschen vertrieben worden sind, aus allen Gebieten zwischen Ostsee und Schwarzem Meer.

(Abg. Kunick [SPD] meldet sich zu einer Zwischenfrage – Glocke)
Präsident Dr. Klink: Sind Sie bereit, Herr

Abgeordneter Guter, eine Zwischenfrage anzunehmen?

Abg. Guter (CDU): Ich muß Sie enttäuschen, Herr Kollege Kunick, meine Zeit ist begrenzt, wir haben ja eine interfraktionelle Festlegung, die so beschlossen worden ist.

Siebtens: Daß die Heimatvertriebenen allein – das sollen bremische Schüler also nicht mehr hören –, daß die Heimatvertriebenen allein durch die gigantische Leistung des von uns allen getragenen Lastenausgleichs so schnell in die Gesellschaft integriert wurden, also durch eine von uns zu verantwortende und von uns auch zu leistende Finanzumwälzung großen Stils.

Achtens: Daß der Verzicht auf Gewalt durch die Heimatvertriebenen ein Akt der Einsicht, der Humanität, der Friedenssicherung, der Stabilisierung gewesen ist, wie ihn bisher keine Gruppe von Vertriebenen beschworen hat, das wollen die Empfehlungen anscheinend nicht wissen, und daher sollen also bremische Schüler in Zukunft diese Dinge nicht mehr hören.

Neuntens: Daß es bei den großen Vertreibungen im Osten keineswegs darum ging, staatliche und ethnische Grenzen, wie die Empfehlungen meinen, in Übereinstimmung zu bringen, sondern daß es den Sowjets, wie wir meinen, einzig darum ging, das von ihnen eroberte Gebiet nach ihren Vorstellungen aufzuteilen, siehe Baltikum, Ostslowakei, Siebenbürgen, Bessarabien.

Zehntens: Bremische Schüler sollen also nicht mehr hören in Zukunft, nach diesen Empfehlungen, meine Damen und Herren, daß es nicht linke Parteien in Polen waren, die das neue, das jetzige Polen hervorbrachten, sondern einzig die sowjetische Armee und die von ihnen eingesetzten polnischen kommunistischen Funktionäre, denn andere sind abgehalftert und leben heute zum Teil noch hochbetagt in London.

Elftens: Daß in der Annahme des Marshall-Plans, so sollen bremische Schüler nicht mehr hören, durch Westeuropa die osteuropäischen Staaten nicht etwa, wie die Empfehlungen meinen, eine Abkehr von den bisherigen interalliierten Grundsätzen des politisch-wirtschaftlichen Aufbaus in Europa gesehen haben, sondern daß diese Staaten auf Befehl der Sowjetunion diese Marshall-Plan-Hilfe nicht annehmen durften. Ich verweise auf Prag, auf die Tschechoslowakei, die bereits unterzeichnet hatte, die wieder zurückziehen mußte.

Zwölftens: Die Empfehlungen sprechen davon, daß die Beziehungen der Bundesrepublik Deutschland zu Polen und zu anderen Ländern in vieler Hinsicht dadurch belastet worden seien, daß Inkonsequenzen bei der Durchführung der Entnazifizierung und der gerichtlichen Verfolgung nationalsozialistischer Verbrechen zu verzeichnen waren.

Meine Damen und Herren, ich folge in diesem Punkte den Empfehlungen. Allerdings, wenn wir ihnen folgen und die Zeit der Persilscheine in dieser Weise als nicht glücklich und als nicht demokratisch sauber kennzeichnen, dann möchte ich und meine Fraktion mit mir gewahrt wissen und garantiert wissen, daß in diese Empfehlungen auch eine Passage aufgenommen wird, die dann davon spricht, daß eben in Polen, in der Tschechoslowakei und in anderen heutigen osteuropäischen Staaten alle Verbrechen, die an unschuldigen deutschen Menschen nach Kriegsende, nach der Kapitulation begangen worden sind, daß diese bis zum heutigen Tage völlig ungesühnt blieben und daß die Täter ex cathedra für straffrei erklärt wurden.

Dreizehntens: Daß alle in Polen lebenden Deutschen bis zum heutigen Tage ohne Minderheitenschutz, ohne Volksgruppenrecht leben, auch nach Unterzeichnung des jetzigen Abkommens, meine Damen und Herren, obwohl die polnische Regierung durch die Zugehörigkeit Polens zur UNO die Charta der Vereinten Nationen befolgen müßte und als Unterzeichnerin der Schlußakte von Helsinki sich zu weitgehendem Austausch von Menschen, Informationen und Meinungen auf humanitärer Grundlage verstehen müßte.

Vierzehntens: Daß die NATO ein Vertei-

digungsbündnis ist und keine Bedrohungsvorstellungen durch sich selbst hervorruft, wie es nämlich die Empfehlungen ausdrücken, sondern daß diese Bedrohungsvorstellungen, wie wir meinen, allein von den Kommunisten konsequent erst in Europa geweckt wurden.
(Beifall bei der CDU)
Aus Mangel an Zeit muß ich den wichtigen fünfzehnten Punkt etwas kürzen und Ihnen nur sagen, daß die Empfehlungen auch das Urteil des Bundesverfassungsgerichts vom 31. Juli 1973 völlig außer acht lassen, in dem es ja klar und deutlich heißt, daß Deutschland als Ganzes auch nach der Kapitulation nicht untergegangen ist, und wenn ich mit Genehmigung des Herrn Präsidenten zitieren darf: „Das Deutsche Reich existiert fort", heißt es in diesem Urteil, „besitzt nach wie vor Rechtsfähigkeit, ist allerdings als Gesamtstaat mangels Organisation, insbesondere mangels institutionalisierter Organe selbst nicht handlungsfähig."
Meine Damen und Herren, Schwerpunkt unserer Kritik ist die Tatsache, daß in diesen Empfehlungen die Vertreibung der Deutschen verharmlost und heruntergespielt wird. Alle versöhnungsbereiten Deutschen sind der Meinung, daß die Verbrechen der SS und NSDAP in Polen klar und unmißverständlich auch in einem Schulbuch hüben und drüben klargelegt werden müssen, daß aber das nachfolgende Verbrechen der Vertreibung nicht aus dem Buch der Geschichte getilgt werden kann.
(Erneuter Beifall bei der CDU)
Kurzum, diese Empfehlungen atmen den Geist der polnischen Einheitspartei, nicht des polnischen Volkes und lassen wenig von deutscher Mitwirkung spüren, leider! Sie lassen böse Ahnungen aufkommen für den Beginn der deutsch-sowjetischen Schulbuchkonferenzen. Wehret den Anfängen! Da in den vorliegenden Empfehlungen unzumutbare Verdrehungen und Verzerrungen der deutsch-polnischen, ja der europäischen, eben der osteuropäischen Geschichte enthalten sind, müssen sie korrigiert werden, mindestens aber dürfen sie in Bremen für unsere Schulen nicht verbindlich werden. Wer die Unwahrheit sät, wird Gift ernten!
In diesem Sinne einer klaren Sicht auf das, was war, wären Konferenzen dieser Art in Zukunft gut beraten, wenn sie sich weniger um politische Kompromisse, das ist das Geschäft der Politiker, als vielmehr um die historische Wahrheit bemühen würden.
(Beifall bei der CDU)
Im Sinne einer dauerhaften deutsch-polnischen Verständigung darf diese Brücke nicht auf dem Flugsand des Opportunismus und des Vertuschens gebaut sein. Damit leisten wir den polnischen Schulkindern einen ebenso schlechten Dienst oder keinen guten Dienst, ähnlich wie unseren bremischen.
Indem ich Ihnen, meine Damen und Herren, für diese Ihre mir bewiesene Aufmerksamkeit herzlich danke, darf ich mit einem Wort Solschenizyns schließen. Es heißt: „Der Preis der Feigheit kann nur das Böse sein".
(Beifall bei der CDU)

Präsident Dr. Klink: Meine Damen und Herren, ich wurde darauf hingewiesen, daß ein Zwischenruf kam „Wir grüßen unseren Führer!" Es ist eine solche Unruhe gewesen, daß ich zumindest es akustisch nicht wahrgenommen habe. Ich frage, ist dieser Zwischenruf gemacht worden?
(Unruhe und Zurufe bei der CDU)
Ist dieser Zwischenruf gehört worden?
(Zurufe von der CDU: Wir haben ihn gehört!)
Ich frage, ist dieser Zwischenruf gemacht worden?
(Zurufe von der CDU: Jawohl!)
Der Zwischenruf ist gemacht worden! Meine Damen und Herren, das ist eine für einen Demokraten unerträgliche Beleidigung!
(Starker Beifall)
Ich weise diesen Zwischenruf ausdrücklich zurück!
Als nächster hat das Wort Herr Bürgermeister Koschnick. Ich hätte die herzliche

Bitte, daß wir nicht in eine Debatte in extenso eintreten über den deutsch-polnischen Vertrag. Wir haben gerade eine Geschäftsordnungsdebatte gehabt. Selbstverständlich bleibt es Ihnen unbenommen, wenn Sie eine Replik, eine Richtigstellung zur Sache hier machen wollen, wenn Dinge angesprochen sind, die nicht so stehen bleiben können. Aber ich bitte herzlich darum, daß wir nicht in extenso in eine Debatte eintreten, die nicht mit der Tagesordnung zusammenhängt.
Bitte, Herr Bürgermeister!

Bürgermeister Koschnick, Präsident des Senats: Herr Präsident, meine sehr verehrten Damen und Herren! In diesem Hause ist in mehr als 25jähriger Geschichte es auch schon vorgekommen, daß Angehörige der jeweils zur Bundesregierung stehenden Oppositionsfraktion auch hier die Bundesregierung oder auch den Bundeskanzler angegriffen haben, aber genau so eindeutig war es, daß die Vertreter des Bundesrates, in diesem Fall die Senatsvertreter, einen solchen Vorwurf zurückweisen konnten, und davon mache ich Gebrauch.
(Beifall bei der SPD)
Ich weiß nicht, ob wir in diesem Hause bei der notwendigen engen Bindung, die wir alle zum Bund anstreben, fortfahren dürfen, den Kanzler als blamabel zu bezeichnen! Von Bratkartoffelverhältnis zu sprechen bei Koalitionsparteien, das ist eine Floskel, die werden wir gemeinsam ertragen.
(Abg. Neumann [CDU]: Sie insbesondere!)
Ich auch, natürlich! Was soll das eigentlich?
(Zurufe von der CDU)
Es sieht so aus, als wenn man in Semantik hier noch einiges machen muß. Das Bratkartoffelverhältnis war früher das unziemliche, illegale Verhältnis. Sozialdemokraten und Liberale sind nicht illegitim zusammen, sondern arbeiten ernsthaft auf Bundesebene zusammen.
(Starker Beifall bei SPD und FDP)
Ich meine nur, es hat keinen Zweck, daß wir hier anfangen, vom Klima im Bund zu sprechen und von dem Verhältnis in unserem Lande sowie davon zu sprechen, daß wir auch mit unseren östlichen Nachbarn in besseren verständnisvolleren Bedingungen zusammenarbeiten müssen – um der Menschen in beiden Ländern willen – und dann in einer solchen persönlich diffamierenden Weise über Regierungsmitglieder zu sprechen. Ich weise das mit aller Entschiedenheit zurück,
(Beifall bei SPD und FDP)
und ich sage Ihnen, wenn Sie das als Ihren Stil empfinden, machen Sie es in Wahlkämpfen, aber lassen Sie diese Art und Weise aus dem Parlament!
(Beifall bei der SPD)
Ich erkläre im übrigen, ich würde mich auch nicht in einer solchen Form äußern zu den Kollegen in den Bundesländern, bei denen ich differenzierter Meinung bin über das, was sie selbst geleistet haben, um diese Verträge und Absprachen zustandezubringen.
Und nun zum eigentlichen Problem: Ich bin persönlich sehr froh – das habe ich auch im Bundesrat gesagt –, daß wir zu einer einstimmigen Zustimmung im Bundesrat kommen konnten. Ich bin darüber nicht so sehr froh aus innenpolitischen Gründen, ich bin vor allem froh darüber aus außenpolitischen Gründen.
(Beifall bei SPD und FDP)
Damit wurde sichtbar, daß wir in diesem Land noch in bestimmten schwierigen Fragen zusammenarbeiten können.
Und ich weiß auch, was ich sage, denn bei meinem ersten Besuch in Warschau war es meine Aufgabe, als ich vor dem internationalen Institut gesprochen habe, die Christlichen Demokraten zu verteidigen, weil man mir vorwarf, sie wären die Revanchisten in Deutschland und sie seien nicht bereit, wirkliche Friedensverträge mitzutragen. Damals habe ich mich in Warschau hingestellt und bin für die Christlichen Demokraten eingetreten, weil ich sagen konnte und mit Überzeugung auch heute noch sagen kann, daß es in diesem deutschen Volk keine Mehrheit von Revanchisten gibt, und daß die klei-

nen Gruppen Unverbesserlicher, gleich wo sie sind, nicht Beispiel sind für das Verhältnis unserer Völker.
(Beifall bei SPD und FDP)

Weil ich das in Warschau gesagt habe und weil ich im Bundestag wie im Bundesrat mit Nachdruck mich dafür eingesetzt habe, zu einem neuen Verständnis zwischen Polen und Deutschen zu kommen, in Kenntnis des Leides, das zwischen unseren Völkern steht und das Menschen in beiden Völkern getragen haben, und weil wir Schluß machen wollen mit dem Begriff von Rache und Vergeltung, und weil wir aufeinander zuarbeiten wollen, um das Leid, das die ältere Generation hat ertragen müssen, in der Regel immer die Unschuldigen haben tragen müssen, um dieses Leid aufzuarbeiten, um der nächsten Generation eine Chance zu geben, unbelastet von der Vergangenheit, aber in Kenntnis der Geschichte zusammenzuarbeiten, halte ich den Beitrag von Herrn Guter für absolut falsch und politisch untragbar.
Meine Damen und Herren, das, worum wir uns bemüht haben – und ich habe mich, wie Sie wissen, gerade in diesem Bereich außerordentlich stark mit engagiert –, ist nicht, die Geschichte zu verdrängen. Wir wollen nicht den Fragen ausweichen, was war 1945 und was war 1939 und was war 1919, da war ja auch einiges, und was war 1917, und was war 1848 oder 1832 oder was war in den anderen Jahrzehnten? Was haben wir eigentlich in unserem Volke damals getan im Positiven wir im Negativen, und was haben wir als Echo im Positiven und Negativen erfahren? Weil wir erkennen können, daß viel Schuld und Belastung zwischen den Nationen stehen, aber weil wir für manche auch viele Hoffnungen wecken konnten, die positiv zwischen unseren Nationen stehen, gilt es, Antworten für die Zukunft zu finden, denn wir haben ja nicht nur die dunklen Zeiten der Geschichte zu werten, wir haben auch eine beachtliche Zahl progressiver Zeichen, die wir darstellen können, Zeichen, die ein bißchen unser Gefühl dafür stärken zu begreifen, daß wir Mitteleuropäer in einer Art gemeinsamen Geschichte gelebt haben.
Die ganze liberale Freiheitsbewegung kristallisierte sich um die Freiheit auch des polnischen Volks. Die große Auseinandersetzung der katholischen Bewegung gegen den preußischen Staat ging auch darum, die katholische Kirche und den Staat Polen zu erhalten. Die Bewegung der Sozialdemokraten, Freiheit und Selbständigkeit für die arbeitenden Menschen in Europa zu erreichen, bezog auch Polen mit ein. Diesen Teil positiver deutscher Geschichte haben wir gemeinsam getragen, wie wir auch die negativen Aspekte unserer Geschichte, ob der einzelne von uns mitverantwortlich ist oder nicht, gemeinsam mit tragen müssen. Wir können nur versuchen, unseren Kindern eine bessere Chance zu geben, freier, unbelasteter auch mit unseren polnischen Nachbarn zu leben.
Und wir haben doch hier in Bremen, meine Damen und Herren, auch einige Beispiele gesetzt. Waren wir es nicht gemeinsam, die 1945, als andere noch davon sprachen, man könnte zurückkehren, gemeinsam sagten, wir bieten euch hier Heimat, wir bieten euch hier Wohnung, wir bieten euch hier Arbeit, und wir bitten euch, hier heimisch zu werden!
(Abg. Neumann [CDU]: Was hat das mit dem Thema zu tun? – Abg. Dr. Cassens [CDU]: Herr Präsident, Guter wird dafür gerügt! – Zurufe von der CDU: Schulbücher! – Glocke)

Präsident Dr. Klink: Herr Bürgermeister Koschnick, meine Damen und Herren, wir behandeln die deutsch-polnische Schulbuchkonferenz! Ich glaube, hier wird die historische Perspektive des Verhältnisses zwischen Deutschland und Polen dargelegt.
(Abg. Dr. Cassens [CDU]: Und der Abgeordnete Guter wird gerügt!)
Meine Damen und Herren, dann lesen Sie Ihren Antrag durch, was da drinsteht! Es tut mir leid, daß diese Schärfe in die Debatte kommt.
(Abg. Klein [CDU]: Herr Guter bekommt einen Ordnungsruf dafür, aber ei-

nen faschistischen Zwischenruf hört keiner!)
Meine Damen und Herren, wenn Sie Klagen haben, wenn Sie Beschwerden über meine Amtsführung haben, dann kommen Sie in den Verfassungs- und Geschäftsordnungsausschuß. Ich breche die Debatte über diese Frage hier ab.
Das Wort hat Herr Bürgermeister Koschnick.
(Beifall bei SPD und FDP – Zurufe von der CDU)
Bürgermeister Koschnick: Meine Damen und Herren, haben wir nicht hier in diesem Parlament gemeinsam von Bürgerschaft und Senat vieles dazu beigetragen, um sehr viel früher als andere in allen Parteien deutlich zu machen, daß es nach diesem Krieg möglicherweise keine Rückkehr in die früheren deutschen Gebiete mehr gibt, daß es darauf ankommt, eine neue Heimat zu schaffen und sie, die ihre alte Heimat verloren haben, wirklich und umfassend zu integrieren und mit ihnen gemeinsam dieses Land wieder aufzubauen? Bremen und Bremerhaven wären nichts, wären die Heimatvertriebenen damals nicht dabei gewesen, um wieder aufzubauen.
(Beifall bei SPD und FDP)
Und ich habe in meinen Diskussionen den Begriff Heimatvertriebene in Warschau genauso benutzt, und ich werde ihn weiter benutzen, aber ich werde ihn nicht benutzen im Sinne eines revanchistischen Begriffes, sondern ich werte es als eine Dokumentation eines Tatbestandes, daß Menschen ihre Heimat verloren haben, weil ein unsinnig begonnener Krieg, Terror und Schrecken in Europa Menschen unglücklich gemacht haben. Das gilt für polnische Menschen genauso wie für deutsche Menschen.
Wenn das so ist, dann dürfen Sie auch die Schulbuchempfehlungen nicht mißverstehen. Hier ist versucht worden, zunächst einmal Sprachregelungen für zwei Bereiche zu machen, die ausgefüllt werden können mit der eigenen Interpretation der eigenen Geschichte. Unter dem Überbegriff ,,Zwangsausweisung entsprechend internationaler Transferabkommen" können wir und werden wir in unseren Schulen deutlich machen, was an Problemen und an Leid damit verbunden war und was es heißt, wenn Deutsche aus früheren deutschen Gebieten hierher gekommen sind, was es heißt, wenn Polen aus Ostpolen nach Westpolen umgesiedelt wurden. Das sind doch geschichtliche Tatbestände, die wir ausfüllen können und ausfüllen werden, allerdings unter einer einzigen Begriffsbestimmung, nicht, indem wir wieder von Rache und Vergeltung sprechen, sondern indem wir den Versöhnungsgedanken eindeutig aufnehmen, umsetzen als geschichtliche Antwort auf schreckliche Geschehnisse in der Vergangenheit.
(Erneuter Beifall bei SPD und FDP)
Man könnte zu diesen Dingen vieles sagen, aber meine Bitte ist, daß wir in Bremen wieder einmal gemeinsam versuchen, das, was wir wirklich an Vorsprung haben, an geschichtlicher Erfahrung und an gemeinsamer Bereitschaft, zu nutzen für ein besseres Verhältnis zwischen der Bevölkerung in Polen und unserer Bevölkerung. Wir sollten das auch nutzen für eine größere Bereitschaft hier in Bremen, unseren Umsiedlern, die jetzt aus Polen kommen, sehr schnell eine volle Integration zu ermöglichen, und zwar voll aufgenommen in allen Bereichen der Gesellschaft und sie nicht abzustempeln als diejenigen, die zu spät gekommen sind.
(Beifall bei SPD und FDP)
An den Taten, meine Damen und Herren, an den Taten sollten wir uns messen lassen!
(Starker Beifall bei SPD und FDP)

Präsident Dr. Klink: Als nächste hat das Wort die Abgeordnete Frau Schütte.
Abg. Eva Schütte (FDP): Herr Präsident, meine Damen und Herren! Es war mir klar nach der Verschiebung der Debatte von Februar auf März und den inzwischen stattgefundenen Abstimmungen über die deutsch-polnischen Abkommen, daß jeder, der von seiner Fraktion zu diesem Punkt sprechen würde, praktisch eine neue Rede konzipieren müßte. Daß die

Rede dann so ausfallen würde, wie der Kollege Guter sie hier gebracht hat, daran hatte ich nicht geglaubt. Das hatte ich nicht für möglich gehalten.
(Starker Beifall bei FDP und SPD – Abg. Neumann [CDU]: Dann halten Sie sich doch ans Thema!)
Man ist geneigt zu denken, daß die Einstimmigkeit im Bundesrat dann doch wohl nur eine faktische war und nicht vom Inhalt her getragen worden ist.
(Erneuter starker Beifall bei FDP und SPD – Abg. Neumann [CDU]: Ordnungsruf bitte! Das ist doch genau dasselbe!)
Und ich möchte auch hier für mich sagen, daß ich es bei keiner Gelegenheit akzeptieren werde, wenn nach so langem Feilschen im Bundesrat um diese Abstimmungen seitens der CDU – –
(Glocke)
Präsident Dr. Klink: Frau Abgeordnete Schütte, wir wollen uns an die Übung des Hauses halten. Wir sind bei der Schulbuchkonferenz!
Abg. Eva Schütte (FDP): Ich auch, Herr Präsident!
(Abg. Lahmann [FDP]: Das ist der Kontext, Herr Präsident!)
Präsident Dr. Klink: Bitte sehr, kommen Sie zum Thema!
Abg. Eva Schütte (FDP): Selbstverständlich, Herr Präsident, aber ich muß doch in etwa auch das, was vor mir gesagt worden ist, mit einbeziehen.
(Starker Beifall bei FDP und SPD – Glokke)
Präsident Dr. Klink: Meine Damen und Herren, da können Sie noch so viel klatschen, wie Sie wollen! Es ist aufgerufen die Schulbuchkonferenz und nichts anderes! Deswegen fordere ich Sie auf, kommen Sie zur Sache!
(Abg. Lahmann [FDP]: Sie ist unmittelbar bei der Sache! – Abg. John [FDP]: Sie ist bei der Ouvertüre!)
Abg. Eva Schütte (FDP): Sehr richtig! Diese Einlassungen waren notwendig, um auch den Tenor der hier immer wieder angesprochenen Schulbuchempfehlungen richtig zu setzen, denn, wie Herr Bürgermeister Koschnick eben auch ausgeführt hat, es sind all dieses Versuche, nach langen Kriegs- und Nachkriegsjahren zwischen den kriegführenden Gruppierungen zu einer Einigung zu kommen, damit wir solche Auseinandersetzungen in kriegerischer Weise nicht mehr haben.
Auch die Empfehlungen sollten dazu dienen, und wer von denen, die hierzu sprechen, die gelesen hat – das nehme ich ja sicher an, wir hatten ja nun noch vier Wochen länger Zeit, uns diese Unterlagen zu besorgen –, der wird zu dem Schluß kommen müssen, daß hier von beiden Seiten geeignete Fachleute und Professoren in mühsamer Arbeit über vier Jahre daran gearbeitet haben, zu einer Grundlage zu kommen, wie man diese Dinge einer Generation nahebringen kann, die selbst nicht mitgewirkt hat, diese Dinge nicht erlebt hat und wahrscheinlich kein Verständnis mehr haben würde, wenn man ihnen diese Möglichkeit nicht gibt. Darum diese Empfehlungen, und ich muß es hier noch einmal sagen, es sind Empfehlungen für Bücher, die vorerst nicht vorliegen.
(Abg. Neumann [CDU]: Da täuschen Sie sich, Frau Schütte!)
Es wird seitens der CDU so getan, als ob diese Bücher nun schon verseuchend in bremischen Schulen liegen.
(Abg. Neumann [CDU]: Das ist falsch!)
So ist es ja nun absolut gar nicht! Wir haben Schulbuchkonferenzen gehabt, beginnend 1945 für das deutsch-französische Verhältnis, und ich habe mit Herrn Professor Goosmann telefoniert, der damals diesem Gremium angehört hat, und der mir auch versichert hat, daß es auch dort fair zwischen Professoren der Sorbonne und zwischen Sachverständigen aller Bundesländer vor sich gegangen ist. Auch da war einiges zu bereinigen, wenn ich nur die Schlagworte „Erbfeind“ und „Rache für Sadowa“ hier erwähne. Wir sind da zu einer besseren gegenseitigen Situation gekommen, und dasselbe erwarten diejenigen, die sich bei den deutsch-polnischen Empfehlungen engagiert haben auch wieder, nämlich daß das Klima verbessert wird.
Die Reizworte für die CDU hat Herr Gu-

ter ja schon genannt, dieses Wort der „Bevölkerungsverschiebung", wozu zu sagen ist, daß, und das steht auch in dieser Empfehlung, etwa die Hälfte der Leute und außerdem die Mehrzahl der deutschen Bevölkerung Danzigs sowie der in Polen lebenden Deutschen entweder evakuiert worden sind oder unter großen Verlusten noch vor Kriegsende geflüchtet sind in deutsche Gebiete westlich der Oder-Neiße-Linie. Also war das damals der Weg, den die Bevölkerung dort gewählt hat.

Diese Hälfte der Bevölkerung fällt demnach nicht unter dieses auch als Reizwort für die CDU angesprochene Wort „Zwangsvertreibung". Die sind damals unter großen Verlusten von sich aus aus diesen Gebieten in deutsche Gebiete übergesiedelt.

Das nächste Reizwort ist eben die Frage, ob man Zwangsumsiedlung sagt oder Zwangsvertreibung. Darüber ist schon in der Fragestunde des Bundestages von meinem Kollegen gesprochen worden, daß das quasi eine Tautologie wäre, denn Zwangsumsiedlung beinhaltet von vornherein schon den Zwang. Ob man dann Zwangsvertreibung sagt, das also verdoppelt und potenziert, oder ob man bei Zwangsumsiedlung sich ungefähr eine Vorstellung macht, was damit gemeint ist, das würde ich nicht für so gravierend unterschiedlich halten. Es ist ja doch bei solch strittigen Punkten, wo um jedes Komma gerungen wird, besser, man nimmt das etwas ruhigere Wort als das, das schon beladen ist.

(Beifall bei der FDP)

Ich könnte diesen Katalog der Reizworte noch beliebig erweitern, auch über das, was Herr Guter selbst schon angeführt hat, hinaus. Wir konnten das ja sowohl im Bundestag als auch im Hessischen Landtag nachlesen. Aber ich möchte Sie daran erinnern, daß Radio Bremen in einem Frühkommentar darauf hingewiesen hat, wie im Nazi-Deutschland Polen angesehen worden sind. Ich möchte dazu nur mit Genehmigung des Herrn Präsidenten einen Satz zitieren aus diesem Frühkommentar, „daß nach dem Blitzkrieg offizielle Politik des Deutschen Reiches war, erstens, grundsätzlich in der Behandlung des polnischen Volkes keine sentimentalen Rücksichten zu nehmen, zweitens, die polnische Intelligenz auszurotten und, drittens, den Rest des Volkes zu Analphabeten zu machen". Das war also, was man erwartet hat.

Ich möchte jetzt nicht hier noch eine Debatte auslösen, ob es nun richtig wäre aus der Sicht der CDU, Unrecht durch Unrecht wiedergutzumachen. Das ist auch im Bundestag durch Herrn Hupka schon gefragt und von meinem Kollegen Moersch abschlägig beschieden worden. Ich kann mich auf diese Aussage verlassen.

Mit diesem Wissen, was die Polen zu erwarten hatten, wenn das Nazi-Deutschland damals am Ruder geblieben wäre, muß ich sagen, halte ich diese Empfehlungen für sachlich und nicht von Emotionen aufgeladen.

(Beifall bei der FDP)

Sie sollten nicht außer acht lassen, daß es vor diesen Schulbuchempfehlungen schon andere Möglichkeiten der Kontakte gegeben hat, und zwar gab es die Handelsmission in Warschau. Damals war der Leiter ein Herr Böx von der CDU. Er wurde sehr gelobt für seine deutsch-polnischen Beziehungen, die er verbessert hat, und zwar war das ganz im Sinne des damaligen Bundesaußenministers, Herrn Schröder, auch CDU.

Im weiteren möchte ich micht jetzt nicht auf die Ihnen ja allen vorliegenden Empfehlungen und Bundestagsdrucksachen beziehen, sondern ich zitiere jetzt aus einem Schreiben der deutschen Bischöfe, die sich bedanken, daß sie von den polnischen Bischöfen zur Tausendjahrfeier der Christianisierung Polens eingeladen worden sind. Ich nehme an, daß diese Leute für die CDU unverfänglich sind und ich also in Ruhe daraus zitieren kann. In diesem Brief heißt es – hören Sie bitte gut zu –: „Mit Bewegung und Freude haben wir Ihre Botschaft" – Ihre, das sind die polnischen Bischöfe – „vom 18. November 1965 und Ihre freundliche Einladung zur

Tausendjahrfeier der Christianisierung des polnischen Volkes empfangen."
(Unruhe – Glocke)

Präsident Dr. Klink: Meine Damen und Herren, das Wort hat die Abgeordnete Frau Schütte. Wenn es Ihnen genauso geht wie mir, verstehen Sie nichts!

Abg. Eva Schütte (FDP): Ich danke Ihnen, Herr Präsident, ich finde es auch unnötig, unter diesen Verhältnissen weiterzureden!

„Wir betrachten es als eine kostbare Frucht unserer gemeinsamen Konzilarbeit, daß Sie dieses Wort an uns richten konnten. Dankbar greifen wir es auf und hoffen, den begonnenen Dialog in Polen und in Deutschland miteinander fortsetzen zu können."

Dann wird in dem Brief noch gesagt: „Furchtbares ist von Deutschen und im Namen des deutschen Volkes dem polnischen Volk angetan worden. Wir wissen, daß wir die Folgen des Krieges tragen müssen, die auch für unser Land schwer sind. Wir verstehen, daß die Zeit der deutschen Besatzung eine brennende Wunde hinterlassen hat, die auch bei gutem Willen nur schwer heilt. Um so mehr sind wir dankbar, daß Sie angesichts dieser Tatsache mit wahrhaft christlicher Großmut anerkennen, wie in der Zeit des Nationalsozialismus auch ein großer Teil der deutschen Bevölkerung unter schwerem Gewissensdruck gestanden hat."

Zum Schluß steht dann: „Wenn diese Deutschen von ‚Recht auf Heimat' sprechen, so liegt darin von einigen Ausnahmen abgesehen, keine aggressive Absicht. Unsere Schlesier, Pommern und Ostpreußen wollen damit sagen, daß sie ihrer Heimat verbunden bleiben. Dabei ist ihnen bewußt, daß dort jetzt eine junge Generation heranwächst, die das Land, das ihren Vätern zugewiesen wurde, ebenfalls als ihre Heimat betrachtet."
(Beifall bei der FDP)

Ich kann mir nicht vorstellen, daß Sie von der CDU ernstlich hinter diese Aussagen zurückfallen wollen, Tätigkeiten, die von Ihnen begonnen und mit getragen wurden und die ihre Bestätigung in den deutsch-polnischen Abmachungen fanden! Daß Ihr langes Zögern und Feilschen im Bundesrat uns allen unnötigen Schaden zugefügt hat,
(Widerspruch bei der CDU – Abg. Neumann [CDU]: Da ist Herr Genscher aber anderer Meinung!)
der auch durch das einstimmige Ja nicht aus der Welt geschafft werden kann, das wissen Sie selbst sehr wohl.
(Unruhe – Glocke)

Und wenn Sie jetzt hier noch einmal Herrn Außenminister Genscher ins Spiel bringen, dann würde ich, auch gegen den Präsidenten, noch einmal über diese Art, wie damals über diese Abstimmungen gesprochen worden ist, Stellung nehmen. Aber das versage ich mir.
(Beifall bei der FDP – Abg. Klein [CDU]: Herr Genscher hat von erheblichen Verbesserungen im Bundesrat gesprochen! – Glocke)

Präsident Dr. Klink: Lassen Sie sich nicht von Ihrem Konzept abbringen!

Abg. Eva Schütte (FDP): Ich bin sofort fertig! Schließen möchte ich mit einem Satz aus einem Artikel – –
(Unruhe – Glocke)

Präsident Dr. Klink: Herr Abgeordneter Klein, Frau Schütte hat das Wort! Bitte sehr!
(Abg. Klein [CDU]: Ich habe nur auf eine Frage von Herrn Lahmann geantwortet!)

Abg. Eva Schütte (FDP): Schließen möchte ich mit einem Satz aus einem Artikel im „Parlament", wo einer der Teilnehmer an dieser deutsch-polnischen Schulbuchkonferenz – einer von unserer Seite – die Bilanz dieser Konferenzen, die sich über vier Jahre hingezogen haben, gezogen hat. Es sind zwei Seiten, keine Sorge, ich zitiere nur den letzten Absatz. „Es bleibt nur zu hoffen, daß auf diesem Wege langfristig gesehen ein positiver Beitrag zur friedlichen Zusammenarbeit beider Staaten und damit zur gesamteuropäischen Kooperation geleistet wird. Die Empfehlungen der deutsch-polnischen Schulbuchkommission von 1972 bis 1975 sind bereits ein beachtenswerter Pluspunkt für die KSZE-

Bilanz von 1977 in Belgrad." – Ich danke Ihnen!
(Beifall bei der FDP)
Präsident Dr. Klink: Meine Damen und Herren, der Abgeordnete Stelljes hat mir mitgeteilt, daß er sich für den vorhin gemachten Zwischenruf beim Abgeordneten Guter entschuldigt hat.
(Beifall)
Als nächste hat das Wort die Abgeordnete Frau Kaltenstein.
Abg. Ursula Kaltenstein (SPD) *): Herr Präsident, meine Herren und Damen! Obgleich der Präsident mehrmals darauf hingewiesen hat, daß es sich hier um die deutsch-polnischen Schulbuchempfehlungen handelt, kann ich doch nicht umhin, auch noch einmal auf den Zusammenhang zwischen der Herausgabe dieser Empfehlungen, den Anträgen der CDU-Fraktion im Hessischen Landtag, dem Antrag der CDU-Fraktion in diesem Hause und der Verhandlung über die Vereinbarungen im Bundesrat hinzuweisen.
(Beifall bei SPD und FDP)
Dieser Zusammenhang ist unverkennbar. Auch die Frage des Abgeordneten Dr. Hupka, Angehöriger der CDU/CSU-Fraktion im Deutschen Bundestag, am 29. Januar ist im Zusammenhang damit zu sehen. Das läßt sich nun einmal nicht leugnen.
Nachdem nun am vergangenen Freitag im Bundesrat endlich doch noch einstimmig über den zustimmungspflichtigen Teil der deutsch-polnischen Vereinbarungen entschieden worden ist, hatte ich eigentlich geglaubt, daß von seiten der CDU hier heute eine nicht so polemische Begründung für ihren Antrag gegeben werden würde.
(Beifall bei der SPD)
Aber das war eine Täuschung! Polemisch deshalb, weil Sie auch hier wieder genau wie im Hessischen Landtag zusammenhanglos zitiert und Interpretationen gegeben haben, die nicht in einem sachlichen Zusammenhang stehen. Die Kollegin Frau Schütte hat schon darauf hingewiesen. Ich will das nicht noch einmal wiederholen und die einzelnen Passagen aus den Empfehlungen Ihnen hier vorlesen.
Seit 1956, meine Damen und Herren, haben sich deutsche und polnische Wissenschaftler bereits zusammengefunden, um einen Dialog einzuleiten über die Bereinigung der Schulbücher von nationalistischen Relikten und Klischees. Auf seiten der Bundesrepublik war daran beteiligt das Braunschweiger Institut für internationale Schulbuchforschung und auf polnischer Seite ein entsprechendes Institut aus Posen. 1972 erhielt dann endlich diese Zusammenarbeit deutscher und polnischer Fachwissenschaftler den institutionellen Charakter durch das Zustandekommen der UNESCO-Kommissionen.
In sieben Konferenzen sind 33 Empfehlungen erarbeitet und veröffentlicht worden, die sich mit der Geschichte beider Länder von der ältesten Zeit bis 1945 befaßt haben. Die achte Konferenz hatte es sich zur Aufgabe gemacht, nun diesen letzten Zeitraum zu erfassen. Dies war deshalb so unendlich schwierig, weil Zeugen dieser jüngsten Geschichte in beiden Staaten leben. Sie hat sich aber dieser Mühe unterzogen, Empfehlungen zu formulieren, die von beiden Seiten zu akzeptieren wären.
Aber auch diese Empfehlungen dürfen nicht ohne Zusammenhang mit den übrigen gesehen werden, sondern sie müssen in diesen Zusammenhang gestellt werden. Daß es gelungen ist, eine gemeinsame Darstellung dieser Nachkriegsgeschichte zu erarbeiten, nach sicher zähem Ringen, daß es hier um wissenschaftlich begründbare und sachbezogene Aussagen handelt, das findet die uneingeschränkte Anerkennung der SPD-Fraktion.
(Beifall bei der SPD)
Herr Guter, wenn Sie hier zitieren aus einem Telefongespräch mit dem Leiter der deutschen Kommission, Herrn Mertineit, dann kann ich nur sagen, es kann sich nur um eine verzerrte Darstellung handeln, denn wir haben Gelegenheit genommen, während Ihrer Ausführungen mit einem weiteren Mitglied zu telefonieren, nämlich

*)Von der Rednerin nicht überprüft.

Herrn Professor Zernack * aus Frankfurt. Herr Professor Zernack ist an der Universität Frankfurt mit dem Schwerpunkt osteuropäische Geschichte Seminarleiter und Professor.

Herr Zernack hat bestätigt, heute, vor wenigen Minuten, daß die gesamte deutsche Seite die volle Verantwortung für die Wortung in diesen Empfehlungen trägt und daß es nicht einen einzigen Wissenschaftler gegeben hat, der dort entgegengesetzter Meinung gewesen sei.

(Abg. v. Hassel [SPD]: Hört, Hört!)

Wir übersehen aber nicht, daß diese Zusammenarbeit von Wissenschaftlern zweier Staaten, die zugegeben sicher grundverschiedenen gesellschaftlichen Systemen angehören, Rücksichten und Zwängen unterliegt. Um so mehr begrüßen wir diese einheitliche, aber keineswegs einseitige Aussage. Wir betrachten sie als einen wichtigen Schritt, einen anständigen und vernünftigen Weg zur Bewältigung der Folgen des letzten Krieges und über die Verständigung zur Aussöhnung zu finden.

(Abg. Guter [CDU] meldet sich zu einer Zwischenfrage – Glocke)

Präsident Dr. Klink: Frau Abgeordnete Kaltenstein, sind Sie bereit, eine Zwischenfrage anzunehmen?

Abg. Ursula Kaltenstein (SPD): Herr Präsident, ich habe den Eindruck, daß noch mehrere Kollegen meiner Fraktion sich gern zu Wort melden würden. Damit wir in der Zeit bleiben, möchte ich keine Zwischenfragen beantworten.

Die SPD-Fraktion begrüßt die bereits erfolgte Veröffentlichung der Empfehlungen im nichtamtlichen Teil des Bremer Schulblattes, und sie begrüßt auch die Ergänzung in den Lehrplänen für Gymnasien und Hauptschulen im Ergänzungsplan zum Lehrplan. Dort heißt es, daß diese Empfehlungen bei der Behandlung der Staatengeschichte mit heranzuziehen sind. Das heißt doch für den Unterricht, daß es jedem Geschichtslehrer unbenommen bleibt, auch andere Darstellungen, auch andere Standpunkte darzulegen und den Schülern zu vermitteln.

Wir erhoffen und erwarten, daß auch Schulbuchautoren von Geschichts- und Geographiebüchern die bisher erschienenen Empfehlungen der UNESCO-Kommissionen berücksichtigen werden. Wir sind der Meinung, daß nur, wenn die Schüler in die Lage versetzt werden, sachbezogene, aber auch unterschiedliche Standpunkte selbst kritisch überprüfen zu können, wir ihnen die Voraussetzungen mitgeben, mündige Bürger zu werden. Selbstverständlich lehnen wir den Antrag der CDU ab. (Beifall bei der SPD)

Präsident Dr. Klink: Als nächster hat das Wort der Abgeordnete Senft.

Abg. Senft (SPD): Herr Präsident, meine sehr verehrten Damen und Herren! Ich möchte hier diese Debatte insofern nicht ausweiten, als ich noch einmal positiv Stellung nehme zu den Empfehlungen der deutsch-polnischen Schulbuchkonferenz. Es ist ausreichend hierzu Stellung genommen worden. Ich möchte hier nur ganz eindeutig Stellung nehmen als einer derjenigen, für den der Teil, den die deutsch-polnische Schulbuchkonferenz behandelt, wirklich Geschichte ist.

Ich bin einige Jahre nach Kriegsende geboren und gehöre einer Generation an, die sich eigentlich gar nicht richtig vorstellen kann – ich habe eine Reihe von persönlichen Kontakten in der Volksrepublik Polen –, daß man diesen guten Kontakt, der in der jungen Generation besteht, auch noch so stark reglementieren muß.

Aus dem Grunde würde ich doch sagen, daß gerade diejenigen in Polen und auch hier sich wundern, daß in einer derartigen Form ein Beigeplänkel zu den deutsch-polnischen Vereinbarungen und Verträgen, wie es auch gerade heute der Beitrag von Herrn Guter gewesen ist, überhaupt in diesem Staat noch möglich ist.

(Beifall bei der SPD)

Ich glaube, daß man für die junge Generation keine Regelung vorzulegen braucht, denn da besteht ein gutes Verhältnis. Aber bei der Generation, die eben mit dieser Geschichte noch behaftet ist, dort ist noch

* Prof. Dr. Klaus Zernack, jetzt Universität Gießen [d. Hrsg.].

ein Potential – und das haben wir gerade heute gehört, leider Gottes –, das diese guten Beziehungen zwischen diesen beiden Staaten ganz massiv beeinträchtigt. Ich meine, die Position, die heute von Herrn Guter hier dargelegt worden ist, trägt nicht dazu bei, die auf einem Kompromiß basierenden Empfehlungen der deutsch-polnischen Schulbuchkonferenz so zu untermauern in den deutschen Parlamenten, daß eine wirkliche Zusammenarbeit zwischen beiden Völkern möglich wird.
Ich kann nur der Hoffnung Ausdruck geben, weil dieses auch von seiten der FDP und auch von unserer Seite gekommen ist, daß es einen erheblichen Teil der Bevölkerung in diesem Staat gibt, der bewußt und mit großer Überzeugung diese Aussöhnung will. Das Beigeplänkel, das heute geführt wurde – Frau Schütte hat schon darauf hingewiesen –, zeigt nach meiner Auffassung, daß am letzten Freitag wohl innerhalb der CDU/CSU die Zustimmung nicht mit voller Überzeugung gegeben worden ist, sondern aus rein taktischen Gründen.
(Beifall bei der SPD)
Wenn der Anschein in Zukunft nicht widerlegt wird, daß dieses nicht voller Überzeugung getragen wird von der rechten Seite in diesem Hause und auch der rechten Seite im Bundestag, wird dieser Punkt der deutsch-polnischen Verständigung durch diese reaktionären Kräfte, und ich möchte das von diesem Pult auch einmal bekräftigend sagen, in Gefahr gebracht. – Danke schön!
(Beifall bei der SPD)

[folgt: Geschäftsordnungsdebatte betr. Aufforderung an den Präsidenten zur Rücknahme eines Ordnungsrufs]

Die Beratung ist geschlossen.
Wir kommen zur Abstimmung.
Wer dem Antrag 9/81 zustimmen möchte, den bitte ich, sich zu erheben.
(Dafür CDU)
Ich bitte um die Gegenprobe!
(Dagegen SPD und FDP)
Ich stelle fest, die Bürgerschaft (Landtag) lehnt den Antrag ab.
(Unruhe – Glocke)

3. Niedersächsischer Landtag: 8. Wahlperiode, 27. Tagungsabschnitt, 66. Plenarsitzung am 12. 5. 1977 (stenographischer Bericht, Spalte 6443 ff.)

Erste Beratung: Schulbuch-Revision – Entschließungsantrag der Fraktion der SPD – Drucks. 2238
Ich darf fragen, wer den Antrag begründet. – Das Wort hat der Abgeordnete Wernstedt.

Wernstedt (SPD): Herr Präsident! Meine Damen und Herren! Die SPD-Landtagsfraktion legt Ihnen einen Antrag vor, mit dem die Landesregierung aufgefordert wird, die Berücksichtigung der Ergebnisse der deutsch-polnischen Schulbuch-Konferenzen zur Voraussetzung für die zukünftige Anerkennung entsprechender Teile von Geschichts- und Geographiebüchern bzw. Atlanten für den Unterricht an niedersächsischen Schulen zu machen und sich in den entsprechenden Gremien der Kultusministerkonferenz für die Umsetzung dieser Empfehlungen einzusetzen und über diesbezügliche Bemühungen dem Landtag zu berichten.
Wir gehen dabei davon aus, daß die Zielsetzungen der UNESCO-Kommissionen in diesem Hause unstrittig sind, die im Interesse der Friedenssicherung und der Verständigung beider Völker an die schwierige Aufgabe der Schulbuch-Revision herangegangen sind. Wir gehen weiterhin davon aus, daß sich die bisherigen Ergebnisse der Schulbuch-Konferenzen auf der Linie dieser Zielsetzungen bewegen und Ausdruck des Entspannungsprozesses sind, der seit dem Warschauer Vertrag vom 7. Dezember 1970 eingesetzt hat und

unter anderem mit der Verabschiedung des deutsch-polnischen Aussiedlungsvertrages vom 12. März 1976 im Deutschen Bundesrat fortgesetzt wurde.
Wir meinen drittens Übereinstimmung in diesem Hause festzustellen, wenn wir sagen, daß die Empfehlungen dem Bildungsauftrag der Schule, wie er in § 2 des Schulgesetzes niedergelegt ist, entsprechen, in dem ausdrücklich von der Verpflichtung der Lehre und des Lernens im Geiste der Völkerverständigung die Rede ist. Außerdem scheint es uns als dem Bundesland, das das Georg-Eckert-Institut für internationale Schulbuchforschung unterhält, gut anzustehen, zu den Ergebnissen der tatsächlichen Arbeiten dieses Instituts auch eine inhaltliche Stellungnahme abzugeben. Das Institut konnte, wie Sie wissen, nur deswegen ein derartig internationales Renommee erringen, weil Georg Eckert – ich will es einmal so ausdrücken – dieses Renommee als wissenschaftlicher Diplomat einbrachte. Wir meinen schließlich, daß die Landesregierung die Initiativen der Bundesregierung, d. h. des Bundeskanzlers und des Außenministers, unterstützen sollte, die sich für die Umsetzung der Ergebnisse der deutsch-polnischen Schulbuch-Konferenzen eingesetzt hat.
(Beifall bei der SPD.)
Man muß ferner wissen, daß ohne positive Kontakte zu den Kultusverwaltungen und den politisch verantwortlichen Kräften die Arbeit des Instituts letztlich im luftleeren Raum hängenbleibt. Alle Fraktionen dieses Hauses haben erklärt, daß dies nicht ihr Wille sei. Irgendwann wird das Bekenntnis zur Aussöhnung mit dem polnischen Nachbarn eine hohle Phrase und wird zur politischen Augenwischerei, wenn man die praktischen Möglichkeiten, die einen Beitrag zur Völkerverständigung leisten, nicht ausschöpft.
(Beifall bei der SPD.)
Nun ist es kein Geheimnis, daß um diese Empfehlungen ein teilweise erbitterter Parteienstreit entbrannt ist, der in den verschiedenen Landtagen zu mehreren Initiativen sehr unterschiedlicher Art geführt hat; so zum Beispiel in Hessen, Nordrhein-Westfalen und in Bayern. Deshalb erscheint es mir notwendig, auf den rechtlichen und inhaltlichen Charakter dieser Empfehlungen kurz einzugehen, um auch eventuellen Mißverständnissen vorzubeugen.
Die Empfehlungen sind entstanden als Ergebnis einer gemeinsamen Schulbuch-Konferenz der UNESCO-Kommissionen der Bundesrepublik Deutschland und der Volksrepublik Polen. Sie haben als Empfehlungen selbstverständlich keinen völkerrechtlich bindenden Charakter. Den konnten sie schon deshalb nicht haben, weil zum Beispiel die Mitglieder der deutschen Kommission nicht an Weisungen und Aufträge gebunden waren. Die beteiligten Experten waren von der UNESCO-Kommission und dem Braunschweiger Institut zur Mitarbeit gebeten worden.
Man würde die erarbeiteten Empfehlungen völlig mißverstehen, wenn man glaubte, sie als ausformulierte Texte in Schulbücher oder Richtlinien übernehmen zu können oder sie sogar als Sprachregelungen im Sinne von verbalen Versatzstücken zu dekretieren. Vermutungen dieser Art können nur von solchen Leuten angestellt werden, die diese Empfehlungen in ihrer Gänze überhaupt nicht gelesen haben. Art und Umfang der einzelnen Empfehlungen sind sehr unterschiedlich. Die Darbietung von Fakten ist uneinheitlich. Als Beispiel mögen nur die Ausführungen in den Empfehlungen zum Deutschen Orden oder zu den polnischen Teilungen dienen. Die Empfehlungen sind vielmehr Hinweise und Orientierungshilfen an Schulbuchautoren, an Verleger, an Gutachter und natürlich auch Kultusverwaltungen auf wichtige Problemstellungen und, was für uns das Wichtigste ist, auf möglichen Konsens. In diesen Schulbuchempfehlungen wird formuliert, auf welcher Ebene sich Deutsche und Polen begegnen können in der Interpretation ihrer Geschichte und wie ein kritischer und historisch reflektierter Neuanfang der Beziehungen beider Völker möglich ist. Sie beanspruchen keine lückenlose Interpretation oder Darstellung der deutsch-polnischen Ge-

schichte überhaupt, sondern konzentrieren sich auf besonders umstrittene Beziehungsprobleme vor allem der neuesten Geschichte.

An mehreren Stellen der Empfehlungen wird ausdrücklich darauf Bezug genommen, daß man intensiv weiterdiskutieren müsse, so zum Beispiel über die Frage und die Bedeutung des deutsch-polnischen Widerstandes während des Zweiten Weltkrieges, über die deutsch-polnischen Beziehungen vor allem der Jahre 1933 bis 1939. Die Konzeption von Schulbüchern unterliegt nach unserer Auffassung nicht nur den fachwissenschaftlichen Erfordernissen, daß sie nämlich die dargebotenen Tatsachen richtig darstellen und die Zusammenhänge auch angemessen und wissenschaftlich geprüft darbieten, sondern ebenso – und dies ist ja wohl Aufgabe jeder Schule, wenn Sie so wollen – ethisch-politischen Motiven. Denn der Wille, die junge Generation mit mehr Informationen zu versorgen und dadurch zum Abbau von Emotionen und Vorurteilen beizutragen ist, wie auch Gotthold Rhode, einer der Beteiligten an diesen Konferenzen, sagte, zweifellos ein ethisch-politisches Motiv.

(Beifall bei der SPD und der FDP.)

Dieses Ziel kann man nur erreichen, wenn man sich ernsthaft bemüht, genau auszuloten, in welchen wichtigen Fragen der Geschichte und insbesondere auch der Nachkriegsentwicklung gemeinsame Formulierungen möglich sind. Ein Zwischenergebnis, das diesen Erfordernissen gerecht wird, liegt in den Empfehlungen vor; es ist ein Papier, das die Auseinandersetzung und die positive Stellungnahme lohnt.

Darum meinen wir, daß sich der Reflexionsstand, das Problembewußtsein und auch die Konsensmöglichkeiten in den Schulbüchern, wenn und insofern sie in den deutsch-polnischen Beziehungen thematisiert werden, wiederfinden sollten. Dies und nichts anderes heißt für uns „Berücksichtigung der Ergebnisse". Es bleibt unbenommen, notwendige Ergänzungen und gegensätzliche Standpunkte auch in Schulbüchern darzustellen. Die Kritik an den Empfehlungen, zum Beispiel, daß sie unvollständig seien, geht also sowohl an den Intentionen wie auch an den Möglichkeiten eines solchen Papiers vorbei.

Darum ist auch die Begründung, wie ich meine, die Ministerpräsident Albrecht und Kultusminister Remmers in ihrer Dokumentation vom 15. Dezember 1976 gegeben haben, warum nämlich die Niedersächsische Landesregierung den Empfehlungen der Internationalen Schulbuchkommission in Braunschweig nicht vorbehaltlos zustimmen könne, unglaubhaft und vordergründig.

Niemand hat jemals behauptet, auch die polnischen Teilnehmer an den Konferenzen nicht, daß die in Rede stehenden Empfehlungen vollständig seien. Die Darstellung „bitterer Erfahrungen der Vergangenheit", so ein Zitat aus der Dokumentation der Landesregierung, und der noch bestehenden Probleme der Gegenwart ist auch bei Anerkennung der Empfehlungen möglich, wenn man sie nur als das verstehen will, was sie sind. Wer dies nicht will, wie Herr Albrecht und Herr Remmers ausweislich der Dokumentation vom 15. Dezember 1976 erklärt haben, muß offensichtlich etwas anderes wollen.

Lassen Sie mich auf drei Streitpunkte in diesem Zusammenhang eingehen, die die Wertung der deutsch-polnischen Schulbuchempfehlungen betreffen.

Erstens. Der Herr Kultusminister und der Herr Ministerpräsident schließen sich der Kritik an, die da sagt, daß in den Schulbuchempfehlungen der Begriff „Vertreibungen" nicht mehr vorkomme. Wir meinen, daß dieser Streit im Ergebnis unfruchtbar ist, weil nämlich die Formulierungen in den deutsch-polnischen Schulbuchempfehlungen den historischen Sachverhalt völlig exakt und sauber wiedergeben. Es ist in den Schulbuchempfehlungen die Rede gewesen von Evakuieren, von Flüchten, von Ausweisen, von Zwangsumsiedeln und von Ausreisen. Diese Formulierungen ermöglichen es jedem Gutwilligen, auch das Leid und die Not der Menschen gebührend zu berücksichtigen, die von diesen Maßnahmen betroffen worden sind. Niemand in unserer Fraktion wird das verniedlichen.

(Beifall bei der SPD.)

In der Antwort der Landesregierung auf die Kleine Anfrage des Kollegen Dr. Niewerth wird hierauf ausdrücklich Bezug genommen. Ich zitiere mit Erlaubnis des Herrn Präsidenten, was die Landesregierung dem Kollegen Dr. Niewerth auf die entsprechenden Fragen geantwortet hat:

Sie – die Landesregierung – erwartet, daß Herausgeber von Schulbüchern bei der Darstellung der Vertreibung der Deutschen aus ihrer Heimat nicht nur den ersten Absatz, sondern den gesamten Text des zweiten Abschnittes der Empfehlungen der 8. deutsch-polnischen Schulbuchkonferenz beachten.

Und der gesamte Text enthält eben die Vokabeln Evakuieren, Flüchten, Ausweisen, Zwangsumsiedeln, Ausreisen. Meine Damen und Herren, genau dies ist auch die Absicht des SPD-Entschließungsantrages.

(Horrmann [CDU]: Herr Kollege, welche Bedenken haben Sie denn dagegen, den Ausdruck „Vertreibung" weiter zu benutzen im Zusammenhang mit dem Elend, Schmerz und Leid, die die Familien aus dem deutschen Osten damals erlitten haben?)

– Wenn es dazu dient, daß in der polnischen Bevölkerung, die ja dies ebenfalls mit zu tragen hat, diese exakte historische Darstellung zu einem Verständnis der tatsächlichen historischen Vorgänge beiträgt, dann würde ich mich nicht auf eine solche Vokabel versteifen, sondern das sagen, was tatsächlich auch möglich ist!

(Beifall bei der SPD.)

Der zweite Kritikpunkt: Es wurde auch in den letzten Tagen vom Herrn Ministerpräsidenten und vom Herrn Kultusminister darauf hingewiesen, daß die deutsch-russischen Verhandlungen, die seinerzeit zum Molotow-Ribbentrop-Abkommen vom 23. August 1939 geführt haben, in den Schulbuchempfehlungen nicht erwähnt werden. Das ist völlig richtig. Nur ist die Schlußfolgerung, daß man deswegen die Empfehlungen nicht empfehlen dürfe, völlig falsch.

(Hüper [SPD]: Das kann man wohl sagen!)

Ich würde sogar sagen, daß zur Entstehungsgeschichte des Zweiten Weltkrieges dieser Vertrag und seine Folgen unbedingt dazugehören. Ich habe das übrigens in meiner Schulpraxis auch dauernd so gehalten. Aber Sie werden zugestehen, daß dies ohne Verhandlungen mit der Sowjetunion in entsprechenden Schulbuchempfehlungen gar nicht festgelegt werden kann. Dies ist ein Thema für eine zweite Verhandlung; das können Sie den polnischen Schulbuchempfehlungen nicht anlasten.

Es wird niemandem verboten, in deutschen Schulbüchern auf diesen Zusammenhang hinzuweisen. Ich hielte dies sogar für notwendig, wie ich eben schon ausführte.

(Beifall bei der SPD.)

Drittens. Es wird den Schulbuchempfehlungen vorgeworfen, daß sie die Darstellung nicht verfassungskonform wiedergäben. Dazu hat die Landesregierung selbst schon erklärt, wiederum in der Antwort auf die Kleine Anfrage des Kollegen Dr. Niewerth vom August vergangenen Jahres – ich zitiere mit Genehmigung des Herrn Präsidenten –:

Die Landesregierung bedauert, daß durch die undifferenzierte Verwendung der Begriffe „zwei deutsche Staaten" und „deutsche Zweistaatlichkeit" im ersten Absatz des fünften Abschnittes der Empfehlungen der Eindruck entstehen kann, die Empfehlung verkenne die Besonderheit der Inter-se-Beziehungen zwischen der Bundesrepublik Deutschland und der Deutschen Demokratischen Republik als Teilen eines noch immer existierenden umfassenden Staates Gesamtdeutschland mit einem einheitlichen Staatsvolk.

Auch wenn man diese Formulierung als ein Meisterstück diplomatischer Formulierungskunst und sogar als eine Delikatesse verstehen kann, so heißt die Logik dieses Satzes doch nichts anderes, als daß in der Sache die deutsch-polnischen Schulbuchempfehlungen den Vorwurf, sie seien nicht verfassungskonform, nicht rechtfertigen, sondern nur in dem Eindruck, den Sie daraus zu gewinnen glauben.

Es ist daher weder in Ihren Ausführungen vom Dezember 1976 noch in Ihrer Pressemitteilung vom 19. April 1977 auch nur ein einziges sachliches Argument vorgetragen worden, das die Ablehnung der deutsch-polnischen Schulbuchempfehlungen rechtfertigt.

Die negative Haltung der Landesregierung zu unserem Entschließungsantrag erstaunt auch deswegen um so mehr, weil der Herr Kultusminister noch am 14. April 1977, fünf Tage vor der geplanten letzten Behandlung dieses Themas in diesem Hohen Hause, im Sender Freies Berlin zum Inhalt der Empfehlungen folgendes erklärt hat, was ich mit Genehmigung des Herrn Präsidenten zitiere:

Zunächst einmal halte ich diese Empfehlungen und die Arbeit an diesen und solchen ähnlichen Empfehlungen für außerordentlich wichtig; und mir ist dies vor allen Dingen bei meiner Polenreise, die ich ja zusammen oder in Begleitung von Ministerpräsident Albrecht durchführen konnte, richtig plastisch und konkret vor Augen geführt worden. Ich meine also: Es ist sehr wichtig, und wir müssen daran weiterarbeiten, und wir müssen versuchen, diese Empfehlungen soweit es nur irgend geht, in die Wirklichkeit umzusetzen.

Nun gibt es auch Kritik an den Empfehlungen, und ich kann diese Kritik zum Teil verstehen. Dies sind erste Empfehlungen. Es wird sicherlich alleine nicht stehenbleiben dürfen; es sind manche Empfehlungen auf Grund des Kompromißcharakters sehr stark ausgedünnt worden. Es ist manches dann dabei übriggeblieben in einer gewissen sprachlichen Holprigkeit, die nicht letztlich befriedigt.

Aber dennoch bleibe ich im großen und ganzen positiv in meiner Einstellung zu diesen Empfehlungen, und ich möchte auch einen Beitrag dazu leisten, daß wir insgesamt weiterkommen auf diesem Feld. Und dann kommt eine entsprechende Passage über Lehreraustausch.

Der Tenor dieser Darlegungen, meine Damen und Herren, ist wesentlich positiver als das, was hier in diesem Hause und in den Pressemitteilungen erklärt worden ist. Wir können daher die reservierte Haltung und die entschiedene Ablehnung der Empfehlungen, zumindest unseres Antrages, nur als politische Absicht bezeichnen. Der Herr Ministerpräsident und der Herr Kultusminister waren in Polen offensichtlich besser beraten als hier im Lande. Nach Zeitungsberichten jedenfalls haben sie ihren polnischen Gesprächspartnern den Eindruck vermitteln wollen, sie würden sich für die Umsetzung der Ergebnisse der Schulbuchkonferenzen einsetzen. Wir hoffen, daß sie die Polen nicht täuschen wollten!

(Beifall bei der SPD.)

Wir wollen mit diesem Antrag wissen, wie sich die großen Versöhnungsgesten der Landesregierung im politischen Alltag ausnehmen. Für uns ist die Umsetzung der deutsch-polnischen Schulbuchempfehlungen kein nur technischer Vorgang; denn in der Aufarbeitung der Geschichte im Geiste der Versöhnung wird ein Stück Zukunftsbewältigung geleistet. Der Gedanke der Versöhnung darf nicht kurzfristigen politischen Konjunkturen oder unter Umständen sogar falscher Rücksichtnahme auf Funktionäre geopfert werden.

In diesem Zusammenhang möchte ich darauf hinweisen, meine Damen und Herren, daß auf der polnischen Seite genau mit derselben Intensität daran gearbeitet wird, zu versuchen, Vorurteile abzubauen, die ja dort massiv auch gegenüber Deutschland und den Deutschen bestehen. Ich darf einmal eine Zahl nennen. In Polen lernen 41 Prozent aller Oberschüler die deutsche Sprache. Nur dies. Ein Beitrag dazu, der weit in die Zukunft hineinreicht und den wir nur begrüßen können. – Ich danke für die Aufmerksamkeit und beantrage Überweisung an den Ausschuß.

(Starker Beifall bei der SPD.)

Vizepräsident Baumgarten: Das Wort hat Herr Minister Dr. Remmers.

Dr. Remmers. Kultusminister: Herr Präsident! Meine Damen und Herren! Um von vornherein Mißverständnissen vorzubeugen, möchte ich ganz klar trennen zwischen meiner Stellungnahme zu den deutsch-polnischen Schulbuchempfehlungen der deutschen UNESCO-Kommission und meiner Haltung gegenüber dem Entschließungsantrag der SPD-Fraktion, mit dem sie fordert, daß für einzelne Teile von Geschichts- und Geographiebüchern die allgemein gültigen und – wie ich meine – auch allgemein anerkannten Grundsätze für die Genehmigung von Schulbüchern praktisch suspendiert und durch detaillierte inhaltliche Vorgaben ersetzt werden.

Zu den deutsch-polnischen Schulbuchempfehlungen ist die Stellungnahme der Niedersächsischen Landesregierung meiner Ansicht nach von Anfang an klar und sachbezogen gewesen. Wir haben uns in keiner Phase der in der Bundesrepublik kontrovers geführten Diskussion über diese Empfehlungen von Opportunitätsgesichtspunkten leiten lassen. Wir haben uns geweigert, in den Chor derjenigen einzustimmen, die die Ergebnisse der Bemühungen der deutsch-polnischen Schulbuchkonferenzen grundsätzlich ablehnen. Wir haben gesagt: Wir stimmen in diesen Chor nicht ein. Ebensowenig waren wir auf der anderen Seite bereit, die Vorbehalte gegen diese Schulbuchempfehlungen, die von der Sache her begründet sind, zu verschweigen oder gar aufzugeben. Die Beantwortung einer Kleinen Anfrage – sie ist gerade schon von dem Kollegen Wernstedt erwähnt worden – vom 13. August 1976 und die Äußerungen des Herrn Ministerpräsidenten anläßlich seiner Polenreise im Dezember 1976 legen davon ganz deutlich Zeugnis ab.

Ich möchte hier bemerken, daß ich es im Grunde genommen, Herr Wernstedt, für eine bösartige Vermutung halte, die Sie hier in den Raum gestellt haben, als bestünde die Möglichkeit – ich will mich vorsichtig ausdrücken –, der Ministerpräsident und ich hätten bei unserer Reise im vergangenen Winter nach Polen versucht, die Polen zu täuschen. Sie haben das nur als Vermutung dargelegt.

(Wernstedt [SPD]: Als Hoffnung, daß Sie es nicht wollten.)

– Hoffentlich ist die Hoffnung bei Ihnen stark, das es nicht so gewesen ist. Ich bin bei allen Ausführungen des Ministerpräsidenten dabeigewesen, und ich habe auch teilweise selber – in wenigen Fällen – dazu Ausführungen gemacht. Ich kann Ihnen sagen, daß der Ministerpräsident in Polen zu keinem Augenblick und in keiner Situation etwas anderes gesagt hat als das, was er in mündlichen und schriftlichen Erklärungen, auch später hier, in die Bundesrepublik zurückgekehrt, gesagt hat.

(Beifall bei der CDU und der FDP.)

Der Ministerpräsident hat durchaus den Mut gehabt, etwa gegenüber dem polnischen Schulminister jene Bedenken zum Ausdruck zu bringen, die hier auch geäußert worden sind.

(Zuruf von Pennigsdorf [SPD].)

– Herr Pennigsdorf, Sie sagen, das stimme nicht. Sie wissen ganz genau, daß der Ministerpräsident gesagt hat, daß jenes richtig ist, was vorhin Herr Wernstedt zitiert hat aus meinem Interview mit dem SFB. Der Ministerpräsident hat nämlich gesagt: Es gibt Ungenauigkeiten; es gibt Dinge, die deshalb sehr dünn ausgefallen sind, weil sie den ausgesprochenen Charakter des Kompromisses tragen usw. Er hat also eine Reihe von kritischen Anmerkungen dazu gemacht. Er hat dabei nie Zweifel darüber aufkommen lassen, daß es unsere Auffassung ist – genau wie ich es in dem SFB-Interview zum Ausdruck gebracht habe –, im Sinne von Völkerverständigung und Toleranz mit diesen Fragen fertig zu werden und sich daran weiter zu beteiligen.

Meine Damen und Herren! Lassen Sie mich noch eines hinzufügen. Die deutsch-polnischen Schulbuchempfehlungen können sicherlich – ich sage das mit Nachdruck – als ein Beitrag zur Versachlichung der Darstellung der Nachkriegsgeschichte in den Schulbüchern gewertet werden. Sie sind geprägt von dem Willen zur Verständigung und von dem Wunsch, den Weg zur Versöhnung zwischen den Völkern zu ebnen.

(Beifall bei der CDU und der FDP.)

Ich sage das namens der Landesregierung,

damit hier keine Zweifel aufkommen. Insofern werden sie von uns respektiert. Diese Schulbuchempfehlungen legen zugleich aber auch – das muß eben auch gesagt werden; dies darf hier auch nicht verschwiegen werden – Zeugnis ab von den Grenzen, die auch heute noch der Verständigung gezogen sind.

Gerade auch engagierte Mitglieder der deutsch-polnischen Schulbuchkonferenz haben über diese Grenzen berichtet und über die Kompromisse und Auslassungen, die darauf zurückzuführen sind. Die haben wir doch alle auch lesen können von engagierten Mitgliedern dieser Kommission. Diese Kompromisse und Auslassungen sind es, die die Vorbehalte der Landesregierung gegenüber den Schulbuchempfehlungen begründen. Dies betrifft alles noch die Schulbuchempfehlungen, aber noch nicht Ihren Entschließungsantrag.

Lassen Sie mich hierzu noch eines sagen. Wenn Sie, Herr Wernstedt, vorhin gesagt haben, die Frage etwa der historischen Vorgänge im Verhältnis Polens zur Sowjetunion und der Bundesrepublik zu Polen bzw. zur Sowjetunion müßten Gesprächen mit der Sowjetunion vorbehalten bleiben, so bin ich nicht ganz dieser Auffassung. Wir würden ja auch, wenn wir es nötig hätten, mit anderen Staaten, meinetwegen mit Staaten der westlichen Welt, beispielsweise mit Frankreich und Spanien, in einem Dreiecksverhältnis zu verhandeln, nicht sagen: Das kann in diesem Verhältnis zu Frankreich nicht geregelt werden; das muß im direkten Zugang zu Spanien geregelt werden. Ich will damit folgendes sagen: Ich habe in Polen mit einer ganzen Reihe von Vertretern, mit denen wir dort zusammenkamen, Gespräche geführt, und ich habe auch einige Gespräche unter vier Augen führen können. Dabei ist mir ganz deutlich geworden, daß in der Tat die Polen in einer ganzen Reihe von Fragen natürlich größte Schwierigkeiten haben, mit uns über Dinge zu sprechen oder – wenn Sie so wollen – Dinge zuzugeben, die sie vielleicht zugeben möchten, aber nicht zugeben können auf Grund der politischen Situation. Das wird nicht bestritten.

Wenn man dann in einem solchen Vieraugengespräch etwa sagt, der Hitler-Stalin-Pakt gehöre eigentlich auch dazu, und dieses oder jenes gehöre auch dazu, dann bekommt man die Antwort – sie ist mir auch zuteil geworden –: Was geht das eigentlich die Bundesrepublik oder die Deutschen im Verhältnis zu Polen an? Ich meine, meine Damen und Herren, so einfach kann das nicht gehen, sondern dann müssen wir wenigstens unseren Standpunkt vertreten und können uns nicht auf diesen aus der politischen Zwangslage heraus vielleicht verständlichen, aber für uns nicht akzeptablen Standpunkt stellen, daß wir gewissermaßen die historische Wahrheit teilen.

(Beifall bei der CDU und der FDP.)

Die historische Wahrheit ist doch für uns unteilbar, und wir können doch nicht einem Schulbuchautor oder einem Wissenschaftler gewissermaßen zumuten, aus diesen Erwägungen heraus, die man aus polnischer Sicht vielleicht verstehen kann, diese Dinge auszulassen oder zu umgehen. Das ist doch der Hintergrund des eigentlichen Problems, vor dem wir stehen. Nun bin ich durchaus bereit, auch namens der Landesregierung zu sagen, daß wir bemüht sind, diesen Prozeß der Verständigung weiter voranzutreiben und dafür auch in den Schulbüchern zu sorgen. Nur: Ich meine, daß wir dabei diese weißen Stellen und diese dünnen Stellen in den Vereinbarungen, diese den ausgesprochenen Charakter des Kompromisses tragenden Vereinbarungen auch sehen müssen.

Lassen Sie mich im übrigen bei dieser Gelegenheit auch zu dem, was der Kollege Wernstedt vorhin unter Hinweis auf die hohen Prozentzahlen derjenigen, die in Polen Deutsch lernen, und auf das, was die in Polen alles tun, eines sagen, und diese Kritik wird ja erlaubt sein: daß nämlich auch ansonsten noch eine Menge zu tun ist. Das, was uns in Polen, in Thorn erzählt worden ist über die deutsche Ordensgeschichte usw., war nun auch – ich möchte es behutsam sagen – alles andere

als geprägt von den deutsch-polnischen Schulbuchempfehlungen. Auch das muß man einmal sagen dürfen.
Soweit also unsere an und für sich in der Generaltendenz positive, auf die Auslassungen und auf die den Kompromißcharakter tragenden Schulbuchempfehlungen bezogene Stellungnahme.
Nun zum Entschließungsantrag der SPD-Fraktion. Sie fordert, „die Berücksichtigung" – so heißt es im Entschließungsantrag – „der Ergebnisse der deutsch-polnischen Schulbuchkonferenzen zur Voraussetzung für die zukünftige Anerkennung entsprechender Teile von Geschäfts- und Geographiebüchern bzw. Atlanten für den Unterricht an den niedersächsischen Schulen zu machen". Diese Forderung steht im offenen Widerspruch zu der Intention zumindest der deutschen Mitarbeiter in den deutsch-polnischen Schulbuchkonferenzen. Gotthold Rhode hat in seinem Aufsatz in der FAZ vom 31. Januar 1977 eindeutig erklärt, diese Empfehlungen erhöben nicht den Anspruch – ich zitiere wörtlich –, „eine vollständige, wenn auch knappe Darstellung deutscher und polnischer Nachkriegsgeschichte zu geben". Herr Wernstedt hat dies im Grunde genommen vorhin selber zugegeben. Sie hätten nicht den Charakter, so sagt Herr Rhode, verbindlicher Richtlinien. Es sei ein „Mißverständnis", derartige Empfehlungen seien Texte, die in Schulbücher und Lehrprogramme übernommen werden und verbindliche ‚Sprachregelungen' darstellen sollten.
Aber auch unabhängig von diesen Äußerungen eines Mitautors läßt sich die Forderung der SPD-Fraktion von der Sache her nicht vertreten. Es kann doch von niemandem bestritten werden, meine Damen und Herren, daß die deutsch-polnischen Schulbuchempfehlungen an einigen Stellen nur auf dem Kompromißwege zustande kamen. An diesen Stellen sind sie entsprechend unscharf, vieldeutig oder lückenhaft. So hat die Niedersächsische Landesregierung – ich darf das der Vollständigkeit halber auch meinerseits noch einmal sagen – bereits ihr Bedauern darüber geäußert, daß durch die undifferenzierte Verwendung der Begriffe „zwei deutsche Staaten" und „deutsche Zweistaatlichkeit" – ich zitiere – „die Besonderheit der Inter-se-Beziehungen zwischen der Bundesrepublik Deutschland und der DDR als Beispiel eines noch immer existierenden umfassenden Staates Gesamtdeutschland mit einem einheitlichen Staatsvolk nicht hinreichend deutlich wird".
Meine Damen und Herren, wir kommen doch auch nicht an dem vorbei, was das Bundesverfassungsgericht in diesen Fragen ausdrücklich sagt. Außerdem ist die Rolle der Sowjetunion in ihren Auswirkungen auf das deutsch-polnische Verhältnis in den Empfehlungen ausgespart worden. Von der Sache her wird man daher sagen müssen: Den Aussagen des Bundesverfassungsgerichts zum Problem der zwei Staaten in Deutschland und den von der Fachwissenschaft erarbeiteten Erkennntnisen über die Rolle der UdSSR ist zumindest der gleiche Stellenwert einzuräumen wie den Schulbuchempfehlungen.
Was ich damit sagen will, ist folgendes: Wenn wir jetzt sagen, gut, in einer gewissen generellen Tendenz berücksichtigen wir die Schulbuchempfehlungen, um die es hier geht, dann müssen wir gleichzeitig aber auch sagen: Wenn dies schon nicht Inhalt der deutsch-polnischen Schulbuchempfehlungen sein kann – wie Sie selber ausgeführt haben, Herr Wernstedt –, dann dürfen gewissermaßen zusätzlich nur noch Entschließungsanträge eingebracht werden, in denen uns jeweils Auflagen gemacht werden für Schulbuchgenehmigungen im Hinblick auf unser Verhältnis zur UdSSR, im Hinblick auf die Frage Inter-se-Beziehungen usw. Dies müßte dann ein ganzes Bündel von Entschließungsanträgen sein, die uns jeweils im einzelnen verpflichten, dies und jenes aus den historischen Gegebenheiten zu berücksichtigen. Man wird also in bezug auf die beiden Problemkreise, die ich vorhin angesprochen habe, nicht nur zulassen, sondern geradezu fordern müssen, daß Schulbuchverleger bzw. Autoren über das in den

Schulbuchempfehlungen Gesagte hinausgehen. Sie müssen darüber hinausgehen. Wir müssen das geradezu fordern. Schulbuchautor und Lehrer werden aber auch dort über die Formulierungen der Schulbuchempfehlungen hinausgehen müssen, wo man ihnen in der Sache zustimmen kann. Das heißt, auch da, wo wir sagen: ,,In der Sache ist das durchaus richtig; aber es gibt noch mehr zu sagen", muß darüber hinausgegangen werden. Man wird sich doch nicht – um nur ein Beispiel zu nennen, meine Damen und Herren – mit dem Satz begnügen dürfen – jetzt kommt dieses berühmte Problem –: ,,Der größte Teil der im Oder-Neiße-Gebiet verbliebenen deutschen Bevölkerung" – so heißt es wörtlich – ,,wurde in den Jahren 1945 bis 1947 ausgewiesen bzw. im Rahmen des interalliierten Transferabkommens zwangsumgesiedelt." Hier wird man nicht nur erwarten dürfen, sondern sogar erwarten müssen, daß Lehrbuchautor und Lehrer sich bemühen, den Schülern zu verdeutlichen, was alles an menschlicher Erfahrung, was alles auch an Not und Elend mit dieser Zwangsumsiedlung verbunden war. Das muß doch hinzugefügt werden; dies muß doch ausgefaltet werden. Ich glaube, daß insofern gar kein Zweifel auftreten kann.

Wenn nun bei diesem Bemühen die Vokabel ,,Zwangsumsiedlung" durch die Vokabel ,,Vertreibung" ergänzt wird, dann wird man doch einem Lehrbuch die Genehmigung nicht verweigern dürfen, nur weil von irgendeiner Seite darin ein Verstoß gegen die deutsch-polnischen Schulbuchempfehlungen gesehen werden kann.

(Beifall bei der CDU.)

In der Umschreibung dessen, was gemeint ist, muß es doch möglich sein, derartige Vokabeln zu gebrauchen; denn die Vokabel ,,Vertreibung" oder die Vokabel ,,Vertriebene", die bei uns bis in die heutigen Tage eine selbstverständliche Bezeichnung für diese Mitbürger ist, hat doch keinen irgendwie gearteten besonderen revanchistischen Charakter.

(Dr. Mahrenholz [SPD]: Das behauptet auch niemand!)

Mit anderen Worten: Ich meine, daß das in dieser unmittelbaren Weise, ohne Ausfüllung der Lücken, ohne dieses Darüberhinausgehen, nicht möglich ist.

Wenn man außerdem bedenkt, meine Damen und Herren, daß wissenschaftliche Erkenntnis nichts Statisches ist, sondern sich dynamisch entwickelt, daß auch die Gespräche zwischen deutschen und polnischen Wissenschaftlern weitergeführt werden und zu neuen Ergebnissen führen können, wird meines Erachtens hinreichend deutlich, daß eine Übernahme der deutsch-polnischen Schulbuchempfehlungen in den Kriterienkatalog für die Genehmigung von Schulbüchern nicht sinnvoll sein kann.

Aber dieses Problem hat auch noch eine grundsätzliche Seite. Die Kriterien für die Genehmigung von Schulbüchern sind in einem Schulbucherlaß festgelegt. Sie berücksichtigen die durch unsere Staats- und Gesellschaftsordnung vorgegebenen Grenzen, nämlich allgemeine Verfassungsgrundsätze, Rechtsvorschriften, den Bildungsauftrag der Schule gemäß § 2 Niedersächsisches Schulgesetz

(Dr. Mahrenholz [SPD]: Sehr richtig!)

und die Forderung nach sachlicher Richtigkeit. Im übrigen lassen sie jedoch den Verlegern und den Autoren den unserer Verfassung gemäßen und gegebenen Freiraum. Es wäre ein schwerwiegender Präzendenzfall, meine Damen und Herren, wollte man für einzelne Schulfächer, in diesem Fall sogar für einzelne Stoffgebiete, zusätzliche Festlegungen vornehmen. Das könnte einerseits eine Fülle ähnlicher Forderungen nach sich ziehen, und andererseits könnte es sogar als eine unzulässige Einschränkung der Lehr- und Meinungsfreiheit angesehen werden.

(Dr. Mahrenholz [SPD]: Aber der Ostkunde-Erlaß existiert doch auch!)

Ich muß es hier mit allem Nachdruck sagen: Die Annahme des Entschließungsantrages der SPD-Fraktion in der vorgelegten Form würde einen totalen Bruch mit der bisherigen Genehmigungspraxis bei Schulbüchern bedeuten.

(Dr. Mahrenholz [SPD]: Aber Herr Remmers, ich war doch auch einmal Kultusminister!)

Ich sehe überhaupt keine Möglichkeit, wie die von der SPD aufgestellte Forderung gewissermaßen system-konform realisiert werden könnte. Eine Annahme des Entschließungsantrages der SPD-Fraktion würde die Preisgabe aller bisherigen Grundsätze der Genehmigungspraxis bedeuten.

Meine Bitte an Sie ist daher: Sie sollten den Antrag überdenken; er wird ja auch im Ausschuß beraten werden. Prüfen Sie bitte, wie weit ein Lehrbuch, das den zur Zeit geltenden Genehmigungskriterien entspricht, überhaupt im Widerspruch zu den deutsch-polnischen Schulbuchempfehlungen stehen kann. Ich jedenfalls bin der Auffassung, daß ein solches Lehrbuch in den Grundzügen weitgehend mit den Schulbuchempfehlungen übereinstimmen wird. Die Forderung nach sachlicher Richtigkeit, nach Beachtung des Gedankens der Völkerverständigung und nach Toleranz sichert das ab. Vielleicht können Ihnen, meine Damen und Herren, diese Hinweise bei der Überprüfung des Antrages dienlich sein.

(Beifall bei der CDU und der FDP.)

Vizepräsident Baumgarten: Das Wort hat der Kollege Hirche.

Hirche (FDP): Herr Präsident! Meine Damen und Herren! Es ist erstaunlich und beachtenswert, daß es in den deutsch-polnischen Schulbuchgesprächen überhaupt gelungen ist, zu einer gemeinsamen Empfehlung zu kommen. Dies ist sicher auf allen Seiten unbestritten. Dies hat allerdings auch dazu geführt – Herr Wernstedt und Herr Remmers haben darauf hingewiesen –, daß an verschiedenen Stellen in diesen Empfehlungen der Kompromißcharakter deutlich wird, wie dies sicherlich auch bei anderen Empfehlungen zum Verhältnis zwischen anderen Ländern – ich denke einmal an Deutschland und Frankreich und die gemeinsame Beurteilung der Vergangenheit – nicht anders wäre. Es sind Kompromisse gefunden worden, es sind Auslassungen zu verzeichnen, sowohl für die deutsche wie für die polnische Seite.

Ich darf in diesem Zusammenhang noch einmal auf den Charakter dieser Empfehlungen zurückkommen, wie ihn einer der Mitverfasser, Gotthold Rhode, in seinem Artikel in der FAZ vom 31. Januar dieses Jahres beschrieben hat – ich zitiere wörtlich mit Genehmigung der Herrn Präsidenten –:

„Empfehlungen“ sind weder Befehle noch Richtlinien, von denen man nicht abweichen dürfte.

Und an anderer Stelle sagt er:

Hinter dieser Frage steht freilich das Mißverständnis, derartige Empfehlungen seien Texte, die in Schulbücher und Lehrprogramme übernommen werden und verbindliche „Sprachregelungen“ darstellen sollten. Oder gar, noch schlimmer, alles, was nicht in den Empfehlungen enthalten ist, solle nun im Schulbuch der Geschichte und der Geographie oder sogar im Unterricht nicht mehr behandelt werden.

Dieses sind sehr deutliche Worte; sie machen darauf aufmerksam, daß hier ein Gerüst angeboten wird, an dem sich die Darstellungen in den beiden Ländern ausrichten sollen. Es wird deutlich, daß also an einzelnen Stellen die spezielle Sicht der beiden betroffenen Länder zu diesen Empfehlungen im Grunde hinzukommen darf und hinzukommen soll, wenn man die Empfehlungen richtig versteht, so wie es auch in der Präambel der Empfehlungen selbst heißt – ich zitiere mit Genehmigung des Herrn Präsidenten:

Die vorgelegten Empfehlungen beschreiben nicht erschöpfend die Komplexität der Beziehungen zwischen den beiden Staaten und ihre Einbettung in den weltpolitischen Rahmen.

Meine Damen und Herren, es ist selbstverständlich, daß bei der Darstellung der Zeitgeschichte auch etwas über den Hitler-Stalin-Pakt und über die Einwirkung der UdSSR auch auf das deutsch-polnische Verhältnis gesagt werden muß. Das heißt Aussagen darüber müssen in unseren Schulbüchern vorhanden sein. Ich glaube aber, man wird bei aller Hoch- und Wertschätzung der deutsch-polnischen Schulbuchempfehlungen – da, Herr Wernstedt, würde ich eine andere Nuance setzen als Sie – nicht verkennen dürfen, daß auch Schulbücher eine gewisse Zeitgebundenheit haben und daß es von daher meines Erachtens auch in Deutschland unvermeidbar sein wird, um der Komplexität der Darstellung willen auch auf die mit der Zwangsumsiedlung – ich will dieses Wort einmal aufgreifen – verbundenen Probleme der Vertreibung darzustellen. Wir sollten nicht in den Fehler verfallen, etwa zu meinen, das alles ließe sich nur und rein wissenschaftlich darstellen ohne Bezug auf die jeweilige Zeiteingebundenheit, in der ja Geschichte ohnehin steht. Ich glaube, das schwierigste Problem im Zusammenhang mit den Empfehlungen – ich will es einmal neutral umschreiben – ist tatsächlich die Berücksichtigung des Urteils des Bundesverfassungsgerichts. Hier gibt es einen gewissen Widerspruch oder mindestens eine Unvollständigkeit. Das festzustellen, meine Damen und Herren, bedeutet ja in keiner Weise, den Wert dieser Empfehlungen zu schmälern oder aber den Versuch nicht zu machen, diese Empfehlungen in die Praxis der Schulbucherstellung umzusetzen – aber in dem Rahmen, in dem die Kommission selbst eine solche Umsetzung sieht.

Herr Kultusminister Remmers hat hier schon sehr ausführlich nicht nur auf den inhaltlichen Aspekt, sondern insbesondere auch auf den formalen Aspekt aufmerksam gemacht. Das Akzeptieren oder Beschließen (zur SPD) Ihres Antrages, so wie er formuliert worden ist, würde in der Tat gegen alle früheren Entscheidungen und Verhaltensweisen im Zusammenhang mit Schulbuchgenehmigungen verstoßen, und zwar sowohl gegen den Erlaß von 1959 wie gegen den von 1976; einfach deshalb, weil in diesen Erlassen keine Details zu inhaltlichen Vorgaben bei der Genehmigung von Schulbüchern angegeben sind, sondern lediglich die Kriterien des Bildungsauftrages des Niedersächsischen Schulgesetzes. Ich meine deshalb und sage das auch unter Berücksichtigung der Paralleldiskussion etwa in Nordrhein-Westfalen, daß wir, wenn wir über diesen Antrag im Kultusausschuß beraten und beschließen, auf jeden Fall zu anderen Formulierungen kommen müssen, etwa dergestalt, daß diese Empfehlungen bei dem Verfahren zur Überprüfung von Schulbüchern vor der Genehmigung in dieses Prüfungsverfahren einbezogen werden. Damit wäre auf der einen Seite im Grunde materiell Ihrem Anliegen Rechnung getragen; auf der anderen Seite wäre es möglich, zusätzliche Akzente darzustellen und vor allem keinen Präzedenzfall zu schaffen für Schulbuchgenehmigungen. Herr Wernstedt, ich muß das in aller Deutlichkeit sagen: Ich habe den Eindruck, daß Ihnen bei der Formulierung, an der Sie wahrscheinlich maßgeblich mitgewirkt haben, entgangen ist, daß hier eine Entwicklung eingeleitet werden könnte, die auch in anderen Bereichen dazu führt, daß wir bis ins einzelne vorschreiben, was eigentlich in Schulbüchern zu stehen hat, und daß wir damit gerade der Entwicklung im wissenschaftlichen Bereich einen Sperriegel vorschieben würden. Das können Sie mit Sicherheit nicht gewollt haben; dazu kenne ich Sie zu gut.

(Beifall.)

Aber die Formulierung Ihres Antrages – „Berücksichtigung der Ergebnisse. . . zur Voraussetzung für die zukünftige Anerkennung" – macht solche mindestens mißverständliche Interpretation unvermeidbar.

Vizepräsident Baumgarten: Herr Kollege, gestatten Sie eine Zwischenfrage des Kollegen Dr. Mahrenholz?

Dr. Mahrenholz (SPD): Herr Hirche, haben Sie die gleichen Bedenken auch bei Zugrundelegung des Ostkunde-Erlasses von 1957, was die Genehmigung von Lehrbüchern angeht?

Hirche (FDP): Herr Dr. Mahrenholz, Sie selbst müßten ganz genau wissen, daß dieser eine ganz andere Rechtsqualität hat als jetzt ein solcher in Einzelpunkte gehender Entschließungsantrag. Ich greife Ihre Frage aber in einem anderen Sinne auf und antworte, daß es mir notwendig erscheint, innerhalb der Kultusministerkonferenz nach dem Vorliegen dieser Empfehlungen auch noch einmal über den Ostkunde-Erlaß von 1957 zu diskutieren und zu prüfen, wieweit die Formulierungen dieses Erlasses den Empfehlungen Rechnung tragen oder an Hand dieser Empfehlungen haltbar sind. Es ist nie so gemacht worden – jedenfalls bin ich nicht dergestalt unterrichtet –, daß das Ministerium etwa bei Schulbüchern wörtlich geprüft hätte, wieweit bestimmte Formulierungen u. ä. übernommen worden sind. Ich darf ganz deutlich sagen, daß das Wort ,,Berücksichtigung" in meinen Augen eben dieses Mißverständnis der Ausschließlichkeit herbeiführt. Ich bin auf der anderen Seite sicher, daß es uns möglich sein wird, in den Diskussionen im Kultusausschuß auch zu einer gemeinsamen Linie zu kommen.

(Beifall bei der SPD.)

Ich hoffe sehr, daß sich alle drei Fraktionen dieses Hauses auf eine Formulierung verständigen können, die dem Ernst dieser Situation angemessen ist. Denn ich habe zu Anfang darauf hingewiesen, wie beachtlich es ist, daß überhaupt solche Empfehlungen vorgelegt werden, wie ernst es auch uns allen sein sollte und sicherlich auch ist, in der deutsch-polnischen Aussöhnung einen konkreten Schritt weiterzukommen.

(Zustimmung von Dr. Hruska [FDP].)

Herr Wernstedt, ich stimme Ihnen in einer Aussage zu: die Ausbildung unserer Jugend und der Schulunterricht an sich tragen ganz entscheidend dazu bei, wie das zukünftige Verhältnis unserer beiden Völker zueinander ist, ein Verhältnis, das von Deutschland aus wohl zu keinem anderem Land so belastet ist wie zu Polen.

Wenn ich auch der Meinung bin, daß dieser Antrag so nicht beschlossen werden und nicht unverändert den Kultusausschuß passieren kann, halte ich es doch für wichtig, daß die Empfehlungen etwa im nichtamtlichen Teil des Schulverwaltungsblatts veröffentlicht werden oder daß sich die Landeszentrale für politische Bildung einmal dieses Themas annimmt und die Empfehlungen zusammen mit einer Interpretation eines Kommissionsmitglieds, mit der Interpretation eines Gegners und eines Befürworters, dokumentarisch veröffentlicht. Auch damit würde ein konkreter Beitrag dazu geleistet, daß an unseren Schulen zur Behandlung des deutsch-polnischen Verhältnisses mehr zeitgemäße Materialien vorhanden sind.

(Beifall bei der FDP und der SPD.)

Wenn wir also gemeinsam in der Beratung dazu kommen, daß das in meinen Augen Mißverständliche und in gefährlicher Weise künftige Schulbuchgenehmigungen Präjudizierende aus dieser Entschließung herauskommt, dann bin ich, insbesondere auch nach der positiven Aussage, die der Kultusminister noch einmal zu dem Grundsätzlichen dieser Empfehlungen gemacht hat, der Überzeugung, daß wir eine Formulierung finden, die von allen Fraktionen dieses Hauses getragen werden kann. Nur eine solche Übereinkunft dient wirklich dazu, daß in der Bundesrepublik dann auch gemeinsam die Aussöhnung mit Polen weiter konkret betrieben wird.

(Beifall bei der FDP und der SPD.)

Vizepräsident Baumgarten: Das Wort hat der Abgeordnete Prof. Dr. Pöls.

Prof. Dr. Pöls (CDU): Herr Präsident! Meine sehr verehrten Damen und Herren! Es ist – ich bedaure das – fast ein Museumsstück, was wir heute behandeln; denn dieser Punkt hat mehrere Tagesordnungen überdauert. Es ist aber bereits alles, was zu diesem Punkt zu sagen ist, auch was hier im Plenum nicht erörtert werden kann, gesagt. Ich stimme, was die politische wie auch die rechtliche Seite anbetrifft, voll mit dem Herrn Kultusminister überein, mit dem ich darüber auch vorher Gespräche gehabt habe. Ich stimme auch überein in der Zielsetzung, die Herr Hirche eben aufgezeigt hat, die am Ende der Ausschußberatungen stehen soll und muß. Aber eine politische Bemerkung lassen Sie mich doch eben machen, meine Damen und Herren.

Ich halte die Völkerverständigung und – um einen anderen Begriff zu verwenden, den Sie gebraucht haben, Herr Wernstedt – die Friedenssicherung für etwas so Großes und Ernstes, daß wir es nicht auf unge-

sicherte historische Tatbestände stützen sollten.
(Beifall bei der CDU und der FDP.)

Vizepräsident Baumgarten: Das Wort hat der Abgeordnete Pennigsdorf.
Pennigsdorf (SPD): Herr Präsident! Meine Damen und Herren! Her Kollege Hirche, vielleicht darf ich anknüpfen an das, was Sie gesagt haben, und betonen, daß es natürlich nicht darauf ankommt, am Wortlaut zu kleben, wie die Juristen sagen, sondern darauf, Inhalt und Geist der Vereinbarungen Wirklichkeit werden zu lassen in unseren Schulbüchern. Wenn wir uns dahin verständigen können, dann gibt das schon eine sehr gute Ausgangsbasis.
(Beifall bei der SPD.)

4. Schleswig-Holsteinischer Landtag: 8. Wahlperiode, 45. Sitzung, 20. 9. 1977 (Plenarprotokoll 8/45 v. 20. 9. 1977, S. 3063 ff.)

Berücksichtigung der Empfehlungen der deutsch-polnischen Schulbuchkommission
Antrag der Fraktion der SPD
Drucksache 8/770
Zur Begründung hat der Herr Abgeordnete Lund das Wort.

Lund (SPD): Herr Präsident! Meine Damen und Herren! Für die SPD-Fraktion möchte ich den Antrag meiner Fraktion – Drucksache 8/770 –, Berücksichtigung der Empfehlungen der deutsch-polnischen Schulbuchkommission, begründen.
Meine Damen und Herren! In der Folge des Warschauer Vertrages vom 17. Dezember 1970 über die Grundlagen der Normalisierung der gegenseitigen Beziehungen zwischen der Volksrepublik Polen und der Bundesrepublik Deutschland ist am 11. Juni 1976 das Kulturabkommen zwischen den beiden Staaten geschlossen worden. Dem haben alle Bundesländer – also auch Schleswig-Holstein – zugestimmt. Eine besondere Rolle spielt dabei der Artikel 4 des Kulturabkommens, der Einfluß auf die Gestaltung der Schulbücher nimmt. Es heißt dort – ich darf mit Genehmigung des Herrn Präsidenten zitieren –:
„In Anbetracht der großen Bedeutung, die die Schule und die Schulbücher für die Jugenderziehung haben, werden die Vertragsparteien ihre Bemühungen fortsetzen, in den Schulbüchern eine Darstellung der Geschichte, Geographie und Kultur der anderen Seite zu erreichen, die eine umfassendere Kenntnis und ein besseres gegenseitiges Verständnis fördert; sie werden darauf hinwirken, daß dabei die Empfehlungen der gemeinsamen Schulbuchkommission berücksichtigt werden."
Soweit der Wortlaut des Artikels 4!
Meine Damen und Herren! Der Aufgabe der Revision der Schulbücher und Atlanten in den Fächern Geschichte und Geographie haben sich in den Jahren 1972 bis 1976 die beiden nationalen UNESCO-Kommissionen angenommen. Als Ergebnis ihrer Arbeit haben sie insgesamt 27 Empfehlungen vorgelegt. Die deutsche Delegation setzte sich aus Mitgliedern der deutschen UNESCO-Kommission und Mitgliedern des Internationalen Schulbuchinstituts in Braunschweig zusammen. Den Vorsitz in der Delegation hatte der 1974 verstorbene Leiter des Braunschweiger Instituts, Professor Georg Eckert, der zur selben Zeit Präsident der deutschen UNESCO-Kommission war. In der Nachfolge Eckerts übernahm dann Professor Walter Mertineit den Vorsitz.
Die Empfehlungen, meine Damen und Herren, sind bedauerlicherweise in das Kreuzfeuer heftiger Kritik geraten, die sich von vorbehaltloser Anerkennung bis zu sogar totaler Ablehnung erstreckt.
Bevor ich nun auf die Stellungnahmen des Kultusministeriums in Schleswig-Holstein eingehe, halte ich es für erforderlich, die Auffassung meiner Fraktion zur bisherigen Kritik darzustellen.

1. Meine Fraktion würdigt uneingeschränkt die humanen Beweggründe der Kommission, der es bei ihrer Arbeit um die Versachlichung und Vermehrung von Informationen durch Schulbücher ging.
(Beifall bei der SPD und bei der F.D.P.)
2. Wir haben Verständnis dafür, daß sich die Empfehlungen auf die unmittelbaren deutsch-polnischen Beziehungen beschränken. Kritikern, die die Einbettung in das europäische Kräftefeld und darüber hinaus vermissen, muß ich entgegenhalten, daß die Empfehlungen keinen Lehrer hindern wollen, die notwendigen Ergänzungen anzubringen. Das gilt beispielsweise angefangen bei der Schlacht von Bornhöved und ihren Auswirkungen auf die slawischen Interessen Waldemars II., des Danorum et Slavorum rex, bis zum Ribbentrop-Molotow-Pakt und den Konferenzen von Jalta und Potsdam.
3. Wir erachten die Mitglieder der deutsch-polnischen Schulbuchkommission als kompetente Verhandlungspartner. Es wäre vermessen oder sogar falsch, der polnischen Delegation wegen ideologischer oder staatlicher Gebundenheit oder deutschen Mitgliedern wegen angeblicher parteipolitischer Einfärbung die notwendige Voraussetzung wissenschaftlicher Objektivität auch nur teilweise abstreiten zu wollen.
(Beifall bei der SPD)
Es ist auch nicht angängig, meine Damen und Herren, die Eignung der deutschen Historiker und Geographen mit dem Vorwurf in Mißkredit bringen zu wollen, sie verfügten nur über unzureichende polnische Sprachkenntnisse. Das Argument fällt schon deshalb in sich zusammen, weil die Verhandlungen über die volle Länge in deutscher Sprache geführt worden sind und die polnische Delegation ihre schriftlichen Beiträge auch auf deutsch vorgelegt hat.
4. Wir halten die Vermittlung gründlicherer und erweiterter Kenntnisse unserer Schüler über die Entwicklung des deutsch-polnischen Verhältnisses für dringend geboten.
(Beifall bei der SPD)
Die jüngeren Untersuchungen zum Beispiel haben ergeben, daß ein Vergleich der Geschichts- und Geographiekenntnisse deutscher und polnischer Schüler deutlich zugunsten der jungen Polen ausfällt. Auch aus diesem Grunde verdienen die Empfehlungen Aufmerksamkeit.
Meine Damen und Herren! Die Empfehlungen wenden sich an Schulbuchautoren, an Verleger, an Lehrplangestalter, an die Zulassungsstellen in den Ministerien und nicht zuletzt an die Lehrer. Ich verkenne keineswegs die Schwierigkeiten, die bei der Umsetzung der Empfehlungen zu überwinden sind, und die Hürden sind infolge des föderativen Systems in der Bundesrepublik sicherlich höher als in Polen. Natürlich kann und will niemand die Autoren und Verleger gesetzlich auf Inhalte verpflichten oder sie staatlich fesseln. Aber die Autoren und Verleger von Schulbüchern wären gut beraten, wenn sie die Empfehlungen ernst nähmen als einen Leitfaden in dem notwendigen Bemühen, in Jahrhunderten gewachsene Emotionen durch Objektivität zu ersetzen.
(Beifall bei der SPD)
Damit, meine Damen und Herren, bin ich am neuralgischen Punkt der Umsetzung der Empfehlungen angelangt. Es kommt entscheidend darauf an, welche Maßnahme der Kultusminister hier im Lande trifft und welche Maßnahmen die anderen Kultusminister treffen. Dabei bin ich mir natürlich über die nur relative Verbindlichkeit der Empfehlungen klar. Das betrifft sowohl Möglichkeiten von Ergänzungen als auch Interpretationsfragen. An nicht weniger als vier Stellen sprechen die Empfehlungen selbst davon, daß es sich um keine abgeschlossene Darstellung handele, sondern daß weitere intensive Behandlungen notwendig seien. Professor Walter Mertineit, Mitglied der deutschen Delegation, sagt hierzu prägnant: „Die Empfehlungen zur Zeitgeschichte müssen, wie die früheren Empfehlungen, als ein offener, weiterzuführender Dialog verstanden werden." Professor Gotthold Rhode, ebenfalls Mitglied der deutschen Delegation, äußert sich ähnlich, denn er sagt, die

Empfehlungen seien keine Befehle oder Richtlinien, von denen nicht abgewichen werden dürfe; niemand binde den Lehrer im Unterricht an bestimmte Begriffe.

Außerdem, meine Damen und Herren, läßt das Kulturabkommen selbst – nämlich der Satz 2 des Artikels 4 – eine gewisse Auslegungsfähigkeit des Verbindlichkeitsgrades zu. Was jedoch nicht möglich ist, meine Damen und Herren, ist die Nichtachtung der Empfehlungen erstens in der Form pauschaler Ablehnung der Inhalte

(Beifall bei der SPD)

oder zweitens in der Form der Ablehnung aus verfassungs- oder anderen rechtlichen Gründen.

Lassen Sie mich zum zweiten Punkt zuerst kommen. Bei voller Anerkennung der Unterschiede im Staatsaufbau und der Zuständigkeitsverteilung in Kulturfragen im zentralstaatlichen System der Volksrepublik Polen einerseits und der föderativen Ordnung der Bundesrepublik Deutschland andererseits muß ich darauf hinweisen, daß mit der Zustimmung zum Kulturabkommen auch die schleswig-holsteinische Landesregierung die Umsetzungsmöglichkeit der Empfehlungen grundsätzlich anerkannt hat. Rechtliche Bedenken können dem also nicht mehr entgegengestellt werden. Dieser Standpunkt ist auf deutscher Seite in der Ständigen Vertragskommission der Länder erhärtet worden.

Nun hat sich Kultusminister Professor Braun vor kurzem zu dieser Frage geäußert. Laut OSMIPRESS, Bonn vom 10. Februar dieses Jahres hat der Minister auf eine Anfrage des schleswig-holsteinischen Vorsitzenden des Bundes der vertriebenen Deutschen geantwortet – ich zitiere OSMIPRESS mit Genehmigung des Herrn Präsidenten –:

„Derartige Empfehlungen könnten bei uns ohnehin keine Grundlage für Schulbuchgenehmigungen sein, da für die Zulassung von Schulbüchern andere rechtliche Grundlagen maßgebend seien."

Meine Damen und Herren! Sollte die Wiedergabe in OSMIPRESS richtig sein, so ist die Aussage des Ministers in höchstem Grade bedenklich.

(Beifall bei der SPD)

Sie würde nämlich bedeuten, daß – wie auch immer international verhandelte Schulbuchempfehlungen inhaltlich lauten würden – diese Empfehlungen wegen rechtlicher Bedenken für die Zulassung von Schulbüchern in Schleswig-Holstein keine Chance auf Berücksichtigung hätten.

(Beifall bei der SPD)

Die rechtmäßige Zuständigkeit des Landes für die Umsetzung von Empfehlungen würde dann nämlich prinzipiell in Abrede gestellt.

Der Minister hat sich ein zweites Mal geäußert – am 6. Mai 1977 auf der Mitgliederversammlung des Verbandes der Schulbuchverlage in Timmendorfer Strand. Er hat zum Inhalt der Empfehlungen Stellung genommen – ich zitiere aus dem Redemanuskript mit Genehmigung des Herrn Präsidenten –:

„Vielmehr bin ich der Meinung, daß die Empfehlungen in der jetzt vorliegenden Form keine geeignete Grundlage für Schulbuchkonzeptionen oder gar Richtlinien für Schulbuchzulassungen sein können."

Auch diese Äußerung kann so nicht im Raum stehen bleiben.

(Beifall bei der SPD)

Ich will meine Kritik begründen:

1. Es ist mir unverständlich, wie ein Minister Probleme von erheblicher innen- und außenpolitischer Tragweite beiläufig vor Verbänden bekanntzumachen versucht. Es tut meinem Respekt vor Verbänden im allgemeinen und den angesprochenen Verbänden im besonderen keinen Abbruch, wenn ich dies sage.

(Dr. Bendixen [CDU]: Na, na!)

Als Forum zur Bekanntgabe solcher fundamentalen Entscheidungen können doch in erster Linie nur in Frage kommen: die schleswig-holsteinische Öffentlichkeit als Ganzes, das Landesparlament

(Matthiesen [SPD]: Sehr richtig! – Beifall bei der SPD)

und die Ständige Vertragskommission der

Länder. Im übrigen hätte meine Fraktion – wie es in anderen Bundesländern geschehen ist; zum Beispiel in Niedersachsen – schon längst Anweisungen des Ministers an seine Referenten für Lehrplanarbeit im Ministerium sowie an die Schulaufsicht und an das IPTS erwartet.

Ein weiterer Punkt meiner Kritik an den Äußerungen, so wie sie mir über die Presse zu Ohren gekommen sind, geht dahin: Die Abkommensgrundlage verlangt es, die Empfehlungen der Schulbuchkommission angemessen zu berücksichtigen. Ich führte das bereits aus. Die zitierten Äußerungen lassen aber berechtigte Zweifel aufkommen, ob die Landesregierung dazu überhaupt bereit ist. Die Landesregierung muß sich darüber klar sein, daß eine Ablehnung der Empfehlungen in toto einer nachträglichen Ablehnung des Artikels 4 gleichkäme.

Ich muß in diesem Zusammenhang auf den niedersächsischen Kultusminister Remmers hinweisen, der laut eigener Presseinformation vom 19. April 1977 die deutsch-polnischen Empfehlungen bei etlichen Vorbehalten grundsätzlich anerkennt und dazu wörtlich ausführt – ich zitiere mit Genehmigung des Herrn Präsidenten –:

„Sicher können die Schulbuchempfehlungen als ein Beitrag zur Versachlichung der Darstellung, unter anderem der Nachkriegsgeschichte, in den Schulbüchern gewertet werden; sie sind zudem insgesamt geprägt von dem Willen zur Verständigung und dem Wunsch, den Weg zur Versöhnung zwischen den Völkern zu ebnen."

Dies ist sicherlich nicht für alle Beteiligten eine befriedigende Einstellung, es ist aber eine zu rechtfertigende Verfahrensmöglichkeit.

Einen akzeptablen Standpunkt vertritt auch Professor Erdmann. Er hat auf dem CDU-Parteitag am 8. März 1977 hier im Lande zur Rechtsbasis der Empfehlung vorgetragen – ich darf Herrn Professor Erdmann zitieren, Herr Präsident –:

„Lassen Sie mich hier,"

– ich zitiere jetzt Professor Erdmann –

„um ein Beispiel zu geben, ein Wort sagen zu den auch im Kreise unserer Freunde lebhaft im Für und Wider umstrittenen deutsch-polnischen Vereinbarungen zu den Schulbuchempfehlungen. Daß es in unserem nationalen Interesse liegt, mit dem freiheitstolzen polnischen Volk, so wie es sich heute in seiner problembeladenen inneren und äußeren Lage darbietet, auf allen Ebenen zu einem engstmöglichen Gedankenaustausch zu kommen, liegt auf der Hand. Natürlich hat das Zustandekommen auch wissenschaftlicher Gespräche eine politische Voraussetzung, mit denen sie stehen und fallen. Das muß man deutlich sehen. Diese Voraussetzung ist die faktische Anerkennung der gegebenen territorialen Verhältnisse. Hierüber wird in den gemeinsamen Empfehlungen unter anderem gesagt, daß die in Potsdam erfolgte faktische Anerkennung der polnischen Administration in den Gebieten ostwärts der Oder/Neiße ‚noch keine völkerrechtliche definitive Anerkennung der Grenzlinie' bedeutete, daß aber die Entwicklung – und zwar jetzt mit der Überschrift des Artikels XIII der Potsdamer Vereinbarungen als ‚Transfer' der deutschen Bevölkerung bezeichnet, während dann im weiteren Wortlaut der Empfehlungen zutreffend von ‚ausweisen', ‚zwangsumsiedeln' und ‚Heimatvertriebenen' die Rede ist – dahin führte, daß es sich bei der neuen Grenzziehung ‚nicht um ein revidierbares Provisorium handeln könne'. Die des weiteren in der Empfehlung gegebene Schilderung der Wiederaufbauprobleme nach dem Kriege geht daher unter anderem von der Feststellung der ‚faktischen Auflösung des Deutschen Reiches' aus."

– Und immer noch Professor Erdmann –:

„Wenn hiergegen in einer ausführlichen kritischen Stellungnahme aus dem Kreise unserer Freunde der Einwand erhoben worden ist – ich zitiere –,"

– Professor Erdmann zitiert jetzt –

„ ‚verfassungs- und völkerrechtswidrige Aussagen zur Rechtslage Deutschlands und der Deutschen gehören nicht in deutsche Schulbücher', so wird meines Erachtens in dieser Kritik verkannt, daß es sich bei dieser Formulierung im Empfehlungstext eben nicht um eine Definition des Verfassungs- und Völkerrechts, sondern um eine Beschreibung der Wirklichkeit, eben des ‚Faktischen', handelt, in der wir leben."

Diese Ausführungen Professor Erdmanns kann meine Fraktion, so wie sie getan worden sind, nur unterstreichen.

(Beifall bei der SPD)

Meine Damen und Herren! Lassen Sie mich zum Schluß kommen. Die SPD-Fraktion wertet das Kulturabkommen und die Schulbuchempfehlungen als einen bemerkenswerten Fortschritt zur Versachlichung hergebrachter emotionsgeladener Positionen historischer Betrachtungsweise. Kommen wir dem Geist des Abkommens und den Empfehlungen nach, so leisten wir hier in Schleswig-Holstein einen Beitrag zur politischen Kultur in Europa.

(Beifall bei der SPD)

Schulbücher sind das Barometer für die Beziehungen eines Staates zu seiner internationalen Umwelt. Die Landesregierung hat es in der Hand, ob der Barometerstand in der Beziehung zu Polen steigt. Die Empfehlungen sind nicht Ende eines Dialogs, sondern sind Chance zu einem Anfang, eine Chance, die nicht vertan werden darf.

(Beifall bei der SPD und bei der F.D.P.)

Vizepräsident Dr. Schübeler: Das Wort hat der Herr Kultusminister.

Dr. Braun, Kultusminister: Herr Präsident! Meine sehr verehrten Damen! Sehr geehrte Herren! Die Geschichte des polnischen und des deutschen Volkes sind über die Jahrhunderte hinweg besonders schicksalhaft miteinander verknüpft. Beiden Völkern ist die Aufgabe gemeinsam, sich über das vergangene Geschehen zu verständigen. Es ist selbstverständlich, daß wir uns dem polnischen Volk gegenüber zur menschlichen Versöhnung und zum friedlichen Miteinander bekennen. Darüber bedarf es keiner Aussprache. Ich würde es sehr bedauern, wenn aufgrund der Debatte über den vorliegenden Antrag Äußerungen fielen, die – eventuell aus dem Zusammenhang gerissen – von den Polen im nachhinein als abwertend verstanden werden könnten.

Das Verhältnis zwischen Völkern – und gerade zwischen Nachbarn – ist in besonderem Maße durch das Wissen um den anderen und durch das Verständnis für den anderen bestimmt. In der Darstellung der Geschichte, Erdkunde, Kultur, der staatlichen, gesellschaftlichen und wirtschaftlichen Entwicklung eines anderen Volkes leisten Schulbücher oft einen wichtigen Beitrag sowohl zur Information junger Menschen als auch zu ihrer Einstellung anderen Staaten und Völkern gegenüber. Den von Ihnen gesprochenen Satz, Schulbücher seien immer ein Barometer für die Beziehungen der verschiedenen Länder zueinander, würde ich allerdings in dieser Form und mit dieser Ausschließlichkeit doch nicht unterschreiben. Darüber müßte ernsthaft diskutiert werden.

Die Landesregierung begrüßt Bemühungen, durch eine Überprüfung von Schulbüchern zur Klärung und Aufklärung und damit zur Verständigung zwischen Völkern beizutragen. Aus diesem Grunde hat die Landesregierung dem Artikel 4 des Abkommens zwischen der Regierung der Bundesrepublik Deutschland und der Regierung der Volksrepublik Polen über kulturelle Zusammenarbeit vom 11. Juni 1976 zugestimmt.

Aus demselben Grunde bejaht die Landesregierung auch Gespräche zwischen Experten über Inhalte von Schulbüchern, die zur wechselseitigen Begutachtung führen. Unverzichtbare Voraussetzung dafür ist, daß die Ergebnisse wissenschaftlich abgesichert sind, mit unseren Rechtsgrundlagen übereinstimmen und pädagogisch vertretbar sind. Solche Expertengespräche fallen eindeutig in den Zuständigkeitsbereich der Wissenschaft. In ihnen kommt entsprechend Artikel 5 des Grundgesetzes unsere Auffassung von einer freien, ungebundenen und allein der Wahrheitsfindung verpflichteten Wissenschaft zum Tragen. Aussagen aus solchen Gesprächen müssen den Ansprüchen wissenschaft-

licher Exaktheit, Begründbarkeit und Nachprüfbarkeit standhalten.
Im deutlichen Widerspruch zu dieser Wissenschaftsauffassung steht das materialistische Wissenschaftsverständnis, das Wissenschaft als Rechtfertigungslehre in den Dienst von Ideologie und Politik stellt. Ich habe gerade in der letzten Woche mit einem namhaften Vertreter der Politikwissenschaft über dieses Thema gesprochen und festgestellt, daß er hinsichtlich des Wissenschaftsverständnisses dieselbe Auffassung hat. Ich glaube annehmen zu dürfen, daß dies jeder deutsche Wissenschaftler hat, der sich nur der Wahrheit verpflichtet fühlt und nicht einer Ideologie. Leider gibt es aber auch dies.
(Dr. Klingner [SPD]: Ideologen sind immer die anderen, Herr Braun, nicht?)
– Ich glaube, Herr Dr. Klingner, daß gerade die letzten Monate genügend Zeugnisse erbärmlichster Art dafür geliefert haben, daß sich nicht mehr jeder Professor an einer deutschen Universität allein der Wahrheit verpflichtet fühlt.
(Lebhafter Beifall bei der CDU – Zurufe von der SPD)
Aber lassen Sie mich jetzt – mit Ihrem Einverständnis, Herr Präsident! – einen Wissenschaftler zitieren, der Ihrer Partei angehört und der zufolge seiner wissenschaftlichen Autorität immer meine Hochschätzung hatte. Ich darf Herrn Professor Hermann Lübbe aus seinem soeben veröffentlichten Artikel zu dem Thema „Geschichtsinteresse und Nationalkultur" zitieren. Wörtlich schreibt Hermann Lübbe:

„Wer die Zuwendung zur Vergangenheit durch deren ‚Verlängerung in die aktuellen Entscheidungsprozesse' rechtfertigen möchte, muß konsequenterweise Publikum und Wissenschaft politpädagogischer Schulung unterwerfen, . . . Die Reduktion des Geschichtsinteresses auf ein ‚praktisches Erkenntnisinteresse' wird der Realität unserer historischen Kultur nicht gerecht, und für unsere Kulturpolitik müßte es auf die Dauer schwerwiegende destruktive Folgen haben, wenn ‚Praxis' als Legitimationsinstanz für Historie dominante Geltung gewänne."
Das sagt kein Geringerer als Hermann Lübbe.
Die Schwierigkeit, angesichts grundlegend verschiedener Wissenschaftsauffassungen zu objektiv zutreffenden Aussagen zu kommen, liegt auf der Hand. Verständnis habe ich daher für Vorschläge, die darauf abzielen, die unterschiedlichen Standpunkte nebeneinanderzustellen. Allerdings meine ich, daß Kategorien wie „Frieden" oder „Nachbarschaft" oder „Versöhnung" den Versuch gemeinsamer Aussagen rechtfertigen. Da sollte es keine Auffassungsunterschiede geben, und ich habe nie welche bezüglich dieser wichtigen Fragen gemacht.
Nach meinem Wissenschaftsverständnis dürfen Darstellungen bestimmter geschichtlicher Epochen nichts Wesentliches verschweigen. So muß das große Leid genannt werden, das dem polnischen Volk zugefügt wurde und das Millionen vertriebene Deutsche erduldet haben.
Sehr erschwerend für die deutsch-polnischen Expertengespräche war von Anfang an die Tatsache, daß die deutsche und die polnische Delegation wegen der Zugehörigkeit zu unterschiedlichen staatlichen Ordnungen einen ungleichen Status besitzen. Die deutschen Wissenschaftler haben weder einen amtlichen Auftrag noch ein politisches Mandat. Die polnischen Wissenschaftler dagegen sind mit klaren politischen Weisungen ausgestattet, die sich allein schon aus dem dortigen Wissenschaftsverständnis ergeben. Demzufolge konnten Mißverständnisse über den tatsächlichen Stellenwert der „Empfehlungen" nicht ausbleiben.
Und eines möchte ich ganz klarstellen: Herr Kollege Lund, Sie haben nicht zum Ausdruck gebracht, daß die Behauptungen, die Urteile von mir stammen; aber dies hätte eben gesagt werden müssen. Ich kritisiere keinen Vertreter der deutschen Delegation – das habe ich nie getan; ich würde mich hüten, so etwas zu tun – allein wegen seiner Zugehörigkeit zu einer bestimmten Partei. Ähnliches ist von mir

nie auch nur im Ansatz gesagt worden. Ich hielte dies für verwerflich. Ich spreche auch keinem polnischen Wissenschaftler die Sachkompetenz ab, sondern ich beziehe mich ausschließlich auf das dort verordnete Wissenschaftsverständnis. Vielleicht können wir uns darauf einigen, damit nicht Kritik an den Personen zurückbleibt. Das ist mir ein ganz wesentliches Anliegen.

Nach der Auffassung der Landesregierung können solche „Empfehlungen" keinen amtlichen Charakter haben. Diese Haltung wird auch von der Bundesregierung geteilt. Ich gehe davon aus – und ich glaube, dies berechtigterweise tun zu können –, daß genau dies von dem Herrn Bundeskanzler gemeint war, als er in der Besprechung mit den Regierungschefs der Länder am 4. Juni 1976 feststellte, die Länder seien aufgrund der Formulierungen in Artikel 4 des Kulturabkommens frei, inwieweit sie die Empfehlungen der gemeinsamen Schulbuchkommission übernähmen.

Wenn Ihr Antrag so zu verstehen ist, als würden mit den „Empfehlungen" Maßstäbe gesetzt für die Zulassung von Schulbüchern, dann handelt es sich in der Tat um ein Mißverständnis, zu dem ja der von Ihnen auch zitierte Professor Dr. Gotthold Rhode Stellung genommen hat. Auch ich hatte mir genau dieses Zitat hier aufgeschrieben; ich brauche es nicht zu wiederholen. Es steht, von Ihnen vorgetragen, im Raum.

Sie haben auf die Erklärung meines Kollegen Dr. Remmers in Niedersachsen Bezug genommen. Ich habe hier die gleiche Presseerklärung liegen, die auch Sie benutzt haben. Gestatten Sie mir bitte, daß ich das Zitat der Presseerklärung meines Kollegen Dr. Remmers genau dort beginne, wo Sie es abgebrochen haben. Genau in Fortsetzung des von Ihnen Zitierten – ohne einen Satz zu übergehen; Herr Präsident, wenn Sie dieses Zitat gestatten – schreibt Herr Dr. Remmers in seiner Presseerklärung:

„Gleichzeitig zeigen aber die Empfehlungen nach Auffassung von Dr. Remmers auch die sich aus Kompromissen und Auslassungen ergebenden Grenzen auf, die derzeitig noch der Verständigung gezogen seien. Besonders diese unscharfen, vieldeutigen und lückenhaften Kompromißformeln wie zum Beispiel die Begriffe ‚Zwangsumsiedlung' und ‚Transfer' begründeten die Vorbehalte gegenüber den Schulbuchempfehlungen."

So weit wörtlich aus der von Herrn Dr. Remmers herausgegebenen Pressemitteilung!

(Beifall bei der CDU)

Letzteres scheint mir gerade das Entscheidende zu sein. Ich vermag keinen Unterschied herauszulesen zwischen dem Anliegen meines Kollegen Remmers und dem, was ich hier vorgetragen habe und heute wiederhole.

Meine Damen und Herren, für Schulbuchgenehmigungen in Schleswig-Holstein ist maßgebend, daß die Inhalte der Schulbücher nicht gegen Verfassungsrecht – dies wiederhole ich – oder gegen andere Rechtsvorschriften verstoßen und daß sie den Anforderungen und Entwicklungen der gültigen Lehrpläne inhaltlich, didaktisch und methodisch entsprechen. Auch der Artikel 4 des Kulturabkommens, bei dem es sich in erster Linie um eine – wie es heißt – „Bemühensklausel" handelt, entbindet auf gar keinen Fall die Länder von ihrer im Rahmen unseres föderalistischen Bildungssystems zu verantwortenden Zuständigkeit für die Schulbuchzulassung.

Mit einer Reihe inhaltlicher Aussagen oder „Empfehlungen" kann die Landesregierung keinesfalls einverstanden sein, zeigen doch gerade hier die gefundenen Kompromißformeln und Auslassungen die Grenzen auf, die, wie auch Herr Dr. Remmers sagt, einer Verständigung noch gezogen sind.

In den „Empfehlungen" können die tatsächlichen Massenvertreibungen auf gar keinen Fall – wie es heißt – „Bevölkerungsverschiebungen", „Zwangsumsiedlungen" oder „Transfer" genannt werden. Die jeweilige Verwendung der Begriffe „zwei deutsche Staaten" und „deutsche Zweistaatlichkeit" in den „Empfehlungen“ darf so von uns nicht hingenommen werden.

(Beifall bei der CDU)

Die Rolle der Sowjetunion, die sowohl für die Entwicklung an der polnischen Ost- wie auch an der polnischen Westgrenze sowie für die deutsch-polnischen Beziehungen von größter Bedeutung ist, darf nicht ausgeklammert werden.

(Beifall bei der CDU)

Dies ist doch ein entscheidender Faktor für die Entwicklung der Geschichte dieser beiden Länder.

Der Umstand etwa, daß in einem deutschen Schulbuch der Tatbestand der Vertreibung beim Namen genannt wird, daß die territorialen Veränderungen in Ost- und Mitteleuropa aufgezeigt werden und daß die Rechtsnachfolge des Deutschen Reiches beschrieben wird, kann doch wohl nicht dazu führen, daß dieses Schulbuch aufgrund der deutsch-polnischen Schulbuchempfehlungen nicht zugelassen wird. Das würde in der Wirklichkeit bedeuten, daß einer Vielzahl der von anerkannten Schulbuchverlagen auf dem deutschen Schulbuchmarkt angebotenen und bewährten Schulbücher für den Geschichtsunterricht die Genehmigung für den Schulunterricht verweigert werden müßte. Das wäre doch die praktische Konsequenz.

Bei den bisherigen Fachgesprächen über die Schulbücher konnten – auch Sie, Herr Kollege Lund, haben dies als ein bemerkenswertes Phänomen herausgestellt – manche psychologischen Barrieren abgebaut werden. Solche Expertengespräche sollen der offenen Aussprache über sämtliche Themen und somit der Wahrheitsfindung sowie der korrekten Darstellung des anderen Staates in seiner historischen Entwicklung dienen. In diesem Sinne versteht die Landesregierung unter dem Artikel 4 des genannten Kulturabkommens nicht die unkritische Übernahme von Gesprächsergebnissen, sondern Überprüfung und Begutachtung mit Blick auf mögliche Verwendung in der Schulpraxis. Und es ist selbstverständlich, meine Damen und Herren, daß sich die zuständigen Mitarbeiter, insbesondere im Institut für Praxis und Theorie in der Schule mit diesen Fragen beschäftigen, sehr intensiv beschäftigen, und daß versucht wird, zu erreichen, daß das, was wirklich zu vertreten ist – mit gutem Gewissen zu vertreten ist –, auch seinen Niederschlag in der Konzeption von Lehrplanarbeit und Berücksichtigung bei der Genehmigung von Schulbüchern findet. Das sind Selbstverständlichkeiten. Ich müßte diesen Herren Vorwürfe machen, wenn sie diese Dinge an sich vorbeilaufen lassen würden.

Durch die Versachlichung und durch eine Erweiterung der in Schulbüchern enthaltenen Informationen kann zu mehr Verständnis zwischen den Völkern beigetragen werden. Aus diesem Grunde begrüße ich die Tatsache, daß sich deutsche und polnische Historiker und Geographen gemeinsam an einen Tisch setzen und – wie Sie, Herr Lund, ebenfalls festgestellt haben – in deutscher Sprache über Möglichkeiten der Versachlichung der eigenen Schulbücher miteinander reden können.

Aber, meine verehrten Kollegen, auch für die Arbeit von Schulbuchkommissionen muß die Forderung von Solschenizyn an jeden Autor und damit auch an Verfasser von Schulbüchern, an Schulbuchexperten, Gültigkeit haben, der schrieb – Herr Präsident, gestatten Sie das Zitat von Solschenizyn! –:

„Unter keinen Umständen einen einzigen Satz schreiben, unterschreiben oder drukken, der nach seiner Meinung die Wahrheit entstellt.“

(Beifall bei der CDU)

Vizepräsident Dr. Schübeler: Das Wort hat der Herr Abgeordnete Busack.

Busack (SPD): Herr Präsident! Meine Damen und Herren! Der Herr Kultusminister hat soeben in geradezu klassischer Weise vorgeführt, wie man versuchen kann, den Eindruck zu erwecken, als bezöge man bestimmte Positionen, ohne doch genau zu sagen, was man für seinen Bereich der Verantwortung will und was man nicht will.

(Beifall bei der SPD)

Ich glaube – der Herr Ministerpräsident

ist gerade hinausgegangen –, daß das garantiert nicht dem entspricht, was zwischen den Ministerpräsidenten der Bundesländer einerseits und dem Bundeskanzler andererseits zwar nicht vereinbart, aber abgesprochen worden ist. Sicherlich wäre die Landesregierung gut beraten, wenn sie sich damit befaßte, wie man die Position des Kultusministers noch ein wenig konkretisieren könnte.
Obwohl Schulbücher nach dem pädagogischen Selbstverständnis der Didaktik und der Methodik nur eine unterrichtsbegleitende und -ergänzende Funktion haben sollten, sieht es im Schulalltag und in der tatsächlichen Unterrichtsarbeit nicht selten anders aus. In der Unterrichtswirklichkeit rücken sie häufig zugleich als Lehr- und Lernmittel in den Mittelpunkt.

Das Schulbuch wird zur zentralen Grundlage des Lernens und des Lehrens, der Vorbereitung der Lehrkraft ebenso wie der vorauseilenden oder nachholenden Lernarbeit des Schülers. Die Sprache des Schulbuchs, seine Inhalte und Fachausdrücke prägen das Bewußtsein der Schüler, und nicht nur der Schüler, auch der Eltern, zum Teil nachhaltig. In der Fülle der Informationsmöglichkeiten ist das Schulbuch sozusagen der überschaubare Hafen, von dem aus man auf neue Erkundungsfahrten geht.
Dies gilt um so mehr für Fächer wie Geschichte, Geographie und politische Bildung, in denen terminologisch und inhaltlich strittige Sachverhalte und Unterrichtsgegenstände behandelt werden müssen und die Lehrkraft auf allseits anerkannte Regelungen und Darstellungen im Schulbuch meint zurückgreifen zu sollen. Von hier aus gesehen war es schon immer schwierig, in der historischen und geographischen Darstellung des polnisch-deutschen Verhältnisses abwägend und ausgewogen zu vermitteln. Man kann auch sagen: Es ist sicherlich beiderseits viel gesündigt worden. Das gilt um so mehr, als die alltägliche Unterrichtsvorbereitung in den genannten Fächern nicht den Sinn haben kann, einerseits selbständig zu forschen oder andererseits Forschungsergebnisse ungeprüft zu übernehmen.
Dies alles in Rechnung gestellt, bleibt es um so erfreulicher, wenn Fachleute der Volksrepublik Polen und der Bundesrepublik Deutschland erfolgreich den Versuch unternommen haben, eine Unterrichtsgrundlage für Schulbücher zum wechselseitigen Verständnis der polnischen und der deutschen Jugend – und nicht nur der Jugend – zu erarbeiten und den Weg für eine weitere Zusammenarbeit freischaufeln zu helfen.
(Beifall bei der SPD)
Und da ist noch mehr zu tun, als mancher in seinem illusionären Raum meint annehmen zu müssen.
Es darf nicht geschehen, daß diese Grundlage für die inhaltliche und sprachliche Gestaltung und Weiterentwicklung unserer Schulbücher zerredet und durch Finten und Finessen föderaler Kulturhoheit und Vorbehalte zur Unverbindlichkeit verwässert wird.
(Beifall des Abgeordneten Wiesen [SPD])
Einen Beitrag zu einer solchen Verwässerung hat der Kultusminister hier heute bedauerlicherweise geliefert. Es kommt vielmehr darauf an, den deutsch-polnischen Schulbuchempfehlungen als dem Ergebnis einer partnerschaftlichen, mühsamen, langwierigen und soliden Arbeit beider Seiten höchstmögliche Verbindlichkeit einzuräumen. Wer dies nicht will, der soll es offen sagen; der soll auch sagen, warum er es nicht will, welche Ergebnisse er zurückgestellt haben möchte und welche neu zu verhandeln sein sollen.
(Beifall des Abgeordneten Wiesen [SPD])
Ich meine, wir wären gut beraten, wenn wir dabei auch unsere Interessen an einer wirklichkeitsnahen, ideologiefreien und ausgleichenden Darstellung des deutsch-polnischen Verhältnisses in den polnischen Geographie- und Geschichtsbüchern im Auge behielten. Dies ist ein Gesichtspunkt, der viel zu häufig zu kurz kommt.
Es macht schon einen Unterschied, wenn in Polen vor wenigen Jahren noch West-Berlin als ein – ich zitiere – „Zentrum

feindlicher Tätigkeit westdeutscher Imperialisten und Revisionisten" in Geographiebüchern gekennzeichnet wurde, heute aber nur mehr als – Zitat – „eine besondere politische Einheit".

Es macht schon einen Unterschied, ob der Nord-Ostsee-Kanal gebaut wurde – Zitat –, „um den Weg von der Ost- zur Nordsee in einer Hand zu haben", oder ob er geschaffen wurde – wie es nunmehr in polnischen Schulbüchern heißt –, „um den Weg von der Ost- zur Nordsee abzukürzen".

Vieles ist sachlicher geworden, auch wenn wir Professor Walter Mertineit, dem Vorsitzenden des Schulbuchausschusses der deutschen UNESCO-Kommission, zustimmen, wenn er feststellt – ich zitiere mit Genehmigung des Herrn Präsidenten: „In den deutschen Schulbüchern stehen über Polen seit 1974/75 keine Ungeheuerlichkeiten mehr. Polnischerseits aber sind Verbesserungen, was die Darstellung der Bundesrepublik betrifft, sehr geboten."

Diese Verbesserungen zu erreichen ist unser Interesse, und die 27 deutsch-polnischen Schulbuchempfehlungen können dafür als solide Grundlage mit höchstmöglicher Verbindlichkeit als Empfehlungen, wie gesagt, genutzt werden. Die vom Februar 1972 bis zum April 1977 in neun Konferenzen erarbeiteten Empfehlungen der deutsch-polnischen Schulbuchkommission sind ein wesentlicher, punktueller Konsens von maßgeblichen und repräsentativen Fachleuten und Wissenschaftlern in strittigen Fragen der gemeinsamen Geschichte und eine nachhaltig wirksamer Beitrag zur Normalisierung des deutsch-polnischen Verhältnisses.

Es sind nicht allein Empfehlungen für Schulbehörden, Schulbuchautoren und -verlage, sondern auch – worauf wir zu achten haben – für Jugend- und Lehrerorganisationen sowie für Massenmedien – ein Gesichtspunkt, der ebenfalls in der Diskussion ein wenig zu kurz kommt.

An diesen Empfehlungen haben sowohl Experten der Geschichtswissenschaft wie auch der geographisch-politischen Wissenschaften mitgearbeitet. Unter der Schirmherrschaft der beiden UNESCO-Kommissionen erarbeitete die Schulbuchkonferenz nicht allein Empfehlungen, sondern gelangte auch – da komme ich auf das zurück, was auch Sie als eine Möglichkeit dargestellt haben – über das Nebeneinander von Darstellungen beider Seiten über sogenannte gegenseitig verbesserte Selbstdarstellungen zu einem Dialog, der als solcher schon nicht hoch genug bewertet, der als Politikum bewertet werden kann und auch unabhängig von den Schulbuchempfehlungen seine eigengesetzlich weiterwirkende Kraft entfalten wird.

(Beifall bei der SPD)

Es kann in dieser Aussprache zu dem Antrag Drucksache 8/770 der SPD-Landtagsfraktion nicht unsere Aufgabe sein – so groß die Versuchung auch ist –, die Diskussion der Schulbuchkonferenzen mit ihren Spezialkonferenzen seit 1972 nachzuvollziehen. In einem solchen Versuch könnte man alles und nichts beweisen: den Verrat an deutschen Interessen ebenso wie den Verrat an polnischen. Die Politiker haben statt dessen jenen Fachleuten im vorpolitischen, wenn auch nicht unpolitischen Raum zu danken, die im Bewußtsein der Schwierigkeiten ihrer Aufgabe als Geographen und Historiker in die Zukunft der Jugend beider Staaten geschaut haben. Zu danken hat der, der weiß, wie schwierig eine solche Arbeit ist und wie sensibel gerade Schulbücher historisches Bewußtsein prägen.

Manches wurde ausgeklammert, sozusagen „gekiesingert", manches blieb unerwähnt, wurde mit Absicht nicht detailliert erörtert. Auf diese Weise ergeben sich Lücken und Verkürzungen, die es wohl- und übelmeinenden Kritikern nicht erschweren, den Text anzugreifen, insbesondere dann, wenn einige, nicht unmaßgebliche Kritiker das Schlachtfeld mit dem Schulbuch verwechseln, um nachträglich den Krieg zu gewinnen

(Dr. Bendixen [CDU]: Wer denn?)

und um zu retten, was die Politik des nationalsozialistischen Verbrechergesindels verspielt hat.

(Beifall bei der SPD – Dr. Bendixen

[CDU]: Wer denn? Nennen Sie mal Namen!)
So wird in ernstzunehmender Weise darauf hingewiesen, daß die Empfehlungen die Rolle der Sowjetunion für die polnische und insofern auch für die deutsche Geschichte ausklammern. Das war unvermeidbar; denn die Sowjetunion war in der Schulbuchkommission nicht vertreten, und deutsche Gründlichkeit hat sie trotz alledem nicht an der Mitarbeit beteiligen können.
Für das Procedere bleibt richtig, daß, wer sich zuviel vornimmt, nicht selten gar nichts erreicht, auch wenn es zutrifft, daß in einer abgewogenen und unangreifbaren Darstellung des deutsch-polnischen Verhältnisses der Einfluß der UdSSR entsprechend seiner Bedeutung berücksichtigt werden sollte. Selbstverständlich besteht ein Zusammenhang zwischen der Gebietsabtretung Polens an die UdSSR und der Ausdehnung des polnischen Staatsgebiets bis zur Oder-Neiße-Grenze.
Vor diesem Hintergrund bleibt dennoch zutreffend, was in den Empfehlungen dazu gesagt wird:
„Als Folge des zweiten Weltkriegs und des Zusammenbruchs des nationalsozialistischen Regimes kam es zu einer neuen weltpolitischen Konstellation. Sie setzte den Rahmen auch für das deutsch-polnische Verhältnis. Auf polnischer Seite kam es zur Wiederherstellung des eigenen Staats als ethnisch geschlossener Nationalstaat in neuen Grenzen, der aber der außenpolitischen Sicherung bedurfte, auf deutschen Seite zu der faktischen Auflösung des Deutschen Reichs."
Was kann man heute eigentlich von einer bilateralen Kommission mehr verlangen als dies, nämlich in gemeinsamem Bemühen Sachverhalte so darzustellen, daß beiderseits Reizworte und Reizthemen vermieden werden
(Beifall bei der SPD)
und daß sie über das Mittel einer sprachlichen Verständigung eben die von mir genannten Wege freischaufelt? Walter Mertineit hat dazu festgehalten:
„Die deutsch-polnischen Empfehlungen zur Behandlung der Zeitgeschichte sind in einer Sprache abgefaßt, die die in der Tagespolitik hüben und drüben häufig zu polemischen Zwecken benutzten Reizwörter zu vermeiden sucht."
Der Warschauer Korrespondent der FAZ schreibt:
„Der zweite Akt der Tragödie der beiden Völker im 20. Jahrhundert wird mit der Nüchternheit eines Wetterberichts dargestellt."
So problematisch diese Nüchternheit bleibt: Wir Sozialdemokraten meinen, Nüchternheit auf den Arbeitsfeldern der fortwährenden Versöhnung und des Ausgleichs kann ein guter Wegbereiter, eine Hilfe für die Vernunft sein.
(Beifall bei der SPD)
Nüchternheit war aber gerade nicht auf seiten jener anzutreffen, denen – auch in den Reihen der CDU/CSU – die ganze Richtung nicht paßt: rechtslastigen Shylocks, die ausgesprochen oder unausgesprochen mit ihrem schönen Schein das Völkerrechtsreich von gestern als Wirklichkeit von morgen einlösen wollen. Sie gibt es. Wenn sie gezwungen sind, sich zu artikulieren, wie der Namensvetter und Parteifreund unseres Kollegen Friedrich im Hessischen Landtag in der Debatte über die deutsch-polnischen Schulbuchempfehlungen vom 29. Januar 1977, dann hört es sich – als hätte es einen Walther Leisler Kiep und einen Ernst Albrecht nie gegeben – so an:
„Im Falle der deutsch-polnischen Schulbuchkonferenz sind es Begegnungen zwischen freien Bürgern und Vertretern einer kommunistischen Diktatur, eines totalitären Regimes.",
um bejammernd fortzufahren, daß in den Empfehlungen Grenzregelungen nicht als Folge, sondern ausdrücklich als Ergebnis des Krieges dargestellt werden, was befürchten lasse, daß von unseren Schulkindern die kommunistische Philosophie „Gewalt geht vor Recht" verherrlicht werde.
Ob Folge oder Ergebnis, ich meine: Wer kann ernsthaft und begründet bestreiten wollen, daß der zweite Weltkrieg Tatsa-

chen geschaffen hat, die uns zwangen und zwingen, umzudenken und an die Zukunft der Friedenssicherung zu denken? Territoriale Realitäten durch Rechtsansprüche auf Veränderung und Revisionen überspielen zu wollen – der europäischen Friedenssicherung dient dies sicherlich nicht; im Gegenteil!
In derselben Sitzung des Hessischen Landtags wurde derselbe Abgeordnete Friedrich noch deutlicher, als er meinte:
„In der sechsten und letzten Empfehlung wird die Unverletzlichkeit der bestehenden Grenzen beschrieben; ‚jetzt und in Zukunft', wie es darin heißt. Dies, möchte ich ehrlich zugeben, kann sicherlich weniger der Schulbuchkonferenz als der Bundesregierung mit ihrer leichtfertigen Vertragspolitik angelastet werden."
(Dr. Bendixen [CDU]: Ja, und?)
– Ich freue mich, wenn Sie dazu mit Zwischenrufen einiges für den Stenographischen Bericht festhalten wollen; aber Sie sind ebenso vorsichtig wie der Herr Kultusminister.
Der hessische CDU-Landtagsabgeordnete Stanitzek bezweifelt grundsätzlich, daß über – wie er formulierte – „Geschichtsabläufe" überhaupt Verträge „mit den Staaten, in denen das Völkerrecht mit der staatlichen Wirklichkeit auf den Kopf gestellt wird", abgeschlossen werden können.
Ich zitiere diese beiden Sprecher der hessischen CDU-Landtagsfraktion nicht, weil ihr Landesvorsitzender Alfred Dregger heißt; ich zitiere sie auch nicht, weil ich vermute, daß ihre Position die der Landesregierung sein könnte; aber ich zitiere sie, weil ich vermute, daß die Stellungnahme der Landesregierung – ausgesprochen und unausgesprochen – auch aus wahltaktischer Rücksichtnahme gegenüber jenen erfolgte, für die die beiden CDU-Landtagsabgeordneten aus Hessen so erfrischend deutlich die revisionistische Katze aus dem ostpolitischen Sack gelassen haben
(Beifall bei der SPD)
und deren offizielle Sprachlosigkeit angesichts des Kniefalls Willy Brandts in Warschau sich am Stammtisch sehr wohl zu artikulieren weiß.
(Beifall bei der SPD)
Es wäre der Sache der deutsch-polnischen Schulbuchempfehlungen sicherlich abträglich, wollten wir mit der Debatte über ihre Berücksichtigung in unseren Schulbüchern die historisierende Debatte über das ostpolitische Vertragswerk mit der Sowjetunion, mit Polen, der DDR und der CSSR fortsetzen. Angesichts der unklaren und kompromißscheuen Stellungnahme des Kultusministers – denn er hat zu Kompromissen Stellung genommen – muß aber festgehalten werden: Ohne dieses Vertragswerk könnten wir heute über den wesentlichen Fortschritt der deutsch-polnischen Schulbuchempfehlungen nicht beraten. Die CDU/CSU war in ihrer eindeutigen Mehrheit gegen dieses Vertragswerk der Entspannungspolitik, in der Ausgestaltung seiner Essentials in sich zerstritten und zeitweise insgesamt barzelesk handlungsunfähig.
(Beifall bei der SPD)
Die Kulturhoheit der Länder zwingt die SPD-Landtagsfraktion dazu, den Herrn Ministerpräsidenten an einiges zu erinnern, und veranlaßt uns, darauf zu dringen, daß in diesem Lande entsprechend dem Kulturabkommen auf die Realisierung der Schulbuchempfehlungen hingewirkt wird. Wir mahnen eine entsprechend klare Äußerung von seiten der Landesregierung gerade nach den Ausführungen des Herrn Kultusministers an.
(Beifall bei der SPD)
Wenn der Herr Kultusminister hier sagt, es hätten kein amtlicher Auftrag und auch kein Mandat bestanden, so ist das doch ein Herunterspielen eines Vertragswerks, das völkerrechtliche Qualität hat. Daran kommen auch Sie nicht vorbei.
(Beifall bei der SPD)
Die Schulbuchautoren und -verleger sind auf eindeutige Zeichen angewiesen. Ohne diese Zeichen laufen viele von ihnen Gefahr, Schulbücher anzubieten, die zwar ihrem Sach-, Freiheits- und Rechtsstaatsverständnis entsprechen, aber im Zulassungsverfahren in Schleswig-Holstein auf der

Strecke jener bleiben, die mit und ohne politische Weisung gar nicht oder nur allzu langsam begreifen, worauf es heute im Verhältnis zwischen der Volksrepublik Polen und der Bundesrepublik ankommt. Höchstmögliche Verbindlichkeit der deutsch-polnischen Schulbuchempfehlungen zu fordern heißt auch, daß sich der Kultusminister für die Landesregierung dazu äußert, was nicht als verbindlich angesehen werden kann und was nach seiner Meinung mit Erfolg für die deutsche Auffassung erneut verhandelt werden könnte.
(Beifall bei der SPD)
Es geht hier um ein Vertragswerk, um eine völkerrechtliche Qualität sui generis selbstverständlich, wie vom Kollegen Lund und von mir dargestellt. Ich halte wenig davon, daß von Bundesland zu Bundesland eine graduell und grundsätzlich unterschiedliche Verbindlichkeit der Empfehlungen festgelegt und praktiziert wird, ganz abgesehen von den Konsequenzen für die Schulbuchautoren und -verlage. Wenn durch eine graduell und grundsätzlich unterschiedliche Handhabung der Verbindlichkeit die mühsam und auf dem Kompromißwege erarbeiteten deutsch-polnischen Schulbuchempfehlungen verwässert würden, so hätten das erstens ihre Initiatoren und Autoren nicht verdient, würde das zweitens nicht ohne Rückwirkungen in Polen bleiben – ich habe das deutsche Interesse dargelegt – und müßten drittens Kultusminister wie Landesregierung aufzeigen, wie sie es denn in einem übersehbaren Zeitraum besser machen wollen.
Noch ist die Sache der gemeinsamen deutsch-polnischen Schulbuchempfehlungen nicht verloren. Wir sollten bei alledem zur Kenntnis nehmen, was der Leiter der polnischen Seite in der Schulbuchkommission in der jüngsten Ausgabe des „Vorwärts" berichtet hat. Wladyslaw Markiewicz schreibt:

„All dies bewirkt, daß selbst im Rahmen der einzelnen nationalen Expertengruppen es nicht einfach war, Einmütigkeit zu erreichen."

– im Rahmen der einzelnen nationalen Expertengruppen! –
„und daß jede – wie es äußerlich scheinen konnte – ziemlich triviale Bezeichnung oder jeder Satz, bevor er in die entsprechende Empfehlung aufgenommen wurde, von den Mitgliedern der Kommission außergewöhnlich sorgfältig ausgewogen und einer fast mikroskopisch genauen Beurteilung unterzogen wurde. Immerhin betraf dies sehr kontroverse und gleichzeitig politisch und ideologisch äußerst delikate Probleme, welche zusätzlich moralische Erinnerungen hervorriefen, wie z. B. Gebietsveränderungen, Umsiedlung der Bevölkerung und Überwindung der Vergangenheit."
Soweit Wladyslaw Markiewicz!
Das deutsch-polnische Verhältnis wäre nicht zu verbessern, wären wir nicht unsererseits bereit, die leidvolle polnische Geschichte als den Kampf des polnischen Volkes für seine staatliche Identität zu sehen, der in der jüngeren Geschichte im Kampf gegen Hitlers Ausrottungskrieg gipfelte. Das deutsch-polnische Verhältnis wäre nicht zu verbessern, wenn wir nicht bereit wären einzusehen, daß die deutsche Geschichte im Verhältnis zu Polen ein Teil unserer Geschichte ist, polnische Geschichte aber als das Geschehen der nationalen und staatlichen Selbstbehauptung Polens vor allem die Geschichte seines Verhältnisses zu Deutschland und zur Sowjetunion.
Die verbindliche Realisierung der gemeinsamen deutsch-polnischen Schulbuchempfehlungen entsprechend dem deutsch-polnischen Kulturabkommen vom 11. Juni 1976 kann und soll das Verhältnis verbessern helfen. Ich wiederhole den Appell meines Kollegen Lund: Nutzen wir die Chance! Zeigen wir Flagge!
(Beifall bei der SPD)
Vizepräsident Dr. Schübeler: Das Wort hat der Herr Abgeordnete Ronneburger.
Ronneburger (F.D.P.): Herr Präsident! Meine Damen und Herren! Der Herr Kultusminister hat seine Ausführungen vorhin mit einem Hinweis auf ein Zitat beendet, in dem von der Wahrheit die Rede

war. Der Herr Präsident möge mir gestatten, in diesem Zusammenhang aus einer Fragestunde des Deutschen Bundestages einige kurze Passagen zu zitieren, aus einer Fragestunde, die am 23. Oktober 1975 stattfand und in der es ebenfalls um die Empfehlungen der Schulbuch-Kommission gegangen ist. Fragesteller war in diesem Fall zu einer Zusatzfrage der Abgeordnete Jäger (Wangen), CDU/CSU, und die Frage lautete:

„Herr Staatsminister, nachdem es sich aber jetzt darum handelt, daß eine Kommission eingesetzt ist, deren politisches Ziel ja gerade darin besteht, dafür zu sorgen, daß entgegen allen früheren Verfälschungen und Unrichtigkeiten in beiden Staaten die geschichtliche Wahrheit zum Durchbruch kommen soll, frage ich: Ist die Bundesregierung bereit, darauf hinzuwirken, daß das, was diese Schulbuchkonferenz produziert, mit dieser geschichtlichen Wahrheit . . . übereinstimmt?"

Antwort vom Staatsminister Moersch:

„Herr Abgeordneter, ich hoffe, daß in künftigen Schulbüchern und in den Unterrichtsgestaltungen – das kommt ja noch hinzu; es ist eine Frage der demokratischen Gesinnung von Lehrpersonen, wie Sie wissen – z. B. auch ein gegenteiliger Standpunkt etwa in den Fragen mit einbezogen wird, wie sie sich hier oft in Debatten wiederfinden, damit sich junge Menschen aus der Qualität der Argumente, die da und dort vorgetragen werden, ihre eigene Meinung bilden können. Sie sollen doch nicht indoktriniert werden. Aber von einer Regierung – ich hoffe, Sie mißverstanden zu haben – zu verlangen, daß sie die Wahrheit feststellt, um sie dann in Schulbüchern niedergeschlagen zu wissen, halte ich für eine übertriebene Forderung an Regierungen, denn die Wahrheit, die wir für unsere Wahrheit halten, teilen Sie beispielsweise gar nicht unbedingt, wie ich aus Ihrer Frage entnommen habe."

Und ich glaube, Herr Kollege Braun, daß auch Sie nicht aufgerufen sind, absolute Wahrheiten festzustellen und sie sich in Schulbüchern niederschlagen zu lassen.

(Zuruf von Minister Dr. Braun)

– Ich komme auf die Frage der wissenschaftlichen Wahrheit in diesem Zusammenhang noch zu sprechen, Herr Kollege Braun! Zunächst einmal das, was die Regierung tun kann!

Ist es eigentlich angesichts des politisch-geschichtlichen Hintergrundes des deutsch-polnischen Verhältnisses angemessen und richtig, in der Weise, wie es hier geschieht, Vorbehalte aufzurichten, ehe ich den jungen Menschen auch in unserem Lande und in Polen Gelegenheit gebe,

(Beifall bei der F.D.P. und bei der SPD)

aus unterschiedlichen Darstellungen möglicherweise ihre eigene Meinung zu bilden, die Qualität der Argumente gegeneinander abzuwägen? Und ich möchte eigentlich einmal den Historiker sehen, der von sich sagen würde – ob er nun auf polnischer oder auf deutscher Seite spricht –, er befinde sich im Besitz der absoluten Wahrheit.

(Beifall bei der F.D.P.)

Ich glaube, daß die historische Wissenschaft heute – im Gegensatz zu dem, was früher einmal ihr Ziel, ihre Argumentation und ihre Arbeitsweise gewesen ist – eben nicht mehr an der absoluten Wahrheit arbeitet, sondern an einer Darstellung geschichtlicher Entwicklungen, aus denen jeweils in der gegebenen Situation die notwendigen Schlußfolgerungen gezogen werden können.

(Beifall bei der F.D.P. und bei der SPD)

Ich meine aber auch, daß wir diese deutsch-polnischen Schulbuchempfehlungen, meine Damen und Herren, nicht ohne einen Blick auf den politischen Hintergrund und auf die Vorbelastungen des deutsch-polnischen Verhältnisses behandeln können. Und mit Genehmigung des Herrn Präsidenten möchte ich aus einer neutralen Quelle ein Zitat bringen, aus einer Wiener Zeitung, und zwar zu jenem Zeitpunkt, als der deutsch-polnische Vertrag unterzeichnet worden ist. Es heißt in diesem Zitat:

„Kämpfen und töten, beherrschen und morden, hassen und rächen und wieder töten – diese Vokabeln dienten allzulange zur sogenannten Verständigung zwischen Deutschen und Polen. Unzählige Menschen verloren Leben oder Heimat. Sie litten und starben, egal in welcher Sprache ihre letzten Worte geflüstert wurden. Nur der Haß, der starb nicht."

So eine Zeitung aus dem neutralen Ausland mit einem Blick auf das, was Vorgeschichte des deutsch-polnischen Verhältnisses vor dem Abschluß des deutsch-polnischen Vertrages gewesen ist! Ich meine, wir müssen uns diesen Hintergrund immer wieder vor Augen führen, wenn wir uns vor die Frage gestellt sehen, wie wir zum Beispiel deutsch-polnische Schulbuchempfehlungen bewerten wollen und wieviel Wert wir eigentlich darauf legen, daß jener Weg, den wir seit der Unterzeichnung des deutsch-polnischen Vertrages im Verhältnis der beiden Völker zueinander zurückgelegt haben, auch künftig in die richtige Richtung führt.

(Beifall bei der F.D.P.)

Der Vertrag vom 7. Dezember 1970 und die deutsch-polnischen Vereinbarungen vom Oktober 1975 über die Ausreise von 120 000 Deutschstämmigen aus Polen, über die Rentenregelung und über die langfristige wirtschaftliche Zusammenarbeit haben das Fundament gelegt; aber auf ihm hat sich in den letzten Jahren ein intensiver menschlicher, wirtschaftlicher und kultureller Kontakt entwickelt, so daß wir heute doch wohl von einer wirklichen Klimaänderung sprechen können.

Ich will hier nur ein Faktum anführen, um zu zeigen, was damit gemeint ist. Vor wenigen Tagen kam eine gute Nachricht aus Warschau. Unsere deutsche Botschaft meldete, daß sie seit Anfang des Jahres – dieses Jahres, meine Damen und Herren! – bereits 117 000 polnischen Bürgern Visa für Besuche in der Bundesrepublik Deutschland ausgestellt habe. Eine solche Fülle an Verwandtenbesuchen, Touristenreisen und Dienstreisen aus Polen hat es ja wohl noch nie gegeben. Ich meine, daß dies mehr für die fortschreitende Normalisierung zwischen Deutschen und Polen spricht als so manche wohllöbliche Sonntagsrede und mancher diplomatische Akt.

(Beifall bei der F.D.P. und bei der SPD)

Ich möchte hinzufügen: Wer auf eine friedvolle Zusammenarbeit in Mitteleuropa Wert legt, kann diese Entwicklung wohl nur mit Erleichterung verfolgen, denn man kann über Jahrzehnte – und auch hier geht es um die historische Darstellung –, vielleicht über Jahrhunderte hinweg mit Gesetzmäßigkeit verfolgen, daß der Zustand der deutsch-polnischen Beziehungen Auskunft darüber gibt und Auswirkungen auf das europäische Klima schlechthin hat.

(Beifall bei der F.D.P und bei der SPD)

Im Westen Europas spielten die deutsch-französischen Beziehungen eine ähnliche Rolle. Herr Mischnick, Vorsitzender der F.D.P.-Bundestagsfraktion, der kürzlich in Polen war, weist zu Recht darauf hin, daß es nur logisch war, daß der erste Kanzler der Bundesrepublik Deutschland, Konrad Adenauer – den ich hier ja wohl, wie ich hoffe, mit allgemeiner Zustimmung und mit Genehmigung des Herrn Präsidenten zitieren darf –, die Aussöhnung mit Polen, meine Damen und Herren, in den gleichen Rang erhob wie die Überwindung der angeblichen deutsch-französischen Erbfeindschaft.

(Beifall bei der F.D.P.)

Es lag mir daran, die deutsch-polnischen Schulbuchempfehlungen nicht nur als eine Frage der Bildungspolitik im Lande Schleswig-Holstein zu behandeln, sondern auch darauf hinzuweisen, welcher Hintergrund sich für alle notwendigen Erwägungen denn eigentlich stellt und inwieweit wir dringende Veranlassung haben, notwendige, nachdrückliche Überlegungen darüber anzustellen, wie wir erreichen können, daß ein solcher Faktor deutsch-polnischer Beziehungen nicht wieder zu einer Belastung des europäischen Klimas überhaupt werden kann. Aus den Erfahrungen, die Herr Mischnick in seinen Gesprächen jetzt in Warschau gemacht hat, läßt sich darüber hinaus feststellen, daß auch die polnische Seite zu einer flexiblen Handhabung dieser Schulbuchempfehlungen bereit ist, auch die polnische Seite ist sich darüber im klaren, daß man hier nicht nur von einer absoluten Verbindlichkeit sprechen kann – so viel Verständnis man möglicherweise für die Vertreter eines autoritär regierten Staates haben könnte, die in jahrelangen Verhandlungen und mit direktem, klar umgrenztem Auftrag in diesen Kommissionen mitgearbeitet haben. Aber in den Gesprächen ist etwa der Vorwurf, die deutsche Seite würde sich an diese Abmachung nicht halten, nicht erhoben worden.

Auf Mischnicks wiederholten Hinweis in den Gesprächen, daß es in diesem Bereich deutsch-polnischer Schulbuchempfehlungen noch sachlich begründete Differenzen gebe, über die weiter verhandelt werden müsse, hat es immer einsichtige und vernünftige Reaktionen gegeben. Man war sich offenbar darüber im klaren, daß die Problematik – und hier stimme ich möglicherweise mit einer Ihrer Aussagen, Herr Kollege Braun, überein – auf der Expertenebene lange genug diskutiert worden sei und man jetzt auch damit beginnen müsse, zum Beispiel durch verstärkte Lehrerkontakte zwischen beiden Staaten dafür zu sorgen, daß sich nicht sosehr formelle Vereinbarungen als vielmehr das persönliche Erleben selbst und die aus der direkten politischen Auseinandersetzung gewonnenen Erkenntnisse durchsetzen. Aber dies alles – wenn man diese Lehrerkontakte, diese menschlichen, persönlichen Begegnungen und Aussprachen will – wird man nicht ohne den Blick auf das tun können, was diese Gespräche, diese Kontakte denn überhaupt erst ermöglicht hat. Die Gesprächsgrundlage der deutsch-polnischen Schulbuchempfehlungen wird man dann eben auch nicht aus dem Auge verlieren dürfen.

(Beifall bei der F.D.P. und bei der SPD)

Lassen Sie mich das in aller Offenheit sagen: Unter diesem Blickwinkel ist mir das zu wenig, Herr Kollege Braun, was Sie in Ihrem Vortrag „Das Schulbuch im Blickpunkt der Schulpolitik“ am 6. Mai dieses Jahres gesagt haben: „Grundsätzlich begrüße ich den Versuch, sich über problematische wechselseitige historische und geographische Darstellungen in Schulbüchern mit anderen Ländern zu verständigen.“ Einen solchen Versuch kann man, glaube ich, nicht nur grundsätzlich begrüßen, sondern hier geht es um eine ganz notwendige Auseinandersetzung, auch wenn man sich darüber im klaren ist, daß die bisherigen Ergebnisse mit Sicherheit nicht alle Seiten befriedigen können. Kollege Busack hat mit Recht aus der „Frankfurter Allgemeinen Zeitung“ den Hinweis auf die Nüchternheit zitiert, in der – vergleichbar einem Wetterbericht – manche Beurteilungen des zweiten Aktes der Tragödie beider Völker im 20. Jahrhundert erfolgten.

Aber lassen Sie mich auch gerade zu dieser Ihrer Äußerung in der „Frankfurter Allgemeinen Zeitung“ ein anderes Zitat, ein Zitat von Professor Mertineit – mit Genehmigung des Herrn Präsidenten – bringen. Er schreibt genau zu diesem Punkt: „Das ist gewiß nicht unproblematisch. Aber beim Versuch einer möglichst objektivierenden Betrachtungsweise gerade gegenüber den heikelsten historischen und politischen Konfliktstoffen, die heute noch in der Bundesrepublik und in der Volksrepublik Polen ungezählte Menschen tief erregen, weil sie hart von ihnen betroffen worden sind: Die Vergangenheit mit ihren großen Gegensätzen zwischen Deutschen und Polen können wir nicht mehr ändern, aber wir können sie noch in ihren schlimmsten Auswirkungen und Folgen rational und mit gegenseitigem Respekt vor unseren Empfindungen diskutieren.“

Darum geht es wohl letzten Endes, wenn wir über die Frage sprechen: Welche Auswirkungen können denn eigentlich solche Empfehlungen auch im Lande Schleswig-Holstein haben?

Hier sollte man dann auch wirklich mit aller Offenheit sagen, daß das Abkommen über kulturelle Zusammenarbeit zwischen der Regierung der Bundesrepublik Deutschland und der Regierung der Volksrepublik Polen trotz der Bereitschaft von deutscher Seite, die entsprechenden Noten austauschen zu wollen, auch nicht gemäß Artikel 16 in Kraft getreten ist. Wir nehmen das als ein Faktum und könnten es sicherlich auch als eine Reaktion der polnischen Seite in der Richtung erkennen, daß die polnische Seite ebenfalls noch nicht mit allen Formulierungen und endgültigen Ausprägungen dieser Schulbuchempfehlungen zufrieden ist.

Aber auf unserer Seite, von seiten der Bundesregierung, von seiten aller Landesregierungen, Kollege Braun, hat es die Zustimmung zu diesem Abkommen gegeben. Ich zitiere nur zwei Formulierungen aus der Rede des Kollegen Lund, die dieser bereits als wesentlich für den Inhalt dieses Abkommens dargestellt hat. ,,Darauf hinwirken" und ,,berücksichtigen", das ist gewiß nicht zuviel verlangt, aber – so meine ich –, das sollte dann auch durchsetzbar sein.

(Beifall bei der F.D.P. und bei der SPD)

Wenn die Landesregierung darauf hinwirkt, daß diese Empfehlungen berücksichtigt werden, so wird niemand in diesem Hohen Hause verlangen, meine Damen und Herren, daß wir uns verbindlich im Unterricht an unseren Schulen an jede Formulierung dieser Empfehlungen zu halten hätten. Denn leben wir nicht eigentlich in einem Staat, in dem der Lehrer auch in der Lage ist, aus verschiedenen vorliegenden Schulbüchern auszuwählen? Und leben wir nicht in einem Staat, in dem die jungen Menschen dadurch auf ihr Hineinwachsen in einen demokratischen Staat vorbereitet werden, daß man sich nicht veranlaßt sieht, ihnen nur eine einseitige Darstellung bestimmter Vorgänge im Unterricht zu geben? Das scheint mir eine berechtigte Frage in diesem Zusammenhang zu sein.

(Beifall bei der F.D.P.)

Die polnische Seite betrachtet diese Schulbuchempfehlungen trotz der Bedenken, die offenbar bestehen, eindeutig als Richtlinien. Jedenfalls geschieht das in der offiziellen Darstellung. Kollege Braun, ich vermag nicht nachzuprüfen, wieweit sich das im Unterricht im einzelnen auswirkt. Ich weiß nicht, ob diese Richtlinien wirklich in dem Sinne angewendet werden, wie es offiziell dargestellt wird. Aber daß diese Schulbuchempfehlungen einen ernsthaften Versuch bilden, beide Gesichtspunkte darzustellen, auch im Blick auf diejenigen, die sie auf beiden Seiten erarbeitet haben – bei aller unterschiedlichen Interpretation der Grundfakten durch die polnische und die deutsche Geschichtsschreibung –, das sollte wohl von niemandem ernsthaft bestritten werden, der sich auch nur andeutungsweise mit diesen Schulbuchempfehlungen befaßt.

Kollege Busack, es ist hier nicht der Raum, im einzelnen auf diese Empfehlungen einzugehen. Aber es muß doch immerhin gesagt werden, daß der Versuch, beide Gesichtspunkte darzustellen, von der jetzt arbeitenden UNESCO-Kommission nur als ein erster Schritt getan wird. Es soll jetzt die Interpretation in weiterführenden wissenschaftlichen Diskussionen – wie es dort heißt – analysiert und abgeklärt werden. Es gibt eine Reihe von Themen, die für diese Arbeit vorgesehen sind. Ich will darauf im einzelnen nicht eingehen. Aber ich will auch keinen Hehl daraus machen, daß nach meiner Auffassung die Empfehlungen der geographischen Kommission noch viel weniger konkret sind als die Empfehlungen der Geschichtskommission, wenn ich es richtig beurteile.

Trotzdem möchte ich hier aus diesem Programm der geographischen Kommission folgendes wiedergeben. Dort wird nämlich die objektive und ausgewogene Auswahl von Fakten und deren vorurteilsfreie Interpretation als zum Verstehen der Völker notwenig, als unabdingbare Voraussetzung zum Verständnis der Probleme bezeichnet.

,,Dies gilt"

– so heißt es –

,,besonders vor dem Hintergrund der gegensätzlich konzipierten und konkurrierenden sozioökonomischen Systeme der Bundesrepublik Deutschland und der Volksrepublik Polen."

Es heißt dann weiter:

,,Eine notwendige Voraussetzung für die ständige Verbesserung des Inhalts stellt der Austausch von Informationen dar."

Dazu gibt es eine Reihe von Empfehlungen, die, wie ich meine, in dieser Debatte auch genannt werden müßten: Unterstützung der Zusammenarbeit der Verlage und der Schulbuchinstitute,
(Beifall bei der F.D.P.)
gegenseitige Begutachtung der Lehrbücher beziehungsweise der Lehrbuchausschnitte, die das jeweilige Land betreffen, vor der endgültigen Drucklegung, und zwar laufend.
(Beifall bei der F.D.P.)
Das sollte nach diesen Empfehlungen sowohl im Rahmen der Zusammenarbeit der Autoren und Verleger als auch unter der Mitwirkung der zuständigen wissenschaftlichen Institutionen erfolgen.
„Besonderer Nachdruck"
– so heißt es –
„ist auf den Austausch und die Bereitstellung von Informationsmaterial, statistische Daten, neues kartographisches Material, Erkenntnisse der wissenschaftlichen Forschung zu legen und auf die Gewährleistung der gegenseitigen Belieferung von geeigneten Fotos, Diapositiven, Abbildungen,"
(Beifall bei der F.D.P.)
„Karten, Plänen und Skizzen."
Um in den Lehrbüchern eine aktuelle Information sicherzustellen und um den Lehrbuchautoren und Begutachtern der Verlage ihre Aufgabe zu erleichtern, sollten Studienfahrten und Studienaufenthalte in den beiden Ländern gefördert werden. Die zuständigen Verlage und wissenschaftlichen Institutionen auf dem Gebiet der Geographie und der Kartographie sollten sich bemühen, diesen Initiativen ihre Unterstützung und Beratung zu gewähren.
Vereinbart wurde dort weiter, daß politische Fragen im Geiste des Vertrags zwischen der Bundesrepublik Deutschland und der Volksrepublik Polen vom 7. Dezember 1970 behandelt werden sollten. Wenn zum Verständnis gegenseitiger geographischer Sachverhalte historische Erklärungen notwendig sind, so sollen sie nach dem aktuellsten Stand der wissenschaftlichen Erkenntnis gegeben werden. Historische Sachverhalte, die von der Wissenschaft unterschiedlich interpretiert werden, sollen in ihrer Problematik und unter Berücksichtigung beider Standpunkte dargestellt werden.
Herr Präsident! Meine Damen und Herren! Ich meine, daß sich schon allein in diesen Empfehlungen und in der Frage, wieweit man bereit ist, mit dem notwendigen Mut diese Empfehlungen der deutsch-polnischen Schulbuchkommission auch in den Unterricht hineinzugeben, in den Unterricht, der heute ja nicht nur Verkündung von Lerninhalten, sondern auch Aussprache zwischen Schülern und Lehrern sein sollte, eine ganze Reihe von Ansatzpunkten ergibt, bei denen eine Auswertung des bisherigen Arbeitsergebnisses möglich wäre. Dies wird von uns gefordert, weil wir meinen, daß es hier nicht nur – ich sage es noch einmal – um eine bildungspolitische Frage geht, sondern um eine Frage von so ernster politischer und historischer Bedeutung, daß es sich lohnt, sich ihrer mit aller Intensität anzunehmen.
(Beifall bei der F.D.P. und bei der SPD)
Vizepräsident Dr. Schübeler: Das Wort hat der Abgeordnete Herr Dr. Bendixen.
Dr. Bendixen (CDU): Herr Präsident! Meine Damen und Herren! Lassen Sie mich eingangs, gerade nach Ihren Ausführungen, Herr Kollege Ronneburger, sagen, daß wir hier nach unserer Überzeugung keine außenpolitische Debatte zu führen haben, sondern die Frage zu untersuchen, ob der Schleswig-Holsteinische Landtag das Ergebnis der Beratungen der Schulbuchkommission – das heißt: die konkreten Formulierungen – nach kritischer Durchsicht als eine geeignete Grundlage bewerten kann, nach der die Auswahl von Schulbüchern vorgenommen werden kann, oder nicht. Nach den Ausführungen meiner Kollegen aus den anderen Fraktionen möchte ich mich im zweiten Teil meiner Ausführungen mit dem Text auseinandersetzen. Ihr Antrag geht ja dahin, einen konkret vorliegenden Text zu bewerten, und es ist schon ein eigenartiges Phänomen, daß Sie auf eben diesen Text mit kaum einem Wort – jedenfalls nicht

konkret – eingehen. Wir werden dies in geeigneter Weise nachholen.
Meine Damen und Herren, die SPD hat in verschiedenen Bundesländern, wo sie politisch Verantwortung trägt, ähnliche Aktionen durchgeführt. Das, was Sie heute im Schleswig-Holsteinischen Landtag beantragen, ist ja kein isolierter Vorgang. Insofern ist die Frage erlaubt, ob es Ihnen wirklich in erster Linie um die historische Wahrheit in unseren Schulbüchern und um die wahrheitsgemäße Erziehung unserer Schüler geht oder um eine offensichtliche politische Aktion. Die historische Wahrheit muß aber der entscheidende Maßstab für die wahrheitsgemäße historische Erziehung unserer Schüler sein. Wenn wir unsere Schüler zu verantwortungsbewußten Bürgern erziehen wollen, so müssen sie lernen, den geschichtlichen Horizont von Entwicklungen, von gegenwärtigen Zuständen und von erkennbaren Problemen möglichst wahrheitsgemäß zu erfassen. Dabei wird geschichtlicher Unterricht zu einem erheblichen Teil auch Wertdiskussion über Menschenbild, über Gesellschaftsbild und über Staatsideal, Wertdiskussion über die Vermittlung von historischen Fakten hinaus. In diesem Prozeß gewinnt die historische Wahrheit, soweit sie wissenschaftlich erkennbar ist, eine fundamentale Bedeutung. Und lassen Sie mich für die CDU-Fraktion sagen: Die historische Wahrheit ist für uns unteilbar und frei von jeder Ideologie.
(Lebhafter Beifall bei der CDU)
Die Schulbücher, die, Herr Kollege Busack, für die Schüler zugegebenermaßen von besonderer Bedeutung, die für sie besonders einprägsam sind, fußen auch bei notwendigen Auswahlverfahren auf den Ergebnissen einer der Wahrheitsfindung verpflichteten, freien, in ihren Methoden und Erkenntniszielen ideologisch nicht vorherbestimmten Wissenschaft. Der Kultusminister hat nach meiner Auffassung überzeugend den Unterschied zwischen einem freien und einem materialistischen Wissenschaftsbegriff differenziert. Gleiches gilt in den Grundstrukturen für die menschliche Erziehung und die wissensmäßige Ausrüstung der jungen Generation in den Schulen. Ein freies Land kann stolz darauf sein, seine junge Generation mit der ganzen Wahrheit zu konfrontieren und sie ihr auszusetzen, ein unfreies Land leider nicht.
(Beifall bei der CDU)
Auf diesen Leitsätzen bauen wir unser Urteil über die Schulbuchempfehlungen auf. Lassen Sie mich, bevor ich in einigen wenigen ausgewählten Beispielen auf den Inhalt eingehe, einige formale Vorbemerkungen machen. Die erste Bemerkung habe ich bereits gemacht: Wir führen keine außenpolitische Debatte, Herr Kollege Ronneburger! Es ist immer erheblich lückenhaft gewesen, wenn die historische Wahrheit in einen tagespolitischen Prozeß eingebunden werden sollte. Wir haben dafür schreckliche Beispiele in der Vergangenheit.
(Beifall bei der CDU)
Wir möchten – ich unterstelle Ihnen das nicht – keinen Beitrag dazu leisten, auch nur ansatzweise wieder in diese Richtung zu gehen.
Und lassen Sie mich dies betonen: Eine freie inhaltliche Beurteilung der Schulbuchempfehlungen durch unsere Fraktion kann und darf keinen Rückschluß zulassen auf unseren Versöhnungswillen gegenüber Polen. Ich betone: gegenüber Polen, insbesondere gegenüber der polnischen Bevölkerung. Auch wenn wir zu einer ablehnenden Haltung kommen – ich kündige sie hiermit an –, lassen wir uns von niemandem unterstellen, wir würden die Entspannung und die Versöhnung ablehnen, lassen wir uns von niemandem in eine Ekke stellen, in der wir dann von eben jenen geschlagen werden.
(Beifall bei der CDU)
Vizepräsident Dr. Schübeler: Gestatten Sie eine Zwischenfrage des Herrn Abgeordneten Ronneburger?
Dr. Bendixen (CDU), fortfahrend: Ja!
Ronneburger (F.D.P.): Herr Kollege, sind Sie bereit zuzugeben, daß die Unterstellung, von der Sie soeben gesprochen haben, in meinen Ausführungen nicht ent-

halten war, und sind Sie zweitens bereit zuzugeben, daß die deutsch-polnischen Schulbuchempfehlungen durch ihre Erwähnung in dem deutsch-polnischen Kulturabkommen und in dem Gesamtzusammenhang des Vertragswerks zwischen Polen und der Bundesrepublik Deutschland überhaupt nicht losgelöst von außenpolitischen Vorgängen gesehen werden können?

(Beifall bei der F.D.P. und bei der SPD)

Ich will Ihnen darauf zweierlei sagen: Erstens begrüße ich es, daß Sie betont haben, diese Unterstellungen seien in Ihrer Rede nicht vorhanden gewesen; zweitens weise ich, was den gesamtpolitischen Hintergrund betrifft, noch einmal ausdrücklich darauf hin, daß nicht einmal die Bundesregierung in den von Ihnen bereits zitierten Antworten auf Kleine Anfragen im Bundestag sich in der Lage sah, gegenüber den einzelnen Bundesländern auch nur eine einzige Empfehlung abzugeben.

(Ronneburger [F.D.P.]: Sie hat doch keine Zuständigkeit!)

Wenn nicht einmal die Bundesregierung, getragen von SPD und F.D.P., eine politische – keine zuständigkeitsmäßige – Empfehlung abgeben kann, werden Sie uns doch wohl zugestehen wollen, daß wir dann frei entscheiden, wie wir diese Probleme beurteilen.

(Beifall bei der CDU)

Meine Damen und Herren, die Schulbuchempfehlungen, um die es geht, sind in 27 Abschnitte gegliedert. Wir diskutieren heute ausschließlich über einen einzigen Abschnitt, nämlich über jenen, der sich mit der Entwicklung der Kriegs- und Nachkriegszeit befaßt. Die Empfehlungen sind an Schulbuchautoren gerichtet, die ja in einem Land Gott sei Dank nicht an staatliche Direktiven gebunden sind. Sie sind gerichtet an Verwaltungen, an Politiker, an Wissenschaftler. Es sind Empfehlungen, die laut Professor Rhode, der hier schon gelegentlich zitiert wurde, in der ,,Frankfurter Allgemeinen Zeitung" vom 30. Januar 1977 – wenn ich dies zitieren darf, Herr Präsident! – keineswegs – jetzt das wörtliche Zitat – Texte sind, ,,die in Schulbücher und Lehrprogramme übernommen werden und verbindliche Sprachregelungen darstellen sollten." Und die Bundesregierung – ich sagte es – hat in den Bundestagsdebatten vom November und Dezember 1975 sowie vom Juni 1976 ausdrücklich erklärt, daß diese Empfehlungen keine Richtlinien seien. Sie hat es ausdrücklich vermieden – auf nachdrückliches Befragen von Abgeordneten der CDU/CSU –, inhaltlich und politisch zu diesen Empfehlungen befürwortend oder ablehnend Stellung zu nehmen. Ich glaube, das spricht für sich.

Auch der Kultusminister von Nordrhein-Westfalen, Herr Girgensohn, hat, wie aus einem Artikel der ,,Frankfurter Allgemeinen Zeitung" vom 14. November 1976 hervorgeht, nachdrücklich gesagt, daß diese Empfehlungen eben nicht unkritisch verwertet werden dürfen, auch wenn er sich im Ergebnis dann inhaltlich zu ihnen bekennt.

Wichtiger aber ist – ich gehe gern auf das ein, was hier gesagt worden ist – der politische Hintergrund, vor dem wir die Dinge beurteilen müssen. Einer der Mitautoren, Professor Rhode, sagt dazu in dem erwähnten Artikel vom 31. Januar 1977 – ich darf dies mit Genehmigung des Herrn Präsidenten zitieren –:

,,Die in Polen angezogene Bremse wurde erst gelockert, als der Warschauer Vertrag vom 7. Dezember 1970 den Wünschen der polnischen Regierung weitgehend entgegengekommen war. Erst danach konnten die beiden Kommissionen sich gemäß der Verabredung zu einer ersten Schulbuchkonferenz Anfang 1977 treffen."

Und etwas weiter unten heißt es:

,,Derartige Verhandlungen sind von politischen Gegebenheiten abhängig. Politische Entwicklungen wirken beschleunigend oder retardierend auf ihren Gang und ihre Ergebnisse ein. Es wäre Augenwischerei, wollte man dies ableugnen und behaupten, hier gehe es um einen rein wissenschaftlichen Gedankenaustausch zwischen Historikern und Geographen".

Meine Damen und Herren, wenn einer der Mitautoren den engen Zusammenhang

zwischen den politischen Gegebenheiten und den historischen Ergebnissen dieser Verhandlungen ausdrücklich hervorkehrt, so werden Sie es einer Landtagsfraktion, die für die junge Generation Verantwortung trägt, nicht verübeln können, in voller Freiheit ja oder nein zu diesen Empfehlungen zu sagen.
(Beifall bei der CDU)
Dieses Zitat macht im übrigen unverkennbar, daß seitens der polnischen Historiker, über die zu urteilen ich keine Berechtigung habe, eben politische Beweggründe – wenn nicht maßgebend, so doch stark begleitend – in diesen Verhandlungen vorhanden waren.
Hieran knüpft sich eine prinzipielle Kritik gegenüber diesen Empfehlungen. Sobald die historische Wahrheit in einen gegenwartsbezogenen politischen Prozeß eingebunden werden soll, besteht und bestand immer die Gefahr, daß sie zur historischen Halbwahrheit denaturiert wird und wurde, und sobald eine so verkürzte Geschichte Eingang in die Schulen findet, besteht die Gefahr, daß der Geschichtsfälschung Tor und Tür geöffnet wird.
Meine Damen und Herren, ich möchte es mir versagen, auf viele historisch belegbare Beispiele dieses prinzipiellen Verhältnisses von historischer Wahrheit und Tagespolitik hinzuweisen. Es ließen sich viele anführen. Wir sollten es dabei belassen, daß wir auf diese Tatsache hinweisen. Diejenigen, die ein solches Herrschaftsverhältnis der Politik über die historische Wahrheit befürworten oder auch nur dulden, müssen an sich die Frage richten lassen, welchen Stellenwert die Wahrheit über die nationale Geschichte in ihren Höhen und in ihren Tiefen,
(Ronneburger [F.D.P.]: Jetzt arbeiten Sie aber mit Unterstellungen!)
in ihrem Denken und politischen Handeln besitzt oder möglicherweise nur noch bedingt besitzt.
Der Text selbst ist ein Kompromiß. Das ist hier wiederholt gesagt worden; das haben die Autoren auch selbst schriftlich oder mündlich ausgeführt. Nur: Hier müssen wir uns dann die Frage stellen, was eigentlich „Kompromiß" heißt. In der Politik ist der Kompromiß möglich und jederzeit notwendig. Ich möchte für meine Fraktion mit allem Nachdruck sagen: Was die historische Wahrheit betrifft, kann es keinen Kompromiß geben.
(Beifall bei der CDU – Zuruf des Abgeordneten Busack [SPD])
– Es kann die Wahrheit geben, Herr Kollege Busack, soweit sie wissenschaftlich erkennbar ist. Es kann sie nicht in einem politischen Kompromiß geben.
(Beifall bei der CDU – Busack [SPD]: Das ist die Parteilichkeit der Wissenschaft mit umgekehrtem Vorzeichen!)
– Wenn Sie, Herr Kollege Busack, die Freiheit der Wissenschaft von politischen Motivationen interpretieren als die Umkehrung der Wissenschaft, wenn Sie sie sozusagen als einen Teil des politischen Prozesses interpretieren, so muß ich Ihnen leider sagen, daß Sie dann offensichtlich noch nie ein historisches Buch gelesen haben.
(Widerspruch bei der SPD)
Wohin kommen wir denn, wenn wir die Wissenschaft zur Grundlage der Wahrheitsfindung machen und Sie nicht bereit sind, diese für die Schulbücher zu akzeptieren? Wohin wollen Sie dann eigentlich unsere Schulbücher führen, muß ich Sie einmal deutlich fragen.
(Beifall bei der CDU)
Nun lassen Sie mich bitte – ich hatte das bereits gesagt –, im Gegensatz zu meinen Vorrednern, zu den Empfehlungen selbst kommen, konkret zu der Empfehlung über die Entwicklung in der Kriegszeit und in der Nachkriegszeit; die anderen Dinge, Mittelalter, frühe Neuzeit, haben ja auch in Ihren Ausführungen keine Rolle gespielt.
(Busack [SPD]: Geben Sie aber bitte „ausgewählte Beispiele"!)
– Ich kann das nur anhand ausgewählter Beispiele machen. Es sind sehr viele Sätze vorhanden, die zu einem historischen Disput reizen könnten. Das ist aber hier nicht unser Problem, und dies können wir hier anläßlich einer Landtagssitzung auch nicht leisten.

(Ronneburger [F.D.P.]: Aber das Vorhandensein von Disputen ist ja an sich schon eine gute Sache! Das sollten wir hier doch gemeinsam feststellen!)
– Wenn Sie das so sehen, Herr Kollege Ronneburger, dann bedauere ich, daß Sie diese Möglichkeit nicht selbst genutzt und die Texte interpretiert haben. Das ist doch der Punkt.
(Sehr richtig! bei der CDU)
Wir reden hier nicht über die Ergebnisse der Entspannungspolitik, sondern über konkrete Texte. Ich möchte das jetzt anhand einiger ausgewählter Beispiele tun.
(Busack [SPD]: Lassen Sie uns das doch im Volksbildungsausschuß machen! Da haben wir genügend Zeit! – Zimmermann [CDU]: Das mag er nicht hören!)
– Sehen Sie mal, verehrter Herr Kollege Busack! Es ist für mich außerordentlich kennzeichnend, daß Sie es entweder ablehnen oder davor offensichtlich Angst haben,
(Lachen bei der SPD)
daß wir uns hier einmal über die Texte unterhalten, und zwar in der Öffentlichkeit, so daß die Dinge nachgeprüft werden können, und nicht hinter verschlossenen Türen.
(Beifall bei der CDU)
Hier müssen wir einmal erklären, ob wir zu diesen Aussagen ja oder nein sagen. Ich nenne zunächst die bewußte Beschränkung auf das deutsch-polnische Verhältnis, das hier mehrfach angesprochen worden ist. Das findet sich in den Texten wieder; das ist schon eine Aussage in der Präambel. Ich möchte es aus Zeitgründen nicht im einzelnen zitieren. Es ist nach meiner Auffassung historisch und – wenn Sie so wollen – auch politisch für unsere Beurteilung unhaltbar, die Rolle der Sowjetunion vor, während und nach dem zweiten Weltkrieg für Polen und für den gesamten osteuropäischen oder weltpolitischen Raum zu leugnen.
(Lund [SPD]: Das leugnet doch niemand!)
– Lassen Sie mich dies, Herr Kollege Lund, nach einer vor zwei Tagen beendeten Reise durch die Volksrepublik Polen, wo ich auch einige Gespräche mit Vertretern der Universität in Warschau und der Universität in Breslau, unter anderem über die deutsch-polnischen Schulbuchempfehlungen, geführt habe, so sagen: Die Leugnung der Rolle der Sowjetunion ist für meine Begriffe auch unhaltbar gegenüber dem Freiheitswillen des polnischen Volkes.
(Beifall bei der CDU – Busack [SPD]: Womit wollen Sie denn beweisen, daß das geleugnet wird? – Lund [SPD]: Das leugnet doch niemand!)
Wenn diese Schulbuchempfehlungen in dieser Weise einen Niederschlag in unseren Schulbüchern fänden, so wäre das eine objektive Leugnung der Rolle einer Weltmacht, und wenn ein Student im zweiten Semester in einem Proseminar so vorginge, dann würde unter dieser seiner Leistung mit Sicherheit die Note „Sechs“ stehen. Ja, wir sind heute in der Quarta so weit, die Schüler dahin zu erziehen, daß sie die historischen Vorgänge als komplexe und nicht nur bilaterale Vorgänge begreifen.
(Lund [SPD]: Sehr richtig!)
Und wenn das so ist, dann muß ich fragen: Warum soll dies in deutsch-polnischen Schulbuchempfehlungen nicht ebenso sein?
(Sehr richtig! und Beifall bei der CDU)
Ein zweiter Fragenkomplex betrifft die Neutralität der Begriffe, die diese deutsch-polnischen Schulbuchempfehlungen beinhalten. Lassen Sie mich dazu ein Zitat bringen.
(Busack [SPD]: Ein christdemokratisch ausgewähltes!)
– Ich habe betont, daß ich ausgewählte Beispiele bringen werde; wenn Sie sie durch andere Zitate widerlegen können, möchte ich Sie bitten, dies in einer Zwischenfrage zu tun. Ich gehe davon aus, daß Sie die Texte vor sich liegen haben, weil wir hier über sie reden.
Auf Seite 2 steht im dritten Fragenkomplex unter dem Stichwort „Wertneutralität der Begriffe“:
„Kriegsverluste“
– so heißt es hier; ich zitiere mit Genehmigung des Herrn Präsidenten –

,,und Kriegsverwüstungen stellten beide Länder vor komplizierte Aufbauprobleme. In Polen, das in besonderem Maße unter den Kriegseinwirkungen zu leiden gehabt hatte, schufen die Befreiung, das politische Übergewicht der linken Parteien und die territoriale Westverschiebung historische Voraussetzungen für die revolutionären Veränderungen seiner ökonomisch-gesellschaftlichen und politischen Struktur und dadurch andere Ansatzmöglichkeiten des politischen und wirtschaftlichen Aufbaus als in den vier Besatzungszonen Deutschlands. In den Ländern der amerikanischen, der britischen und der französischen Besatzungszonen knüpfte man an Traditionen der parlamentarischen Demokratie an."

Meine sehr verehrten Damen und Herren! Angesichts einer solchen Formulierung möchte ich jeden einzelnen in diesem Hohen Hause fragen, wer einer Formulierung zustimmen würde, die da etwa lauten würde: Im Januar 1933 kam es aufgrund bestimmter gesellschaftlicher, wirtschaftlicher und außenpolitischer Vorgänge und aufgrund eines Übergewichts der rechten Parteien zu einer revolutionären Veränderung der gesellschaftlich-ökonomischen Herrschaftsstruktur in Deutschland? Wer in diesem Hause würde einem solchen Satz zustimmen, während dann die Traditionen der anderen eben als Traditionen einer parlamentarischen Demokratie hingestellt werden?

Wenn Geschichte in unseren Schulen auch einen erzieherischen Aspekt haben soll, so darf sich ihre Nomenklatur in den Schulen nicht völlig, ja, sie darf sich überhaupt nicht auf die Ebene der moralischen Neutralität zurückziehen. Wir wollen zwar den Geschichtsunterricht nicht zum moralischen Zeigefinger für die Weltgeschichte hochstilisieren,

(Busack [SPD]: Nur an ausgewählten Beispielen!)

aber Geschichte darf auch nicht zu einem wertneutralen, strukturellen Geschehensablauf werden. Um dies im Zusammenhang dieses Textes konkret zu sagen, Herr Kollege Busack: Die parlamentarische Demokratie ist für uns mehr als nur eine überkommene Tradition, und fehlende Menschenrechte sind für uns nicht nur Merkmal einer anderen politisch-ökonomischen Struktur.

(Beifall bei der CDU)

Wer die Geschichte jeder ethischen Norm entzieht, nimmt ihr jeden erzieherischen Aspekt, und eben diesen wollen wir in unseren Schulen erhalten.

Ich wende mich einem dritten Fragenkomplex zu, das ist der Komplex der Heimatvertriebenen. Er ist schon oft in der öffentlichen Auseinandersetzung besprochen und kontrovers erörtert worden. Mir ist bewußt – man könnte hier viele Zitate bringen –, daß auch von Vertreibung, auch von Unrecht die Rede ist. Aber uns allen ist ebenso bewußt, daß dieser ganze leidensvolle Abschnitt der deutsch-polnischen Beziehungen insgesamt unter dem wertneutralen Begriff ,,Bevölkerungstransfer" abgehandelt wird.

Man muß nicht – wie es bei mir selbst der Fall ist – Heimatvertriebener sein, um angesichts der historischen Tatsachen – Flucht von 12 Millionen Deutschen mit 2 Millionen Toten – und angesichts der großen Verdienste der Heimatvertriebenen für den Wiederaufbau unseres Volkes, unseres Vaterlandes diese Formulierungen als historisch verfehlt, als unzulässig heruntergespielt, ja, als menschlich teilweise zynisch zu empfinden.

(Beifall bei der CDU)

Für uns sind diese Empfehlungen aus den genannten sachbezogenen Gründen, die aus der konkreten Auseinandersetzung mit dem Text gewonnen wurden, der uns schwarz auf weiß vorliegt, keine geeignete Grundlage für die Auswahl der Schulbücher, und wir werden diesen Antrag heute und hier ablehnen.

Wir würdigen die Arbeit der Beteiligten, wir würdigen die vielen, jahrelangen Bemühungen der Historiker, die sich an den Kommissionssitzungen beteiligt und viel Mühe darauf verwendet haben, Kompromisse herbeizuführen. Aber selbst einer der Mitautoren, nämlich Professor Rhode, hat in dem erwähnten Artikel der ,,Frankfurter Allgemeinen Zeitung" folgendes gesagt:

„Der Wissenschaftler wird sich stets fragen müssen, wo er unüberschreitbare Grenzen sieht. Daß er sich oft die Frage stellt, ob die verhältnismäßig bescheidenen Ergebnisse Mühe und Zeitaufwand lohnen, wird jeder verstehen."

Wenn selbst einer der Mitautoren die Methoden der Verhandlungen in Frage stellt, die Ergebnisse anzweifelt, so ist dies ein Wort, das für sich selber spricht.

Meine Damen und Herren, lassen Sie mich gerade nach den Ausführungen meiner Vorredner folgendes noch hervorheben. Die Entspannungspolitik und die Ergebnisse der deutsch-polnischen Schulbuchkommissionen dürfen eben nicht in einen unmittelbaren gegenseitigen Zusammenhang oder in ein unmittelbares Abhängigkeitsverhältnis gebracht werden. Weder kann aus der gegenwärtigen Ostpolitik der gegenwärtig amtierenden Bundesregierung eine notwendige Übernahme der Empfehlungen hergeleitet werden, noch darf aus einer sachlich begründeten Ablehnung – über die man kontrovers diskutieren kann – eine prinzipielle Gegnerschaft zu den Prinzipien der Ostpolitik behauptet werden. Wer eine solche Haltung einnimmt, demonstriert entweder ein unzulängliches Verständnis für das Wesen der historischen Wahrheit oder einen beängstigenden Totalitätsanspruch der Politik gegenüber der Freiheit der historischen Forschung.

Lassen Sie mich abschließend etwas zu dem Antrag der SPD-Fraktion sagen, der darauf abzielt – ich zitiere in etwa wörtlich –, die Ergebnisse der deutsch-polnischen Kommission angemessen zu berücksichtigen, eine angemessene Berücksichtigung nicht weiter zu verzögern. Die historische Wahrheit kann man nicht „angemessen berücksichtigen"; man schreibt sie in die Schulbücher hinein, oder man läßt sie weg. Wir sind dafür, sie voll in unsere Schulbücher hineinzuschreiben.

(Beifall bei der CDU)

Vizepräsident Dr. Schübeler: Das Wort hat der Abgeordnete Herr Meyer.

Meyer (SSW): Herr Präsident! Meine Damen! Meine Herren! Ich nehme hier heute das Wort, weil man ja in der letzten Zeit häufig hört, man wünschte sich, daß die deutsch-polnischen Fragen und Probleme so gelöst werden könnten, wie man die deutsch-dänischen Fragen in unserem Grenzland gelöst hat. Zuletzt wurde dies von dem CDU-Politiker Windelen gesagt, der neulich äußerte, er hoffe, daß man für die Deutschen, die heute noch in Polen leben, Regelungen finden möge, wie man sie im Landesteil Schleswig für die dänische Minderheit gefunden habe.

Ich erwähne dies heute, weil wir ja auch eine deutsch-dänische Schulbuchkommission gehabt haben, die ihre Arbeit geleistet hat. Ich gebe offen zu, daß auch ich skeptisch war, was aus der Arbeit einer solchen Kommission herauskommen könnte. Aber diese Kommission bei uns hat gut gearbeitet und gute Resultate gezeigt.

Aus diesem Grunde folge ich dem Antrag der SPD-Fraktion, der eine angemessene Berücksichtigung der Empfehlungen der deutsch-polnischen Schulbuchkommission zum Ziel hat. Eine angemessene Berücksichtigung! Das halte ich für wichtig; vielleicht erreichen wir dadurch auch für die Zukunft Regelungen mit Polen, wonach die Deutschen, die in Polen verwurzelt in ihrer deutschen Sprache und ihrer deutschen Kultur, leben, weiterhin dort leben können. Aus diesem Grunde halte ich es für wichtig, daß wir den Antrag positiv aufnehmen und eine angemessene Berücksichtigung anstreben.

Die historische Wahrheit, von der eben so viel geredet worden ist – das sage ich ganz offen –, haben wir ganz bestimmt auch nicht in der deutsch-dänischen Schulbuchkommission gefunden. Nachdem ich kürzlich einen deutschen Professor gehört habe, der über die Geschichte Schleswig-Holsteins sprach,

(Beifall bei der SPD und bei der F.D.P. – Matthiesen [SPD]: Der hat vielleicht sogar vom Parlament ein Honorar dafür gekriegt!)

weiß ich, daß wir zu dieser historischen

Wahrheit auch in der deutsch-dänischen Frage nicht gekommen sind.
(Matthiesen [SPD]: So ist es!)
Eine Empfehlung, wie wir in irgendeiner Form die Standpunkte der beiden Nationen in den Schulbüchern darstellen können, wäre gut, und nach den Erfahrungen im Grenzland bei uns glaube ich, daß es gut wäre, wenn doch die Empfehlungen der deutsch-polnischen Schulbuchkommission angemessen berücksichtigt würden.
Wir sollten bedenken, daß das, was in den Schulbüchern steht, ja letztlich nicht das A und O für den Unterricht ist, sondern daß es doch immer noch auf den Pädagogen ankommt, der alles sachlich, klar darstellen kann. Die Kinder sollen ja nicht nur Schulbücher auswendig lernen.
(Beifall bei der SPD und bei der F.D.P.)

Vizepräsident Dr. Schübeler: Das Wort hat der Herr Abgeordnete Ronneburger.
Ronneburger (F.D.P.): Herr Präsident! Meine Damen und Herren! Ich hoffe, Sie verübeln es mir nicht, daß ich an dieser Stelle noch einige wenige Bemerkungen dem hinzufüge, was ich vorhin gesagt habe.
Herr Kollege Bendixen, Sie haben mehrfach von der Unteilbarkeit der Wahrheit und von der historischen Wahrheit gesprochen, und Sie haben denen, die den politischen Hintergrund für die Schulbuchempfehlungen mit in ihre Überlegungen einbeziehen, unterstellt, sie erkennen einen Primat der Politik über die geschichtliche Wissenschaft an. Dies ist falsch.
(Beifall bei der F.D.P – Dr. Bendixen [CDU]: Nein, Ich habe gesagt, daß Sie sich diese Frage stellen lassen müssen; und ich stelle sie!)
– Gut; nun wollen wir uns nicht über Formulierungen streiten. Wenn Sie sagen, wir müßten uns die Frage stellen lassen, dann ist doch wohl in dieser Ihrer Aussage enthalten, daß Sie jedenfalls diese Frage bejahen würden.
(Beifall bei der F.D.P. und bei der SPD)
Deswegen möchte ich hier noch einmal mit aller Deutlichkeit und Nüchternheit feststellen: Ich hätte den Mut nicht, mit solcher Entschiedenheit von mir zu sagen, ich wüßte, was die Wahrheit ist.
(Beifall bei der F.D.P. und bei der SPD)
Wir werden in der so lange belasteten Auseinandersetzung dieser beiden Völker mit dieser einfachen Formulierung – ,,wir schreiben die volle und ungeteilte Wahrheit in unsere Schulbücher" – nicht zurechtkommen.
Herr Kollege Bendixen, Sie zwingen mich jetzt noch zu einer Aussage, die ich aus ganz bestimmten Gründen in dieser Debatte lieber nicht gemacht hätte. Sind wir uns eigentlich darüber im klaren, daß hier in den Kommissionen zwei sehr ungleiche Partner miteinander gesprochen haben?
(Beifall bei der F.D.P.)
Sind wir uns darüber im klaren, daß der Partner, mit dem unsere Leute verhandelt haben, in der Wahl seiner Formulierungen nicht so frei ist, wie wir es sind!
(Beifall bei der F.D.P. – Zurufe von der CDU: Ja, eben!)
Sie haben mehrfach aus dem Artikel von Professor Rhode in der ,,Frankfurter Allgemeinen" zitiert. Professor Rhode gibt in diesem Artikel ja unmißverständlich zu, daß sich die Empfehlungen der deutsch-polnischen Schulbuchkommission aus dieser Zwangslage heraus auf eine, wie er es nennt, ,,Beziehungsgeschichte" der beiden Länder zueinander beschränken. Wollen Sie im Ernst in Empfehlungen einer solchen Konferenz die Frage des Verhältnisses Polens zur Sowjetunion einbeziehen – historisch oder gegenwartsbezogen? Glauben Sie, daß das eine reale Forderung ist, und glauben Sie, daß diese Forderung dem dient, was wir alle gemeinsam wollen?
(Beifall bei der F.D.P. und bei der SPD)
Ich sage es noch einmal: Ich habe Ihnen nicht unterstellt, daß derjenige, der Kritik an diesen Empfehlungen zu üben hat, die deutsch-polnische Verständigung nicht will. Aber so sehr, wie Sie das Recht für sich in Anspruch nehmen, frei zu entscheiden, so sehr nehme ich mir allerdings das Recht, Ihnen zu sagen, welche Folgen

Ihre freie Entscheidung in dem einen oder anderen Punkt haben kann.
(Beifall bei der F.D.P. und bei der SPD)
Deswegen bitte ich mit aller Entschiedenheit darum, daß wir diese Gesamtvoraussetzungen sehen und nicht glauben, hier würde historische Wahrheit der Politik untergeordnet. Hier geht es vielmehr darum, ob wir eine uns gemeinsam gestellte Aufgabe, eine Belastung aus der Geschichte heraus in der Gegenwart zu überwinden, zu lösen in der Lage sind.
(Beifall bei der F.D.P. und bei der SPD)
Vizepräsident Dr. Schübeler: Das Wort hat der Herr Abgeordnete Lund.
Lund (SPD): Herr Präsident! Meine Damen und Herren! Gestatten Sie mir einige wenige Worte, nachdem Herr Kollege Bendixen zum Ausdruck gebracht hat, daß der Antrag von der Mehrheitsfraktion des Hauses abgelehnt werden würde. Bei der Formulierung dieses Antrags hat sich meine Fraktion in der Tat Gedanken darüber gemacht, wie eine Ebene für einen gemeinsamen Beschluß dieses Hauses geschaffen werden könnte.
(Beifall bei der SPD und bei der F.D.P.)
Nun können Sie kontern und sagen: Dann hätten Sie interfraktionell mit uns darüber sprechen können, wie eine gemeinsame Formulierung gefunden werden könnte, die von allen Fraktionen gebilligt wird. Ich bin in der Tat davon ausgegangen, daß dieser Antrag eine akzeptable Grundlage für den Schleswig-Holsteinischen Landtag in seiner Gesamtheit bilden könnte.
(Beifall bei der SPD und bei der F.D.P.)
Ich konnte mir einfach nicht vorstellen, daß ein solcher Antrag – aus welchen Gründen auch immer – der Ablehnung verfallen könnte. Ich habe in meinen ersten Ausführungen am Schluß nicht Ausschußüberweisung beantragt. Ich wollte das dem Verlauf der Debatte überlassen und zunächst sehen, welche Möglichkeit sich abzeichnen würde, nur diese Behandlung oder auch eine Ausschußberatung und im Anschluß daran eine zweite Beratung mit der Abstimmung.
Ich glaube, daß es in der Tat müßig ist, nachdem Sie hier in dieser Art angedeutet haben, Ihre Fraktion werde ablehnen, jetzt noch eine Ausschußüberweisung zu beantragen. Meine Fraktion ist damit einverstanden, daß heute und hier über diesen Antrag abgestimmt wird, es sei denn, daß von anderer Seite beantragt wird, diesen Antrag dem Ausschuß zur Beratung zu überweisen. Dann wären wir die letzten, die einer solchen Überweisung nicht zustimmen würden.
(Langmann [SPD]: Diese Chance sollte man der CDU aber auch geben!)
Ich bedauere diese Ablehnung aus außenpolitischen Gründen, Herr Dr. Bendixen!
(Beifall bei der SPD)
Das föderative System teilt nun einmal den Landtagen die Kulturpolitik zu, und dabei – wir haben das ja auch in Skandinavien erfahren – ist es eine Selbstverständlichkeit, daß Kulturpolitiker auch einmal außenpolitisch in ihrer Verantwortung gefordert sind. Hier sind wir gefordert.
(Beifall bei der SPD)
Selbstverständlich könnte man über alle Passagen der 27 Empfehlungen hier hinlänglich streiten. Ich stehe nicht an zu sagen, daß nicht nur in den Verhandlungskommissionen selbst von dem einen oder anderen, auch von der einen oder anderen Gruppe Bedenken gegen Formulierungen angemeldet worden sind. Ich glaube, daß auch hier im Hause niemand die 27 Empfehlungen so, wie sie vorliegen, ganz ohne Hinweis, daß noch Verbesserungen möglich wären, akzeptiert. Natürlich gibt es die Notwendigkeit der Weiterarbeit. Darauf habe ich hingewiesen. Darauf haben auch die Delegations-, die Kommissionsmitglieder sowohl auf polnischer als auch auf deutscher Seite hingewiesen. Davon sind wir auch von vornherein ausgegangen.
Ich möchte nicht noch einmal auf das zu sprechen kommen, was Herr Ronneburger soeben schon in seiner Replik hinsichtlich der Möglichkeiten der Wahrheitsfindung ausgeführt hat. Ich bin davon überzeugt, daß wir, wenn zwölf deutsche Historiker zusammensitzen und nur über die Beweggründe für einen Krieg der Vergangenheit zu beraten haben, zwölf verschie-

dene Meinungen auf den Tisch bekommen.
(Beifall bei der SPD und bei der F.D.P.)
Und wenn je ein Dutzend Historiker zweier Nationen zusammensitzen, um über historische Wertvorstellungen zu urteilen, kann man, glaube ich, überhaupt nur im Wege des Kompromisses ein Papier zustande bringen und vorlegen. Anders wird das gar nicht möglich sein.
(Beifall bei der SPD und bei der F.D.P.)
Wenn wir hier bei diesen Empfehlungen den Antrag auf angemessene Berücksichtigung gestellt haben, kann es deshalb auch nicht darum gehen, jede einzelne Empfehlungen so, wie sie dasteht, dem Kultusminister an die Hand zu geben und zu sagen: Nun befiehl bitte den Lehrern: So und nicht anders darf in unseren Schulen gelehrt werden! Vielmehr kann „angemessen" in der Tat nur heißen, daß die Empfehlungen den Verantwortlichen als Leitlinie an die Hand gegeben werden und daß es deren Verantwortung obliegt, was sie in einer freiheitlichen Demokratie, wie wir sie in der Bundesrepublik haben – und zu ihr gehört ja auch unser Land Schleswig-Holstein –, daraus gestalten.
Der Herr Minister wird noch ein Wort dazu sagen. Ich darf Sie, meine Damen und Herren, jetzt bitten, noch einmal zu überlegen, ob es einen Weg gibt und welchen Weg es gibt, um zu einer Entschließung zu kommen, um zu einem Beschluß in diesem Hause zu kommen, der den deutsch-polnischen Schulbuchempfehlungen den Weg in dem Sinne ebnet, wie wir es in unserem Antrag gewollt haben.
(Lebhafter Beifall bei der SPD und bei der F.D.P.)
Vizepräsident Dr. Schübeler: Das Wort hat Herr Abgeordneter Busack.
Busack (SPD): Herr Präsident! Meine Damen und Herren! Für die Sozialdemokratische Fraktion ist der Debattenverlauf insofern unbefriedigend, als er kein erkennbares Entgegenkommen seitens der CDU-Fraktion gezeigt hat. Es wird bei anderer Gelegenheit über das zu beraten sein, was auf anderer Ebene in Bonn verhandelt und – wenn ich es richtig in Erinnerung habe – auch abgesprochen worden ist. Aber wenn man schon meint, den Polen vorhalten zu sollen, sie seien sozusagen zentralstaatlich angewiesen und gegängelt, dann frage ich nur, was denn der Herr Kultusminister in diesem Lande gegenüber den Schulbuchverlegern am 6. Mai 1977 getan hat, wenn ich mir vor Augen führe, was Sie heute und hier an sachlichen Ausgleichsbeiträgen beizusteuern hatten.
(Lebhafter Beifall bei der SPD)
Vizepräsident Dr. Schübeler: Das Wort hat der Herr Kultusminister.
Dr. Braun, Kultusminister: Herr Präsident! Sehr verehrte Damen! Sehr geehrte Herren! Es liegt nicht in meiner Zuständigkeit, zu einem Antrag hier Stellung zu nehmen. Lassen Sie mich aber folgendes sagen – und es sind Wiederholungen –: Ich habe deutlich gemacht, welche Probleme wir – ebenfalls positiv, wie andere aus diesem Komplex der Empfehlungen – sehen. Ich habe klar gesagt, daß wir diese Expertengespräche begrüßen, und das bedeutet nicht, daß sie morgen zu Ende geführt werden sollen. Es wird ein langer, schwieriger Weg sein. Ich habe auf die Komplexe hingewiesen, hinsichtlich derer eine gemeinsame Empfehlung allein schon der wissenschaftlichen Standpunkte wegen – wozu ich mich ausführlich geäußert habe – einfach nicht möglich ist. Es hätte keinen Sinn, Herr Kollege Meyer, ein Wischiwaschi in die Schulbücher hineinzuschreiben und uns darauf zu verlassen, daß die Lehrer das schon klar und deutlich machen – um es etwas zu karikieren, was Sie gesagt haben.
Ich habe deutlich gesagt, daß sich die zuständigen Beamten mit dieser Materie ständig befassen, und ich habe auch hinzugefügt: Ich würde es als einen zu korrigierenden, zu kritisierenden Tatbestand ansehen, wenn sie dies nicht täten, wenn sie diese Dinge an ihrer Arbeit vorbeilaufen lassen würden.
Ich glaube, es ist auch etwas Deutliches zum Stellenwert dieser Empfehlungen aus unserer Sicht gesagt worden. Im übrigen will ich ja nicht die ganze Rede, die ich gehalten habe, wiederholen.

Herr Kollege Busack! Es hätte heute keines Beweises dafür bedurft, daß Sie sehr viel von Sophisterei und Polemik verstehen. Ich bin aber der Meinung, daß Ihr Beitrag heute ungeeignet gewesen ist, mich davon zu überzeugen, daß Sie auch etwas von Wissenschaft verstehen, wozu heute sehr viel gesagt worden ist und gesagt werden mußte.

(Lebhafter Beifall bei der CDU)

Nun einen Satz zur Sache selbst! Ich wiederhole: Die Beziehungen der Geschichte dieser beiden Völker, um die es geht, sind nicht darstellbar in einer Weise, die wissenschaftlichen Ansprüchen standhält, ohne Einbezug der Rolle der Sowjetunion.

Herr Kollege Ronneburger! Der Volksmund sagt: Wer das Kreuz hat, segne sich. Es ist Ihr gutes Recht, bei dieser Gelegenheit wieder einmal ein Plädoyer für die Ostpolitik, für die Vertragspolitik der sozial-liberalen Koalition zu halten.

(Matthiesen [SPD]: Was heißt ,,der sozialliberalen Koalition"? Ihre Landesregierung hat doch im Bundesrat zugestimmt! Oder etwa nicht, Herr Minister?)

Ich würde zu diesem Thema, das Sie erweitert haben, nur eines hinzufügen: Diese Bundesregierung hat auch ihr Kreuz mit dieser Politik.

Herr Kollege Ronneburger! Sie haben mich direkt – und deshalb habe ich mich noch einmal zu Wort gemeldet – wegen des Problems der Wahrheit angesprochen.

(Matthiesen [SPD]: Distanzieren Sie sich von Ihren eigenen Beschlüssen im Bundesrat?)

– Herr Kollege Matthiesen!

(Matthiesen [SPD]: Sie haben doch die Verträge im Bundesrat mit unterstützt! Schieben Sie das doch jetzt nicht der Bundesregierung zu!)

Die Fülle ungeeigneter Zwischenrufe ergibt in der Summe nie eine gute Rede.

(Beifall bei der CDU)

Herr Kollege Ronneburger! Es geht ja nicht – das haben Sie nicht unterstellt, aber assoziativ war es im Raum – um die Pilatus-Frage, was Wahrheit anbelangt; ich glaube auch, deutlich verstanden worden zu sein, was ich mit Wahrheit gemeint habe, mit der wissenschaftlichen Wahrheit, und daß gerade das Erkenntnisproblem bei der Geschichtswissenschaft besonders schwierig ist, das brauche ich hier nicht auszuführen. Sie, Herr Ministerpräsident, könnten noch besser einschlägige Vorlesungen hierüber halten. Ich will nur einen Satz zitieren. Einer meiner akademischen Lehrer zu diesem Problem, der es verstanden hat, uns wissenschaftliche Erkenntnisse plastisch nahezubringen, sagte einmal uns jungen Studenten: ,,Wissenschaft ist die Korrektur der Fehler von Kollegen", womit dieser nie zu Ende bringende Prozeß gemeint ist.

Aber, Herr Kollege Ronneburger, wie sollen nur – Sie sprachen davon – unterschiedliche Standpunkte in eine gemeinsame Empfehlung Eingang finden oder in einer gemeinsamen Empfehlung abgeklärt werden können? Ich habe gesagt, daß ich es akzeptieren würde, wenn man unterschiedliche Standpunkte nebeneinander stellte. Aber wie soll dann ein Lehrer dazu kommen, auch diesen anderen Standpunkt mit jener Gründlichkeit kennenzulernen, um ihn sachkompetent in der Schule darstellen zu können? Oder aber – doch das ist nicht gemeint –: Wollen wir, daß dann auch deutsche Schulbücher in Schulen des Ostblocks neben die anderen gestellt werden? Darüber könnte man diskutieren, aber das ist ja wohl eine Sache, die ernsthaft politisch nicht diskutiert werden kann.

Was Sie zu den aktuellen Kontakten gesagt haben – da gibt es gar keine Einschränkung; nur ist dies nicht der Kern des Themas, Herr Kollege Ronneburger! Uns ist jeder persönliche Kontakt von Nutzen und wird von uns begrüßt. Herr Dr. Bendixen hat heute ja bewußt ein Understatement betrieben; er hätte viel dazu sagen können, denn er und Herr Kollege Bernhardt sind gerade gestern früh aus der Volksrepublik Polen zurückgekehrt; sie waren dort im Rahmen der Programme, die hier im Lande unterstützt und gefördert werden.

Sie, Herr Kollege Ronneburger, haben gesagt, Sie seien nicht zufrieden mit dem, was ich in Timmendorf gesagt habe. Das war eine Rede zu dem ganzen Problem der Schulbücher. Es ist Tradition seit vielen Jahren, daß der jeweilige Kultusminister dazu auf dieser Jahresversammlung spricht. Dies war in der Rede nur ein Punkt von vielen, und die Verleger wollten von mir in Kurzform hören, wie die Landesregierung Schleswig-Holsteins diese Grundfrage sieht. Ich glaube doch, heute das Notwendige gesagt zu haben, so daß hier keine Frage offengeblieben ist.

Ein Information dessen, was unsere Mitarbeit anbelangt, will ich Ihnen doch geben. Wir haben letzte Woche, am Freitag, in der Kultusministerkonferenz einstimmig ohne jede Dissonanz ein Programm von mehreren Tagen beschlossen: Begegnung der polnischen Vertreter der Schulbuchverlage mit deutschen Schulbuchverlegern, mit den Vorsitzenden deutscher Lehrerverbände und sonstiger Institutionen. Ich habe in jeder Einzelheit mitgestimmt, ohne jede Einschränkung. Wir haben dies gemeinsam getan. Auch dies ist doch ein Beitrag, und wie hätte ich mich dem verschließen können, wenn es um die Begegnung geht, um das persönliche Gespräch, das wichtig ist.

Lassen Sie mich abschließend in Kurzform noch folgendes sagen – und dies, meine Damen und Herren, gilt es bei der Übernahme von Teilen dieser Empfehlungen zu berücksichtigen –: Geschichte eines Volkes ist immer etwas Ganzes; sie ist nicht teilbar. Man kann nicht Abschnitte, die einem nicht gefallen, herausschneiden. Dies allein schon wäre Verfälschung, von der ich gesprochen habe. Wir müssen ,,ja" zur Geschichte unseres Volkes sagen, ,,ja" zu den Höhen, aber auch zu den Tiefen. Wir können es uns nicht leisten, uns in der verschiedenen Zeit je passende Stücke herauszuschneiden. Helfen wir doch den Historikern, die vor einigen Jahren – als Geschichte aus den Schulen herausgedrängt worden war – ausgerufen haben: Mut zur Geschichte! Es ist gerade hier im Lande Schleswig-Holstein gelungen, den Geschichtslehrern wieder Mut zu machen, Geschichte wieder zu lehren. Dieser Ruf hatte bundesweite Wirkung, und dieses neu zustande gekommene Engagement im Interesse der Erziehung unserer Kinder soll nicht erneut verunsichert werden – wie es früher geschehen ist – durch zweifelhafte Empfehlungen, mit denen ich mich eben nicht identifizieren kann. Sehen Sie dies bitte in diesem gesamten Zusammenhang.

(Lebhafter Beifall bei der CDU)

Vizepräsident Dr. Schübeler: Das Wort hat Herr Abgeordneter Marschner.

Marschner(SPD): Herr Präsident! Meine sehr verehrten Damen und Herren! Ich habe durch den Nebel, der hier in dem letzten Beitrag verbreitet wurde, nicht allzu viele Konturen mehr von dem, was wir anstreben, erkennen können.

(Beifall bei der SPD)

Lassen Sie mich der Landesregierung folgendes ganz konkret sagen: Zum Vorgang selbst, bei der konstituierenden Sitzung des Vertriebenenbeirats, Herr Kultusminister, hat der Vertreter Ihres Hauses im Jahre 1975 erklärt, daß im Zuge der politischen Entwicklung die ehemals recht ominös dargestellte und formulierte Ostkunde eine neue Lehrplanbearbeitung erfahren soll, damit man den Gegebenheiten auch schulisch zu entsprechen vermöge.

Nun haben wir inzwischen das Jahr 1977, und die Zusage, die dem Vertriebenenbeirat in diesem Lande gegeben wurde, ist nach meiner Auffassung und Kenntnis bis heute noch nicht eingelöst worden. Wir reden darüber, ob wir uns den deutsch-polnischen Schulbuchkommissionsempfehlungen anschließen können oder nicht, – ob dem Grundsatz nach, in Teilen, ob in wissenschaftlicher oder in politischer Entscheidung. Ich muß jetzt ganz konkret fragen: Wird im Ministerium an neuen Lehrplänen in dieser Richtung gearbeitet? Wann sind diese Lehrpläne fertig? Wenn ja, dann muß ich weiter fragen: Auf welche Unterrichtsinhalte sollen sich die Lehrer ohne die entsprechenden Empfehlungen an die Schulbuchverleger zurückziehen dürfen? Oder soll das wieder in dieser Form geregelt werden, wie es in den fünfziger Jahren als ,,Ostkunde" entstand, mit

einem sehr nationalistischen Einschlag, ohne entsprechende historische Wahrheiten? Das wurde damals jedem an die Hand gegeben, und jeder konnte Ostkunde behandeln oder nicht – wie er es eben verstand.
Ich glaube, die politische Landschaft des Jahres 1977 ist anders als zu Anfang der fünfziger Jahre. Wir haben allen Grund, deutlich Farbe zu bekennen. Also klipp und klar gefragt: Wollen Sie eine solche Behandlung dieses Bereichs in den Schulen? Wenn ja, dann sagen Sie, was Sie dazu Lehrern und Schulbuchverlegern an die Hand geben wollen.

(Beifall bei der SPD)

Vizepräsident Dr. Schübeler: Wortmeldungen zu Punkt 9 der Tagesordnung liegen mir nicht mehr vor.
(Zurufe von der SPD: Und der Minister?)

Wir kommen zur Abstimmung über den Antrag Drucksache 8/770. Wer diesem Antrag seine Zustimmung geben will, den bitte ich um das Handzeichen. – Danke sehr! Gegenprobe! – Danke sehr! Stimmenthaltungen? – Der Antrag ist mit Mehrheit abgelehnt.
(Beifall bei der CDU)

5. Landtag Nordrhein-Westfalen: 8. Wahlperiode, Plenarsitzung, 12. 10. 1977 (Plenarprotokoll 8/55, S. 3139 ff)

Vizepräsident Dr. Vogt: Ich rufe auf Punkt 6 der Tagesordnung:
Empfehlungen zur Behandlung mittel-, ost- und süd-ost-europäischer Völker, Staaten und Kulturen im Unterricht.
Antrag der Fraktion der CDU
Drucksache 8/2155
in Verbindung damit
Schulbuchempfehlungen der deutsch-polnischen Schulbuchkommission
Antrag der Fraktionen der SPD und F.D.P.
Drucksache 8/2371
Zur Begründung des Antrags der Fraktion der CDU erteile ich Herrn Abg. Katzy das Wort.
Katzy CDU: Herr Präsident, meine Damen und Herren! Zunächst, Herr Präsident, bitte ich um die Erlaubnis, mich etwas stärker am Konzept orientieren zu dürfen.
Meine sehr verehrten Damen und Herren! Lassen Sie mich mit einem Zitat beginnen, einem Zitat, das geeignet sein könnte, die gemeinsame Absicht zu zentrieren. Bundespräsident Scheel sagte auf dem Historikertag 1976 in Mannheim – ich darf jetzt mit Genehmigung des Präsidenten zitieren:
Wir werden nur dann eine europäische Zukunft haben, wenn den europäischen Völkern ihre europäische Vergangenheit bewußt ist. Wer Europa will, der muß auch wollen, daß in unseren Schulen europäische Geschichte gelehrt wird.
Zu dieser europäischen Geschichte haben die mitteleuropäischen, die osteuropäischen und die südosteuropäischen Völker einen erheblichen Beitrag geleistet, und dem deutsch-polnischen Verhältnis kommt dabei besondere Bedeutung zu.
Voraussetzung des Mit- und nicht Gegeneinanderlebens mit den Nachbarvölkern ist die Kenntnis des Geschichtsbildes der anderen, ihrer Kultur, ihrer gesellschaftlichen und politischen Umwelt. Dabei darf es keine einseitige Verengung in der Betrachtung benachbarter Völker geben, keine einseitige Auswahl historischer und politischer Fakten, kein Übertünchen störender historischer und politischer Realitäten; denn jedes einseitige und jedes einseitig vermittelte Geschichtsbild, jede einseitige Darstellung der gesellschaftlichen und politischen Verhältnisse kann zerstörerische Kräfte freisetzen und macht unsere Jugend empfänglich für falsche Propheten.
(Zustimmung bei der CDU)
Das Verschmelzen nationaler Standpunkte in ein über die Nation hinausgreifendes, umfassendes Geschichtsbild ist meines

Erachtens die Voraussetzung für die Aufklärung historischer und gegenwärtiger Vorurteile. Meine Damen und Herren, wir sollten einen Beitrag zum Abbau dieser Vorurteile leisten!
(Beifall bei der CDU)
Die CDU-Landtagsfraktion fordert mit dem vorliegenden Antrag die Landesregierung auf, Empfehlungen zur Behandlung mittel-, ost- und südosteuropäischer Völker, Staaten und Kulturen im Unterricht zu erlassen. Wir heben auf Mittel-, Ost- und Südosteuropa ab, weil die Behandlung des europäischen Ostens nicht in Teilprobleme aufgelöst werden kann. Diese Empfehlungen sollen den Ostkunde-Erlaß von 1956 ablösen. Der Antrag ist unseres Erachtens so gefaßt, daß ihm alle Fraktionen zustimmen können.
Wir wollen mit dem Antrag Gemeinsamkeiten im Verhältnis zu unseren östlichen Nachbarn betonen; deswegen formulieren wir positive und konstruktive Richtziele. Dabei orientieren wir uns selbstverständlich an der Landesverfassung, am Grundgesetz, an der Entschließung des Bundestages von 1972 und an den Entscheidungen des Bundesverfassungsgerichts.
Die Ziele sollen den Schüler befähigen, das geschichtliche, wirtschaftliche und kulturelle Geschehen auch in seinen nationenübergreifenden Auswirkungen zu verstehen. Wir betonen dabei ausdrücklich den Auftrag unserer Landesverfassung in Artikel 7. Die Verwirklichung dieses Zieles schließt jeden Chauvinismus und Nationalismus aus. Mein Kollege Schulze-Stapen wird zu diesem Komplex gleich noch Stellung nehmen.
Meine Damen und Herren! In unserem Antrag haben wir folgende vier Punkte besonders herausgestellt, die ich noch einmal kurz zusammenfassen darf:
Erstens. Die schweren Unrechtshandlungen, die von der nationalsozialistischen Diktatur während des zweiten Weltkrieges gegen viele Angehörige des polnischen Volkes begangen worden sind, verpflichten alle Deutschen, deutliche Zeichen der Versöhnungsbereitschaft zu setzen.
(Beifall bei der CDU)
Wir haben darüber hinaus dafür zu sorgen, daß durch entschlossene Verteidigung des demokratischen Rechtsstaates ausgeschlossen wird, daß jemals wieder im deutschen Namen das Völkerrecht gebrochen und Menschenrechte mißachtet werden.
Zweitens. Die rechtswidrige Vertreibung von Millionen Deutschen aus ihrer Heimat ist eine Unrechtshandlung, weil jede Vertreibung einen Verstoß gegen elementare Menschenrechte darstellt.
Drittens. Das Selbstbestimmungsrecht ist die Grundlage eines freien und friedlichen Zusammenlebens der Völker und Volksgruppen, wobei in den einzelnen Ländern dem Volksgruppenrecht eine besondere Bedeutung zukommt.
Viertens. Der Friede in Europa ist nur dann endgültig gesichert, wenn das Selbstbestimmungsrecht verwirklicht wird, Freizügigkeit für Menschen, Meinungen und Informationen erreicht ist und Menschenrechte überall anerkannt und geachtet werden.
So heißt es in unserem Antrag. Die Vorbereitung unserer Jugend auf die Begegnung mit den Nachbarvölkern im Osten und Südosten kann nur dann gelingen, wenn wir in der Schule und in den Schulbüchern ein an der wissenschaftlichen Forschung orientiertes Bild der politischen, wirtschaftlichen, gesellschaftlichen und sozialen Gegebenheiten vermitteln.
Aus eigener Erfahrung kann ich sagen, daß eine positive Veränderung der Inhalte unserer Schulbücher in Geschichte, Politik und Geografie durch die Arbeit der Schulbuchkommission dieses Landes inzwischen deutlich erkennbar ist. Grundlage der Wissensvermittlung kann und darf nur die historische Wahrheit sein. Hermann Heimpel betont in seinem Vorwort zu den deutsch-französischen Vereinbarungen über strittige Fragen europäischer Geschichte folgendes – und ich darf jetzt mit Genehmigung zitieren:
Es geht nicht um Kompromisse zwischen verständigungsbereiten, streitmüden Leuten zu Lasten der Wahrheit. Die Wahrheit schließt keine Vergleiche, und sie liegt

auch keineswegs in der Mitte. Es geht um Verständigung nicht auf Kosten, sondern aus der Wahrheit.
Der Antrag der SPD/F.D.P-Fraktionen zielt auf die vollständige Übernahme der Schulbuchempfehlungen der deutsch-polnischen Schulbuchkommission. Er ist damit sehr eng auf die deutsch-polnischen Beziehungen ausgerichtet. Wir wollen dieses Problem umfassender angehen. Wir räumen dabei dem deutsch-polnischen Verhältnis ebenfalls eine hohe Wertigkeit ein. Mein Kollege Dr. Beckel wird sich aber mit den Details dieses Antrags noch auseinandersetzen. Ich darf allerdings schon jetzt bemerken, daß ich von dem Antrag der Koalition enttäuscht bin, da er sich nicht mit dem Inhalt der Empfehlung auseinandersetzt, sondern nur formal die Umsetzung der Empfehlung in Unterricht und Schulbuch fordert. Das ist meines Erachtens zu wenig.
Erlauben Sie mir zum Georg-Eckert-Institut und zur deutsch-polnischen Schulbuchkommission eine persönliche Vorbemerkung. Ich darf gleich hinzufügen, daß meine Ausführungen auf die Aussagen meines Kollegen Professor Brüggemann zurückgreifen, die er anläßlich der Verleihung des DGB-Kulturpreises 1973 in einer Laudatio an dieses Institut zum Ausdruck gebracht hat. Georg Eckert hat mit dem internationalen Schulbuchinstitut eine Pionierarbeit beim Abbau national verengter Einseitigkeiten und Vorurteile in Schulbüchern geleistet, die unser aller Respekt und Anerkennung verdient.
Seine Arbeit wurde nach seinem Tode in dem jetzt nach ihm benannten Institut fortgesetzt. Ich selbst habe mit Georg Eckert als Vorsitzendem der Schulbuchkommission „Politische Bildung“ hier in diesem Lande zusammengearbeitet und nach seinem Tod seine Aufgabe in dieser Kommission übernommen.
Ich will seine Grundeinstellung mit seinen Worten umreißen, gesprochen unter dem Eindruck des zusammengebrochenen NS-Regimes – und ich darf mit Genehmigung des Präsidenten zitieren:
Nach den Erfahrungen mit dem totalitären Regime war das Streben nach Wahrheit und Toleranz, nach einem höchstmöglichen Grad von wissenschaftlicher Objektivität für die Historiker und Erzieher ein zutiefst moralisches Problem, eine Grundvoraussetzung für die Erneuerung der deutschen Demokratie.
Den Satz Eckerts bejahen wir, er gilt auch heute noch. Die positive Einstellung zur Arbeit des Eckert-Institutes und zum Anliegen der deutsch-polnischen Schulbuchkommission schließt aber die Feststellung nicht aus, daß die Ergebnisse der Kommission nicht frei sind von Auslassungen, Beschönigungen und von wissenschaftlich nicht zulässigen Einseitigkeiten. Ich will das mit drei Beispielen begründen:
1. Die deutsch-polnischen Beziehungen in der Zeit von 1933 bis 1939 – das ist die Empfehlung Nr. 19 –, die nationalsozialistische Besatzungspolitik – das ist die Empfehlung Nr. 20 – und die territorialen Veränderungen – das ist die Empfehlung Nr. 21 – können ohne das deutsch-sowjetische Verhältnis in ihrer historischen und gegenwärtigen Auswirkung nicht verstanden werden. Ich meine besonders den deutsch-sowjetischen Nichtangriffspakt und das geheime Zusatzprotokoll. Beide Papiere wurden am 23. 8. 1939 von Ribbentrop und Molotow in Moskau unterzeichnet. Das Verschweigen der Rolle der Sowjetunion bei der Entwicklung der polnischen Grenzen ist historisch unzulässig und nur mit einer politischen Weisung der im amtlichen Auftrag verhandelnden polnischen Wissenschaftler zu erklären.
2. In der Empfehlung Nr. 22, die sich mit der Bevölkerungsverschiebung beschäftigt, wird die Vertreibung der Deutschen mit Bevölkerungsverschiebung, Zwangsaussiedlung und Transfer umschrieben. Es geht hier um ein Problem der Wortwahl. Die Sprache kann, wie hier geschehen, historische Realität verschleiern, tarnen, entstellen. Historisch-politischer Sprachgebrauch erfordert besondere Sorgfalt. Transfer und Bevölkerungsverschiebung sind keine historisch-politischen Aussagen, weil der nationale Sprachbezug fehlt.

Sie sind Kunstsprache der Fachleute. Der Begriff ,,Transfer" ist beispielsweise in der Technik, in der Naturwissenschaft und in der Lerntheorie anzutreffen. Meine Damen und Herren! Diesem Begriff fehlt das Humane.

3. Die 25. Empfehlung spricht von zwei deutschen Staaten, von deutscher Zweistaatlichkeit. Es fehlt jeder Hinweis auf unser Verfassungsgebot, auf die inhaltlichen Aussagen des Bundesverfassungsgerichts. Aber darauf wird Herr Schulze-Stapen noch eingehen.

Die drei Beispiele lassen nicht erkennen, daß wissenschaftlich kontrovers um einen gemeinsamen Text gerungen wurde. Dann hätten die kontroversen Positionen sichtbar werden müssen. Die CDU-Fraktion lehnt deshalb die uneingeschränkte, kritiklose Übernahme der deutsch-polnischen Schulbuchempfehlungen ab. Das müssen wir, damit einseitige Interpretationen auf Grund lückenhafter Informationen über geschichtliche Ereignisse ausgeschlossen werden.

Ich darf zum Schluß kommen und einen Satz des Friedensnobelpreisträgers Sacharow zitieren, und zwar aus der ,,Welt am Sonntag" vom vergangenen Wochenende: Wir leben in einer Geschichtsperiode, in der entschlossenes Eintreten für die Grundsätze der Gewissensfreiheit, der offenen Gesellschaft und der Menschenrechte zu einer absoluten Notwendigkeit geworden ist. Die Alternative ist Kapitulation und Totalitarismus, Verlust unserer kostbaren Freiheit, politische, wirtschaftliche und moralische Degradierung.

Herr Kultusminister, meine Damen und Herren der SPD- und der F.D.P.-Fraktionen! Lassen Sie uns aus diesem Geist heraus für die Schulen unseres Landes Empfehlungen geben.

(Beifall bei der CDU und des Abg. Hinrichs F.D.P.)

Vizepräsident Dr. Vogt: Zur Begründung des Antrags der Fraktionen der SPD und der F.D.P. erteile ich Herrn Abg. Grätz das Wort.

Grätz SPD: Herr Präsident, meine Damen und Herren! Die Koalitionsparteien SPD und F.D.P. haben einen Antrag zu den Empfehlungen der deutsch-polnischen Schulbuchkommission gestellt, der einen Anstoß zu einer, wie ich meine, längst überfälligen Entwicklung geben soll, die allerdings in anderen Ländern eher als in unserem Land Nordrhein-Westfalen überfällig ist. Ich hatte bereits vor eineinhalb Jahren eine Anfrage an die Landesregierung gerichtet, wie sie in der Zukunft den sogenannten Ostkundeerlaß handhaben will und wie sie die Empfehlungen der deutsch-polnischen Schulbuchkommission in unserem Land in der Zukunft im Geschichts- und Politikunterricht der Schulen durchsetzen will.

Die Antwort der Landesregierung war positiv, allerdings nicht in allen Fragen konkret genug. Positiv war für uns die Antwort, daß die Ostkundeerlasse nicht mehr als zeitgemäß betrachtet werden können. Die Landesregierung ist hier in der Tendenz der Empfehlung der Kultusministerkonferenz gefolgt, die schon 1973 in ähnlicher Weise votiert hat, indem sie sagte, daß diese Erlasse heute nicht mehr in ihrer Gesamtheit Grundlage von aktuellen Maßnahmen der Kultusverwaltungen der Länder sein können.

Wir waren allerdings der Meinung, daß es mit einer bloßen Überweisung der Empfehlungen an die Landesschulbuchkommission ,,Politische Bildung" nicht getan ist, daß diese Empfehlungen vielmehr einen höheren Grad an Verbindlichkeit bekommen müssen. Wir waren allerdings auch der Meinung, daß man solche Fragen in der Zukunft – hier stimmen wir der Landesregierung nachdrücklich zu – nicht mehr in Sondererlassen regeln sollte, sondern daß man sie tatsächlich in übergreifende Richtlinien für den Geschichts- und Politikunterricht einbetten muß.

Mein Kollege Dammeyer hat dann Anfang dieses Jahres nach den Konsequenzen gefragt, die aus den Schulbuchkonferenzen der deutschen und der polnischen Wissenschaftler zu ziehen sind. Die Landesregierung hat auch hier herausgestellt, daß es gilt, tendenziösen, einseitigen Darstellungen der deutsch-polnischen Geschichte entgegenzutreten, und – und dies möchten wir mit Nachdruck bei der Landesregierung auch nachfragen – sie hat sich zur Mitträgerschaft des Georg-Eckert-Instituts in Braunschweig bekannt. Dies ist sicherlich eine positive Entwicklung, weil wir wissen, daß andere Bundesländer geradezu entgegengesetzt votieren.

Meine Damen und Herren! Herr Katzy, Ihr Antrag, den Sie vorgelegt haben, hebt sich unseres Erachtens in seiner Differenziertheit wohltuend von dem ab, was Ihre Parteifreunde in mehreren anderen Bundesländern zu diesem Thema zu sagen haben. Ich denke nur an die bayerische Staatsregierung, die die Empfehlungen der deutsch-polnischen Kommission rundheraus ablehnt. Denn es geht ja eigentlich nicht darum, ob man aus diesen Empfehlungen ein Dogma macht und ob man nun jedes Komma festschreiben will. Es geht darum, ob man die Tendenz dieser Empfehlungen – und ich nehme gern Ihr Wort von den Zeichen zur Versöhnungsbereitschaft auf – in unserem Schulunterricht unterstützen will oder nicht.

Von daher können wir insbesondere die in Ihrem Punkt 6 dargelegten Auffassungen weitgehend unterstützen, so daß ich es durchaus für möglich halte, daß wir in den Ausschußberatungen zu gemeinschaftlichen Ergebnissen kommen können. Wie gesagt, es geht nicht um eine unkritische Übernahme von Empfehlungen, deren Erarbeitung mühsam genug war und an deren Weiterentwicklung sicherlich noch sehr viel Mühe gewandt werden muß.

Wir meinen, daß diese Empfehlungen eine Gesprächsgrundlage sind, auf der man aufbauen muß, daß diese Empfehlungen einen Beitrag leisten für einen neuen Anfang zwischen insbesondere diesen beiden Völkern, den Deutschen und den Polen, während ja das Anfangsetzen zwischen dem deutschen und anderen osteuropäischen Völkern in diesem Maße schon nicht mehr nötig ist, weil dieser Anfang längst gesetzt ist.

Ich meine auch, daß die Kontroversen, die in diesen neun Konferenzen der Schulbuchkommission naturgemäß nicht bereinigt werden konnten, weiter diskutiert werden müssen. Die Übereinstimmungen – das sehen wir auch so – haben zunächst, wenn allerdings, dann in wichtigen Fragen, nur den Charakter von punktuellen Übereinstimmungen. Diese Arbeit muß fortgesetzt werden.

Ich will heute nicht über die Details etwa der alten Ostkundeerlasse und der Empfehlungen der Schulbuchkommission sprechen; das ist Ausschußarbeit. Ich möchte nur vier Punkte herausnehmen, die offenkundig sehr umstritten sind und die sich auf die Empfehlungen 21 bis 26 – auf den Bereich der neueren Geschichte zwischen beiden Völkern – konzentrieren, während offensichtlich der Bereich der Historie nicht so kontrovers ist, wenn man einmal von diversen Skurrilitäten absieht, etwa, in welcher mittelbaren Beziehung die Ostgermanen zu den deutschen Stämmen gestanden haben. Dies ist keine Frage, die die beiden Völker und ihr Tun in den Schulen auf die Barrikaden locken sollte.

Aber zur neueren Geschichte bleiben natürlich sehr ernste Kritiken, an denen man weiterarbeiten muß: einmal die Beschreibung und die Bezeichnung des Vertreibungsvorganges. Hier sollte man doch von allen Beteiligten nicht mit einem Schritt alles verlangen. Ich meine, das, was erreicht worden ist, ist schon sehr viel.

Das zweite betrifft die Schlußfolgerung, die man aus den geschlossenen Verträgen zu ziehen hat. Hier gibt es juristische Fragen, die noch unterschiedlich interpretiert werden. Wir sollten hier keine Barrieren aufbauen, um durch falsche oder einseitige Schlußfolgerungen die Verständigung zwischen beiden Völkern zu behindern.

Das dritte betrifft diverse Auslegungen in der polnischen und der deutschen Sprache. Ich würde dies positiv bewerten, weil ich sagen würde: Gerade dies ist ein Anlaß, in der Zukunft noch intensiver miteinander zu sprechen, wenn man in den verschiedenen Sprachen zu unterschiedlichen Auslegungen der Empfehlungen kommt.

Das vierte ist schließlich – Herr Katzy,

Sie haben es angesprochen – die Bewertung des polnisch-sowjetischen Verhältnisses und seine Rückwirkung auf das deutsch-polnische Verhältnis. Auch hier wollen Sie offenbar den ganz großen endgültigen Sprung tun. Wir meinen, das, was in den Empfehlungen schon erreicht worden ist, ist sehr viel und braucht weiß Gott unseren Schulen in Politik- und Geschichtsunterricht nicht vorenthalten zu werden.
Ich bin durchaus dafür, daß wir auf unseren Standpunkten, wenn sie wirklich belegbar sind, beharren; allerdings wäre ich dagegen, daß wir kleinlich auf Standpunkten beharren und Nebenkriegsschauplätze zu den wichtigen Fragen hochstilisieren. Ich glaube, die leidvolle Geschichte dieser beiden Völker fordert uns einiges ab, und es ist heute nicht die Zeit, in der man in erster Linie die Abgrenzungen und die Aufrechnungen zwischen den beiden Völkern in den Vordergrund stellt, wie es in einigen der Schriften und Verlautbarungen zu dem Ergebnis der Schulbuchkommissionen geschehen ist.
Ich meine, dieses Ergebnis, das ja ein erstes Ergebnis ist, das weitergeführt werden soll, bettet sich hervorragend ein in das, was seit den Verträgen in Gang gesetzt worden ist. Es bettet sich ein in das Kulturabkommen, in dem von dem gegenseitigen Verständnis die Rede ist, dem wir uns zu verpflichten haben.
Ich muß sagen, daß ich es ausdrücklich begrüße, daß gerade in diesen Tagen eine Delegation der Gewerkschaft Erziehung und Wissenschaft Austausch mit polnischen Lehrern betreibt; denn ich glaube, dies ist der zweite Schritt. Der erste Schritt ist, daß man Schriften bespricht und austauscht; der zweite Schritt ist, daß die Menschen, die mit diesen Schriften im Unterricht oder wo auch immer umgehen sollen, zusammenkommen.
Meine Damen und Herren, ich habe eben von den unterschiedlichen Schlußfolgerungen gesprochen, die aus den Verträgen gezogen werden. Nun erlauben Sie mir die persönliche Bemerkung: Ich bin auch Vertriebener und vergesse dies durchaus nicht; das kann man ja nicht vergessen. Ich hatte vor einem Dutzend von Jahren, was den Bestand der Grenze an Oder und Neiße betrifft, durchaus die Ansicht, daß dieser Bestand nicht ewig währen könne. Ich bin heute anderer Ansicht, weil ich nämlich hoffentlich das noch war, was wir heute den Schülern täglich abverlangen: lernfähig. Ich bin heute der Meinung, daß eine solche Grenze mit den Folgen, die daraus entstehen, hingenommen werden muß wegen zweier ganz simpler, aber wichtiger Ziele: einmal wegen der notwendigen Friedenssicherung. Friedenssicherung kann man auf diesem Kontinent nicht betreiben, wenn man Grenzen in Frage stellt. Und zum zweiten: Wir tun oft so, als ob die Geschichte seit 1945 auch im Verhältnis zwischen Deutschen und Polen einfach nur fortgeschrieben würde. Dies ist ja nicht der Fall; es ist seitdem ganz neue und andere Geschichte geschrieben worden, auch in den östlichen Gebieten, an die wir nicht mehr anknüpfen können.
Meine Damen und Herren, heute wird vielfach übersehen, daß das Verhältnis des deutschen und des polnischen Volkes über viele Jahrhunderte harmonisch und fruchtbar gewesen ist, daß es oft sogar nicht nur ein territoriales Nebeneinander, sondern ein Miteinander gewesen ist. Dazu steht ein polnisches Sprichwort im Widerspruch, das lautet: „Solange die Welt besteht, wird der Deutsche dem Polen niemals Bruder sein!“ Meine Damen und Herren, ich glaube, wir sind aufgerufen, unseren Beitrag zu leisten, damit dieses polnische Sprichwort in der Zukunft nicht Wahrheit wird. Ich glaube, diesen Beitrag sind wir uns und dem polnischen Volk schuldig.
Wir haben uns, Herr Katzy, mit Absicht in unserem Antrag auf die konkreten Dinge konzentriert und unterstellen, daß Sie den guten Willen haben, das Verhältnis zu den anderen osteuropäischen Völkern und Kulturen mit in die Debatte zu bringen. Auch dies ist notwendig, und das sollten wir im Ausschuß tun.
Ich möchte ein letztes sagen: Wir sollten

gerade dem Georg-Eckert-Institut, von dem ich nicht so viel berufliche Sachkenntnis habe, wie es bei Ihnen der Fall ist, für seine wirklich hervorragende Pionierarbeit danken, einem Institut, das für die deutsche Politik wirklich wegweisend und hilfreich gewesen ist.
(Beifall bei den Regierungsparteien)
Vizepräsident Dr. Vogt: Ich eröffne die gemeinsame Beratung der beiden Anträge und erteile das Wort Herrn Abg. Schulze-Stapen von der CDU-Fraktion.
Schulze-Stapen CDU: Herr Präsident, meine Damen und Herren! Ich habe die Aufgabe, zum Antrag der SPD- und der F.D.P.-Fraktion Drucksache 8/2371, der dem Hause vorliegt, Stellung zu nehmen. Herr Kollege Grätz hat eine Rede gehalten, der man nicht in allem zustimmen kann, aber in sehr vielem, und nach dem, was ich gehört habe, habe ich die Hoffnung, daß Sie auch unserem Antrag viele positive Aspekte abgewinnen werden.
Aber, meine Damen und Herren, anders, als Herr Kollege Grätz gesagt hat, zielt Ihr Antrag zentral darauf ab, die Empfehlungen der deutsch-polnischen Schulbuchkommission bei der Beurteilung von Schulbüchern und damit logischerweise zuvor auch von den Schulbuchautoren und Schulbuchverlagen beachtet zu wissen.
Es ist also, wenn ich den Antrag lese – und von dem Antrag muß ich ausgehen –, im Gegensatz zu dem, was Sie ausgeführt haben, nicht mehr so, wie Minister Girgensohn im Dezember 1975 – ich glaube, auf Ihre Anfrage, Herr Grätz – geantwortet hat, daß er Entscheidungen über Schulbücher erst nach der Begutachtung durch die fachlich kompetente und sachlich unabhängige Landesschulbuchkommission treffen werde. Es ist dann nach dem Antrag auch nicht mehr gültig – im Gegensatz zu Ihrer Aussage –, daß die Schulbuchempfehlungen kritisch betrachtet werden sollen. Denn Sie schreiben ja die Beachtung vor. Die Beachtung der Empfehlungen ist verbindlich vorgeschrieben und vorgegeben.
Prof. Rhode, Mitglied der deutschen Delegation, hat dazu gesagt – mit Erlaubnis des Herrn Präsidenten möchte ich zitieren:
Die deutsch-polnischen Schulbuchempfehlungen sollten als Diskussionsgrundlage behandelt werden, die der Kommentierung, Ergänzung und Verbesserung bedarf.
Genau das, meine Damen und Herren, scheint uns eine realistische Betrachtung zu sein. Sollten Sie – im Gegensatz zu Ihrem Antrag – genau dies meinen, wären wir damit einverstanden.
(Zustimmung bei der CDU)
Das schließt nicht aus, daß wir das, was uns als Empfehlung der Schulbuchkommission vorliegt, kritisch betrachten, daß wir fragen, was eigentlich in dieser Pionierarbeit steht und was in ihr eigentlich fehlt. Meine Damen und Herren, zuerst fällt doch wohl auf, was in diesen Empfehlungen alles fehlt, worüber sie – bisher mindestens – schweigen. Das von der 9. Schulbuchkonferenz vorgelegte überarbeitete Endergebnis weist selbst auf drei solcher Lücken hin:
Erstens: Die Stellung Pommerns und Schlesiens in der polnischen Frühgeschichte soll einer weiteren wissenschaftlichen Diskussion vorbehalten bleiben.
Zweitens: Die Geschichte des Deutschen Ordens erfordert nach Aussage der Schulbuchkommission eine weitere gründliche Behandlung.
Drittens: Die deutsch-polnischen Beziehungen zwischen 1933 und 1945 sollen von 1977 an weiter erörtert werden.
Felder, deren Behandlung im Schulunterricht nicht fehlen darf, werden also zukünftigen Beratungen mit ungewissem Ausgang überlassen.
Was fehlt sonst noch? Meine Damen und Herren, Herr Kollege Katzy hat schon darauf hingewiesen: Die Rolle der Sowjetunion im deutsch-polnischen Verhältnis, das Zusammenspiel Stalins mit Hitler, das ja zur historischen Wahrheit gehört wie der Ribbentrop-Molotow-Pakt mit seiner Geheimklausel und der daraus folgenden Annexion Ostpolens durch die Sowjetunion,

(Zustimmung bei der CDU)
die nach 1945 zu dem geführt hat, was die Empfehlungen euphemistisch „territoriale Westverschiebung Polens" nennen, ohne den eigentlichen Grund dafür anzugeben. Und ich meine, daß in die ganze sowjetische Polenpolitik von 1939 bis 1941 auch jenes schreckliche Ereignis von Katyn gehört, das nicht verschwiegen werden darf. Die Einbeziehung Polens in den Ostblock war nicht das Ergebnis einer Revolution, wie die Empfehlungen glauben machen wollen, sondern erfolgte mit Hilfe der Roten Armee und war Ausdruck der sowjetischen Expansionspolitik. – Die rechtmäßige polnische Exilregierung in London wurde ja ausgeschaltet, polnische Sozialdemokraten und polnische Liberale wurden ausgeschaltet und unterdrückt; ich erinnere an den Sturz des Bauernführers Mikolajcyk im Jahr 1947; ich erinnere an den Kampf der polnischen demokratischen Bürgerrechtsbewegung unserer Tage, den bewegenden Appell Prof. Mischniks an die Sozialisten im Westen; ich erinnere an die Gründe für den Aufstieg und den Sturz Gomulkas, an die Auseinandersetzung zwischen der katholischen Kirche und dem polnischen Staat, an die Auswirkungen der kommunistischen Doktrin im täglichen politischen und gesellschaftlichen Leben Polens.
Von all dem erfahren, wenn man von den Empfehlungen ausgeht, unsere Kinder nichts. Wie können sie eigentlich – so frage ich, meine Damen und Herren – in dem Schülerwettbewerb bestehen, der dankenswerterweise in unserem Lande stattfindet: Die Deutschen und ihre östlichen Nachbarn?
Von der deutschen Minderheit im heutigen Polen ist in den Empfehlungen so gut wie nichts zu lesen. Es steht nichts darin von dem geradezu grotesken Gegensatz ihrer Lage zu der Lage der polnischen Minderheit in der Bundesrepublik, nichts vom Verbot deutschsprachiger Zeitungen, deutschen Kulturlebens, deutscher Vereine, nichts von den Beschränkungen im Gebrauch der deutschen Sprache im öffentlichen Leben, nichts von der versagten Ausreise für viele tausend deutsche Staatsbürger.
Die uns Deutschen im Grundgesetz vorgeschriebenen und vom Bundesverfassungsgericht verbindlich interpretierten Verfassungsnormen bleiben in den Empfehlungen ebenso unberücksichtigt wie die gemeinsame Entschließung aller Fraktionen des Bundestages vom 17. Mai 1972, die dem Beschluß der Kultusministerkonferenz von 1973 ausdrücklich angefügt war. In dieser Entschließung heißt es – und ich darf mit Genehmigung des Herrn Präsidenten zitieren –:
Die Verträge
– gemeint sind die Verträge von Moskau und Warschau –
nehmen eine friedensvertragliche Regelung nicht vorweg und schaffen keine Rechtsgrundlagen für die heute bestehenden Grenzen.
Diese Entschließung weist auf das unveräußerliche Recht der Deutschen auf Selbstbestimmung hin, das durch die Verträge nicht berührt wird; es weist hin auf die friedliche Wiederherstellung der nationalen Einheit im europäischen Rahmen, die uns vom Grundgesetz, meine Damen und Herren, aufgegeben ist und der die Verträge nicht entgegenstehen – so die Entschließung. Und es gibt darin die Hinweise auf die Fortgeltung des Deutschlandvertrages von 1954.
Das alles, meine Damen und Herren, fehlt in den Schulbuchempfehlungen ebenso wie die Berücksichtigung der Urteile und Entscheidungen des Bundesverfassungsgerichts, des höchsten deutschen Gerichts – ich nenne die Entscheidungen und Urteile – vom 31. 7. 1973 zum Grundlagenvertrag und vom 7. 7. 1975, die unter anderem feststellen: Das Deutsche Reich ist nicht untergegangen. Es besteht fort und besitzt Rechtsfähigkeit. Die Bundesrepublik ist kein neuer westdeutscher Staat, ist nicht Rechtsnachfolger des Deutschen Reiches, sondern identisch – räumlich teilidentisch – mit dem Deutschen Reich – in den Schulbuchempfehlungen steht etwas ganz anderes –, und die Wiedervereinigung ist verfassungsrechtliches Gebot,

das alle Verfassungsorgane bindet. Und schließlich: Die Gebiete östlich von Oder und Neiße sind ebenso wie das übrige Reichsgebiet – so das Bundesverfassungsgericht – in den Grenzen vom 31. 12. 1937 von den Siegermächten bei Kriegsende nicht annektiert worden, und den Verträgen kann nicht die Wirkung beigemessen werden, daß die Gebiete östlich von Oder und Neiße mit dem Inkrafttreten der Ostverträge aus der rechtlichen Zugehörigkeit zu Deutschland entlassen und der Souveränität, also sowohl der territorialen wie der personalen Hoheitsgewalt der Sowjetunion und Polens, endgültig unterstellt wurden. – Ich sage das besonders an die Adresse von Herrn Kollegen Reinhard wegen seiner Anfrage, ob man denn zulassen dürfe, daß ein Schild ,,Nach Allenstein" aufgestellt wurde, weil das doch keine deutsche Stadt mehr sei.

Meine Damen und Herren, das Bundesverfassungsgericht sagt: ,,Der Wille der Bundesrepublik, bei den Grenzregelungen der Verträge von Moskau und Warschau nicht über den territorialen Status Deutschlands zu verfügen, war auch für die Vertragspartner erkennbar." Meine Damen und Herren, diese ganze Rechtslage umschreiben die Empfehlungen mit dem für Schüler und wohl auch für Lehrer schlicht unverständlichen Satz: ,,Die Bundesregierung handelte nur im Namen der Bundesrepublik Deutschland bei Abschluß der Verträge." Aus diesem Satz allein können Sie für die Rechtslage nichts nehmen. Mehr haben offensichtlich die deutschen Partner der Schulbuchkommission nicht durchsetzen können oder wollen.

Das alles bewirkt, meine Damen und Herren, daß diese Empfehlungen in dieser Form bei diesen Auslassungen für den Schulbuchunterricht nicht oder noch nicht geeignet sind. Schulen sind staatliche Einrichtungen. Schulunterricht ist eine staatliche Veranstaltung. Lehrer sind Beamte. Sie sind ebenso wie ihre Vorgesetzten bis hin zum Minister durch den Amtseid zur Achtung und Beachtung der Verfassung verpflichtet – so wie das Bundesverfassungsgericht sie interpretiert. Das sollten wir der polnischen Seite offen sagen. Nur Ehrlichkeit und Wahrheit können beiden Völkern helfen.

In den Empfehlungen ist zu Recht von den im deutschen Namen an polnischen Menschen begangenen Verbrechen die Rede. Wir bekennen uns dazu, daß wir die Verantwortung für das tragen, was damals geschehen ist. Aber wir können doch nicht verschweigen, daß von den Unrechtshandlungen an Deutschen, die von Polen begangen wurden, in den Empfehlungen kein Wort steht.

Versöhnung kann dauerhaft nur erreicht werden, wenn beide Völker ihren Schuldanteil auf sich nehmen. Niemand darf und will aufrechnen; aber das gilt eben auch gegenseitig.

Die polnischen katholischen Bischöfe haben einen Weg gewiesen. Sie haben, meine Damen und Herren, viel Kritik dafür einstecken müssen. Die Empfehlungen, meine Damen und Herren, schweigen darüber. Sie reden von der Inkonsequenz bei der Entnazifizierung und der gerichtlichen Verfolgung nationalsozialistischer Verbrechen bei uns, die die Beziehungen zu Polen und anderen Ländern angeblich belasten.

Solche pauschalen Vorwürfe, denen offensichtlich die deutschen Vertreter zugestimmt haben, sind ungerechtfertigt und zugleich eine Kritik an unserer von der Regierung im Gegensatz zu Polen unabhängigen Rechtspflege.

Die Empfehlungen verschweigen, daß kein einziger Pole, der nachweislich an Unrechtshandlungen gegen Deutsche beteiligt war, auch nur angeklagt wurde, daß alle diese Vorkenntnisse durch eine Amnestie pauschal straffrei gestellt sind.

In Ziffer 25 der Empfehlungen wird gesagt, daß mit der DDR für Polen nicht nur ein Grenznachbar entstanden sei, der 1950 die Oder-Neiße-Linie als deutsch-polnische Grenze anerkannte, sondern auch – und nun kommt es – als sozialistischer Partner die weltpolitische Lage prinzipiell übereinstimmend beurteilte. Ich füge hinzu: dank guter Moskauer Anleitung.

Ich appelliere, meine Damen und Herren Kollegen von der SPD, an Sie, nicht zuzulassen, daß unsere Kinder lernen sollen, daß das, was in Polen und der DDR praktiziert wird, Sozialismus sein soll.
(Zustimmung bei der CDU)
Ich glaube, Sie sind da auf meiner Seite.
Meine Damen und Herren, die Geschichte der Teilung Deutschlands und die Gründe für deren Aufrechterhaltung werden von den Empfehlungen verzerrt und falsch dargestellt. Daß die Sowjetunion den Deutschen das Selbstbestimmungsrecht verweigert und damit allein die Wiedervereinigung verhindert, das fehlt. Statt dessen heißt es, daß die Zunahme der Spannungen von der Bildung der Bundeswehr und dem Entstehen der NATO ausgegangen sei. Meine Damen und Herren, das sind Aussagen, die genau der Ostblockpropaganda entsprechen.
Es ist eine Irreführung, wenn in den Richtlinien steht, daß sich im Jahre 1949 zwei deutsche Staaten als Ergebnis des Zweiten Weltkrieges konstituiert hätten. Die Bildung der DDR war das Ergebnis der gewaltsamen Sowjetisierung Mitteldeutschlands, der auch viele Mitglieder der SPD und F.D.P. zum Opfer gefallen sind.
(Zustimmung bei der CDU)

Kurt Schumacher, meine Damen und Herren, hat die damaligen Handlanger dieses Beginnens „rotlackierte Nazis" genannt; und er wußte, wovon er sprach. Wir sollten nicht zulassen, daß unsere Kinder etwas Falsches lernen.
Über die Vertriebenen und ihre Verbände heißt es in den Empfehlungen, daß die Vertriebenen nach kurzer Zeit in die Gesellschaft integriert wurden. Angesichts von mehr als zwanzig Novellen zum Lastenausgleichsgesetz von den Anfängen an bis in die letzten Jahre hin und der andauernden Bemühungen um die Eingliederung, besonders auch in unserem Land, – ich erinnere an die Eingliederung, die auch Ihre Minister, auch Herr Minister Figgen, durchgeführt haben, an das, was Herr Dr. Ludwig Landsberg hier mit gestaltet hat – ist das von der schnellen Integration eine irreführende Aussage.
(Dorn F.D.P.: Wann wollen Sie denn mit der Rede beginnen?)
– Ich rede zu dem Antrag, den Sie gestellt haben.
(Dorn F.D.P.: Sie lesen seit einer Viertelstunde ab!)
– Ob ich lese oder nicht lese, können Sie beurteilen, wenn Sie neben mir stehen.
(Pürsten CDU: Mehr Zurückhaltung wäre angebracht!)
Über die Verbände und Landsmannschaften heißt es knapp, meine Damen und Herren – hier muß ich wieder zitieren –: Sofern in diesen Gruppen ein Recht auf Heimat proklamiert wurde, werden sie in Polen als ein Hort des Revisionismus angesehen.
Dieser Satz wurde auf polnischen Antrag in die Empfehlungen aufgenommen. Von der Bewertung dieser Verbände und Landsmannschaften in der Bundesrepublik schweigen die Empfehlungen. Sie schweigen auch über die Charta der Heimatvertriebenen von 1950, die mit dem Recht auf Heimat zugleich den Verzicht auf Rache und Vergeltung proklamiert hat.
(Zustimmung bei der CDU)
Meine Damen und Herren, am 29. April 1967 – vor zehn Jahren – sagte Willy Brandt vor dem dritten Kongreß ostdeutscher Landesvertretungen – Herr Präsident, ich bitte um Erlaubnis, zitieren zu dürfen;
(Zuruf von der SPD: Sie zitieren wohl ständig!)
– ich denke, Sie hören gern, was Ihr Vorsitzender sagt –:
Wenn Sie mit dieser Veranstaltung feststellen wollen, wie die politischen Parteien zu den von Ihnen gehegten Rechtsvorstellungen stehen, so will ich Ihnen und darf ich Ihnen für die Sozialdemokratische Partei Deutschlands rundheraus sagen: Sie können auf uns rechnen.
Davon – von dieser Bewertung der Vertriebenenverbände – ist in den Empfehlungen leider nichts zu lesen.
Noch vor wenigen Tagen hat Bundesmini-

ster Maihofer den Friedenswillen dieser Verbände ausdrücklich gelobt und gewürdigt.
Es trifft auch nicht zu, daß die Nichtanerkennung der Oder-Neiße-Linie ebenso wie die Nichtanerkennung der DDR eine von den früheren Bundesregierungen allein getragene Politik dargestellt hätte, wie die Empfehlungen in einer etwas verschleiernden Sprache glauben machen wollen. Meine Damen und Herren, von Kurt Schumacher über Paul Loebe, über Erich Ollenhauer, über Fritz Erler, über Georg Leber bis Herbert Wehner von 1950 bis 1969 gibt es eindrucksvolle Aussagen – ich verzichte aus Zeitgründen auf Zitate, die Sie ohnehin alle kennen –, die beweisen, daß diese Politik der Bundesregierung auch die Politik der damaligen Opposition gewesen ist.
Meine Damen und Herren, es liegt mir fern, die guten Absichten der deutschen Mitglieder der Schulbuchkommission in Zweifel zu ziehen. Aber man muß auch sagen dürfen, daß gut gemeint gelegentlich das Gegenteil von gut ist. Das bisher vorgelegte Ergebnis genügt nicht. Um einen Kompromiß zu erreichen, ist allzu oft die historische Wahrheit euphemistisch umschrieben; sie ist oft verkürzt und damit entstellt und falsch wiedergegeben worden. Tatsächliche und angebliche Parteilichkeit ist durch neue Einseitigkeit ersetzt worden.
Halbe Wahrheiten, meine Damen und Herren, werden allzu leicht Unwahrheiten. Verschweigen der Wahrheit schafft keinen Frieden. Wer die Verständigung, ja die Aussöhnung von Polen und Deutschen dauerhaft will, nicht nur den Kompromiß mit dem gegenwärtigen Staat in Polen, kann nicht ja sagen angesichts dieser Mängel.
Wir wollen Empfehlungen, Schulbücher und Schulunterricht, die der Objektivität und der historischen Wahrheit verpflichtet sind, nicht der Opportunität, der Gefälligkeit gegenüber einer gerade aktuellen Politik. Wir brauchen bessere Empfehlungen, bessere Richtlinien, so, wie sie die CDU mit ihrem Antrag fordert.
Wir werden im Ausschuß weiter darlegen, warum wir die Übernahme der Empfehlungen in der gegenwärtigen Form für die Schulen unseres Landes nicht als zweckmäßig ansehen. Wir bleiben bei dem Satz Leopold von Rankes: ,,Die Geschichte soll weder richten noch lehren, sondern nur zeigen, wie es eigentlich gewesen ist."
(Anhaltender Beifall bei der CDU)
Vizepräsident Dr. Vogt: Ich erteile das Wort Herrn Abg. Dammeyer von der SPD-Fraktion.
Dammeyer SPD: Herr Präsident! Meine sehr verehrten Damen und Herren! Herr Kollege Grätz hat bereits darauf hingewiesen, daß das, was die CDU in ihrem Antrag vorgelegt hat, sich wohltuend von dem unterscheidet, was man von der CDU zu diesem Thema in anderen Bereichen hört. Wir werden nicht umhin können, uns insgesamt anzusehen, wie Ihre Position, wie die Position Ihrer Partei in diesem Zusammenhang im ganzen zu würdigen ist. Das ist bedeutsam, weil in einer ganzen Reihe von Landtagen in den letzten Wochen und Monaten dazu Debatten stattgefunden haben und weil für Ihre Partei eine Reihe von unterschiedlichen Auffassungen zu hören waren.
Wir werten Ihren Antrag so, wie er formuliert ist – jedenfalls in weiten Passagen – als ein Zeichen für das Bemühen dafür, zur Ostpolitik der Bundesregierung ein positives Verhältnis zu bekommen. Wir sehen auch die Schwierigkeiten, mit denen Sie in Ihrer Partei in der politischen Diskussion dabei stehen. Sie haben das ja selbst erlebt, als Sie Ihren vorletzten Parteitag durchführten, bei dieser Gelegenheit eine Reihe wohlrenommierter Professoren auch gerade zu Fragen der Ostpolitik sich äußern ließen und danach die Kübel von Schmutz und Hohn von Ihrer Schwesterpartei zu eben diesem Vorgehen erleben mußten, zu dem Bemühen, doch wohl ein etwas vernünftigeres und solideres Verhältnis zur Ostpolitik zu bekommen.
(Meuffels CDU: Zur Sache, Herr Dammeyer!)
Wir müssen auch feststellen, meine Da-

men und Herren, daß das, was von den Länderregierungen bislang, soweit die Regierungsmitglieder von der CDU gestellt wurden, zu diesem Thema zu hören war, als alles andere denn als ein Entgegenkommen angesehen werden muß. Hier würde – ich kann nichts anderes sagen – auch der Beitrag von Herrn Schulze-Stapen einzureihen sein.

Nicht nur die Äußerungen der Staatsregierung in Bayern, sondern auch, was erst vor wenigen Tagen Kultusminister Braun in Schleswig-Holstein gesagt hat und was erst im Mai dieses Jahres Kultusminister Remmers in völliger Abkehr von all den Äußerungen, die er etwa in Polen in Begleitung von Herrn Albrecht getan hat, sagte – meine Damen und Herren, all dieses läßt uns eigentlich skeptisch sein in bezug auf die Bereitschaft, die Sie ja zugleich erkennen lassen, über dieses Thema verständnisvoll zu reden und wirklich zu Ergebnissen zu kommen, die dem Gegenstand und seiner Behandlung im Unterricht angemessen sind.

(Dr. Pohl CDU: War das nicht angemessen?)

Erst vor wenigen Tagen hat sich Staatssektretär Haaßengier von Niedersachsen dazu geäußert, und zwar im WDR-Morgenmagazin – wenn ich das, Herr Präsident, bitte zitieren darf –:

Wir sind der Auffassung, daß Schlesien eine deutsche Provinz ist, daß es unter polnischer Verwaltung steht.

Meine Damen und Herren, mit solchen schlichten Sätzen ist nicht nur keine historische Wahrheit getroffen. Dies sind durchaus Beiträge – wenn sie im Zusammenhang mit Schülerwettbewerben zu solchen Themen stehen –, die dazu angetan sind, tatsächlich alles andere als eine vernünftige Illustrierung zustande kommen zu lassen.

Womit wir uns auch heute nach wie vor und gerade angesichts der Tatsache, daß der Kultusminister bereits im vorigen Jahr erklärt hat, daß er die alten Ostkundeerlasse nicht mehr für zeitgemäß halte, herumzuschlagen und was wir auch zu berücksichtigen haben, ist der Wert, der daraufhin den Empfehlungen der deutsch-polnischen Schulbuchkommission zuzuweisen ist. Denn was in diesen Ostkunderichtlinien steht, das zeigt zwischen der ,,Ostsiedlungsbewegung" und Deutschtümeleien sowie der anschließenden ,,Vertreibung und Sowjetisierung Ostmitteleuropas und der SBZ" eigentlich überhaupt nichts.

Genau davon, meine Damen und Herren, müssen wir wegkommen, um nicht nur nicht unausgewogen zu sein, sondern den Kalten Krieg, der dort stattfindet, endlich abzuschaffen. Wir sehen, meine Damen und Herren, daß die Richtlinien, die gerade auch nach den deutsch-französischen Schulbuchempfehlungen zustande gekommen sind, zur Verständigung beitragen; und daß die in den Warschauer Verträgen sich niederschlagenden Vorstellungen von Verständigung und die Vorstellungen davon, hier doch auch zu Ergebnissen zu kommen, die Verständigung bewirken, eingehalten werden müssen.

Meine Damen und Herren, zu dem Charakter der Richtlinien, von denen Herr Schulze-Stapen vorhin so geredet hat, als wären sie Wort für Wort Anweisungen, die im Schulunterricht zu beachten seien, darf ich Ihnen vielleicht jenes vorlesen, was der gegenwärtige Vorsitzende der deutsch-polnischen Schulbuchkommission auf deutscher Seite, Prof. Walter Mertineit, in diesem Zusammenhang in einem Interview sagt – wenn ich das bitte mit Genehmigung des Herrn Präsidenten zitieren darf –:

,,Richtlinie" ist der absolut falsche Ausdruck dafür. Der Begriff ,,Empfehlung", den wir hier verwenden, ist auf beiden Seiten im Sinne des Wortes ,,Orientierungshilfe" verstanden worden. Mit diesen Empfehlungen soll eine Richtungsanzeige gegeben werden, wie Spezialisten, wie Fachhistoriker ganz bestimmte wichtige Punkte der geschichtlichen Entwicklung der Beziehungen zwischen den beiden Staaten im vollen Wissen der Fakten, soweit sie bekannt sind, beurteilen. Es ist ein sehr bewußt herbeigeführtes Mißverständnis, aus diesen Empfehlungen so etwas wie eine Anweisung machen zu wollen und damit der Kommission die Anmaßung zu unterstellen, sie glaube die geschichtliche Wahrheit absolut sicher zu kennen, so daß sie jetzt in der Position sei, Schulbuchautoren, Lehrer, Schüler, Kultusbehörden anzuweisen.

Ich bin empört über diese Art der Unterstellung. Das ist einer der Hauptpunkte meiner Kritik, daß sie auf einem Niveau geführt wird, das nicht die Absichten der Kommission dabei zum Ausgangspunkt nimmt, sondern der Kommission Absichten unterstellt, die sie weder zur Zeit ihrer Entstehung 1972 noch in den Jahren des Zusammenarbeitens je gehegt hat.

Meine Damen und Herren, das läßt bereits erkennen, in welchem Ausmaß die Schulbuchkommission selbst die dort vorgelegten Empfehlungen als Orientierungshilfen und als sehr vorläufige oder jedenfalls nicht als völlig endgültige Positionen darstellt.

Zur Richtigkeit der Empfehlungen: Hier geht es nicht nur darum – das ist der erste Punkt, den man dabei zu beachten hat, – daß eine germano- oder polono-zentrierte Darstellung in den Geschichtsbüchern erfolgt. Es liegt im Wesen jeder Geschichtsschreibung eines Volkes, daß sie die mit der Geschichte des jeweiligen Volkes zusammenhängenden Fragen vor allen Dingen in den Vordergrund stellt. Hier soll sie die Beziehungen, die zwischen den verschiedenen Völkern bestehen, beachten, und die Friedenssicherung soll ein Ziel des Schulunterrichts sein. Wer jedenfalls den Polen gegenüber beklagt, daß sie nicht vergessen wollen, der muß sich an Deutsche wenden und da den Vorwurf erheben, daß sie nicht erinnern wollen.

(Dr. Pohl CDU: Wer beklagt das denn!)

Gerade im Hinblick auf die Probleme, mit denen wir uns da herumzuschlagen haben, gibt es eine Vielzahl von Dingen, die der ausführlichen und sorgfältigen Erinnerung bedürfen und die so auch in der Schule behandelt werden müssen.

(Dr. Pohl CDU: Haben Sie Herrn Schulze-Stapen überhaupt zugehört!)

Dazu gehört auch, daß man sich mit den Auseinandersetzungen darüber richtig beschäftigen muß. Herr Schulze-Stapen hat eine Vielzahl der Punkte aufgeführt, die nicht erst hier auftauchen, sondern die bei vielen anderen Gelegenheiten als Mängel der deutsch-polnischen Schulbuchempfehlungen vorgetragen worden sind. Er hat eine Reihe von Punkten aufgeführt, von denen er behauptet, daß sie dort geregelt seien.

Es ist selbstverständlich, daß die Schulbuchkommission das deutsch-sowjetische Verhältnis in diesem Zusammenhang gar nicht behandeln konnte. Aber sie hat eine Reihe von Hinweisen gegeben, daß auch das deutsch-sowjetische Verhältnis im Geschichtsunterricht im Verhältnis von Deutschen zu Polen zu beachten sei.

Es ist noch ein weiteres in dem Zusammenhang zu sehen. Eine Vielzahl von Themen, zum Beispiel die Frage der Integration der Ostvertriebenen in der Bundesrepublik, wird von den Polen so gesehen, daß sie eine Reihe von Positionen, die sie im Hinblick auf die Charakterisierung von Vertriebenenverbänden gehabt haben, aufgegeben haben. Hier sind eine Reihe von Formulierungen gefunden worden, die genau den Diskussionscharakter im Umgang mit diesen Themen deutlich machen. Das ist es, was wir vor allen Dingen hervorzuheben haben.

Nachdem hier zitiert worden ist, wie aus einer bestimmten deutschen Sicht Mängel beurteilt werden, will ich Ihnen gern – wenn ich das tun darf, Herr Präsident – zitieren, was Stefan Kieniewicz in der „Polityka" im vorigen Jahr dazu geäußert hat, wie dies aus der Sicht der Polen zu einigen Themen aussieht; er schreibt:

Hier ging es ja doch um eine Annäherung in der Beurteilung einer tausendjährigen, nur selten einmal friedlichen Nachbarschaft seit den Zeiten, da Chrobry um die Unabhängigkeit seines Staates rang, bis hin zu den Jahren des Kalten Krieges, die erst vor kurzem zu Ende gegangen sind.

Es ist also nicht verwunderlich, daß man sich nicht sofort über alle Themen hat verständigen können. – Und dann weiter:

Über die Pläne Hitlers in Punkt 20 werden

aufgezählt die Auslöschung des polnischen Staates, die Ausrottung der polnischen Intelligenz und Kultur, die Unterdrückung des polnischen Volkes und die Umwandlung Polens in einen Kolonialraum.
Das steht so in den Empfehlungen, und das ist ja wohl auch so.
Kieniewicz fügt an:
Wir dagegen setzen im allgemeinen den Punkt auf das i, wenn wir von den völkerrechtlichen Zielen des Nazismus sprechen. Andererseits: Die Deutschen bezeichnen ihr Zurückgehen hinter Oder und Neiße als Vertreibung oder Aussiedlung.
Dieses alles wird genau im Verhältnis zwischen Deutschen und Polen gesehen. Es kommt aber dabei, meine Damen und Herren, sehr auf den Geist an, mit dem man solche kontroversen Themen behandelt und wie man sie zu überwinden sich bemüht. Kieniewicz endet seinen Beitrag, indem er folgendes schreibt:
Die in diesem Text enthaltenen Mängel sollten eine wesentliche Bedeutung nicht verschleiern. Es ist die Pflicht unserer Nation wie auch anderer Völker der Welt, für Annäherung und gegenseitiges Verständnis zu wirken, sich also auch einzusetzen für eine Heilung aller Wunden, für eine Überwindung negativer Stereotypen. Das ist notwendig, wenn unsere Welt, oder konkreter gesagt: Europa nicht im Chaos versinken soll. Solche Prozesse müssen sich über Jahrzehnte erstrecken. Der erste Schritt jedoch ist getan, vielleicht zaghaft, nicht ohne Widerstände, aber in der richtigen Richtung. Wir werden uns über weitere Fortschritte auf diesem Wege freuen. An eines nur müssen wir denken: Der erwünschte Ausgleich der Beziehungen mit ihren jahrhundertealten Antagonismen wird Bemühungen und Verzichte fordern, auch von unserer Seite.
Meine Damen und Herren, dieses ist genau die richtige Position, die man im Umgang mit solch kontroversen Themen zu beachten hat, weil sie dazu angetan ist, die inhaltlichen strittigen Punkte, über die selbstverständlich ein Streit geführt werden kann, aufzugreifen, und weil sie geeignet ist, in einem gemeinsamen Geist zu Ergebnissen zu kommen, nicht aber darauf zu beharren, was man selbst an entsprechenden Absichten in die Geschichtsschreibung hineinlegen will.
Da sind wir bei einem der zentralen Punkte – wenn sie ernst genommen werden sollen –, daß die verfassungs- und völkerrechtsgemäße Betrachtung dieser Verhältnisse so sei, daß die Empfehlungen eigentlich nicht mehr beachtet zu werden brauchten. Dieser Text weist darauf hin, daß die unterschiedlichen Auslegungen der Potsdamer Konferenzbeschlüsse durch die Siegermächte und die im Laufe der Zeit auftauchenden unterschiedlichen Auffassungen dazu ein wichtiger politischer Faktor im politischen Konflikt sind. Diese unterschiedlichen Auffassungen müssen Thema sein und beachtet werden. Gerade Sie, meine Damen und Herren von der CDU, sollten sich daran erinnern, daß der Kieler Historiker Erdmann auf dem eben bereits angeführten CDU-Parteitag Sie nachdrücklich darauf hingewiesen hat, welche Unterschiede bestehen zwischen normativen Rechtsfiguren, die einerseits im politischen Handeln zu beachten sind, und andererseits der historischen Faktizität, die dargestellt werden muß.
(Dr. Pohl CDU: Genau das hat auch Schulze-Stapen angesprochen!)
Dazu gehört, daß eine Reihe von Dingen, die dort eine wichtige Rolle spielen, in diesen Empfehlungen berücksichtigt und daß dazu keine Widersprüche vorhanden sind, wie Ihnen schon Herr Erdmann gesagt hat, Herr Dr. Pohl.
(Dr. Pohl CDU: Aber Sie haben Herrn Schulze-Stapen nicht zugehört!)
– Offensichtlich haben Sie dabei nicht zugehört. – Ich habe Herrn Schulze-Stapen zugehört, und ich habe mich auch mit einigen seiner Positionen auseinandergesetzt.
(Zurufe von der SPD)
Meine sehr verehrten Damen und Herren! In diesem Zusammenhang ist noch die Frage zu beachten, in welchem Ausmaß und mit welchen Ausprägungen diese Themen denn nun im Schulunterricht wieder

auftauchen sollen. Es gibt da ein Schulbuch – es heißt „Spiegel der Zeiten" –, das gegen Ende der Darstellung des Zweiten Weltkrieges, des Ergebnisses und der Folgen dieses Krieges dann in der Neuausgabe von 1976 eine Passage aus den deutsch-polnischen Schulbuchempfehlungen anfügt und danach den Arbeitsauftrag an die Schüler vergibt:

Die polnische Seite legt ausgesprochenen Wert darauf, hier von Zwangsumsiedlung und nicht von Vertreibung zu sprechen. In der Bundesrepublik Deutschland sehen Kritiker der Empfehlungen darin den Versuch, schreckliche Ereignisse zu verharmlosen. Erläutern Sie diesen Konflikt aus dem politischen Zusammenhang und begründen Sie Ihre Ansicht darüber.

Meine Damen und Herren, hier ist bereits der Beleg dafür, daß die Schulbuchautoren imstande sind, die Empfehlungen aufzugreifen, als Gegenstand aufzunehmen, sie bei der Darstellung der Geschichte zu beachten und zugleich auch aus den kontroversen Inhalten dieser Schulbuchempfehlungen Konsequenzen zu ziehen für den entsprechenden Unterricht.

Indem ich abschließe, meine Damen und Herren, möchte ich sagen, daß das, was das Land Nordrhein-Westfalen zu diesem Thema bereits zustande gebracht hat, wirklich sehr bemerkenswert ist und daß man den Kultusminister ermuntern soll, in dieser Weise voranzugehen, daß dazu auch gehört, daß die Kommission entsprechend ihren Absichten zu den noch offenen Themenbereichen weiterarbeiten soll und daß dazu ebenso gehört, daß die Lehrer – bitte schön – nach diesen Empfehlungen in dem angemessenen kritischen Umgang wie mit jedem anderen Thema auch arbeiten sollen.

Wir möchten jedenfalls, daß das, was in diesen Schulbuchempfehlungen angesprochen worden ist und der Verständigung dient, wirksam wird. Wir hoffen zugleich, daß auch die bevorstehende Reise des Bundeskanzlers nach Polen, die ja wegen der schrecklichen Ereignisse nun aufgeschoben werden soll, in bezug auf solche Fragen der Verständigung wesentliche Beiträge bringen wird. – Danke schön.

(Beifall bei der SPD)

Präsident Dr. Lenz: Ich erteile jetzt dem Herrn Abg. Hinrichs für die Fraktion der F.D.P. das Wort.

Hinrichs F.D.P.: Herr Präsident, meine Damen und Herren! Herr Kollege Stapen

(Zurufe von der CDU: Schulze-Stapen!)

hat eine Zitat des Altmeisters deutscher Historie, Ranke, eingeführt, Geschichte so darzubieten, wie es gewesen ist. Wir haben hier auch zwei Bahnen der Darstellung erlebt, Herr Kollege Katzy und Kollege Schulze-Stapen.

Herr Kollege Schulze-Stapen, es ist sicherlich richtig, Geschichte darzubieten, wie es gewesen ist, aber es ist zu fragen, ob wir heute mit dieser Darstellung noch auskommen. Wir haben ja eine Bahn der Darstellung des Kollegen Katzy und eine andere Bahn der Darstellung des Kollegen Schulze-Stapen erlebt. Damit könnten wir uns begnügen und sagen, so ist es gewesen. Aber wir müssen natürlich etwas tiefer dringen und fragen: Warum ist das so? Es hat doch sicherlich in Ihrer beider Ausführungen – wofür ich Verständnis habe, was auch zu untersuchen gilt – unterschiedliche Akzente – –

(Schulze-Stapen CDU: Es gab keine!)

– Nein, Herr Kollege Schulze-Stapen! Ich will Ihnen sagen, mich haben die Ausführungen des Kollegen Katzy dazu hingerissen, daß ich ihm Applaus gespendet habe; Ihre Ausführungen haben mich bedrückt; das muß ich hier offen zugeben.

Insofern kann ich fragen: Warum ist das so mit der unterschiedlichen Darstellung? Es genügt nicht allein, daß ich sage, so ist es gewesen, sondern ich muß mich fragen, warum das so ist. Ich könnte Ihnen eine Fülle von Antworten darauf geben, aber damit würde ich meine Redezeit allein ausfüllen und das, was ich mir vorgenommen habe, sicherlich nicht abwickeln können.

Das Problem, das durch Ihre Antragstellung, meine Damen und Herren von der CDU, und durch den Antrag der Regierungskoalition aufgerissen worden ist, umfaßt ja eben gerade einmal diesen umfangreichen Bereich der Geschichte, aber auch den der Politik und den der Pädagogik. Die ersten Darbietungen, die hierzu geliefert wurden, haben sich aus der anspruchsvollen Problematik herausgehoben – aus den Niederungen der Landespolitik in Sphären der Bundespolitik und des europäischen Völkerverständnisses. Wenn es so einfach wäre, wie Ranke noch Geschichte betrieben hat – –

(Schulze-Stapen CDU: Das war gut!)

– Sicherlich war das gut, Herr Kollege Schulze-Stapen, aber Herr Kollege Brüggemann wird mir sicherlich recht geben, daß unseren Ansprüchen das nicht mehr voll genügt. Und ich will Ihnen ein Beispiel nennen aus einer der Empfehlungen, die Sie auch herangezogen haben, warum Geschichte heute in der Darstellung, in der Untersuchung schwieriger, komplexer für uns geworden ist.

Sie haben die Situation und die Beschäftigung mit dem Deutschen Orden angeführt und dargetan, warum dieses Problem des Deutschen Ordens Ihrer Ansicht nach in den Empfehlungen unzulänglich dargestellt worden ist.

(Schulze-Stapen CDU: Das habe ich überhaupt nicht gesagt! Ich habe gesagt, daß es in den Empfehlungen ausgeklammert ist!)

– Es ist nicht ausgeklammert, sondern in den Empfehlungen wird gesagt – die Empfehlungen sind recht umfangreich, Herr Kollege Stapen, Sie haben sich eingehend damit beschäftigt, ich vielleicht noch gar nicht so intensiv wie Sie, aber ich kann Ihnen dieses eine Zitat aus den Empfehlungen vorhalten, aus dem Sie sehen können, daß man sich auch mit dem Deutschen Orden beschäftigt hat, ich zitiere –, daß „in den polnischen Schulbüchern vor allem die säkular-staatliche und militärisch-expansive Rolle des Ordens hervorgehoben, in den westdeutschen seine zivilisatorische und missionarische Aufgabe betont" werde, und dann ist damit auch bereits ein kontroverses Forschungsproblem definiert.

Sehen Sie, damit wollte ich Ihnen nur exemplarisch andeuten, wie schwierig es ist, wenn aus unterschiedlicher Sicht hier Geschichtsbetrachtung erfolgt und wir uns nicht mehr allein mit der Fragestellung von Ranke, wie es gewesen ist, begnügen können, gerade in einer so kontroversen Angelegenheit.

Das Verhältnis zwischen Polen und der Bundesrepublik Deutschland, das ja immer mehr zu einem versöhnlicheren Verhältnis heranreift, kann auch in bezug auf Erreichung der Versöhnung vielleicht parallel gesehen werden zu dem Verhältnis deutsch-französischer Geschichte der letzten hundert Jahre. Vielleicht kann man diese kontroverse Darstellung zugrunde legen, bei der man sich auch nicht mit der Fragestellung Rankes, Herr Kollege Schulze-Stapen, begnügen konnte, um dieses historische Verständnis der Franzosen und das der Deutschen zu ihrem Verhältnis zueinander in den Griff zu bekommen.

Ich glaube, daß auch das Zitat von dem Kollegen Katzy sehr wertvoll war, der hier Heimpel anführte, und ich glaube, daß wir aus den deutsch-französischen Beziehungen, der deutsch-französischen Geschichtsbetrachtung der letzten hundert Jahre, auch aus der Hilfestellung, die Heimpel hier für die Politik aufgezeigt hat, etliches lernen können.

Wir haben inzwischen den Vertrag zwischen der Bundesrepublik Deutschland und der Volksrepublik Polen über die Grundlagen der Normalisierung ihrer gegenseitigen Beziehungen vom 7. Dezember 1970. Auf diesem Hintergrund müssen sicherlich auch das erfolgreiche Bemühen der deutsch-polnischen Schulbuchkonferenz und auch das Ergebnis der deutsch-polnischen Schulbuchempfehlungen gesehen werden.

Wir haben inzwischen die Empfehlungen über die Erziehung zu internationaler Verständigung und Zusammenarbeit zum Weltfrieden sowie die Erziehung im Hinblick auf die Menschenrechte und Grundfreiheiten der Generalkonferenz der UNESCO vom 19. November 1974. Auch auf diesem Hintergrund sind die deutsch-polnischen Schulbuchempfehlungen zu verstehen. Sie sind ebenso auf dem Hin-

tergrund der Charta der deutschen Heimatvertriebenen vom 5. August 1950 zu begreifen. Ich zeige damit als Hintergrund die drei Dokumente auf, vor denen sich ausgesprochen oder unausgesprochen die Bemühungen der deutsch-polnischen Schulbuchkonferenz zu vollziehen haben. Wir bemühen uns heute um eine ausgewogene Behandlung osteuropäischer Völker und Staaten sowie ihrer Geschichte. Wir sind dem Eckert-Institut in Braunschweig dankbar. Wir wollen ihm in der Tat, wie es der Antrag vorsieht, Herr Kultusminister, nicht nur unsere ideelle, sondern auch materielle Unterstützung und Mitverantwortung leihen und dies durch eine Mitträgerschaft des Landes erreichen. Wir sind dem verstorbenen Georg Eckert dankbar, dem Polen Wladyslaw Markiewicz und Gotthold Rhode, der sich ja auch sehr positiv zu diesen Empfehlungen geäußert hat. Gotthold Rhode steht ja sicherlich der Oppositionspartei in diesem Lande nicht fern.
Vorgeschlagen ist nun – das ist auch eine interessante Gemeinsamkeit aller Parteien –, die Empfehlungen der Ostkunde umzuformulieren. Hier hängt bereits ein alter Dissens an, der aber ausgetragen worden ist. Der Begriff Ostkunde ist mit verschiedenen Ressentiments belastet gewesen. Es ist eine Binsenwahrheit, daß man mit den Empfehlungen zur Ostkunde, eben weil dieser Terminus Ostkunde so sehr belastet worden ist, leider in den Schulen, in der Unterrichtssituation vor Ort, wenig angekommen ist.
Auch der CDU-Antrag – Herr Schulze-Stapen, das spricht ja dafür, daß Sie mit uns dieser Ansicht sind – will ja diesen Begriff Ostkunde nicht mehr so stark verankert wissen. Sie haben ihn in der Überschrift ganz weggelassen. Selbst die Bayern haben den Begriff Ostkunde herausgenommen und ihn als Klammerausdruck angeführt. Ähnliches finden Sie bei anderen Bundesländern. Ein solcher Terminus wirkt belastend, er ist nicht nur förderlich, sondern hinderlich und schreckt Leute ab, sich damit zu beschäftigen.
Herr Schulze-Stapen, es war für mich interessant, daß auch der Beirat der Vertriebenen im Lande Nordrhein-Westfalen, der sich mit den Ostkundeempfehlungen und der Entwicklung in den Bundesländern und auch in Nordrhein-Westfalen beschäftigt hat, gesagt hat, daß dieser Begriff belastend sei und man an ihm nicht hängen solle. Ich meine, daß wir eine Gemeinsamkeit finden, wenn wir von Ihrer Überschrift ausgehen. Diese Gemeinsamkeit wird sicherlich bei den Beratungen im Ausschuß tragend sein.
Meine Damen und Herren, lassen Sie mich zwei Beispiele aus den Empfehlungen nennen, die exemplarisch dafür sind, wie die Empfehlungen zwischen Deutschen und Polen zu einer Zusammenarbeit geführt haben. Ihnen ist zum Teil bekannt, daß es in heftigen Diskussionen, leider fatal verkürzt in der Öffentlichkeit wiedergegeben, um den Begriff der Vertreibung ging. Es hat hier auch schon, wenn ich mich richtig entsinne, eine parlamentarische Anfrage zu diesem Komplex gegeben. Nun hat man sich über den Begriff Vertreibung in der Empfehlung 22 geeinigt, indem man sagt:
Hinter dem einen Wort Vertreibung verbergen sich drei ganz verschiedene Vorgänge: 1. die Evakuierung durch die deutschen Behörden im Hinblick auf die näherkommende Rote Armee. Davon wurden schätzungsweise 20 % der Ostdeutschen erfaßt; 2. die aus eigenem Entschluß unternommene Flucht, etwa 35 %; 3. die Zwangsaussiedlung durch die polnischen Behörden bis 1947, ebenfalls etwa 35 %; wenn man spätere Gruppenaussiedlungen hinzurechnet, etwas mehr. Allein hier könnte man exakt von Vertreibung sprechen.
Man hat diese drei Vorgänge begrifflich getrennt, um einen Konsensus zwischen Deutschen und Polen zu erreichen und ihnen das zu veranschaulichen, auch um einmal im Detail in die wertvolle Arbeitsweise dieser deutsch-polnischen Schulbuchkonferenz einzusteigen. Man hat zwischen Evakuierung, Flucht aus eigenem Entschluß und Zwangsaussiedlung unterschieden.

Gerade zu dem Begriff Zwangsaussiedlung sagt der bereits von mir angeführte Professor Gotthold Rhode, Mitglied der deutschen Kommission und wohl CDU-Mitglied – ich darf mit Genehmigung des Präsidenten zitieren –:

Bei der Behandlung der Vertreibung und der Rolle der Vertriebenen in der Bundesrepublik Deutschland wurden Formulierungen gefunden, die gewiß nur ein Bruchteil des tatsächlichen Geschehens erfassen, aber doch weit von einer früher oft geübten Verharmlosung der Vertreibung und einer Verteufelung der Vertriebenen entfernt ist. Zwar ist Vertreibung für die polnischen Partner nach wie vor ein Reizwort. Aber der statt dessen akzeptierte Begriff der Zwangsumsiedlung oder zwangsweisen Aussiedlung besagt ja nicht weniger, sondern erfaßt das Geschehen eher noch schärfer als Vertreibung.

Ich meine, daß man mit diesem Konsensus gut leben kann.

Präsident Dr. Lenz: Herr Abgeordneter, lassen Sie eine Zwischenfrage zu?

(Hinrichs F.D.P.: Ja!)

Herr Abg. Schulze-Stapen!

Schulze-Stapen CDU: Herr Kollege Hinrichs, würden Sie mir zustimmen, daß es nicht zulässig ist, Leute, die sich infolge der Kriegsereignisse aus Furcht aus ihrer Heimat wegbegeben haben und denen die Rückkehr verweigert worden ist, nicht als Vertriebene zu bezeichnen!

Hinrichs F.D.P.: Herr Schulze-Stapen, es geht jetzt nicht um den rechtsrelevanten Begriff Vertriebene, sondern es geht hier nur um eine Terminologie – das müssen wir sicherlich unterscheiden –, die für die deutsch-polnischen Schulbuchkommission tragfähig ist.

(Dr. Petermann CDU: Die ist in Wahrheit nicht tragfähig!)

Ich glaube, daß dieses tragfähig ist, Herr Kollege Dr. Petermann! Wir werden ja in den Ausschußberatungen darüber zu befinden haben. Solch ein Konsensus ist ja nur exemplarisch herausgegriffen, um Ihnen auch die Schwierigkeit dieser Schulbuchkonferenz und ihre Mühen zu zeigen. Ich meine, ich habe hier einen bewährten Kronzeugen, der diese Tragfähigkeit und den Konsensus, der hier gefunden worden ist, bestätigt.

Präsident Dr. Lenz: Herr Abgeordneter, lassen Sie noch eine Zwischenfrage zu?

(Hinrichs F.D.P.: Ja!)

Bitte sehr, Herr Kollege Dr. Pohlmeier.

Dr. Pohlmeier CDU: Herr Kollege Hinrichs, wollen Sie mit dieser Differenzierung zwischen rechtlicher Terminologie und tatsächlich verwandter Terminologie auch das Schicksal der betroffenen Menschen verschieden bewerten?

Hinrichs F.D.P.: Ich glaube sicherlich, daß das Schicksal dieser drei verschiedenen Gruppen unterschiedlich sein kann. Ich habe darauf abgehoben, daß die Rechtsterminologie hiervon ja nicht betroffen worden ist. Wenn Sie so wollen, ist ja der Begriff „Vertriebener" zu einem Anspruch oder einem Ausdruck von Entschädigung geworden, der hier von der differenzierten Aufnahme in die Geschichtsbücher überhaupt nicht tangiert ist.

(Schulze-Stapen CDU: Aber Vertriebener hat doch mit Entschädigung nichts zu tun!)

– Aber Sie haben doch von dem allgemeinen Begriff Vertriebener abgehoben!

Meine Damen und Herren! Ein anderes Beispiel, das ich Ihnen als letztes vortragen möchte: Ein Text aus einem polnischen Schulbuch 1975 – zweite Auflage – für die Abgänger der Grundschule, das heißt für etwa 15jährige Schüler. Darin heißt es – ich darf mit Genehmigung des Präsidenten zitieren –:

In ihrer Innenpolitik stützte sich die DBR
– Deutsche Bundesrepublik –
vom Anfang ihres Bestehens an auf die Aktivität revanchistischer, revisionistischer Organisationen der sogenannten Landsmannschaften, die vor allem Deutsche aus Polen und der Tschechoslowakei umfaßten. Ihre Revisionsforderungen bemühte sich die DBR auch durch Lippenbekenntnisse zum Verzicht auf Gewalt bei der Lösung friedlicher Probleme zu tarnen. Die Haltlosigkeit dieser Beteuerungen zeigte nicht nur der Aufbau einer re-

vanchistischen bewaffneten Macht, sondern auch die Entwicklung der inneren Situation in der DBR.

Ich brauche nicht fortzufahren, um Ihnen zu verdeutlichen, welcher Termini sich dieses polnische Geschichtsbuch bedient.

Meine Damen und Herren, durch die deutsch-polnischen Schulbuchempfehlungen wird hier die Möglichkeit gegeben, diese Darstellungen zu objektivieren. Ich meine, der objektivierende Charakter der Empfehlungen, der ja auch in Veränderungen dieses deutsch-polnischen Schulbuches zum Ausdruck kommen wird, zeigt auch die Erfolge der Versöhnung der anderen Seite. Es wäre gut, wenn wir diese beiden Dinge immer zweigleisig betrachten.

Meine Damen und Herren, ich glaube, daß Herr Dr. Hupka unrecht hat, wenn er gesagt hat, man täte gut daran, diese Schulbuchempfehlungen lieber Schulbuchverfehlungen zu nennen; aber diese Rede hat er vor einer Landsmannschaft gehalten, und ich hoffe, daß auch diese Landsmannschaft das nicht so akzeptiert, wie es Dr. Hupka gesagt hat.

Ich möchte schließen. Herr Kollege Katzy hat Walter Scheel zitiert. Ich möchte enden mit einem Zitat des Bundespräsidenten Heinemann anläßlich des 30. Jahrestages des Beginns des zweiten Weltkrieges. Ich meine, wir sollten auch das zur Grundlage unserer gemeinsamen Beratungen über diese Empfehlungen machen. Heinemann sagte:

Als neue Gewohnheit gilt es einzuüben, einen Konflikt auch mit den Augen des Gegners zu beurteilen. Zu den neuen Spielregeln muß die Bereitschaft zum Kompromiß gehören, die eine Selbstbehauptung um jeden Preis mit der Entschlossenheit vertauscht, eine von Generation zu Generation ererbte Feindseligkeit durch einen neuen Anfang auf beiden Seiten zu ersetzen. Zu den neuen Verhaltensweisen wäre zu rechnen, an der Angst und der Trauer, an dem Stolz und an der Empfindlichkeit des Gegners Anteil zu nehmen.

Ich glaube, daß Geschichtsunterricht heute den Auftrag hat, den Beitrag dazu zu leisten, daß Heinemanns Ausführungen in die Tat umgesetzt werden. – Danke schön.

(Beifall bei der F.D.P. und SPD)

Präsident Dr. Lenz: Ich erteile Herrn Kultusminister Girgensohn das Wort.

Girgensohn, Kultusminister: Herr Präsident! Meine sehr verehrten Damen und Herren! Es liegen zwei Anträge vor, die sich vor allem mit zwei Themen befassen, die mit den sogenannten Ostkundeerlassen der fünfziger Jahre einerseits sowie mit den deutsch-polnischen Schulbuchempfehlungen andererseits zusammenhängen. Ich halte es für wichtig, diese beiden Themen nicht miteinander zu vermengen. Dabei bin ich mir des inneren Zusammenhangs dieser Thematik durchaus bewußt.

Zunächst zu den Ostkundeerlassen! Meine Damen und Herren, wir werden nicht die Empfehlung der KMK von 1956 durch einen neuen Erlaß ändern können, sondern den Erlaß vom 21. 2. 1957, der im Lande Nordrhein-Westfalen zu diesen Empfehlungen ergangen ist. Ich interpretiere also Ihren Antrag so, daß Sie diesen Erlaß meinen, der ersetzt werden soll. Bereits in den zitierten Antworten auf die Kleinen Anfragen der Herren Kollegen Grätz und Dammeyer hat die Landesregierung gesagt, daß sie diesen Erlaß nicht mehr in die bereinigte Erlaßsammlung aufnehmen wird. Darin sind wir uns wohl einig. Ich begrüße den Willen zur Veränderung sehr. Ich begrüße auch den Willen dieses Hauses, gegenüber Polen deutliche Zeichen der Versöhnungsbereitschaft zu setzen. Ich glaube, daß uns das wirklich ansteht. Deutliche Zeichen der Versöhnungsbereitschaft über den Verzicht auf Aufrechnungen hinaus kann man aber, glaube ich, nur dann setzen, wenn man auch bereit ist, sich in die Lage des anderen zu versetzen.

(Pürsten CDU: Das gilt für beide!)

– Richtig!

Polen – und jetzt komme ich zu einem Problem unserer Schulbücher – ist in der Geschichte mehrfach geteilt worden. Wir Deutsche haben ja an den polnischen Teilungen genügend mitgewirkt. Wenn Sie jetzt einmal diese deutsch-polnischen Beziehungen aus der Perspektive eines kleinen Volkes zwischen zwei mächtigen Nachbarn sehen: Von dem einen Nachbarn werden nur solche Landkarten gedruckt, auf denen mitten durch den eigenen Staat eine gestrichelte Linie führt, und so entsprechende Rechtspositionen gepflegt.

Meine Damen und Herren, die Landesregierung wird einen anderen Weg gehen. Sie wird versuchen, die gesamte ostkundliche Thematik in den Rahmen der Erziehung zur internationalen Verständigung zu stellen. Die geplante Erlaßregelung wird deshalb nicht im genauen Wortlaut, im genauen Wortsinn ein sogenannter neuer Ostkundeerlaß; sie wird vielmehr eine Reihe von Aspekten der Friedenserziehung nebeneinander stellen und miteinander verknüpfen.

Eine solche Lösung, diese ostkundlichen Fragen in den Rahmen der Friedenserziehung einzubeziehen, ist übrigens auch vom Beirat für Vertriebenen- und Flüchtlingsfragen beim Minister für Arbeit, Gesundheit und Soziales vorgeschlagen worden. Diese Lösung, meine Damen und Herren, bedeutet nicht den Verzicht auf Rechtspositionen, wohl aber den Verzicht darauf, den friedlichen Dialog unserer Völker sozusagen dadurch zu behindern, daß wir die Existenzangst des kleineren Volkes aufrechterhalten. Eben aus diesen Gründen hat sich die Landesregierung zusätzlich entschlossen, künftig in gegenwartsbezogenen Karten der Atlanten keine gestrichelten Markierungen der Grenzen von 1937 mehr zuzulassen. Stattdessen soll in unmittelbarem Zusammenhang mit den gegenwartsbezogenen Karten Mitteleuropas in den Atlanten eine besondere Karte mit den deutschen Grenzen von 1937 eingefügt werden. So erreichen wir meiner Auffassung nach beides. Wir veranschaulichen die deutsche völkerrechtliche Position, aber wir stellen nicht die staatliche Integrität des heutigen Polens in Frage.

Meine Damen und Herren, zu einem zweiten Problem! Eng damit verknüpft ist die Frage der Landschafts-, Fluß- und Ortsbezeichnungen in den früheren deutschen Ostgebieten. Daß wir auch künftig die überlieferten deutschen Bezeichnungen an erster Stelle verwenden, hält die Landesregierung für eine Selbstverständlichkeit. Dies gilt auch für Atlanten. Darin kann man auch keine Diskriminierung unseres Verhältnisses zueinander sehen. Wir sagen Lüttich und nicht Liège, wir sagen Mailand und nicht Milano. Aber, meine Damen und Herren, bedenklich erscheint es, wenn bei westlichen Ländern die ausländische Bezeichnung in der Regel zugesetzt wird, in den früheren deutschen Ostgebieten die ausländischen Namen aber konsequent ignoriert werden. Kann es dann jemanden wundern, wenn von polnischer Seite darin auch eine Diskriminierung gesehen wird? Die Landesregierung ist der Auffassung, daß sowohl in West wie in Ost in vergleichbaren Fällen das Prinzip der Zweisprachigkeit vorherrschen muß.

Von den bislang angesprochenen Regelungen und Absichten, also von dem Ersatz des Ostkundeerlasses, von der Grenzfrage und von der Bezeichnungsfrage, von also mehr pragmatischen, augenblicklich zu lösenden Problemen ist das Problem der deutsch-polnischen Schulbuchempfehlungen sauber zu trennen. Die deutsch-polnischen Schulbuchempfehlungen sind kein Erlaß, sondern Arbeitsergebnisse von deutschen und polnischen Wissenschaftlern auf dem Wege zu einer Verständigung über die richtige Darstellung der gemeinsamen Geschichte.

Es liegt also in der Natur der Sache, daß solche Arbeitsergebnisse wissenschaftlich diskutiert und auch kritisiert werden. So hervorragend die beteiligten Wissenschaftler auf beiden Seiten waren, es wäre eigenartig, wenn nicht an dieser oder jener Stelle das Arbeitsergebnis noch zu verbessern wäre. Man geht doch nicht an eine solche Arbeit mit dem Maßstab der absoluten Vollkommenheit heran, um sich dann etwa enttäuscht abzuwenden und zu beckmessern. An den deutsch-polnischen Schulbuchempfehlungen sollte in erster

Linie das interessieren, was sie an Verständigung bringen, nicht in erster Linie das, was sie möglicherweise noch nicht leisten oder noch offen lassen.

Auch nach meiner Meinung sind die deutsch-polnischen Schulbuchempfehlungen ganz ohne Zweifel Meilensteine auf dem Wege der Verständigung zwischen den Polen und uns. Daran kann man sicherlich nicht rütteln. Ich freue mich, daß dies im Grundsatz offenbar von allen Seiten des Hauses anerkannt wird. Dann aber halte ich es für unerläßlich, wenn das anerkannt wird, daß diese Arbeit in den Schulen des Landes bekannt ist – das ist die erste Unerläßlichkeit – und zweitens auch die gebührende Beachtung findet. Das muß man im selben Atemzug hinzufügen.

Meine Damen und Herren! Der Landesschulbuchkommission Politische Bildung sind schon seit Jahren die Arbeitsergebnisse der deutsch-polnischen Schulbuchkonferenz zugeleitet worden. Damit ist sichergestellt, daß sie – natürlich nicht unkritisch, das habe ich schon 1975 gesagt – in der Landesschulbuchkommission berücksichtigt werden. Das entspricht dem deutsch-polnischen Kulturabkommen und gilt für Nordrhein-Westfalen auch weiterhin.

Inzwischen ist eine nochmals überarbeitete Druckfassung der Empfehlungen erschienen. Bis zum Juli 1977 gab es nur hektographierte Texte. Dies gibt mir die Möglichkeit, die Lehrer auf die jetzt im Druck erschienene Veröffentlichung und gleichzeitig auf die Bedeutung dieser Empfehlungen hinzuweisen. Ich halte es für wichtig, daß die Empfehlungen nicht nur bei der Entwicklung von Schulbüchern ihre Wirkung tun, sondern daß sich die Fachlehrer, insbesondere die Geschichtslehrer, mit diesen Empfehlungen auseinandersetzen, sie nicht übernehmen, sondern sich mit ihnen auseinandersetzen.

Fehlendes in den Empfehlungen – meine Damen und Herren, wenn ich das noch einmal hinzufügen darf – sind keine Löcher in Lehrplänen. Empfehlungen können niemals Lehrpläne ersetzen.

Noch ein Wort zu Punkt 4 des Antrags der Koalitionsfraktionen! Zwischen dem Land Nordrhein-Westfalen und dem Land Niedersachsen laufen seit etwa zwei Jahren Verhandlungen über die Mitträgerschaft und über die Mitfinanzierung des Georg-Eckert-Instituts. Diese Verhandlungen stehen kurz vor dem Abschluß. Bereits zu Beginn dieser Verhandlungen hat die Landesregierung einen Grundsatzbeschluß zugunsten der Mitträgerschaft des Instituts gefaßt.

Gegenwärtig wird auf der Basis des Verhandlungsergebnisses eine Kabinettsvorlage erarbeitet, die einen endgültigen Beschluß herbeiführen soll. Nach meinen Informationen wollen übrigens alle Bundesländer außer Bayern sich am Georg-Eckert-Institut beteiligen. Das Kuratorium dieses Instituts – das erwarte ich auch von einem Beitritt Nordrhein-Westfalens – wird eine Plattform mehr dafür sein, nun auch auf andere Länder im Sinne der Nr. 5 des Antrags der Koalitionsfraktionen einzuwirken, um also der völkerverbindenden Arbeit des Georg-Eckert-Instituts mehr an Ausstrahlungskraft zu geben.

Die Landesregierung begrüßt die Überweisung beider Anträge an den Kulturausschuß und möchte die Beratungen in diesem Ausschuß gerne mit beiden Gruppen dieses Parlaments fortsetzen.

(Beifall bei den Regierungsparteien)

Präsident Dr. Lenz: Ich erteile Herrn Abg. Dr. Beckel für die Fraktion der CDU das Wort.

Dr. Beckel CDU: Herr Präsident, meine sehr verehrten Damen und Herren! In einem Hause, in dem gerade in schulpolitischen Fragen, häufig so heftig aufeinander eingedroschen wird, sollte man, meine ich, in dieser Stunde ein Wort des Dankes dafür sagen, daß hier bei allen beteiligten Partnern, bei allen Fraktionen und der Landesregierung das Bemühen festzustellen ist, in diesem Hause aufeinander zuzugehen, statt sich auseinanderdividieren zu lassen. Dafür möchte ich insbesondere dem Kollegen Grätz, aber auch besonders dem Kultusminister sehr herzlich danken.

(Allgemeiner Beifall)

Aus diesem Grunde wollte ich auch eigentlich die Scheinfronten, die Herr Dammeyer versucht hat hier aufzubauen, trotz allem positiven Gehalt seines Beitrags, im übrigen jetzt in der Auseinandersetzung einfach links liegen und außer acht lassen. (Beifall bei der CDU)

Ich glaube, es entspricht dem Gegenstand nicht, wenn wir uns jetzt hier darüber unterhalten, was in anderen Bundesländern ist und ob die CDU in diesem Lande etwas weiter an der einen oder anderen Seite steht. Das nützt uns nichts.

Ich glaube, wenn man die verschiedenen Beiträge durchgeht, so darf man – wenn das improvisiert überhaupt bei dieser schwierigen Materie erlaubt ist – sagen, daß wir vielleicht über zwei Punkte im Ausschuß und in der weiteren Behandlung der beiden Anträge reden müssen. Das eine ist die Frage, ob wir hier über einen Beitrag zum Geschichtsunterricht oder zum Unterricht in politischer Bildung sprechen. Da schienen mir auch Meinungsverschiedenheiten zu bestehen, die nicht ganz ausgetragen waren. Herr Hinrichs, Ihre Behandlung des Zitats von Ranke machte das zum Beispiel besonders deutlich. Wenn ich recht sehe, hat der Geschichtsunterricht die Aufgabe, historische Prozesse verstehen und sie in diesem Sinne auch methodisch zu erforschen zu lernen, während der politische Unterricht die Verantwortung für die Gegenwart in ihren politischen Dimensionen wecken soll. Beides ist durchaus verschieden zu handhaben, aber beides sind gleich wichtige Dinge.

Ich meine, darum auch dem Kultusminister für das danken zu sollen, was er hier in der Trennung zwischen „Ostkundeerlaß" und den Empfehlungen der Schulbuchkommission zu Geschichte und Geographie getan hat.

Meine Damen und Herren, wir müssen uns darüber klar sein, daß die Empfehlungen, die wir vor uns haben, Empfehlungen für Schulbücher der Geschichte und der Geographie und nicht ein Leitfaden für die politische Bildung zwischen beiden Völkern sind. Dann müßten sie anders aussehen; dann wären auch die Autoren anders.

Ich meine, der zweite Unterschied, den wir hier deutlich sehen können, ist, daß jedenfalls nach dem Wortlaut des Antrages der Koalition in seiner Ziffer 2 eine unmittelbare Umsetzung der Empfehlungen für Bücher in den Geschichtsunterricht für möglich gehalten zu werden scheint. Nach dem, was Herr Dammeyer insbesondere mit dem Zitat von Professor Mertineit ausgeführt hat, muß man das einfach noch einmal in der Formulierung überdenken. Denn es scheint nach dem, was Herr Grätz und Herr Dammeyer für die SPD gesagt haben, insbesondere nicht ganz dem Wortlaut des eigenen Antrags zu entsprechen. Das will ich auch ohne jede Polemik feststellen.

Wir hingegen sind etwas weiter gegangen und haben – wenn ich das so einfach sagen darf – eine Anzahl von oberen Lernzielen für den Geschichtsunterricht in der hier getroffenen Materie angeboten.

Ich glaube, wir haben uns ja in den gesprochenen Beiträgen hier schon dahin verständigt, daß die Empfehlungen nur Ausgangspunkt und nicht Gegenstand der Vermittlung des historischen Wissens über das Verhältnis der beiden betroffenen Länder sein können. Es ist ganz klar, daß eine von staatlicher Autorität mitgetragene Verhandlungskommission zwischen zwei Ländern gar nichts anderes tun kann – das ist durchaus ehrenwert und nicht zu rügen –, als sich auf einen Minimalkonsens zu einigen und Dinge auszuklammern, über die man sich nicht einigen kann.

Für den Minimalkonsens, so finde ich, ist die Ziffer 7 ein besonders schönes Beispiel, wo Kopernikus als ein polnischer Reichsbürger und ein Gelehrter von europäischem Rang dargestellt ist. Das ist das Tertium comparationis des Streites über seine nationale Zugehörigkeit, die Frage, welche Sprache er gesprochen hat und aller solcher Dinge.

Nun, wenn man einen solchen Minimalkonsens hier überall findet, kann das ja nicht von der Verpflichtung entbinden, über die gemeinsame Klammer hinaus in den historischen Prozeß möglichst tief und möglichst unverstellt einzuführen, und ich glaube, da hat Herr Kollege Hinrichs von der F.D.P. das Zitat von Heimpel gründlich mißverstanden, wo es eben gesagt werden sollte, daß die Wahrheit nicht zwischen zwei historischen Hypothesen als Kompromiß gefunden werden kann. Wir müssen also den Ausgangspunkt der Empfehlungen sehen und sie an den richtigen Ort rücken; dann haben sie durchaus ihren Sinn.

Der Herr Kultusminister ist nun dankenswerterweise auch auf die Implikationen für den Geographieunterricht eingegangen. Ohne das jetzt im einzelnen beurteilen zu können, glaube ich, ist gerade Ihr Hinweis auf Städtenamen in Zweisprachigkeit auch ein Beispiel dafür, daß man der Verständigung nicht dient, indem man die andere Seite immer nur fragt: Wie hättet Ihr es denn gern?, sondern daß man sich wirklich mit seinem eigenen Standpunkt identifiziert. Ich werde weiterhin Breslau sagen, genau wie ich London sage und nicht die englische Aussprache in die deutsche einführe.

(Minister Girgensohn: Bei London paßt das schlecht!)

– Ja, dann sagen wir Neu York; das ist dann vielleicht noch ein bißchen plastischer.

(Minister Girgensohn: Das paßt auch nicht! – Weitere Zurufe – Heiterkeit)

Nun, Herr Kultusminister, wir beide sind ja schon verhältnismäßig weit, wenn wir uns überhaupt in der Sache verstehen, selbst wenn wir uns im Wortlaut gegenseitig nicht zustimmen.

Meine Damen und Herren! Ich darf damit zum Schluß kommen, um die Geduld dieses Hohen Hauses nicht zu strapazieren. Ich glaube, daß man sagen kann, daß unsere Initiative mit der Gegenreaktion der Koalitionsparteien einen Gegenstand zur Sprache gebracht hat, der den Schweiß der Edlen verdient und in dem wir uns um Gottes Willen nicht das Alibi verschaffen können, uns auf die Empfehlung einer Kommission zu berufen. Vielen Dank.

(Beifall bei der CDU)

Präsident Dr. Lenz: Es spricht jetzt Frau Abg. Gerigk–Groht für die Fraktion der F.D.P.

Gerigk-Groht F.D.P.: Herr Präsident, meine Damen und Herren! Gestatten Sie mir einige Ausführungen zu Ihrem Antrag, den Sie hier gestellt haben, denn es sind inzwischen verschiedene Versionen auf dem Tisch. Wir haben eine Katzy Version, eine von Herrn Schulze-Stapen, und wir haben die wieder sehr versöhnliche Version von Herrn Dr. Beckel. Ich meine, wir müßten uns dann aber auch überlegen, wie wir unser gemeinsames Vorgehen formulieren. Und da allerdings ist für mich zunächst Grundlage der Antrag, den Sie auf den Tisch des Hauses gebracht haben. Was war eigentlich Ihr Hauptanliegen? Wenn ich Sie richtig verstehe, geht es darum, keine völlige Übernahme der Empfehlungen der deutsch-polnischen Schulbuchkommission zu formulieren. Die übrigen Aussagen waren Beiwerk; allerdings halte ich sie für so wichtig für das Verständnis unseres Verhältnisses zu den osteuropäischen Staaten, daß sie hier doch einer Würdigung bedürfen.

Es war ja bereits durch verschiedene Anfragen geklärt worden, daß diese Empfehlungen als ein Kompromiß zu verstehen sind. Ich würde durchaus sagen: als ein fruchtbarer Kompromiß, als ein Aufeinander-Zugehen. Es ist nie beabsichtigt gewesen, eine unkritische Übernahme nahezulegen.

Interessant ist, daß Sie gerade die Problematik der Vertreibung herausgreifen, die ja auch durch verschiedene Beantwortungen von Anfragen und auch durch die Beiträge meiner Vorredner präzisiert worden ist. Ich glaube auch, daß wir mit dem Begriff, der hier gefunden wurde und ebenfalls das schreckliche Elend umschreibt, nämlich dem Begriff der Zwangsumsiedlung, leben können.

Es wird auch auf das Potsdamer Abkommen verwiesen, und wir alle wissen, wie unterschiedlich die Interpretation dieses geschichtlichen Ereignisses – je nach Standpunkt – erfolgt. Ich brauche nur daran zu erinneren, welche unterschiedlichen Versionen es in der Frage der Grenzziehung gibt. Nur, an eines möchte ich in diesem Zusammenhang auch erinnern: Wir müssen uns nicht zuletzt deshalb mit sehr unterschiedlichen Interpretationen abfinden, weil Hitler die Grenze von 1937 – sofern sie überhaupt damals praktisch bestand – auf rechtsbrecherische Weise nach Osten vorschob und damit in jeder Hinsicht entwertet hat.

Die übrigen Aussagen Ihres Antrags sollten so interpretiert werden, wie Herr Katzy es hier in seiner Rede gewürdigt hat. Der Text selbst läßt allerdings noch einige kritische Fragen offen. Ich bin völlig mit Ihnen einig, daß die von Ihnen formulierten Grundsätze im Unterricht beachtet werden müssen. Ich werde stets voll unterstreichen, daß wir im Geist des Art. 7 unserer Landesverfassung zu erziehen haben, der die Voraussetzungen für ein friedliches Zusammenleben, für Verständigung schafft, und daß wir uns selbstverständlich mit den Theorien der politischen Systeme der Nachbarvölker auseinanderzusetzen haben.

Problematisch wird es nur, wenn man solche abstrakt formulierten Grundsätze auf ein ganz konkretes Beispiel eines Volkes anwendet. Genau das haben Sie in Ihrem Antrag im Beispiel Polen getan. Und da allerdings bewährt sich dann, ob diese Grundsätze, die Sie vorangestellt haben, ernst genommen werden und im Unterricht ihre Grundlage finden.

Da darf ich allerdings kritisch vermerken, daß die Kleine Anfrage, die damals ein Kollege der CDU zum Schüleraustausch mit Rumänien gestellt hat, mich doch sehr zweifeln läßt, ob in diesem konkreten Fall der Art. 7 der Landesverfassung zur Grundlage des Verständnisses eines osteuropäischen Volkes gemacht wurde.

Dort wurde nämlich aus der in einem Schreiben des Schulkollegiums Düsseldorf an die Gymnasien und die Kollegs wegen einer Schülereinladung nach Rumänien enthaltenen Aufforderung, Aufgeschlossenheit für politische Probleme ohne ideologische Engstirnigkeit zu wecken – für mich eine selbstverständliche Konsequenz aus dem Art. 7 der Landesverfassung, der Toleranz und Verständigungsbereitschaft von den Schülern verlangt –, der Zwang herausgelesen, den Volksrepubliken anpassungsfähige, der sozialistischen Wirklichkeit verständnisvoll gegenüberstehende Schüler zuzuführen. Ich glaube nicht, meine Damen und Herren, daß eine solche Interpretation im Sinne des Art. 7 der Landesverfassung liegen kann!

Bei der Konkretisierung der Grundsätze für die deutsch-polnischen Verhältnisse läßt Ihr Antrag noch einige Fragen offen, die hoffentlich im Sinne der Herrn Katzy in der Diskussion im Ausschuß beantwortet werden können, die Frage nämlich etwa, ob Sie – so wie Sie es mit Ihrer Aufzählung der Beispiele a) bis f) getan haben – hier wirklich dem Anliegen, einen Neuanfang zu machen, entgegenkommen. Es ist völlig selbstverständlich, daß deutsche Interessen berücksichtigt und dargestellt werden müssen, und es ergibt sich auch aus der Darstellung der deutsch-polnischen Geschichte von selbst. Nur: Wir dürfen nicht die falsche Hoffnung erwekken, daß wir Lösungen allein finden können, ohne den Frieden zu riskieren. Die realistische Bewältigung der Gegenwart und der Zukunft, wie sie auch im Vertrag mit Polen begonnen wurde – dieses Anliegen muß Grundlage unseres Unterrichts sein. Wir sind es einem kleinen Volk wie den Polen schuldig.

Ich vermisse ohnehin, daß von Ihnen keine deutlichere Aussage oder auch kein deutlicheres Bekenntnis zum deutsch-polnischen Vertrag formuliert wurde. Das ist sicherlich verständlich angesichts der gespaltenen Haltung und auch des Abstimmungsverhaltens der CDU-Fraktion bei Verabschiedung dieses Vertrages. Allerdings wäre es notwendig gewesen, hierzu einige Anmerkungen zu machen und auch einmal zu sagen, wie man es denn hält mit dem Gewaltverzicht, mit der Unverletzlichkeit der Grenzen, mit der Achtung der territorrialen Integrität, ohne die eine Verständigung, ein Neuanfang mit Polen nicht möglich wäre. Neuanfang der Bezie-

hungen ist das Anliegen des deutsch-polnischen Vertrages, das vor allem ein dynamisches Element enthält, nämlich die Beziehungen weiterzuentwickeln. Und deshalb die Bitte, daß das bei unseren weiteren Beratungen eine Grundlage sein möge.
Eine weitere kritische Anmerkung zum Antrag der CDU! Sie weisen im Zusammenhang mit dem Hitler-Regime auf die Vereinbarungen hin, und ich warne davor, Unrecht gegen Unrecht aufzurechnen. Niemand will hier Unrecht nicht mit Namen nennen, jedoch halte ich es für eine sehr fatale Angelegenheit, mit dem Fingerzeig auf die anderen sozusagen das eigene Unrecht abmildern zu wollen.
(Zustimmung des Abg. Hellwig SPD)
Insgesamt sehe ich eine Einigkeit in den Grundsätzen. Ich hoffe auf Gemeinsamkeiten bei der konkreten Umsetzung und möchte Sie bitten, Mißverständnisse, die sich aus der jetzigen Fassung Ihres Antrages ergeben, im gemeinsamen Gespräch zu korrigieren.
(Beifall bei den Regierungsparteien)
Vizepräsident van Nes Ziegler: Weitere Wortmeldungen liegen mir nicht vor. Damit ist die Beratung geschlossen.
Wir kommen zur Abstimmung. Der Ältestenrat empfiehlt die Überweisung der beiden Anträge an den Ausschuß für Schule und Kultur. Wer dieser Empfehlung zustimmt, den bitte ich um ein Handzeichen. – Danke sehr! Die Gegenprobe! – Stimmenthaltungen? – Es ist einstimmig so beschlossen.

6. Niedersächsischer Landtag: 8.Wahlperiode, 31. Tagungsabschnitt, 76. Plenarsitzung am 27. 10. 1977 (Spalte 7472 ff)

Zweite Beratung: Schulbuch–Revision – Entschließungsantrag der Fraktion der SPD – Drucks. 2238
Antrag des Kultusausschusses – Drucks. 2994
Die Vorlage wurde in der 66. Sitzung am 12. Mai 1977 an den Kultusausschuß zur Beratung und Berichterstattung überwiesen. Berichterstatter ist der Kollege Hirche, den ich noch einmal beschäftigen muß. Ich erteile ihm das Wort.
Hirche (FDP), Berichterstatter: Herr Präsident! Meine Damen und Herren! Mit dem Ausschußantrag in der Drucksache 2994 empfiehlt Ihnen der Kultusausschuß, den Entschließungsantrag der SPD-Fraktion in der Drucksache 2238 in einer geänderten Fassung anzunehmen.
In der Begründung zu ihrem Entschließungsantrag hatte die SPD-Fraktion Zweifel an der Ernsthaftigkeit der Absicht der Landesregierung geäußert, die Empfehlungen der deutsch-polnischen Schulbuchkonferenzen als Grundlagen einer Schulbuchrevision zu berücksichtigen. Aus diesem Grunde sollte die Landesregierung aufgefordert werden, einerseits die Berücksichtigung der Empfehlungen der deutsch-polnischen Schulbuchkonferenzen zur Voraussetzung bei der Genehmigung von Schulbüchern zu machen. Andererseits sollte sie auch aufgefordert werden, sich in den entsprechenden Gremien der Kultusministerkonferenz für eine Umsetzung der Empfehlungen einzusetzen.
Ich darf auf die ausführliche Diskussion des Entschließungsantrages bei der Einbringung in der Plenarsitzung am 12. Mai 1977 verweisen. In dieser Sitzung sind bereits alle gegensätzlichen Standpunkte zur Sprache gekommen.
Der mit der Beratung und Berichterstattung beauftragte Kultusausschuß hat sich in zwei Sitzungen mit der Thematik nochmals gründlich auseinandergesetzt. Das Ergebnis dieser Beratungen möchte ich Ihnen kurz vortragen.
Trotz der im Plenum erkennbaren Gegensätze ist es dem Kultusausschuß gelungen, dem Landtag eine geänderte Entschließung vorzulegen, die einvernehmlich zustande gekommen ist. Basis für diese Einmütigkeit war die gemeinsame Auffassung des Ausschusses, daß die Empfehlungen

der Schulbuchkommission ein wichtiger Beitrag zur Versachlichung zwischen Polen und Deutschland sind und zur Verständigung der in der Geschichte begründeten Probleme beitragen.
Gegen eine unbesehene wörtliche Übernahme aller Empfehlungen wurde im Ausschuß aber eingewandt, daß die Empfehlungen nicht immer vollständig sind, daß Kompromisse getroffen werden mußten, die Verständigungsschwierigkeiten verursachen können, und daß es nach wie vor Beurteilungsunterschiede hinsichtlich der gemeinamen Geschichte und Geographie gebe.
Der Ausschuß war sich schließlich darüber einig, daß es nicht so sehr auf eine wörtliche Übernahme der Empfehlungen in die Richtlinien zur Genehmigung und Einführung von Schulbüchern ankomme, sondern daß die Empfehlungen überhaupt in das Prüfungsverfahren einbezogen werden. Wichtig sei es, darauf zu achten, daß Geist und Tendenz der Empfehlungen in den Schulbüchern wiederzufinden sind, daß also Schulbücher nicht genehmigt werden, wenn sie gegen Sinn und Geist dieser Empfehlungen verstoßen. In diesem Sinne ist die Nr. 1 des Entschließungsantrages umformuliert worden.
Die ursprüngliche Nr. 2, die zum Ziele hatte, durch eine von Niedersachsen ausgehende Initiative in der Kultusministerkonferenz zu einer einheitlichen Haltung zu kommen, ist geändert worden, weil es nach Ansicht des Ausschusses wohl kaum möglich sein dürfte, dort einen Konsens zwischen allen Bundesländern zu finden. Die neue Fassung beschränkt sich deshalb darauf, die Landesregierung aufzufordern, sich dafür einzusetzen, daß auch die anderen Länder bei der Genehmigung von Schulbüchern und Atlanten entsprechend verfahren.
Zusätzlich wurde in den Entschließungsantrag eine dritte Ziffer aufgenommen. Der Ausschuß war sich einig, daß die Intentionen der deutsch-polnischen Schulbuchempfehlungen vor allem auch im Schulunterricht Berücksichtigung finden müssen. Deshalb sollten sie den Schulen zugänglich gemacht werden. Vorgeschlagen wurde vom Ausschuß die Veröffentlichung im nichtamtlichen Teil des Schulverwaltungsblattes oder durch eine entsprechende Beilage zum Schulverwaltungsblatt. Dem Kultusministerium soll es überlassen bleiben, das geeignetste Verfahren auszuwählen.
Die neue Fassung der Entschließung im Ausschußantrag in Drucksache 2994 ist – ich darf es noch einmal wiederholen – vom Kultusausschuß einmütig beschlossen worden. Dies sollte eine besondere Genugtuung für alle in diesem Hohen Hause sein. Namens des Ausschusses bitte ich Sie, dem Antrag zuzustimmen und damit die Entschließung in der vorliegenden Form anzunehmen.
(Beifall.)
Präsident Müller: Auch hier darf ich dem Berichterstatter für den Vortrag seines Berichtes danken. Wir sind in der zweiten Beratung, die ich hiermit eröffne. Der Abgeordnete von Claer wollte an den Berichterstatter nur eine Frage richten. Ich sah mich aber nicht in der Lage, den Berichterstatter zu einer Fragestellung zu unterbrechen; das wäre eine neue Regelung hier im Hause.
von Claer (CDU): Ich habe also eine Frage. Ich habe vor mir liegen – vielleicht darf ich mit Genehmigung des Herrn Präsidenten zitieren – ein Schreiben des Leiters der Bayerischen Staatskanzlei vom 15. Dezember 1976 an den Präsidenten des Bundes der Vertriebenen. Dort ist in Ziffer 2 des Schreibens ausgeführt:
Der Bundeskanzler hat im Gespräch mit den Regierungschefs der Länder am 4. Juni 1976 in bezug auf das deutsch-polnische Kulturabkommen erklärt, die Bundesregierung und die Länder seien auf Grund der Formulierungen ,,hinwirken" und ,,berücksichtigt werden" in Artikel 4 frei, inwieweit sie die Empfehlungen der gemeinsamen Schulbuchkommission übernehmen. Diese Auslegung haben mit einer Ausnahme alle Länder ausdrücklich zur Grundlage ihrer Zustimmung zu dem Kulturabkommen gemacht. Sie ist vom Auswärtigen Amt auch der polnischen Seite

mitgeteilt worden. Das Auswärtige Amt hat mit Schreiben vom 5. Juli 1976 unter anderem mitgeteilt, der stellvertretende Leiter der Kulturabteilung des Auswärtigen Amtes habe den Kulturattaché der polnischen Botschaft in Köln am Nachmittag des 4. Juli 1976 einbestellt und ihm folgendes mitgeteilt: „Die Ministerpräsidenten der Länder haben in ihrer Besprechung mit dem Bundeskanzler am 4. 6. 1976 dem vorliegenden Artikel 4 zugestimmt mit der Maßgabe, daß es sich im letzten Satz bei dem Wort „hinwirken" nur um hinwirken handele, aber nicht um vollziehen oder Weisung geben, und daß „berücksichtigen" im Sinne dieser Bestimmung nur berücksichtigen bedeute und nicht etwa in toto übernehmen."

Ich möchte gerade auch im Hinblick auf die Ausführungen, daß die Landesregierung auf andere Länder einwirken soll, fragen, ob diese Auslegung, die immerhin amtlich ist und auf den Bundeskanzler zurückgeht, bei den Beratungen hinreichend berücksichtigt worden ist.

Präsident Müller: Der Berichterstatter nickt, Herr Abgeordneter von Claer! Wenn ich aber gewußt hätte, daß Ihre „Frage" im Verlesen eines umfangreichen Briefwechsels bestand, hätte ich mir überlegt, ob ich das zulassen konnte. Aber jetzt haben Sie es ja erreicht.

(von Claer [CDU]: Das war aber keine böse Absicht!)

Nein, das unterstelle ich Ihnen auch nicht. – Jetzt hat das Wort der Abgeordnete Wernstedt.

Wernstedt (SPD): Meine Damen und Herren! Aus den Ausführungen des Herrn Kollegen Hirche ist deutlich geworden, daß die jetzt vorliegende Fassung einvernehmlich zustande gekommen ist. Wir von der SPD-Fraktion hätten uns eine stärkere Bindung auch des Landes an diese Schulbuchempfehlungen gewünscht. Wir meinen aber, daß die hier gefundene Fassung doch denjenigen, die sich in gerechter Würdigung dieser Empfehlungen, auch ihres Inhalts und ihrer Intentionen, verhalten wollen, gerecht werden kann.

Ich habe bedauert, daß gestern abend bei dem Vortrag des Herrn Professors Erdmann vor dem Stiftsverband der deutschen Wissenschaft so wenig Kollegen dieses Hauses anwesend waren.

(Drape [CDU]: Wir waren nicht eingeladen!)

Professor Erdmann ist ein Mann, der garantiert nicht zu unserer politischen Seite gehört, der aber von intensiven Verhandlungen gerade mit polnischen und sowjetischen Kollegen doch einige Erfahrungen beibringen konnte. Er hat ausdrücklich in der Interpretation der deutsch-polnischen Schulbuchempfehlungen darauf hingewiesen, daß man sich behördlicherseits mit Nachdruck für die Umsetzung dieser Empfehlungen aussprechen sollte, nicht im Sinne – Herr von Claer, wenn man Sie damit beruhigen kann – einer autoritativen Inkraftsetzung – das haben wir nicht gefordert, das habe ich bei der Einbringung im Mai des Jahres auch nicht gesagt –, sondern daß das, was hier mit Sinn und Tendenz gemeint ist, tatsächlich auch Ausdruck finden kann. Natürlich bietet die Formulierung der „angemessenen Berücksichtigung" in diesem Antrag noch manchen Spielraum für Interpretationen, auch unterschiedlichen politischen Spielraum. Wir meinen aber, daß wir dies in Kauf nehmen können, weil die grundsätzliche positive Würdigung hier wohl doch ihren Ausdruck gefunden hat. Wenn wir Zweifel haben an solchen konkreten Unternehmungen wie dem Schülerwettbewerb, so haben wir Ihnen vorhin in concreto noch einmal versucht, das zu begründen. Wir meinen aber, daß wir dennoch diesem Entschließungsantrag so, wie er hier vorgefaßt worden ist, zustimmen können.

(Beifall bei der SPD.)

Präsident Müller: Das Wort hat noch einmal der Kollege Hirche.

Hirche (FDP): Herr Präsident! Meine Damen und Herren! Ich wollte nur auf die Frage des Kollegen von Claer noch einmal eindeutig sagen, daß der Kultusausschuß in seinen Beratungen festgestellt hat – ich meine, ich habe dieses hier auch so vorgetragen –, daß es ihm nicht auf eine wörtliche Übernahme ankommt, daß es sich bei der Berücksichtigung dieser Empfehlungen um Sinn und Geist dieser Empfehlungen handelt und diese Interpretation sich in voller Übereinstimmung mit dem befindet, was zwischen dem Bundeskanzler und den Ländern hinsichtlich einer Interpretation vereinbart worden ist.

Präsident Müller: Jetzt hat noch einmal das Wort der Kollege Horrmann.

Horrmann (CDU): Herr Präsident! Meine sehr verehrten Damen und Herren! Der im Kultusausschuß gefundene Kompromiß ist für uns tragbar. Insofern werden wir dieser Entschließung zustimmen. Ich will aber dennoch verdeutlichen, daß wir mit der hier gefundenen Formulierung an die Grenze des für uns Tragbaren gekommen sind. Ich darf daran erinnern, daß in den Empfehlungen 25 und 26 der Schulbuchkommission die Vertreibung schlichtweg mit dem technokratischen Ausdruck „Transfer" belegt ist, und so etwas ist für uns schlichtweg skandalös.

(Wernstedt [SPD]: Das ist falsch!)

So etwas wird auch zukünftig nicht in niedersächsischen Schulbüchern mit Sinn und Geist der Schulbuchempfehlungen zu vereinbaren sein. Ich hielt es für meine Pflicht, auf diesen Sachverhalt hinzuweisen.

Präsident Müller: Herr Kollege Horrmann, erlauben Sie eine Frage des Abgeordneten Dr. Mahrenholz?

Dr. Mahrenholz (SPD): Herr Horrmann, sind Sie bereit, zu akzeptieren, daß das Wort „Transfer" der internationale, aus dem Potsdamer Abkommen stammende, aus der englischen und französischen Sprache kommende Fachausdruck völkerrechtlicher Art für diesen Vorgang ist, wie wir gestern gerade von Professor Erdmann gehört haben, der sich mit dieser Frage intensiv auseinandergesetzt hat? Sind Sie bereit, das zu akzeptieren?

Horrmann (CDU): Nein, Herr Mahrenholz, ich bin nicht bereit, das zu akzeptieren, und ich will das auch begründen. Ich bin erstaunt über Ihren Hinweis angesichts der Millionen Deutschen, die über Jahrzehnte in den Ostgebieten gewohnt haben, diese Vertreibung, die von ihnen nicht gewollt war, und auch von Leuten, die niemals der nationalsozialistischen Partei angehört haben, einfach als Transfer zu bezeichnen. Das ist schlichtweg eine Vertreibung gewesen mit all dem Leid und all den familiären Schwierigkeiten, die damit verbunden waren. Unsere nachrükkende Generation hat ein Recht darauf zu erfahren, unter welchen Bedingungen 9 Millionen Deutsche, um jetzt bei dem Ausdruck der Schulbuchkommission zu bleiben, zwangsumgesiedelt worden sind. Darauf hat die nachrückende Generation einen Anspruch; das gehört mit zum Geschichtsbewußtsein, und dies wollen wir nicht verschütten lassen.

(Beifall bei der CDU und der FDP.)

Auf der anderen Seite halten wir das Bemühen der Schulbuchkommission, gerade den schwierigen Bereich deutsch-polnischer Beziehungen rational zu klären, für richtig, und insofern begrüßen wir den Vorschlag, die deutsch-polnischen Schulbuchempfehlungen in ihrer Ganzheit bei zukünftigen Konzepten von Geschichtsbüchern und entsprechenden Atlanten angemessen zu berücksichtigen.

(Beifall bei der CDU.)

Präsident Müller: Das Wort hat jetzt der Abgeordnete Professor Hedergott.

Prof. Hedergott (FDP): Herr Präsident! Meine Damen und Herren! Ich glaube, wir sollten auch das in aller Ruhe hier besprechen können. Ich glaube, daß man den Vortrag, der gestern von Professor Erdmann gehalten worden ist – ich habe ihn angehört –, hier nicht zusammenbringen kann mit der Frage der Ausdruckswahl in diesen Vereinbarungen. Professor Erdmann hat mit Recht darauf hingewiesen, daß der Ausdruck „Transfer" zurückgeht, wie eben hier beschrieben wurde, auf die Westalliierten oder genauer gesagt auf die Vertragsmächte des Potsdamer Abkommens. Niemand in diesem Hause kann erwarten, daß die Mächte, die die Verantwortung haben für die Vertreibung der Deutschen aus den Gebieten, das, was sie selbst zu verantworten haben, anders nennen als Transfer oder ähnlich wohllau-

tende Begriffe. Daß wir nicht gebunden sind an einen Ausdruck der englischen Sprache, das, glaube ich, braucht doch hier nicht weiter dargelegt zu werden.
(Beifall im ganzen Hause.)
Daß im übrigen in dieser schönen Welt über diese Fragen nach wie vor nachgedacht werden muß, ergibt sich aus der Tatsache, daß die Frage, ob man Bevölkerungsgruppen verschieben, transferieren, vertreiben kann, in diesen Tagen beispielsweise in bezug auf die Fragen Heimatland Palästina, Araber usw. nach wie vor streitig diskutiert wird. Es bleibt eine Frage, ob es für eine zivilisierte Welt angemessen ist, irgendwelche territorialen oder anderen Dinge, die Staaten miteinander in Verträgen ausmachen, so zu regeln, daß Bevölkerungsgruppen hin- und herverschoben werden. Das sollten wir aber losgelöst betrachten jetzt von diesen Dingen.
(Beifall.)

Präsident Müller: Ich sehe keine weiteren Wortmeldungen. Dann ist die Beratung abgeschlossen.
Wir kommen zur Abstimmung über den Ausschußantrag in der Drucksache 2994. Wer diesem Antrag des Kultusausschusses zustimmen will, den bitte ich um ein Handzeichen. – Ich bitte um die Gegenprobe. – Stimmenthaltungen? – Eine Gegenstimme. Das erstere war die erdrükkende Mehrheit.

7. Bürgerschaft der Freien und Hansestadt Hamburg: 8. Wahlperiode, 92. Sitzung am 24. 11. 1977 (Plenarprotokoll, S. 5658 ff)

Ich rufe auf den
Punkt 44:
Antrag der Fraktion der CDU:
Deutsch-polnische Schulbuchvereinbarungen
–Drucksache 3038–
Ich eröffne die Aussprache. Das Wort hat Herr Boysen.
Boysen CDU: Herr Präsident, meine sehr verehrten Damen und Herren! Präsident Sadat von Ägypten hat vor der Knesset in Jerusalem den Propheten Sacharja zitiert: „Wahrheit und Friede gehören zusammen."
(Bodeit FDP: Richtig! Die Sonne geht auch im Osten auf!)
Umgekehrt kann man sagen: Unwahrheit und Halbwahrheiten können Unfrieden stiften. Auch wenn bei den Verfassern der deutsch-polnischen Schulbuchempfehlungen die lautersten Motive zugrunde gelegen haben: Ihr Weg führt in die Irre. Er führt nicht zur Versöhnung, vielmehr birgt er Gefahr. Wir warnen davor, den Weg zur Versöhnung mit historischen Ungenauigkeiten und Auslassungen zu pflastern. Die heranwachsende Generation in beiden Ländern hat das Recht auf die ganze, die ungeteilte Wahrheit. Es ist unsere Pflicht, sie ihnen zu vermitteln.
Mit den vorliegenden deutsch-polnischen Schulbuchempfehlungen wird von den Lehrern unserer Schüler erwartet, daß sie sich der Vermittlung eines ungenauen, teils einseitigen Geschichtsbildes schuldig machen,
(Zuruf von Helga Kutz-Bauer SPD)
auch wenn Herr Senator Apel inzwischen eingeräumt hat, daß sich die Lehrer nicht mehr Wort für Wort, sondern nur sinngemäß daran zu halten brauchten. Es ist hier der Versuch gemacht worden, einen Kompromiß zu finden. Ein auf den ersten Blick durchaus sympathisches Unterfangen. Aber die Wahrheit verträgt den Kompromiß nicht, die Wahrheit entzieht sich dem Kompromiß.
(Hempel FDP: Nun kommen sie mal mit der Wahrheit heraus!)
Wir übersehen auch nicht die schwierige Situation der polnischen Seite, deren Handlungsspielraum begrenzt ist. Ihr ist die Möglichkeit verschlossen, entscheidende Fakten zu vermitteln, ohne die manches unverständlich bleibt. Der Chef der FDP-Fraktion im Schleswig-Holstei-

nischen Landtag hat auf diesen Umstand im Kieler Landesparlament hingewiesen.
(Bodeit FDP: Uwe Ronneburger!)
Er hat gesagt, daß mit einem Partner verhandelt wurde, der in der ,,Wahl seiner Formulierungen nicht so frei ist, wie wir es sind".
Ich erkenne nicht, daß die Empfehlungen für die polnischen Schüler Fortschritte bringen gegenüber dem schlechten bisherigen Zustand. Aber diese Fortschritte werden mit der Desinformation unserer Schüler erkauft. Statt unerlaubte Kompromisse einzugehen, hätte man in strittigen Fragen den ehrlichen Weg gehen müssen: Dort, wo eine Einigung nicht erzielbar war, hätte man sich überall zur Unterschiedlichkeit der Standpunkte bekennen und sie nebeneinanderstellen müssen.
Nun zu einigen gravierenden Punkten.
Völlig ausgeklammert wird die alles entscheidende Rolle, die die Sowjetunion bei den schwerwiegenden Nachkriegsentscheidungen gespielt hat. Mit keinem Wort wird erwähnt, daß die jetzige polnisch-sowjetische Grenze das gemeinsame Werk Stalins und Hitlers ist und daß die Westverschiebung Polens von der Sowjetunion als Entschädigung für das verlorene östliche Polen betrieben wurde. Die Grenzveränderungen werden schlicht als Ergebnis des Krieges beschrieben, und zur weiteren Begründung erfahren die Schüler nur, daß sie darauf abzielten, ,,staatliche und ethnische Grenzen nach Möglichkeit in Übereinstimmung zu bringen". Die nach Zehntausenden zählenden Opfer der Vertreibung bleiben unerwähnt. Es wird von Evakuierung gesprochen, und Opfer der deutschen Bevölkerung werden nur für die Zeit vor Kriegsende zugegeben. Es bleibt ungesagt, daß auf das entsetzliche Unrecht, das dem polnischen Volk und den in Polen einst lebenden Juden zugefügt wurde, neues Unrecht folgte: die Vertreibung von Polen, die Vertreibung von Deutschen und neue Unfreiheit. Einer, der dabei war, Kopelew, Kommunist, Offizier der Roten Armee, sagt in seinem erschütternden Buch ,,Aufbewahren für allezeit":
,,Was geschah in Ostpreußen? War eine derartige Verrohung unserer Leute wirklich nötig und unvermeidlich? Vergewaltigung und Raub, mußte das sein? Warum müssen Polen und wir uns Ostpreußen, Pommern und Schlesien nehmen? Lenin hatte seinerzeit schon den Versailler Vertrag abgelehnt. Aber dies war schlimmer als Versailles. In den Zeitungen und im Radio riefen wir auf zur heiligen Rache."
Ein sowjetischer Offizier schreibt seine Erlebnisse auf 600 Seiten nieder. Er schreibt nieder, wie es war. Unter der Gefahr für seine persönliche Sicherheit und Freiheit hat er dieses Manuskript ins Ausland gebracht. Um der Wahrheit willen vermittelt er die Wahrheit. Wir, die wir in Freiheit leben, sollten weniger Anlaß haben, uns der ungeteilten Wahrheit zu entziehen.
Die Nachkriegsentwicklung im restlichen Deutschland, die Teilung unseres Landes, wird eindeutig sogar aus kommunistischer Sicht dargestellt. Sie wird – wie es die kommunistische Geschichtsschreibung macht – als Ergebnis des zweiten Weltkriegs beschrieben. Und das ist falsch. Das Ergebnis des zweiten Weltkriegs hätte die Bewahrung der Einheit Deutschlands bringen müssen, so wie das Potsdamer Abkommen es vorgesehen hatte. Die Unterwerfung eines Teils von Deutschland ebenso wie die Unterwerfung des freiheitsliebenden polnischen Volkes bleiben unerwähnt.
Der schwierige Wiedereingliederungsprozeß der Heimatvertriebenen im Westen Deutschlands wird ebenfalls in nicht akzeptabler Weise beschrieben. Die Bundesrepublik muß sich sogar noch die Vorzüge der Vertreibung vorrechnen lassen. Zitat: ,,Sie" – die Vertriebenen – ,,spielten eine große Rolle beim wirtschaftlichen Aufschwung in Westdeutschland."
(Troitzsch FDP: Das könnte sicher richtig sein!)
– Wenn dort nichts weiter steht und alle anderen Aspekte der Vertreibung unerwähnt bleiben, dann ist das eine ungeheuerliche Feststellung.
(Beifall bei der CDU)

Gänzlich unerwähnt bleibt die frühe bewegende Charta der Heimatvertriebenen vom August 1950 mit dem feierlichen Verzicht auf Rache und Vergeltung. Die Vertriebenen haben damals erklärt:

,,Dieser Entschluß ist uns ernst und heilig im Gedenken an das unendliche Leid, welches im besonderen das letzte Jahrzehnt über die Menschheit gebracht hat."

Wir können uns auch keinesfalls damit einverstanden erklären, daß die deutschen Namen aus den Oder-Neiße-Gebieten getilgt werden sollen, wie es die Empfehlungen nach unserer Auslegung vorsehen. An dieser Stelle werden die Empfehlungen ausgesprochen unseriös, weil sie hier einem politischen Verlangen nachgeben, das schlicht nur chauvinistischem Denken entspringen kann. Wie kann man sich nur auf so etwas einlassen?

Ich finde: Wenn Herr Klose in deutscher Sprache von Gdansk sprach und Herr Brandt sogar die ,,Penetranz" beklagt, die er in der fortdauernden Verwendung unserer Sprache für geographische Bezeichnungen aus den Oder-Neiße-Gebieten erblickt, so sind diese Herren auch in diesem Fall für uns nicht Vorbilder.

Wenn wir Sie heute bitten, die Schulbuchempfehlungen in Hamburg nicht anzuwenden, dann tun wir das nicht im Sinne primitiver Aufrechnung von Gewalt zu Gewalt, sondern weil wir glauben, daß nur Ehrlichkeit den Weg zur Versöhnung ebnen kann.

Denken Sie bitte auch an die Folgen, die entstehen könnten, wenn Böswillige auf ihre Weise bei jungen Menschen die Lükken auszufüllen suchten, die der Geschichtsunterricht auf der Basis dieser Empfehlungen hinterläßt.

Ich empfinde es als eine Zumutung, wenn Nachfahren der Vertriebenen an unseren Schulen nur unzulänglich erfahren sollen, weshalb sie das Land ihrer Väter verloren haben.

Und was soll – so frage ich zum Schluß – ein Geschichtslehrer eigentlich, Herr Senator Apel, mit Ihrer Interpretation anfangen, daß die Empfehlungen nur ,,sinngemäß" anzuwenden seien, wenn Sie nicht konkret sagen, was das heißen soll?

Meine Damen und Herren! Wahrheit und Friede gehören zusammen.

(Beifall bei der CDU)

Vizepräsident de Chapeaurouge: Das Wort hat Herr Troitzsch.

Troitzsch FDP: Herr Präsident, meine Damen und Herren! Herr Boysen, Sie haben zwar sehr ruhig gesprochen – was ich bei diesem Thema sehr begrüße –, aber Sie sind, glaube ich, mit dem Inhalt dessen, was Sie gesagt haben, den Empfehlungen nicht gerecht geworden. Sie können nicht erwarten, daß Empfehlungen, die insgesamt 16 Druckseiten umfassen, die ganze Wahrheit über die deutsch-polnischen Beziehungen des letzten Jahrtausends umfassen. Dies ist das eine.

Das zweite. Sie haben den größten Teil Ihrer Rede darauf verwandt, ganz allgemein über diese Empfehlungen zu sprechen und zu sagen, sie seien unvollständig und teilweise wahrheitswidrig. Sie haben dann drei Beispiele gebracht.

(Echternach CDU: Drei? Mindestens 20!)

Schon am Text der Empfehlungen kann man Ihnen nachweisen, daß Sie jedenfalls in diesen Fällen die Empfehlungen nicht richtig gelesen haben. Sie haben insbesondere gesagt, in den Empfehlungen komme nicht zum Ausdruck, daß die Flüchtlinge die deutschen Ostgebiete unter Opfern verlassen haben. Ich darf Sie bitten, die Seite 37 aufzuschlagen, wo Sie im zweiten Absatz lesen können:

,,. . .wurden entweder evakuiert oder flüchteten unter großen Verlusten noch vor Kriegsende . . ."

(Boysen CDU: ,,Noch vor Kriegsende"! Genau das ist es!)

– Ja damit ist aber deutlich gemacht, daß hier Opfer gebracht wurden.

(Boysen CDU: Und danach? Das ist doch die Unwahrheit!)

Es geht dann noch weiter. Im nächsten Satz finden Sie das Wort ,,zwangsumgesiedelt", nicht nur ,,umgesiedelt" oder ,,verschoben", wie in der Überschrift angeführt, sondern ,,zwangsumgesiedelt".

(Boysen CDU: Es geht um die Verluste!)

Ich glaube, daß dies der Sache in einem Abschnitt von 15 Zeilen durchaus gerecht wird.

(Prosch CDU: Na, das ist Ihr Verständnis!)

Das, was Sie dem Wort ,,Bevölkerungsverschiebungen" in der Überschrift entgegenhalten, wird zumindest durch den folgenden Text wieder aufgehoben, wo stets von Flüchtlingen und Zwangsumgesiedelten die Rede ist.

(Boysen CDU: Vertreibung!)

Daß dies mit Gewalt verbunden ist, wird aus dem Wort ,,zwangsumgesiedelt" sicherlich ebenso deutlich wie aus dem Wort ,,vertrieben".

(Echternach CDU: Was ist mit dem Stalin-Ribbentrop-Pakt?)

Einen Satz weiter wird sogar sowohl im polnischen als auch im deutschen Text ausdrücklich festgestellt, daß wir in Deutschland das Wort ,,Heimatvertriebene" dafür verwenden, wobei der polnische Text noch ausführlicher ist. Wenn ich es richtig zu übersetzen vermag, so heißt es: ,,Vertriebene aus ihren alten Vaterländern." Ich glaube, daß das der Sache gerecht wird.

(Boysen CDU meldet sich zu einer Zwischenfrage)

– Herr Boysen, ich werde Ihre Frage nicht beantworten. Ich glaube, wir sollten dabei bleiben, dieses Thema möglichst emotionsfrei zu behandeln. Zwischenfragen würden nur zu Emotionen führen.

(Boysen CDU: Ich hätte auch eine emotionslose Frage gestellt!)

– Na ja, das mag sein.

Der nächste Punkt betrifft die geographischen Namen. Mit dem Text der Empfehlung zur Geographie wird keineswegs vorgeschrieben, daß in deutschen Schulbüchern nur der polnische Name von Ortschaften zu verwenden sei, bei anderen geographischen Bezeichnungen wird sogar ausdrücklich vorgesehen, daß der muttersprachliche Name zu verwenden sei.

(Boysen CDU: Zitieren Sie das genau!)

– Ich habe es genau gelesen.

(Boysen CDU: Ich auch!)

Für Ortsnamen, so heißt es, sollten polnische Namen oder sollte eine zweisprachige Version gewählt werden. Im deutschen und im polnischen Text der Empfehlungen selbst werden die jeweiligen muttersprachlichen Namen verwendet. Sie werden im deutschen Text der Empfehlungen an allen Stellen ,,Krakau" und nicht ,,Krakow" finden, obwohl dieses eine seit sehr viel längerer Zeit polnische Stadt ist als beispielsweise Breslau. Es findet sich auch das Wort ,,Breslau" und nicht ,,Wroclaw" und so weiter.

Umgekehrt ist dieses im polnischen Text. Darin finden Sie die deutschen Namen auch in der flektierten Form, das heißt an die polnische Sprache angepaßt. Ich glaube, daß man denjenigen, die diese Empfehlungen ausgearbeitet haben, dieses alles, was Sie hier vorgebracht haben, nicht vorhalten kann.

Eine Bemerkung noch zur Rolle der Sowjetunion hinsichtlich der deutsch-polnischen Beziehungen. Ich glaube, daß man sich darauf beschränken kann, mit den Empfehlungen für Schulbücher der Geschichte und Geographie in der Bundesrepublik Deutschland und in der Volksrepublik Polen die deutsch-polnischen Beziehungen zu beschreiben. Es wird nicht gelingen, jedenfalls nicht in einem so kurzen Text, dieses alles in den vollständigen internationalen Kontext einzuordnen. Dafür ist das alles sehr viel komplizierter, als daß man es in diesen Empfehlungen verarbeiten könnte. Dieses alles bedeutet im übrigen nicht, meine Damen und Herren, daß nicht die volle Komplexität der Entwicklung, insbesondere seit Beginn des zweiten Weltkriegs, im hamburgischen Schulunterricht besprochen werden könnte.

(Beifall bei den Regierungsparteien)

Vizepräsident de Chapeaurouge: Das Wort hat Herr Hammerschmidt.

Hammerschmidt SPD: Herr Präsident, meine Damen und Herren! Lassen Sie mich einige Vorbemerkungen dergestalt machen, daß ich eingehe auf den Text der Schriftlichen Kleinen Anfrage Drucksache 2554, auf den sich dieser Antrag bezieht. Ich gehe davon aus, daß nicht mehr jeder den Text der Anfrage vor sich hat. Er bezieht sich auf das Deutsch-Polnische Kulturabkommen vom Juni 1976, in dem unter anderem die Forderung enthalten ist, in den Schulen eine umfassende Kenntnis und ein besseres gegenseitiges Verständnis zu fördern und dabei die Empfehlungen der gemeinsamen Schulbuchkommission zu berücksichtigen. Der Senat hat in seiner Antwort auf diese Kleine Anfrage gesagt, daß die Empfehlungen den Schulen bereits im Jahre 1974 mitgeteilt worden seien, im übrigen bestehe die Anweisung, Lernbücher nur zuzulassen, ,,wenn sie" – darauf bitte ich jetzt zu achten – ,,dem Geist des Deutsch-Polnischen Kulturabkommens entsprechen und die Empfehlungen berücksichtigen". Sie ersuchen den Senat mit Ihrem Antrag, daß genau dieses – entsprechend dem Geist des Kulturabkommens und der Schulbuchempfehlungen – an keiner Stelle im Hamburger Schulunterricht wirksam werden soll.

Meine Damen und Herren! Ich halte das für ungeheuerlich und für unglaublich, was hier steht. Für ungeheuerlich halte ich es deshalb, weil in dem Text eine kolossale Unterstellung gegenüber den Wissenschaftlern enthalten ist, die jahrelang mühsam in der Schulbuchkommission gearbeitet haben. Am Anfang Ihres Antrags schreiben Sie, es ginge um ,,historische Wahrheit", ,,Verfälschung historischer Tatbestände" usw., und dann kommt: ,,Die Bürgerschaft möge deshalb . . ." Darin liegt doch die Unterstellung, daß diese Wissenschaftler quasi absichtlich die Wahrheit verfälscht hätten. Die Arbeit, die sie dort geleistet haben, wird von Ihnen mit einem Vorwurf belastet, der einfach ungeheuerlich ist. Und unglaublich ist dieser Antrag, weil Sie offensichtlich davon ausgehen, daß Sie die Wahrheit gepachtet oder im Besitz haben.

(Beifall bei den Regierungsparteien)

Herr Kelber, Sie haben hier am 29. Juni, als über den Geschichtsunterricht in Hamburg debattiert wurde, an einer Stelle gesagt, Sie wollten sich den Glauben an die geschichtliche Wahrheit nicht nehmen lassen. Das will auch niemand. Aber Glaube an die geschichtliche Wahrheit und Besitz geschichtlicher Wahrheit ist doch ein ganz großer Unterschied. Und Herr Boysen ist leider den Beweis schuldig geblieben, daß er diese Wahrheit hat. Darauf habe ich gewartet.

Lassen Sie mich noch ein Drittes sagen, ganz aktuell. Ich finde diesen Antrag traurig; traurig deshalb, weil gerade in diesen Tagen ein deutscher Bundeskanzler in Polen ist und dort versucht, die Friedenspolitik in mühsamer Arbeit fortzusetzen. Und dann kommt hier so etwas dazwischen.

(Sehr richtig! bei der SPD und Beifall bei den Regierungsparteien)

Zu den Auslassungen, die Sie hier gemacht haben, Herr Boysen – und dazu paßt eigentlich auch das, was gestern hier die Drei-Stunden-Debatte zum Thema Extremisten gebracht hat –, fiel mir ein Wort von Lichtenberg ein, der ja in seinen Aphorismen manche Tatbestände messerscharf dargestellt und kritisiert hat, indem er nämlich sagte: ,,Nicht die Lügen, sondern die sehr feinen falschen Bemerkungen sind es, die der Läuterung der Wahrheit entgegenstehen."

(Kelber CDU: -Genau! – Ehlers CDU: Sehr richtig!)

Lassen Sie mich darauf eingehen. Sie haben über das, was Sie für historische Wahrheit halten, hier nichts gesagt. Wir wollen jetzt über diesen Begriff hier auch nicht philosophieren. Sie haben ein paar Beispiele gebracht. Herr Troitzsch ist darauf eingegangen. Ich werde das auch tun.

(Ehlers CDU: Die vorbereitete Rede ist schlecht! Sie antworten gar nicht auf das, was Herr Boysen gesagt hat!)

– Melden Sie sich doch zu Wort. Wir können doch hier der Reihe nach darüber reden.

Sie haben im Grunde nicht klargemacht, an welchen Definitionen, an welchen Faktoren Sie denn feststellen, was historische Wahrheit ist. Sie haben hingewiesen auf die Debatte, die im Schleswig-Holsteinischen Landtag gelaufen ist. Lassen auch Sie mich darauf hinweisen. Der Abgeordnete Meyer vom Südschleswigschen Wählerverbund hat dort gesagt, daß auch die

deutsch-dänische Schulbuchkommission ganz bestimmt nicht die historische Wahrheit gefunden habe. Und dazu – soweit ich mich erinnere – gibt es keinerlei Anfrage der CDU im Schleswig-Holsteinischen Landtag.
(Boysen CDU: Und Ihre Fraktion? Unternehmen Sie doch einmal etwas!)
– Dem stimme ich vollkommen zu und unsere Fraktion auch, daß auch diese Schulbuchkommission sicherlich nicht die historische Wahrheit gefunden hat. Herr Boysen, wenn Sie sich ein bißchen näher damit beschäftigen, dann werden Sie wissen, daß historische Wahrheit allenfalls annäherungsmäßig erreichbar ist. Nennen sie mir einen Historiker, der von sich behauptet hat, er habe die historische Wahrheit. Nennen Sie mir einen; Sie werden keinen finden.
(Boysen CDU: Nennen Sie mir einen Historiker, der sagt, auch ein Kompromiß kann eine Wahrheit beinhalten!)
– Auf den Kompromiß werde ich noch eingehen.
Es scheint mir vielmehr hier darum zu gehen, daß Sie versuchen, der Wahrheit ein neues Kleid zu schneidern, und zwar nach der Mode der national-nostalgischen Welle, auf der wir ja so ein bißchen schwimmen. Und Lichtenberg, den ich eben zitierte, hätte als Astronom vielleicht dieses kommentiert – wir kennen diese Debatte ja von Bayern bis Schleswig-Holstein –, daß, nachdem ein Nordlicht und das Kreuz des Südens gemeinsam auf erzreaktionärer Bahn wandeln, nun auch eine Hamburger Sternschnuppe dem folgt. Und ich fürchte – Frau Stadler-Euler sprach gestern einmal an Sie gerichtet von „Marschieren" –, wenn ich so an den Tagesordnungspunkt 50 denke, daß dieses Bild gar nicht falsch ist. Ich fürchte, daß dieser Marsch von rechtsaußen nach Osten geht und daß wir drauf und dran sind, in die Zeiten des kalten Krieges zurückzufallen.
(Ehlers CDU: Sie sind ja nicht ganz bei Trost!)
Und das möchte ich und das möchten wir gern verhindern.
(Beifall bei der SPD)
Lassen Sie mich auf das eingehen, was Sie gesagt haben. Sie haben davon gesprochen, daß Sie den Weg der Versöhnung mitgehen wollten, aber daß Auslassungen, Halbwahrheiten, Ungenauigkeiten, Einseitigkeiten und Desinformation nicht vorkommen dürften. Sehr richtig, das darf nicht vorkommen. Nur, das ist hier auch gar nicht drin.
Lassen Sie mich einmal vorlesen, welchen Zweck diese Empfehlungen für Schulbücher der Geschichte und Geographie in der Bundesrepublik Deutschland und in der Volksrepublik Polen haben sollen. Vielleicht darf ich – mit Genehmigung des Präsidenten – einmal aus der Einführung zitieren, die ja absichtlich vorangestellt ist, um die Absichten dieser Kommission zu verdeutlichen. Dort heißt es:
„Die hier vorgelegten, bewußt knapp und thesenartig gehaltenen Empfehlungen zur Geschichte bieten zum erstenmal eine von deutschen und polnischen Historikern gemeinsam erarbeitete und verantwortete Interpretation der deutsch-polnischen Beziehungen in ihrem Ablauf von den Anfängen bis in unsere Tage. Beide Seiten verbinden damit die Hoffnung, daß eine solche Skizzierung des fachwissenschaftlichen Diskussionsstands von heute zur Orientierung von Schulbuchautoren und Geschichtslehrern in beiden Ländern dienlich sein wird."
Zur Orientierung von Autoren und Lehrern! Und es heißt ein wenig später noch einmal ausdrücklich:
„Jeder Schulbuchautor und jeder Lehrer, der die Empfehlungen zur Hand nimmt, wird wesentlich mehr an Fakten und Ereignissen behandeln oder zumindest kennen müssen."
Herr Boysen, Ihr grundsätzlicher Fehler ist offenbar der, daß Sie diese Empfehlungen für ein Schulbuch gehalten haben.
(Boysen CDU: Nein!)
Nach diesen Empfehlungen soll nicht Geschichtsunterricht gemacht werden, diese Empfehlungen sollen Orientierungshilfe für den Geschichtsunterricht sein.
(Boysen CDU: Das ist schlimm genug!)

Das ist Ihr fundamentales Mißverständnis. Lassen Sie mich jetzt auf die Beispiele eingehen und vielleicht noch einige hinzufügen. Ich bin gern bereit, die deutsch-polnische Geschichte über 1000 Jahre hier zu verfolgen.

Sie haben das Beispiel, die Rolle der UdSSR sei nicht genannt, gebracht. Auch dieses Argument kennen wir quer durch die Landtage, Herr Boysen. Ich darf Ihnen dazu sagen: Es war dies eine deutsch-polnische Kommission. Ich kann natürlich, wenn die Beziehungen zweier Staaten aus ihrem Blickwinkel dargestellt werden sollen – darum geht es: um die Interpretation aus dem Blickwinkel dieser beiden Staaten –, nicht die Beziehungen, die Einflüsse anderer Staaten dort mitbehandeln,

(Ehlers CDU: Das ist ja nur logisch!)

es sei denn, daß diese beteiligt sind.

(Boysen CDU: Es sei denn! Ja!)

– Lassen Sie mich doch einmal ausreden. Und vergessen Sie dann doch nicht: Zum Potsdamer Abkommen und zu den Grenzfragen gehört doch nicht nur die Sowjetunion, dazu gehören die USA und das Vereinigte Königreich.

(Ehlers CDU: Richtig!)

Dann müßten wir eine Kommission einsetzen, die alle Vertreter dieser Länder beinhaltet.

(Ehlers CDU: Es geht hier um den Hitler-Stalin-Pakt!)

Nur, darum geht es doch gar nicht. Es geht hier um die Beziehungen zwischen Deutschland und Polen und nicht um das Potsdamer Abkommen.

Sie haben zum zweiten gesagt, die polnisch-sowjetische Grenze sei das Werk Hitlers, genauso sei es. Das ist also nicht ganz richtig.

(Echternach CDU: Stalins! – Boysen CDU: Stalin!)

– Stalin und Hitlers. Nein, das ist in dieser Form natürlich auch nicht richtig. Wenn Sie einmal in einen Atlas schauen, dann werden Sie feststellen, daß die jetzige Grenzlinie fast genau mit der berühmten Curzon-Linie übereinstimmt. Diese Curzon-Linie kennen Sie vielleicht aus dem ersten Weltkrieg, sie hat da eine große Rolle gespielt. Die Trennungslinie Hitler-Stalin lag wo ganz anders. Schauen Sie sich das bitte einmal an.

Sie sprachen dann von der Vertreibung. Es geht Ihnen dabei offensichtlich um dieses eine Wort. Herr Troitzsch hat bereits darauf hingewiesen, daß unter der Überschrift „Bevölkerungsverschiebungen" im Abschnitt 22 ja auch eine ganze Reihe von anderen Begriffen verwendet werden. Ich darf Ihnen dies noch einmal in Erinnerung rufen und zitieren. Dort heißt es, daß die Deutschen entweder evakuiert wurden oder unter großen Verlusten flüchteten.

(Boysen CDU: Nein, eben nicht! – Ehlers CDU: Noch vor Kriegsende!)

Dann heißt es, sie wurden „bis 1947 ausgewiesen beziehungsweise im Rahmen des interalliierten Transferabkommens zwangsumgesiedelt". Und später heißt es noch einmal „Flüchtlinge und Zwangsumgesiedelte". Es ist mir einfach nicht verständlich, mit welcher Intention Sie nun offensichtlich auf diesem einzigen Begriff „Vertreibung" bestehen. Ich schließe mich da der Meinung von Professor Rohde an, Mitglied dieser Schulbuchkommission, der gesagt hat – ich glaube, daß er recht hat –, daß der Begriff „Zwangsumsiedlung" sehr viel schärfer ist und das Problem sehr viel schärfer faßt als der Begriff „Vertreibung". Sie haben in der vorhin angeführten Debatte am 29. Juni ebenfalls darauf hingewiesen. Damals hatte Frau Rudolph bereits diese Frage angesprochen und auch Herr Kelber, der dann zu der Aussage kam: „Vertreibung bleibt Vertreibung." Das ist natürlich inhaltlich nichts anderes als „Persil bleibt Persil". Inhaltlich haben Sie doch nichts zu einer Klärung der Begriffe beigetragen und schon gar nichts zu dem, dem diese Empfehlungen dienen sollen.

Sie haben dann das Zitat eines Augenzeugen verlesen. Daß dort schlimme Sachen geschehen sind, steht völlig außer Zweifel.

(Ehlers CDU: Warum wehren Sie sich denn dagegen, daß das gesagt wird?)

Nur, wir sprechen hier über die deutsch-polnischen Beziehungen. Ich hatte es an sich nicht vor, möchte aber jetzt doch einmal vorlesen, was in diesen Schulbuchempfehlungen ebenfalls nicht enthalten ist. Ich zitiere einmal aus „Mein Kampf", in dem es heißt:

„Die von so vielen geforderte Polenpolitik im Sinne einer Germanisation des Ostens fußte leider fast immer auf dem gleichen Trugschluß. Auch hier glaubte man, eine Germanisation des polnischen Elements durch eine rein sprachliche Eindeutschung desselben herbeiführen zu können. Auch hier wäre das Ergebnis ein unseliges geworden: ein fremdrassiges Volk, in deutscher Sprache seine fremden Gedanken ausdrückend, die Höhe und Würde unseres eigenen Volkstums durch seine eigene Minderwertigkeit kompromittierend."

(Echternach CDU: Was soll die Geschmacklosigkeit, dieses hier zu zitieren? – Boysen CDU: Was soll das denn?)

– Die Geschmacklosigkeit ist nur die Antwort darauf, daß auch solche Geschmacklosigkeiten in dieser Schulbuchempfehlung fehlen, Geschmacklosigkeiten, die zu unseren Lasten gehen. Denn Sie erheben doch offensichtlich den Vorwurf der Einseitigkeit. Darum geht es.

(Beifall bei den Regierungsparteien – Echternach CDU: Überlegen Sie sich die Mittel, die Sie hier gebrauchen! Das ist peinlich!)

Sie erheben den Vorwurf der Einseitigkeit. Sie werden mich nicht davon abbringen, noch einen Absatz zu zitieren. Das ist nämlich unsere Vergangenheit, Herr Echternach, die wir zu akzeptieren haben, ob sie uns gefällt oder nicht.

(Ehlers CDU: Ja, sicher, das tun wir ja auch!)

Die müssen wir nämlich akzeptieren.

(Schümann SPD: Sehr gut! – Beifall bei der SPD)

Da heißt es nämlich ein wenig später in bezug auf „Rußland und die ihm untertanen Randstaaten":

(Echternach CDU: Hitler als Beweis!)

„Denn die Organisation eines russischen Staatsgebildes war nicht das Ergebnis der staatspolitischen Fähigkeiten des Slawentums in Rußland, sondern vielmehr nur ein wundervolles Beispiel für die staatenbildende Wirksamkeit des germanischen Elements in einer minderwertigen Rasse." Und so weiter. Ich will es mir ersparen, noch weiter zu zitieren.

(Prosch CDU: Uns vor allem, Herr Hammerschmidt!)

– Sehen Sie, das ist genau der Punkt: Sobald es um das Bekenntnis zur eigenen Geschichte geht, möchte man sich das gern ersparen.

(Schümann SPD: Sehr richtig! – Beifall bei der SPD)

Sobald es darum geht, daß wir nicht auf einen anderen zeigen können – und zwar nach Osten zeigen können; denn Sie zeigen ja nur in eine Richtung –,

(Prosch CDU: Regen Sie sich doch ab!)

in dem Augenblick ist Ihnen das peinlich, in dem Augenblick bezeichnen Sie das als geschmacklos. Genauso ist es.

(Beifall bei der SPD – Prosch CDU: Hören Sie doch auf, Herr Hammerschmidt!)

Lassen Sie mich zu diesem Begriff noch eines sagen.

(Prosch CDU: Nein, lieber nicht!)

– Doch.

(Prosch CDU: Das ist doch penetrant!)

In den Schulbuchempfehlungen geht man von diesem Begriff aus, und man hat sich sehr eng an das Potsdamer Abkommen gehalten. Man hat ihn nämlich nicht wortwörtlich übersetzt. Es hieß: „Orderly transfers of German populations." Und diesen Begriff aus dem Potsdamer Abkommen hat man mit „Transfer" übernommen.

Sie finden – das finde ich erstaunlich – seit dem Jahre 1950 in der Literatur diesen Begriff immer nur als „Überführung". Das trifft auf wissenschaftliche Literatur sowie auf Schulbücher zu. Es hat Sie offenbar nie gestört, daß man dort „Überführung" und nicht „Vertreibung" sagt. Jetzt auf einmal stört es Sie.

Ich darf noch eines dazu sagen. Herr Echternach, nehmen Sie es bitte nicht persönlich. Es ist nur ein Beispiel, das, glaube ich, zeigt, daß die Schulbuchkommission recht hat. Ich habe einmal in den Biographien im Handbuch der Hamburgischen

Bürgerschaft geblättert. Darin steht bei Ihnen – und ja wohl von Ihnen formuliert –: „1946 aus Pommern ausgewiesen." Das ist genau der Begriff, der auch in den Schulbuchempfehlungen verwendet worden ist. Sehen Sie. Und so schwierig wird es dann auf einmal, wenn man sich vorher so engagiert und emotionalisiert für einen Begriff einsetzt, wenn man dann auf einmal ertappt wird, daß man selbst eigentlich ganz vernünftig geschrieben hat.

Ich meine, daß mit dem Begriff „Ausweisung" sehr wohl auch das damit an Leid und Not Verbundene ausgedrückt wird,

(Schümann SPD: Sehr richtig!)

vor allen Dingen mit den Begriffen „Zwangsausweisung" und „Zwangsumsiedlung", die ja vorkommen. Das menschliche Problem ist damit in keiner Weise ausgeklammert. Allerdings: Diese Sprache ist nüchtern. Sie wissen auch, daß der Warschauer Korrespondent der „Frankfurter Allgemeinen" davon gesprochen hat, daß hier die Sprache die Nüchternheit eines Wetterberichts habe. Mir scheint, daß diese Nüchternheit der Sprache uns durchaus hilfreich ist auf dem Wege gegen Emotionen, gegen Vorurteile. Diese Nüchternheit gibt es auch umgekehrt. Ich habe einmal ein bißchen geblättert. Dieses Thema ist zum Beispiel auch in Nordrhein-Westfalen erörtert worden. Da hat der Abgeordnete Katzy von der CDU am 12. Oktober dieses Jahres, also vor sechs Wochen, sehr nüchtern festgestellt: „Schwere Unrechtshandlungen der Deutschen gegen viele Angehörige des polnischen Volkes." Sehr nüchtern! Was er mit „schweren Unrechtshandlungen" meint, ist Ermordung. Was er meint mit „vielen Angehörigen des polnischen Volkes", sind rund viereinhalb Millionen Polen, Männer, Frauen, Kinder. So nüchtern kann man das ausdrücken, und das stört Sie hier nicht; offensichtlich, weil es wieder gegen die andere Seite geht.

Und vergessen Sie eines nicht: Sie vermissen so viel in diesen Schulbuchempfehlungen. Ich habe eigentlich etwas ganz anderes vermißt. Mich wundert – oder mich wundert es eigentlich nicht, Herr Boysen und die Fraktion der CDU, daß es Ihnen nicht aufgefallen ist. Es fehlt hierin der Name Auschwitz. Es fehlt in diesen Schulbuchempfehlungen auch der Name Belzec, es fehlt der Name Sobibor, es fehlt der Name Chelmno, es fehlt der Name Treblinka, es fehlt der Name Majdanek. Ich glaube, ich brauche zu diesen Namen keine Erläuterungen zu geben. Diese fehlen hier. Das scheint mir Beweis dafür, daß auch auf der anderen Seite durchaus verzichtet worden ist im Sinne einer Entemotionalisierung, nicht im Sinne eines Kompromisses, wobei wir Deutschen ja leicht immer in Klammern dazusetzen: eines faulen Kompromisses. Es geht hier wirklich um Entemotionalisierung, um ein gespanntes Verhältnis, seit immerhin 200 Jahren gespanntes Verhältnis, nämlich seit den Teilungen Polens, an denen wir ja nicht ganz unbeteiligt waren, wie Sie wissen – auch in der Bismarck-Ära war das Verhältnis zu Polen ja nicht das allerbeste –, ein gespanntes Verhältnis langsam und Schritt für Schritt zu entspannen. Und dazu, meine ich, kann uns die Nüchternheit und Sachlichkeit der Sprache durchaus von Nutzen sein.

Was ich ebenfalls vermißt habe, ist, Herr Boysen, daß Sie auch nur mit einem Wort einmal den humanen Ansatz, die humanen Beweggründe dieser Kommission und ihrer Mitglieder zu würdigen versucht hätten.

(Beifall bei den Regierungsparteien)

Das haben Sie mit keinem Worte getan. Ich finde das bedauerlich, und zwar besonders deshalb, weil ich meine, daß es erste Zeichen der Frucht dieser Empfehlungen auf polnischer Seite ja durchaus gibt. In polnischen Büchern über Berlin war früher Berlin dargestellt als das Zentrum feindlicher Tätigkeit westdeutscher Imperialisten und Revisionisten. Sie finden in demselben Buch in den neuesten Auflagen zu Berlin den Hinweis, es sei eine besondere politische Einheit. Genau das ist es, was erreicht werden sollte, auch auf polnischer Seite: Weg von den Ressentiments, weg von den Emotionen.

(Ehlers CDU: Das ist die Drei-Staaten-Theorie!)
– Das hat doch mit Drei-Staaten-Theorie überhaupt nichts zu tun. Wollen Sie denn etwa in Abrede stellen, daß Berlin eine besondere politische Einheit ist, ein Land, in dem das Grundgesetz, wie Sie wissen, ja nicht gültig ist?
(Echternach CDU: Berlin ist ein Teil der Bundesrepublik!)
– Ja, und die Abgeordneten im Bundestag sind nicht stimmberechtigt. Nun wollen wir doch hier nicht eine Debatte vom Zaune brechen, bei der Sie wissen, daß Sie auf verlorenem Posten stehen.
(Zuruf von Kelber CDU)
– Lassen Sie mich lieber dabei bleiben, welche weiteren erfreulichen Zeichen es gibt, Herr Kelber. Und davon werden Sie mich nicht abbringen, daß es erfreuliche Zeichen gibt. Wenn heute in den polnischen Oberschulen 41 Prozent der Schüler Deutsch lernen, halte ich das ebenfalls für ein sehr gutes Zeichen und, wie ich glaube, auch einen Erfolg dieser Kommission. Ich darf hier einmal in Klammern anfügen, daß die Verhandlungen dieser deutsch-polnischen Kommission vom ersten bis zum letzten Tage in deutscher Sprache geführt worden sind. Auch insoweit das Entgegenkommen, wenn man so will. Es geht doch hier gar nicht um das Aufrechnen: Auf der Seite sprechen wir Polnisch, auf der Seite sprechen wir Deutsch. Man hat sich auf Deutsch geeinigt, und man hat in Deutsch verhandelt. Und da gibt es einige Beispiele mehr, die mich hoffen lassen. Ich will Ihnen auch sagen, daß diese Hoffnung natürlich auf die Jugend bezogen ist, weil die Zukunft der Jugend beider Staaten das ist, was wir anstreben müssen: daß das Verhältnis besser wird. Es geht doch hier nicht nur um die Bewältigung der Vergangenheit – und dabei wird die Schulbuchkommission mit ihren Empfehlungen uns sicherlich Hilfe geben können –, es geht doch eigentlich viel mehr um die Zukunftsbewältigung dieser Jugend, die jetzt nachwächst. Und da sollten wir eines lernen, wie Professor Kieniewicz es gesagt hat: Ziel muß sein die „Heilung aller Wunden", die „Überwindung negativer Stereotypen". Und das wiederum „fordert Bemühungen und Verzichte". Diese Bemühungen und diese Verzichte in Einzelheiten hat es auf beiden Seiten gegeben. Mir scheint das ein guter Weg zu sein, daß wir von der Belastung der letzten 200 Jahre langsam wegkommen und ein anderes Ziel anstreben können, daß wir endlich herauskommen aus dem Teufelskreis der gegenseitigen Beschuldigungen, daß wir endlich herauskommen aus dem Teufelskreis der rein nationalen, um nicht zu sagen nationalistischen Betrachtung unserer Geschichte. Ich finde es richtig, daß wir dabei vermieden haben, etwa so einen Begriff – und wenn es nur gedanklich wäre – wie Kollektivschuld einzufügen – der findet sich ja hier auch nicht –, wobei ich meine, es stünde uns nach wie vor gut an, ein bißchen von dem zu zeigen, was unser erster Bundespräsident Heuss einmal „Kollektivscham" nannte.

Ich muß sagen: Gerade im Verhältnis zu Polen empfinde ich diese, obwohl ich in meinem Jahrgang Schuld sicherlich nicht empfinden kann. Ich meine, uns stünde da einiges gut zu Gesicht. Und ich sehe hier die Bereitschaft zu einem Neuanfang, zu Verständigung, zu Versöhnung, zu Frieden und damit natürlich auch zu einer konsequenten Friedenspolitik. Nicht zuletzt wohl aus diesen Gründen hat der jetzige Bundespräsident Scheel diese Schulbuchempfehlungen ja außerordentlich befürwortet.
Ich kann an dieser Stelle dem Senat nur dafür Dank sagen, daß er sich dafür eingesetzt hat, daß diese Schulbuchempfehlungen so schnell umgesetzt worden sind, daß er sich auch dafür eingesetzt hat, daß im Geiste des Deutsch-Polnischen Kulturabkommens Geschichtsunterricht in Hamburg ablaufen soll, ferner, daß er versichert hat, daß reaktionäres Gedankengut, wie Sie es hier im Juni und auch jetzt wieder eröffnet haben, an Hamburger Schulen nicht stattfinden wird.
(Echternach CDU: Was verstehen Sie darunter? Können Sie das konkretisieren?)

– Ja, genau das, was Sie uns hier eben vorgetragen haben.
(Echternach CDU: Das ist ja hochinteressant!)
Ja gut, nennen wir noch ein Beispiel, wo Sie effektiv falsch geurteilt haben. Ich will Ihnen da gern entgegenkommen. – Sie haben da etwas über das Ergebnis des zweiten Weltkrieges gesagt. Das Ergebnis des zweiten Weltkriegs ist im Potsdamer Abkommen festgelegt. Dort steht dann so einiges über spätere Regelungen drin. Aber Sie werden natürlich, wenn Sie einmal ein bißchen blättern, wissen, daß bereits unmittelbar nach Ende der Potsdamer Verhandlungen die Westmächte erklärtermaßen – wie auch die Sowjetunion stillschweigend – davon ausgegangen sind, daß dies nunmehr kein Provisorium ist, das irgendwann einmal zur Debatte steht, sondern daß dies so ist und so bleibt. Das hat im August 1946 der damalige US-Präsident Truman in einer Rundfunkrede erklärt, und das hat auf der Außenministerkonferenz im Juli 1946 der damalige französische Außenminister Bidault gesagt,
(Ehlers CDU: Er hatte ja gar nichts zu sagen!)
wobei ich hinzufügen muß: Frankreich war an Potsdam nicht beteiligt. Aber der französische Außenminister hatte das zu sagen, denn Frankreich gehörte, wie Sie wissen – oder offensichtlich nicht wissen – zu den Besatzungsmächten.
(Ehlers CDU: Er hatte etwas zu erzählen! Er hatte gar nichts zu sagen!)
– Doch, er hatte etwas zu sagen.
(Boysen CDU meldet sich zu einer Zwischenfrage)
Vizepräsident de Chapeaurouge (unterbrechend): Herr Hammerschmidt, gestatten Sie Herrn Boysen eine Zwischenfrage?
Hammerschmidt (fortfahrend): Lassen Sie mich diesen Punkt eben zu Ende führen, Herr Boysen; dann dürfen Sie gern fragen. Der französische Außenminister Bidault hat gesagt, man habe daran nicht mitgewirkt, aber man habe auch nicht widersprochen und werde dem auch nicht widersprechen. Das sind die Fakten.
Und Sie haben dann noch etwas zu den Namen vorgetragen, Herr Boysen. Da haben Sie schlicht etwas Falsches gesagt. Ich will jetzt also nicht, nachdem Sie so viel von Wahrheit gesprochen haben, Ihnen unterstellen,
(Boysen CDU: Machen Sie mal!)
Sie hätten die Unwahrheit gesagt. Sie haben schlicht etwas Falsches gesagt. Wenn ich das noch einmal zitieren darf:

(Boysen CDU: Aber das ganze Ding bitte!)
„Für die Verwendung geographischer Namen werden folgende Grundsätze empfohlen: In Karten und Darstellungen für den Schulgebrauch sollen Autoren und Verleger die offiziell im jeweils anderen Land verwendeten Ortsnamen berücksichtigen. Aus didaktischen Gründen kann eine zweisprachige Bezeichnung erforderlich sein."
(Boysen CDU: Kann erforderlich sein!)
Und, und, und. Hier steht zunächst einmal etwas von „sollen", dann steht da etwas von „berücksichtigen", und dann steht da, daß es zweisprachig sein könne.
(Boysen CDU: Akzeptieren Sie das?)
– Es ist doch gar nicht die Frage, ob wir das akzeptieren. Schauen Sie sich doch bitte einmal eine Landkarte an, die in Schweden gedruckt worden ist; oder schauen Sie sich einmal – was noch einfacher ist – die Deutschland- und Europakarten eines bekannten Schweizer kartographischen Verlages an, der in diesem Jahr sein 125jähriges Jubiläum hat, was da steht. Und dann schauen Sie sich bitte auch einmal die Grenzziehung an. Bundespräsident Heinemann hat erklärt, man solle sich auch einmal in die Situation des Gegners versetzen. Versuchen Sie doch einmal, sich in die Situation des Partners – dieses Wort finde ich besser – zu versetzen.
Auf deutschen Landkarten gibt es mitten durch Polen noch immer gestrichelte Linien. Ich weiß nicht, wie uns zumute wäre, wenn etwa in Dänemark Deutschlandkarten noch immer eine gestrichelte Linie entlang der Elbe hätten mit Altona als dänischem Hafen.

(Kelber CDU: Das ist doch kein Vergleich!)
Ich weiß nicht, wie uns zumute wäre, wenn Dänemark dann auch noch 120 Millionen Einwohner hätte, nämlich doppelt so groß wäre wie Deutschland. Das muß man ganz einfach einmal sehen. Wenn Sie das nicht sehen oder nicht sehen wollen, muß ich befürchten, daß das bedeutet, daß Sie mit diesem Antrag im Grunde genommen nur eine Fortsetzung Ihrer Anti-Ostpolitik betreiben wollen, und zwar mit anderen Mitteln und,
(Beifall bei der SPD – Ehlers CDU: Das hat der Bundeskanzler vor drei Tagen ganz anders verkündet!)
wie ich dazusagen muß: mit untauglichen Mitteln.
Deshalb werden wir diesen Antrag ablehnen. Ich bin sicher, daß wir dabei den allergrößten Teil der deutschen Bevölkerung hinter uns haben.
(Beifall bei den Regierungsparteien)
Vizepräsident de Chapeaurouge: Das Wort hat Herr Senator Apel.
Senator Apel: Herr Präsident, meine Damen und Herren! Ich weiß, daß es nicht üblich ist – ich will mich auch im allgemeinen daran halten –, daß der Senat zu Anträgen aus der Mitte des Parlaments Stellung nimmt. Aber erstens ist eine konkrete Frage an mich gestellt worden, und zweitens meine ich, daß in einer solchen Frage der Senat Position beziehen muß. Was hier vor sich gegangen ist, ist mit trefflichen Worten zum Teil schon behandelt worden. Ich will diesen Teil nicht wiederholen. Es ist ein so bemerkenswerter Vorgang, auf den ich auch von Senatsseite hinweisen möchte.
Was bis jetzt nicht dargelegt worden ist – dies sei mein Einstieg –, ist die Konsequenz, die sich aus dem Deutsch-Polnischen Kulturabkommen vom 11. Juni 1976 als einem völkerrechtlich verbindlichen Vertrag ergibt. Lassen Sie mich zunächst in Stichworten die Ziele, die ich dem Vertragstext des Deutsch-Polnischen Kulturabkommens entnehme, nennen: Verständnis, Achtung, Zusammenarbeit, friedliches Zusammenleben, freundschaftliche Beziehungen – das sind die Substantive dieses Vertrages. Im Artikel 4 wird dann das Thema „Schulbücher“ expressis verbis angesprochen. Darin geht es um ein – ich zitiere – „besseres gegenseitiges Verständnis“. Und dann wird es konkret, indem es heißt: „Die Vertragspartner. . . werden darauf hinwirken, daß dabei die Empfehlungen der gemeinsamen Schulbuchkommission berücksichtigt werden.“
Ich betone: Die Vertragspartner werden darauf hinwirken.
Dies hat in der Ministerpräsidentenkonferenz mit dem Bundeskanzler zu einer Klärung geführt, in der es heißt, daß im Artikel 4 die Begriffe „hinwirken“ und „berücksichtigen“ vorhanden sind und daß die Länder – jetzt folgt ein Zitat – „danach frei seien, inwieweit“ – ich wiederhole: inwieweit – „sie die Empfehlungen der gemeinsamen Schulbuchkommission übernehmen“. Es wird also davon gesprochen, inwieweit sie frei seien, in welchem Ausmaß, nicht, ob überhaupt. Pacta sunt servanda.
Was die CDU mit Ihrem Antrag erreichen will – ich komme noch auf den Wortlaut zurück –, ist nichts anderes, als die Landesregierung aufzufordern, gegen einen völkerrechtlich verbindlichen Vertrag zu verstoßen. Das ist aber eine formale Argumentation. Sie ist wichtig genug. Aber die inhaltliche Argumentation wiegt viel schwerer. Die Schulbuchempfehlungen selbst – und derjenige ist nicht auf einem, sondern auf beiden Augen blind, der dies nicht sähe – atmen – auch da entnehme ich die Stichworte wieder dem Text – „den Geist der Friedenssicherung, der Verständigung, der Beseitigung von Vorurteilen“. Dies steht vorn drin.
Der angedeutete Weg. Herr Hammerschmidt hat gesagt: Nicht als Lehrbuch, sondern zur Orientierung von Schulbuchautoren, von Geschichtslehrern soll es in beiden Ländern dienlich sein. Genau dieses Ziel will die CDU mit ihrem Antrag in einer Diktion, die man sich wirklich vor Augen führen muß, verdammen. Es geht dabei – ich komme dann noch auf den Wortlaut zu sprechen – um die Anwei-

sung, die Empfehlung zu berücksichtigen. Das entspricht genau dem Wortlaut des Deutsch-Polnischen Kulturabkommens; es ist dasselbe Verb. Wir haben damals ,,Berücksichtigung" geschrieben, die gleiche Vokabel, die ins Abkommen hineingekommen ist. Wir haben also nicht gesagt ,,zu übernehmen", wir haben nicht gesagt: ,,verbindlich machen". ,,Die Anweisungen, die Empfehlungen . . . zu berücksichtigen"; diese sollen wir widerrufen, sagen Sie, und dafür sorgen, ,,daß die Empfehlungen an keiner Stelle im Hamburger Schulunterricht wirksam werden". Dies ist für sich allein genommen, meine Damen und Herren, schon fast der Gipfel. Aber bei der CDU in Hamburg geht es noch höher. Es ist beachtlich, wie Sie mit Texten umgehen, zu welchen Wortverdrehungen Sie glauben greifen zu dürfen. In der Ausgangsdrucksache, auf die Sie sich beziehen, lautet das Zitat – hier muß ich nun sofort immer korrigierend eingreifen –:

,,Die Lehrplanausschüsse"
– also nicht: Die Schulen –
,,sind angewiesen worden, den Inhalt"
– also nicht: den Wortlaut –
,,bei der Lehrplanarbeit"
– also nicht: im Unterricht –
,,sinngemäß"
– also nicht: wörtlich –
,,zu berücksichtigen."

Der korrekte Text, lautet:

,,Die Lehrplanausschüsse sind angewiesen worden, den Inhalt bei der Lehrplanarbeit sinngemäß zu berücksichtigen."

Das verschließt jeder Splitterrichterei oder Wortkritik, wie Sie sie hier betreiben, Tür und Tor.

Eine sinngemäße Berücksichtigung folgt dem Geist, sie folgt der großen Linie dieses Abkommens oder dieser Empfehlung, und dafür treten wir mit allem Nachdruck ein. Dies ist es, und dabei bleibt es. Denn, meine Damen und Herren, wir sind für diesen Sinn der Empfehlungen, für die Aussöhnung, für die Verständigung und die Freundschaft mit Polen. Wir sind im übrigen dafür, daß völkerrechtlich bindende Verträge auch geachtet werden. Glücklicherweise nicht wir allein. Da gibt es in Niedersachsen einen Kollegen Remmers, Ihren Parteifreund, den ein eifernder Mensch mit einer Anfrage an einigen Vokabeln ähnlich festmachen wollte, wie Sie das jetzt versuchen. Der hat aus dem Abkommen nicht gefolgert, daß an keiner Stelle im Schulunterricht – wie die CDU Hamburg das tut – der Geist dieses Abkommens eingesetzt werden dürfe; er weist den Fragesteller zurecht, daß nicht nur der erste Absatz – das ist das Zitat, auf dem Sie immer herumreiten –, sondern der gesamte Text auch des zweiten Absatzes zu beachten sei. In ihm werde der angesprochene Vorgang unter anderem durch die Verben ,,flüchten", ,,ausweisen", ,,zwangsumsiedeln" konkretisiert. Im einzelnen hat mein Kollege Hammerschmidt dies dargelegt. Ich beziehe mich darauf. Und Sie können auch bei Herrn Remmers nachlesen, was zu dem Begriff ,,Deutschland" und ,,deutsche Teilung" gesagt ist. Genau die Antwort kann ich mir in diesem Fall zu eigen machen.

,,Die CDU"
– sagt Herr Katzy in Nordrhein-Westfalen, Ihr Parteifreund –
,,lehnt deshalb die uneingeschränkte, kritiklose Übernahme der deutsch-polnischen Schulbuchempfehlungen ab."

Wie anders das klingt als das, was Herr Boysen gesagt hat! Mit Recht wurde im Nordrhein-Westfälischen Landtag gesagt, das sei immerhin eine Position, über die sich zu diskutieren lohne, eine Position, wo die Kommission weiterarbeiten kann an einzelnen Begriffen und Vokabeln. Was tut die CDU hier? Sie lehnt ab, alles, nicht einige Formulierungen. Den Sinn, den Geist, die Verständigung lehnen Sie ab. Nein, meine Damen und Herren, daraus wird nichts. Wer behauptet, daß er für Verständigung, Versöhnung und Abbau von Vorurteilen sei, wer dann aber einen offensichtlich gangbaren guten Weg dahin ablehnt und zurückweist, wer die eigene Landesregierung auffordert, sie möge völkerrechtlich bindende Verträge nicht berücksichtigen, meine Damen und Herren,

der ist innenpolitisch unglaubwürdig und außenpolitisch suspekt.
(Beifall bei den Regierungsparteien)
Ich will nicht mehr viele Worte machen. Dies ist keine angenehme Debatte. Aber sie ist notwendig. Sie haben vorhin gelacht und sind laut geworden. In einem Augenblick, in dem der Bundeskanzler ja nicht nur in Polen ist – das wäre ja schon genug –, in dem er dort die CDU in Schutz nimmt gegenüber Mißtrauen und gegenüber ungerechtfertigten Angriffen, geht gleichzeitig diese Hamburger CDU-Fraktion hin – ich will mich vorsichtig ausdrücken, weil ich nicht glauben mag, daß hier alle in Ihrer Fraktion gleicher Meinung sind –, ich will sagen: erlaubt die Hamburger CDU-Fraktion einigen Hitzköpfen, den Zwergenaufstand zu inszenieren. Meine Damen und Herren! Dafür gibt es nur zwei Reaktionen: Entweder Sie ziehen, um die Blamage in Grenzen zu halten, Ihren Antrag zurück, oder die Mehrheit des Hauses – darum würde ich bitten – möge dafür sorgen, daß Sie sich allein blamieren. Dieser Antrag ist es nicht wert, an einen Ausschuß überwiesen zu werden. Er muß ohne viel Federlesens abgelehnt werden.
(Lebhafter Beifall bei den Regierungsparteien)

Vizepräsident de Chapeaurouge: Das Wort hat Herr Boysen.
(Helga Kutz-Bauer SPD: Na, Sie Zwerg!)
Boysen CDU: Herr Präsident, meine Damen und Herren! Ich möchte es mir versagen, auf diese reichlich plumpe Erwiderung des Schulsenators im einzelnen einzugehen und mich mit lohnenderen Dingen beschäftigen.
1. Ich stelle erst einmal fest, daß meines Wissens zum erstenmal ein Parlamentarier der Sozialdemokratischen Partei die sowjetische These von der „besonderen politischen Einheit West-Berlin" unterstützt.
(Hartmann SPD: Er hat berichtet, wie die Polen das nennen!)
– Nein. Lesen Sie bitte nachher den Text im stenographischen Protokoll.
(Hartmann SPD: Nein, das brauche ich nicht! Das habe ich gehört!)
– Ich auch.
(Hartmann SPD: Er hat referiert, wie die Polen es nennen!)
– Das wird das stenographische Protokoll ergeben, und ich hoffe, daß wir den Originaltext bekommen, Herr Hartmann.
2. Meine Damen und Herren! Hier ist uns die Beschuldigung zuteil geworden, wir verträten reaktionäres Gedankengut.
(Unruhe und Beifall bei der SPD – Busse SPD: Da muß man bei Ihnen die Frage stellen! – Gegenruf von Ehlers CDU: Er hat sich dazu bekannt!)
Ich möchte an dieser Stelle fragen, wo und an welcher Stelle von mir oder von jemand anderem aus unserer Fraktion reaktionäres Gedankengut vertreten worden ist.
Meine Damen und Herren! Verletzend, bösartig, um nicht noch härtere Vokabeln zu verwenden, war es, uns zu unterstellen, als wollten wir einen Teil der deutschen Geschichte verstecken. Ich finde es skandalös, ungesichert einfach so etwas in diesem Saale hier zu behaupten.
(Hartmann SPD: Warum tun Sie es denn?)
Ich fordere Sie auf, diesen verletzenden, beleidigenden Satz in aller Form zurückzunehmen.
(Hartmann SPD: Mein Gott!)
Dazu sind Sie meines Erachtens verpflichtet.
(Beifall bei der CDU – Matena SPD: Das haben Sie sich doch selbst zuzuschreiben!)
– Sagen Sie bitte wodurch.
(Matena SPD: Durch Ihren Vortrag hier, Herr Boysen!)
Meine Damen und Herren! Ich glaube, es hat in der Stimmung, die Sie hier erzeugt haben, wenig Sinn, Ihnen im einzelnen noch einmal Passagen aus den Vereinbarungen vorzutragen. Einen entscheidenden Punkt allerdings möchte ich nicht ausklammern. Es ist meine Behauptung – und den Gegenbeweis können Sie nicht antreten –, daß die Vertreibungsverluste in diesen Empfehlungen verschwiegen werden. Ich lese Ihnen den Satz jetzt noch einmal in aller Ruhe vor.
(Schümann SPD: Sie müssen das Ganze le-

sen nicht nur einen Satz! Das ist doch nichts Neues!)

– Das ist nichts Neues! Es ist hier eben das Gegenteil behauptet worden. – Ich geben Ihnen den Text noch einmal zum Nachdenken.

(Schümann SPD: Sie müssen den ganzen Text lesen und nicht nur einen Satz!)

„Etwa die Hälfte von ihnen," nämlich von der ausgetriebenen deutschen Bevölkerung, außerdem die Mehrzahl der deutschen Bevölkerung Danzigs sowie die in Polen lebenden Deutschen wurden entweder evakuiert oder flüchteten unter großen Verlusten noch vor Kriegsende in die deutschen Gebiete westlich von Oder und Neiße."

Es werden also die Vertreibungsverluste nach Kriegsende verschwiegen.

(Hartmann SPD: Auschwitz wird auch verschwiegen!)

An dieser Tatsache können Sie nicht rütteln.

Meine Damen und Herren! Der Bundeskanzler ist angesprochen worden. Ich darf ausnahmsweise mit einem Wort des Bundeskanzlers schließen. Er sagte in einer Rede im Deutschen Bundestag vor etwas mehr als einem Jahr: „Wir wollen nichts verschweigen; wir brauchen ein vollständiges Geschichtsbild, und wir müssen aus diesem Geschichtsbild dann lernen." So ist es. Folgen Sie Ihrem eigenen Kanzler.

(Beifall bei der CDU)

Vizepräsident de Chapeaurouge: Das Wort hat Herr Dr. Voscherau.

Dr. Voscherau SPD: Herr Präsident, meine Damen und Herren! Es muß einer Legendenbildung vorgebeugt werden. Herr Hammerschmidt hat sich weder in seinem Namen noch im Namen der SPD-Fraktion zur Dreistaatentheorie oder zur „besonderen politischen Einheit" in dem politischen Kampfsinne, in dem dies im Ostblock verwandt wird, bekannt; sondern für die SPD-Fraktion dieses Hauses steht es außer Zweifel, daß sich der Status von Berlin nach dem alliierten Vorbehalt und dem Viermächteabkommen richtet.

Wir bekennen uns also – es bedarf keiner Erwähnung, ich sage es trotzdem – selbstverständlich zu den besonderen Bindungen Berlins an die Bundesrepublik. Diese Legendenbildung sollten Sie also besser unterlassen. Danke sehr.

(Beifall bei den Regierungsparteien)

Vizepräsident de Chapeaurouge: Das Wort hat Herr Weber.

Weber FDP: Herr Präsident, meine sehr verehrten Damen und Herren! Ich möchte nach Ihrem Zwischenspiel, Herr Boysen, nach dem sachlichen Einstieg, der dann aber versandete, auf den Kern der Sache zurückkommen und drei Bemerkungen machen.

1. Sie haben zu Beginn die Frage nach der Wahrheit mit einem Bibelzitat gestellt, wie es für Ihre Partei ja auch gut und richtig ist. Ich frage in diesem Zusammenhang allerdings: Was ist Wahrheit? Ich meine, daß Sie an der Wahrheit vorbeigehen, wenn Sie nur die eine Seite sehen, die Vertreibung, und nicht das, was vorher war. Der Weg der Versöhnung – von dem Sie gesagt haben, daß auch die CDU-Fraktion und die CDU dieses Landes ihn gehen wollten; davon bin ich auch überzeugt – ist ein schwerer Weg, der zunächst an den Stationen des Leides des polnischen Volkes vorbeiführt. Danach kam erst die Vertreibung. Dieser Weg der Versöhnung, Herr Boysen, ist eben kein Weg, der beschritten wird mit der absoluten Wahrheit im Gepäck. Keine Seite hat die absolute Wahrheit im Besitz, vielmehr weiß jeder, der in den letzten Jahren oder schon seit vielen Jahren des öfteren in der Volksrepublik Polen war, wie schwierig es ist, diesen Weg zu gehen, wie behutsam man aufeinander zugehen muß, und daß dieser Weg hier und da auch mit Rückschlägen verbunden ist. Wenn wir aufeinander zugehen und voneinander lernen wollen, dann kann das nicht in der von Ihnen praktizierten Form geschehen, indem Sie versuchen, Fragen zu Details des Abkommens aufzuwerfen und den Weg der Verständigung zu erschweren.

2. Die Schulbuchempfehlungen – das hat die gesamte polnische Presse gezeigt – sind ein wesentlicher Schritt – auch der Polen – aufeinander zu. Sie sind ein hilf-

reicher Schritt, um gemeinsam mit jungen Polen im polnischen Unterricht und bei uns dieses Stück Geschichte aufzuarbeiten. Sie sind ja nicht durch irgendein Dekret von oben entstanden, sondern in mühsamer gemeinsamer Arbeit, im gemeinsamen Dialog. Ich meine, daß damit eine Basis gegeben ist, ein Rahmen für den Unterricht für junge Deutsche und junge Polen, um gemeinsam die historische Wahrheit zu suchen und voneinander zu lernen.

3. Ich glaube, daß wir nie im Besitz der absoluten Wahrheit sind, auch nicht der absoluten historischen Wahrheit, sondern daß diese immer wieder gesucht werden muß. Die Empfehlungen und der begonnene deutsch-polnische Dialog, der vor einem Jahr durch Gierek in Hamburg manifestiert wurde und jetzt durch Bundeskanzler Schmidt fortgesetzt wird, werden weitergeführt. Und wir sind hier auf dem richtigen Wege. Ich bin dankbar, daß Hamburg diesen Empfehlungen – im Gegensatz zu anderen Bundesländern – zugestimmt hat, um den Weg zueinander zu erleichtern. Und diesem harten Geschäft mit der Wahrheit haben Sie und Ihre Fraktion mit dem Antrag auch im Blick auf die Verständigung einen schlechten Dienst erwiesen, einen schlechten Dienst hinsichtlich der notwendigen Verständigung und Versöhnung mit dem polnischen Volk.

(Beifall bei den Regierungsparteien)

Vizepräsident de Chapeaurouge: Das Wort hat Herr Reimer.

Reimer SPD: Herr Präsident, meine Damen und Herren! Ich finde das, was uns Herr Boysen heute hier geboten hat, so unglaublich, daß es mir zunächst fast die Sprache verschlagen hat. Ausgerechnet Herr Boysen muß hier den Empfindsamen und Mimosenhaften spielen,

(Neubüser CDU: Wen spielen Sie jetzt?)

einer, der keine Gelegenheit ausläßt, um andere, auch Mitglieder dieses Hauses, immer dann zu diffamieren, wenn ihm dazu gerade etwas einfällt. Ich sagte: „ausgerechnet Herr Boysen", ich sagte nicht: „die CDU".

(Echternach CDU: Werden Sie doch konkreter! Sagen Sie, wen Sie meinen!)

– Ich werde noch konkreter werden, mein lieber Herr Echternach. Wenn Sie es wollen, werde ich so konkret, daß es Ihnen richtig peinlich sein wird.

(Echternach CDU: Jetzt ganz konkret!)

Schlimm ist daran doch, daß Herr Boysen mit seinen Einlassungen offensichtlich den Eindruck erwecken wollte, als wäre der zweite Weltkrieg vom Himmel gefallen

(Boysen CDU: Wieso das denn?)

und habe keine Ursache gehabt. Wer für den Ausbruch des zweiten Weltkriegs verantwortlich ist, Herr Boysen, wissen Sie hoffentlich – das muß ich wohl unterstreichen – genausogut wie ich. Nach dem, was unser Volk, unsere Nation dem polnischen Volk im zweiten Weltkrieg angetan hat, müssen wir uns glücklich schätzen, daß das polnische Volk dieses Ausmaß an Verständigungsbereitschaft zeigt.

(Beifall bei den Regierungsparteien)

Und Sie sind mit Ihrem Antrag, ganz gleich, ob er abgelehnt wird – und dies wird er – oder ob er angenommen wird, in der Lage, alles das, was wir an Völkerverständigung, insbesondere an Verständigung mit dem polnischen Volk, erreicht haben, zu zerstören. Deswegen kann man Sie nur bedauern.

(Lebhafter Beifall bei den Regierungsparteien)

Vizepräsident de Chapeaurouge: Ich sehe keine weiteren Wortmeldungen, schließe die Aussprache und komme zur Abstimmung. Wer dem Antrag der Drucksache 3038 seine Zustimmung geben will, den bitte ich um ein Handzeichen. – Darf ich um die Gegenprobe bitten. – Der Antrag ist mit Mehrheit abgelehnt.

8. Freistaat Bayern

[Die folgende Stellungnahme des Bayerischen Staatsministeriums für Unterricht und Kultus wurde dem Georg-Eckert-Institut am 15. 5. 1979 mit dem Hinweis übersandt, es handele sich um eine „kürzlich abgeschlossene eingehende Stellungnahme" dieses Staatsministeriums.]

Das Bildungsziel „Völkerversöhnung" besitzt in Bayern Verfassungsrang.

Absatz 3 Artikel 131 der Bayerischen Verfassung lautet:

„Die Schüler sind im Geiste der Demokratie, in der Liebe zur bayerischen Heimat und zum deutschen Volk und im Sinne der Völkerversöhnung zu erziehen."

Die Allgemeine Schulordnung füllt diese Rahmenbestimmung der Verfassung in der Weise aus, daß im § 3 Absatz 1 allen Schulen zur Aufgabe gemacht wird, in den Schülern

„friedliche Gesinnung im Geiste der Völkerverständigung zu wecken."

Als Georg Eckert nach dem Zweiten Weltkrieg in Braunschweig das Internationale Schulbuchinstitut gründete, setzte er als zentrale Ziele

„die Erziehung des deutschen Volkes zur internationalen Kooperation und die Aussöhnung und Verständigung mit anderen Völkern."

In der Satzung des nach Eckerts Tod nach ihm benannten „Instituts für internationale Schulbuchforschung" heißt es im § 2 im Sinne Eckerts, das Institut habe die Aufgabe, durch internationale Schulbuchforschung historisch, politisch und geographisch bedeutsame Darstellungen in den Schulbüchern der Bundesrepublik Deutschland und anderer Staaten miteinander zu vergleichen und Empfehlungen zu ihrer Versachlichung zu unterbreiten.

Die Übereinstimmung der bayerischen Bildungsziele „Völkerversöhnung" und „Völkerverständigung" mit den Absichten des Georg-Eckert-Instituts sowie denen der Deutschen UNESCO-Kommission, mit der das Institut seine Arbeiten abstimmt, sind offenkundig.

Warum werden dann, so ist seit 1976 immer wieder gefragt worden, gerade von bayerischer Seite die deutsch-polnischen Schulbuchempfehlungen so eindeutig, entschieden und konsequent abgelehnt, wo doch Georg Eckert die deutsch-polnischen Schulbuchgespräche als einen Höhepunkt seiner jahrzehntelangen Bemühungen um Verständigung und Aussöhnung zwischen dem deutschen Volk und anderen europäischen Staaten ansah?

Da es eine prinzipielle Übereinstimmung zwischen den Intentionen des Georg-Eckert-Instituts und seiner im Geiste der UNESCO arbeitenden Kommissionen einerseits und den Zielsetzungen des allgemeinbildenden Schulwesens in Bayern gibt, war es umso enttäuschender, feststellen zu müssen, daß sich die deutsch-polnische Schulbuchkommission für Geschichte nicht an die eigenen Grundsätze gehalten hat, nämlich Empfehlungen zur Versachlichung der Darstellung historischer Vorgänge im zwischenstaatlichen Bereich zu erarbeiten.

Der Vorwurf, der von seiten Bayerns gegenüber den 1976 nach etwa vierjähriger Arbeit auf insgesamt neun Konferenzen in der Bundesrepublik und in Polen publizierten „Empfehlungen" erhoben wird, läßt sich exemplarisch folgendermaßen untermauern:

1. In der „Empfehlung" Nr. 17, die sich mit Grenzfragen nach dem Ersten Weltkrieg befaßt, werden die Ergebnisse der Volksabstimmung in Schlesien in den wesentlichen Grundzügen nicht gewürdigt; außerdem wird die Verdrängungspolitik des polnischen Staates nach 1918 gegenüber Deutschen in den früheren Provinzen Posen und Westpreußen (600.000) sowie die Minderheitenfrage (bis 1939) in Polen ausgespart.

2. Die „Empfehlungen" Nr. 25 und Nr. 26 stehen im Widerspruch zu Entscheidungen des Bundesverfassungsgerichts über die Rechtslage Deutschlands.

Die ,,Empfehlung" Nr. 25 mit dem Titel ,,Der internationale Rahmen" beginnt mit der Formulierung:
,,Im Jahre 1949 konstituierten sich zwei deutsche Staaten mit unterschiedlicher Gesellschaftsordnung als Ergebnis des Zweiten Weltkrieges und der verschiedenen Entwicklungsbedingungen für die drei westlichen und die sowjetische Besatzungszone: die Bundesrepublik Deutschland und die Deutsche Demokratische Republik. Je mehr sich beide in den folgenden Jahren in die entstehenden politischen Wirtschafts- und Bündnissysteme in West und Ost eingliederten, desto stärker wirkte sich die deutsche Zweistaatlichkeit auf das deutsch-polnische Verhältnis aus. . ."
Die Anlehnung an die von kommunistischer Seite vertretene Zwei-Staaten-Theorie steht in klarem Gegensatz zu einer Reihe von Entscheidungen höchster politischer und rechtsinstanzlicher Gremien der Bundesrepublik Deutschland.
Der Rechtsstatus Deutschland ist am 31. 7. 1973 im Urteil des Bundesverfassungsgerichts über die verfassungsrechtliche Prüfung des Gesetzes zum Grundvertrag im Abschnitt III präzisiert worden:
,,Das Grundgesetz – nicht nur eine These der Völkerrechtslehre und der Staatsrechtslehre! – geht davon aus, daß das Deutsche Reich den Zusammenbruch 1945 überdauert hat und weder mit der Kapitulation noch durch die Ausübung fremder Staatsgewalt in Deutschland durch die alliierten Okkupationsmächte noch später untergegangen ist; das ergibt sich aus der Präambel, aus Art. 16, Art. 23, Art. 116 und Art. 146 GG. Das entspricht auch der ständigen Rechtssprechung des Bundesverfassungsgerichts, an der der Senat festhält. Das Deutsche Reich existiert fort . . . Die Deutsche Demokratische Republik gehört zu Deutschland und kann im Verhältnis zur Bundesrepublik nicht als Ausland angesehen werden. . ."
Der Widerspruch zwischen diesen Feststellungen des Bundesverfassungsgerichts und der Formulierung ,,deutsche Zweistaatlichkeit" in der ,,Empfehlung" Nr. 25 ist eklatant.

3. In der ,,Empfehlung" Nr. 26 mit dem Titel ,,Auf dem Wege zur Normalisierung" werden die Fortschritte in den Beziehungen zwischen den beiden Staaten beschrieben, die durch den Warschauer Vertrag von 1970/72 erzielt worden seien. Es wird aus dem Vertrag zitiert,
,,. . . daß die bestehende Grenzlinie, deren Verlauf in den Potsdamer Beschlüssen festgelegt ist, die westliche Staatsgrenze der Volksrepublik Polen bildet. Beide Staaten sichern einander ,die Unverletzlichkeit ihrer bestehenden Grenzen jetzt und in Zukunft, sowie die ,uneingeschränkte Achtung ihrer territorialen Integrität' zu. Sie erklären, daß sie ,gegeneinander keinerlei Gebietsansprüche haben und solche auch in Zukunft nicht erheben werden'. . ."
Mit keinem Wort geht die ,,Empfehlung" auf die von deutscher Seite im Zusammenhang mit dem Ratifikationsprozeß stehenden Entscheidungen und publizierten Dokumente ein. Die Interpretation der Bundesregierung von Art. 1 des Warschauer Vertrages fand keine Beachtung. Darin heißt es:
,,. . .Artikel I Abs. 1 besagt nicht, daß bereits auf der Potsdamer Konferenz die westliche Staatsgrenze Polens festgelegt worden sei. . . Im Potsdamer Konferenzprotokoll wurde der Verlauf der Oder-Neiße-Linie beschrieben, um die unter polnische Verwaltung gestellten Gebiete abzugrenzen, während gleichzeitig eine endgültige Festlegung der deutsch-polnischen Grenze ausdrücklich einer friedensvertraglichen Regelung vorbehalten ist. . ."
Ebensowenig wird in der ,,Empfehlung" Nr. 26 gesagt, daß selbst dem sowjetischen Außenminister Gromyko bei den Verhandlungen über den deutsch-sowjetischen Vertrag von 1970/72 bewußt war, die in diesem Vertrag verwendete Formulierung, die Oder-Neiße-Linie ,,bilde" die Westgrenze Polens, besitze nicht die Bedeutung von ,,Anerkennung".
Gromyko sagte am 29. Juli 1970:
,,Wir (d. h. die UdSSR) sind Ihnen (d. h. der Bundesrepublik) entgegengekommen

in der Grenzfrage, als wir den Begriff Anerkennung fallengelassen haben. Das war für uns ein sehr komplizierter und politisch schmerzhafter Prozeß."

Die ,,Empfehlung" Nr. 26 beachtet weiterhin nicht die ,,Gemeinsame Erklärung der Fraktionen des Deutschen Bundestages zu den Ostverträgen", in der es heißt: (,,. . . 2. Die Verpflichtungen, die die Bundesrepublik Deutschland in den Verträgen eingegangen ist, hat sie im eigenen Namen auf sich genommen. Dabei gehen die Verträge von den heute tatsächlich bestehenden Grenzen aus, deren einseitige Änderung sie ausschließen. Die Verträge nehmen eine friedensvertragliche Regelung für Deutschland nicht vorweg und schaffen keine Rechtsgrundlage für die heute bestehenden Grenzen.

3. Das unveräußerliche Recht auf Selbstbestimmung wird durch die Verträge nicht berührt. Die Politik der Bundesrepublik Deutschland, die eine friedliche Wiederherstellung der nationalen Einheit im europäischen Rahmen anstrebt, steht nicht im Widerspruch zu den Verträgen, die die Lösung der deutschen Frage nicht präjudizieren. . .

4. Der Deutsche Bundestag stellt fest, daß die fortdauernde und uneingeschränkte Geltung des Deutschlandvertrages und der mit ihm verbundenen Abmachungen und Erklärungen von 1954 sowie die Fortgeltung des zwischen der Bundesrepublik Deutschland und der Union der Sozialistischen Sowjetrepubliken am 13. September 1955 geschlossenen Abkommens von den Verträgen nicht berührt wird. . ."

Da die ,,Empfehlung" auf keine dieser für die Bundesrepublik maßgeblichen Interpretationen bzw. Dokumente eingeht, übernimmt sie praktisch uneingeschränkt die polnische Auffassung, derzufolge der Vertragstext allein ausschlaggebend sei. Wie extensiv dort der Wortlaut des Vertrages ausgelegt wird, ergibt sich aus den Worten von Außenminister Olszowski vom 25. 5. 1972:

,,. . . In diesem Vertrag hat die Bundesrepublik Deutschland die Grenze an der Oder und Lausitzer Neiße als unverletzlich und endgültig anerkannt. Das ist eine endgültige völkerrechtliche Anerkennung, und aus völkerrechtlicher Sicht sowie hinsichtlich der aus dem Vertrag resultierenden Verpflichtung besitzt keiner der in der einseitigen Bundestagsresolution enthaltenen Vorbehalte eine bindende Kraft. . ."

Das Bundesverfassungsgericht stellte seinerseits im Urteil vom 7. Juli 1975 unmißverständlich klar, daß den Verträgen eben gerade nicht die Wirkung beigemessen werden könne, daß durch sie die Gebiete östlich von Oder und Neiße aus der rechtlichen Zugehörigkeit zu Deutschland entlassen und der Souveränität, also sowohl der territorialen wie der personalen Hoheitsgewalt der Sowjetunion und Polens endgültig unterstellt worden seien. Auch auf diese rechtsverbindliche Vertragsauslegung weist die ,,Empfehlung" mit keinem Wort hin.

4. Neben diesen schwerwiegenden Ablehnungsgründen aus dem verfassungsrechtlichen Bereich müssen auch gewichtige historiographische Einwände gegen die ,,Empfehlungen" erhoben werden.

In der ,,Empfehlung" Nr. 21, die die Überschrift ,,Territoriale Veränderungen" trägt, wird die deutsch-polnische Grenzregelung sehr bezeichnenderweise als ,,Ergebnis des Zweiten Weltkrieges" betrachtet und gesagt, daß auch die Westalliierten die endgültige Abtrennung durch verschiedene Maßnahmen präjudiziert hätten. Abgesehen davon, daß dies eine ganz einseitige Unterstellung bezüglich der Position der Westmächte darstellt, ist gegen die ,,Empfehlung" einzuwenden, daß unerwähnt bleibt, welche bedeutsame Rolle bei den alliierten Kriegskonferenzen die Weigerung Stalins spielte, die ihm 1939 von Hitler als Beuteanteil aus dem gemeinsamen Krieg gegen Polen überlassenen polnischen Ostgebiete wieder herausgegeben. Aus Stalins entschiedener Weigerung entstand der sog. Kompensationsplan, d. h. der Plan zur Westverschiebung des neuen polnischen Staates. Die ,,Empfehlung" geht weder auf diese Zusammenhänge ein, noch spricht

sie von den jahrelangen Bemühungen der polnischen Exilregierung in London unter General Sikorski, die Sowjetunion zum Abrücken von den Ergebnissen des Hitler-Stalin-Paktes vom 23. August 1939 zu bewegen.
Es mag verständlich sein, daß die polnischen Verhandlungspartner bei den deutsch-polnischen Schulbuchgesprächen nicht sagen wollten oder nichts sagen bzw. schreiben durften, was das Verhältnis zwischen Polen und der Sowjetunion unter den heutigen Machtverhältnissen belastet hätte. Wegen dieser Einengung ihrer historischen Forschung sind die polnischen Wissenschaftler sehr zu bedauern, – es besteht aber nicht die geringste Veranlassung für deutsche Historiker, sich diese Beschränkung ebenfalls aufzuerlegen. Hierzulande ist Geschichtsschreibung und Geschichtsdarstellung in völliger Freiheit anhand der Quellen möglich und sie steht eben aus diesem Grund auch in gutem Ansehen. Die „Empfehlung" Nr. 21 muß deshalb als negativer Ausnahmefall bezeichnet werden. Das Ministerium, das für eine historiographisch einwandfreie Kenntnisvermittlung im Geschichtsunterricht verantwortlich ist, kann überhaupt nicht anders als ablehnend reagieren.

5. Als letztes Beispiel für die Zurückweisungsgründe der „Empfehlungen" durch Bayern sei auf die nicht hinzunehmende sprachliche Verharmlosung des furchtbaren Schicksals der Vertriebenen hingewiesen. Natürlich gibt Geschichtsschreibung niemals unmittelbar über Fakten Auskunft, immer ist das Medium Sprache als Träger der Vermittlung wirksam und „färbt" die Darstellung. Aber es gehört zu den unabdingbaren Grundsätzen der seriösen Geschichtsschreibung, die Sprache als Darstellungsmittel niemals so einzusetzen, daß die aus Quellen und Augenzeugenberichten abzulesenden Tatsachen in ihrer Grundsubstanz verändert werden. Professor Mertineit, der Leiter der deutschen Delegation bei den deutsch-polnischen Schulbuchgesprächen, versuchte in einem Aufsatz (veröffentlicht in der Beilage B 47/77 zur Wochenzeitung „Das Parlament") die Vermeidung des Wortes „Vertreibung" folgendermaßen zu rechtfertigen:
„. . . Der Verzicht auf diesen Begriff als Generalnenner für alles, was an Furchtbarem geschah, ist der Kommission als „Verharmlosung" angelastet worden, während er in Wirklichkeit für eine differenzierte Darstellung unerläßlich war. . ."
Diese sog. Differenzierung liest sich in der „Empfehlung" Nr. 22 mit der Überschrift „Bevölkerungsverschiebung" dann so:

„. . . In den Polen gemäß den Potsdamer Beschlüssen übertragenen ehemaligen Reichsgebieten östlich von Oder und Neiße lebten 1939 ca. 8,5 Millionen Menschen. Etwa die Hälfte von ihnen, außerdem die Mehrzahl der deutschen Bevölkerung Danzigs sowie der in Polen lebenden Deutschen, wurden entweder evakuiert oder flüchteten unter großen Verlusten noch vor Kriegsende in die deutschen Gebiete westlich von Oder und Neiße. Der größte Teil der in den Oder-Neiße-Gebieten verbliebenen deutschen Bevölkerung wurde in den Jahren 1945 bis 1947 ausgewiesen bzw. im Rahmen des alliierten Transferabkommens zwangsumgesiedelt. . ."
Man beachte: Von „großen Verlusten" ist nur bei Evakuierung und Flucht die Rede, kein Wort davon bei den unter polnischer Verantwortung ablaufenden Vorgängen nach Kriegsende! Eine solche Darstellung mißbraucht Sprache zur Verschleierung der tatsächlichen Gegebenheiten, und schon aus diesem Grunde muß auch diese „Empfehlung" mit allem Nachdruck zurückgewiesen werden.
Ein Befürworter der „Empfehlungen" sagte im Zusammenhang mit der „Empfehlung" Nr. 22, der zweite Akt der Tragödie der beiden Völker im 20. Jahrhundert müsse mit der Nüchternheit eines Wetterberichts dargestellt werden. Genau dies tut die „Empfehlung" Nr. 22 nicht; die vom Bundesministerium für Vertriebene und Flüchtlinge herausgegebene Doku-

mentation über die Vertreibung blieb als historische Quelle unbeachtet.
Diese Beispiele mögen genügen, die Ablehnung der deutsch-polnischen Schulbuchempfehlungen durch Bayern von Anfang an und auch für die Zukunft zu begründen; weitere Argumente und Detaillierungen könnten ohne Schwierigkeiten geliefert werden.

Zwei Gedanken sollen noch angefügt werden:
1. Auch wenn deutsche Delegationsmitglieder und Befürworter der „Empfehlungen" geltend machen, der Kompromißcharakter der Formulierungen habe sich aus der Absicht ergeben, ein „Gemeinschaftswerk" zu schaffen, dem beide Seiten hätten zustimmen können, so bleibt doch unverständlich, daß man es nur bei den „Empfehlungen" zur Zeitgeschichte vermied, kontroverse Standpunkte dort zu markieren, wo sie nun einmal aufgrund unterschiedlicher Auffassungen vorhanden sind.
An anderen Stellen sagt man z. B. durchaus:
„. . . In der Darstellung der Geschichte Schlesiens und Pommerns im 10.–13. Jahrhundert gibt es Unterschiede in den Interpretationen der Grundfakten durch die polnische und deutsche Geschichtsschreibung . . . („Empfehlung" Nr. 4)
Oder:
„. . . In den polnischen Schulbüchern wird vor allem die säkular-staatliche und militärisch-expansive Rolle des Deutschen Ordens hervorgehoben, in den westdeutschen seine zivilisatorische und missionarische Aufgabe betont . . . („Empfehlung" Nr. 6)
Die Kommission hätte der Sache einen sehr guten Dienst erwiesen, wenn sie diese Art der Darstellung auch und gerade bei den besonders umstrittenen Gegenwartsthemen beibehalten hätte.
2. Neben den deutsch-polnischen Schulbuchgesprächen, in denen die vieldiskutierten „Empfehlungen für den Geschichtsunterricht" erarbeitet wurden, fanden auch Konferenzen zwischen deutschen und polnischen Geographen statt. Auch diese Gruppe publizierte „Empfehlungen", aber es zeigt sich, daß deren Formulierungen zurückhaltender ausgefallen sind. Dies mag damit zusammenhängen, daß bereits Erfahrungen mit der weitgehend negativen Aufnahme der „Empfehlungen zum Geschichtsunterricht" vorlagen. Natürlich gibt es auch hier Passagen, die nicht unproblematisch sind, aber eines fällt positiv auf: Die Geographen äußerten keine Empfehlung bezüglich der Grenzeintragung in Atlanten – und zwar sicher aus dem sehr einfachen Grund, weil hier eine gemeinsame Erklärung unmöglich ist. Die Auffassungen beider Seiten z. B. über den Rechtscharakter der Oder-Neiße-Linie oder über die Grenze des Deutschen Reiches vom 31. 12. 1937 sind unvereinbar. Deshalb ist es richtig, diesen Punkt auszuklammern und jeder Seite das Recht zuzugestehen, in ihrem Verantwortungsbereich ihre Auffassung zu vertreten. Dies kann für die deutsche Seite nur heißen:
Gemäß dem Urteil des Bundesverfassungsgerichts vom 31. 7. 1973 ist die jeweils besondere rechtliche Qualität der deutsch-deutschen Grenze, der Oder-Neiße-Linie und der Grenze des Deutschen Reiches vom 31. 12. 1937 durch jeweils eigene Signaturen in den Atlaskarten zu markieren, und zwar in solchen Signaturen, die sich deutlich von völkerrechtlichen Staatsgrenzen abheben. Eben dies gebieten Grundgesetz, Friedensvertragsvorbehalt in den einschlägigen Verträgen und Urteile der obersten Gerichte der Bundesrepublik Deutschland. Aufweichungen dieses Standpunktes durch sog. Kompromisse können überhaupt nicht in Betracht gezogen werden; sie stellten Verstöße gegen eindeutige Festlegungen dar und hätten schwerwiegende Konsequenzen etwa für den Status von Berlin, für deutsche Rechtspositionen und für Millionen Menschen deutscher Staatsangehörigkeit.
Schlußbemerkung:
Natürlich war verständlich, daß die Mitglieder der deutsch-polnischen Schulbuchkommission für Geschichte und die Befürworter der „Empfehlungen für den Ge-

schichtsunterricht" über die Ablehnung, die ihr Arbeitsergebnis erfuhr, enttäuscht waren. Und obschon außer Bremen kein deutsches Bundesland die ,,Empfehlungen" als offizielles Dokument und als Weisung für den Unterricht bzw. für Schulbuchautoren übernahm, wurde doch Bayern in die Rolle des ,,Hauptschuldigen" für die Ablehnung gedrängt und bekam es die besondere Enttäuschung der Verantwortlichen zu spüren.

Dies kann nur so verstanden werden, daß man erkannte, wie stabil die bayerische Ablehnungsargumentation ist und welche Überzeugungskraft davon ausgeht. Niemand kann die von Bayern vorgebrachten Ablehnungsgründe mehr ignorieren; es ist sicher nicht falsch zu sagen, die bisherige Wirkungslosigkeit der ,,Empfehlungen" in der Bundesrepublik sei mit auf diese bayerische Stellungnahme zurückzuführen.

Die deutschen Kommissionsmitglieder verteidigten sich in der Kontroverse, die um die ,,Empfehlungen" entstanden war, insgesamt damit, daß man, und zwar im Ablauf der Zeit in zunehmendem Maße, betonte, es handle sich ja lediglich, wie der Name sage, um ,,Empfehlungen", man habe selbstverständlich nicht alles an Problemen aufarbeiten können, die ,,Empfehlungen" bedürften der Ergänzung und Vertiefung durch Fachkonferenzen usw.

Die polnische Seite war über diese Erklärungen nicht nur nicht glücklich, sie erklärte sich auch ausdrücklich nicht damit einverstanden. Es zeigte sich, daß man in Warschau das Wort ,,Empfehlung" anders interpretierte, nämlich als eine Art Weisung, die es nunmehr zu vollziehen gelte. Es gibt auf politischer Ebene kaum einen Kontakt, bei dem die polnischen Partner nicht den Vollzug der ,,Empfehlungen" anmahnen und ihre Enttäuschung darüber äußern, daß die Bundesregierung es bislang nicht vermocht habe, die ,,säumigen Bundesländer" zur ,,Übernahme der Empfehlungen", auf welchem Wege auch immer, zu bewegen.

Darin kommt nicht nur Unverständnis gegenüber der föderalistischen Struktur der Bundesrepublik zum Ausdruck, es zeigt sich auch, daß die polnische Seite die Ablehnungsargumente nicht zur Kenntnis nimmt. Dies verträgt sich nicht mit der unentwegt postulierten ,,Versachlichung der Kontakte".

Das Bayerische Staatsministerium für Unterricht und Kultus wird jedenfalls aus den dargelegten Gründen bei der Ablehnung der ,,Empfehlungen" bleiben, weil es das Bildungsziel ,,Völkerverständigung" sehr hoch achtet, gleichzeitig aber davon überzeugt ist, daß Völkerverständigung ausschließlich auf der Grundlage von Gleichberechtigung, gegenseitiger Achtung und sachlich-objektiver Darstellung der historisch-politischen Gegebenheiten verwirklicht werden kann.

9. Landtag Nordrhein-Westfalen: 8. Wahlperiode, Plenarsitzung, 7. 6. 1979 (Plenarprotokoll 8/108, S. 7303 ff.)

Empfehlungen zur Behandlung mittel-, ost- und südost-europäischer Völker, Staaten und Kulturen im Unterricht
Antrag der Fraktion der CDU
Drucksache 8/2155
Beschlußempfehlung und Bericht des Ausschusses für Schule und Kultur
Drucksache 8/4571
in Verbindung damit:
Schulbuchempfehlungen der deutsch-polnischen Schulbuchkommission
Antrag der Fraktionen der SPD und F.D.P.
Drucksache 8/2371
Beschlußempfehlung und Bericht des Ausschusses für Schule und Kultur
Drucksache 8/4571

Ich eröffne die Beratung und erteile als erstem Herrn Abg. Katzy für die Fraktion der CDU das Wort.

Katzy CDU: Herr Präsident! Meine Damen und Herren! Die Fraktionen dieses Hauses haben durch Beschluß zum Haushaltsgesetz 1978 einstimmig die Mitträgerschaft am Georg-Eckert-Institut für internationale Schulbuchforschung beschlossen. Wir bejahen diese Entscheidung, weil wir die Arbeit dieses Instituts beim Abbau national verengter Einseitigkeiten und Vorurteile in Schulbüchern anerkennen. Das aber, meine Damen und Herren, ist zu unserem Bedauern die einzige Gemeinsamkeit in den Beratungen über diese Anträge geblieben, obwohl Herr Kollege Grätz bei der Antragsbegründung ein anderes Verhalten der Koalition in Aussicht stellte. Der Beschlußentwurf lautet wieder einmal: Der Antrag der CDU-Fraktion wird abgelehnt; der Antrag der Fraktionen der SPD und F.D.P. wird angenommen.

Lassen Sie mich zu einzelnen Punkten noch einmal unsere Position darlegen. Die von Ihnen und von uns erhobene Forderung nach friedlichem Zusammenleben mit den Völkern Mittel-, Ost- und Südosteuropas und nach Verständigungsbereitschaft ist das gemeinsame Anliegen aller Fraktionen.

Wir wollen aber außerdem – und das kommt meines Erachtens im Antrag der Koalition nicht hinreichend zum Ausdruck –, daß die historische Wahrheit Maxime des Unterrichts unserer Schulen ist,

(Beifall bei der CDU)

daß einseitige Interpretationen auf Grund lückenhafter oder falscher Informationen über geschichtliche Ereignisse ausgeschlossen werden, daß Verständigung nicht auf Kosten der Wahrheit, sondern aus der Wahrheit gesucht wird.

(Beifall bei der CDU)

Der höchstmögliche Grad von wissenschaftlicher Objektivität ist nicht abhängig von Mehrheit und Minderheit. Meine Damen und Herren von der Koalition, wie Sie nicht über die Naturgesetze mehrheitlich befinden können, so werden Sie nicht die historischen Fakten durch Ihr Abstimmungsverhalten verändern können.

(Zustimmung bei der CDU)

In der Begründung unseres Antrags habe ich unter anderem die Empfehlungen Nr. 19 bis 21 der deutsch-polnischen Schulbuchempfehlungen wegen der bewußten Auslassung des deutsch-sowjetischen Verhältnisses bei der Darstellung der deutsch-polnischen Beziehungen in der Zeit von 1933 bis 1939 kritisiert, weil durch das Fehlen dieser Informationen Einsichten in die Zusammenhänge verstellt werden. Ich habe dieses Kriterium einmal genannt, weil das eines der Kriterien der Schulbuchkommission dieses Landes bei der Bewertung von Schulbüchern ist.

Wenn die Koalition in ihrem Antrag sagt: „Diese Empfehlungen sind als punktuelle Übereinstimmungen von Fachleuten in strittigen Fragen der gemeinsamen Geschichte knapp formuliert", dann kann ich bei Anwendung des Kriterienmaßstabes der Schulbuchkommission nur feststellen, daß die Empfehlungen den Erkenntnissen der Fachwissenschaft nicht entsprechen.

(Dr. Pohl CDU: Hört, hört! – Beifall bei der CDU)

Wenn Sie, Herr Kollege Grätz, mir auf meine Mängelrüge zu den Empfehlungen 19 bis 21 antworten, die Bewertung des polnisch-sowjetischen Verhältnisses und seine Rückwirkung auf das deutsch-polnische Verhältnis sei die Forderung nach dem ganz großen, endgültigen Sprung – ich ergänze: nach dem Sprung zur historischen Wahrheit –, dann antworten wir Ihnen: Wir wollen und müssen an dieser – wie an jeder – Stelle diesen Sprung zur sachlichen Richtigkeit und historischen Wahrheit machen.

(Beifall bei der CDU)

Dazu hat sich auch die Schulbuchkommission unseres Landes verpflichtet, wie Sie dem Band 32 „Schulbücher, Politik und Sozialwissenschaft" der Schriftenreihe des Kultusministers entnehmen können.

Was heißt dann aber, die Schulbuchkommission solle diese Empfehlungen beachten? Herr Dammeyer, wir teilen Ihre Ausschußkritik an den Lehrmaterialien nicht, bei der Sie feststellen, daß diese zum Teil ungeheuer weit von den deutsch-polnischen Schulbuchempfehlungen beziehungsweise von deren Geist abweichen;

ich will jetzt nicht die einzelnen Inhalte zum Ausdruck bringen.
Meine Damen und Herren, ich wiederhole ein Zitat von Georg Eckert, ein Ausspruch von ihm unter dem Eindruck des zusammengebrochenen NS-Regimes; ich habe es bei der Begründung des Antrags bereits vorgetragen:
Nach den Erfahrungen mit dem totalitären Regime war das Streben nach Wahrheit und Toleranz, nach einem höchstmöglichen Grad von wissenschaftlicher Objektivität für die Historiker und Erzieher ein zutiefst moralisches Problem, eine Grundvoraussetzung für die Erneuerung der deutschen Demokratie.
Streben nach Wahrheit und Toleranz – diesen Dualismus bejahen wir. Wir wollen noch mehr: Wir wollen das friedliche Zusammenleben der Völker im Osten und im Westen. Wir sprechen den Empfehlungen jedoch den höchstmöglichen Grad von wissenschaftlicher Objektivität ab. Die Unzulänglichkeiten liegen unter anderem in den politischen und ideologischen Einflüssen, denen die Kommission ausgesetzt war. Der polnische Delegationsleiter, Professor Markiewicz, hat das auch unmißverständlich zum Ausdruck gebracht, wenn er sagt:
Wir verheimlichen nicht, daß wir nicht daran interessiert sind, dem polnischen Schüler eine solche Interpretation der Beziehungen zwischen dem Dritten Reich und der UdSSR zu vermitteln, die dem polnisch-sowjetischen Bündnis Schaden zufügen würde.
Sie können dieses Zitat nachlesen in der Beilage „Aus Politik und Zeitgeschichte" B 22/78 zum „Parlament".
Wenn die deutschen und polnischen Konferenzteilnehmer nach Aussagen des Delegationsleiters Professor Markiewicz von der klassenmäßigen Auffassung der Geschichte der deutsch-polnischen Beziehungen ausgehen – so geschehen in „Polens Gegenwart", Heft 1, Januar 1967 –, dann können wir auch aus unserem Wissenschaftsverständnis heraus dieser Vorgabe nicht folgen.
Unsere Kritik an den Details der Schulbuchempfehlungen haben wir bereits vorgetragen. Ich will sie noch einmal kurz ins Gedächtnis rufen. Die Empfehlungen verschweigen historische Fakten, die zum Verständnis unbedingt erforderlich sind, zum Beispiel den deutsch-sowjetischen Nichtangriffspakt und das Zusatzprotokoll. Sie verschweigen auch ein anderes weiter zurückliegendes und bis in die Gegenwart wirkendes Faktum, nämlich die bedeutende Rolle der katholischen Kirche in der Geschichte Deutschlands und Polens und ihre Beziehungen zueinander, ein Thema, das gerade heute wieder aktuell ist.
(Elfring CDU: Sehr gut!)
Die Empfehlungen reduzieren die historische Beziehung auf die bilaterale Sicht des deutsch-polnischen Verhältnisses, zum Beispiel „Preußen und die Teilung Polens", wobei Preußen nicht allein genannt werden darf, sondern genauso Österreich und Rußland aufgeführt werden müssen.

Die Empfehlungen verschleiern durch einen abstrakten Sprachgebrauch die historische Realität, zum Beispiel wenn sie Worte wie „Transfer" und „Bevölkerungsverschiebung" verwenden.
Die Empfehlungen legen ungleiche Maßstäbe an, zum Beispiel bei der Bezeichnung der Ortsnamen in der Geographie.
Meine Damen und Herren, trotz dieser Mängel betonen wir in unserem Antrag die Gemeinsamkeit im Verhältnis zu unseren östlichen Nachbarn und haben dazu eine Anzahl von oberen Lernzielen konkret formuliert, von denen wir überzeugt sind, daß sie den Zielsetzungen, nicht der Wirklichkeit der Empfehlungen entsprechen, zugleich aber der wissenschaftlichen Forschung und den Verfassungsvorgaben in unserem Staat genügen.
Ich will sie an dieser Stelle nicht wiederholen; sie liegen Ihnen im Antrag vor. Unsere Lernzielvorgaben sind für Richtlinienkommission und Schulbuchkommission anwendbar.
Trotz der Mängel hebt aber die Koalition allein auf die Empfehlungen ab, ohne unsere differenzierte Position zu beachten,

ohne zu gemeinsamen Beschlüssen in diesem Hause kommen zu wollen.
Lassen Sie mich noch einen letzten Punkt behandeln. Am 23. November 1978 hat die Kultusministerkonferenz eine Vereinbarung verabschiedet, wie die deutsche Frage im Unterricht behandelt werden soll. Bereits unser Antrag vom 21. Juni 1977 hat unter Punkt 4 die Bedeutung der deutschen Frage für die Darstellung der gegenwärtigen deutsch-polnischen Beziehungen ausdrücklich herausgearbeitet.
Dabei widersprechen wir der Auffassung des Kollegen Dammeyer, der in der Ausschußsitzung am 21. März 1979 erklärte, daß die Aufzählung der deutschen Rechtspositionen den Deutsch-Polnischen Vertrag relativiere.
Das Wiedervereinigungsgebot des Grundgesetzes, das Offensein der deutschen Frage, der Charakter und die Rechtsqualität der Grenzen, die deutsche Staatsangehörigkeit und die daraus resultierende Schutzpflicht gegenüber Deutschen, der Vorrang der Informations- und Vereinigungsfreiheit: das alles ist nach eindeutigen Erklärungen des Deutschen Bundestages und des Bundesverfassungsgerichts in den Beziehungen zu Mittel- und Osteuropa zu berücksichtigen. Herr Minister, haben Sie nicht einer Vereinbarung der Kultusministerkonferenz zur deutschen Frage zugestimmt? Dort heißt es – ich zitiere wörtlich –:
Das Festhalten an diesen Rechtspositionen und Interessenstandpunkten ist kein Anschlag auf den Frieden; denn politische Interessengegensätze sind legitim. Keine Seite kann erwarten, daß die andere elementare Interessen aufgibt oder unterordnet. Die Verpflichtung zum Frieden ist für alle Beteiligten ein verbindlicher politischer Maßstab.
Darauf, meine Damen und Herren, heben wir auch jetzt ab.
(Beifall bei der CDU)
Die Beratung heute zwingt Sie, Herr Minister, um der Sache willen bald den Beschluß der Kultusministerkonferenz in Nordrhein-Westfalen zu verwirklichen und sich nicht vor der Entscheidung zu drücken, wie Sie es gestern wieder vor diesem Hause versucht haben.
Was bedeuten die widersprüchlichen Aussagen der Landesregierung in dieser Frage? Einmal sagen Sie – nach Ausschußprotokoll 8/1390 –, die Umsetzung der Empfehlung sei in Vorbereitung. Auf unsere Kleine Anfrage 1705 vom 29. 3. 1979 antworten Sie:
Die Landesregierung hält es nicht für zweckmäßig, jetzt schon einen Zeitpunkt für die zu erwartende Erlaßregelung in Aussicht zu stellen.
Wie läßt sich die Erklärung des Bundeskanzlers vom 17. Juni 1977 mit den Aussagen des Kollegen Dammeyer im Ausschuß vereinbaren:
Der Bundeskanzler erklärte, die deutsche Frage ist offen. Erst die zukünftige Geschichte wird über die Antwort entscheiden. Gemeinsame Auffassung aller politischen Kräfte ist, daß unsere Nation gegen ihr Selbstbestimmungsrecht geteilt worden ist. Bei der konkreten Politik geht es darum, ein weiteres Auseinanderleben der Deutschen zu verhindern und die Folgen der Teilung zu mindern. In unserem Staat besteht ein Grundkonsens im Bekenntnis zur Freiheit und im Bekenntnis zu einer Nation.
Herr Dammeyer erklärte, daß die Präambel des Grundgesetzes lediglich eine deklamatorische Absichtserklärung sei.
(Dr. Pohl CDU: Was? – Dammeyer SPD: Nicht „lediglich"!)
Herr Kultusminister, wir teilen die Auffassung des Bundespräsidenten, wenn er sagt: „Der Gedanke der Einheit Deutschlands hat sich mit dem Gedanken der Freiheit verbunden, nicht mehr mit dem Gedanken der Macht, über andere Völker zu herrschen. Unser Streben nach Einheit ist keine nach rückwärts gerichtete Reichsromantik, sondern ein in die Zukunft gerichtetes europäisches Friedensziel."
Das Handeln dieser Koalition in der nationalen Frage ist undurchsichtig, wenn nicht zweideutig!
(Zustimmung bei der CDU)
Die Aussagen sind – wie in vielen anderen Bereichen – widersprüchlich. Geben Sie,

Herr Kultusminister, diesem Haus endlich eine eindeutige, eine ehrliche Antwort, damit die Kommission und letztlich die Schulen wissen, wie sie sich in einer der Grundfrage der Nation richtig verhalten. Unser Antrag weist den Weg.
(Beifall bei der CDU)

Präsident Dr. Lenz: Für die Fraktion der SPD spricht jetzt Herr. Abg. Dammeyer. Ich erteile ihm das Wort.

Dammeyer SPD: Herr Präsident! Meine sehr verehrten Damen und Herren! Ich wundere mich, daß Herr Katzy damit begonnen hat, in diesem Zusammenhang hätte nur in einem Punkt Übereinstimmung bestanden, nämlich darüber, daß das Land Nordrhein-Westfalen nach dem Willen aller Fraktionen das Georg-Eckert-Institut tragen soll. Dessen Arbeit – das ist schon seit längerer Zeit klar – ist ungeheuer wichtig; sie wird in der Tat gemeinsam von uns gestützt und gestärkt, und es ist ja auch ein ausdrücklicher Punkt in unserem Antrag, sich an der Trägerschaft des Georg-Eckert-Instituts zu beteiligen.

Meine Damen und Herren, der zweite Punkt, auf den man mit zu sprechen kommen sollte, ist der, daß auch in Ihrem Antrag gleich zu Beginn die Rede davon ist, die alten Ostkunde-Erlasse müßten überwunden werden. Meiner Meinung nach muß dies auch am Beginn einer solchen Debatte in der zweiten Lesung gleich mit erwähnt werden, daß das Land Nordrhein-Westfalen bislang in Übereinstimmung mit unserem ausdrücklichen Antragspunkt und mit einer Formulierung in Ihrem Antrag diese alten Ostkunde-Erlasse aus dem Geist des kalten Krieges aufgehoben hat. Ich fände es gut, wenn sich andere Bundesländer zu gleichen Entscheidungen durchringen könnten, auch wenn die Kultusministerkonferenz seit einigen Jahren erklärt hat, daß das, was darin steht, so ganz brauchbar nun wahrhaftig nicht ist. In der Tat: Das ist nicht nur nicht so ganz brauchbar, sondern es ist gut, daß diese Ostkunde-Erlasse in aller Form in unserem Lande aufgehoben sind und damit von niemandem zur Grundlage von Schulunterricht gemacht werden können.

Ich meine, man sollte ferner gleich zu Beginn sagen, daß der Kultusminister in unserem Lande ja nicht nur durch einen Erlaß diese Ostkunde-Erlasse aufgehoben, sondern mit weiteren Positionen an der Umsetzung der Empfehlungen der deutsch-polnischen Schulbuchkommission hervorragend gearbeitet hat. Der Kultusminister hat einen Erlaß zur Friedenserziehung herausgegeben, in dem er umfassend die Notwendigkeit des gutnachbarlichen Umgangs zwischen den Nationen betont und darauf hinweist, daß es erforderlich ist, sich über die Verhältnisse in vielen Ländern so sorgfältig wie irgend möglich zu informieren und darauf ein Geschichtsbild aufzubauen.

Der Kultusminister hat ferner – auch das ist zu begrüßen – einen auf die deutsch-polnischen Schulbuchempfehlungen hinweisenden Erlaß gegeben und allen Lehrern empfohlen, sich daran zu halten. Das ist eine richtige Position.

Er hat ferner darauf hingewiesen, daß die Landeszentrale für politische Bildung über weiteres Material verfügt, das man anfordern kann. Ich finde auch das sehr gut. Wer einmal dieses Material von der Landeszentrale angefordert hat, wird feststellen, daß es wirklich vielfältig ist und gegensätzliche Positionen enthält, so daß man nicht mit einem Bild konfrontiert wird, sondern unterschiedliche Positionen erfährt – und der Gegenstand, über den wir reden, ist der politischen Kontroverse in unserem Lande nicht entzogen; das ist schon aus dem Beitrag von Herrn Katzy klar geworden – und imstande ist, sich daraus tatsächlich ein Bild zu machen und die verschiedenen Positionen zu gewichten.

Der Kultusminister hat schließlich den Atlas-Verlagen mitgeteilt, wie er künftig die Grenzziehung Polens in den Atlanten dargestellt wissen möchte. Ich finde, auch dieser Erlaß ist richtig, notwendig, überfällig. Ich komme in einigen inhaltlichen Punkten gleich noch einmal darauf zurück.

Man sollte ebenfalls darauf hinweisen, daß wieder einmal über die viel beschworene Bundeseinheitlichkeit gesprochen werden sollte. Hier geht es nicht nur darum, daß eine Serie von qualifizierten Wissenschaftlern auf deutscher Seite und Repräsentanten – gewiß auch der Wissenschaften, aber zugleich auch mit stärkerer staatlicher Autorität versehen – auf polnischer Seite Empfehlungen erarbeitet haben, sondern es geht zugleich darum, daß Verträge, die die Bundesländer mit unterzeichnet und in aller Form ratifiziert haben, eingehalten werden. Meine Damen und Herren! Da geht es nicht an, daß das Land Bayern immer noch erklärt, daß es die Empfehlungen der gemeinsamen Schulbuchkommission nicht übernehmen würde; denn diese Empfehlungen stünden im Widerspruch zu den Entscheidungen des Bundesverfassungsgerichts bezüglich der Rechtslage Deutschlands. Just das ist unrichtig. Das ist genauso schlicht, wie es falsch ist.
(Zuruf des Abg. Elfring CDU)
Meine Damen und Herren! Wir sollten uns auch mit dem Charakter der Empfehlungen beschäftigen.
Herr Katzy hat hier soeben noch einmal gesagt, daß er eigentlich Richtlinien haben möchte, welche sich an der historischen Wahrheit orientieren. Das fände ich sehr gut. Nur, was ist das, diese historische Wahrheit? In einem Punkt hat Herr Katzy gewissermaßen gleich ein Beispiel geliefert, wie schwierig es ist, mit der historischen Wahrheit fertig zu werden. Er hat mich zitiert und gesagt, ich sei der Meinung, daß die Präambel des Grundgesetzes hinsichtlich des Wiedervereinigungsvorbehaltes „lediglich" deklamatorischen Charakter hat. Dieses Wort „lediglich" werden Sie aber bei mir nirgends finden. Sie hat in der Tat deklamatorischen Charakter. Es ist eine Absichtserklärung, eine Deklamation, eine Verpflichtung, die daraus hervorgeht; aber es ist das nicht „lediglich".
(Köppler CDU: Eben!)
Mit diesem Wörtchen „lediglich" freilich wird ein Zungenschlag eingebracht, der – mit Verlaub, meine Damen und Herren – nichts mehr mit dem zu tun hat, was diese Aussage an sich hat. Da, meine Damen und Herren, wird klar, wie ungeheuer schwer es offenbar selbst in einer Diskussion zwischen uns ist, einerseits so schnell die historische Wahrheit im Munde zu führen und sie andererseits einzuhalten.
(Pürsten CDU: Keine Halbwahrheiten!)
Meine Damen und Herren! Wir legen Wert darauf, daß die deutsch-polnischen Schulbuchempfehlungen eine höchstmögliche Verbindlichkeit erhalten; aber sie sind keine amtlichen Richtlinien. Sie sind kein konkret und eindeutig Wort für Wort ausformuliertes Curriculum, kein Wort für Wort ausformuliertes Prinzip, keine in Einzelheiten festgelegte Beschreibung dessen, was da ist. Die Diskussion über die Texte, über das Umfeld und über gegenteilige Meinungen muß stattfinden – nicht nur drüben, sondern über jedes andere historische Thema ganz genauso.
Wir legen Wert darauf, daß in diesem Sinne das Prinzip, daß kritische öffentliche Diskussion darüber nicht nur zulässig, sondern notwendig ist, in diesen Empfehlungen enthalten sein muß, in ihrer Umsetzung enthalten sein muß.
Deshalb ist auch die Art, in der der Kultusminister damit umgegangen ist, richtig, nämlich einen hinweisenden Erlaß herauszugeben, also zu schreiben: Da gibt es diese Empfehlungen! Richtet euch danach! Überprüft sie aber in den Einzelheiten, ob sie mit den Stundentafeln und Lehrplänen übereinstimmen, ob sie in die jeweiligen Jahrgangsstufen passen, ob das dahin gehört und wie das alles zu behandeln ist. Das ist, meine Damen und Herren, das eigentlich Richtige. Geschichtliche Interpretationen sind der Diskussion nirgendwo entzogen – nirgends -, und, meine Damen und Herren, auch das sollte man sagen:
Herr Katzy hat eben darauf hingewiesen, daß da das Wissenschaftsverständnis eine Rolle spielt, daß eben die marxistische Position der polnischen Gesprächspartner einer Position der bürgerlichen Wissenschaften auf deutscher Seite gegenüberge-

standen hätte, die noch mit dem Charakter der Objektivität belastet wird. Just davon, meine Damen und Herren, kann man nicht reden. Alle Beteiligten weisen das sehr nachdrücklich zurück.
Herr Katzy hat auf die Beilage zum „Parlament" verwiesen, in der auch die Texte abgedruckt sind. Darin ist ein Aufsatz von Herrn Mertineit, welcher der Vorsitzende der deutschen Seite dieser Kommission ist, abgedruckt. Herr Mertineit geht in langen Passagen just auf diese Frage ein und weist ausdrücklich darauf hin, daß dieser angebliche Widerspruch, diese angebliche Auseinandersetzung von außen dieser Kommission aufgeredet wird, in der Kommission und für die Kommission aber nie eine Rolle gespielt hat. Er zitiert auch Gerard Labuda sehr ausführlich – Anmerkung 18, Sie können es gern einmal nachlesen –, indem er ausdrücklich darauf hinweist, daß eben dieser Gegensatz nicht bestünde.
Meine Damen und Herren, man sollte dann auch etwas anderes bemerken, nämlich: Es wird häufig so getan – Herr Katzy tat das eben wieder –, als ob das Verhältnis, das zwischen der Bundesrepublik oder dem Deutschen Reich und der Sowjetunion besteht, in deutsch-polnischen Schulbuchempfehlungen nicht behandelt würde. Da wird so getan, als ob die in diesen Empfehlungen nicht behandelten Themen gleichzeitig mit einem Behandlungsverbot belegt wären, als ob sie gar nicht im Unterricht stattfinden dürften.

(Pürsten CDU: Die passen nur nicht in die Landschaft.)
Davon kann natürlich überhaupt nicht die Rede sein. Es gibt eine ganz Menge Angelegenheiten der Weltgeschichte, Herr Pürsten, die im deutsch-polnischen Verhältnis nicht unterzubringen sind. Es gibt eine ganze Menge Angelegenheiten, meine Damen und Herren, die im deutsch-polnischen Verhältnis zwar eine Rolle spielen, aber nicht zwischen deutschen und polnischen Wissenschaftlern erörtert werden müssen, sondern bei denen noch eine Reihe weiterer Erörterungen fällig sind. Auf diese Erörterungen legen wir Wert.
(Katzy CDU: Es fehlt die Einsicht in die Zusammenhänge.)
Themen – das haben wir wiederholt gesagt –, die in diesen Empfehlungen nicht behandelt sind, sind selbstverständlich nicht mit einem Behandlungsverbot belegt. Es ist eine völlige demagogische Verdrehung, wenn man so tut, als ob solche Themen den Unterricht in der Bundesrepublik, in Nordrhein-Westfalen nicht behandelt werden sollten. Da gab es einmal die Frage, ob Hamburger oder Bremer Kinder nicht mehr erfahren sollen, wie das im deutsch-sowjetischen Verhältnis gewesen ist. Ich meine sogar in Erinnerung zu haben, daß Herr Schulze-Stapen in der ersten Lesung eine ähnliche Formulierung gebrauchte, abgeschrieben hat.
(Schulze-Stapen CDU: Ich komme darauf.)
Meine Damen und Herren, das ist doch ein Punkt, bei dem wirklich demagogisch so getan wird, als ob dadurch, daß irgendwo diese Position einmal beschrieben wird, gleich alles vorbei wäre.
(Pürsten CDU: Das ist doch Geschichtsklitterung, was Sie machen.)
Meine Damen und Herren, wir kommen dann zu dem Thema Wiedervereinigungsvorbehalt. Natürlich ist das eine ungeheuer bedeutsame Angelegenheit. Nur, was den Wiedervereinigungsvorbehalt angeht, so gibt es die völkerrechtlich bedeutsame Angelegenheit, daß die Bundesrepublik Deutschland mit der Volksrepublik Polen einen förmlichen Vertrag geschlossen hat. Nach diesem förmlichen Vertrag – just dieses hat das Bundesverfassungsgericht in der Entscheidung festgestellt, auf die man sich gegen diesen Vertrag berufen will – ist völkerrechtlich verbindlich festgelegt worden, daß östlich der Oder-Neiße polnisches Territorium ist. Daran ist die Bundesrepublik Deutschland gebunden.
Es wird immer so getan, als ob gewissermaßen dieser Deutsch-Polnische Vertrag nichts als ein eigentlich eher zufälliger Anhang an die Bundestagsentschließung wäre und nur eine zufällige Sache, die mit der Bundesverfassungsgerichtsentscheidung zu tun hätte. Nein, exakt andersherum ist es

genau richtig. Dieser Vertrag ist völkerrechtlich gültig. An diesen Vertrag haben wir uns in der Bundesrepublik in aller Form zu halten; wir erwarten diese Vertragstreue auch von unseren Partnern.
(Zustimmung bei den Regierungsparteien)
Meine Damen und Herren, dann kann man sich mit den Grenzen tatsächlich etwas intensiver beschäftigen. Diese Frage der Bezeichnung des Grenzverlaufs, mit dieser Perlenkette, die immer quer durch Polen gezeichnet ist und welche die Grenzen des ehemaligen Deutschen Reiches von 1937 symbolisiert, spielt dabei ja eine große Rolle.
Der Völkerrechtler Frowein, in diesem Land kein ganz Unbekannter, hat auf dem Geographentag eine sehr beachtenswerte Rede gehalten. Ich will Ihnen daraus – mit Genehmigung des Herrn Präsidenten – nur einen Absatz vorlesen. Er schreibt:
Was bedeutet das –
nämlich diese Frage des Vertrages, auf den sich die Entscheidungen des Bundestages beziehen –
für Schulatlanten? Es bedeutet, daß mit der heutigen völkerrechtlichen Lage allein eine Grenzeintragung vereinbar ist, die die Oder-Neiße-Grenze klar als westliche Staatsgrenze Polens erkennbar macht. Aus der völkerrechtlichen Lage ergibt sich kein Anhaltspunkt dafür, daß die Grenzen des Deutschen Reiches nach dem 31. 12. 1937 generell auf Karten sichtbar gemacht werden sollten. Mit der völkerrechtlichen Bindung der Bundesrepublik wäre es nicht vereinbar, wenn sie in der Form von Staatsgrenzen markiert würden.
Meine Damen und Herren, just dies ist die Position, die wir mit unserem Antrag beschrieben haben, die der Kultusminister in seinen Empfehlungen an die Atlantenverleger wiedergegeben hat und die hier auch durch völkerrechtliches Gutachten bestätigt wird. Ich finde es ganz bemerkenswert, daß das Land Nordrhein-Westfalen seinerzeit in Übereinstimmung mit einer sich mehr und mehr versachlichenden Diskussion offenbar die richtige Position bezogen hat. Es geht dabei nicht um den Bereich der deutsch-polnischen Verständigung allgemein; dafür ist mehr erforderlich, als Schulbücher daraufhin zu überprüfen, ob das alles richtig dargestellt ist. Dafür müßte Jugendaustausch organisiert, dafür müßten intensivere Kontakte kultureller und anderer Art geknüpft werden. Es ist festzustellen, daß das Land Nordrhein-Westfalen auf dem begrenzten Bereich der Revision von Schulbüchern und mit seiner Bereitschaft, über deren Inhalte eine sachorientierte Diskussion zu ermöglichen, richtig gearbeitet hat. Ich meine, daß wir auf diesem Wege fortfahren sollten.
Bei der Gelegenheit sollte man aber auch eine andere Bemerkung nicht unberücksichtigt lassen, nämlich die, daß diese Vereinbarungen nicht einseitig die Länder der Bundesrepublik Deutschland betreffen. Selbstverständlich haben wir uns in der Bundesrepublik darüber zu unterhalten, wie sich andere Bundesländer dazu benehmen. Ich finde, daß die CDU in Nordrhein-Westfalen eine erfreulich realitätsbezogene Position zu diesem Thema bezogen hat, im Unterschied zu der CDU in anderen Bundesländern. Sie sollte daher durchaus auf ihre Kollegen einwirken, hier ein größeres Maß an Realität walten zu lassen.
Auf einer Tagung, die die Friedrich-Ebert-Stiftung durchgeführt hat und bei der eine umfangreiche Dokumentation vorgelegt worden ist, habe ich eine Reihe polnischer Schulbücher gesehen, die die polnische Seite mitgebracht hat; es war eine Konferenz, an der auch Herr Markiewicz teilgenommen hat, der auf polnischer Seite Vorsitzender der UNESCO-Kommission ist. Aus den Übersetzungen der Schulbücher konnte ich erkennen, daß in ihnen offenbar eine realitätsbezogene Darstellung der deutschen Verhältnisse enthalten war.
Ich bin nicht sicher, ob die die deutsche Seite betreffenden Fragen bereits in allen Schulbüchern in Polen umgesetzt ist. Ich wäre sehr daran interessiert, das einmal genauer zu überprüfen, und ich fände es sehr gut, wenn wir, die wir offen darüber reden, welche Schwierigkeiten uns dieses

Thema einerseits in der politischen Auseinandersetzung macht und welche Anstrengungen wir andererseits auch unternehmen, um uns entsprechend den Empfehlungen und den vertraglichen Vereinbarungen korrekt zu verhalten, in stärkerem Maße Belege dafür erhalten könnten, daß auch auf polnischer Seite mit der Revision von Schulbüchern so ernst gemacht wird, wie wir uns darum bemühen. Darüber sollte man einmal in einen Austausch eintreten. Vielleicht kann das Land Nordrhein-Westfalen diese Bemühungen in Zusammenarbeit mit dem Georg-Ekkert-Institut demonstrieren und in einer Ausstellung öffentlich vorstellen.

Meine Damen und Herren, nachdem der Kultusminister entsprechend dem Antrag der Koalitionsfraktionen die dazugehörigen Erlasse vorgelegt und damit im Grunde den Prinzipien Genüge getan hat, sollten wir nun wieder zur Schulwirklichkeit übergehen.

(Beifall bei der SPD)

Präsident Dr. Lenz: Ich erteile das Wort Herrn Abg. Hinrichs für die Fraktion der F.D.P.

Hinrichs F.D.P.: Herr Präsident! Meine Damen und Herren! Die Beiträge von Herrn Kollegen Katzy und von Herrn Kollegen Dammeyer über die Empfehlungen für die Schulbücher in der Bundesrepublik Deutschland und in der Volksrepublik Polen haben sich als zweite Lesung wohltuend abgehoben von unseren gestrigen schulpolitischen Auseinandersetzungen. Ich glaube, daß beide Redebeiträge von einem großen Verantwortungsbewußtsein getragen wurden und auch ein anspruchsvolles Niveau widerspiegelten.

(Elfring CDU: Die von gestern nicht? Darf ich Sie so verstehen?)

– Die von gestern nicht!

(Elfring CDU: Sie schließen sich davon aus?)

Ich glaube, Herr Kollege Elfring, daß Sie dazu beigetragen haben, daß die gestrige zweite Lesung über das Lehrerausbildungsgesetz und über das 10. Schuljahr wenig den Charakter einer Sachdebatte oder einer Einzeldiskussion trug,

(Pürsten CDU: Die Standpunkte wurden geklärt.)

und daß Sie leider zu einem großen Rundumschlag ausgeholt haben, wie Sie das häufig zu tun pflegen, wenn Sie nicht gewillt sind, in die Sachdebatte einzusteigen, wie es sich eigentlich für eine zweite Lesung, gerade wenn wir eine dritte Lesung gemeinsam tragen wollen, geziemt.

(Pürsten CDU: Erst kommt die Soße, und dann kommt der Knüppel. – Weitere Zurufe von der CDU)

Deswegen wollte ich gerade den Abstand deutlich machen. Jetzt habe ich einmal etwas Positives gesagt. Ich glaube, wenn Sie die beiden Debatten von gestern und heute vergleichen, müßten Sie mir eigentlich zustimmen.

(Elfring CDU: Sie haben doch gestern abend auch gesprochen.)

– Sicherlich, aber Sie haben eingeläutet. Wenn der Kollege Pohlmeier zu diesem Rundumschlag ausholt, dann müssen wir doch zunächst darauf antworten, und dann bleibt uns für die Einzeldebatte nur noch wenig Zeit. Ich glaube, daß die Debatte gestern nicht so gut war wie das eben, was die Kollegen Katzy und – –

(Pürsten CDU: Für die F.D.P. nicht gut!)

Präsident Dr. Lenz: Herr Abgeordneter, lassen Sie eine Zwischenfrage zu?

(Hinrichs F.D.P.: Bitte schön!)

– Herr Abg. Katzy!

Katzy CDU: Herr Kollege Hinrichs, sind Sie von gestern, oder reden Sie zu heute?

(Heiterkeit und Beifall bei der CDU)

Hinrichs F.D.P.: Herr Kollege Katzy, nun werten Sie das Lob, das ich Ihnen gespendet habe, auch noch ab. Ich habe doch auf den Zwischenruf des Kollegen Elfring geantwortet.

(Zuruf des Abg. Heinz F.D.P.)

Aber, meine Damen und Herren, wir haben uns mit dem Ostkundeerlaß, mit den Grenzen in Schulatlanten, mit dem Georg-Eckert-Institut in Braunschweig und mit den deutsch-polnischen Schulbuchempfehlungen zu beschäftigen. Diese Probleme sind sicherlich mehrdimensional anzufassen, weil sie einmal den Geschichts-, Politik- und Erdkundeunterricht in

Nordrhein-Westfalen betreffen, weil sie die Schulbuchforschung, die Schulbucherstellung und die Schulbuchherstellung betreffen, weil sie die Arbeit unserer Schulbuchkommission tangieren, weil sie hineingreifen in Deutschlandpolitik, Europapolitik, ja sogar Weltpolitik und weil sie einen Beitrag leisten sollen zur weiteren Normalisierung des deutsch-polnischen Verhältnisses. Ich glaube, daß wir diesem umfangreichen Aufgabenkatalog gerecht werden müssen.

Der Kultusminister hat Teile aus dem Antrag bereits realisiert. Dafür möchten wir ihm danken. Wir möchten auch allen Kollegen danken für das gemeinsame Mittragen des Georg-Eckert-Instituts für internationale Schulbucharbeit. Es sind ja alle Fraktionen dieses Hauses daran beteiligt. Im Haushaltsgesetz 1978 haben wir die Mitträgerschaft beschlossen. Damit kann das Vermächtnis von Georg Eckert, Schulbücher für Europa herzustellen oder, wie er kurz vor dem Ende seines Lebens formulierte, den Dialog zwischen Anhängern verschiedener philosophischer Schulen und gegensätzlicher Gesellschaftssysteme zu führen, verwirklicht werden. Ich glaube, daß gerade am Vorabend der Europawahl es entscheidend ist, darauf hinzuweisen und auch die Leistung aller drei Fraktionen an dieser Tat herauszustellen.

Das Braunschweiger Internationale Schulbuchinstitut hat seine Verdienste in der deutsch-französischen Vereinbarung über strittige Fragen europäischer Geschichte erworben, eine gegenüber der Leistung deutsch-polnischer Schulbuchempfehlungen verhältnismäßig leichte Aufgabe, die 1951 schnell erstellt worden ist. Schwieriger gestaltete sich die Erarbeitung der deutsch-polnischen Schulbuchempfehlungen, die immerhin einen längeren Zeitraum in Anspruch nahm. Hintergrund dieser Aufgabe war zweifellos die Normalisierung der Beziehungen zwischen der Bundesrepublik Deutschland und der Volksrepublik Polen im Vertrag von Warschau im Dezember 1970, ratifiziert im Bundestag im Mai 1972 und im polnischen Sejm im Mai 1972. Heute, sieben Jahre danach, meine Damen und Herren, ist es auch die verantwortungsvolle Aufgabe dieses Parlaments, das zu vollziehen, was im Vertrag von Warschau vorgegeben worden ist.

Insofern bedeutet das auch ein Stück Außenpolitik, was hier mit den deutsch-polnischen Schulbuchempfehlungen zu leisten ist. Vielleicht ist zu bedauern, daß hier keine einstimmige Resolution gefaßt oder kein einstimmiger Antrag zu dieser Frage verabschiedet werden kann. Eventuell hätten wir uns noch stärker zusammenraufen oder zumindest den Versuch machen müssen, in dieser entscheidenden Aufgabe weiterzukommen.

Meine Damen und Herren, die deutsch-polnischen Schulbuchempfehlungen sind in acht Schulbuchkonferenzen in Warschau und Braunschweig im Zeitraum von 1972 bis 1975 auf eine UNESCO-Initiative hin entstanden. Gleichzeitig ist an Empfehlungen für den Geographieunterricht gearbeitet worden. Die beiden Wissenschaftler, Walter Mertineit auf deutscher – immerhin auch ein Erlebnisträger der Zeit vor 1945, ein geborener Ostpreuße; auch darauf sollte hingewiesen werden – und der Warschauer Professor Wladyslaw Markiewicz auf polnischer Seite – auch ein Erlebnisträger dieser Zeit, der vor 1945 in einem Konzentrationslager eingesessen hat –, sind hier bereits herausgestellt worden.

Die Leistungen dieser Kommission sind von den Kollegen Katzy auf der einen Seite und Dammeyer auf der anderen Seite unterschiedlich beurteilt worden. Herr Kollege Katzy, Sie haben eine kritische, zum Teil ablehnende Elle angelegt und den Aufsatz von Markiewicz auch in der Wochenbeilage zum „Parlament" zitiert. Um Ihre kritische Elle ausgewogener anzulegen, hätten Sie vielleicht darauf hinweisen müssen – Herr Kollege Dammeyer hat es dann zurechtgerückt –, daß in den deutsch-polnischen Empfehlungen kein Behandlungsverbot ausgesprochen worden ist. Sie hätten Markiewicz auch an der Stelle zitieren müssen, an der er schreibt – ich zitiere mit Genehmigung des Präsidenten –:

Aber eben deshalb, weil es in niemandes Interesse liegt

– das steht in demselben Aufsatz, den Sie herangezogen haben –,

die objektiven Gegensätze in einem offenen Antagonismus in Form eines kalten oder gar heißen Krieges umzugestalten, bildet eine objektive und ausgewogene Auswahl von Fakten sowie deren Interpretation ohne Vorurteile eine notwendige Voraussetzung für ein besseres gegenseitiges Kennenlernen der Völker und das gegenseitige Verständnis ihrer Probleme sowie die Besonderheiten ihrer Entwicklung.

(Katzy CDU: Ausgewogen!)

Diese Empfehlungen bilden einen wichtigen Schritt auf dem Wege der Festigung der gegenseitigen Beziehungen zwischen der Volksrepublik Polen und der Bundesrepublik Deutschland und die einzige mögliche Alternative, vor der die Menschheit gegenwärtig steht, die der friedlichen Koexistenz zwischen Staaten unterschiedlicher Gesellschaftssysteme.

Sie, Herr Katzy, haben soeben in einem Zwischenruf den Begriff ,,Ausgewogenheit" in die Debatte geworfen. Auch das finden Sie in den deutsch-polnischen Empfehlungen, wenn Sie an den Problemkreis 6 ,,Polen und der Deutsche Orden" denken.

(Katzy CDU: Das einzige Beispiel! Das ist offen.)

– Wäre es nicht gut gewesen, wenn Sie dieses Beispiel herangezogen hätten? In diesem Zusammenhang haben wir beide Problemkreise von polnischer und deutscher Seite ausgewogen dargestellt. In den polnischen Schulbüchern ist die einseitige Darstellung vor allem der säkularstaatlichen und militärisch-expansiven Rolle des Deutschen Ordens zum Teil sehr entscheidend ausgemerzt worden. In der deutschen Geschichtsdarstellung gilt das vor allem für die zivilisatorische und missionarische Aufgabe des Deutschen Ordens. Ich habe mich natürlich mit Hilfe von Übersetzungen, auf die ich aber baue und deren Objektivität bestätigt worden ist, und auch durch Diskussionen mit Lehrern in Polen und Professoren an der Warschauer Universität persönlich davon überzeugen können, daß jetzt auf Grund der Empfehlungen der deutsch-polnischen Schulbuchkommission die Darstellung der Arbeit des Deutschen Ordens in einem ausgewogenen Verhältnis gewährleistet ist.

Und wenn Sie deutsche Geschichtsbücher, bundesrepublikanische Geschichtsbücher heranziehen, dann finden Sie eine ähnliche Entwicklung. Insofern sollten wir dieser Ausgewogenheit besonders Rechnung tragen.

Herr Kollege Katzy, das andere, was Sie anführten, ist wissenschaftlich schon ziemlich ausgepaukt: Nr. 22: Bevölkerungsverschiebungen – Transfer. Ich meine, hier kann man eigentlich nur das wiederholen, was auch von polnischer und deutscher Seite dargestellt worden ist. Sie können nicht einfach den Überbegriff ,,Bevölkerungsverschiebung und Transfer" in den Raum stellen, ohne zu erwähnen, was unter ,,Bevölkerungsverschiebung und Transfer" zusammengefaßt ist. Darunter ist nämlich alles wie z. B. Flucht, wie Evakuierung, wie Ausweisung, wie Zwangsumsiedlung, wie Übersiedlung, wie Ausreise und Familienzusammenführung zusammengefaßt. Hier hat man sich in Braunschweig und Warschau bemüht, einen Überbegriff, den Überbegriff ,,Bevölkerungsverschiebung" zu finden. Sie werden Nr. 22 – ,,Bevölkerungsverschiebungen – nicht in den Raum stellen können, ohne zu erwähnen, daß unter dem Begriff ,,Bevölkerungsverschiebung" von Evakuierung, von Flucht, von Ausweisung und von Übersiedlung gesprochen werden muß. Sie müssen fairerweise zugeben, daß auch in dem Abschnitt 22 – Bevölkerungsverschiebungen – die Ausgewogenheit hergestellt worden ist.

Meine Damen und Herren von der CDU, Sie sollten sich auch jene bedeutsame Rede in Erinnerung rufen, die der Kieler Professor Dr. Karl Dietrich Erdmann, ein sehr angesehener Historiker, Ihnen auf Ihrem

CDU-Parteitag am 8. März 1977 ins Stammbuch geschrieben hat.

(Elfring CDU: Den hatten wir eingeladen.)

– Den hatten Sie eingeladen, ja, das ist richtig. Herr Elfring, es spricht ja auch für Sie, daß Sie ihn eingeladen hatten. Aber Sie haben ja auch hinterher über seine Ausführungen diskutiert, und es gibt eine ganze Reihe unter Ihren Parteifreunden – und das ehrt und achtet diese Parteifreunde und Ihre Partei ja besonders –, die diese Rede von Karl Dietrich Erdmann, in der er von normativen Rechtsfiguren und historischer Faktizität gesprochen und Sie auf die Notwendigkeit dieser deutsch-polnischen Schulbuchempfehlungen hingewiesen hat, in ihre Arbeit an den deutsch-polnischen Empfehlungen umgesetzt haben.

(Katzy CDU: Unser Antrag entspricht dem.)

– Ja, wir meinen, daß unser Antrag weitergeht und mehr dem entspricht, was Karl Dietrich Erdmann auf dem CDU-Parteitag dankenswerterweise sagen durfte.

Meine Damen und Herren, der Kultusminister spricht in seinem Erlaß vom 29. Juni 1978 von dem punktuellen Konsens und davon, daß auch gelegentlich zu einem nicht ausgeräumten Dissens die Behandlung im Unterricht nicht untersagt wird.

Er spricht weiter davon, daß das nicht als eine Gesamtdarstellung der deutsch-polnischen Geschichte mißverstanden werden darf, sondern daß die deutsch-polnischen Schulbuchempfehlungen im Vergleich zu einer Geschichtsdarstellung unvollständig sind; das ist ausdrücklich in diesem Erlaß festgelegt. Er weist außerdem darauf hin, daß diese Empfehlungen keine amtliche Verbindlichkeit haben und daß sie der kritischen Diskussion nicht entzogen sind, aber daß sie im Rahmen der deutsch-polnischen Verständigung besonderes Gewicht haben.

Meine Damen und Herren, jeder von Ihnen, der Kontakte zu Polen hat, der nach Polen reist, wird auf diese deutsch-polnischen Empfehlungen angesprochen. Für die Polen ist das eine weitaus wichtigere Frage als für uns. Ich glaube, daß jedes Parlament bei dem herrschenden Kulturföderalismus die Verpflichtung hat, den Warschauer Vertrag nachzuvollziehen, und daß jedes Parlament die Verpflichtung hat, das Versprechen, das der Bundeskanzler für die Bundesrepublik Deutschland Herrn Gierek bei seinem Besuch gegeben hat, mit einzulösen und zu erfüllen. Wir sind der Meinung, daß wir das am besten können, wenn dem Koalitionsantrag in diesem Hause stattgegeben wird.

(Beifall bei den Regierungsparteien)

Präsident Dr. Lenz: Ich erteile das Wort Herrn Kultusminister Girgensohn.

Girgensohn, Kultusminister: Herr Präsident! Meine Damen und Herren! Niemand wird bestreiten, daß nach dem Zweiten Weltkrieg in Europa ein Werk der Völkerversöhnung begonnen wurde. Wir Deutschen haben einen Anteil daran. Dies entsprach und entspricht unserer historischen und moralischen Verpflichtung.

Ich meine, daß dieses Werk von deutscher Seite selektiv betrieben worden ist. Während in Richtung der westlichen Demokratien ohne kleinliche Rechthaberei vorbehaltlos eine echte Bereinigung der Probleme versucht und geleistet wurde, standen alle Begegnungen mit den östlichen Volksdemokratien von vornherein unter dem Vorbehalt von Systemkritik und auch Mißtrauen. So wurde die Versöhnung mit den Völkern des Ostens nicht nur verschoben, sondern im Gegenteil: Es hat sich auch nach dem Zweiten Weltkrieg neues Mißtrauen zwischen den Völkern des Ostens und uns entwickelt.

So sehr man auch ständig zwischen Bevölkerung und System zu unterscheiden bemüht war: De facto wurden die Menschen des Ostens auf eine Weise von uns behandelt, als seien sie Teil des Systems, unter dem sie leben und leiden. Dies war gewiß eher ein Beitrag zur Stabilisierung jener Systeme als eine Hilfe für die Menschen.

In diesen Tagen ist im Fernsehen die Reise des Papstes nach Polen zu verfolgen. Es wird manchem nun klarer werden, daß

Menschlichkeit, Sehnsucht nach Frieden, Gerechtigkeit und Völkerverständigung nicht nur eine Sache des Westens ist. Noch wichtiger wäre vielleicht die Erkenntnis, daß die säuberliche Unterscheidung zwischen politischem System einerseits und den Menschen andererseits zu schlicht ist und den Realitäten einfach nicht gerecht wird.

Die Versöhnung mit Polen erreicht auch unter den gegenwärtigen politischen Strukturen keineswegs nur eine politische Herrschaftsgruppe, sondern zugleich unmittelbar das Volk selbst. Alle von Ihnen, die Gelegenheit gehabt haben, in den letzten Jahren nach Polen zu reisen, können das feststellen. Manche begreifen das erst, seit es einen polnischen Papst gibt, der leise, aber unüberhörbar – wie schon seit je der polnische Episkopat – die Sehnsüchte seines Volkes artikuliert.

Meine Damen und Herren, im Empfinden nationalen Selbstbewußtseins, nationaler Identität ist der tiefgläubige Katholizismus des polnischen Volkes mit der kommunistischen Partei und den offiziellen Repräsentanten des Staates einig. Wer die Geschichte kennt, weiß auch, daß diese Einigkeit nicht bloß eine äußere Erscheinung ist, sondern die polnische Lebensfrage schlechthin und im Kern betrifft. Diese polnische Lebensfrage ist es auch, um die es bei den deutsch-polnischen Problemen der Kulturpolitik geht, die uns heute hier beschäftigen.

Meine Damen und Herren, die Landesregierung hat schon vor vielen Jahren unmittelbar nach Gestaltung der neuen Ostpolitik durch die Bundesregierung begonnen, auch in Richtung Osten ein kulturpolitisches Werk der Versöhnung mit aufzubauen.

So bemerkenswert die parlamentarischen Initiativen auch sind, die wir heute hier beraten: Die Landesregierung bedürfte eigentlich keines Anstoßes, sondern war seit Jahren Vorreiter unter den Bundesländern. Die deutsch-polnischen Schulbuchgespräche sind zum Beispiel schon im Frühstadium von der Landesregierung durch unmittelbare Zusammenarbeit mit Professor Georg Eckert unterstützt worden.

Die heute zu beratenden Anträge kamen jedoch so rechtzeitig, daß sie bei einer Reihe von wichtigen Maßnahmen berücksichtigt werden konnten.

Zunächst ist dabei sicher von der Erlaßregelung „Erziehung zur internationalen Verständigung unter besonderer Berücksichtigung des Verhältnisses der Bundesrepublik Deutschland zu den osteuropäischen Staaten" vom November 1977 zu sprechen.

Diese Regelung hat zwei alte Ostkunde-Erlasse abgelöst, die noch aus der Zeit vor dieser auflockernden Diskussion stammen, einer Zeit, die man manchmal als die Zeit des „kalten Krieges" bezeichnet.

Ich darf mit Freude feststellen, daß alle Seiten dieses Hauses über die Notwendigkeit einig waren, die alten Ostkunde-Erlasse zu ersetzen. Die Neuregelung vom 15. November 1977, die ich als bekannt voraussetzen darf, hat viel Beifall gefunden und – was mich in dieser Frage besonders bewegt – auch Zustimmung aus den Kreisen derer, die ihre dortige Heimat verlassen mußten.

Meine Damen und Herren, lassen Sie mich erläutern, warum bestimmte Aspekte des Antrags der Opposition, der ja sehr ausführlich ist, nicht in diesem Erlaß aufgegriffen worden sind. Es handelt sich im wesentlichen um drei Aspekte.

Erstens: Punkt 5 des Antrags der CDU betraf das Georg-Eckert-Institut und die deutsch-polnischen Schulbuchempfehlungen. Es erschien der Landesregierung nicht zweckmäßig, einen sehr global angelegten Erlaß zur Völkerverständigung mit deutsch-polnischen Spezialfragen anzureichern. Die Thematik wurde deshalb später in einem speziellen Erlaß abgehandelt. Es ist der Ihnen bekannte Erlaß aus dem Juni 1978. Dieser spezielle Erlaß hat auch – dem Gegenstand gemäß – einen anderen Duktus. Er schreibt nicht so sehr verbindlich vor, sondern ist eher moralischer Appell, Aufruf an die Lehrer. Heute morgen hat wieder die Frage eine Rolle gespielt, ob diese deutsch-polnischen Schulbuchempfehlungen Richtliniencharakter hätten. Ich darf Ihnen noch einmal aus dem Erlaß selber die zwei Passagen ins Gedächtnis rufen, die sehr deutlich machen, daß es hier weder um eine kontinuierliche Geschichtsdarstellung, außerhalb derer nichts passieren darf, geht und auch nicht um einen Erlaß, der in den Fragen, die in den deutsch-polnischen Schulbuchempfehlungen angesprochen sind, den Lehrern ein Verhalten vorschreibt, das sie an die deutsch-polnischen Schulbuchempfehlungen fest bindet. Die beiden Passagen lauten – ich zitiere mit Genehmigung des Herrn Präsidenten –:

Die Empfehlungen formulieren zu bestimmten strittigen Fragen der deutsch-polnischen Geschichte einen punktuellen Konsens, gelegentlich auch

– nämlich wieder zu bestimmten strittigen Fragen –

einen nicht ausgeräumten Dissens. Sie dürfen daher nicht als eine Darstellung der deutsch-polnischen Geschichte mißverstanden werden, sondern sind im Vergleich zu einer Geschichtsdarstellung unvollständig.

Ich glaube, deutlicher kann man nicht ausdrücken, wie mit diesen deutsch-polnischen Schulbuchempfehlungen aus unserer Sicht zu verfahren ist.

Der zweite Komplex ist der Abschnitt „Selbstbestimmungsrecht und Menschenrechte" aus Punkt 6 des Antrags der Opposition. Die Landesregierung hat im Oktober 1978 zur Frage der Menschenrechte einen Grundsatzerlaß herausgegeben, der die Thematik weltweit anspricht und nicht bestimmte Regionen herausstellt. Ich glaube, daß dies angemessen ist und dem grundsätzlichen Anliegen, das Sie haben, entgegenkommt. Ich halte es für unglücklich und hielt es auch damals für unglücklich, diese Grundsatzforderungen mit einer besonders auf die Länder des Ostens bezogenen Verständigungsprogrammatik zu ergänzen. Ein Bemühen um Verständigung muß glaubwürdig sein. In den Ländern des Ostens sind viele Jahre hindurch – das müssen wir uns wohl immer wieder vor Augen halten – von deutsch sprechenden Machthabern gerade die Menschenrechte und das Selbstbestimmungsrecht der Völker unvorstellbar mit Füßen – mit Kommißstiefeln – getreten worden.

(Pürsten CDU: Das ist richtig, aber seit 30 Jahren ist es anders herum.)

– Richtig! Aber deswegen darf man nicht nur auf diese Länder bezogene Menschenrechtsforderungen stellen,

(Schulze-Stapen CDU: Gerade deswegen!)

sondern generelle Menschenrechtsforderungen. Man darf diese Länder nicht dadurch in eine besondere Situation stellen, daß man für sie Menschenrechtsforderungen sozusagen neben allgemeinen Menschenrechtsforderungen erhebt. Menschenrechtsforderungen sind vielmehr unteilbar

(Elfring CDU: Völlig richtig!)

und müssen für alle Völker dieser Erde gelten.

(Beifall bei der SPD – Pürsten CDU: Sehr richtig!)

Meine Damen und Herren, in diesem Punkt müssen wir vielleicht auch etwas leise sein. Hier geht es ja um unsere Beziehungen zu unseren osteuropäischen Nachbarn. Die Völker des Ostens wissen auch – und ich spreche jetzt von den Völkern und nicht von den Regierungen –, daß der Tod von Millionen ihrer Soldaten und Zivilisten unter anderem dazu beigetragen hat, uns von der nationalsozialistischen Gewaltherrschaft zu befreien. Meine Damen und Herren, als Deutsche haben wir heute allen Grund, Völkerverständigung mit dem Osten nicht gleichzeitig lautstark mit Forderungen auf Selbstbestimmung und Menschenrechte gerade in diese Richtung hin zu untermalen.

Drittens war der Punkt 4 des CDU-Antrags, die deutsche Frage, ausgeklammert. Sie wissen, daß die Landesregierung auch zu diesem Fragenkreis einen Grundsatzerlaß für erforderlich hält und diesen Grundsatzerlaß vorbereitet. Ich habe Ihnen gestern gesagt, daß ich diesen Grundsatzerlaß im November dem Ausschuß für Schule und Kultur zuleiten werde. Es gibt für die Landesregierung mehrere Gründe, diese Regelung von dem Erlaß über Völkerverständigung abzutrennen. Zunächst sollten wir Fragen, die insbesondere unser Verhältnis zur DDR betreffen, aus einer Regelung zur internationalen Völkerverständigung herauslassen. Dies dürfte sicher ein Argument sein, dem auch Sie zustimmen werden. Zweitens: Neben der DDR wäre wiederum Polen das hauptsächlich betroffene Land. Wie bereits ausgeführt: Ein genereller Erlaß zur Völkerverständigung muß von einer bilateralen Spezialthematik freigehalten werden.

Aber ich will mich hier gar nicht auf Formalien beschränken. Auch inhaltlich hätte ich Bedenken, für Völkerverständigung eine Basis so zu formulieren, wie Sie es in Ihrem Antrag tun. Ich weiß: Sie wollen nur auf rechtliche Tatbestände hinweisen, Sie wollen keine Gebietsansprüche anmelden. Ganz ohne Ironie: Die Sache ist akkurat so gemeint, wie sie dort steht. Aber Sie müssen auch die Wirkungen sehen. Lassen Sie mich versuchen, das an einem Beispiel zu verdeutlichen! In den KZ-Prozessen erleben wir immer wieder das gleiche Bild: Zeugen brechen angesichts ihrer Peiniger zusammen, auch wenn das Geschehen schon mehr als 30 Jahre zurückliegt. Wie fänden wir es, wenn jemand dazu sagen würde: Das ist Anstellerei, die Leute stehen doch unter Polizeischutz, ihnen kann doch nichts mehr passieren!? Wir alle wären sicherlich mit Recht entrüstet. Und natürlich haben wir für ein Einzelschicksal dieser Art ein großes menschliches Verständnis. Schwieriger ist es offenbar, dies auf das Verhältnis von ganzen Völkern zu übertragen. Machen Sie sich den Fall Polen bewußt, das als Nation, als kleines Land zwischen großen Machtblökken meist um seine Existenz bangen mußte und in der Geschichte mehrfach aufgeteilt oder seiner Existenz beraubt worden ist. Das ist sicher eine Kette traumatischer Ereignisse und Erlebnisse. Und diese Erlebnisse gingen zum großen Teil auf deutsche Rechnung.

Es heißt bei Paul Celan, einem der Millionen Verfolgten, dessen Eltern im KZ umkamen: ,,Der Tod ist ein Meister aus Deutschland." Dieser Meister aus Deutschland hat aus Polen die Stätte des ,,Holocaust" gemacht. Das darf man nicht vergessen. Die Polen haben es jedenfalls nicht vergessen.

Was empfindet ein geschichtsbewußter Pole, wenn er in westdeutschen Atlanten, auf jeder Klimakarte und auf jeder Bodenschätze-Karte, die Grenzen des deutschen Reiches von 1937 mitten durch das heutige Polen gestrichelt sieht? Er empfindet, daß ein Meister aus Deutschland sie gestrichelt hat. Für ihn ist es die Handschrift desjenigen, der früher den Tod gebracht hat. Die Wirkungen, meine Damen und Herren, sind so.

Es ist daher genauso wichtig, für jenen erdachten, doch repräsentativen Polen Verständnis zu haben, der den Alptraum vom Meister aus Deutschland nicht los wird, wie für die Zeugen im Majdanek-Prozeß. Darum geht es doch letztlich, wenn die Landesregierung in der Atlanten-Frage nicht länger bereit ist, den harten Kurs manch anderer Bundesländer – ich darf hier einmal Bayern und Baden-Württemberg nennen – passiv hinzunehmen. Und hier sollten Sie, meine Damen und Herren von der CDU, mich zumindest indirekt unterstützen, indem Sie den ausgleichenderen, den vermittelnderen Kurs der Länder Niedersachsen, Rheinland-Pfalz und Saarland verfolgen.

Meine Damen und Herren, der dritte und letzte Punkt des CDU-Antrags, auf den ich eingegangen bin, hat in grundsätzliche Überlegungen geführt. Ich glaube, dies sind wir auch dem Thema heute schuldig. Ich habe auch bewußt die Atlanten-Frage mit einbezogen. Der enge Zusammenhang drängt sich geradezu auf.

Nun noch kurz zum Antrag der Koalitionsfraktionen. Hier kann ich mich deshalb kurzfassen, weil die Aussagen zum Antrag der CDU bereits weitgehend die Positionen der Landesregierung zum Koalitionsantrag verdeutlicht haben.

Nachzutragen bleibt noch eins: Das Land Nordrhein-Westfalen hat seit ca. eineinhalb Jahren die Mitträgerschaft des Georg-Eckert-Instituts – gemeinsam nun mit den Ländern Niedersachsen, Rheinland-Pfalz, Berlin, Hessen, Hamburg und Bremen – übernommen. Die Zusammenarbeit mit der Landesregierung von Niedersachsen in dieser Frage ist ausgezeichnet. Schulbuchgespräche mit Rumänien laufen zur Zeit, solche mit den Vereinigten Staaten werden jetzt intensiv vorbereitet. Gespräche mit der UdSSR, Israel und anderen Ländern befinden sich in Frühphasen der Vorbereitung.

Wir sollten vielleicht auch am Vorabend der Europawahl unser Augenmerk darauf lenken, daß das, was wir am Sonntag wählen – nämlich das Parlament der geeinigten europäischen Staaten –, ein Parlament ist, das nur einen Teil Europas vertritt. Und wir sollten auch deutlich machen, wie sehr wir bereit sind, diese Europäische Gemeinschaft für den anderen Teil Europas offenzuhalten.

Einige Länder stehen bei der Mitbeteiligung an der Arbeit des Georg-Eckert-Instituts noch abseits. Mir scheint es kein Zufall zu sein, daß es die gleichen Länder sind, die in der Atlanten-Frage einen so harten Kurs steuern.

Meine Damen und Herren, Historiker können feststellen, daß einer kriegerischen Auseinandersetzung nicht nur stets die übliche propagandistische Einstimmung vorausging, sondern daß auch die Schule auf langfristige, wirkungsvolle Weise ihren wesentlichen Beitrag zum Aufbau des gewünschten Feindbildes lieferte. Die Landesregierung will einen umgekehrten Weg gehen. Sie will durch Erziehung zur Verständigung und Friedensgesinnung einen Beitrag zu einer friedlichen Zukunft unserer Welt leisten. Ich bitte alle Seiten dieses Hauses um Unterstützung bei diesem Bemühen.

(Beifall bei den Regierungsparteien)

Vizepräsident van Nes Ziegler: Als nächster Redner hat Herr Abg. Schulze-Stapen von der CDU-Fraktion das Wort.

Schulze-Stapen CDU: Herr Präsident! Meine Damen und Herren! Lassen Sie mich damit beginnen, Herr Kultusminister, daß ich sage: Nie hat jemand von uns verlangt, daß Sie den ausstehenden Erlaß über die Behandlung der deutschen Frage im Unterricht etwa in Ihren Erlaß über Völkerverständigung und Friedenserziehung einbeziehen sollten. Daß das zwei getrennte Themen sind, wußten wir auch. Aber wir begrüßen es auch, daß Sie nun im November diesen Erlaß dem Kulturausschuß vorlegen wollen. Wir hätten es gern eher gesehen. Das haben wir gestern hier deutlich gemacht.

Wir sehen auch keinen Dissens zwischen unserer Position und dem Verhalten der von der CDU und der CSU getragenen Landesregierungen.

Was Herrn Professor Erdmann, der uns ein gerngesehener Gast auf einem Bundesparteitag war, angeht, so haben wir auch seine Ausführungen immer mit Respekt entgegengenommen. Und soweit es überhaupt eine Diskussion gegeben hat, ist sie, Herr Kollege Hinrichs, freundschaftlicher geführt worden, als es auf F.D.P.-Parteitagen gelegentlich zuzugehen pflegt.

(Beifall bei der CDU)

Meine Damen und Herren, der Herr Kultusminister hat eine Antwort zu geben versucht, warum Sie keine Elemente unseres Antrags übernommen haben. Außerdem haben wir das von der Koalition – mit Ausnahme vielleicht von Herrn Hinrichs: „Vielleicht hätte man das tun können" – nicht so deutlich gehört. Mehr ist davon nicht gesagt worden. Wir bedauern das.

Wir wollen, daß in unseren Schulen, wenn vom deutsch-polnischen Verhältnis die Rede ist, neben den Ergebnissen der deutsch-polnischen Schulbuchkonferenzen zugleich und ihrem Gewicht entsprechend die Aussagen des Grundgesetzes und die Feststellungen der gemeinsamen Entschließung des Deutschen Bundestages vom 17. Mai 1972 dargestellt werden, gerade weil an diesen beiden Aussagen – sowohl an der Verfassung und ihrer verbindlichen Auslegung durch das Bundesverfassungsgericht wie an der gemeinsamen Entschließung – die deutsch-polnischen Schulbuchkonferenzen geradezu achtlos vorbeigegangen sind, so, als ob sie unbeachtlich seien. Darauf, Herr Kultusmini-

ster, hätten Sie einmal eingehen können, auch in Ihrem Erlaß.
Wir meinen, der Staat darf nur handeln in dem Rahmen, den ihm die Verfassung zieht. So, wie der Bundesrepublik selbst ist es auch allen ihren Verfassungsorganen untersagt, auf Rechtstitel zu verzichten, mit denen sie in Richtung auf Wiedervereinigung und Selbstbestimmung wirken kann, oder solche Rechtstitel zu schaffen oder sich an der Schaffung solcher Rechtstitel zu beteiligen, die dem Streben entgegengehalten werden können. – So aus dem Urteil des Bundesverfassungsgerichts vom 31. Juli 1973! Das gilt, wie für alle Organe in Bund und Ländern, auch für den Kultusminister dieses Landes.
(Beifall bei der CDU)
Entsprechend seinem Amtseid ist er verpflichtet, in seinen Erlassen und Richtlinien, bei der Aufstellung von Lehrplänen, bei der Zulassung von Lehrmitteln die deutschlandpolitischen Grundaussagen des Grundgesetzes, so wie sie das Bundesverfassungsgericht verbindlich ausgelegt hat, nach außen zu vertreten und im inneren wachzuhalten.
(Beifall bei der CDU)
Damit ist erklärt, warum wir, Herr Kollege Dammeyer, Ihre Worte, die Präambel des Grundgesetzes sei eine „deklamatorische Absichtserklärung", nicht übernehmen können, sondern sie kompromißlos ablehnen müssen.
(Beifall bei der CDU)
Es geht ja nicht darum, nur der „Verfassung Rechnung zu tragen". Es geht darum, sie offensiv zu vertreten. Es geht nicht nur um einen „Wiedervereinigungsvorbehalt", sondern um ein „Wiedervereinigungsgebot".
(Lebhafter Beifall bei der CDU)
An dieser offensiven Vertretung der Verfassung können den Kultusminister auch geschlossene Verträge nicht hindern; denn nach der Meinung maßgeblicher Verfassungsrechtler gehen Verfassungen in ihrem Rang völkerrechtlichen Verträgen vor.
(Beifall bei der CDU)
Das gilt auch für den Rechtsbegriff: „Das Deutsche Reich in den Grenzen vom 31. Dezember 1937". Auf ihn darf nicht leichtfertig verzichtet werden; denn er ist die eigentliche Rechtsgrundlage für die ungeteilte deutsche Staatsangehörigkeit nach Art. 116 GG, an der wir doch alle festhalten wollen, und für die grundsätzliche Zugehörigkeit West-Berlins zur Bundesrepublik. Auch daran möchte ich erinnern. Herr Kollege Dammeyer, Sie kommen nicht daran vorbei, daß der Deutsche Bundestag mit den Stimmen aller Parteien jene Resolution verabschiedet hat, in der es heißt: „Die Verträge nehmen eine friedensvertragliche Regelung für Deutschland nicht vorweg und schaffen keine Rechtsgrundlage für die heute bestehenden Grenzen." So die Meinung aller Parteien des Deutschen Bundestages.
(Beifall bei der CDU)
Zu einer Darstellung der deutsch-polnischen Beziehungen in Geschichte und Gegenwart, die um Objektivität bemüht ist und auf der ganzen ungeteilten geschichtlichen Wahrheit aufbaut, gehört doch auch das Einwirken Rußlands beziehungsweise der Sowjetunion auf diese Beziehungen, zum Beispiel während der polnischen Teilungen, zum Beispiel nach 1917, nach 1939 und nach 1945. Die deutsch-polnischen Schulbuchkonferenzen haben das zum großen Teil ausgeklammert, vielleicht ausklammern müssen, weil, wie Professor Markiewicz gesagt hat, in Polen nichts gelehrt werden dürfe, was dem polnisch-sowjetischen Bündnis Schaden zufügen könnte. Aber das gilt ja nicht bei uns. Unsere Kinder müssen doch diese Tatsachen kennenlernen, wenn sie Ursachen und Zusammenhänge begreifen und die gegenwärtige Lage unserer polnischen Nachbarn richtig würdigen wollen.
(Beifall bei der CDU)
Zur geschichtlichen Wahrheit dessen, was wir uns gegenseitig angetan haben und was sich nie wiederholen darf, gehören doch auch die deutschen Opfer der Vertreibung, für die Polen verantwortlich sind, ebenso wie die Verbrechen, für die Deutsche die Verantwortung tragen.
(Beifall bei der CDU)

Der Briefwechsel polnischer und deutscher Bischöfe während des II. Vatikanischen Konzils, von dem die Schulbuchkonferenzen keine Notiz genommen haben – vielleicht lag das an der marxistischen Position der polnischen Teilnehmer –, hat zur Bewältigung dieser dunkelsten Seiten der Geschichte unserer beiden Völker einen wirksameren Beitrag geleistet als die Empfehlungen der Schulbuchkonferenzen.

(Lebhafter Beifall bei der CDU)

Zur objektiven Darstellung der Gegenwart zwischen Deutschen und Polen gehört auch die von den Empfehlungen nicht behandelte rechtliche und gesellschaftliche Lage der deutschen Minderheit in Volkspolen im Vergleich zur rechtlichen und gesellschaftlichen Lage der polnischen Minderheit in der Bundesrepublik Deutschland. Herbert Wehner hat einmal im Hinblick auf die NS-Diktatur gesagt: „Geschichtsbücher dürfen nichts beschönigen." Das gilt auch für die Empfehlungen der deutsch-polnischen Schulbuchkonferenzen, ihre Kompromisse, ihre Auslassungen, ihre Beschönigungen, ihre Verharmlosungen. Der Bundeskanzler hat auf dem Hamburger Historikertag zu den Ergebnissen der deutsch-polnischen Schulbuchkonferenzen – zwar in der Form diplomatischer Zurückhaltung, aber doch deutlich – gesagt, daß nach seiner Auffassung „die staatlich beauftragten Wissenschaftler auf der polnischen Seite sich gegenüber ihren ungebundenen deutschen Kollegen ein bißchen zu entschlossen durchgesetzt haben". Darauf, Herr Minister, hätten Sie hinweisen können und sollen.

(Beifall bei der CDU)

Das ist etwas anderes, Herr Kollege Dammeyer, als wenn Sie sagen, die polnischen Wissenschaftler seien mit staatlicher Autorität versehen, und als wenn Sie sagen, diese Empfehlungen müßten höchstmögliche Verbindlichkeit haben. Der Bundeskanzler, der sich ja öfter von ihren Aussagen unterscheidet – es ist uns manchmal schwer zu begreifen, wie Sie das alles vereinbaren können –, hat auch gesagt: „Nichts gegen konstruktive Kritik, nichts gegen Offenheit, nichts gegen faire Wahrnehmung der eigenen Interessen. Diese drei Punkte dürfen in einem vertrauensvollen Verhältnis nicht fehlen. Es geht also nicht nur um die Verteidigung dieser Richtlinien, sondern es geht auch um ihre Kritik, und das sollten wir nicht außer acht lassen.

Geschichtliche Wahrheit, Geschichte ohne ideologische oder parteipolitische Voreingenommenheit zu lehren, darum geht es. Es geht um Objektivität, um die historische Wahrheit. Gefälligkeit und Opportunismus dürfen nicht Platz greifen, weil sonst allzuleicht Opportunismus zur Lebenshaltung junger Menschen wird, auch wenn es um Freiheit und Demokratie geht.

(Beifall bei der CDU)

Im Geschichtsunterricht ist die halbe Wahrheit eine Unwahrheit, die an Stelle alter Vorurteile neue schafft und deswegen keinen Frieden. Nur Ehrlichkeit und Wahrheit führen zum Frieden, zu einem Frieden auf Dauer; Frieden auf Kosten der Wahrheit ist kaum möglich.

Die Nation hat ein Recht auf Wahrheit über sich selbst. Wir werden nicht gestatten, daß die Vergangenheit aus unseren Seelen gerissen wird. Wir wollen, daß unsere Jugend die volle Wahrheit über die Geschichte unserer Nation erfährt. Die Nation hat das Recht, die Wahrheit von allen jenen zu erwarten, die für die Erziehung verantwortlich sind. Man kann die Zukunft nur auf dem Fundament der Wahrheit aufbauen.

Meine Damen und Herren, das waren nicht meine Worte. Das war ein Zitat, für das ich nachträglich um Genehmigung bitte. Das sagte der Erzbischof von Krakau in seiner Abschiedsbotschaft an seine polnischen Landsleute, als er sein hohes Amt in Rom antrat. Wir sollten das beherzigen.

(Lebhafter Beifall bei der CDU)

Meine Damen und Herren, die Empfehlungen der deutsch-polnischen Schulbuchkonferenz sind – so sagt der Herr Kultusminister in seinem Erlaß – nur punktuelle Übereinkünfte. Als Geschichtsdarstellung sind sie unvollständig. Die deutsch-polnischen Verhältnisse müßten – so sagt er – über die Empfehlungen hinaus dargestellt werden; sie seien der Kritik zugänglich.

Aber bei der Beantwortung der Frage, welche Ergänzungen unverzichtbar sind, welche inhaltliche Kritik zulässig oder geboten ist, wo sie ansetzt, wo sie enden muß, werden die Lehrer allein gelassen.

(Zuruf von der CDU: Genau das!)

Der Hinweis auf Material bei der Landeszentrale allein genügt nicht.

Sie, Herr Kultusminister sind stets ausgewichen oder haben es abgelehnt, wenn wir gefordert haben, auch kritische Stimmen zum Ergebnis der deutsch-polnischen Schulbuchkonferenzen den Lehrern an unseren Schulen amtlich zur Kenntnis zu bringen. So geschah es schon 1974, als wir Sie um die Veröffentlichung einer kritischen Stellungnahme der an der Universität Mainz gebildeten Historischen Kommission für Schlesien baten. So geschah es 1978, als wir forderten, den Lehrern die ,,Alternativempfehlungen", vorgelegt von den deutschen Historikern Menzel, Stribrny und Völker in gleicher Weise bekanntzumachen und wie die deutsch-polnischen Schulbuchempfehlungen zur kritischen Unterrichtsbehandlung zu empfehlen. Es handelt sich um Alternativempfehlungen, die doch von einem Vertreter Ihres Hauses so bewertet worden sein sollen: ein bemerkenswerter Beitrag zur Diskussion, der von einem deutlichen Bemühen um Sachlichkeit gekennzeichnet ist. Es handelt sich um Alternativempfehlungen, von denen wir meinen, daß sie sich bemühen, einige irrige Rechtsauffassungen zu korrigieren und die Rolle Rußlands beziehungsweise der Sowjetunion für die deutsch-polnischen Beziehungen, die ausgespart ist, zu beleuchten.

Meine Damen und Herren, wir von der CDU wollten unter Einbeziehung jener Ergebnisse der deutsch-polnischen Schulbuchkonferenz, die einer kritischen Prüfung standhalten – diese gibt es –, eine umfassende Empfehlung des Kultusministers zur Behandlung der mittel-, ost- und südosteuropäischen Völker, Staaten und Kulturen im Unterricht. Europa endet nicht an der Elbe. Bundeskanzler Schmidt sagte auf dem Historikertag:

Warschau und Budapest und Moskau sind europäische Städte.

Ich füge hinzu: Reval, Riga und Kowno aus jenen fast vergessenen baltischen Staaten sind es auch.

(Beifall bei der CDU)

Meine Damen und Herren, wir stimmen zu, wenn Bundeskanzler Schmidt sagt, er wolle Europa nicht als politischen und politisch-geistigen Begriff auf Westeuropa einschrumpfen lassen. Weil wir uns zur europäischen Solidarität mit den Völkern Mittel-, Ost- und Südosteuropas bekennen – über das allgemeine Bekenntnis zum friedlichen Zusammenleben aller Menschen und Völker hinaus –, darum wollten wir erreichen, daß in unseren Schulen eine umfassendere Darstellung der Geschichte und Gegenwart der heute noch von uns getrennten Europäer angeboten wird.

Eine solche Darstellung kann auch an der Menschenrechtsfrage, gerade auch bezogen auf diese Europäer, nicht vorbeigehen. Der leidenschaftliche Appell von Natalia Solschenizyn an die Jugend, an die Christen in Europa vom Mai dieses Jahres darf nicht ungehört verhallen. Der aufrüttelnde Bericht über die Repressionen gegen sowjetische Arbeiter in der FAZ vom 1. Juni unter der Überschrift ,,Wer mehr Geld verlangt, kommt ins Irrenhaus", darf nicht achtlos beiseite gelegt werden.

(Pürsten CDU: Sehr richtig!)

Auch das gehört zur Lage der Europäer drüben. Unsere Kinder müssen diese Lage kennenlernen. Sie müssen kennenlernen, daß Verweigerung von Menschenrechten, von wem auch immer, wo auch immer, ob sie von Faschisten oder von Kommunisten ausgeht, zu jeder Zeit auf den entschlossenen Widerstand aller stoßen muß, die sich zu Demokratie und Freiheit bekennen.

(Beifall bei der CDU)

Auch wenn die deutsch-polnischen Schulbuchempfehlungen darüber schweigen, an unseren Schulen muß darüber geredet werden.

Nach unserer Landesverfassung ist Liebe zur Heimat ein Erziehungsziel mit Verfassungsrang. Darum wollen wir, daß in unseren Schulen von Ostpreußen, Westpreußen, Pommern und Schlesien als von der Heimat vieler in unserem Land lebender Deutscher geredet wird. Wir haben deshalb kein Verständnis dafür, daß Kultusminister und Koalition offensichtlich stolz darauf sind, mit den Richtlinien der Kultusministerkonferenz von 1956 auch die Sätze gestrichen zu haben:

Der deutsche Osten muß den Deutschen, besonders der Jugend, bekannt und vertraut sein. Seine Leistung ist im Geschichtsbewußtsein zu verankern. Die Deutschen sollen ein inneres Verhältnis zu den Vertreibungsgebieten als zur Heimat eines Teiles ihres Volkes haben.

Nichts daran ist revanchistisch, meine Damen und Herren.

(Beifall bei der CDU)

Wir bedauern, daß das gestrichen worden ist. Wir halten daran fest. Wir halten daran fest, meine Damen und Herren, weil wir uns an einem Satz eines verdienten Mitglieds dieses Hauses orientieren. Ministerpräsident Heinz Kühn hat einmal gesagt:

Kein Volk weiß, wohin es geht, wenn es nicht weiß, woher es kommt.

(Beifall bei der CDU)

Daran möchten wir uns halten.

Meine Damen und Herren, wir bedauern die Ablehnung unserer Anträge. Wir werden uns weiter darum bemühen, daß unsere Vorstellungen in diesem Lande Wirklichkeit werden.

(Anhaltender lebhafter Beifall bei der CDU)

Vizepräsident van Nes Ziegler: Als nächster Redner hat Herr Abg. Grätz von der Fraktion der SPD das Wort.

Grätz SPD: Herr Präsident! Meine Damen und Herren! Im Kulturabkommen zwischen der Bundesrepublik Deutschland und der Volksrepublik Polen vom 11. Juni 1976 haben sich beide Regierungen verpflichtet, darauf hinzuwirken, daß die Empfehlungen der gemeinsamen Schulbuchkommission bei der Gestaltung der Schulbücher berücksichtigt werden sollten.

Dem Kulturabkommen – es ist vorhin schon einmal gesagt worden, ich möchte es nachdrücklich wiederholen – haben alle Bundesländer zugestimmt. Wir haben die Landesregierung in unserem Antrag zu angemessenen Konsequenzen aus diesem Abkommen und seinem Hinweis auf die Empfehlungen aufgefordert, und wir sehen diese Aufforderung erfüllt, nicht nur durch die Aufhebung der Ostkunde-Erlasse, sondern auch durch die Herausgabe der beiden neuen Erlasse. Ich muß hinzufügen: Der zweite Erlaß zur Erziehung zur internationalen Verständigung geht über das hinaus, was die Koalitionsparteien in ihrem Antrag gefordert haben. Er schließt sehr Wesentliches ein, was im CDU-Antrag enthalten war, den wir ja nicht im Grundsatz ablehnen, sondern dessen einseitige Gewichtung wir ablehnen. Dieses muß man doch festhalten.

Die sonstigen Anforderungen, die wir in unserem Antrag gestellt haben, die Bekanntgabe der Empfehlungen, ihre Bekanntgabe auch der Landesschulbuchkommission, die Beteiligung am Georg-Eckert-Institut usw., all dies ist erfüllt; dies ist zu unserer Zufriedenheit geschehen.

Meine Damen und Herren! Herr Katzy hat in seinem Beitrag gemeint, wir hätten zu einer gemeinsamen Formulierung kommen können. Sicherlich, wenn wir die Zeit dazu gehabt hätten! In unserem sehr überlasteten Ausschuß hätte ich mir dies vorstellen können, wenn Sie unser Verhandlungspartner gewesen wären. Nur – ich will heute nicht aus den Protokollen zitieren –, wenn ich mich an die Beiträge von Herrn Pohlmeier entsinne, dann kann ich mir das nicht vorstellen; denn dann habe ich den Eindruck, daß in Ihrer Fraktion selbst außerordentlich große Differenzen über die Beurteilung dieser Empfehlungen bestehen.

(Zustimmung bei der F.D.P. – Elfring CDU: Mitnichten!)

Herr Katzy, Sie haben von der historischen Wahrheit als Maxime des Unter-

richts gesprochen. Dies ist unbestritten. Aber: Dies muß doch alles eingeordnet werden in die Verantwortlichkeit des einzelnen Lehrers – die wir doch nicht durch detallierteste Richtlinien aufheben wollen – für den Umfang mit solchen Empfehlungen.
Sie haben gesagt, historische Fakten kann man nicht durch Mehrheitsbeschluß ändern. Dies tut in diesem Hause niemand. Es entsteht hier offenbar der falsche Eindruck, es würde heute über die Empfehlungen der Schulbuchkommission abgestimmt. Dies ist nicht der Fall, sondern hier geht es darum, daß die notwendige Beachtung, die kritische Beachtung dieser Schulbuchkommission-Empfehlungen im Erlaß des Kultusministers vom Parlament gutgeheißen oder nicht gutgeheißen wird.
Sie haben die Einbeziehung des polnisch-sowjetischen Verhältnisses angesprochen. Meine Damen und Herren, gerade das meinte ich mit dem großen Sprung, den ich in der vorherigen Debatte in die Diskussion gebracht hatte. Wenn wir mit einem Schritt alles haben wollen, werden wir nicht vorankommen. Wir müssen Teilschritte tun.
(Pürsten CDU: Das ist doch nicht zu fassen. – Katzy CDU: Wahrheit ist unteilbar.)
Dies, glaube ich, haben wir mit diesen Empfehlungen und ihrer künftigen Beachtung getan.
(Pürsten CDU: An der Wahrheit vorbei!)
Herr Schulze-Stapen, Ihre Ausführungen schienen mit etwas abgehoben von der europäischen Wirklichkeit, wie sie sich heute darstellt.
(Vereinzelte Zustimmung bei der SPD)
Lassen Sie mich deutlich sagen: Sie haben Helmut Schmidt zitiert, Sie haben Heinz Kühn zitiert; ich hätte jederzeit ein Zitat bereit, in dem gerade Helmut Schmidt die Länder auffordert, die Beachtung der Empfehlungen auch umzusetzen.
(Pürsten CDU: Das bringt ihr alle fertig.)
Sie haben weiterhin den Friedensvertragsvorbehalt angesprochen. Es gibt keinen Widerspruch zwischen dem Friedensvertragsvorbehalt, dem Warschauer Vertrag und den hier zur Diskussion stehenden Erlassen. Sie können dies in der heute schon angesprochenen Rede von Professor Frowein nachlesen.
Meine Damen und Herren, gerade wir Deutschen haben keinen Grund, arrogant aufzutreten,
(Katzy CDU: Das will auch keiner.)
um auf Grund unserer freien wissenschaftlichen Forschung und Meinungsfreiheit die Objektivität unserer Geschichtsbetrachtung gegenüber der polnischen und osteuropäischen herauszustreichen. Wir wissen, daß der Handlungsspielraum der polnischen Wissenschaft nicht unbegrenzt ist. Dies ist ein Faktum, mit dem man leben muß. Daraus resultiert möglicherweise die Zusammensetzung der Kommissionen, die wir nicht aussuchen können, sondern dies sind die einzigen Partner, die sich uns in den osteuropäischen Staaten anbieten. Nehmen wir sie nicht an, haben wir keine Gesprächspartner.
Wir wissen, daß das polnische Volk und andere osteuropäische Völker – unabhängig übrigens von ihrem heutigen Gesellschaftssystem – nationalbetonte Nachholbedürfnisse haben, an denen gerade Deutschland nicht unschuldig ist. Wir wissen, daß die verächtliche Betrachtung der geschichtlichen Leistung gerade der slawischen Völker durch deutsche Historiker – Treitschke und viele andere – auf seiten der Polen Ressentiments, berechtigte Ressentiments geweckt hat. Wir wissen, daß die seinerzeit längst vorliegenden Forschungen und Beobachtungen, etwa Herders, von diesen über Jahrzehnte tonangebenden deutschen Historikern nicht beachtet wurden, daß sie bestritten, daß es eine durchaus eigenständige, gleichwertige kulturelle und staatliche Entwicklung der slawischen Völker gegeben hat.
Meine Damen und Herren! Ich glaube trotzdem – wenn ich mich auf das konzentriere, was Herr Katzy gesagt hat–, daß die Differenzen zwischen uns weniger in der Bewertung von möglichen Verharmlosungen oder Einseitigkeiten in den Empfehlungen bestehen; ich glaube, die größeren Differenzen zwischen uns beste-

hen in der Beurteilung des politischen Stellenwerts dieser Empfehlungen. Die CDU will detaillierte Richtlinien entsprechend Ziff. 6 ihres Antrages. Sie will gewissermaßen Verhaltens- und Lehrvorschriften für den Lehrer, wie er im Detail mit der Materie umzugehen hat.
(Schulze-Stapen CDU: Wie im Erlaß zur Friedenserziehung! – Pürsten CDU: Das haben Sie doch sonst auch gemacht.)
Wir sind der Meinung, daß es erst eine punktuelle Übereinstimmung gibt – so hat es der Kultusminister in seinem Erlaß formuliert – und daß der Stand der Übereinkünfte noch nicht ausreicht, um detaillierte Richtlinien zu formulieren, unabhängig davon, daß wir uns dabei immer fragen müssen, inwieweit wir dann in den pädagogischen Gestaltungsraum des Lehrers eingreifen.
Die Empfehlungen sollen nicht als unverrückbar festgelegte Unterrichtslinien verwandt werden, sondern der Aufbereitung des Stoffes für den Unterricht dienen. Bei der kritischen Auseinandersetzung mit den Empfehlungen werden gerade neutrale und zugegebenerweise abstrakte Formeln aus dem Potsdamer Abkommen wie „Transfer" oder „Bevölkerungsverschiebung" in der Schule einen Anreiz bieten, um die tatsächlichen Ereignisse in der jüngeren Geschichte Ostmitteleuropas im Unterricht lebendig und kritisch zu behandeln.
Meine Damen und Herren, die Empfehlungen und die daraus resultierenden, meines Erachtens sehr klugen und der sensiblen Materie angemessenen Erlasse des Kultusministers widersprechen nicht dem Warschauer Vertrag. Im Gegenteil, sie sprechen in einer Empfehlung von „wachsender Bereitschaft zur Respektierung der bei Kriegsende geschaffenen territorialen Veränderungen". Wer kann dem nach 34 Jahren widersprechen? Aber ich sehe auch einen Prozeß der Einsicht auf polnischer Seite, indem auch hier von „Zwangsumsiedlung", von „großen Verlusten unter der deutschen Bevölkerung bei Flucht und Evakuierung" gesprochen wird – alles richtige Formeln, die wir vor Jahren noch nicht kannten und die ein echter Fortschritt sind.
Im übrigen sah ich gestern abend eine Sendung mit Herrn Köppler, die mir in seiner Aussage zur deutschen Frage sehr gefallen hat und die sich in der Intention sehr von dem abhob, was Herr Schulze-Stapen heute gesagt hat. Herr Köppler hat gestern abend gesagt – das ist eine Aussage, die einen bitter stimmen kann, aber sie ist sehr realistisch und deswegen politisch richtig –, er könne sich die Verwirklichung der deutschen Einheit im nationalstaatlichen Sinne nicht mehr vorstellen, sondern nur noch im europäischen Sinne.
(Pürsten CDU: Das sagen wir schon lange. – Elfring CDU: Wo ist der Widerspruch? – Katzy CDU: Da ist keine Differenz.)
Dies ist eine Realität, die wir Ihnen auch wünschten bei Ihren Aussagen zum deutsch-polnischen Verhältnis und dem ständigen Pochen auf bestimmte Rechtssätze, die Sie einseitig auslegen und nicht an den Realitäten messen.
(Beifall bei der SPD – Schulze-Stapen CDU: Nach dem Urteil des Bundesverfassungsgerichts auslegen! – Pürsten CDU: Das ist eine Unterstellung. – Schlottmann CDU: Wie sieht Ihre Realität aus?– Katzy CDU: Wir messen an der Verfassung)

Mir ist unverständlich, meine Damen und Herren, warum Sie diesen beiden Erlassen, die, wie gesagt, nach meiner Auffassung sehr klug und der sehr sensiblen Materie angepaßt formuliert sind,
(Pürsten CDU: Und sehr lückenhaft!)
nicht Ihre volle Zustimmung geben können.
Ich habe eben schon gesagt, daß wir nicht den vielen richtigen Aussagen widersprechen, die in Ihrem Antrag enthalten waren. Wir widersprechen lediglich der Gewichtung in diesem Antrag. Hätten wir uns zu einer anderen Gewichtung zusammenfinden können, dann wäre, glaube ich, auch die Möglichkeit einer gemeinsamen Initiative gegeben gewesen.
Was ist denn das Ziel der Empfehlungen? Selbstverständlich ohne grobe Verletzung

der Wahrheit muß das Gespräch mit dem polnischen Nachbarn beginnen, es muß besonders mit der Jugend beider Völker beginnen. Das geschieht auch und gerade im Unterricht. Als das überragende Ziel unserer Politik sehe ich die Friedenssicherung in Europa; dem muß man persönliche Verbitterung, aber auch die Fakten, die durch machtpolitische Gegebenheiten entstanden sind, unterordnen. Dazu bekennen wir uns. Ich möchte aus Ihrem eigenen Antrag formulieren: Wir wollen Unrechtshandlungen nicht verschweigen. Das tun wir auch an keiner Stelle. Doch gleichzeitig wollen wir ohne Rechthaberei deutliche Zeichen der Versöhnungsbereitschaft setzen. Die intensive Diskussion der Ergebnisses aus der Schulbuchkommission, das erst ein Teilergebnis ist, ist ein erster guter Schritt zu dem Gespräch zwischen den beiden Völkern.
(Beifall bei der SPD)

Vizepräsident van Nes Ziegler: Ich erteile das Wort Herrn Abg. Hinrichs von der Fraktion der F.D.P.
Hinrichs F.D.P.: Herr Präsident! Meine Damen und Herren! Herr Kollege Grätz sprach das Interview von Herrn Köppler gestern abend an, das auch mich beeindruckt hat. Es hat mich erinnert an Gespräche und Diskussionen in Polen mit Polen. Es kam immer dann zu keiner Einigung, wenn auf polnischer Seite zu polonozentrisch geredet und verhandelt wurde und wenn auf unserer Seite zu germanozentrisch geredet und verhandelt wurde. Es war immer dann verhältnismäßig leicht, eine Gesprächsebene zu finden, wenn man eine abendländische Betrachtungsweise an den Tag legte und gleichsam auf abendländisches Betrachtungsniveau abhob. Die Polen haben bei allen Verhandlungen und Gesprächen auch immer großen Wert darauf gelegt, in die abendländische Dimension mit einbezogen zu werden. Ich meine, daß eine solche Betrachtungsweise oder Gesprächsweise kein Abweichen bedeutet, Herr Kollege Schulze-Stapen, von der Haltung unseres Ministerpräsidenten, dessen Wort Sie zitiert haben, daß unser Volk wissen soll, woher es kommt. Das gehört zweifellos dazu. Das ist unter uns Allgemeingut. Zu dem Wissen um den gemeinsamen Weg, den unser Volk zurückgelegt hat, gehört zweifellos nicht nur die rechtsspezifische Dimension und Betrachtungsweise.
(Schulze-Stapen CDU: Aber auch!)
– Aber auch! Aber Sie haben vielleicht – ich muß das sehr vorsichtig sagen – etwas zu stark darauf abgehoben. Ich hätte mir gewünscht, daß die Klänge der Celanschen Todesfuge, die der Kultusminister dankenswerterweise zum Klingen gebracht hat, auch Sie erfaßt hätten und daß Sie die Haltung von Celan in Ihre Ausführungen einbezogen hätten.
Ich muß sagen, daß selbst die kritische Stellungnahme, die Herbert Hupka zu den deutsch-polnischen Schulbuchempfehlungen abgegeben hat und die in der Beilage zur Wochenzeitung „Das Parlament“ vom November 1977 abgedruckt ist, dies im Ansatz miterfaßt hat. Wenn Sie diesen Gedanken noch miteinbezogen hätten, hätten wir Ihre Rede stärker beachten können, und ich meine, daß es gut getan hätte, wenn Sie das miteinbezogen hätten.
Der Westdeutsche Rundfunk hat am 10. März 1977 eine Sendung zu den deutsch-polnischen Schulbuchempfehlungen gebracht, in der es zusammenfassend hieß, daß diese Revision überfällig war und daß in deutschen Schulbüchern polnische Geschichte kaum stattfand und in Polen das Bild propagandistisch verzeichnet worden war. Das ist richtig, und wenn Sie die Entwicklung von 1977 bis heute in den Neuauflagen der Schulbücher verfolgt haben, dann wissen Sie, welche bedeutsame Veränderung sich durch die deutsch-polnischen Schulbuchempfehlungen drüben und hier abgezeichnet hat.
Meine Damen und Herren, wir dürfen nicht vergessen, daß die Arbeit der deutsch-polnischen Schulbuchkommission im Gegensatz zu den deutsch-französischen Beziehungen, wo es ja immer nur zeitweise ein Gegeneinander gegeben hat, belastet war durch tausend Jahre deutsch-polnischer Geschichte, die eigentlich doch

nur eine Geschichte der Gegensätze und des Kampfes war.
(Schulze-Stapen CDU: Das ist nun absolut falsch. – Katzy CDU: Das ist historisch falsch.)
– Herr Katzy, der Vergleich zwischen Deutschland und Frankreich fällt sicherlich entscheidend positiver aus als der Vergleich zwischen Deutschland und Polen.
(Schulze-Stapen CDU: Aber nein! Es gab mehr Kriege und Auseinandersetzungen zwischen Franzosen und Deutschen.)
– Herr Schulze-Stapen, die nationalgeschichtliche Betrachtungsweise der polnischen Geschichte hat sicherlich dem nicht entsprochen, und Sie müssen in der Vergangenheit – –
(Schulze-Stapen CDU: Zwischen Russen und Polen trifft das zu?)
– Nein, auch zwischen Deutschland und Polen! Gerade auch die Historiker im ausgehenden vorigen Jahrhundert
(Schulze-Stapen CDU: Im vorigen Jahrhundert ja!)
haben ja weitgehend unsere Geschichtsbücher in diesem Jahrhundert mitgeprägt,
(Schulze-Stapen CDU: Davor!)
und auch die Vorlesungen und die Arbeiten, die in der ersten Hälfte dieses Jahrhunderts an deutschen historischen Seminaren herausgekommen sind, fußen doch gerade auf dem, was die große Welle der deutschen Geschichtsschreibung Ende des vorigen Jahrhunderts hervorgebracht hat. Im Grunde sind das doch alles Nachfolger, die das nachvollzogen und daraus gelebt haben. Wer negiert, daß das eine Belastung ist, Herr Schulze-Stapen, der hat wohl nicht die richtige Betrachtungsweise, um das Ergebnis der deutsch-polnischen Schulbuchempfehlungen entsprechend würdigen zu können.
Ich muß Sie noch einmal bitten zu bedenken, daß die deutsch-polnischen Schulbuchempfehlungen ja kein Behandlungsverbot – Herr Kollege Dammeyer hat das angeführt, ich habe das angeführt – enthalten. Ich gehöre auch zu denjenigen, die sicherlich manches zusätzlich in den Unterricht einfügen würden. Ich habe interessante Diskussionen in Warschau mit Historikern gerade in einer entscheidenden Frage geführt, die auch belastend wirkt. Es ging um den Hitler-Stalin-Pakt, von dem diese sagen, das sei kein Hitler-Stalin-Pakt, sondern ein Ribbentrop-Molotow-Pakt gewesen, um ihre stalinistische Verehrung hier abzubauen. Mit welcher Energie wurde auch da gekämpft!
(Schulze-Stapen CDU: Wieso ist das ein Unterschied: Stalin-Hitler oder Ribbentrop-Molotow?)
– Herr Schulze-Stapen, durch diese Frage weisen Sie darauf hin, daß Sie einen entscheidenden Passus in der polnischen Geschichtsschreibung nach 1945 übersehen haben. Die polnische Geschichtsschreibung nach 1945 hebt nämlich entscheidend darauf ab, daß von diesem Pakt – das ist sicherlich historisch unwahr und von unserer Seite auch zu korrigieren – angeblich Stalin nichts gewußt hat.
(Köppler CDU: Ich habe das doch noch miterlebt und die Bilder gesehen!)
– Herr Köppler, wir sind doch einer Meinung! Ich will Ihnen da doch nur ein Beispiel nennen!
(Pürsten CDU: Ihr laßt euch da etwas einreden.)
– Ich versuche Ihnen jetzt ein Beispiel aufzuzeigen,
(Schulze-Stapen CDU: Das ist auch bezeichnend.)
welche Fehler auch in der polnischen Geschichtsschreibung nach 1945 gemacht werden und welche Kleinarbeit hier geleistet worden ist und noch zu leisten ist, um derartige historische Unwahrheiten aus polnischen Geschichtsbüchern zu beseitigen,
(Pürsten CDU: Das wissen die doch genau.)
um auch darzulegen, welche mühsame Arbeit in diesen Verhandlungen der deutsch-polnischen Kommission auch von deutscher Seite geleistet werden mußte.
Vizepräsident van Nes Ziegler: Herr Abgeordneter, gestatten Sie eine Zwischenfrage von Herrn Schulze-Stapen?
(Zustimmung des Abg. Hinrichs F.D.P.)
– Bitte sehr!
Schulze-Stapen CDU: Herr Kollege Hin-

richs, glauben Sie wirklich, daß die von Ihnen jetzt zitierten Aussagen aus polnischen Geschichtsbüchern auf ein Defizit an Wissen zurückzuführen sind, oder wissen Sie nicht genauso wie wir, daß es harte politische Zwänge sind, die in Polen zu solchen Aussagen führen?

(Beifall bei der CDU)

Hinrichs F.D.P.: Herr Schulze-Stapen, das habe ich doch mit keiner Aussage bestritten.

(Pürsten CDU: Dann brauchen Sie das aber doch nicht zu übernehmen.)

– Herr Kollege Pürsten, es hat doch auch niemand gesagt, daß wir das übernehmen wollen; im Gegenteil: Ich will Ihnen nur sagen, welch mühsame Arbeit erforderlich ist und auch war, um Korrekturen in polnischen Geschichtsbüchern durchzuführen, um diese Sisyphusarbeit der deutsch-polnischen Kommission einmal zu charakterisieren und deutlich zu machen, welchen Zwängen polnische Historiker ausgeliefert sind. Sie haben das durch Ihre Frage ja noch bestätigt. Ich wäre dankbar, wenn wir hier diese Schwerstarbeit, die geleistet worden ist und die noch zu leisten ist, würdigen könnten. Es ist gar keine Frage: Wir befinden uns doch in einer permanenten Untersuchung auch polnischer Geschichtsbücher, und wenn Sie die Untersuchung in den letzten zwei Jahren kontinuierlich verfolgt haben, werden Sie feststellen und anerkennen müssen, welche positive Entwicklung hier geleistet worden ist.

Meine Damen und Herren, Herr Schulze-Stapen, Sie müßten auch anerkennen, daß diese Kommission der deutsch-polnischen Schulbuchempfehlungen immerhin eine UNESCO-Kommission war und daß auf polnischer Seite keine homogene Zusammensetzung vorhanden war, sondern daß in der Zusammensetzung der polnischen Kommission bereits Ansätze eines Pluralismus zu sehen sind und auch entsprechend beachtet werden müssen. Diese Objektivität sollten wir hier sicherlich walten lassen.

Meine Damen und Herren, ich komme zum Schluß. Wir beschäftigen uns in der Bundesrepublik verstärkt mit unseren Nachbarstaaten. Immer häufiger finden Reisen in Gebiete des ehemaligen deutschen Ostens statt. Gerade Jugendliche aus der Bundesrepublik erfahren Begegnungen mit Menschen aus Polen. Ein deutsch-polnischer Jugendaustausch wird zur Zeit entwickelt. Wesentlicher Antrieb für diese positive Entwicklung zu einem deutsch-polnischen Jugendaustausch ist auch die Übernahme dieser deutsch-polnischen Unterrichtsempfehlungen für Geschichte.

Zweifellos hat auch die Papstreise das Interesse der Öffentlichkeit auf Polen gelenkt – das klang hier bereits an. Der Unterricht in den Fächern Politik, Geschichte und Erdkunde wird das alles zu berücksichtigen haben. Das Fach Geschichte wurde an deutschen Schulen sicherlich zu lange als Nationalgeschichte verstanden. Geschichtsunterricht bedeutete vielfach die Darlegung gegenseitiger Abgrenzung.

(Unruhe – Glocke des Präsidenten)

Mit den deutsch-polnischen Schulbuchempfehlungen ist die Tür zu einem Geschichtsunterricht geöffnet worden, der Raum und Zeit zur Behandlung der Geschichte Deutschlands und Polens in wechselseitigen Beziehungen läßt. Diese Empfehlungen rufen aber auch zur Kritik auf – das hat auch der Erlaß des Kultusministers zum Ausdruck gebracht –, die ebenfalls Bestandteil des Unterrichts über das Verhältnis von Deutschland und Polen sein muß.

Dieser Geschichtsunterricht über Deutschland und Polen muß, wie es der Altmeister Leopold von Ranke gefordert hat, darstellen, wie es gewesen ist. Er sollte Fragen aufwerfen, welche Ursachen und Auswirkungen dem Geschehenen vorausgingen und folgten; nicht Überzeugungen und Zielvorstellungen gilt es zu vermitteln. Für eine zeitgerechte Osteuropakunde – darüber herrscht sicher Einigkeit – gibt es noch viel zu tun. Ich glaube aber, daß diese Debatte und die Verabschiedung des Antrags der Koalitionsfraktionen dazu ein entscheidender Beitrag waren. Gerade die offene Erlaßlage des

Kultusministers bietet Raum für eine zeitgerechte Osteuropakunde.
(Beifall bei den Regierungsparteien)
Vizepräsident van Nes Ziegler: Weitere Wortmeldungen liegen nicht vor. Ich schließe die Beratung.
Wir kommen zur Abstimmung. Ich lasse zunächst über Nummer 1 der Beschlußempfehlung des Ausschusses für Schule und Kultur Drucksache 8/4571 abstimmen. Der Ausschuß empfiehlt die Ablehnung des Antrages der Fraktion der CDU Drucksache 8/2155. Wer dieser Empfehlung zustimmt, den bitte ich um ein Handzeichen. – Danke sehr. Die Gegenprobe! – Stimmenthaltungen! – Das erste war die Mehrheit. Die Beschlußempfehlung ist angenommen.

10. Bürgerschaft der Freien und Hansestadt Hamburg: 9. Wahlperiode, 26. Sitzung am 4. 7. 1979 (Plenarprotokoll, S. 1405 ff)

Wir kommen zum Punkt 2 der Tagesordnung: Deutsch-polnische Schulbuchempfehlungen. Besprechung der Großen Anfrage.
|Große Anfrage der Fraktion der SPD:
Deutsch-polnische Schulbuchempfehlungen
–Drucksache 9/929–
hier: Besprechung|
Ich eröffne die Beratung. Das Wort hat Herr Heberlein.

Heberlein SPD: Herr Präsident, meine Damen und Herren! Die im Jahre 1976 veröffentlichten deutsch-polnischen Schulbuchempfehlungen waren schon im Jahre 1977 Gegenstand einer ausführlichen Debatte in diesem Hause. Sie haben ihren Ursprung in einem Vertrag, der zwischen der Volksrepublik Polen und der Bundesrepublik Deutschland im Jahre 1970 abgeschlossen wurde. An diesen Empfehlungen wurde vier Jahre gearbeitet, und auch heute wird ständig daran weiter gearbeitet, Konferenzen auf wissenschaftlicher Grundlage finden statt, die Ergebnisse werden geprüft, die erschienenen Bücher werden dahin gehend begutachtet, wie weit sie diesen Empfehlungen entsprechen. Gleichwohl haben diese von der gemeinsamen deutsch-polnischen Schulbuchkommission in sehr verdienstvoller Zusammenarbeit herausgegebenen Empfehlungen für Schulbücher der Geschichte und Geographie in der Bundesrepublik Deutschland und in der Volksrepublik Polen bisher in den einzelnen Ländern unserer Bundesrepublik ein recht wechselvolles Schicksal erlitten. So bleibt es nicht aus, daß im Laufe der Zeit von der polnischen Partnerseite über eine mangelnde Aufnahme der Empfehlungen in der Bundesrepublik – unterschiedlich in den einzelnen Bundesländern – geklagt wird. Insbesondere können unsere führenden Politiker aus dem Bund und den Ländern ein Lied davon singen, weil sie bei Reisen nach Polen und Begegnungen mit polnischen Gesprächspartnern immer wieder darauf aufmerksam gemacht werden, daß die Anwendung in der Bundesrepublik so unterschiedlich erfolgt. Das zeigt aber auch, welch großes Gewicht diesen Empfehlungen zuzumessen ist, und es ist aus polnischer Sicht daran abzulesen, wie sich die deutsch-polnischen Beziehungen entwickeln.
Um nun Ansätze für eine Verbesserung zu finden, haben die Sozialdemokraten diese Große Anfrage über die deutsch-polnischen Schulbuchempfehlungen eingebracht. Die sozialdemokratische Fraktion geht dabei selbstverständlich von der gleichen Zielsetzung aus, die auch der Senat seiner Antwort vorangestellt hat, nämlich das gegenseitige Verständnis für die Zukunft zu sichern und das friedliche Zusammenleben der Völker zu fördern. Aus diesem gleichen Grunde ist zu begrüßen, daß zur Berücksichtigung der Empfehlungen aufgefordert wurde – dies hat der Senat beim Erscheinen der Empfehlungen schon gemacht – und sie dann sowohl den Schulen – und dies scheint mir noch wich-

tiger zu sein – als auch den Lehrplanausschüssen zur Verfügung gestellt wurden. Darüber hinaus ist es aber jetzt im wesentlichen Aufgabe der Schulbuchverlage, Geschichtsbücher und Unterrichtsmaterial für den Geographieunterricht entsprechend zu gestalten.

Es gehört aber auch zum Sinn unserer Anfrage, einmal einen Überblick zu bekommen, wie Hamburg zu der Anwendung dieser Empfehlungen im Vergleich zu anderen Bundesländern steht. Wir wollen aber auch deutlich machen und insbesondere unseren polnischen Partnern zeigen, welche rechtlichen Schwierigkeiten dagegen stehen, diese deutsch-polnischen Empfehlungen durchzusetzen.

Wenn man eine solche Übersicht grob strukturiert, könnte man einfach unterscheiden: In den sozialdemokratisch regierten Ländern der Bundesrepublik sind die Empfehlungen veröffentlicht und ihre Anwendung wird empfohlen; sie sind sogar teilweise in großer Auflage an die Schulen verteilt und mit positiven Hinweisen versehen worden. In den CDU-regierten Bundesländern fanden diese Empfehlungen allgemein eine negative oder besser – mit einer Ausnahme – keine positive Aufnahme. Hier ist aber die Betrachtungsweise zu korrigieren. Der damalige Kultusminister von Rheinland-Pfalz und jetzige Ministerpräsident Bernhard Vogel hat sich zum Beispiel absolut positiv zu den Empfehlungen geäußert, aber die amtierende Kultusministerin, Frau Laurien, kann sich auf der Kultusministerkonferenz für diese Empfehlung nicht besonders erwärmen. Hier scheint also die Diskussion im Kabinett von Rheinland-Pfalz noch besonders im Gange zu sein.

Auch in Baden-Württemberg sind die Verhandlungen noch nicht abgeschlossen. Niedersachsen hat diese Empfehlungen veröffentlicht und an die Schulen verteilt. Völlig negativ hat sich Bayern zu diesen Empfehlungen eingestellt und dazu auch negative Kommentare an die Schulen gegeben. Hier sieht man eine seltene Einheit mit dem „Nordlicht" Schleswig-Holstein, das sich ähnlich verhält. Es bleibt aber die Hoffnung, daß in den noch zögernden Ländern das Beispiel Remmers auch im Saarland und in Baden-Württemberg Schule machen kann.

Warum, meine Damen und Herren, erwähne ich diesen Stand so ausführlich? Ich möchte damit deutlich zu machen versuchen, daß erstens diese Empfehlungen, auch wenn sie inzwischen Bestandteil eines bilateralen Kulturabkommens geworden sind, keinen Rechtscharakter haben können. Zweitens ist die Kulturhoheit nach dem verfassungsgemäßen föderalistischen Aufbau der Bundesrepublik den einzelnen Bundesländern übertragen. Jede einzelne dieser elf Länderregierungen hat selbständig über die Anwendung dieser Empfehlungen politisch zu entscheiden. Ich glaube, es ist auch wichtig, dieses unseren polnischen Partnern immer wieder deutlich zu machen.

Und drittens gibt es in der Bundesrepublik Deutschland keinen staatlichen Schulbuchverlag. Die Herausgabe von Schulbüchern und Atlanten ist allein Sache von Privatfirmen. Die einzige Möglichkeit des Eingriffs für eine Landesregierung, für einen Kultusminister, liegt allerdings direkt an dieser Stelle. Hier nämlich kann ein Schulbuch, das den Empfehlungen nicht entspricht, für den Unterricht nicht zugelassen werden. Hamburg wirkt hier sehr stark auf die Verlage ein, um möglichst den Verlagen zu signalisieren, daß die Empfehlungen in den in Hamburg anzuwendenden Schulbüchern umgesetzt werden.

Wir können auf diese Zusammenhänge nur hinweisen, meine Damen und Herren. Wir müssen den polnischen Partner hier bitten, nicht ungeduldig zu werden, denn dieses braucht in der Bundesrepublik seine Zeit. Hier wird, so meine ich, aber auch einmal sehr deutlich, wie unterschiedlich in verschiedenen gesellschaftlichen und politischen Systemen mit solchen Empfehlungen gearbeitet werden kann.

Aus der Antwort des Senats wird auch deutlich, wie weit bei der Umsetzung dieser Empfehlungen dem einzelnen Lehrer Freiraum gegeben ist. Er kann in der Gestaltung seines Geschichtsunterrichts doch sehr gut selbst entscheiden, wie weit er auf die polnisch-deutsche oder deutsch-polnische Geschichte zurückgreift. Dabei scheint es natürlich zu sein, daß polnisch-deutsche Geschichte in Polen einen wesentlich breiteren Rahmen einnehmen wird, als das im deutschen Geschichtsunterricht der Fall sein kann. Aber auch die Themenauswahl insgesamt – sowohl im Geographieunterricht als auch im Geschichtsunterricht – ist Sache des einzelnen Lehrers.

Die deutsch-polnische Schulbuchkonferenz ist – das habe ich anfangs angedeutet – nicht am Ende ihrer Arbeit. Sie wird über Jahre hinaus weiterarbeiten müssen; und das ist bei wissenschaftlicher Arbeit für unser Verständnis etwas Selbstverständliches. Ich verweise hierbei sehr deutlich auch auf Äußerungen von Fachleuten mit wissenschaftlichem Rang, . . .

(Glocke)

Präsident Schulz (unterbrechend): Die Redezeit beträgt zehn Minuten und ist beinahe abgelaufen.

Heberlein (fortfahrend: Danke schön, Herr Präsident, ich komme gleich zum Schluß. – . . . ohne daß ich hierbei den Äußerungen von Herrn Dr. Hupka, die er zu diesen Empfehlungen abgegeben hat, das gleiche wissenschaftliche Niveau zumessen möchte, das die Autoren anderer Kommentare zweifellos aufweisen.

Meine Damen und Herren! Man muß aber auch sehen, daß in den Empfehlungen zur Geschichte die neuere Geschichte – die Zeit von 1933 bis 1943, 1945 und 1946, bis zum Ende des zweiten Weltkrieges – nur einen relativ kleinen Raum einnimmt. Von 26 Punkten dieser Empfehlungen beziehen sich ganze sieben Punkte auf diese Zeit. Aber gerade diese jüngste Vergangenheit ist es, die am heftigsten kritisiert und als nicht ausreichend dargestellt wird.

(Glocke)

Ich komme zum Schluß. Diese Empfehlungen sind auf den Unterricht mit unseren jungen Menschen gerichtet. Unsere jungen Menschen werden sich in absehbarer Zeit selbst ein Urteil über den Ablauf einer Epoche, die mehr als 30 Jahre zurückliegt, bilden müssen. Ich meine, daß es nicht allein darauf ankommt, wie Geschichte in den Schulbüchern dargestellt wird, wie Grenzen in Atlanten gezeichnet werden, sondern daß unsere jungen Menschen danach urteilen werden, wie durchlässig diese Grenzen sind, wie man dem anderen begegnen und mit ihm reden kann. Mir scheint, das ist das Wesentliche, was überhaupt in den deutsch-polnischen Begegnungen stattfinden und ein Resultat der Schulbuchempfehlungen sein kann. – Danke schön.

(Beifall bei der SPD)

Präsident Schulz: Das Wort hat Herr Boysen.

Boysen CDU: Herr Präsident, meine Damen und Herren! Es scheint Ihnen kleinliche Freude bereitet zu haben, auf unterschiedliche Akzente in den einzelnen Bundesländern hinzuweisen und sie genüßlich auszukosten.

(Claus Weiß SPD: Ist es ja auch!)

Angesichts der Bedeutung dieses Themas wundert mich allerdings, daß Sie gewichtigere Gedankengänge nicht viel mehr bewegen.

Zur Haltung der Niedersächsischen Landesregierung lassen Sie mich in Ihr Gedächtnis zurückrufen, daß Kultusminister Remmers in einem Schreiben an alle Schulen seines Landes ausdrücklich darauf hingewiesen hat, daß die vorliegenden Empfehlungen auch die Grenzen offenbarten, die heute noch einer Verständigung entgegenstünden, und der ausdrücklich bekräftigt, daß die Auslassungen und die gefundenen Kompromisse Anlaß zu kritischen Vorbehalten geben, die nicht vernachlässigt werden dürften. Diesem Beispiel sollten Sie folgen, wenn es Ihnen um die Sache und um die historische Wahrheit gehen sollte.

(Scheunemann SPD: Tatsachenfeststellung!)

Es stimmt, meine Damen und Herren, daß über eine lange Periode manche bundesdeutsche Schulbücher, wenngleich bei weitem nicht alle, der deutsch-polnischen Geschichte nicht gerecht geworden sind.

Die verbreiteten Wissenslücken im Volk über all das, was sich während des zweiten Weltkrieges in Polen zugetragen hat, haben auch mit dieser unzulänglichen Information zu tun. Die Erkenntnis, daß hier ein Wandel vonnöten sei, kam spät. Und das ist, wenn man an die Folgen denkt, beklagenswert. Aber die Konsequenz, die aus der späten Erkenntnis gezogen wurde, hat auch ihre tiefen Schatten, über die ich gleich einiges sagen möchte.

Zunächst aber lege ich Wert auf die Feststellung, daß es nach meinem Eindruck in diesem Hause niemanden gibt, der einem bundesdeutschen Geschichtsbuch nicht zweierlei abverlangt:

Erstens die ausführliche Darstellung des Überfalls auf Polen und seine Vorgeschichte und zweitens die genaue Schilderung der nationalsozialistischen Politik in und gegenüber Polen so, daß sie der Dimension des Geschehens gerecht wird.

Es läßt sich nicht leugnen, daß der Kenntnisstand über das Ausmaß der am polnischen Volk begangenen Verbrechen bei uns vergleichsweise unterentwickelt war und zum Teil heute noch ist. Erkannte Fehler der Vergangenheit aber erzwingen das Verantwortungsbewußtsein, neue Fehler zu vermeiden.

Und da sind wir genau an der Stelle, wo Mehrheit und Minderheit in diesem Hause zu unterschiedlicher Beurteilung gelangt sind. Der Senat verkündet – offenbar mit einigem Stolz, auf jeden Fall aber wahrheitsgemäß –, daß seine Bemühungen, die deutsch-polnischen Schulbuchempfehlungen durchzubringen, von polnischer Seite ausdrücklich anerkannt worden seien. Gemessen am Inhalt der Vereinbarungen sind aber Zweifel erlaubt, ob dieser Stolz gerechtfertigt ist. Mit wachsendem zeitlichen Abstand wird es immer klarer, wie problematisch damals der Versuch war, gemeinsame Geschichtsschreibung mit weisungsgebundenen Wissenschaftlern zu versuchen. Es gibt keinen Anlaß, die lautere Absicht der polnischen Wissenschaftler in Zweifel zu ziehen. Nur eines waren sie nicht: Sie waren nicht frei. Folglich konnte das Ergebnis nur ein Kompromiß sein. Aber das Mühen um historische Wahrheit mußte sich im Zwang zum Kompromiß fangen. Kompromisse sind auf anderen Feldern eine vernünftige Sache. Hier wurde aber der Versuch gemacht, Kompromisse mit staatlich einseitiger und gebundener Geschichtsbetrachtung zu versuchen. Das mußte zwangsläufig zu unzulänglichen Ergebnissen führen, insbesondere wenn man berücksichtigt, daß die polnischen Wissenschaftler nicht nur auf ihre eigene Staatsführung, sondern auch auf die Interessen des mächtigen Bündnispartners Rücksicht nehmen mußten.

Mit zeitlichem Abstand hat auch der Bundeskanzler in zu begrüßender Offenheit auf diese schwerwiegende Problematik aufmerksam gemacht. Vor dem Historikertag in Hamburg sagte er in einer vom Bulletin der Bundesregierung verbreiteten Rede im vergangenen Oktober:

„Die Eliminierung, die Verdrängung von Teilen der Geschichte kann nicht helfen, Streitfragen zu lösen. Ich weiß: Die polnischen, staatlich beauftragten Wissenschaftler haben sich an der einen oder anderen Stelle gegenüber ihren ungebundenen deutschen Verhandlungspartnern ein bißchen zu entschlossen durchgesetzt."

Die Geschichte Deutschlands nach dem ersten Weltkrieg lehrt, welch verhängnisvolle Folgen es haben kann, wenn andere sich einer unzulänglichen Geschichtsschreibung bedienen. Vielleicht hat der Bundeskanzler in seiner Rede auch diesen Geschichtspunkt vor Augen gehabt.

Die Unzulänglichkeiten und Halbwahrheiten im Text der Vereinbarungen haben wir in diesem Hause schon zweimal besprochen. Lassen Sie mich als Beispiel das Thema Grenzveränderungen nach dem zweiten Weltkrieg ansprechen. Viele von Ihnen haben den vom Magazin „Report" gesendeten Film über die Vertreibung der Deutschen aus den früheren Ostgebieten gesehen, jene Tragödie, die Victor Gollancz als „unsterbliche Schande" beschreibt. Schätzungen reden von 600 000 Toten – Erschossenen und Erschlagenen – und von zwei Millionen sogenannten ungeklärten Fällen. Ich meine, die unumstößliche Wahrheit, daß alles mit Adolf Hitler und seinem Krieg angefangen hat, kann keine Begründung dafür sein, diesen Teil der Geschichte Europas zu ignorieren oder zu bagatellisieren.

Nach der Ausstrahlung des Films über die Vertreibung haben Schüler ihren Lehrern die Frage gestellt, aus welchem Grund ihnen das Wissen über den letzten Teil der Kriegstragödie vorenthalten wurde. Mißtrauen, das hier gesät wird, kann sich auch eines Tages gegen diejenigen wenden, die das Grauen der Vertreibung in bester Absicht herunterspielen, zum Beispiel um dem Verdacht zu entgehen, sie wollten nicht gegeneinander aufrechnen, was man nicht aufrechnen kann. Die deutsch-polnischen Empfehlungen schildern diesen Vorgang in den wesentlichen Passagen unter der harmlosen Überschrift „Bevölkerungsverschiebungen" so:

„Die territorialen Veränderungen bei Ende des zweiten Weltkrieges wurden mit umfangreichen Bevölkerungsverschiebungen verbunden. Sie zielten darauf ab, staatliche und ethnische Grenzen nach Möglichkeit in Übereinstimmung zu bringen. Die historischen Erfahrungen der Nationalitätenkonflikte und die unmittelbar vorhergegangene gewaltsame nationalsozialistische Bevölkerungs- und Besatzungspolitik spielten in diesem Zusammenhang eine erhebliche Rolle."

Es ist doch wohl jedem klar: Hier werden die bundesdeutschen Schüler schlicht falsch informiert. Ich stelle einmal entsprechende Passagen aus Golo Manns „Deutsche Geschichte des 19. und 20. Jahrhunderts" und aus Sebastian Haffners „Preußen ohne Legende" dagegen. Zunächst Golo Mann:

„Rational war diese monströse Verschiebung von Menschen und Staatsgrenzen nicht. Es war von der polnischen Seite ein Akt der Rache; ein Akt der Entschädigung für grauenhafte Verluste und Leiden in jedem Bereich; ein Akt der Erfüllung uralter imperialer Träume, die man nun, nach solchen Leiden und in solcher Siegerposition, sich gönnen zu sollen meinte. Josef Stalin mag andere Gedanken im Kopf gehabt haben, zum Beispiel den, immerwährende durchaus zuverlässige Feindschaft zwischen Deutschland und Polen zu begründen."

Und Sebastian Haffner schreibt:

„Historische Gerechtigkeit kann man das nicht nennen. Es war ein Greuel, das letzte Greuel eines an Greueln überreichen Krieges, den freilich Deutschland unter Hitler begonnen hatte. Und auch mit den Greueln hatten die Deutschen leider angefangen."

Zu den zentralen Schwächen der Vereinbarung gehört das Verschweigen der Rolle, die Stalin und seine Regierung im Zusammenhang mit der Westverschiebung Polens gespielt haben. Verschwiegen wird der feierliche Verzicht der Vertriebenen vom August 1950 auf jede Rache und Vergeltung. Die Nachkriegsentwicklung im restlichen Deutschland und die Teilung unseres Landes werden eindeutig aus östlicher Sicht dargestellt. Ich halte das für ganz besonders inakzeptabel. Die vereinbarte Anwendung der polnischen geographischen Bezeichnungen ergibt bei emotionsloser Betrachtung nicht den geringsten Sinn, besonders in den zahlreichen Fällen nicht, wo immer polnische und deutsche Namen nebeneinander existierten. Die polnische Bevölkerung hat sich von derlei Kleinlichkeiten immer mehr entfernt. Zunehmend werden sie mittlerweile schlicht milde belächelt. Überhaupt hat das Bewußtsein des polnischen Volkes die parteiliche Geschichtsschreibung schon weitgehend eingeholt. Die Beflissenheit, die in der Großen Anfrage der SPD-Fraktion zum Ausdruck kommt, steht dazu in merklichem Kontrast.

Dauerhafte Versöhnung, die wir uns mit ganzem Herzen erhoffen, ist nach unserer festen Überzeugung nur möglich mit der Bereitschaft zu bedingungsloser Wahrhaftigkeit. Und das ist der entscheidende Gedanke, weshalb wir die vorliegenden Empfehlungen mit so großer Skepsis betrachten.

(Beifall bei der CDU)

Präsident Schulz: Das Wort hat Herr Claus Weiß.

Claus Weiß SPD: Herr Präsident, meine Damen und Herren! Wenn man hier schon die entsprechenden Empfehlungen zitiert, dann sollte man sie doch wohl zu diesem Punkt vollständig wiedergeben. Die Passage hinsichtlich der Aussiedlung, der Vertreibung darf ich weiter zitieren:

,,In den Polen gemäß den Potsdamer Beschlüssen übertragenen ehemaligen Reichsgebieten östlich von der Oder und Neiße lebten 1939 ca. 8,5 Millionen Menschen. Etwa die Hälfte von ihnen, außerdem die Mehrzahl der deutschen Bevölkerung Danzigs sowie der in Polen lebenden Deutschen, wurden entweder evakuiert oder flüchteten unter großen Verlusten noch vor Kriegsende in die deutschen Gebiete westlich von Oder und Neiße. Der größte Teil der in den Oder-Neiße-Gebieten verbliebenen deutschen Bevölkerung wurde in den Jahren 1945 bis 1947 ausgewiesen beziehungsweise im Rahmen der interallierten Transferabkommen zwangsumgesiedelt.“

(Prosch CDU: Wo finden Sie den Unterschied, Herr Weiß?)

Auch das gehört dazu, um das Ganze objektiv darzustellen.

(Echternach CDU: Wo finden Sie die Millionen Toten?)

Ich meine außerdem, daß man, wenn man hier sagt, es handelte sich um polnische Rache, wohl etwas vorsichtig sein sollte. Wir wissen alle, daß auch die Polen zwangsumgesiedelt wurden und daß diese Westverschiebung Polens schon während des Krieges zwischen den drei Großmächten vereinbart worden ist. Es gab im Unterhaus Äußerungen von Winston Churchill – 1943 oder 1944, ich habe das nicht genau im Kopf –, in denen er seinerzeit schon darauf hingewiesen hatte, daß diese Westverschiebung mit der Zwangsumsiedlung von etwa acht Millionen Deutschen – so sagte er damals – verbunden sein würde, aber das müsse in Kauf genommen werden.

(Glocke)

Präsident Schulz (unterbrechend): Gestatten Sie Herrn Boysen eine Zwischenfrage?

(Claus Weiß: Ja, selbstverständlich.)

Herr Boysen, bitte.

Zwischenfrage von Boysen CDU: Ich möchte Sie fragen, wo im Text der Vereinbarungen etwas über die zwei Millionen aus dem ehemaligen Ost-Polen ausgetriebenen Polen zu lesen ist?

Claus Weiß (fortfahrend): Sie haben völlig recht, daß das im Text der Vereinbarung nicht enthalten ist. Es steht durchaus dem deutschen Geschichtsunterricht frei, darauf hinzuweisen. Auf der anderen Seite müssen wir sehen, unter welchen Bedingungen die Polen stehen, die insoweit, sagen wir einmal vorsichtig, nicht alles so darlegen können, wie sie es vielleicht darlegen wollten. Das entkräftet aber nicht den Wert dieser Empfehlungen, sondern macht sie nur in dem einen oder anderen Punkt ergänzungsbedürftig.

(Beifall bei der SPD)

Präsident Schulz: Das Wort hat Herr Senator Professor Grolle.

Senator Dr. Golle: Herr Präsident, meine Damen und Herren! Bei allen Unterschieden der Auffassung, die ja auch in den Debattenbeiträgen anklangen, gab es in dem Beitrag von Herrn Boysen doch einige Formulierungen, die die Hoffnung nicht ganz unbegründet erscheinen lassen, daß es in unserem Land im Hinblick auf unser Verhältnis zu den polnischen Nachbarn nicht durchweg nach Parteicouleur streng getrennte Lager, sondern durchaus auch gemeinsame Einschätzungen gibt. Ich meine in der Tat, so sehr verständlich es ist, daß es hier in Akzenten unterschiedliche Auffassungen gibt: Wir müssen und sollten daran festhalten, daß wir über die innerpolitischen Lager in Deutschland hinweg eine gemeinsame Verantwortung in der Frage der deutsch-polnischen Verständigung haben. Wir haften gemeinsam – so denke ich – für die Folgen einer durch Millionen von Toten tief gestörten Nachbarschaft.

(Schümann SPD: Sehr richtig!)

Wir müssen diese Hypothek auch gemeinsam abtragen, in welchen parteipolitischen

Lagern wir hier in unserem Lande auch immer stehen.
Und nun, meine ich, verdient es hier noch einmal unterstrichen zu werden, daß, bevor die Politiker auf deutscher und polnischer Seite dieses schwierige Werk der Aufarbeitung unserer Vergangenheit durch Gespräche, durch Verhandlungen und schließlich durch Verträge angegangen haben, Historiker und Geographen beider Seiten mit sehr viel persönlichem Engagement und auch – ich sage das ausdrücklich – mit persönlichem Mut den Politikern vorangegangen sind. Ich will nur stellvertretend für die deutsche Seite Georg Eckert nennen und für die polnische Seite Wladyslaw Markiewicz, Mitglied der polnischen Akademie der Wissenschaften, beides Historiker, deren Namen und Ansehen in der internationalen Wissenschaft solches Gewicht haben, daß eigentlich ihre Bewertung hier im Parlament gar nicht in Rede stehen kann. Ich will aber doch gerade zur polnischen Seite, was die Vertretung der Historiker angeht, noch ein Wort hinzufügen. Sie gehören durchweg zu den führenden und auch im westlichen Ausland angesehensten Historikern ihres Landes. Sie stehen von daher ganz sicherlich – Herr Boysen, das möchte ich doch noch einmal ausdrücklich entgegen einer Aussage, die Sie hier getroffen haben, sagen – nicht im Verdacht, weisungsgebundene Befehlsempfänger von irgendwelchen Parteizentralen zu sein. Ich darf darauf hinweisen – ein Mitglied dieser Verhandlungskommission hat das neulich noch einmal in Erinnerung gebracht –, daß eine Vielzahl der auf polnischer Seite beteiligten Historiker nicht nur ihren guten Ruf hier einbringen, sondern auch ihr ganz persönliches Schicksal als Betroffene der schlimmen Jahre deutsch-polnischer Geschichte, die hinter uns liegen. Eine ganze Reihe von ihnen tragen bis heute auf den Armen die KZ-Nummern, die an diese schrecklichen Jahre erinnern. Von daher scheint es mir mehr als peinlich, wenn dann von seiten der Opposition – das ist hier in dieser Form nicht gefallen, aber das kann man anderwärts nachlesen – die Rede ist von ,,kopfnickenden Mitschreibern polnischer kommunistischer Diktate". Ich glaube, so einfach können wir uns das nicht machen mit der Würdigung auch der persönlichen Leistung und des persönlichen Engagements, das hier von seiten der polnischen Wissenschaftler eingebracht wird.
(Boysen CDU: Ist es nicht unfair, dies hier einzuführen?)
– Sie haben von weisungsgebundenen Historikern gesprochen. Das ist ein wenig vornehmer formuliert, aber in der Sache nichts anderes.
(Beifall bei der SPD)
Ich habe Anlaß, hier auch für mich noch einmal zu unterstreichen, was Bundespräsident Scheel 1976 im Hinblick auf die auf beiden Seiten engagierten Historiker gesagt hat. Er hat wörtlich ausgeführt: ,,Den Historikern auf beiden Seiten, die an den Empfehlungen mitgewirkt haben, gebührt der Dank beider Nationen." Ich sage noch einmal: Diese zunächst einmal auf dem wissenschaftlichen Feld engagierten Kollegen haben in ganz entscheidender Weise dem Werk der politischen Verständigung vorgearbeitet und insoweit den Weg der Verhandlungen zwischen den Politikern geebnet. Das gilt nicht nur für die Bemühungen der Bundesregierung, für die hier wichtige Vorarbeit geleistet wurde, sondern das gilt durchaus auch für Vertreter auf Ihrer Seite, wenn ich noch einmal an Herrn Vogel oder an Herrn Remmers und an manche andere hier erinnern darf, die sich auf ihre Weise – zugegeben, mit anderen Akzenten, aber in der Sache sehr wohl engagiert – für deutsch-polnische Verständigung eingesetzt haben. Ich muß sagen: Wir alle sollten dankbar sein, daß die Frage der deutsch-polnischen Verständigung eben bis heute nicht eine Frage geschlossener parteipolitischer Blöcke in unserem Lande ist, sondern daß es hier quer durch die Lager engagierte Mitstreiter gibt.
Nur ein Hinweis noch: Das Kuratorium des Georg-Eckert-Instituts in Braunschweig ist eben nicht nur von sozialliberal geführten Ländern besetzt, sondern

dankenswerterweise auch durch die niedersächsische Landesregierung in ihrer heutigen Zusammensetzung und auch durch das Land Rheinland-Pfalz, während leider andere CDU-geführte Länder bisher noch abgelehnt haben, sich an der Arbeit dieses Instituts zu beteiligen. Dazu steht wirklich in schroffem Gegensatz das, was 1978 hier von seiten der CDU-Fraktion erklärt worden ist: daß man in keinem Falle und an keiner Stelle ertragen könne, daß die Empfehlungen, die aus dieser gemeinsamen Arbeit hervorgegangen seien, in dem Hamburger Schulunterricht wirksam würden. Wenn ich das mit dem vergleiche, was von anderen Freunden Ihres Lagers dazu gesagt worden ist, dann kann ich nur bedauern, daß in Hamburg – jedenfalls im Jahre 1978 – ein so schroffer, kompromißloser Gegensatz in dieser für uns gemeinsam so wichtigen Frage besteht.

Nun lassen Sie mich noch darauf hinweisen, daß die Frage der deutsch-polnischen Empfehlungen ja nicht nur auf unserer Seite Probleme aufwirft, sondern sehr wohl auch auf polnischer Seite. Wenn Sie einmal aufmerksam verfolgen, wie sich als Folge der deutsch-polnischen Empfehlungen inzwischen die Geschichts- und Geographiebücher in der Volksrepublik Polen tatsächlich verändert haben, dann ist das eine ganz beachtliche Bilanz, die hier vorzuzeigen ist. In früheren Büchern – etwa noch der frühen 70er Jahre auf polnischer Seite – konnten Sie sehr schroffe Formulierungen über die beiden deutschen Staaten finden, wobei dann auf der einen Seite der friedfertige DDR-Staat vorgeführt wurde und auf der anderen Seite die aggressive Bundesrepublik. Das ist inzwischen ausnahmslos korrigiert. Es ist in polnischen Schulbüchern im einzelnen nachzulesen, daß inzwischen faire Formulierungen gefunden worden sind, die der Tatsache Rechnung tragen, daß jedenfalls die Bundesrepublik sehr wohl etwas in den Prozeß der Verständigung mit der Volksrepublik Polen einzubringen hat. Ich nehme nicht an, daß Sie diese Veränderungen in polnischen Geschichtsbüchern bedauern. Auch das ist ein Stück der Verwirklichung der deutsch-polnischen Empfehlungen.

Nun noch einmal zurück zu den Problemen, die auf deutscher Seite bestehen und die Sie ja auch kritisch angesprochen haben.

Wenn es überhaupt einen kompetenten Beurteiler dieser Frage in der historischen Zunft gibt, dann rechne ich dazu Herrn Professor Erdmann in Kiel, der noch dazu Präsident des Weltverbandes der Historiker ist und, wie Sie wissen, Ihrem politischen Lager nicht nur nahesteht, sondern sich seit Jahren dort immer wieder engagiert hat. Er hat bei verschiedenen Gelegenheiten immer wieder beharrlich darauf hingewiesen – unter anderem auf dem Deutschland-Tag der Union 1977 –, daß bei ruhiger Analyse des Textes der Empfehlungen die polemisch vorgetragenen Vorwürfe gegen die angebliche Mißachtung der historischen Wahrheit gegenstandslos seien. Er hat dies in einem eindrucksvollen und ausführlichen Referat auf dem Deutschland-Tag der Union im einzelnen dargestellt und ist dabei auf die konkreten Vorwürfe, die auch hier wiederholt worden sind, sehr detailliert eingegangen, auch was die Frage der angeblichen Verzichte auf völkerrechtliche Positionen angeht. Er hat das ausdrücklich zurückgewiesen und hat im einzelnen dargelegt – ich will das hier nicht wiederholen –, daß eine solche Behauptung an dem Wortlaut der Texte überhaupt keinen Anhalt findet. Das gilt auch für die zugegebenermaßen schwierige Frage des Ribbentrop-Molotow-Paktes, wozu die polnische Seite wiederholt erklärt hat – Sie können das nachlesen –, daß man selbstverständlich davon ausgehe, daß die deutsche Seite darin frei sei, das Faktum dieses Vertrages ausführlich und deutlich in ihren Schulbüchern darzustellen. Es ist mir auch kein einziges deutsches Schulbuch bekannt, das etwa nicht auf diesen berüchtigten Vertrag einginge. Nur, die Polen haben ebenso offen gesagt, daß es in ihrem Lande und mit Rücksicht auf das sowjetische Bündnis schlechterdings nicht mög-

lich sei, dieses so und in der Form, wie wir das in unseren Schulbüchern darstellen, nun auch in polnische Schulbücher aufzunehmen. Man hat dann sogar in lakonischer Weise darauf hingewiesen, es sollten sich doch einmal Vertreter der sowjetischen und der deutschen Seite zusammensetzen, um gemeinsam den Versuch zu machen, sich über dieses delikate Thema auseinanderzusetzen. Das war ein sehr deutlicher Hinweis darauf, daß hier sehr wohl auch von polnischer Seite Probleme gesehen werden,
(Glocke)
daß das aber nicht Gegenstand einer Verhandlung sein kann, die polnische Historiker mit deutschen Historikern führen, eben mit Rücksicht auf die schwierige gesamtpolitische Situation, in der sich Polen befindet.
(Boysen CDU: Haben Sie nicht eben versucht, darzustellen . . . – Glocke)
Präsident Schulz (unterbrechend): Gestatten Sie Herrn Salchow eine Zwischenfrage, Herr Senator?
(Senator Dr. Grolle: Bitte.)
Zwischenfrage von Salchow CDU: Herr Senator, wie verträgt sich Ihre eben gemachte Aussage mit der von vorhin, daß die polnischen Historiker, die an den Schulbuchkonferenzen teilgenommen haben, nicht weisungsgebunden seien? Sehen Sie nicht – genauso wie ich – einen Widerspruch in diesen beiden Aussagen?
Senator Dr. Grolle (fortfahrend): Gerade durch die offene Sprache, in der Professor Markiewicz, den ich hier im Grunde eben zitiert habe, diese Schwierigkeiten der polnischen Situation beschrieben hat, wird schon deutlich, daß das Wort „weisungsgebunden" hier in jeder Weise unangemessen ist. Er hat sehr offen. . .
(Boysen und Echternach, beide CDU: Im Gegenteil!)
Der ausdrückliche Hinweis, daß die deutsche Seite sich sehr wohl das Recht nehmen könne, ihre Position darzustellen, so gut wie der polnischen Seite natürlich auch freisteht, über das hinaus, was in den Empfehlungen steht, nun auf einzelne Probleme akzentuiert in den Schulbüchern einzugehen, macht doch deutlich, daß hier sehr wohl die Dinge in diesen Verhandlungen beim Namen genannt werden, daß man aber bei dem, was man letztlich konsensfähig machen kann, mit Rücksicht auf die Situation der beiden Länder eine gewisse Behutsamkeit walten lassen muß.
(Boysen und Engels, beide CDU: Ja! – Boysen CDU: Das unterstreicht doch nur, was wir eben gesagt haben!)
Das hat doch nun wirklich nichts damit zu tun, daß es sich hier um Befehlsempfänger von Parteizentralen handelt.
(Engels CDU: Den Mann haben Sie aber eben in Schwierigkeiten gebracht!)
Lassen Sie mich jetzt abschließen, weil im übrigen die Streitfragen schon deutlich angesprochen sind. Es ist nicht ohne Absicht von beiden Seiten vereinbart worden, daß diese Empfehlungen durch weitere, und zwar sehr systematisch durchgeführte Konferenzen vertieft, in ihrer Bedeutung ergänzt und kommentiert werden sollen. Es waren sich beide Seiten darüber im klaren, daß die Empfehlungen kein letztes Wort sein können, sondern daß hier der Prozeß des Dialogs in Gang gehalten werden muß. Ich glaube, es ist das Entscheidende, daß wir hier ein Fundament geschaffen haben, von dem her wir den notwendigen Dialog zwischen Polen und Deutschland mit Aussicht auf Offenheit auf beiden Seiten wirklich vorantreiben können. Ich möchte Sie wirklich eindringlich bitten, sich an diesem Dialog konstruktiv zu beteiligen und nicht an dem schroffen Nein festzuhalten, das Sie in der Debatte des Jahres 1978 formuliert haben, wo Sie rundheraus erklärt haben, daß Sie unter keinen Umständen bereit seien, sich auf den Boden dieser Empfehlungen zu stellen. Ich fürchte, wenn Sie an diesem schroffen Nein festhalten, dann entsteht unvermeidlich bei unseren Nachbarn und insbesondere bei den polnischen Nachbarn der Eindruck, als sei das Anliegen der deutsch-polnischen Verständigung eben nicht unsere gemeinsame deutsche Sache. Ich will Ihnen gern unterstellen, daß Sie das nicht so gedeutet wissen wollen, sondern daß Sie hier sehr wohl die gemeinsa-

me Verantwortung sehen und auch wahrnehmen wollen. – Danke schön.
(Beifall bei der SPD)

Präsident Schulz: Keine weiteren Wortmeldungen. Dann ist der Punkt abgeschlossen.

11. Landtag Rheinland-Pfalz: 9. Wahlperiode, 5. Sitzung am 31. 8. 1979 (Plenarprotokoll 9/5, S. 223 ff)

Ich rufe auf Punkt 10 der Tagesordnung: Verteilung und Berücksichtigung der Empfehlungen der deutsch-polnischen Schulbuchkommission – Antrag der Fraktion der SPD–
–Drucksache 9/141–
Zur Begründung erteile ich das Wort der Abgeordneten Frau Dr. Götte.
Abg. Frau Dr. Götte, SPD: Herr Präsident, meine Damen und Herren! Es wird nicht ganz leicht sein, am Ende eines langen Arbeitstages noch einmal um Ihre Aufmerksamkeit zu bitten und sie auf ein Thema zu lenken, bei dem es um viel mehr geht als nur um die Frage, ob da eine kleine Schrift von ganzen 27 Seiten an die rheinland-pfälzischen Schulen verteilt werden soll oder nicht. Es geht vielmehr darum, ein Zeichen zu setzen, wie der Landtag von Rheinland-Pfalz zu den Verpflichtungen steht, die aus dem Warschauer Vertrag vom Dezember 1970 erwachsen sind.
(Beifall bei der SPD.)
Ich bitte alle diejenigen, die bereits zu einem Nein entschlossen sind, doch noch einmal zuzuhören und ihre Entscheidung noch einmal zu überdenken.
Übermorgen ist der 40. Jahrestag des deutschen Einmarsches in Polen, und ich hatte eigentlich erwartet, daß heute im Landtag daran erinnert wird. Aber betrachten Sie bitte unseren Antrag nicht als eine Art Blumengebinde, das wir hier im Parlament anläßlich dieses Tages ablegen und ein paar schöne Worte sagen, um uns dann wieder anderen Themen zuzuwenden. Betrachten Sie ihn als ernsthaftes Bemühen, alle Fraktionen dafür zu gewinnen, daß sie dem Kulturpolitischen Ausschuß den Auftrag erteilen, sich gründlich mit der Frage zu befassen, wie die deutsch-polnischen Schulbuchempfehlungen in unserem Lande und in unseren Schulen angemessen berücksichtigt werden können. Verstehen wir uns recht: Es geht überhaupt nicht darum, hier den Lehrern vorzuschreiben, was sie in ihren Schulen im einzelnen unterrichten sollen.
(Weiß, CDU: Was denn sonst? – Geil, CDU: Das steht doch so in dem Antrag!)
–Es geht vielmehr darum, das möchte ich Ihnen gleich sagen, einen Konsens zu erreichen, welche Mindestkenntnisse deutsche und polnische Jugendliche von der gemeinsamen leidvollen Vergangenheit haben müssen, um mehr Verständnis für das andere Land, seine Probleme und Ängste aufzubringen. Es geht auch darum, der Schuljugend zu sagen, daß die Bundesrepublik Deutschland in Artikel I des Warschauer Vertrages die Oder-Neiße-Grenze als westliche Staatsgrenze Polens anerkannt hat, um revisionistischen und neonazistischen Tendenzen bei Jugendlichen, die ja durchaus schon wieder vorhanden sind, entgegenzutreten.
(Beifall der SPD.)
Wer die bundesweite Diskussion um die deutsch-polnischen Schulbuchempfehlungen verfolgt hat, dem ist aufgefallen, daß im Mittelpunkt der Diskussion häufig die Ereignisse nach dem Kriege, also die Vertreibung der Deutschen aus den polnischen Gebieten, gestanden haben. Wer sich aber um ein wirklich sachliches Urteil über diese Empfehlungen bemüht, der muß in gleicher Weise auch die Darstellung der Ereignisse während des Krieges in diesen Empfehlungen berücksichtigen.
Wie Sie wissen, versuchte das Hitlerregime in der Zeit von 1939 bis zum Kriegsende, einen Plan in die Tat umzusetzen, dessen verbrecherische Ausmaße weit über das hinausgehen, was der einzelne und was vor allem unsere junge Genera-

tion sich heute noch vorstellen können. Um neuen Lebensraum für die germanische Rasse zu schaffen, sollten Besitz und Kultur der polnischen Bevölkerung zerschlagen werden. Die dort Lebenden sollten, wie man damals sagte, „germanisiert" und, wo das nicht möglich war, ausgerottet oder aber durch planvollen Bildungsentzug vor allem bei Kindern und Jugendlichen zum Untermenschen degradiert werden. Polnische Bibliotheken wurden geschlossen, polnische Lehrer entlassen, ein Großteil der Schulen geschlossen. 48 Prozent der schulpflichtigen polnischen Kinder hatten während der deutschen Okkupation keinen Schulunterricht. Wer versuchte, diese Kinder in einer der vielen Geheimschulen, die der polnische Untergrund damals organisiert hatte, zu unterrichten, mußte mit seiner Hinrichtung rechnen. Die Zahl der in Konzentrationslagern Polens Umgekommenen schwankt nach den Angaben verschiedener Historiker zwischen 2 350 000 und 2 600 000.

Von den polnischen Kindern waren im Jahre 1945 als ermordet, verhungert oder an Krankheit verstorben registriert: 13 Prozent aller 7-bis 12-jährigen, 17 Prozent aller 13- bis 14jährigen, 24 Prozent der 15- bis 17jährigen und 36 Prozent der 18jährigen.

Lesen wir nach, was in den Empfehlungen der deutsch-polnischen Schulbuchkonferenz zu diesem Tatbestand steht, was also nach dem Willen dieser Konferenz den Kindern in Deutschland und Polen erzählt werden soll. Es heißt da:

Bei der Behandlung des Zweiten Weltkrieges sollte die nationalsozialistische Besatzungspolitik und ihre Konsequenzen für das polnische Volk hinreichend dargestellt werden. Es sollte deutlich werden, daß die Politik des Hitlerregimes nicht nur die Auslöschung des polnischen Staates zum Ziele hatte, sondern daß sie auch die Ausrottung der polnischen Intelligenz und Kultur, die Unterdrückung des polnischen Volkes und die Umwandlung Polens in einen Kolonialraum anstrebte.

Hier wird nirgendwo ausgemalt, was „Unterdrückung des polnischen Volkes" für den einzelnen bedeutet hat. Hier steht nichts von Konzentrationslagern, von Kindermorden, von blutigen Massakern an offenen Massengräbern, in die Lebende hineinsteigen mußten, um sich auf einem Leichenhaufen erschießen zu lassen.

Aber es steht hier – ich bitte, das zur Kenntnis zu nehmen – wörtlich:

Es ist zu begrüßen, daß in polnischen Schulbüchern zwischen Deutschen und Hitlerfaschisten unterschieden wird, und es wäre zu wünschen, daß die deutsche Widerstandsbewegung ausführlicher berücksichtigt wird.

Wer als Pole das, was hier Unterdrückung des polnischen Volkes genannt wird, am eigenen Leibe erfahren hat, der wird sich schwertun, diese unterkühlte Darstellung des wirklichen Geschehens zu akzeptieren.

Und genauso geht es den Deutschen, die die Vertreibung nach 1945 am eigenen Leib erlebt haben, wenn sie nachlesen, was darüber in demselben unterkühlten Stil in dem vielumstrittenen Artikel 22 der Empfehlungen zu lesen ist. Dort wird gesagt, daß 1939 in Polen etwa 8,5 Millionen Deutsche lebten, von denen die Hälfte entweder evakuiert wurde oder aber – so steht es wörtlich – unter großen Verlusten noch vor Kriegsende in die deutschen Gebiete westlich von Oder und Neiße flüchtete. Der größte Teil – auch das ist wörtlich – der verbliebenen deutschen Bevölkerung wurde in den Jahren 1945 bis 1947 ausgewiesen bzw. zwangsumgesiedelt.

Es ist nicht Sache der Schulbuchempfehlungen zu vermitteln, was „Unterdrükkung eines Volkes" oder was „Zwangsumsiedlung" für den Betroffenen bedeutet. Das können die Lehrer machen, und diese Freiheit haben sie auch. Es ist nicht die Schuld der Autoren dieser Schulbuchempfehlungen, daß das schreckliche Wort „Bevölkerungstransfer" oder „Bevölkerungsverschiebung" fällt; denn das ist ein Terminus technicus aus dem interalliierten Abkommen.

Die deutsch-polnischen Schulbuchempfehlungen enthalten Kompromißformulierungen, wie fast alle Abkommen zwischen

zwei Gruppen, die unterschiedliche Standpunkte vertreten. Das darf uns aber doch nicht den Blick dafür trüben, daß wir durch diese Schulbuchempfehlungen in der deutsch-polnischen Entspannungspolitik ein ganz wichtiges Stück weitergekommen sind. Lesen Sie einmal nach – am Georg-Eckert-Institut in Braunschweig gibt es genügend Material dazu –, welches Feindbild der Deutschen noch vor wenigen Jahren in den polnischen Schulbüchern zu finden war. Wenn Sie das mit dem vergleichen, was heute in den polnischen Schulbüchern steht, dann können Sie ermessen, welcher Klimawechsel sich da vollzogen hat und sich noch weiter vollziehen wird. Das sollten wir doch unterstützen und nicht bremsen!
(Beifall bei der SPD.)
Viele haben das erkannt.
Unter denen, die die Bedeutung dieser Empfehlungen für die internationale Entspannung erkannt haben, war auch unser jetziger Ministerpräsident, damals Kultusminister von Rheinland-Pfalz. In seinem Brief vom 7. August 1972 an Georg Ekkert, den Leiter der deutschen Kommission, heißt es – ich zitiere -:
Ich halte die von Ihnen ergriffene Initiative der Verständigung mit unserem polnischen Nachbarn für außerordentlich wertvoll. Ich begrüße diese Initiative um so mehr, als die von Ihnen zusammen mit polnischen Wissenschaftlern erarbeiteten Empfehlungen sich in der allgemeinen Tendenz und auch in vielen Einzelheiten mit den Ergebnissen der fachdidaktischen Arbeiten im Fach Geschichte in Rheinland-Pfalz decken. Den zweckmäßigsten und wirkungsvollsten Weg, Ihrem Wunsch entsprechend die Empfehlungen den Lehrern näherzubringen, sehe ich daher in der Einbeziehung dieser Empfehlungen in die entsprechenden Lehrpläne.
(Beifall bei der SPD.)
Diese eindeutige Zustimmung mochte seine Nachfolgerin im Amt nicht teilen. Vielleicht kann man die Tatsache, daß sie in Danzig geboren ist, als Erklärung für dieses Verhalten mit heranziehen.
(Unruhe und starker Widerspruch bei der CDU. – Dr. Volkert, CDU: Keine Unterstellungen! – Krempel, CDU: Sie sollten das Niveau nicht verlassen! – Ministerpräsident Dr. Vogel. So geht es nicht! So nicht, bitte! – Staatsminister Frau Dr. Laurien: Das lasse ich mir nicht gefallen! Weiterer Zuruf von der CDU: Pfui Teufel!)
– Nein, das war überhaupt nicht als Vorwurf gemeint. Ich meinte nur, daß es verständlich ist, daß man dann mit größeren Schwierigkeiten an so etwas herangeht, wenn man hier selbst in seiner eigenen Familie davon betroffen ist.
(Geil, CDU: Man ist vielleicht viel aufgeschlossener! – Staatsminister Frau Dr. Laurien: Worin besteht denn da der Unterschied? – Frau Dr. Herr-Beck, CDU: Was wahr ist, muß doch wahr bleiben! – Weitere Zurufe von der CDU.)
Inzwischen hatten sich nämlich die Vertriebenenverbände zu Wort gemeldet und von Bayern aus zum Widerstand gegen die Empfehlungen aufgerufen. Das hatte zur Folge, daß in den CDU- und CSU-regierten Ländern die Verteilung der Empfehlungen unterblieb. Schließlich – so hieß es – sei ja ein erster Entwurf der Empfehlungen einmal als Beilage der Wochenzeitung „Das Parlament" erschienen; das sei Veröffentlichung genug.
Schleswig-Holstein ging noch einen Schritt weiter. Dort wurde statt der deutsch-polnischen Empfehlungen eine von drei deutschen Historikern kommentierte, ergänzte und veränderte Fassung der Empfehlungen – bekannt als Alternativ-Empfehlungen – an die Schulen verteilt. Meine Damen und Herren, ich kann so gut verstehen, daß all die, die sich um das Zustandekommen des Warschauer Vertrages und des Kulturabkommens bemüht haben, verzweifeln könnten, wenn der gemeinsam erzielte Fortschritt so leichtfertig aufs Spiel gesetzt wird. Da hat sich eine Kommission jahrelang um eine Darstellung der Vergangenheit bemüht, die auf beiden Seiten den Blick für Schuld und Unrecht öffnet, da fangen die Polen gerade an, unsere Beteuerung, nie wieder einen Anspruch auf polnisches Gebiet an-

zumelden, zu glauben, da setzen sich drei deutsche Wissenschaftler zusammen und machen wieder genau das, was überwunden werden sollte, nämlich die Darstellung der Geschichte aus nationaler Sicht. Schlimmer noch, da werden durch diese Alternativ-Empfehlungen alle Ängste der Polen wieder hochgepeischt, weil in diesen Empfehlungen betont wird, bei dem Warschauer Vertrag handele es sich lediglich um einen Gewaltverzicht, keineswegs aber um eine Gebietsabtretung des in den Grenzen von 1937 fortbestehenden Deutschen Reiches.

Ich weiß nicht, ob das politische Instinktlosigkeit oder eine bewußte Sabotage der Friedensbemühungen der Bundesregierung ist. Auf jeden Fall haben die Alternativ-Empfehlungen ein tiefes Loch in das so mühsam aufgebaute Vertrauen der polnischen Regierung und Bevölkerung gerissen. Diese empfindliche Reaktion der Polen uns gegenüber, wenn es darum geht, Abmachungen in die Tat umzusetzen, kommt ja nicht von ungefähr. Schließlich haben wir schon einmal einen deutsch-polnischen Friedensvertrag abgeschlossen, nämlich 1934. Auch damals war von Verständigung, Nichtangreifen und Freundschaft die Rede. Auch damals wurde eine deutsch-polnische Schulbuchkommission eingesetzt, die allerdings nur wenige Male tagte und deren Empfehlungen in den Wind geschrieben waren. Wer also den Polen Überempfindlichkeit vorwirft, der sollte sich darauf besinnen.

Ich bitte Sie also, den deutsch-polnischen Schulbuchempfehlungen in Rheinland-Pfalz das politische Gewicht zu verleihen, das ihnen zukommt, und den Kulturpolitischen Ausschuß zu beauftragen, sich mit unserem Antrag gründlich zu befassen. Sagen Sie nicht, der Staat könne keine Richtlinien für den Geschichtsunterricht herausgeben. Schließlich haben wir erst am 23. November 1978 Richtlinien über die Behandlung der deutschen Frage im Unterricht herausgegeben.

Sagen Sie nicht, bei uns in Rheinland-Pfalz sei sowieso alles in Ordnung und es gäbe da ein Gutachten von irgendeinem Lehrer, der herausgefunden habe, daß an unseren Schulbüchern gar nichts mehr zu verändern sei. So ein Gutachten kann doch nur dann ernst genommen werden, wenn auch ein polnischer Wissenschaftler daran beteiligt wird und wenn zumindest die Methode, die Stichprobe und die Ergebnisse der Öffentlichkeit – auch der Opposition – vorgelegt werden.

(Beifall bei der SPD.)

Sagen Sie auch nicht, die Empfehlungen seien deshalb untauglich, weil darin die Rolle der Sowjetunion im Zweiten Weltkrieg nicht klar genug herausgestellt wird. Meine Damen und Herren, unsere Aufgabe ist es, zunächst einmal das deutsch-polnische Verhältnis in Ordnung zu bringen! Das polnisch-sowjetische Verhältnis können dann andere ordnen.

(Ministerpräsident Dr. Vogel: Die Wahrheit nur dort, wo es sein darf! Die Wahrheit nur halb! – Rocker, CDU: Sie klammern aber Wesentliches aus! – Weitere Zurufe von der CDU.)

Kein Mensch hindert unsere Geschichtslehrer, über das deutsch-sowjetische Verhältnis zu berichten! Kein Mensch hindert unsere Geschichtslehrer, Ergänzungen anzubringen! Niemand hat gesagt, daß nur über das gesprochen werden dürfte, was in diesen Empfehlungen steht! Das haben auch die Empfehlungen selber nie so gemeint.

Sagen Sie also bitte „ja" zur Entspannungspolitik der Bundesregierung. Sagen Sie nicht nur „ja", sondern tragen Sie auch selbst etwas dazu bei. Und darum geht es doch. Daran wird man Sie messen. Und daran mißt uns auch das Ausland. Die vielen Beteuerungen: Wir sind auch dafür –, die nützen doch gar nichts, wenn nicht dann tatsächlich auch etwas in die Tat umgesetzt wird. Nur das zählt. Und darauf warten die Polen mit Recht. Heute hätten Sie dazu eine Gelegenheit. Ich danke Ihnen!

(Beifall der SPD.)

Vizepräsident Dr. Eicher:

Das Wort hat Frau Abgeordnete Dr. Herr-Beck.

Abg. Frau Dr. Herr-Beck, CDU: Herr

Präsident, meine Damen und Herren! Frau Götte, „ja" zur Entspannungspolitik haben wir längst gesagt. Ich bedauere, daß Sie das nicht gehört haben.
(Beifall der CDU.)
Im übrigen meine ich, wenn man ein so ernstes Thema wählt, was niemandem untersagt ist, dann sollte man auch Sprache und Inhalt seiner Rede diesem Ernst des Themas anpassen.
(Beifall der CDU.)
Und ich meine, das setzt voraus, daß man die Achtung, die man gegenüber einem anderen Volk hier in diesem Hause präsentieren und dartun will, in erster Linie auch seinem eigenen Volk und diesem Hause entgegenbringt, und daß man nicht gegen eine so integre Persönlichkeit wie die Frau Kultusminister den Vorwurf erhebt, sie sei einseitig in ihrer Darstellung, weil ihre Heimat Danzig ist.
(Starker Beifall der CDU.)
Dies ist ein Stil, den wir in diesem Hause nicht pflegen wollen und nicht pflegen sollten.
(Zuruf von der CDU: Sehr gut! – Beifall der CDU.)
Meine Fraktion begrüßt das Zustandekommen und die Arbeit der deutsch-polnischen Schulbuchkommission. Sie ist ein wichtiger Schritt auf dem Wege zur Versöhnung und zu einer dauerhaften, dem Frieden verpflichteten nachbarlichen Beziehung zwischen beiden Völkern.
(Beifall der CDU.)
Das Ergebnis dieser bedeutsamen, wichtigen und unsere volle Anerkennung verdienenden Bemühungen wird allerdings nicht dadurch wertvoller, daß wir es überbewerten. Im Gegenteil. Hier hilft nur eine nüchterne Einschätzung der rechtlichen und wissenschaftlichen Qualität der Verhandlungen und dessen, was dort erreicht wurde. Das Ergebnis der Verhandlungen, meine Damen und Herren, waren Empfehlungen. Empfehlungen sind bekanntlich keine Rechtsvorschriften. Sie sind auch kein völkerrechtlicher Vertrag. Dazu wäre auch die Kommission gar nicht legitimiert gewesen. In der Bundesrepublik Deutschland haben die Kulturhoheit die deutschen Bundesländer. Mit diesem Recht haben sie aber auch zugleich – und das ist in diesem Zusammenhang ganz besonders wichtig – die volle Verantwortung für alles, was an Lerninhalten in unseren Schulen der jungen Generation angeboten wird.
Die Kommission hat hier mit Sicherheit eine Reihe wichtiger Anregungen gegeben. Sie hat zur Klärung wichtiger historischer Fakten beigetragen, und dafür verdient sie unseren Dank. Zum Bespiel hat sie – und dies hat Frau Götte zu Recht erwähnt – bewirkt, daß die Polen heute unterscheiden zwischen Hitlerfaschisten und Deutschen. Sie hat auch zuwege gebracht, daß Polen die ursprüngliche Besiedelung Polens nicht mehr als eine Rückkehr der Slaven in ein uraltes Piastenland ansieht, und sie hat – und dies finde ich auch wichtig – erfreulicherweise anerkannt den großen Anteil, den Vertriebene am Wiederaufbau dieser Bundesrepublik Deutschland gehabt haben.
Die Kommission hat deutscherseits zum größeren Verständnis unseres Volkes für das leidvolle Schicksal der polnischen Nation zwischen Ost und West, zwischen Rußland und Deutschland in der Geschichte beigetragen. Sie hat begonnen, Hypotheken beiderseits abzutragen, die zwischen Deutschland und Polen im 19. und 20. Jahrhundert das gegenseitige Verhältnis belasteten, so wie im Westen der jahrhundertealte Streit mit dem „Erbfeind" Frankreich. Hierbei, meine Damen und Herren, wird jedoch zugleich deutlich, unter wieviel schwierigen Umständen die Verhandlungen geführt wurden und auf einem wieviel differenzierteren Hintergrund das erzielte Ergebnis steht.
Die Verhandlungen waren belastet durch die Unterschiede der auf der einen Seite verhandelnden pluralistisch-demokratischen Gruppe und auf der anderen Seite den Vertretern eines ideologisch bestimmten und regierten Systems. Sie waren auch belastet durch die jüngste Geschichte, durch die gegenseitigen Vernichtungs- und Vertreibungsaktionen der beteiligten Völker in der jüngsten Geschichte. Frau

Götte hat zutreffend hier hervorgehoben, was das deutsche Volk dem polnischen zu Beginn des Krieges zugefügt hat. Sie hat allerdings nicht erwähnt, was umgekehrt das polnische Volk den Deutschen drüben zugefügt hat.

Versöhnung und Frieden ist das Ziel der nachbarstaatlichen Politik gegenüber Polen, wie sie gegenüber Frankreich im Westen inzwischen zu einem so großen und, wie wir alle hoffen und glauben, dauerhaften Erfolg geführt hat. Diesem Ziel diente auch die Arbeit der Kommission. Versöhnung und dauerhafter Frieden aber können niemals auf historischer Unwahrheit und auf Geschichtsklitterung aufgebaut werden.

(Beifall der CDU.)

Die Geschichte hat uns gelehrt, daß unwahre Darstellung historischer Tatsachen von den nachfolgenden Generationen mit ungeheurer Emotion nicht nur ins Gegenteil verkehrt, sondern oft mit Gewaltlösungen beantwortet wird. Gerade der Hinweis der Antragsteller auf rechtsradikale Tendenzen mahnt uns zu äußerster Vorsicht und größter Nüchternheit auf diesem Gebiet. Eine falsche Darstellung der Geschichte wäre für radikale Kräfte der ausgezeichnetste Nährboden für ihr Wirken, umgeben noch mit dem Anschein des Rechtes.

(Beifall der CDU.)

Je wahrhaftiger unsere historische Aussage, desto geringer der Zündstoff und desto gesicherter unser Friedensstandpunkt.

(Beifall der CDU.)

Gerade wenn man im Zusammenhang mit dem Warschauer Vertrag von der Notwendigkeit einer Friedenspädagogik, wie Jacobsen sie fordert, spricht, wäre es falsch, ohne Rücksicht auf die geschichtliche Wahrheit alle Empfehlungen der Kommission einfach zu übernehmen. Wir wollen dem Frieden sehr viel gründlicher dienen. Anders zu handeln, hieße doch gerade, den Fehler zu machen, den wir den ideologischen Erziehungssystemen vorwerfen, in denen das Endziel den Weg heiligt, die die Wahrheit unterdrücken, um eine bestimmte Menschenform heranzubilden und ein bestimmtes politisches Ziel zu erreichen. Wahrheit ist für uns nicht eine Frage der Opportunität. Und dies muß ich sagen, Frau Götte. Es klang in Ihrer Rede so, als müßten wir nun insbesondere das Verhältnis zwischen Deutschen und Polen in der Geschichte unter Ausklammerung des Beitrages von Rußland der jungen Generation darstellen, weil dies aus Gründen des Friedens augenblicklich erforderlich sei.

Dies gibt keinen Frieden, dies wird kein Friede. Wer Geschichte wirklich begriffen hat, der weiß das. Gerade in diesem Punkt wird der Unterschied zwischen demokratischer und ideologisch-diktatorischer Denkweise deutlich.

Meine Damen und Herren, ich habe in meiner Schulzeit beides erlebt. Ich bin schon in die Schule gegangen unter dem nationalsozialistischen System, und ich bin noch in die Schule gegangen unter dem freiheitlich-demokratischen. Wir haben – deshalb sage ich das so sehr auch aus eigener Erfahrung und eigenem Erleben – Verantwortung gegenüber der jungen Generation. Diese junge Generation hat einen Anspruch gegen uns auf die Darstellung unseres geschichtlichen Wissens, und sie hat einen Anspruch auf die Wahrheit.

(Beifall bei der CDU.)

Wenn wir junge Menschen zu wissenschaftlichen Arbeiten erziehen und hinbilden wollen, dann geht auch dies nur auf der Basis der Wahrheit. Daneben und darüber hinaus sind Versöhnung, Vergebung, Toleranz Erziehungsziele, aber sie alle können nur auf der Wahrheit basieren. So wollen wir Haß beseitigen, gegenseitige Verständigung, Achtung und Frieden aufbauen.

Namhafte Fachwissenschaftler haben gegen die Wahrheit dieser Empfehlungen in einigen Punkten erhebliche Einwände gemacht –, Einwände, die sich teils auf den historischen Teil beziehen und teils auf den zeitgeschichtlichen. Ich greife nur einige Beispiele heraus. Es würde die Zeit nicht reichen, um die ganzen Schulbuchempfehlungen daraufhin genauestens durchzusprechen.

Die Ureinwohner des heutigen Polen waren nicht Slawen, sondern die Slawen waren Zuwanderer wie vor ihnen die Ostgermanen und nach ihnen die Deutschen. In der Darstellung der deutsch-polnischen Beziehungen sind zum Beispiel die Kulturtaten der Deutschen Hanse überhaupt nicht erwähnt: Es sind auch nicht die unsere Kultur prägenden deutschen, schlesischen Schriftsteller, Dichter der Barockzeit erwähnt. Die Namen wie Opitz, Gryphius, Hofmannswaldau, Logau, Böhme, Angelus Silesius kommen überhaupt nicht vor. Copernicus ist als Urpole dargestellt, obgleich er nur deutsch sprach und obgleich e? von seinem geliebten „Vaterland Preußen" sprach, was allerdings nicht dem Preußischen im Sinne des vergangenen Jahrhunderts entspricht, womit aber auf keinen Fall Polen gemeint war. Er war preußischer Patriot.

Bei den polnischen Teilungen zu Ende des 18. Jahrhunderts ist nur die deutsche Rolle erwähnt, nicht aber die russische, die so erheblich war, daß nach dem Wiener Kongreß 82 Prozent des früheren Polens russisch waren, 10 Prozent österreichisch und 8 Prozent preußisch.

Ebensowenig ist die Rolle Sowjetrußlands gegenüber Polen dargetan, weder in der Zeit nach 1945 mit der Annexion Gesamtpolens noch beim Überfall 1939 mit dem Geheimvertrag zwischen Hitler und Stalin über eine vierte Teilung Polens.

Im zeitgeschichlichen Teil ist für uns unannehmbar, von „Bevölkerungsverschiebung" zu sprechen angesichts der Vertreibung und des durchlittenen Schicksals von 8,5 Millionen Deutschen.

(Beifall bei der CDU.)

Ebensowenig ist für uns annehmbar die Formulierung – ich zitiere mit Genehmigung des Herrn Präsidenten aus der Ziffer 22 der Empfehlungen –: „In der Folgezeit fanden noch einzelne Übersiedlungen und individuelle Ausreisen im Rahmen der Familienzusammenführung unter anderem in den Jahren 1956/57." – Dies ist eine unzulässige Verniedlichung bei 460 000 Aussiedlern in der Zeit von 1950 bis 1970. Es ist ganz offensichtlich, daß die polnische Seite durch politische Rücksichten bei diesen Verhandlungen gehemmt war. Dies ist bei einem straff ideologisch ausgerichteten Staatswesen auch nicht verwunderlich. Wenn wir das auch gerade deshalb begreifen, weil wir es aus unseren eigenen geschichtlichen Erfahrungen heraus kennen, dann dürfen doch gerade wir, die wir in einem freien Staatswesen leben, uns dem nicht anschließen.

Wie verschieden die Ausgangspunkte zwischen Deutschland und Polen in diesem Zusammenhang sind, ist uns deutlich geworden bei einem Gespräch, das Herr Geil, Herr Martin und ich im Rahmen eines Polenbesuchs in Warschau führten. Die Vorstellung, daß in der Bundesrepublik wie in Polen eine bestimmte wissenschaftliche Erkenntnis einfach von der Bundesregierung für alle verbindlich angeordnet werden könne, zeigt, wie meilenweit die Entfernung zwischen Polen und Deutschland hier ist. Bei uns werden wissenschaftliche Erkenntnisse – ich zitiere aus der Antwort der Frau Kultusminister auf eine Kleine Anfrage – angeboten, aber sie werden nicht angeordnet.

Wir haben sowohl dieses Faktum als auch unseren Standpunkt in einigen Einzelfragen, zum Beispiel der Frage der Vertreibung, mit freundlicher Klarheit in diesem Gespräch vertreten, bei aller Betonung unseres Willens, beide Völker, Deutsche und Polen, insbesondere die Jugend, einander näherzubringen und wie mit Frankreich einen dauerhaften Frieden und eine Freundschaft zwischen beiden zu begründen. Wir hatten den Eindruck, daß uns diese Haltung durchaus Achtung und auch Verständnis einbrachte. Wir sollten uns nicht scheuen, Trennendes auch Trennendes zu nennen und bereit sein, gegenseitig Vergebung zu empfangen. Das ist sicher ein ehrlicher und deshalb dauerhafterer Frieden, der auf der Wahrheit beruht.

(Beifall der CDU.)

Niemand will, wie es im Antrag heißt, „selbstgerechte und nationalistische Darstellung" der Ereignisse. Nur, meine Damen und Herren, erscheint die kritiklose Übernahme aller Punkte der Empfehlung nicht die Alternative, sondern im Gegenteil neue Einseitigkeit zu sein. Meine Damen und Herren, ich muß Sie fragen: Welches Mißtrauen und welche Umstellung gegenüber den Lehrern in unserem Land spricht aus dieser Formulierung? –

(Geil, CDU: Sehr richtig! – Beifall bei der CDU.)

Ich kenne kein einziges Beispiel, weder aus einem Schulbuch noch aus einem Schulunterricht, in dem ein Lehrer selbstgerechte und nationalistische Darstellung der Ereignisse zwischen Polen und Deutschland gegeben hätte.

(Frau Dr. Götte, SPD: Bei den Schülern, war gemeint!)

– Das verstehe ich nicht, Frau Götte, Sie wollten es doch an die Lehrer verteilen und nicht an die Schüler. Das verstehe ich nicht.

Die Formulierung „berücksichtigen", zu der sich Deutschland in dem Kulturabkommen verpflichtet hat, bedeutet, in die Überlegungen und Auseinandersetzungen mit dem Problem einbeziehen; es bedeutet nicht wörtliche Übernahme.

Neben der Grenze der Wahrheit gibt es für uns aber auch noch die Grenze unseres Verfassungsrechtes für die Darstellung des Geschehens zwischen Deutschland und Polen.

Mit der geleisteten Unterschrift unter den Warschauer Vertrag hat die Bundesrepublik anerkannt, daß sie sich mit den Grenzen von 1945 definitiv abgefunden hat, ohne, meine Damen und Herren, dabei das Recht auf Selbstbestimmung der Deutschen aufzugeben oder etwa ein gesamtdeutsches Völkerrechtssubjekt zu binden.

Alle Parteien des Deutschen Bundestages haben in einer gemeinsamen Resolution am 17. Mai 1972 festgestellt, daß die Verträge eine friedensvertragliche Regelung für Deutschland nicht vorwegnehmen und keine Rechtsgrundlage für die heute bestehenden Grenzen schaffen. Dies allein steht in Übereinstimmung mit dem Auftrag des Grundgesetzes, wie er in der Präambel niedergelegt ist, und mit der Auffassung des Bundesverfassungsgerichts über unsere Rechtsgrundlage.

Diese rechtlichen Gesichtspunkte sind für uns bindend.

Die Kommission hat sich mit Schulbüchern befaßt und Empfehlungen für die Darstellung insoweit gegeben. Die Empfehlungen waren zunächst einmal gar nicht gedacht für alle Lehrer, sondern für Schulbuchkommissionen, die Schulbücher zulassen, für fachdidaktische Kommissionen. Diese haben in unserem Land die Empfehlungen.

Rheinland-Pfalz hat darüber hinaus eine eigene Untersuchung eingeleitet über die Berücksichtigung des Inhalts der Empfehlungen in den in unserem Land zugelassenen Schulbüchern. Die Untersuchung kommt zu dem Ergebnis, daß die Frage, ob die Darstellung in unseren Schulbüchern den Anforderungen der Empfehlungen genügt, grundsätzlich zu bejahen ist.

Interessant ist, daß auch der hessische Kultusminister Krollmann mit uns völlig einig ist, indem er formuliert, daß es sich bei den Empfehlungen nicht um eine „amtliche Sprachregelung", sondern um, wie er sagt, „Material" und um Hinweise auf Problemstellungen handelt. Er sieht die deutsch-polnische Schulbuchkonferenz in der Nachfolge der früheren deutsch-französischen Schulbuchgespräche – und dies ist genau der richtige Ort –, und er erklärt, daß die Empfehlungen nicht unkritisch übernommen werden dürfen.

Die deutsch-polnischen Gespräche sollten weitergeführt werden; denn sie tragen zum weiteren Abbau geschichtlich bedingten Mißtrauens zwischen Polen und Deutschen bei. Sie führen zu einem Überblick über gemeinsam getragene Positionen in der Geschichte der Beziehungen zwischen Polen und Deutschland. Sie fördern das gegenseitige Verständnis auch da und gerade da, wo etwa gegenteilige Auffassungen zunächst bestehenbleiben, und damit dienen sie Frieden und Freundschaft zwischen beiden Völkern. Wir wollen auf dem Weg der Verständigung der Völker fortfahren. Unrichtige historische Fakten können und dürfen wir der jungen Generation nicht vermitteln. Die CDU-Fraktion wird deshalb den Antrag ablehnen.

(Anhaltender starker Beifall der CDU.)

Vizepräsident Dr. Eicher:

Das Wort hat Herr Abgeordneter Dr. Danz.

Abg. Dr. Danz, F.D.P.:

Herr Präsident, meine Damen und Herren! Ich möchte zunächst meine Kollegin Dr. Götte in Schutz nehmen, die hier ein sehr wichtiges politisches Problem mit großem Ernst vorgetragen hat und der man aus einem kleinen Nebensatz hier keinen Strick drehen sollte.

(Beifall bei der SPD.)

Aber, Frau Kollegin Dr. Herr-Beck, auch was Ihren beachtlichen Vortrag betrifft, der uns sicher alle zum Nachdenken auffordert, glaube ich, daß er den richtigen Rahmen abgibt, dieses Thema hier miteinander zu besprechen und zu debattieren.

(Beifall der F.D.P. und bei der CDU.)

Die deutsch-polnischen Schulbuchempfehlungen sind meines Erachtens in eine politische Auseinandersetzung geraten, die sie im Grunde nicht verdienen. Es war sicherlich auch nicht die Absicht der Autoren – der Wissenschaftler, der Sachverständigen, der Mitglieder der beiden Kommissionen –, die ganz zweifellos einen Beitrag zur Verständigung der beiden Nachbarvölker angehen wollten, hier alte Wunden aufzureißen – auf der einen wie auf der anderen Seite.

Daß bei diesen Schulbuchempfehlungen nicht mehr herausgekommen ist, was die gemeinsame Geschichtsbetrachtung beider Völker betrifft, das hat etwas mit der langen und eben leider oft sehr strittigen Vergangenheit dieser beiden Nachbarvölker zu tun. Ich glaube, wir dürfen die Schulbuchempfehlungen überhaupt nur betrachten als einen Abriß von Konsensen, die erreicht worden sind; wobei hier ganz offen zugegeben werden muß, daß Dissensen übriggeblieben sind, und nur so können wir, glaube ich, das auch als Empfehlung mitnehmen.

Frau Dr. Herr-Beck, was Sie hinsichtlich der Geraderückung gewisser geschichtlicher Tatsachen hier vorgetragen haben, kann ich nur hundertprozentig unterstützen. Trotzdem möchte ich jetzt nicht so hart die Initiative der SPD ablehnen, diesen Antrag etwa durch Ablehnung einfach vom Tische zu nehmen.

Zunächst müssen wir aber feststellen: Es gibt gar keinen Zweifel, daß das, was diese Kommission erarbeitet hat, nur eine Empfehlung sein konnte – es heißt ja im Wortlaut schon „Empfehlungen" –, keineswegs verbindlich sein könnte. Das hat auch die Bundesregierung ganz offen gesagt. Deswegen hat sie in Artikel 4 des Kulturabkommens auch nur sehr vage formuliert, sich dafür einzusetzen, daß die Schulbuchempfehlungen berücksichtigt werden, und ausschließlich auf die Länderzuständigkeit in der Entscheidung über diese Fragen hingewiesen. Ich glaube, wir wären ganz falsch beraten, wenn wir jetzt von irgendeiner Seite fordern würden, nun Wort für Wort, etwa in der Fassung von Richtlinien, unseren didaktischen Kommissionen praktisch vorzuschreiben, was in die Schulbücher aufzunehmen sei, oder gar den Lehrern vorzuschreiben, wie sie im Unterricht das deutsch-polnische Problem behandeln müssen.

Diese Empfehlungen können nur eine Hilfe sein, zur Versöhnung, zur Verständigung, zum Frieden zwischen den beiden Völkern beizutragen. Alles, was da ausgeklammert ist, weil kein Konsens erreicht werden konnte, muß selbstverständlich gebracht werden. Hier ist ja keine neue deutsch-polnische Geschichte geschrieben worden, sondern hier ist zwischen zwei Völkern, die den wirklichen Wunsch haben, in Zukunft besser nachbarlich zusammenzuleben, der Versuch eines Kompromisses gemacht worden.

Bei gewissen Formulierungen, die da gefunden worden sind, dürfen wir, glaube ich, nicht übersehen, daß ja auch auf der anderen Seite sehr vieles uns gegenüber abgebaut werden mußte. Hier ist mit Recht auf die Zeit des Krieges auf der einen Seite und dann auf die Nachkriegszeit hingewiesen worden. Ich finde, wenn wir an einer Verständigung wirklich interessiert sind, dann muß uns auch daran gelegen sein, daß das Feindbild, das in der polnischen Bevölkerung uns gegenüber bestand, ebenso abgebaut wird durch eine Revision von deren Schulbüchern.

Deshalb wollte ich jetzt doch einmal folgendes zu überlegen geben, wobei ich offen vorausschicke, meine Kolleginnen und Kollegen von der SPD: In dieser ultimativen Form, wie Sie hier Forderungen erheben, ist die F.D.P. nicht in der Lage, das zu unterstützen. Aber, Frau Dr. Götte, Sie hatten ja gleich am Anfang, wenn ich das richtig mitbekommen habe, eine Bemerkung gemacht, ob es nicht möglich sei, in dem zuständigen Ausschuß einmal gemeinsam Betrachtungen anzustellen, wie wir, ohne Geschichtsklitterung vorzunehmen, ohne historische Wahrheit umzubiegen, auf der Grundlage dieser Schulbuchempfehlungen gewisse Empfehlungen ausgeben können.

Wenn wir uns darauf einigen können – ich glaube, das wäre für alle lohnenswert–, dann würden wir hier sicherlich auch als rheinlandpfälzischer Landtag einen Schritt in die von uns allen ja offenbar gewünschte Richtung der Aussöhnung, der Entspannung, der Verständigung und des Friedens tun. Nur so, wie es hier in dem Antrag steht, daß da Schulbücher rausgeschmissen oder Schulbücher geändert werden müssen aufgrund des Wortlautes dieser Schulbuchempfehlungen, das halte ich für ganz ausgeschlossen. Hier möchte ich Frau Dr. Herr-Beck noch einmal recht geben. Das halte ich auch nicht für gut im Sinne einer dauerhaften Verständigung.

(Beifall der F.D.P. und bei der CDU.)

Man sollte wirklich in dem Bemühen, uns untereinander ganz klar die Wahrheit zu sagen, eine neue Brücke bauen, auf der man in Zukunft zusammenleben kann und nicht indem wir das eine oder andere unter den Tisch kehren, um dann, wenn es wieder mal zu einem Disput kommt, es wieder aus der Schublade herauszuholen. Damit ist uns in der Tat nicht geholfen. Aber ich glaube, es wäre schon bedenkenswert, im Ausschuß darüber zu sprechen. Und wenn wir uns dann einigen könnten, daß das jetzt keine Richtlinien oder Thesen sind, die übernommen werden müssen, sondern daß man auf der Grundlage dieser Konsense untersucht, was man den didaktischen Kommissionen an die Hand gibt, damit sie das dann nachher in Lehrpläne einarbeiten und dann die Schulbuchautoren sich entsprechend verhalten, dann würden wir hier einen wirklichen, vernünftigen Friedensbeitrag leisten.

Deswegen beantrage ich – ich hoffe im Sinne des Anstragstellers – die Überweisung dieses Antrags in den Kulturpolitischen Ausschuß.

(Beifall der F.D.P. und bei der CDU.)

Vizepräsident Dr. Eicher: Das Wort hat Herr Abgeordneter Klein.

Abg. Klein, SPD: Herr Präsident! Meine sehr verehrten Damen und Herren! Ich möchte zunächst ausdrücklich hier vor dem Plenum zustimmen, daß wir damit einverstanden sind, daß der Antrag in den zuständigen Ausschuß überwiesen wird und daß sicherlich auch die heute hier gehörten Debattenbeiträge mit dazu beitragen können, Lösungen anzustreben. Dafür stehe ich hier, darum zu ringen.

Aber ich beginne auch mit einer Bemerkung, die Sie, verehrter Herr Kollege Dr. Danz – ich bin Ihnen dafür sehr dankbar – gemacht haben, daß nämlich die Bemerkung meiner Kollegin Frau Dr. Götte nicht so, wie dies offensichtlich verstanden wurde, hier im Raume stehenbleiben darf und soll. Sie wird sich nachher nach unserer Geschäftsordnung zu einer persönlichen Erklärung hier melden. Ich sage jetzt für die SPD-Fraktion: Frau Laurien ist Kultusminister einer frei gewählten demokratischen Regierung. Wir haben andere politische Standpunkte. Das ist in einer pluralistischen Gesellschaft die Normalität. In der Demokratie gibt es viele Möglichkeiten der Auseinandersetzung. Wir nutzen sie ja auch hier. Die Bemerkung, verehrte Frau Kollegin Laurien, war kein persönlicher Vorwurf und keine Unterstellung. Das ist auch die Auffassung der Fraktion, keine Einseitigkeit aus der Tatsache herzuleiten, daß Danzig Ihre Geburtsstadt ist. Nehmen Sie mit Respekt

diese Bemerkung der SPD-Fraktion entgegen, wohl wissend, daß Sie Ihren Auftrag nach unserer Verfassung erfüllen.
(Beifall des Hauses.)
Meine Damen und Herren, das ist ein schwieriges Thema, das wir heute zu besprechen haben. Und es ist sicherlich für jeden, der der Kriegsgeneration angehört, völlig klar, daß man an dem Tag der 40jährigen Wiederkehr des Beginns des unheilvollen Krieges nicht vorbeigehen kann und daß man daran denkt. Viele Völker haben Millionen von Toten und Kriegsversehrten zu beklagen. Auch das deutsche Volk hat die Verbrechen des Nationalsozialismus mit Millionen Opfern und dazu mit der Teilung unseres Vaterlandes bezahlt. In den vergangenen 30 Jahren konnten wir in der Bundesrepublik manche Hypothek abtragen, mühsam, leider nicht ohne Anfeindungen. Klar muß jedoch sein, daß keine Wiedergutmachung wirklich wiedergutmachen kann, was im deutschen Namen an den Millionen von Menschen verübt worden ist. Und hätte es nicht die Großmut der geschundenen Völker und ihr Verzeihen gegeben für das deutsche Volk, hätte kein Neuanfang stattgefunden. Gerade wenn es um Polen geht, müssen wir uns darüber im klaren sein, daß es eben einmal Ziel deutscher Politik war, den polnischen Staat zu zerstören, das polnische Volk zu versklaven und seine Kultur und sein geschichtliches Bewußtsein auszumerzen. Erinnerungen fallen einem ein, ich will sie hier gar nicht nennen.
Aber ich will keine Emotionen wecken, sondern an den letzten Akt des Unrechts an dem polnischen Volk erinnern, den wir Deutsche begangen haben. Meine Damen und Herren, eine Reduktion des Geschichtsbewußtseins, eine Interessiert-mich-nicht- und Geht-mich-nichts-an-Haltung muß im Hinblick auf die immer noch bestehende fortwährende Hypothek der Väter und Großväter abgelehnt werden. Auch ich gehöre dazu, ganz persönlich. Und die junge Generation kann die geschichtliche Dimension der Wirklichkeit nur dann erschließen und sie nur dann vergegenwärtigen, wenn es uns, den Lehrern und den Eltern gelingt, Geschichtsbewußtsein zu wecken und zu vertiefen. Kritische Reflexion auf die eigene Vergangenheit des deutschen Volkes muß anstelle möglicher Ressentiments, die aus der Geschichte und der Beschäftigung mit ihr resultieren, treten. Geschichte muß aber auch Voraussetzungen dafür schaffen, nicht nur die eigene Geschichte, sondern die Geschichte und Entwicklung anderer Nationen mit einzubeziehen und die Sensibilität für ihr Schicksal, ihre Eigenarten und ihre Probleme wecken. Primär gilt dies natürlich für die europäischen Nachbarvölker, unter denen besonders wieder für die Polen, mit denen uns eine lange europäische Geschichte verbindet.
Meine Damen und Herren, die Empfehlungen der gemeinsamen deutsch-polnischen Schulbuchkommission für Schulbücher, Geschichte und Geographie in der Bundesrepublik Deutschland und der Volksrepublik Polen sind meiner Einschätzung nach eine mehr als bedeutsame Arbeit. So ist ihr ungewöhnlich großes und auch anhaltendes Interesse in der Bundesrepublik, aber auch in der Volksrepublik Polen, mehr als verständlich. Das ist gut so. Ich danke allen für die Mühe, die dabei mitgewirkt haben, hier und in Polen. Ich weiß natürlich, daß die gemeinsame Erarbeitung von Empfehlungen ein mehr als mühsames und zeitaufwendiges, aufregendes, notwendiges und schließlich auch ein lohnendes Unterfangen ist. Schließlich mußten und müssen wir alle lernen, die Geschichte der Beziehungen zwischen beiden Völkern immer auch wieder mit den Augen der anderen Seite zu sehen. Das ist schwer, aber die einzige Möglichkeit, zu einem tragbaren Ergebnis zu kommen.
Meine Damen und Herren, daß die Empfehlungen auch Kritik erfahren würden, konnte keinen überraschen. Zum einen liegt es ja ohnehin im Wesen wissenschaftlicher Arbeit, daß die Kritik an oberster Stelle stehen sollte.
Zum anderen bietet natürlich der Umstand, daß nach den langen und leidvollen

Beziehungen zwischen den beiden Völkern Historiker und Geographen sich an einen Tisch setzen und ein Gemeinschaftswerk vorlegen, genügend Anlaß zu einer kasuistischen Kritik.

Nicht verkannt werden darf bei der Beurteilung dieses schwierigen Komplexes, daß es kaum eine vergleichbare Anstrengung und kaum vergleichbare Ergebnisse gibt, die erkennen lassen, wie geschlossene Verträge zwischen zwei Staaten ernstgenommen und ausgefüllt werden können. Ich möchte in diesem Zusammenhang an Artikel III des Vertrages zwischen der Bundesrepublik Deutschland und der Volksrepublik Polen über die Grundlagen der Normalisierung ihrer gegenseitigen Beziehungen vom 7. Dezember 1970 erinnern. Hierin heißt es: Die Bundesrepublik Deutschland und die Volksrepublik Polen werden weitere Schritte zur vollen Normalisierung und umfassenden Entwicklung ihr gegenseitigen Beziehungen unternehmen, deren feste Grundlage dieser Vertrag bildet. – Der in diesen wenigen Worten steckende gewaltige Auftrag, meine Damen und Herren, will ernstgenommen werden, und beide Vertragsparteien sind Verpflichtungen eingegangen, zu deren Lösung umfassende Überlegungen angestellt werden. Wenn die Polen aufgrund ihrer Geschichte empfindlich sind, so liegt dies u. a. auch darin begründet, daß es Verträge gibt, die gebrochen wurden.

Solche konkreten Handlungsanweisungen sind eigentlich die Ausnahme in internationalen Verträgen. Sehr oft sind die Vertragsparteien erfreut, wenn Verträge gebührend gewürdigt werden, und bereit, diese zu verwahren und somit oft vertrocknen zu lassen. Eine der vielen Möglichkeiten, die beiderseitigen Beziehungen zu normalisieren, liegt in den deutsch-polnischen Schulbuchempfehlungen vor. Diese sind nach meiner Auffassung und nach der Auffassung meiner Fraktion ein einmaliges Angebot und umfassender Ausdruck des Willens zur Versöhnung. Die Anstrengungen, welche durch Historiker und Geographen unternommen wurden, sollten wir der jungen Generation nutzbar machen.

Selbstverständlich ist es richtig, daß die Bundesrepublik Deutschland, vertreten durch die Bundesregierung, Partner des Warschauer Vertrages ist. Für die Schulen hingegen ist die Bundesregierung nicht zuständig, hier sind die Länder gefordert. Sich allerdings hinter diesen förmlichen Verantwortlichkeiten zu verschanzen, kann nur dazu führen, unheilvolle Emotionen heraufzubeschwören. Ich will nicht dem Versuch erliegen, auf eine förmliche Ausrede mit einer förmlichen Frage zu antworten, ob denn nicht die feststehende Verpflichtung der Ländeer zur Bundestreue eben diesen Ländern rechtlich zwingend auferlegt, daran mitzuwirken, daß die Bundesrepublik Deutschland ihre Vertragsverpflichtungen erfüllen kann.

Wie gesagt, mir geht es nicht um förmliche Fragen und um rechtliche Standpunkte. Es geht mir allein darum, wie ernst, ausgeprägt und geduldig die in der Bundesrepublik Verantwortung tragenden Politiker die eingegangene Verpflichtung nehmen, an der Entwicklung der Beziehungen zwischen der Bundesrepublik Deutschland und der Volksrepublik Polen überall da mitzuwirken, wo eine Möglichkeit für sie besteht. Es geht mir nicht um einen Effekt, sondern um die Ernsthaftigkeit der Prüfung, wie der Prozeß der Umsetzung der Empfehlungen in den Schulunterricht vorangebracht werden kann.

Meine Damen und Herren, die wissenschaftliche Substanz der Aussagen der deutsch-polnischen Schulbuchempfehlungen ist nicht durch parlamentarische Mehrheitsentscheidungen zu widerlegen. Die Überzeugungskraft solcher Empfehlungen ist nicht in parlamentarischer Mehrheitsentscheidung begründet, sondern in historischer Wahrheit, deren Ziel es ist, eben auch die andere Seite über den kurzfristigen und kurzsichtigen Streit hinweg zu hören.

Historische Wahrheit, meine Damen und Herren, so wie es hier gesagt worden ist, ist das eigentlich so etwas Absolutes? Gibt es nicht eigentlich immer nur eine Annä-

herung an die Wahrheit? Wird Geschichte nicht immer neu geschrieben? Das ist nicht von mir, was ich jetzt hier sage, sondern ich zitiere Carr, den konservativen englischen Historiker. Darüber müssen wir in aller Ruhe nachdenken, wenn wir im Ausschuß hierüber reden.
Es gibt Ansätze der Umsetzung. Die Empfehlungen könnten einen festen Platz in der Lehrerausbildung und in der Lehrerfortbildung erhalten. Ferner könnten Konferenzen der Fachlehrer an den Schulen eingerichtet werden, und über die Lehrpläne ließen sich Wege finden, die Empfehlungen in die Arbeit an den Schulen einzuführen.
Ungeeignet erscheint hingegen der Weg, den wir hier in Rheinland-Pfalz und den unser Kultusministerium mit den Lehrplan zum Fach ,,Geschichte" für die Sekundarstufe I beschritten hat.
Meine Damen und Herren, auch wenn keine Einigung zwischen den Kultusministern der Bundesrepublik zustande kam, so ist das kein Anlaß, das Thema einfach beiseite zu legen. Jeder ist hier gefordert. Ich fühle mich persönlich gefordert, und niemand auf der Welt kann mir diese Verantwortung nehmen. Es reicht nicht aus, wenn Politiker der CDU/CSU gelegentlich betonen, sie würden selbstverständlich geschlossene Verträge einhalten, und dies besonders im Hinblick auf den deutsch-polnischen Vertrag. Glaubwürdig werden solche Aussagen erst, wenn Worte durch Handlungen bekräftigt werden. Daran werden wir gemessen!
(Beifall der SPD.)
Meine Damen und Herren, nicht dem Dirigismus hinsichtlich der Schulbücher wollen wir das Wort reden. Wir wissen, daß Schulbücher von freien Verlegern herausgebracht werden; diese wählen die Autoren aus und bestimmen, wen sie für geeignet halten. Im Endeffekt bieten sie den Schulverwaltungen ihre Bücher an. Ich vertrete in diesen Tagen nicht die Auffassung, die ein CSU-Abgeordneter, wie ich in der Frankfurter Allgemeinen Zeitung nachlesen konnte, vertreten hat. So sehr ,,Archipel Gulag" ein lesenswertes Buch ist, daraus aber die Folgerung zu ziehen, dies als Pflichtlektüre einzuführen, wie ich gelesen habe – ich muß mich hier auf die Zeitung beziehen–, ist natürlich auch ein Problem, wenn wir darüber diskutieren.
(Geil, CDU: Genau das gleich wie hier! – Wilhelm, CDU: Es muß ausgewogen gelesen werden!)
Im Endeffekt werden die Bücher, wie gesagt, den Schulverwaltungen angeboten. Es wird sich daher lohnen, die Diskussion mit Schulbuchverlagen zu suchen und ihnen die Bedeutung der deutsch-polnischen Schulbuchempfehlungen nahezubringen. Nur wenn es verhindert werden kann, daß Erörterungen in jene anmaßende und einseitige Form abgleiten, mit denen die sogenannten ,,Alternativempfehlungen zur Behandlung der deutsch-polnischen Geschichte in den Schulbüchern" in polemischer Form versuchen, die sorgfältige Gemeinschaftsarbeit einseitig zu verändern, wird es gelingen, die ernsthafte und an der Sache orientierte Auseinandersetzung zu finden.
Meine Damen und Herren, die Bemühungen um eine Aussöhnung vertragen keine Polemik. Nicht nur die Achtung vor der wissenschaftlichen Leistung ist zu fordern, sondern auch die Achtung vor dem Willen zur Versöhnung, der sich in der Fähigkeit ausdrückt, zu einer gemeinsamen Leistung dieser Art zu kommen.
Die hier wiedergegebenen Überlegungen sollen Möglichkeiten aufzeigen und zu weiteren und zusätzlichen Überlegungen und Vorschlägen ermutigen, die die Beziehungen zwischen den beiden Völkern einen wichtigen Schritt weiterbringen können, und diese Gelegenheit sollten wir nutzen.
Meine Damen und Herren, ich will schließen mit dem wörtlichen Zitat, das der Bundeskanzler in Warschau gebraucht hat: ,,Ein klares Geschichtsbewußtsein duldet keine unerfüllbaren Ansprüche." Es duldet auch nicht jene geheimen Vorbehalte, vor denen der Ostpreuße Immanuel Kant in seiner Schrift ,,Zum ewigen Frieden" gewarnt hat.
Ich bitte Sie, stimmen Sie der Überwei-

sung zu. Führen wir eine ernsthafte Debatte. Leisten wir unseren Beitrag in diesem Land, daß diese Schulbuchempfehlungen in unseren Schulen eingeführt werden, daß wir ebenso, wie wir es mit großem Enthusiasmus gegenüber dem bei meinen Eltern noch so bezeichneten „Erbfeind Frankreich" erlebt haben, wo die Normalisierung heute in eine völlige Normalität übergegangen ist, auch zu einer Normalisierung mit Polen kommen, so wie es der Vertrag uns als Verpflichtung, wie ich es sehe, auferlegt. – Ich bedanke mich für Ihre Aufmerksamkeit.

(Anhaltender und starker Beifall der SPD.)

Vizepräsident Dr. Eicher: Ich erteile das Wort dem Herrn Abgeordneten Martin.

Abg. Martin, CDU: Herr Präsident, meine sehr verehrten Damen und Herren! Ich werde mich selbstverständlich bemühen, die Diskussion in der Weise fortzusetzen, wie sie begonnen worden ist, nämlich im Wissen darum, daß wir hier über eines der ernstesten Probleme miteinander sprechen, vor denen Bildungspolitik und politische Willensäußerungen eines Parlaments heute stehen können. Es ist ganz gewiß richtig, daß das Bemühen um Aussöhnung, wie das der Herr Kollege Klein eben gesagt hat, keine Polemik erlaubt. Aber das Bemühen um Aussöhnung verlangt, daß man Fragen stellt. Solche Fragen muß man stellen, wenn man den Antrag, den die Fraktion der SPD vorgelegt hat, ernst nimmt.

Ich bin davon überzeugt, daß dieser Antrag, dessen Bemühen, einen Schritt auf dem Weg zur Verständigung mit dem polnischen Volk zu tun, ich überhaupt nicht in Zweifel ziehe, diesen Schritt mit einem Hilfsmittel zu tun versucht, von dem ich nach gründlicher Untersuchung der Überzeugung bin, daß es diesem Ziel nicht dient, wenn wir es zum Maßstab unserer Schulbücher und Atlanten, also zum Maßstab unseres Unterrichts, machen.

Meine sehr verehrten Damen und Herren, es kann nicht deutlich genug hervorgehoben werden, daß wir uns gegenwärtig nicht in einer Diskussion um die Gültigkeit des Warschauer Vertrages befinden. Ich möchte dringend bitten, doch diese beiden Dinge voneinander zu trennen;

(Rocker, CDU: Sehr gut!)

denn in dem Augenblick, in dem man einen pädagogisch vielleicht sehr wichtigen Vorschlag, wie ihn die Empfehlungen enthalten, mit einer bestimmten politischen Entscheidung koppelt, muß man sich vor der Frage sehen, ob man hier nicht die Schule benutzt, um eine vielleicht von einem selbst bejahte politische Lösung pädagogisch abzusichern. Genau dies ist der Punkt, bei dem man um der Aussöhnung willen diese Empfehlungen hinterfragen muß.

Es gibt zwischen uns keinen Dissens in der Frage, daß ein rechtsgültig zustandegekommener völkerrechtlicher Vertrag gültig ist. Wir würden nicht nur das Verhältnis zu den östlichen Nachbarn, sondern auch all das in Frage stellen, was an Wiederaufbau der internationalen Stellung der Bundesrepublik Deutschland von ihrer Gründung an geleistet worden ist, wenn von uns nicht eindeutig immer wieder unterstrichen würde, daß gültig abgeschlossene Verträge gültig sind und gültig bleiben sowie jeder, der politische Verantwortung trägt, daran gebunden ist, und zwar unabhängig davon, wie seine Stellung bei dem Zustandekommen des Vertrages war.

(Beifall der CDU und vereinzelt Beifall bei der SPD und bei der F.D.P.)

Meine Damen und Herren, es gibt überhaupt keinen Gegensatz hinsichtlich unserer Verpflichtung, Vorurteile gegenüber allen Völkern, aber in diesem Falle insbesondere gegenüber dem polnischen Volk, abzubauen. Nebenbei bemerkt: Vorurteile sind ja wohl Urteile, die aufgrund einseitiger oder aufgrund unvollständiger Kenntnisse entstehen. Das bedeutet, Vorurteile werden wir dann am ehesten abbauen, wenn wir in unserem Geschichtsunterricht die Jugend lehren, das polnische Volk aus seinen eigenen Voraussetzungen zu begreifen und Last, aber auch Größe des deutsch-polnischen Verhältnisses aus den jeweiligen Situationen heraus zu verstehen. Das schließt das Anerkennt-

nis von dem, was wir Schuld nennen, überhaupt nicht aus, sondern setzt diese Freiheit geradezu voraus.
Meine Damen und Herren, was bei der Diskussion um die Empfehlungen für uns Fragen stellen läßt, ist nicht zuletzt die Befürchtung – entschuldigen Sie, meine Kolleginnen und Kollegen von der Fraktion der SPD; ich glaube, daß Ihr Antrag sich davon nicht völlig frei hält – daß derjenige, der ein politisches Ziel und ein menschliches Ziel anerkennt, sich dadurch zu einer bestimmten Betrachtung der Vergangenheit verpflichtete. Das kann und darf aber nicht gemeint sein!
Ich möchte darauf hinweisen, daß diese Empfehlungen nach Ihrem eigenen Ausdruck vorläufige sind, daß sie einen bestimmten Diskussionsstand widerspiegeln, daß sie ganz wichtige Fragenkomplexe ausklammern und erklären, darüber müsse in der Zukunft noch miteinander gesprochen werden. Sie können also heute nicht Richtschnur unserer Schulbücher sein. Man würde sie – sie sind Diskussionsstand mit all dem Ernst, der vorhin verschiedentlich angesprochen worden ist – gleichsam dogmatisieren und damit als wissenschaftlich tragbare Äußerungen desavouieren und entwerten, wenn man sie so falsch verstünde.
(Beifall bei der CDU.)
Meine Damen und Herren, die Empfehlungen können kein ein für allemal gültiges Geschichtsbild entwerfen, weil es das – ich muß das allerdings sagen – innerhalb unserer freiheitlichen Welt nicht geben kann.
Wir können nicht an der Tatsache vorbeigehen, daß die Gesprächspartner der Schulbuchkommission natürlich von höchst unterschiedlichen Voraussetzungen aus diskutierten. Ich unterstelle beiden Seiten den ernsten Willen zur Sachlichkeit. Ich unterstelle beiden Seiten den Willen zum Abbau von Vorurteilen. Aber eine Analyse der Empfehlungen ergibt, daß darin in bestimmten Passagen Formulierungen enthalten sind, in denen – ich will es vorsichtig ausdrücken – die weltanschauliche Voreingenommenheit der Partner aus der Volksrepublik Polen ihren Niederschlag gefunden hat; denn so richtig es ist, daß es sich um das deutsch-polnische Verhältnis handelt, so richtig ist natürlich auch, daß dieses deutsch-polnische Verhältnis in der jüngsten deutschen Geschichte in die politischen Verhältnisse Europas, ja der Weltpolitik eingebettet ist. Und ich kann all das, was an Schrecklichem passiert ist, nicht begreifen, ich kann es nicht so sehen, daß ein Neuanfang nötig und möglich würde, wenn ich beispielsweise den Pakt und das geheime Zusatzabkommen vom August 1939 nicht mit als eines der konstitutiven Elemente der Zerstörung des alten Europa und der furchtbaren Ereignisse, die über Polen und Deutsche hereingebrochen sind, mit in die Beurteilung einbeziehe.
(Beifall der CDU.)
Meine Damen und Herren! Selbstverständlich kann man sagen: Das gehört eben zu den Fragen, die noch zu klären sind. – Aber wenn eine so wichtige Lücke klafft, können die Empfehlungen nicht zum Richtmaß über unsere Schulbücher und Atlanten werden. Darum geht es mir, das hier zu zeigen.
Lassen Sie mich einige weitere Punkte aufzeigen, an denen meiner Auffassung nach deutlich wird, wie gerade um des von uns gemeinsam bejahten Zieles willen wir den Antrag nicht annehmen können. Ich muß noch einmal die These 22 mit dem schrecklichen Wort von den Bevölkerungsverschiebungen zitieren und will jetzt nicht, was überflüssig ist in diesem Saal, feststellen, daß wir das für eine unangemessene Bezeichnung halten. Nur, meine Damen und Herren, wenn Geschichtsunterricht wie aller Unterricht auch die Aufgabe hat, das sittliche Bewußtsein des jungen Menschen zu wecken und zu entfalten, dann ist doch die Frage erlaubt, wie es wirken wird, wenn in unserem Geschichtsunterricht unsere Jugend gesagt bekommt: Die Vertreibung von 8,5 Millionen Menschen – ich will das Volk gar nicht nennen –, die Vertreibung von 8,5 Millionen Menschen kann man auch mit dem Begriff der Bevölkerungsverschie-

bungen bezeichnen. – Ich behaupte, daß, wenn wir das täten, wir unsere Jugend immunisieren würden gegenüber dem, was heute an Schrecklichem in unserer Welt passiert.
(Beifall der CDU.)
Meine Damen und Herren! Es ist hier gar nicht die Frage der historischen Exaktheit, sondern die Frage, wieweit diese Empfehlungen unserem pädagogischen Auftrag entsprechen und wieweit nicht. Und von daher ist für mich das Urteil ein sehr hart ablehnendes.
Ich darf auf einen vierten Punkt hinweisen. Es ist doch bemerkenswert, daß in den Thesen die gegen das polnische Volk gerichtete Gewalttat völlig zu Recht an verschiedenen Stellen als solche bezeichnet wird, daß aber an keiner Stelle die entsprechende Widerfahrnis, die Deutschen zuteil geworden ist, mit ähnlichen Begriffen bedacht wird. Meine Damen und Herren! Das kann nicht Zufall sein, sondern das ist noch ein Zeugnis einer Diskussionssituation, in der die Wunden so brennend waren, daß man zu dieser gleichmäßigen Beurteilung der Dinge nicht fähig war.
Und nun will ich an einem Beispiel, das uns rein zeitlich ziemlich fern liegt, deutlich machen, wie bedenklich vieles an den Formulierungen ist. Da wird an einer Stelle in der These 7 für das 16. und 17. Jahrhundert erklärt – ich darf wörtlich zitieren –: Aus Deutschland, aus dem von den Habsburgern beherrschten Schlesien und aus den Niederlanden strömten im 16. und 17. Jahrhundert Bürger und Bauern in das Gebiet Polens. – Deutschland, das von den Habsburgern beherrschte Schlesien und die Niederlande. Ist es wirklich verboten, anzunehmen, daß hier der Versuch gemacht wird, Deutschland auch in seiner Geschichte in längst vergangenen Jahrhunderten nur als das anzuerkennen, was mit den heute existierenden Grenzen übereinstimmt? Das heißt, hier wird der Versuch gemacht, die gesamte deutsche Vergangenheit von einem heute bestehenden Zustand her zu beurteilen und zu beschreiben. Meine Damen und Herren! Es hat einmal ein großer Historiker gesagt: „Ich möchte mein Selbst auslöschen, um der jeweiligen Zeit, von der ich spreche, gegenwärtig zu werden." – Wissenschaftliches Denken und die Freiheit, die der Mensch dadurch gewinnen kann, bestehen doch wohl darin, daß er diese Fähigkeit und Freiheit hat, von dem, was heute vielleicht oder in diesem Falle sicher wünschenwert und wichtig erscheint, abzusehen, wenn er die Vergangenheit beurteilt. Das ist doch der Fluch einer Geschichtsschreibung, die uns für die Zukunft nicht mehr offen sein läßt, wenn ich die Vergangenheit unter den Aspekten der Gegenwart beurteile.
(Beifall der CDU.)
Meine Damen und Herren! Die Empfehlungen klammern wichtige Fragen aus, und ich möchte noch einmal darauf hinweisen, daß wir das nicht ankreiden wollen, weil die Empfehlungen eben Dokument einer Diskussion sind. Nur, wenn man sie mit diesem Gewicht ausstattet, dann dürfen Dinge, wie zum Beispiel das gesamte deutsch-polnische Verhältnis zwischen 1933 und 1945 nicht, wie wörtlich erklärt, weitgehend ausgeklammert werden. Frau Kollegin! Ich weiß nicht, ob polnische Geschichtsschreibung Ihrem Votum folgen würde, den Vertrag zwischen Hitler und Marschall Pilsudski von 1934 als einen Friedensvertrag zu bezeichnen. Und ich möchte einmal fragen, ob wir wirklich heute in der rückblickenden Betrachtung in jenem Vertrag eine Chance sehen können, die zu ähnlichem aussöhnenden Verhältnis hätte führen können, wie es in den Empfehlungen bei allen ihren Mängeln für uns sichtbar wird.
Weiter: Können wir es hinnehmen, meine Damen und Herren, daß in Schulbuchempfehlungen, die Richtschnur für unsere Bücher sein sollen, eine von uns unmöglich zu teilende Beurteilung der Entwicklung nach 1945 festgeschrieben wird? Haben sich wirklich die Probleme, die mit dem Stichwort „Recht auf Heimat" einmal umschrieben werden sollen, durch die Integration der Vertriebenen in Westdeutschland erledigt? Kann man wirklich

– und nun sage ich etwas sehr bewußt –, darf man in solchen Thesen ganz selbstverständlich von einer Epoche des Kalten Krieges sprechen und sich damit den von den Machthabern der DDR systematisch benutzten Sprachgebrauch zu eigen machen, wenn man Versöhnung will?

(Beifall der CDU.)

Meine Damen und Herren! Manchmal wird es sehr schwer, zu erkennen, worin die Mängel liegen. Da steht: die Bereitschaft zur Respektierung der bei Kriegsende geschaffenen territorialen Veränderungen.

Meine Damen und Herren, mit Kriegsende waren zunächst einmal keinerlei territoriale Veränderungen verbunden, sondern mit dem Kriegsende war zunächst die Vertreibung von Deutschen verbunden, die dann zur Begründung territorialer Forderungen und territorialer Neuabgrenzungen herhalten mußte. Meine Damen und Herren, wenn ich das hier so akzeptiere, dann wird jede Erwähnung des schweren Schicksals der Palästinenser unglaubwürdig.

(Beifall bei der CDU.)

Meine Damen und Herren, das will ich und das wollen wir unter allen Umständen verhindern.

Ich will noch einmal sagen, meine Damen und Herren. Ich weiß und bin davon überzeugt, daß Sie das alles nicht wollen, aber ich bin der Auffassung, daß wir dem Ernst der Diskussion dieses Abends es schuldig sind, diese Fragen zu stellen. Deshalb will ich eine letzte stellen und bitte wirklich, sie nicht als Polemik zu betrachten.

Ist man sich nicht bewußt, wie stark man den politischen Wert des Warschauer Vertrages in dem Augenblick gefährdet, in dem ich ihn mit einer bestimmten Betrachtung der Vergangenheit verbinde? Dann muß doch bei Menschen, die das erleben – und beim jungen Menschen zumal –, die Frage entstehen, ob denn der Vertrag in dem Augenblick fragwürdig in seiner Gültigkeit würde, in dem die historischen Voraussetzungen, die zur Begründung des Vertrages in den Empfehlungen erscheinen, als falsch erkannt werden.

(Klein, SPD: Das ist faktisch falsch!)

Meine Damen und Herren, ich habe weiter die Frage, ob wir in der Bundesrepublik Deutschland wirklich in den letzten Jahren von allen Seiten alles getan haben, um dieser Gefahr zu entgehen.

Warum wird kritische Auseinandersetzung mit den Empfehlungen so hart verurteilt als Gefährdung der Aussöhnung mit Polen und als ein kritisches Hinterfragen der Gültigkeit des Warschauer Vertrages mißverstanden? Das scheint mir beispielsweise in einem Schreiben der Bundeszentrale für politische Bildung vom November des vergangenen Jahres anzuklingen. Da hat ein Mainzer Gelehrter einen Beitrag zum Komplex deutsch-polnischer Schulbuchempfehlungen geleistet. Ich darf nun mit Erlaubnis des Herrn Präsidenten zitieren:

In Erachtung der unausbleiblichen innen- und außenpolitischen Konsequenzen treffen die Beweggründe für die Entscheidung, Ihre Arbeit nicht zu veröffentlichen, auch auf Ihre Arbeit selbst zu. Es wird ausdrücklich festgestellt, daß deren sachliche Qualität nicht zur Debatte steht, sondern daß ausschließlich die zu erwartende politische Auswirkung maßgebend ist. –

Meine Damen und Herren, ich bin der Überzeugung, daß wir einer Verständigung zwischen den Völkern und daß wir der Aussöhnung, insbesondere zwischen Deutschen und Polen, und daß wir auch der nicht nur kritischen, sondern schuldbewußten Auseinandersetzung mit der eigenen Vergangenheit nur dann dienen können, wenn Geschichte das bleibt, was sie sein soll, nämlich die Wissenschaft, in der ein Volk sich selbst immer neu Rechenschaft ablegt über die eigene Vergangenheit, um frei zu werden zur Gestaltung einer neuen und besseren Zukunft.

(Beifall bei der CDU.)

Weil wir das wollen, meine Damen und Herren, sehen wir die Schwächen und Grenzen der Empfehlungen und können sie deshalb nicht zur Richtschnur des Unterrichts in unseren Tagen machen. – Ich danke Ihnen.

(Starker Beifall bei der CDU.)

Vizepräsident Dr. Eicher: Das Wort hat Frau Kultusminister Dr. Laurien.

Frau Dr. Laurien, Kultusminister: Herr Präsident, meine Damen und Herren! Wenn wir die Daten dieser Tage nehmen, dann wird wohl jedem geschichtsbewußten Menschen das aufregende Zusammenfallen bewußt werden des Einmarsches, des Überfalls auf Polen und wenige Tage davor – 23. August – der 40. Jahrestag des Hitler-Stalin-Paktes, der in der Tat für Polen ebenfalls eine Ursache tödlicher Gefährdung wurde. Beide Daten gilt es zur Kenntnis zu nehmen. Ich möchte erwähnen, daß beim 30. Jahrestag des Hitler-Stalin-Paktes und dieses Überfalls der damalige Bundespräsident Gustav Heinemann – ich zitiere im Ernst dieser Fragestellung bewußt auch ihn – aufgerufen hat: ,,Als neue Gewohnheit gilt es einzuüben, einen Konflikt auch mit den Augen des Gegners zu beurteilen.“ – Genau darum geht es, wenn wir uns über die deutsch-polnischen Schulbuchempfehlungen auseinandersetzen. Sie haben diese Zielrichtung. Aber wieweit diese Zielrichtung jeweils erfüllt ist, darüber wird zu reden sein. Ganz deutlich aber ist zu machen, daß dieser Aufruf, ,,den Konflikt auch mit den Augen des Gegners zu sehen“, sich stets an beide Partner richtet und niemals nur an einen.

(Beifall bei der CDU.)

Die Landesregierung legt großen Wert auf die Erziehung der Schüler zu Sachlichkeit und Toleranz, und sie würde in der Tat ihrem verfassungsmäßigen Auftrag nicht gerecht, wenn sie diese Ziele, diese Verpflichtungen nicht auch als Maßstab nähme bei der Zulassung von Unterrichtsmaterialien, bei der Gestaltung von Lehrerbildung und Lehrerfortbildung. Hier ist sie der Jugend verantwortlich, Aussöhnung, Sachlichkeit, Verständigung und Toleranz im Alltag zu sichern.

Deshalb Zustimmung zur Zielsetzung der Empfehlung. Das ist wahrhaftig keine Tagesaussage. Rheinland-Pfalz hat schon seinerzeit, als aus der Initiative der beiden Präsidenten der UNESCO-Kommissionen der Bundesrepublik und der Volksrepublik Polen diese Anregung zu einer deutsch-polnischen Kommission kam, diese Anregung aufgenommen und unterstützt. Beim Empfang der deutsch-polnischen Schulbuchkommission am 16. April 1975 in Mainz hat der damalige Kultusminister diese Kommission hier empfangen und die Gemeinsamkeit dieser Bemühung bekundet. Genau deshalb, meine Damen und Herren, ist Rheinland-Pfalz im Oktober 1977 in die Mitträgerschaft des Georg-Eckert-Instituts für internationale Schulbuchforschung eingetreten. Dieses Georg-Eckert-Institut ist die Nachfolgeeinrichtung jenes Instituts, das die deutsch-polnischen Schulbuchempfehlungen getragen und entwickelt hat, und ich möchte feststellen – denn warum soll man nicht auch Dinge, die noch weiter entwicklungsfähig sind, in Wahrhaftigkeit aussprechen dürfen?–: Von den CDU/CSU-regierten Ländern haben sich bisher nur Niedersachsen und Rheinland-Pfalz in dieser Trägerschaft engagiert, und wir bemühen uns, nach Möglichkeit alle Länder in dieses neue internationale Schulbuchinstitut hineinzugewinnen. Denn, meine Damen und Herren – lassen Sie mich wenigstens diese eine in die Schulbuchlandschaft hinein etwas abschweifende Bemerkung machen–: Täuschen wir und doch nicht, daß nur in der Darstellung zwischen Deutschland und Polen diese Probleme bestehen. Wir wollen und müssen wahrhaftig das Abbauen von Vorurteilen in Schulbüchern, selbstverständlich mit dem Ziel, die Meinung der Menschen zu treffen, überall da aufgreifen, wo diese Vorurteile bestehen. Das gilt auch zwischen Deutschland und Israel, wo neue Arbeiten eingesetzt haben; das gilt, was manchen überraschen wird, auch in den Schulbüchern zwischen Amerika und Deutschland. Das Bild des Deutschen, meine Damen und Herren, bedarf in der Tat auch hier nicht der Schönfärberei, aber der realistischen Darstellung mit Schuld und Güte; beides gehört dazu.

Wir haben aus dieser Gemeinsamkeit der Zielsetzung die 11. deutsch-polnische

Schulbuchkonferenz seinerzeit nach Deidesheim eingeladen, und im Mai 1978 fand diese Tagung in Deidesheim statt, in der wir noch einmal die Zielsetzungen der Landesregierung verdeutlichen konnten. Ich möchte bemerken, daß Herr Staatssekretär Dr. Stollenwerk stellvertretender Vorsitzender im Kuratorium des Georg-Eckert-Instituts ist, dessen Vorsitzender, Herr Kubel, uns immer die Qualität der gemeinsamen Arbeit bescheinigt.

Ich habe deshalb – und dies muß ich so persönlich sagen –, als der damalige polnische Botschafter, Herr Piatkowski, in dieser Deidesheimer Konferenz äußerte, daß in deutschen Schulbüchern die Darstellung Polens eben noch gravierend von den Zielsetzungen der Empfehlungen abwiche, dieses nicht nur als eine Tagesbemerkung empfunden und auf sich beruhen lassen, sondern mehreren Fachleuten den Auftrag gegeben, die in den rheinland-pfälzischen Gymnasien zugelassenen Geschichtsbücher daraufhin zu untersuchen, wie die Darstellung der deutsch-polnischen Beziehungen, auch gemessen an den deutsch-polnischen Empfehlungen, sich in ihnen finde. Meine Damen und Herren, diese Untersuchung – und ich möchte das in Dankbarkeit diesen Kollegen gegenüber sagen – ist vorhin so abschätzig beurteilt worden, da hätten sich ein paar Lehrer zusammengesetzt. Ist es nicht im Geiste der Verständigung, wenn wir bereits zugelassene Schulbücher darauf prüfen, wieweit in ihnen Geist, Umfang und Fakten der Empfehlungen enthalten sind, um dann in der Tat auch einem wertenden Vergleich zuzustimmen?

(Beifall der CDU.)

Meine Damen und Herren, ich glaube, daß nur eine freiheitliche und nachdenkliche Auseinandersetzung dem Ernst dieses Problems gerecht wird. Diese Untersuchung zeigt, daß formal und materiell der Umfang der Darstellung insgesamt angemessen ist, aber sie zeigt auch grobe Löcher. Die Kulturgeschichte fehlt; das ist durchaus aufgewiesen, nicht Kritiklosigkeit. Wir haben diese Untersuchung den deutschen Schulbuchverlegern zugeschickt, wir haben sie als Arbeitsmaterial in unsere fachdidaktischen Kommissionen gegeben, und, meine Damen und Herren, ich möchte gerne, falls Interesse in diesem Hohen Hause besteht, anbieten, daß unsere fachdidaktische Kommission Geschichte, angereichert mit den verschiedenen Experten, interessierten Abgeordneten zu einer durchaus stundenreichen Diskussion dieser Probleme zur Verfügung steht. Ich möchte gerne, wenn Sie es mögen, dieses Angebot hier heute unterbreiten.

(Beifall bei der CDU.)

Ich habe dann, meine Damen und Herren, allerdings auch feststellen müssen – was diese Untersuchung belegt –, daß in den Schulbüchern an keiner Stelle nationalistische oder einseitige Darstellungen sich finden. Sicher das eine oder andere Mal eine Auslassung; man kann streiten, ob dieses oder jenes Datum genügend hervorgehoben ist. Aber Nationalismus und Einseitigkeit findet sich nirgends. Und es ist dann auch sehr ausgewogen dargestellt – was unser Landtagspräsident hier noch einmal in philosophisch-geschichtlicher Begründung vertieft hat –, welche Aspekte Geschichtsunterricht auslassen würde, wenn er sich an diesen Schulbuchempfehlungen nicht als Empfehlung, sondern als Maßstab und als Diktat orientieren würde.

Es geht also nicht um die Zielsetzung – die ist in Übereinkunft –, sondern um die Verbindlichkeit von Einzelsätzen. Und auf diesem Hintergrund, meine Damen und Herren, muß ich den Antrag lesen. In dem Antrag steht, daß die Landesregierung ersucht wird, „die Lehrer aufzufordern, die deutsch-polnische Geschichte im Unterricht aus deutscher und polnischer Sicht im Sinne der Empfehlungen zu behandeln und“ – jetzt kommt es – „dadurch eine selbstgerechte und nationalistische Darstellung der historischen Ereignisse zu verhindern bzw. zu korrigieren“.

Meine Damen und Herren, da in unseren Richtlinien, in unseren Schulbüchern dieser Verwurf keine Begründung findet, muß ich mich wirklich als für die Lehrer dieses Landes zuständiger Minister vor

diese Lehrerschaft stellen, daß ich sie nicht aufzufordern habe, nicht mehr nationalistisch zu unterrichten, sondern sie tun dies bereits heute nicht.
(Beifall bei der CDU.)
Meine Damen und Herren, unsere Schüler – das ist vielfach gesagt – haben Anspruch auf historische Wahrheit, und ich bin in meinem Amt verpflichtet, diesen Maßstab für Lehrpläne, für Lehrmaterialien anzulegen. Ich möchte außerordentlich begrüßen, wenn zum Beispiel in den deutsch-polnischen Schulbuchempfehlungen Nummer 6 dargestellt ist, wie der Deutsche Orden in der Geschichte der beiden Völker mit unterschiedlichen Aspekten gebracht wird. Es heißt dort, daß die polnischen Schulbücher vor allem die säkularstaatliche und militärische Rolle des Ordens hervorheben, die deutschen vor allem die zivilisatorische und missionarische Rolle.
Die vorhin etwas mit abwertenden Bemerkungen genannte Alternativ-Empfehlung der drei Professoren Menzel, Stribrny und Völker hat in der Stellungnahme zu dieser Position 6 ,,Polen und der Deutsche Orden“ festgestellt, daß diese Empfehlung nahezu vorbildlich sein könnte für die Art des Geschichtsunterrichts, der sich bemüht, die Gegenseitigkeit einzubringen.
Aber, meine Damen und Herren, ich muß, wenn es mir um geschichtliche Wahrheit und wenn es mir um Erziehung zu freiheitlicher Demokratie geht, doch auch verlangen, daß in solchen Empfehlungen bestimmte, ganz grundsätzliche Wertungen nicht ausgelassen werden. Es ist in der Diskussion schon so oft die Empfehlung 22 über die Bevölkerungsverschiebungen genannt worden. Ich möchte aus ihr nicht das, was so oft genannt wurde, zitieren, sondern ich möchte einbringen, daß es, meine Damen und Herren, in dieser Empfehlung heißt, daß das Ziel dieser ,,Bevölkerungsbewegungen“ – ich sage: dieser Leiden – war – und ich zitiere –, ,,staatliche und ethnische Grenzen nach Möglichkeit in Übereinstimmung zu bringen“. Meine Damen und Herren, wer staatliche und ethnische Grenzen kompromißlos in Übereinstimmung bringen will, wird Minderheiten das Lebensrecht nehmen.
(Krempel, CDU: Sehr richtig!)
Er wird damit eine Fragestellung erschlagen, die ich in der Bundesrepublik, angesichts auch so vieler ausländischer Arbeitnehmer bei uns, nicht erschlagen, sondern zur Sprache bringen muß: das Recht der Minderheiten.
(Beifall der CDU.)
Meine Damen und Herren, lassen Sie mich sagen, was hier ja mehrfach zur Sprache kam und was auch in der Begründung eine Rolle spielte, die Frau Götte gegeben hat. Sie meinte, daß es hinreiche, die deutsch-polnischen Beziehungen darzustellen und die sowjetischen dann eben in anderer Weise einzubringen. Wer Geschichte auf bilaterale Sicht beschränkt, wird sich Staatsparteilichkeit, Einseitigkeit und Fanatismus ausliefern.
(Beifall der CDU.)
Ich will bewußt, weil dies vielleicht emotional weniger belastet ist, sagen: Wenn in der Darstellung der Geschichte des 18. Jahrhunderts, in der Empfehlung Nummer 18 – nein, die Nummer stimmt nicht, die Seite ist das – über die Aufklärung die Rede davon ist, daß damals die Einmischungspolitik der großen Nachbarn für Polen begann, warum wagt man dann nicht zu sagen, daß es sich um die Einmischungspolitik Rußlands 1717 bis 1721 und zunehmend um die Einmischungspolitik Preußens und Österreichs von 1735 an gehandelt hat? Warum flüchtet man in eine Pauschalformulierung, wenn es darum geht, geschichtliche Deutlichkeit und Differenzierung einzubringen! Die Einmischungspolitik Rußlands wird verschwiegen, um den Preis, daß man auch die Einmischungspolitik Preußens und Österreichs ausläßt. Die gegenwärtige Lage Polens führt zu bestürzenden Auslassungen, von denen hier mehrfach die Rede war, der Vertrag vom 23. August 1939. Lassen Sie mich zitieren, was der Vorsitzende der deutsch-polnischen Schulbuchkommission auf polnischer Seite, Prof. Markiewicz, zu dieser Auslassung erklärt, hat.

Ich will es, weil es die Nachdenklichkeit seiner Aussage fördert, auch in der Reihenfolge tun, in der er es gesagt hat, obwohl ein Abschnitt dazwischen ist. Er sagt:

Die Verfasser der Empfehlungen waren sich von Anfang an darüber im klaren, daß sich sowohl die Schulbuchautoren als auch die Lehrer nicht sklavenhaft an die Empfehlungen halten würden und nicht darüber hinausgehen würden, was in den Empfehlungen expressis verbis enthalten ist.

Also kein Diktat. Dann kommt eine zweite Feststellung von ihm, die für die polnische Seite getroffen war:

Wir verheimlichen nicht, daß wir nicht daran interessiert sind, dem polnischen Schüler eine solche Interpretation der Beziehungen zwischen dem Dritten Reich und der UdSSR zu vermitteln, die dem polnisch-sowjetischen Bündnis Schaden zufügen würde.

Meine Damen und Herren, ich habe sogar Verständnis dafür. Jeder, der Diktaturen kennt, kann nur Respekt und Trauer bei solcher Aussage empfinden. Aber haben wir nicht, meine Damen und Herren, auch gegenüber den Polen die Verpflichtung, die ganze Wahrheit zu sagen,

(Beifall der CDU.)

weil Polen an seiner Ost- und seiner Westgrenze gelitten hat? Wenn in der Empfehlung 21 die polnische Ostgrenze nicht erwähnt wird, dann noch einmal: Daß die Polen dies mit Rücksicht auf ihre Lage tun müssen, darf uns doch nicht zur Entschuldigung dienen, die Leiden eines Nachbarvolkes vereinseitigend zu verschweigen.

(Weiterer Beifall bei der CDU.)

Meine Damen und Herren, obwohl ich mich gefreut habe, aber doch nur in Maßen, daß der Bundeskanzler sich vor dem Deutschen Historikertag – ich will das „in Maßen" auch gleich begründen – zu den deutsch-polnischen Empfehlungen sehr zurückhaltend geäußert hat – ich zitiere, es ist die Rede auf dem Deutschen Historikertag in Hamburg –, wo er sagte:

Bei den Schulbuchverhandlungen haben sich die Polen wohl ein bißchen zu entschlossen durchgesetzt. Keine Seite darf sich überfahren lassen, darf andere überfahren. Niemand soll sich überfahren fühlen.

Meine Damen und Herren, das ist richtig, aber mir doch zu grob. Denn ich respektiere, daß die Polen hier aufgrund ihrer Zwangslage einen anderen Standpunkt einbringen müssen, und der Preis für das Zustandekommen einer solchen Empfehlung zwischen auf der einen Seite Partnern einer freiheitlichen Demokratie und auf der anderen Seite Mitgliedern eines nichtfreiheitlichen Staates wird für eine solche Empfehlung auch in solchen einseitigen Kompromissen liegen. Aber dann kommt die freiheitliche Antwort, daß wir die Unterschiedlichkeit in unserem Bildungswesen, in unserer Politik, in unseren Diskussionen zeigen dürfen, daß bei uns solche Kompromisse nicht nur nicht nötig, sondern unerwünscht sind.

(Weiterer Beifall bei der CDU.)

Selbstverständlich wird, wie in dem Antrag der SPD-Fraktion Nummer 3 gefordert, bei der Zulassung von Schulbüchern und Atlanten darauf geachtet, daß das polnische Staatsgebiet bis zur friedensvertraglichen Regelung entsprechend gekennzeichnet wird. Nur, täuschen wir uns nicht. Was hier in dem Antrag gefordert wird, bedeutet, die Grenzdarstellung vom 31. Dezember 1937 zum Gegenstand des Warschauer Vertrags zu machen. Und das ist sie nicht. Sie ist auch keine Beeinträchtigung der Souveränität der Volksrepublik Polen, wahrhaftig nicht. Die Darstellung der deutschen Grenzen vom 31. Dezember 1937 erwächst für uns aus unserer Verfassung und aus den Rechtsprechungen des Bundesverfassungsgerichtes 1973 und 1975. Die Annahme dieses Punktes würde bedeuten, daß wir den rechtlichen Fortbestand des Deutschen Reiches in Frage stellen und damit das Verfassungsgebot brechen. Zu einer solchen Forderung kann ich nicht ja sagen.

Meine Damen und Herren, lassen Sie mich dazu nur noch dies bemerken, weil vorhin auf die Vertriebenenverbände angespielt

wurde. In der Empfehlung 22 heißt es – ich erlaube mir zu zitieren –:
Sofern in diesen Gruppen, von den früheren Bundesregierungen unterstützt, ein Recht auf Heimat proklamiert wurde, werden sie in Polen als Hort des Revisionismus angesehen.
Die Alternativempfehlung, meine Damen und Herren, die sich mit dieser Sache auch auseinandersetzt, formuliert im gleichen Zusammenhang wie folgt:
In der Charta der Heimatvertriebenen haben sie 1950 als allgemeines Menschenrecht das Recht auf die Heimat gefordert, aber dabei ausdrücklich auf Rache, Vergeltung und Gewalt verzichtet.
Dann geht der Satz weiter:
Gleichwohl werden sie in Polen als Hort des Revisionismus angesehen.
Wer das Heinemann-Wort von Anfang an wahrhaben will, beide Seiten zu hören, muß aushalten, daß die Vertriebenenverbände in polnischer Sicht als Hort des Revisionismus angesehen werden, daß sie in der deutschen Wirklichkeit die Lösung der deutschen Frage ausschließlich in Freiheit und Frieden wollen und anstreben und damit die deutsche Frage in die europäische Frage und die internationale Friedensfrage hineingebracht haben. Wer die aufregenden Ereignisse in anderen Ländern, Irland nur einmal zu nennen, erlebt, der sollte doch wohl auch die große staatsbürgerliche Leistung der vergangenen und bis heute währenden Bundesregierungen anerkennen, die so große Leistung vor allem der ersten Bundesregierungen, als das Problem neu war, diese Gruppen in Freiheit und nicht in Chauvinismus in unsere freiheitliche Gesellschaft zu integrieren. Und er sollte wohl auch zu einem Wort des Dankes an die Vertriebenen fähig sein, die das Recht der Heimat wahrhaftig nicht einschlafen lassen dürfen, aber die nirgendwo für Gewalt und Unfrieden eintreten.
(Beifall der CDU.)
Die SPD fordert uns in ihrem Antrag auf, die Empfehlungen zu verteilen. Ich möchte dazu informierend sagen, daß sie in 175 000 Exemplaren in der Bundesrepublik vorliegen, daß ein Sonderdruck des Georg-Eckert-Instituts, an dem wir ja beteiligt sind, ebenfalls vorliegt und daß die Bundeszentrale für politische Bildung sie als Beilage zum „Parlament" veröffentlicht hat. Auch die Landeszentrale Rheinland-Pfalz verfügt über entsprechende Exemplare. Jeder kann sie anfordern. Darüber hinaus, meine Damen und Herren, wird allerdings die Landeszentrale für politische Bildung in aller Kürze, die Dinge sind fertig, einen Sonderdruck der Alternativempfehlungen herausgeben, der ebenfalls in 5 000 Exemplaren bereitliegt. Ich bedauere ganz nachdrücklich, daß die Bundeszentrale für politische Bildung, nachdem sie eine Zusage gegeben hatte, auch diese Alternativempfehlungen zu drucken, nicht wegen mangelnder wissenschaftlicher Qualität, sondern – Herr Abgeordneter Martin, Sie haben auf diesen Zusammenhang auch schon in einem anderen Parallelfall hingewiesen – wegen der politischen Opportunität auf den Druck dieser Empfehlungen verzichtet hat. Ich freue mich, daß die Landeszentrale für politische Bildung in Rheinland-Pfalz nicht solchen Zwängen unterliegt, sondern die Vielfalt der Meinung verbreitet.
(Beifall der CDU.)
Lassen Sie mich nun noch abschließend einen Punkt aufgreifen. Es wird behauptet, und das ist in der Tat der politische Punkt des Ganzen, daß die Berufung auf Artikel 4 des Abkommens der Regierung der Bundesrepublik Deutschland und der Regierung der Volksrepublik Polen Veranlassung, ja Verpflichtung gäbe, diese Schulbuchempfehlungen einzuführen. Meine Damen und Herren, in dem Text heißt es, daß eine verständnisvolle Darstellung erreicht werden solle, die eine umfassende Kenntnis und ein besseres gegenseitiges Verständnis fördere. Und weiter heißt es:
Sie werden darauf hinwirken, daß dabei die Empfehlungen der gemeinsamen Schulbuchkommission berücksichtigt werden. – Einer der Hauptverfasser, Herr Mertineit, wahrhaftig nicht im Verdacht, ein Anhänger der CDU-Ostpolitik

oder der CDU-Deutschlandpolitik zu sein, hat in einem Interview mit Leidenschaft geäußert – ich zitiere –: Das Wort ,,Richtlinie" ist der absolut falsche Ausdruck. Der Begriff ,,Empfehlung", den wir hier verwenden, ist von beiden Seiten im Sinne des Begriffs ,,Orientierungshilfe" verstanden worden. Es ist – so Mertineit – ein sehr bewußt herbeigeführtes Mißverständnis, aus dieser Empfehlung so etwas wie eine Anweisung machen zu wollen und damit der Kommission die Anmaßung zu unterstellen, sie glaube, der geschichtlichen Wahrheit absolut sicher zu sein. – Zu diesem Standpunkt Übereinstimmung.

Nur, und da muß ich die Problematik aufnehmen, bei dem vorhin erwähnten Treffen in Deidesheim kamen wir natürlich mit dem damaligen Botschafter, Herrn Piatkowski, ins Gespräch. Ich schickte ihm, wie schon erwähnt, unsere Schulbuchuntersuchung zu, und ich bekam am 16. März 1979 von Herrn Botschafter Chylinski die Antwort des Herrn Piatkowski, der inzwischen Leiter der Ausländischen Abteilung des Zentralkomitees der polnischen Volksrepublik ist, übermittelt. In dieser Antwort hat Herr Piatkowski den Standpunkt vertreten – der Brief ist mir von der polnischen Botschaft übersetzt worden –, es bedürfe keiner weiteren Diskussion der Schulbuchempfehlungen, die den Sinn und die Ergebnisse langjähriger gemeinsamer Arbeit in Frage stellten, und für ihn, so schrieb er mir, ergebe sich aus Artikel 4 des Kulturabkommens die Verpflichtung zur Übernahme der Schulbuchempfehlungen. Sie haben dieser Tage in den Zeitungen lesen können, daß wörtlich dieses in dem Entwurf für ein Durchführungsabkommen zwischen unseren beiden Staaten in Artikel 10 ebenfalls so formuliert ist. –

Ich habe diese Antwort von Herrn Piatkowski vom März 1979 zum Anlaß genommen, um an den Staatsminister im Auswärtigen Amt zu schreiben, und habe mein Bedauern darüber dargestellt und berichtet, daß ich erst kürzlich in unserem Bemühen um einen Schüleraustausch, den eine Schule aus Bingen und eine Schule aus Alzey mit großem Gewinn vollzogen haben, nun auch zu einer Gegenseitigkeit zu gelangen, darüber informiert wurde, daß der Leiter einer Stettiner Schule unter Hinweis auf die nicht wörtliche Übernahme der deutsch-polnischen Schulbuchempfehlungen mitgeteilt habe, daß der grundsätzlich vereinbarte Gegenbesuch in Rheinland-Pfalz in absehbarer Zeit nicht stattfinden könne.

Ich habe eine Antwort vom Staatsminister im Auswärtigen Amt mit Datum 18. Juli 1979 erhalten. Ich möchte aus dieser Antwort dreierlei zitieren, und zwar zum einen das Bedauern. Der Staatsminister stellt fest: Ich bedauere sehr, Ihrem Schreiben entnehmen zu müssen, daß die polnische Seite sich dabei so wenig entgegenkommend gezeigt hat. – Später heißt es in diesem Schreiben: Ich halte es für richtig, daß wir bei den Gesprächen Ihre Bemühungen und Erfahrungen darstellen. – Weiter heißt es: Dabei könnte die polnische Seite auch darauf hingewiesen werden, daß ein ständiges Drängen auf rein formale Umsetzung der Schulbuchempfehlungen kontraproduzent für die polnischen Interessen wirken könnte. – Der Brief, der übrigens heute mit dem Angebot gegenseitigen Gesprächs noch seine Fortsetzung gefunden hat, schließt dann mit dem Satz, und dieser Satz ist in der Tat wichtig: ,,Daß die von Ihnen übermittelt polnische Interpretation des Schulbuchartikels im deutsch-polnischen Kulturabkommen weder seinem Wortlaut noch seinem Sinn gerecht wird, werde ich" – das ist der Staatsminister im Auswärtigen Amt – ,,bei solcher Gelegenheit ebenfalls deutlich machen." – Ich freue mich über die Gemeinsamkeit mit der Demokratin Frau Hamm-Brücher!

(Starker und anhaltender Beifall der CDU.)

Vizepräsident Dr.Eicher: Das Wort hat der Herr Abgeordnete Geil.

Abg. Geil, CDU: Herr Präsident, meine sehr geehrten Damen und Herren! Frau Kollegin Dr. Herr-Beck, Herr Martin und Frau Dr. Laurien haben, wie ich meine, in sehr ausgezeichneter Weise und dem Ernst der Sache entsprechend für die CDU-Fraktion und die Landesregierung dargelegt, weshalb wir Ihrem Antrag, meine Damen und Herren von der SPD-Fraktion, nicht zustimmen können.

(Beifall bei der CDU.)

Ich füge hinzu: Uns ist es auch nicht möglich, Ihren Antrag an den Kulturpolitischen Ausschuß zur weiteren Beratung zu überweisen, weil die Überweisung eines Antrages eine gewisse Grundübereinstimmung in der Sache des Antrags verlangt, und diese ist hier nicht gegeben.

Die CDU-Fraktion hat aus diesem Grunde entsprechend § 62 Abs. 3 unserer Geschäftsordnung einen Alternativantrag eingebracht; dieser Antrag wird im Augenblick verteilt. Da er aber noch nicht an alle Kolleginnen und Kollegen verteilt ist, erlaube ich mir, Herr Präsident, ihn zu verlesen:

Die deutsch-polnischen Schulbuchempfehlungen werden im Kulturpolitischen Ausschuß diskutiert.

Die Landesregierung wird aufgefordert, das ihr zur Verfügung stehende Material für diese Diskussion bereitzustellen.

Ich bitte Sie, Herr Präsident, über diesen Antrag abstimmen zu lassen.

(Beifall der CDU.)

Vizepräsident Dr. Eicher: Das Wort hat der Herr Ministerpräsident.

Dr. Vogel, Ministerpräsident: Sehr geehrter Herr Präsident, meine sehr verehrten Kolleginnen und Kollegen! Ich glaube, dies war eine gute Stunde des rheinland-pfälzischen Landtags, die jetzt zu Ende geht. Ich bedauere fast, daß wir sie nicht zu einer Zeit geführt haben, in der sie das Fernsehen aufgezeichnet und nach draußen übertragen hat. Für mich jedenfalls war es angesichts der bevorstehenden ersten Septembertage 1979 die beste und überzeugendste Form, diesem Gedenktag nicht durch ein paar feierliche Bemerkungen, sondern dadurch gerecht zu werden, daß man über das nachdenkt, was im September 1939 geschehen ist.

Nachdenklich heißt für mich, die Frage zu stellen, wie es zu diesem September 1939 kommen konnte, der mit der größten Katastrophe unserer Geschichte endete. Meine Damen und Herren, nachdenken heißt für mich aber auch, die Frage zu stellen, was unsere Vorväter in der Weimarer Republik falsch gemacht haben, daß Hitler an die Macht kommen konnte.

Ich bin zutiefst davon überzeugt, daß die demokratischen Kräfte der Weimarer Republik genauso leidenschaftlich wie wir eine freiheitliche Ordnung wollten. Ich sage das vor allem für die damaligen Parteien der Weimarer Koalition, die SPD, das Zentrum und die Deutschen Demokraten. Für mich bedeutet es, diesen 40. Jahrestag mit zum Nachdenken zu nutzen, und zwar auch darüber nachzudenken, warum dieser gute Wille der politischen demokratischen Kräfte der Weimarer Republik nicht zum Erfolg führte.

Lassen Sie mich in allem Freimut sagen: In den letzten Stunden ist einiges ausgeführt worden, was ein gutes Beispiel dafür gibt, daß wir aus der Erfahrung gelernt haben. Ich stehe nicht an, Herr Kollege Klein, Ihnen für die Bemerkung, die Sie vorhin zu Beginn Ihrer Rede gemacht haben, aus diesem Grund zu danken. So kann man auch bei völliger Widersprüchlichkeit bei einzelnen Sachfragen – wie ich meine – miteinander arbeiten.

Bitte lassen Sie auch das gelten, wenn es um den Frieden geht. Meine Damen und Herren, wir können leidenschaftlich darum streiten, wie man ihn erringt, aber wir wollen uns gegenseitig nicht absprechen, daß ihn jeder mit gleicher Leidenschaft ersehnt und erreichen will.

(Beifall im Hause.)

Es ist hier mit soviel Überzeugung gesprochen, insonderheit von dem Herrn Kollegen Martin, und von Frau Kollegin Dr. Herr-Beck, und so viel gesagt worden, was ich voll unterschreibe, daß ich es nicht wiederholen muß. Ich weiß, daß wir Frieden nur bekommen und erhalten, wenn wir uns vor allem mit den Ländern versöhnen, mit denen dies aufgrund der Geschichte besonders schwierig ist; in nenne hier Frankreich, ich nenne Israel und ich nenne Polen. Wir sollten darüber glücklich sein, daß heute diese Diskussion über ein gutes Verhältnis zu Polen geführt worden ist.

Die Landesregierung ist gerne bereit, im Geiste dieser Diskussion im Ausschuß, wo das gewünscht wird, weiter über die deutsch-polnischen Schulbuchempfehlungen zu sprechen. Ermöglichen Sie das durch den Antragsbeschluß bitte so, daß diese Diskussion offen geführt werden darf und daß nicht schon vorweg feststeht, was die Schulbuchempfehlungen wollen und was sie nicht wollen! Das ist unser Ziel und dazu möchten wir mithelfen.

(Beifall der CDU und vereinzelt bei der F.D.P.)

Vizepräsident Dr.Eicher: Meine Damen und Herren, weitere Wortmeldungen liegen nicht vor. Ich schließe die Aussprache.

Vor der Abstimmung erteile ich das Wort der Abgeordneten Frau Dr. Götte zu einer persönlichen Bemerkung.

Abg. Frau Dr. Götte, SPD: Herr Präsident, Frau Staatsministerin, meine Damen und Herren! Ich sehe ein, daß es falsch war zu fragen, ob die persönliche Betroffenheit, das persönliche Schicksal der Frau Kultusministerin vielleicht eine Erklärung dafür sein könnte, daß ihre Argumente und die Argumente der Vertriebenenverbände so sehr übereinstimmen. Dadurch haben sich die Fronten zwischen den Fraktionen, die ich eigentlich in dieser Frage etwas aufweichen wollte, eher wider verhärtet. Das tut mir sehr leid.

Es tut mir auch leid, daß ich offensichtlich hier die Frau Ministerin persönlich verletzt habe. Das wollte ich auf keinen Fall! Dafür möchte ich mich in aller Form entschuldigen.

(Starker Beifall im Hause.)

Vizepräsident Dr. Eicher: Meine Damen und Herren, wir kommen nun zur Abstimmung. Es liegen der Antrag der Fraktion der SPD – Drucksache 9/141 – und der Antrag der Fraktion der CDU – Drucksache 9/157 – als Alternativantrag im Sinne des § 62 Abs. 3 Satz 2 unserer Geschäftsordnung vor. Es handelt sich um selbständige Anträge, über die in der Reihenfolge ihrer Einbringung abzustimmen ist.

Wir stimmen zunächst über den Antrag der SPD-Fraktion ab, ihn in den zuständigen Ausschuß zu überweisen. Wer diesen Antrag seine Zustimmung geben will, den bitte ich um Handzeichen! – Die Gegenprobe! – Stimmenthaltungen! – Der Antrag ist mit den Stimmen der CDU-Fraktion gegen die Stimmen der Antragsteller bei Stimmenthaltung der F.D.P.-Fraktion abgelehnt worden.

Der Klarheit halber lasse ich noch über den Antrag der SPD-Fraktion selbst, nämlich Verteilung und Berücksichtigung der Empfehlungen der deutsch-polnischen Schulbuchkommission, abstimmen, und zwar ohne die Überweisung an den Ausschuß. Ich halte das für richtig. Wer dem Antrag seine Zustimmung geben will, den bitte ich um das Handzeichen! – Die Gegenprobe! – Stimmenthaltungen! – Dann ist auch der Antrag selbst mit den Stimmen der CDU-Fraktion gegen die Stimmen der SPD-Fraktion bei Stimmenthaltung der F.D.P.-Fraktion abgelehnt worden.

Wir kommen zur Abstimmung über den Alternativantrag der Fraktion der CDU – Drucksache 9/157 –. Wer diesem Alternativantrag seine Zustimmung geben will, den bitte ich um ein Handzeichen! – Die Gegenprobe! – Stimmenthaltungen! – Bei vier Stimmenthaltungen ist der Antrag angenommen.

Teil II: Presse- und Zeitschriftenäußerungen

Kein „polnischer Handel auf Kosten der Wahrheit“
(Dietrich Möller: HAZ, 28. 11. 1975)

Es kam, wie es kommen mußte. Kaum, daß die jüngsten von deutschen und polnischen Historikern ausgearbeiteten Empfehlungen für Schulbuchautoren und Lehrer in Umrissen bekannt geworden waren, meldeten sich die Kritiker zu Wort. Denn diese Empfehlungen behandeln die deutsch-polnischen Beziehungen vom Jahre 1945 bis heute, und dieses Kapitel ist einer von zwei neuralgischen Punkten in der Arbeit der gemeinsamen Schulbuchkommission der deutschen und der polnischen Unesco-Kommissionen. Das andere überaus schwierige Problem bilden Darstellung und Bewertung der Geschichte des deutschen Ritterordens. Der CDU-Bundestagsabgeordnete Hupka sprach von einem „politischen Handel auf Kosten der Wahrheit“, als er die Empfehlungen bewertete. Der Vorsitzende der Landsmannschaft Schlesien führte gar den Begriff „sogenannte Wahrheit“ in die Diskussion ein, und er meinte damit das, was „den kommunistischen Kommissionsteilnehmern genehm ist“.

In einem Interview sagte Hupka, nun sollten die Eltern deutscher Schüler „von ihrem demokratischen Recht auf Mitbestimmung Gebrauch machen, damit nicht falsches und überdies kommunistisch infiziertes Gedankengut Lesestoff in unseren Schulen wird“. Eine Begründung für seinen harschen Kommentar gab Hupka nicht – worauf natürlich die Mitglieder der deutschen Kommission und das Georg-Eckert-Institut für internationale Schulbuchforschung, Vorbereiter und Organisator der Schulbuchkonferenzen, umgehend hinweisen.

Hupkas Kritik

Worum geht es nun eigentlich? Im Vordergrund von Hupkas Kritik stehen Begriffe wie „Transfer der deutschen Bevölkerung“ statt „Vertreibung“, „allgemeine Territorial- und Grenzveränderungen als Ergebnis des zweiten Weltkrieges“ statt „Annexion“.

Nun steht in den vom 29. September bis zum 1. Oktober in Warschau von deutschen und polnischen Historikern ausgearbeiteten Empfehlungen tatsächlich etwas von „Transfer der deutschen Bevölkerung“. Aber in einem ganz anderen Sinne, als von Hupka angeführt.

In den Empfehlungen heißt es, daß „die unterschiedlichen Auffassungen bezüglich des Ausmaßes der neuen polnischen Westgebiete . . . unter den Alliierten vor der Potsdamer Konferenz nicht beizulegen“ waren. Und dann: „Vor Konferenzbeginn war jedoch die staatliche Hoheitsgewalt de facto bereits den polnischen Behörden übertragen worden. Die Anerkennung der polnischen Administration durch die Westalliierten bedeutete nach deren Auffassung mit zunehmendem zeitlichen Abstand von der Konferenz noch keine völkerrechtlich definitive Anerkennung der Grenzlinie. Mit der gleichzeitigen Einigung über den Art. XIII. (Transfer der deutschen Bevölkerung) und der Aufstellung eines Aufnahmeplans des Alliierten Kontrollrats in Deutschland im November 1945 wurde aber von den Alliierten selbst präjudiziert, daß es sich bei der polnischen Administration der ehemals deutschen Gebiete nicht um ein revidierbares Provisorium handeln könne.“

Anlehnung an Potsdam

Es sind also nicht die Historiker, die in ihre Empfehlungen den Begriff „Transfer“ geschrieben haben. Es waren die Alliierten, die ihn ins Potsdamer Abkommen schrieben. Dort heißt es nämlich unter im Artikel XIII (in korrekter deutscher Übersetzung): „Ordnungsgemäßer Transfer deutscher Bevölkerungsteile“. Und dann ist dort noch die Rede von der „Ausweisung Deutscher aus Polen, der Tschechoslowakei und Ungarn“. Die deutschen

und polnischen Historiker nahmen diese Begriffe auf, ohne sich mit ihnen zu identifizieren.
Das wird deutlich im Kapitel ,,Bevölkerungsverschiebungen" der Empfehlungen. Es lohnt sich, einen wesentlichen Teil dieses Kapitels wörtlich zu zitieren: ,,In den Polen gemäß den Potsdamer Beschlüssen übertragenen ehemaligen Reichsgebieten östlich von Oder und Neiße lebten 1939 ca. 8,5 Mill. Menschen. Etwa die Hälfte von ihnen, außerdem die Mehrzahl der deutschen Bevölkerung Danzigs, sowie der in Polen lebenden Deutschen, wurden entweder evakuiert oder flüchteten unter großen Verlusten noch vor Kriegsende in die deutschen Gebiete westlich von Oder und Neiße. Der größte Teil der in den Oder-Neiße-Gebieten verbliebenen deutschen Bevölkerung wurde in den Jahren von 1945 bis 1947 ausgewiesen bzw. im Rahmen des interalliierten Transferabkommens zwangsumgesiedelt."
Man kann den Historikern nicht einmal vorwerfen, sie hätten sich zugunsten des Begriffs ,,Zwangsumgesiedelte" um den der ,,Heimatvertriebenen" gedrückt. In den Empfehlungen steht nämlich: ,,In den vier Besatzungszonen Deutschlands wurden die Flüchtlinge und Zwangsumgesiedelten schon nach kurzer Zeit in die Gesellschaft integriert. Sie spielten eine große Rolle bei dem wirtschaftlichen Aufschwung in Westdeutschland. In der Bundesrepublik Deutschland wurden alle diese Gruppen unter dem Begriff ,Heimatvertriebene' zusammengefaßt. Ein großer Teil von ihnen schloß sich in landsmannschaftlichen Verbänden zusammen."
Man sollte annehmen, daß Flüchtlinge und Vertriebene mit dieser Darstellung einverstanden sind. Und sie sollten auch keine Einwände haben gegen die sachliche Feststellung: ,,Sofern in diesen Gruppen, von den früheren Bundesregierungen unterstützt, ein Recht auf Heimat proklamiert wurde, werden sie in Polen als Hort des Revisionismus angesehen." Diese Formulierung bedeutet doch nicht, daß sich die Autoren der Empfehlungen mit der Wertung ,,Revisionismus" identifizieren. Zudem schließt sich an diese Passage eine überaus wichtige an, in der ein Wörtchen besondere Betonung und Aufmerksamkeit verdient, zumal es sich auf den Satz über den ,,Revisionismus" bezieht, das Wort ,,jedoch" nämlich: ,,Die Bundes- und Länderregierungen förderten jedoch auf verschiedenen Wegen ihre materielle und soziale Eingliederung. Dadurch wurde vermieden, daß diese Bevölkerungsgruppe sich zu einem Element permanenter sozialer Unzufriedenheit entwickelte und daß damit auch außenpolitisch gefährlicher Sprengstoff entstand." Unausgesprochen, aber für Polen und Deutsche gleichermaßen erkennbar ist hier doch die Schlußfolgerung, daß diese deutsche Innen- und Sozialpolitik ein Stück nach außen gerichteter Friedenspolitik früherer Bundesregierungen war. Ebenso deutlich wird in dieser Feststellung, daß der früher oft von Polen ausgesprochene Vorwurf der Radikalisierung in den Landsmannschaften weder im Rückblick noch heute haltbar ist.

Von Klischees gelöst

,,Ein politischer Handel auf Kosten der Wahrheit" – ist der Vorwurf Hupkas aufrechtzuerhalten? Hinsichtlich der Darstellung von Flucht, Vertreibung und Zwangsaussiedlung ganz gewiß nicht. Eher ist den deutschen Historikern das Kompliment zu machen, daß sie, allem Anschein nach mit großem Nachdruck in ,,hart und kontrovers" geführten Diskussionen, wie es offiziell in der Präambel zu den Empfehlungen heißt, viel zu einer objektiven Geschichtsbetrachtung auch in polnischen Schulbüchern beigetragen haben. Und ihren polnischen Partnern muß bescheinigt werden, daß sie sich von den Klischees vergangener Jahre gelöst haben – beides sicherlich eine Folge des Normalisierungsprozesses zwischen beiden Staaten.
Schulbuchautoren und Lehrer täten gut daran, den bald gedruckt vorliegenden Empfehlungen zu folgen. Sie sind für beide Seiten ein Rahmen, in dem genügend Platz ist für weitere Fakten und für Interpretationen. In Polen nutzt man übrigens diesen Rahmen bereits: Die bisher zu we-

niger problematischen Themen und Zeiträumen erarbeiteten Empfehlungen wurden in die neuen Schulbücher eingearbeitet. Und deshalb fragt man – gelegentlich etwas vorwurfsvoll – bei der deutschen Seite nach, wann denn die Schulbuchautoren in der Bundesrepublik den Empfehlungen folgen wollen.

Ostkunde-Erlaß ein Hindernis. Deutsch-polnische Schulbuchkonferenz erhofft Lehrerhilfe
(Eckart Spoo: Frankfurter Rundschau, 8. 4. 1976)

Die gemeinsame Schulbuchkommission der nationalen UNESCO-Kommissionen der Bundesrepublik und Polens, haben in ihrer am Mittwoch beendeten neunten Konferenz in Braunschweig die Entlassung aller bisher vereinbarten 26 Empfehlungen für die Darstellung des deutsch-polnischen Verhältnisses in Geschichts- und Geographielehrbüchern beider Länder erarbeitet und die Erwartung ausgesprochen, daß die Empfehlungen nun möglichst bald in der Unterrichtspraxis verwirklicht werden. Als Hindernis bezeichneten Sprecher der Kommission den „Ostkunde-Erlaß" der Kultusministerkonferenz (KMK) aus dem Jahre 1956. In den Schulbüchern der Bundesrepublik sei zwar, wie ein polnischer Sprecher erklärte, eine „Aufhellung früherer schwarzer Stellen" zu beobachten, wobei einzelne Schulbücher ausdrücklich auf die Kommissionsempfehlungen Bezug nehmen; aber nach wie vor mache sich bemerkbar, daß der KMK-Erlaß mit seinen antikommunistisch geprägten Richtlinien vor allem für die Darstellung der Bevölkerungsbewegungen und territorialen Veränderungen nach dem Zweiten Weltkrieg noch immer in Kraft sei.
Vor Journalisten wies Klaus Zernack, Professor für osteuropäische Geschichte an der Universität Frankfurt am Main, darauf hin, daß der KMK-Erlaß im Gegensatz zu den Empfehlungen der gemeinsamen Schulbuchkommission amtlichen Charakter und bindende Wirkung habe. Zugleich bemängelte Zernack das unzureichende Faktenwissen mancher Schulbuchautoren in der Bundesrepublik. Gegenüber solchem Dilettantismus sei in polnischen Schulbüchern, die durchweg von Fachwissenschaftlern geschrieben seien, ein größerer Sachverstand festzustellen.
Die polnischen Teilnehmer äußerten Verständnis dafür, daß es unter den Bedingungen des Kulturföderalismus in der Bundesrepublik nicht kurzfristig möglich sei, die Empfehlungen durchzusetzen.

Entscheidend sei jetzt die Mitarbeit der einzelnen Lehrer. In diesem Zusammenhang sei die Aufnahme direkter Verbindungen zwischen den Historikerverbänden beider Länder von Bedeutung.

Das Ziel bleibt: sachliche Unterrichtung und gegenseitige Verständigung. Zum Ergebnis der IX. deutsch-polnischen Schulbuchkonferenz
(Gotthold Rhode: Kulturpolitische Korrespondenz, 30. 4. 1976)

Die IX. deutsch-polnische Schulbuchkonferenz, die vom 4. bis 7. April 1976 in Braunschweig stattfand, hatte einen wesentlich anderen Charakter als ihre acht Vorgänger. War es seit dem Februar 1972 immer wieder um die Ausarbeitung von für beide Seiten annehmbaren Empfehlungen gegangen – oft genug ohne einen unmittelbar zu dokumentierenden Erfolg –, so konnte jetzt die Arbeit auf Rückblick und Ausblick konzentriert werden, nachdem im Oktober 1975 mit der Vereinbarung der Empfehlungen zu den gegenseitigen Beziehungen in der Nachkriegszeit ein wesentlicher erster Teil der Arbeiten geleistet worden war.

Es galt, in einem Redaktionsausschuß die bisherigen zu sehr verschiedenen Zeitpunkten entstandenen Empfehlungen, die manches zweimal behandelten, zu überarbeiten, Wiederholungen und Ungenauigkeiten auszumerzen und das Ganze in eine chronologische Abfolge zu bringen. Dabei mußten auch die Terminologie und die äußere Gestaltung – Überschriften, Aufteilung in Einzelpunkte – vereinheitlicht und das Ganze übersichtlich gegliedert werden. So wurden aus den bisher 30 Empfehlungen zur Geschichte, deren Numerierung jeweils neu begonnen worden war, nur noch 26, von denen die sechs letzten der Nachkriegszeit gelten. Die sieben Empfehlungen zur Geographie wurden ohne wesentliche Veränderungen in eine einzige zusammengefaßt.

Auch nach dieser Umgestaltung sind Umfang und Informationsgehalt der einzelnen Empfehlungen noch sehr unterschiedlich. So sind die sechs Empfehlungen für das Mittelalter sehr knapp gehalten und stellen in Nr. 4 (Schlesien und Pommern) und in Nr. 6 (Polen und der Deutsche Orden) in erster Linie Auffassungsunterschiede fest, wobei die Notwendigkeit weiterer Behandlung strittiger Fragen unterstrichen wird. So heißt es am Schluß der nunmehrigen Empfehlung 6: ,,Dieser Problemkomplex bedarf trotz gewisser Fortschritte, die auf der Konferenz in Thorn im September 1974 erzielt werden konnten, noch weiterer gründlicher Behandlung.“

In den sieben Empfehlungen zur Neuzeit bis zum Ausbruch des Ersten Weltkrieges (jetzt 7 bis 13) sind die Empfehlungen Nr. 10 und 11, die den polnischen Freiheitskampf im 19. Jahrhundert und seinen Einfluß auf Deutschland behandeln, auch nach einigen Kürzungen noch immer sehr umfangreich, weil viele Fakten mitgeteilt werden, während sich Empfehlung 9 – Preußen und die Teilung Polens – mit einigen Hinweisen zur gesamtgeschichtlichen Einordnung und zur Beurteilung begnügt.

Von den Empfehlungen für die neueste Zeit seit 1914 (Nr. 15 bis 20) nimmt die Empfehlung Nr. 17 – Grenzfragen – unverhältnismäßig viel Raum ein, teilt auch viele Fakten und Daten mit, während die der Zeit von 1933 bis 1945 gewidmeten Empfehlungen sehr knapp ausgefallen sind und bei der Behandlung der Vorgeschichte des Zweiten Weltkrieges wichtige Fakten ausklammern. Auch hier weist eine Schlußbemerkung auf die noch zu leistende Arbeit hin: ,,Zur Ergänzung der Empfehlungen 19 und 20 werden die zahlreichen schwierigen Probleme der deutsch-polnischen Beziehungen in den Jahren 1933–1945 in gemeinsamen Konferenzen und Symposien von 1977 an erörtert werden.“

Die Empfehlungen sind damit erneut als ein erster Versuch gekennzeichnet worden, in dem sehr vieles noch ungeklärt geblieben ist und deshalb ausgespart werden mußte. Das heißt aber keinesfalls, daß das, was in den Empfehlungen nicht gesagt ist, nun auch nicht im Unterricht oder im Schulbuch zur Sprache kommen sollte. Ebensowenig wird das in einem knappen Satz der Empfehlung 18 (Das polnisch-deutsche Verhältnis in der Zeit der Weimarer Republik) ausgesprochene Minimum an Übereinstimmung: ,,In der Atmosphäre gegenseitigen Mißtrauens gelang auch eine befriedigende Regelung der beiderseitigen Minderheitenprobleme nicht“ irgendeinem Autor oder Lehrer für die Behandlung der Frage des Deutschtums in Polen oder des Ruhr-Polentums genügen können. Er enthält eben nur den Fingerzeig, daß er beide Seiten und die Gesamtatmosphäre berücksichtigen möge.

In Erinnerung an die zahlreichen schwierigen, oft sehr harten und langwierigen Debatten über einzelne Sätze, ja über einzelne Ausdrücke in den Empfehlungen wirkt der Satz des Kommuniqués wie ein Stoßseufzer der Erleichterung: ,,Damit ist der erste, besonders fruchtbare, aber auch außerordentlich schwierige Abschnitt der Arbeiten der gemeinsamen Schulbuchkommission abgeschlossen.“

Ende eines Arbeitsabschnitts – Beginn eines neuen

Schon die bisher einzige Spezialkonferenz in Thorn vom September 1974 zur Geschichte des Deutschen Ordens hatte gezeigt, wie groß die Auffassungsunterschiede, wie ungleichmäßig die Beurteilungen auch unbestreitbarer Fakten sind, wie fruchtbar aber das Gespräch der Fachleute zunächst für diese selbst und in der weiteren Folge auch für Darstellung und Unterricht werden kann. Um hier Informationslücken zu schließen und zumindest Verständnis für den anderen Standpunkt zu wecken, sollen nach den in Braunschweig getroffenen Absprachen alljährlich Spezialkonferenzen stattfinden, und zwar abwechselnd in der Volksrepublik Polen und in der Bundesrepublik Deutschland. Vorläufig sind bis 1980 vier Themen vorgesehen, und zwar ,,Die Widerstandsbewegung in Polen und Deutschland", ,,Die deutsch-polnischen Beziehungen 1830 bis 1848", ,,Die Rolle Schlesiens in den deutsch-polnischen Beziehungen", ,,Polen im Zeitalter der Aufklärung, der Reformen und der Teilungen". Diese Komplexe haben sehr unterschiedliche ,,Brisanz". Während z. B. bei der Beurteilung der Rolle des deutschen Widerstandes und erst recht bei der Behandlung der Rolle Schlesiens kontroverse Beurteilungen gegeneinander stehen dürften, gibt es bei der Bewertung der deutschen Polenbegeisterung kaum Auffassungsunterschiede, nur wird da vieles erheblich vertieft werden können.

Jeweils ein Tag der Konferenzen soll dann der Diskussion über die inzwischen vorliegenden neuen Schulbücher und Unterrichtsmaterialien vorbehalten sein. Während für diese zunächst einmal vier weiteren Konferenzen das Braunschweiger Georg-Eckert-Institut für internationale Schulbuchforschung einerseits und das Institut für Lehrprogramme des Ministeriums für Bildung und Erziehung der Volksrepublik Polen andererseits federführend bleiben, hofft man bei der Veranstaltung zusätzlicher Symposien auf die Hilfe anderer wissenschaftlicher Institutionen.

Im ganzen also ein anspruchsvolles, aber auch nicht überladenes Programm für vier weitere Jahre, das immer noch Fragen wie die des Deutschen Ordens oder der deutsch-polnischen Beziehungen zur Zeit des Dritten Reiches offen läßt und somit noch viel Raum für die notwendige Weiterarbeit gibt.

Die wesentliche Arbeit der bewußt in einem kleinen Rahmen gehaltenen IX. Konferenz spielte sich in den Kommissionen ab, die weit mehr als einen Achtstundentag zu absolvieren hatten. Trotzdem war noch Zeit für vier Referate, von denen zwei der Methodik bei der Analyse von Geschichtslehrbüchern bzw. von geographischem Unterrichtsmaterial galten, während zwei weitere neueste Lehrbücher auf beiden Seiten analysierten und kritisierten. Die dabei zutagetretenden Beispiele für fehlerhafte Darstellungen und für einseitige Beurteilungen zeigen, daß auch nach diesem ersten Abschnitt beiderseits noch viel zu tun bleibt und daß die Arbeit an der großen Aufgabe sachlicher Unterrichtung und gegenseitiger Verständigung, wenn sie richtig angefaßt wird, eigentlich nie ein Ende finden kann.

Historie mit dunklen Flecken
(Karl-Heinz Janßen: DIE ZEIT, 4. 6. 1976)
[*ohne Aufmacher*]

Wenige Tage vor dem Besuch Edward Giereks in Bonn stand noch nicht fest, ob des Kulturabkommen zwischen der Bundesrepublik und der Volksrepublik unterzeichnet werden kann, mit dem sich der polnische Parteichef gern geschmückt hätte. Die historische Begegnung drohte durch einen Streit um die Historie getrübt zu werden. Warschau verlangte nämlich, Bundeskanzler Schmidt solle sich dafür verbürgen, daß die Braunschweiger Empfehlungen der gemeinsamen deutsch-polnischen Schulbuchkommission für eine Revision der Geschichts- und Geographie-

bücher in die Tat umgesetzt werden. Irgendeine ,,stramme Erklärung", so hörte man, würde den Polen genügen. Anscheinend hatten sich die polnischen Partner vorgestellt, der Kanzler könne einfach, ungeachtet der Kulturhoheit der Länder, elf Kultusminister vergattern.
Aber der Kanzler vermag nicht mehr als Außenminister Genscher bei seinem letzten Besuch in Warschau, der damals im Oktober eine ,,möglichst baldige Umsetzung *(der Empfehlungen)* in die Praxis" befürwortete. Die Sorge der Polen ist freilich nicht ganz unbegründet. Schon vor einem Jahr, als die Empfehlungen der deutschen und polnischen Wissenschaftler zur Zeitgeschichte bekannt wurden, hatte der bayerische Kultusminister Hans Maier vorbeugend erklärt, das Ergebnis der Schulbuchgespräche sei für ihn nicht verbindlich. Maier fühlt sich den christlichen Demokraten verbunden, gehört also zu jener politischen Spezies, von der polnische Schulkinder noch bis vor kurzem aus ihren Büchern erfuhren, sie sei imperialistisch, revanchistisch, revisionistisch.
Es irritierte die Polen – unerfahren mit den langsam mahlenden Mühlen einer föderativen Bürokratie – noch mehr, daß sich die Kultusministerkonferenz sechs Jahre nach dem Warschauer Vertrag noch nicht dazu hat durchringen können, den sogenannten Ostkunde-Erlaß aus dem Jahre 1956 zurückzuziehen. Die Zusicherung, dieser Erlaß werde ohnehin nicht mehr befolgt, ist da ein schwacher Trost. Auch erklärt sich die polnische Ungeduld aus der unterschiedlichen Ausgangslage bei den Gesprächen über die Schulbuchsäuberung. Auf deutscher Seite verhandelten unabhängige Wissenschaftler, auf polnischer Seite staatlich Beauftragte. Für die Polen ist es recht einfach, die Beschlüsse durchzusetzen: Es gibt nur einen Staatsverlag, und an allen Schulen sind die gleichen Bücher vorgeschrieben. In der Bundesrepublik aber bietet ein gutes Dutzend Schulbuchverlage zur Zeit insgesamt 97 verschiedene Geschichtsbücher und 64 Erdkundebücher an. Die Produktion eines neuen Buches dauert etwa zwei Jahre. Weder die Autoren noch die Verleger lassen sich reglementieren, sie wollen überzeugt werden.
Polnische Journalisten in Bonn haben moniert, die deutschen Verlage beeilten sich nicht mit der Revision. Aber solche Pauschalkritik wird den wahren Verhältnissen nicht gerecht. Mustergültig im Sinne der Braunschweiger Empfehlungen ist ein soeben erschienenes *westermann-colleg* für den Gemeinschaftskunde- und Geographieunterricht in der Sekundarstufe II, also für die Oberstufe der Gymnasien (,,*Raum und Gesellschaft*", Heft 5). Jede Seite kommt darin zu ihrem Recht: Im Wortlaut abgedruckt sind der Warschauer Vertrag, die Warschauer Rede Willy Brandts, aber auch der Friedensvertragsvorbehalt der Bundesregierung und des Bundestages zur Oder-Neiße-Grenze sowie Auszüge aus dem Urteil des Bundesverfassungsgerichts von 1973; nachzulesen ist auch das Geheimprotokoll der Außenminister Ribbentrop und Molotow über die Aufteilung Polens im Jahre 1939. Die Schüler werden angehalten, über ,,Polen in seinen neuen Grenzen" nachzudenken.

Dieses Buch ist beileibe kein Einzelfall. In einem Geschichtsbuch aus dem Diesterweg-Verlag für die Hauptschule wurden schon 1974 Fragen gestellt, die für sich sprechen: ,,Wie konnten sich Vorurteile der Deutschen gegenüber den Polen bilden?" – ,,Wie umstritten ist die Ostkolonisation?" – ,,Erkläre, was es für Polen bedeutet, seit 1466 Danzig und andere Ostseehäfen zu besitzen?"
Auch die neuesten Schulatlanten können vor kritischen Augen bestehen. Die polnische Westgrenze wird korrekt entlang Oder und Neiße gezeichnet, das heutige polnische Staatsgebiet farblich klar von Deutschland abgehoben. Zwar ist die deutsche Grenze von 1937 weiterhin durch kleine rote Perlen angedeutet – aber die Kartographen können sich auf die völkerrechtliche Lage berufen. Auf den Karten der ehemaligen deutschen Ostprovinzen sind, entsprechend den Empfehlungen, unter die deutschen Ortsnamen

die polnischen gesetzt, zuweilen auch umgekehrt.
Die Deutschen brauchen ihr Licht also nicht unter den Scheffel zu stellen, zumal Nachbar Polen trotz seiner vereinfachten kulturpolitischen Verhältnisse auch nur sehr langsam von geschichtlich überholten Texten freigekommen ist.

So wurde die Bundeswehr in einem Geschichtsbuch für 14jährige noch bis zur Auflage 1973 als „ständige Bedrohung des Friedens in Europa" hingestellt; in einem anderen, für 17/18jährige, stand im selben Jahr zu lesen, daß „revisionistische und militaristische Kräfte einen sehr starken Einfluß" auf die Politik der Bundesrepublik ausübten.

In den neuesten Geschichtsbüchern jedoch hat ein Gutachter des Internationalen Schulbuchinstituts in Braunschweig inzwischen „erfreuliche Veränderungen" festgestellt: Bundesrepublik und Bundeswehr werden jetzt weitgehend objektiv dargestellt. Zu wünschen übrig lassen die Erdkundebücher, in denen auch noch in den ersten Jahren nach dem Warschauer Vertrag die Bundesrepublik gegenüber der DDR viel zu schlecht wegkam. Nicht vorgedrungen ist der Geist der Entspannung bisher in die Lehrbücher für den deutschsprachigen Unterricht. Die polnischen Sprachschüler müssen annehmen, daß es auf der Welt nur drei deutschsprachige Kulturräume gibt: Österreich, die Schweiz und die DDR. Außer Böll hat die Bundesrepublik da kaum etwas vorzuweisen.
Es bleibt also noch viel für die Entspannung zu tun. Die Beschlüsse der Schulbuchkommission waren nicht mehr als ein erster Schritt. Ihre Mitglieder wollen deshalb auch weiterhin regelmäßig zusammentreffen. Manche historische Einzelfrage ist noch zu klären, manche unhaltbar gewordene historische Darstellung zu korrigieren. Sicherlich verschwindet eines Tages dann aus den polnischen Büchern auch jene Mär von den SS-Banden und Werwölfen, die nach der deutschen Kapitulation jenseits von Oder und Neiße ihr Unwesen getrieben haben sollen, so daß sich die Polen geradezu gezwungen sahen, auch noch die letzten Deutschen auszuweisen. Solche Begründungen haben die Polen ohnehin nicht mehr nötig, seit in den gemeinsamen Empfehlungen die Verantwortung für die Zwangsumsiedlung jener Deutschen, die bei Kriegsende noch nicht aus den Ostprovinzen geflohen waren, deutlich den Großen Drei in Potsdam zugeschoben worden ist.
Wie auch immer der Streit um das Kulturabkommen ausgeht, eines ist gewiß: Vorurteile, die in Jahrhunderten gewachsen sind, verschwinden nicht von einem Tag auf den anderen. Beide Völker werden noch viele Jahre brauchen, ehe sie ohne Emotionen über jene Epoche miteinander sprechen können, in der sie sich gegenseitig so unsägliches Leid zugefügt haben – wobei sich die Waagschale der Schuld immer tief zur deutschen Seite neigen wird.

Gierek zur Fortsetzung seiner Gespräche in Bonn eingetroffen.
Wirtschaftsfragen im Mittelpunkt des Hamburger Treffens mit Schmidt
(Der Tagespiegel, 10. 6. 1976)
[Auszug]

Auch das deutsch-polnische Kulturabkommen ist gesichert. Bedenken der Bundesländer – vor allem Bayerns und Baden-Württembergs – konnten dadurch ausgeräumt werden, daß die Bundesregierung sich nur verpflichtet, auf eine Korrektur der deutschen Geschichtsbücher unter Berücksichtigung der UNESCO-Vorschläge hinzuwirken. Der polnischen Seite wurde klargemacht, daß eine bindende Verpflichtung zu einer solchen wegen der Kulturhoheit der Länder nicht möglich sei.
Der Austausch von Kultur-Instituten ist einstweilen aufgegeben worden. In Bon-

ner Kreisen vermutet man Widerstände der DDR, die in Warschau keine westdeutsche Konkurrenz haben wolle. Auch über den deutsch-polnischen Jugendaustausch wird es keine festen Absprachen geben. Es soll nur eine Jugend-Begegnungsstätte allgemein befürwortet werden. Über ihren Standort herrscht Uneinigkeit, weil sich Bonn weigert, der Warschauer Forderung zuzustimmen, die Stätte in der Nähe eines früheren Konzentrationslagers zu errichten.

Wie soll es mit der Schulbuchrevision weitergehen? „Ost-West-Dialog" als Fernziel. Ein internationales Expertengespräch in Köln
(Wolf Scheller: Allgemeine Zeitung Mainz, 6. 7. 1976)
[ohne Aufmacher betr. Kölner Expertengespräch der DUK/UNESCO]

Ausdrücklich in dieser alternativen Gegenüberstellung formuliert hatte diese Frage natürlich niemand. Doch die Historiker, Geographen und Schulbuchexperten aus Polen, Bulgarien, Ungarn, Rumänien, Frankreich, den Niederlanden, Großbritannien, Schweden und der Bundesrepublik wurden nicht müde, die methodischen und wohl auch politischen Vor- und Nachteile beider Möglichkeiten bis in kleinste Detail zu diskutieren.

Einmal erscheint es wünschenswert, nach den Jahren der Zweierverhandlungen über Schulbuchtexte nunmehr auch zu Verbindlichkeiten zu gelangen, die von mehreren Ländern mit gemeinsamer Geschichte akzeptiert und für den Unterricht in der Schule nutzbar gemacht werden. Anderseits jedoch kann nicht übersehen werden, daß es weitaus schwieriger ist, für vier oder fünf Länder einen gemeinsamen Nenner zu finden als nur für zwei Staaten. Das Beispiel von Polen und der Bundesrepublik, das bislang am häufigsten diskutierte Thema zweiseitiger Schulbuchrevision, gibt da kaum Hoffnung auf eine Ausweitung der Verhandlungen.

In der Tat ging es bei der Kölner Tagung im wesentlichen um eine Bestandsaufnahme des bisher von den einzelnen Ländern bei der Schulbuchrevision Geleisteten. Zum ersten Mal saßen sich Schulbuchexperten aus Ost und West in diesem größeren Rahmen gegenüber. Von den Teilnehmern aus den sozialistischen Staaten des Ostblocks war zu erfahren, daß jene Länder schon seit längerem mit gutem Erfolg damit beschäftigt sind, ihre Schulbuchtexte miteinander abzustimmen, Urteile über das eine oder andere Land zu revidieren, die Kenntnisse voneinander zu vertiefen.

Dieser Prozeß ist nach dem Zweiten Weltkrieg in ähnlicher Weise auch zwischen den meisten westeuropäischen Ländern erfolgreich abgeschlossen worden, doch tun sich beide Seiten schwer damit, diese untereinander geübte Praxis auch auf die Schulbuchrevision zwischen Ost und West anzuwenden. Einmütig plädierte man in Köln dafür, die Bemühungen der einzelnen Staaten aus der Ebene der reinen Expertengespräche herauszuführen und die politisch verantwortlichen Stellen einzuschalten.

Die Ostblockstaaten, allen voran die Polen, haben diese Forderung – zum Beispiel gegenüber der Bundesrepublik – wiederholt erhoben. Und auch hierzulande sind die Schulbuchfachleute davon überzeugt, daß die Beteiligung der Politiker an diesen Verhandlungen letztlich eine Notwendigkeit darstelle. Allerdings sind die Schulbuchwissenschaftler aus der Bundesrepublik in einer besonders schwierigen Lage. Einmal hängt ihre Unterstützung von der unterschiedlichen politischen Haltung der verschiedenen Bundesländer ab. Zum anderen holen sie sich bei so wichtigen Staaten wie der Sowjetunion und der DDR immer wieder eine Absage, obwohl beide Länder innerhalb des Ostblocks ihrerseits ebenfalls an der Schulbuchrevision beteiligt sind.

Gleichwohl entschloß man sich bei der Kölner Tagung, diese Expertengespräche im Rahmen eines „Ost-West-Dialogs" in Sachen Schulbuch fortzusetzen. Zunächst will man jetzt sich auf Themen konzentrieren, die möglichst das Interesse mehrerer Staaten finden. Die Bereitschaft zum Gespräch über trennende ideologische Standpunkte hinweg, so wurde bedeutet, sei auf beiden Seiten größer als früher.

Propaganda als Geschichtsunterricht
(Deutsche National-Zeitung, 2. 7. 1976)

Die Zusage der Bundesregierung an Warschau, sich für eine Revision der deutschen Geschichtsbücher einzusetzen, wird vom bayerischen Kultusministerium als nicht bindend für die Bundesländer zurückgewiesen. Ein Sprecher des Münchener Ministeriums betonte, der Geschichtsunterricht dürfe „nicht als eine Funktion der Tagespolitik" gesehen werden. Bayern habe dem Bundeskanzler unmittelbar vor dem Besuch des polnischen KP-Chefs Edward Gierek seine ablehnende Haltung „nachdrücklich klargemacht".
Die sogenannten „Schulbuchempfehlungen", die von einer deutsch-polnischen UNESCO-Kommission vorgelegt wurden und Grundlage einer Revision sein sollen, werden im Münchener Ministerium unverändert kritisch beurteilt. Insbesondere die Empfehlungen zur neuesten Geschichte der deutsch-polnischen Beziehungen seien „einseitig im Sinne der östlichen Auffassungen". So werde die Rolle der Sowjetunion von 1939 bis 1945 verschleiert, ferner werde gänzlich verschwiegen, daß „nur der Hitler-Stalin-Pakt den gemeinsamen Angriff Deutschlands und der Sowjetunion auf Polen und die darauf folgende Teilung des Landes möglich machte".
Auch sei nicht erwähnt, daß die „Westverschiebung" Polens nach dem Kriege durch die Expansion der Sowjetunion nach Westen erzwungen worden sei. Die Vertreibung der Deutschen dagegen werde durch die Vokabel „Bevölkerungsverschiebung" verharmlost.

Das Münchener Ministerium macht auch darauf aufmerksam, daß der UNESCO-Kommission von deutscher Seite nur „ein paar gutwillige Privatleute" angehörten, die sich von der polnischen Staatsdelegation, die mit Spitzenhistorikern und Experten besetzt gewesen sei, „hinters historische Licht führen" ließen.

Vergehen an der Geschichte. Das unrühmliche Ende der deutsch-polnischen Schulbuchkonferenzen
(Edmund Ferner: Leserbrief, Fehmarnsches Tageblatt, 10. 11. 1976)

Neunmal seit 1972 tagte die deutsch-polnische Schulbuchkommission und glaubt nun, ihre Arbeit abgeschlossen zu haben. – Eines steht schon jetzt fest: es wäre wohl besser gewesen, keine Empfehlungen verfaßt zu haben, denn es bleibt ein bitterer Nachgeschmack, wenn man von Anfang an Geschichtsklitterungen in großer Zahl in den Empfehlungen vorfindet. Z. B.: Wir lesen jetzt: „Die territorialen Veränderungen bei Ende des zweiten Weltkrieges wurden mit umfangreichen Bevölkerungsverschiebungen verbunden. Sie zielten darauf ab, staatliche und ethnische Grenzen nach Möglichkeit in Übereinstimmung zu bringen". Wie logisch das klingt, obwohl hier nichts, aber auch gar nichts stimmt! Die territorialen Veränderungen, auch allgemeine Territorial- und Grenzveränderungen als Ergebnis des Krieges genannt, heißen in Wirklichkeit Okkupation, Annexion und Vertreibung, doch so deutlich durfte in diesen Schulbuchempfehlungen nicht gesprochen werden. Die Ursache all dessen liegt eindeutig im Machtanspruch der Sowjetunion. Aber das darf künftig nicht in unseren Schulbüchern stehen, so wie es selbstverständlich noch zu keinem Zeitpunkt in den kommunistischen Lehrbüchern zu lesen war. So wurden logischerweise Themen wie der Warschauer Aufstand von 1944 (August) und die Frage ,,Catyn" ganz ausgeklammert. Man könnte hier ohne Schwierigkeit eine Kette von geschichtlichen Unwahrheiten und Auslassungen von historischen Tatsachen aufzählen. Nur eines noch: Für das heutige Polen ist das Wort ,,Vertreibung" ein Reizwort. Da dem so ist, steht natürlich auch nichts davon in den jüngsten deutsch-polnischen Schulbuchempfehlungen, die sich mit dem Zeitraum von 1945-1975 befassen. Der polnische Standpunkt hat sich durchgesetzt, wobei man wohl noch Verständnis für die polnische Sicht der Dinge aufbringen könnte, nicht hingegen dafür, daß die deutschen Professoren, wie u. a. Prof. Mertineit aus Flensburg, – übrigens Leiter der deutschen Kommission – solche Empfehlungen gutheißen. Sie kompromittieren die Geschichtswissenschaft und müssen hier klar von ihren seriösen Kollegen, wie dem verstorbenen Prof. Gause oder Prof. Mentzel unterschieden werden.

Wie dem auch sei, es ist erfreulich, daß es noch die Kulturhoheit der Länder gibt. So ist es kein Wunder, daß Länder wie Baden-Württemberg und Bayern diese Empfehlungen grundweg abgelehnt und Hessen sie in seine Gesetzgebung aufgenommen hat.

Die Arbeitsgemeinschaft für Ostkunde an Schulen in Schleswig-Holstein, der ich auch angehöre, hat seit Jahren alle Empfehlungen geprüft und Änderungsvorschläge gemacht; leider ohne Erfolg. So haben auch wir dem Kultusminister nur eine Ablehnung für unser Bundesland empfehlen können.

Das nächste Ziel dieser deutsch-polnischen Schulbuchkommission soll die Überwachung der Auswirkungen der deutsch-polnischen Schulbuchempfehlungen sein. Das bedeutet, daß nunmehr polnische Kommunisten zu begutachten haben, was in unseren deutschen Schulbüchern steht oder nach ihrer Auffassung stehen sollte. Schon jetzt kann als Ergebnis vorweggenommen werden, daß es immer noch Schulbücher in der Bundesrepublik Deutschland geben wird, die sich aus gutem Grund diesen auf Kosten historischer Wahrheit zustandegekommenen Schulbuchempfehlungen – besser Schulbuchverfehlungen zu nennen – verschließen, während in Polen die Gleichschaltung umfassend sein dürfte.

Mein Vorschlag: In den Lehrbüchern sollten die Hauptlinien der wissenschaftlichen Diskussion und andere Streitpunkte aufgezeigt und dazu angeregt werden, sich eine eigene Meinung zu bilden. Noch ist es vielleicht nicht zu spät.

Der Beginn eines neuen freundschaftlichen Verhältnisses zwischen Deutschen und Polen, was wir alle erstreben, sollte auf dem Fundament der historischen Wahrheit begründet werden. Nur so kann es Bestand haben.

Mit Historikern unzufrieden. CDU-Kultusminister rügt deutsche und polnische Experten
(Eckart Spoo: Frankfurter Rundschau, 14. 8. 1976)

Die niedersächsische Landesregierung ist unzufrieden mit den gemeinsamen Empfehlungen westdeutscher und polnischer Geschichtswissenschaftler für die Darstellung der deutsch-polnischen Beziehungen im Geschichtsunterricht. Die Empfehlungen sind das Ergebnis von acht Schulbuchkonferenzen, die von den UNESCO-Kommissionen beider Länder in den vergangenen Jahren abwechselnd in Warschau und Braunschweig veranstaltet worden waren. Bundeskanzler Helmut Schmidt und der Vorsitzende der Polnischen Vereinigten Arbeiterpartei, Edward Gierek, hatten im Frühjahr bei Giereks Besuch in Bonn die Erwartung ausgespro-

chen, daß die Befolgung der Schulbuchempfehlungen zur Verständigung zwischen beiden Völkern beitragen werde.
Ein niedersächsischer CDU-Landtagsabgeordneter, der danach die CDU-Landesregierung zu einer Klarstellung aufgefordert hatte, ob sie die von Wissenschaftlern empfohlene Darstellung der deutsch-polnischen Beziehungen und insbesondere der deutschen Nachkriegsgeschichte für ausgewogen halte, erhielt jetzt von Kultusminister Werner Remmers die Antwort, nach Auffassung der Landesregierung lasse sich eine allseits befriedigende Ausgewogenheit in dieser Frage nicht erzielen. Die Empfehlungen könnten die bestehenden kontroversen Standpunkte nicht aufheben, sondern höchstens einander annähern. Wie Remmers mitteilte, bedauert es die niedersächsische Regierung, daß in den Empfehlungen die Begriffe ,,zwei deutsche Staaten" und ,,deutsche Zweistaatlichkeit" undifferenziert verwendet würden. Dadurch könne der Eindruck entstehen, daß ,,die Besonderheit der Interse-Beziehungen zwischen der Bundesrepublik Deutschland und der Deutschen Demokratischen Republik als Teile eines noch immer existierenden umfassenden Staates Gesamtdeutschland mit einem einheitlichen Staatsvolk" verkannt werde.

Mit den Vertriebenen einverstanden

Nach der letzten Zusammenkunft der Wissenschaftler in Braunschweig hatten Sprecher beider Delegationen darauf hingewiesen, daß die Empfehlungen in Polen allgemein befolgt würden, während es in der Bundesrepublik noch Schwierigkeiten gebe, die insbesondere aus der Kulturhoheit der einzelnen Bundesländer zu erklären seien.
Die frühere niedersächsische SPD/FDP-Regierung hatte im vergangenen Jahr die Benutzung eines vom Bund der Vertriebenen an einigen niedersächsischen Schulen verbreiteten Atlas ,,Ostdeutschland und die deutschen Siedlungsgebiete in Ost- und Südosteuropa" untersagt, weil dieses Druckwerk mit dem gesetzlichen Bildungsauftrag der Schule nicht vereinbar sei. Die jetzige CDU-Regierung teilte inzwischen auf Grund einer parlamentarischen Anfrage eines anderen CDU-Landtagsabgeordneten mit, daß sie diese Auffassung ihrer Vorgängerin nicht teile. Ihr sei bekannt, daß beispielsweise von offizieller britischer Stelle noch im vergangenen Jahr erklärt worden sei, geltende Abkommen verböten es der britischen Regierung und ihren Verbündeten, völkerrechtliche Feststellungen über die deutsch-polnische Grenze zu treffen oder sie anzuerkennen.

Schulbuchkonferenz. Ungenau formuliert
(Gerhard Schölzel: Leserbrief, Kölner Stadt-Anzeiger, 7. 12. 1976)

Ein Wort zu den deutsch-polnischen Schulbuchkonferenzen. Es gibt 31 Absprachen aus dem Jahre 1972 und 6 Vereinbarungen über die Behandlung der Zeitgeschichte vom 7. April 1976. Gerade letzteren wird von den Kritikern aus München und Stuttgart entgegengehalten, daß sich überwiegend der kommunistische und nationalistische Standpunkt der Polen durchgesetzt hat.
So möchten die Polen statt des Wortes Vertreibung die Vokabel ,,Transfer" verwendet sehen, und 1949 hätten sich als ,,Ergebnis des 2. Weltkriegs zwei deutsche Staaten mit unterschiedlicher Gesellschaftsordnung konstituiert".

So einfach liegen die Dinge auf polnischer Seite, die sich ausschließlich aus weisungsgebundenen Kommissionsvertretern der kommunistischen Ideologie zusammensetzt. Mit Recht wirft Prof. Menzel die Frage auf, ,,ob es überhaupt möglich" sei, ,,mit kommunistischen Historikern eine freie, von Partei- und Staatsräson unbeeinflußte wissenschaftlich-pädagogische Diskussion zu führen".
Den 6 Empfehlungen der deutsch-polni-

schen Kommission zur Nachkriegsgeschichte stehen historische und völkerrechtliche Einwände entgegen, die sich nicht durch Kompromisse, Fortlassen historischer Wahrheiten oder durch indifferente Formulierungen aus der Welt schaffen lassen. Die 37 verabschiedeten Schulbuchempfehlungen können keineswegs den Anspruch auf verbindliche Übernahme in deutsche Lehrbücher erheben, sie sind nicht mehr als ,,Orientierungshilfen" für Schulbuchautoren und Lehrer.

Albrecht für Revision von Schulbüchern
(Wolfgang Meyer: Die Welt, 9. 12. 1976)
[*Auszug*]

Der niedersächsische Ministerpräsident Ernst Albrecht (CDU) will die Bemühungen der polnischen Regierung zur Revision deutscher Schulbücher über die geschichtlichen Beziehungen zwischen beiden Ländern unterstützen. In seinem ersten Gespräch mit dem neuen polnischen Außenminister Emil Wojtaszek versicherte Albrecht in Warschau, er wolle dazu beitragen, daß ,,Vorurteile der alten Generation" in den Geschichtsbüchern abgebaut werden. Albrechts Polenreise, die nach Abstimmung mit Außenminister Hans-Dietrich Genscher (FDP) und mit dem CDU-Vorsitzenden Helmut Kohl erfolgte, geht morgen zu Ende.
Wojtaszek, der Albrecht bereits zwei Stunden nach der offiziellen Amtsübernahme im polnischen Außenministerium empfing, betonte, seine Regierung lege Wert darauf, daß die Empfehlungen der deutsch-polnischen Schulbuchkonferenz nun auch in der Bundesrepublik in die Praxis umgesetzt werden. In diesen Empfehlungen kommt der ,,Begriff ,,Vertreibung" nicht mehr vor. Auf Wunsch der polnischen Unesco-Kommission für die Schulbuchrevision unter Leitung des Historikers Wladyslaw Markiewicz wird statt dessen von ,,Zwangsumsiedlung" und ,,Transfer" der ostdeutschen Bevölkerung gesprochen. Albrecht erklärte dem polnischen Außenminister, daß die Empfehlungen nicht wörtlich übernommen werden. Jedoch solle deutschen Schülern künftig ein Bild der Geschichte vermittelt werden, das auch Polen Rechnung trage.
Da die Empfehlungen der Konferenz wegen des freien Schulbuchmarktes und des dezentralen Bildungswesens in der Bundesrepublik eine Verbindlichkeit nicht erhalten können, will die polnische Führung versuchen, auf der Ebene unterhalb der Landesregierungen zu dem von ihr gewünschten Erfolg zu kommen.
Professor Markiewicz kündigte in einem Gespräch an, daß eine Serie von wissenschaftlichen Konferenzen zu diesem Thema in Polen und in der Bundesrepublik mit dem Ziel abgehalten werden solle, die Richtlinien in die Praxis umzusetzen. Nach seiner Darstellung sind sowohl deutsche Lehrerverbände als auch Schulbuchverlage interessiert, die polnischen Interpretationen über die gemeinsame Geschichte zu berücksichtigen.

Aus Vertreibung soll ,,Transfer" werden. Die deutsch-polnischen Schulbuchempfehlungen im Widerstreit
(Alfred Schickel: Frankfurter Allgemeine Zeitung, 19. 11. 1976)

Selten haben wissenschaftliche Fachgespräche ein derart großes Interesse in der Öffentlichkeit gefunden wie die deutsch-polnischen Schulbuchkonferenzen. Sogar Bundeskanzler Schmidt und Polens Parteichef Gierek widmeten diesem Thema bei ihrem letzten Treffen in Bonn einen eigenen Tagesordnungspunkt und versprachen sich gegenseitig im Abschluß-Kommuniqué, ,,ihre Bemühungen fortzusetzen, in den Schulbüchern eine Darstellung der Geschichte, Geographie und Kultur des anderen Landes zu erreichen, die eine umfassende Kenntnis und ein besseres gegenseitiges Verständnis fördert". Beide Politiker wollen ,,darauf hinwirken, daß dabei die Empfehlungen der gemeinsamen Schulbuchkommission berücksichtigt werden".

Während es bei Gierek nur eines Winkes bedarf, die polnischen Schulbücher nach dem Willen der kommunistischen Einheitspartei auszurichten, tut sich Helmut Schmidt in dieser Sache ungleich schwerer. Er hat keine unmittelbare Möglichkeit, auf die Abfassung deutscher Lehrbücher Einfluß zu nehmen; noch weniger kann er durchsetzen, daß bestimmte Darstellungen aus den Schulbüchern entfernt oder neue in sie aufgenommen werden. Dem steht die Kulturhoheit der Bundesländer entgegen. Den Kultusministerien der Länder obliegt es, die Lehrpläne und Lerninhalte der Schulen festzulegen und die hierzu nötigen Unterrichtsmaterialien zu prüfen und auszuwählen.

Diesem Kulturföderalismus steht man in Warschau teils verständnislos, teils mißtrauisch gegenüber, wie verschiedenen polnischen Erklärungen zu entnehmen ist, in denen Bonn aufgefordert wird, dafür zu sorgen, daß die Empfehlungen der deutsch-polnischen Schulbuchkommission in der Bundesrepublik alsbald verwirklicht werden. Die direkten Adressaten polnischer Klagen, die Kultusminister und -senatoren der deutschen Länder, haben freilich ihre Gründe, warum sie dem polnischen Begehren nur mit Vorbehalten oder einstweilen überhaupt nicht entsprechen.

Da gibt es zunächst sachliche Einwände gegen die von der gemischten deutsch-polnischen Schulbuchkommission erarbeiteten ,,Empfehlungen". Sie betreffen sowohl die 31 Absprachen aus dem Jahre 1972 als auch ganz besonders die am 7. April 1976 veröffentlichten sechs Vereinbarungen über die Behandlung der Zeitgeschichte. Letzteren wird – insbesondere von den Kritikern in München und in Stuttgart – entgegengehalten, daß sie weder unter historisch-wissenschaftlichen und pädagogischen noch unter politischen und verfassungsrechtlichen, noch unter menschen- und völkerrechtlichen Gesichtspunkten befriedigend seien; vielmehr habe sich überwiegend der kommunistische und nationalistische Standpunkt der Polen durchgesetzt.

Im einzelnen geht es dabei um die territorialen Veränderungen nach dem Zweiten Weltkrieg, die Frage der Endgültigkeit der polnischen Westgrenze, die sogenannten ,,Bevölkerungsverschiebungen", die Rolle der deutschen Heimatvertriebenen und das Entstehen der beiden deutschen Staaten.

Die Polen möchten die Oder-Neiße-Linie als endgültige Staatsgrenze in den deutschen Lehrbüchern dargestellt wissen, statt Vertreibung die Vokabel ,,Transfer" verwendet sehen und über die Teilung Deutschlands die Formulierung in die westdeutschen Geschichtsbücher setzen, daß sich ,,im Jahre 1949 als Ergebnis des Zweiten Weltkriegs zwei deutsche Staaten mit unterschiedlicher Gesellschaftsordnung konstituierten". Die mit Zustimmung der deutschen Vertreter verabschiedeten ,,Empfehlungen zur Zeitgeschichte" (Nr. 21 bis 26) sollen ihnen dazu verhelfen. Dagegen machen verschiedene Kultusministerien, wie das bayerische oder das rheinland-pfälzische, geltend, daß solche Forderungen nicht im Einklang mit der historischen Wirklichkeit stünden und auch nicht der vom Bundesverfassungsgericht beschriebenen völkerrechtlichen Lage entsprächen. Sie lehnen es ab, ,,historische Sachverhalte durch schiefe Bezeichnungen zu verfälschen". In Mainz weist man noch zusätzlich darauf hin, daß eine uneingeschränkte Übernahme der vorliegenden 37 Empfehlungen bedeuten würde, ,,daß die Behandlung der deutsch-polnischen Geschichte ungefähr ein halbes Schuljahr in Anspruch nehmen würde", eine Feststellung, die nicht so sehr gegen den Umfang des in Frage stehenden Stoffes spricht als vielmehr gegen die kümmerliche Rolle, die der Geschichtsunterricht auf der Stundentafel mancher Bundesländer spielt, wobei Rheinland-Pfalz neben Bayern und Baden-Württemberg sogar noch zu den ,,geschichtsfreundlichsten" Ländern zählt.

Das der Schulhistorie nicht sonderlich zugeneigte Hessen sieht dagegen keine Schwierigkeiten, daß sich Lehrer, Schulbuchautoren und Gutachter mit den Empfehlungen der deutsch-polnischen Schulbuchkonferenzen beschäftigen. Sein Kultusminister Krollmann kündigte Ende Januar 1976 vor dem Wiesbadener Landtag an, er werde die ,,Empfehlungen zur Zeitgeschichte" im hessischen Amtsblatt – genau wie sein Amtsvorgänger von Friedeburg die Absprachen aus dem Jahre 1972 – bekanntmachen, wenn auch ,,wegen ihres nichtstaatlichen Charakters im nichtstaatlichen Teil dieses Amtsblattes", wie er einschränkend hinzufügte. Nach seinem Verständnis handelt es sich bei den umstrittenen Empfehlungen nicht um ,,amtliche Sprachregelungen", die von den westdeutschen Kultusverwaltungen förmlich übernommen werden müßten oder gar die Unterrichtsbehörden bänden, sondern um Vorschläge, wie man im Geschichtsunterricht gegensätzliche Standpunkte objektivieren könnte.

Der hessische Kultusminister sieht die deutsch-polnischen Schulbuchkonferenzen in der Nachfolge der früheren deutsch-französischen Schulbuch-Gespräche und verspricht sich von ihren Ergebnissen einen ebensolchen Beitrag zur Verbesserung der gegenseitigen staatlichen Beziehungen, wie er zum westlichen Nachbarn längst erreicht worden sei. Dabei räumt er ein, daß es mit dem französischen Partner ungleich leichter war, sich auf die geschichtliche Wahrheit zu verständigen, als dies heute mit der regierungsoffiziösen Warschauer Delegation möglich sei. Das Ergebnis der Verhandlungen sei darum nicht selten nur eine Kompromißformel, wie etwa die Empfehlung zur Frage der ,,territorialen Veränderung" (Nr. 21), in der es in mühsamen Wendungen heißt: ,,Die Anerkennung der polnischen Administration durch die Westalliierten bedeutete nach deren Auffassung mit zunehmendem zeitlichem Abstand von der Konferenz (von Potsdam) noch keine völkerrechtlich definitive Anerkennung der Grenzlinie." Krollmann nimmt in seiner Stellungnahme ausdrücklich auf dieses Beispiel Bezug, ohne freilich auf die Frage einzugehen, ob es sinnvoll sei, die jungen Menschen statt mit der erforschten Wahrheit mit Kompromissen zu bedienen.

Im Gegensatz zu seinen CDU/CSU-Amtskollegen hält er auch die Vokabel ,,Transfer" statt ,,Vertreibung" für tragbar und weist darauf hin, daß dieses Wort keine Schöpfung der Schulbuchkommission sei, sondern aus einem Vertrag stamme, den die Westalliierten mit ihrem sowjetrussischen Kriegsverbündeten abschlossen. Es fragt sich nur, ob die Hauptbetroffenen in diesem Fall, die deutschen Heimatvertriebenen, diese Schöpfung der Sprache auch für akzeptabel halten. Ihre bisher dazu bekanntgewordenen Stellungnahmen lassen dies mit Fug und Recht bezweifeln.

Auf Verständnis und Unterstützung kann Krollmann dagegen bei seinem nordrhein-westfälischen Ressortkollegen und Parteifreund Girgensohn hoffen. Dieser ließ auf eine Kleine Anfrage seines sozialdemokratischen Fraktionsgenossen Grätz Anfang Mai dieses Jahres mitteilen, daß die ,,Landesschulbuchkommission Politische Bildung", die im Auftrag seines Hauses Lernmittel für die Fächer Geschichte, Politik und Erdkunde prüft, ,,alle Empfehlungen der deutsch-polnischen Schulbuchkonferenz erhalten hat" und sie auf seine Weisung hin ,,gebührend" zu berücksichtigen und auszuwerten habe. Allerdings habe er auch ,,sichergestellt, daß sie nicht unkritisch verwendet werden". Damit schränkte Girgensohn die ihm von seinem Parteifreund zugedachte Verantwortung, ,,eine baldige Umsetzung der Konferenzbeschlüsse zu erreichen", bemerkenswert ein, wie man auch schon vorher im Hessischen Landtag vereinzelte Koalitionsabgeordnete hatte vorbehaltloser über die

Schulbuch-Empfehlungen sprechen hören als den verantwortlichen Minister.
Überhaupt enthalten sich die ministeriellen Äußerungen in ihrem sachbezogenen Teil weitgehend parteipolitischer Wertungen, eine Praxis, die vom Münchener Salvatorplatz über Saarbrücken bis zur Kieler Staatskanzlei zu beobachten ist. Dennoch sind die Schulbuch-Empfehlungen nicht völlig von der tagespolitischen Auseinandersetzung zu trennen; und das nicht allein deswegen, weil sich an ihnen Parteijugendorganisationen oder Landespolitiker profilieren wollen, sondern auch wegen eines Passus im Kommuniqué über die zweite deutsch-polnische Schulbuchkonferenz vom April 1972, in dem der „Geist des Warschauer Vertrages vom 7. 12. 1970" beschworen wurde.
Die Gegner der Bonner Ostpolitik sahen daher in dem vom Gründer des Braunschweigischen Schulbuchinstituts, Georg Eckert, auf den Weg gebrachten Unternehmen der deutsch-polnischen Schulbuchgespräche nicht nur einen wissenschaftlichen Gedankenaustausch von Historikern, Politologen und Geographen, sondern auch eine Parallelveranstaltung zu der von ihnen abgelehnten Vertragspolitik. Entsprechend mißtrauisch verfolgten sie die abwechselnd in der Bundesrepublik und in Polen stattfindenden deutsch-polnischen Begegnungen. Ihr Argwohn wurde noch durch den Umstand verstärkt, daß sie kaum einen deutschen Vertreter in der Schulbuchkommission zu ihren politischen Gesinnungsgenossen zählen konnten, auf der polnischen Seite aber nicht nur einen nationalen Einheitsblock sahen, sondern auch weisungsgebundene Vertreter der kommunistischen Ideologie, welche ihrerseits wiederum Rücksicht auf den großen Nachbarn im Osten zu nehmen hatten.
Auf diesen Tatbestand hebt man neben den sachlichen Einwendungen besonders in München ab, wo auch die Frage gestellt wird, wie viele deutsche Kommissionsmitglieder wohl so hinreichend der polnischen Sprache mächtig seien, daß sie die komplizierten Formulierungen über die umstrittenen Fragen in ihren letzten philologischen Hintergründen ausleuchten können.
Von der Beherrschung der Sprache wie von der Orts- und Sachkenntnis her hätten sich hier ostdeutsche Wissenschaftler aus den Vertreibungsgebieten angeboten, die zum Teil an polnischen Universitäten studiert haben. Sieht man sich die Liste der deutschen Delegationsmitglieder an, findet man jedoch kaum einen solchen schlesischen oder ostpreußischen Historiker von Rang unter ihnen. Dabei gibt es in der Bundesrepublik eine ganze Reihe von renommierten wissenschaftlichen Einrichtungen, die von der „Ostdeutschen Historischen Kommission" bis zum „Herder-Forschungsrat" und dem „Institut für ostdeutsche Kirchen- und Kulturgeschichte" reichen, deren kundiger Mitarbeit man sich hätte versichern können. Daneben haben auch schon verschiedene Arbeitsgemeinschaften und Lehrervereinigungen wertvolle Vorarbeiten für Neufassungen von Lehrbüchern geleistet. So beschäftigt sich die „Arbeitsgemeinschaft sudetendeutscher Erzieher" bereits über zehn Jahre mit einschlägigen Schulbuch-Enquêten und diskutiert die „Bundesarbeitsgemeinschaft für Ostkunde im Unterricht" auf ihren zahlreichen Tagungen immer wieder das Thema zeitgerechter Lehrbuch-Revisionen.
So stehen nicht nur die politischen Gegner der Bonner Ostpolitik den deutsch-polnischen Schulbuchgesprächen skeptisch gegenüber, sondern es melden auch die ostdeutschen Landsmannschaften und der Bund der Vertriebenen ernst zu nehmende Bedenken an, wie dies in einer unlängst erschienenen „Kritischen Stellungnahme" geschehen ist. In der dreißigseitigen Schrift stellen die Verfasser den Aussagen der sechs „Empfehlungen zur Nachkriegsgeschichte" ihre historischen und völkerrechtlichen Einwände gegenüber. Ihr Resümee: „Das Bemühen, durch Kompromisse, die durch Fortlassung historischer Wahrheiten oder durch indifferente Formulierungen erzielt wurden, Einmütigkeit herbeizuführen, war nicht

der richtige Weg. Besser wäre es gewesen, in den Verlautbarungen zur Zeitgeschichte – wie es zum Beispiel für die Ordensgeschichte vorgesehen war – beide Standpunkte nebeneinanderzustellen."

Ähnlich kritisch setzt sich auch Professor Josef Menzel von der „Historischen Kommission für Schlesien" mit den 31 Empfehlungen zum Mittelalter, zur Neuzeit und zur Neuesten Zeit auseinander und wirft die Frage auf, ob es überhaupt möglich sei, mit kommunistischen Historikern eine freie, von Partei- und Staatsräson unbeeinflußte wissenschaftlich-pädagogische Diskussion zu führen. Diese Schwierigkeit räumte auch Gotthold Rohde ein, einer der maßgeblichen Sprecher auf deutscher Seite. Er stellte fest, daß die polnischen Verhandlungspartner „unübersehbare, oft sehr deutlich hervorgehobene Rücksichten auf die beiden, unmittelbaren Nachbarn Polens in Ost und West" erkennen ließen.

Unter diesen Umständen erscheinen die auf den Konferenzen erzielten Vereinbarungen schon als ein Fortschritt für sich, wie auch anzuerkennen ist, daß die deutsche Delegation inzwischen einige Korrekturen in den polnischen Lehrbüchern erreichen konnte. So stellt man darin die Deutschen nicht mehr pauschal als Nationalsozialisten vor, sondern unterscheidet zwischen den „Hitlerfaschisten" und dem übrigen deutschen Volk. Walter Mertineit, der derzeitige Leiter der deutschen Delegation, vermerkt es auch als einen Erfolg der Schulbuchgespräche, daß man in Polen die Inbesitznahme der Oder-Neiße-Gebiete nicht mehr als eine „Remigration in uralte Piastenländer" bezeichnet, den bedeutenden Anteil der Vertriebenen am Wiederaufbau des deutschen Wirtschaftslebens zur Kenntnis nimmt und sich die Deutschland- und Europa-Politik der CDU/CSU-geführten Bundesregierungen erklären läßt.

Die Skeptiker wenden ein, daß es besser sei, statt vieldeutiger Kompromißformeln zunächst nur einen rein wissenschaftlichen Gedankenaustausch zu führen, „um sich nicht der Gefahr auszusetzen, eine korrigierte Parteilichkeit durch eine andere Einseitigkeit zu ersetzen", wie es neulich ein Mitglied des Ostkundebeirats beim bayerischen Kultusministerium ausdrückte.

Einigkeit herrscht jedoch darüber, daß Deutsche und Polen offen über ihre Geschichte miteinander sprechen sollen. Allein strittig sind Wert, Formulierung und praktische Verwertbarkeit der vorgelegten Empfehlungen, wobei sich auch hier manche in die Öffentlichkeit getragene Kontroverse bei näherem Zusehen als parteipolitische Aufbauschung herausstellt. So erheben die insgesamt 37 verabschiedeten Schulbuchempfehlungen keineswegs den Anspruch auf verbindliche Übernahme in die deutschen Lehrbücher, sondern stellen nach den Worten Gotthold Rhodes nicht mehr als „Orientierungshilfen für Schulbuchautoren und Lehrer" dar. Die Forderung nach unveränderter Aufnahme der Empfehlungen in die Stoffpensen unserer Schulen, wie sie sowohl von Bonner Koalitionsabgeordneten als auch einigen Vertretern der Jungen Union erhoben wurde, geht daher fehl, zumindest aber weit über die von der deutschen Delegation selbst gestellten Erwartungen hinaus.

Zum andern hat noch kein westdeutsches Kultusministerium, gleichgültig, ob es von einem Sozialdemokraten oder einem Unionspolitiker geführt wird, die in Frage stehenden Empfehlungen zu einer regierungsamtlichen Vorschrift erhoben, sondern entweder ganz von ihnen Abstand genommen oder kommentarlos im Anhang des Amtsblattes veröffentlicht oder mit Einschränkungen der zuständigen Schulbuchzulassungskommission zugehen lassen. In Niedersachsen hielt man es so, daß die 31 Empfehlungen der ersten und zweiten Schulbuchkonferenz im Schulverwaltungsblatt bekanntgemacht wurden, die sechs Empfehlungen zur Nachkriegsgeschichte jedoch unveröffentlicht blieben.

Zieht man Bilanz, so stellt man fest, daß die deutsch-polnischen Schulbuchgespräche aus vielerlei Gründen aus dem rein wissenschaftlichen Gedankenaustausch deutscher und polnischer Historiker und Geographen in die außen- und parteipolitische Auseinandersetzung unserer Tage geraten ist und dort in ihren Ergebnissen vernebelt zu werden droht.

Bevölkerungsverschiebungen
(Prof. Dr. Horst Kuss: Leserbrief, Frankfurter Allgemeine Zeitung, 6. 12. 1976)

A. Schickels Artikel ,,Aus Vertreibung soll, ,Transfer' werden" (F.A.Z. vom 19. November) stellt keinen Beitrag zu einem besseren Verständnis der Geschichte der deutsch-polnischen Beziehungen dar. Im Gegenteil, er dient dazu, die Ergebnisse der deutsch-polnischen Schulbuchgespräche in die ,,parteipolitische Auseinandersetzung unserer Tage geraten" zu lassen, so daß sie dort ,,in ihren Ergebnissen vernebelt werden", wie S. am Ende es selbst befürchtet.

Über die Empfehlungen der deutsch-polnischen Schulbuchkommission, insbesondere die zur Zeitgeschichte, kann man gewiß geteilter Meinung sein. Man muß sie aber wenigstens in ihrem Wortlaut richtig wiedergeben. Nirgendwo ist zu erkennen, daß aus ,,Vertreibung" die Formel ,,Transfer" geworden ist. Die entsprechende Empfehlung Nr. 22 trägt die Überschrift ,,Bevölkerungsverschiebungen", wie es sie seit 1939 im östlichen Mitteleuropa gegeben hat. Zwar kommt das Wort ,,Vertreibung" auch nicht vor. Aus guten Gründen, bedeutete es doch ein politisches Reizwort, das auf beiden Seiten mit Emotionen und Ressentiments aufgeladen ist. Dennoch wird der Tatbestand dieses vielschichtigen Vorganges, der in der westdeutschen Publizistik mit dem Wort ,,Vertreibung" nur verkürzt umschrieben wird, deutlich ausgesprochen. Es heißt nämlich, die deutsche Bevölkerung wurde vor Kriegsende entweder ,,evakuiert" oder ,,flüchtete unter großen Verlusten" oder wurde in den Jahren 1945 bis 1947 ,,ausgewiesen bzw. im Rahmen des interalliierten Transferabkommens zwangsumgesiedelt". Entscheidend ist hier die Wortwahl ,,ausgewiesen" und ,,zwangsumgesiedelt", Begriffe, die das Faktum der Vertreibung deutlich charakterisieren. ,,Transfer" tritt an einer Stelle der Vereinbarungen (Nr. 21) zwar als eigene Vokabel auf, an anderer (Nr. 22) als zusammengesetztes Wort (Transferabkommen). Beide Male wird damit auf Artikel XIII des Potsdamer Protokolls Bezug genommen, und zwar im Sinn eines Zitats. Es kann also gar keine Rede davon sein, daß aus dem Prozeß der Verdrängung der ostdeutschen Bevölkerung ein ,,Transfer" wird.

Ebenfalls schief dargestellt ist das Problem der Oder-Neiße-Grenze. Daß Polen an einer definitiven Westgrenze vital interessiert ist, ist vom polnischen Standpunkt her gesehen mehr als begreiflich. Der deutsche Standpunkt, wie er sich im deutsch-polnischen Vertrag vom 7. Dezember 1970 festmachen läßt, kommt entgegen den Befürchtungen der Kritiker der Schulbuchgespräche durchaus zum Ausdruck: einmal verweisen die Empfehlungen (Nr. 21) auf die unterschiedlichen Standpunkte der alliierten Siegermächte, dann wird deutlich gesagt (Nr. 26), daß die Bundesregierung, als sie feststellte, daß Oder und Neiße die westliche Grenzlinie Polens bilden, nur im Namen der Bundesrepublik Deutschland gehandelt, also die Entscheidungsfreiheit eines möglichen gesamtdeutschen Staates respektiert hat. Daß gar völkerrechtliche und verfassungsrechtliche Aspekte der deutsch-polnischen Beziehungen seit 1945 in den Vereinbarungen zur Zeitgeschichte vernachlässigt seien, wie es z. B. der Vorsitzende der Landsmannschaft Schlesien, Dr. H. Hupka, 1975 behauptet hat und wie es A. Schickel weitergibt, ist aus dem Text der Empfehlungen nicht ersichtlich.

Mit welchen Begriffen man den Vorgang der Gründung zweier deutscher Staaten zwischen 1945 und 1949 bezeichnen will, ist eine Sache, über die unter Historikern und Politikern lebhaft diskutiert wird. Daß diese Staatswerdung ein Ergebnis des II. Weltkrieges ist, dürfte unbestritten sein, und daß beide Staatsgründungen unter sehr verschiedenen Bedingungen abliefen, ist ebenfalls bekannt. All dies sagen auch die Empfehlungen Nr. 25, wenn sie ganz eindeutig auf den internationalen Rahmen hinweisen, in dem die beiden deutschen Staaten entstanden sind. Warum soll dann die Formulierung: ,,1949 konstituierten sich zwei deutsche Staaten . . .", so falsch sein? Mit Sicherheit falsch ist aber A. Schickels polemische Behauptung, daß ,,die Polen" ebendiese Formulierung sich gewünscht hätten, um sie ,,über die Teilung Deutschlands . . . in die westdeutschen Geschichtsbücher zu setzen".

Polemisch ist auch die Unterstellung, die deutschen Historiker, die an den Schulbuchkonferenzen teilgenommen hätten, wären der polnischen Sprache wohl nur begrenzt mächtig gewesen. Noch schlimmer die unterschwellige Vermutung, die eigentlich kompetenten Historiker hätten dabei gefehlt. Sicherlich kann man die Qualität von Wissenschaftlern verschieden einschätzen, darüber also auch streiten. Unbestritten dürfte aber sein, daß, wenn unter deutschen Historikern die Namen von Polen-Kennern genannt werden, dann auch die Namen von G. Rhode, J. K. Hoensch und E. Meyer fallen; ebendiese waren Mitglieder der verhandelnden Kommission.

Schulbuch-Empfehlungen
(Prof. Dr. Klaus Zernack: Leserbrief, Frankfurter Allgemeine Zeitung, 9. 12. 1976)

Alfred Schickel gebührt Dank für seinen Sieg über die Rahmenrichtlinienmentalität (F.A.Z. vom 19. November). Endlich nimmt es uns einer unter unseren Kritikern ab, daß wir mit den Schulbuchempfehlungen keine ,,Formulierungsrichtlinien" für das Schulbuch und die Schulstunde beabsichtigt haben. Dennoch kann der dankenswert umfassende Bericht über die Kontroverse um unsere ,,Empfehlungen" nicht unwidersprochen bleiben. Ich konzentriere mich auf die drei Punkte, die in der Auseinandersetzung eine erstaunlich große Rolle spielen und in denen auch Alfred Schickel unseren Kritikern recht zu geben geneigt scheint:

1. Der immer wiederkehrende Vorwurf, die Empfehlungen ersetzten den Begriff der ,,Vertreibung" durch ,,Transfer" ist irreführend. Die entscheidende Textpassage in Empfehlung 22 lautet: Der größte Teil der in den Oder-Neiße-Gebieten verbliebenen Bevölkerung wurde in den Jahren 1945 bis 1947 ausgewiesen bzw. im Rahmen des interalliierten Transferabkommens zwangsumgesiedelt. In der Folgezeit fanden noch einzelne Übersiedlungen und individuelle Ausreisen im Rahmen der Familienzusammenführung unter anderem in den Jahren 1956/57 statt . . . In den vier Besatzungszonen Deutschlands wurden die Flüchtlinge und Zwangsumgesiedelten schon nach kurzer Zeit in die Gesellschaft integriert . . . In der Bundesrepublik Deutschland wurden alle diese Gruppen unter dem Begriff ,Heimatvertriebene' zusammengefaßt." Ferner ist in Empfehlung 21 der Inhalt des Artikels XIII des Potsdamer Abkommens mit ,,Transfer der deutschen Bevölkerung" gekennzeichnet.

Die ,,Vertreibung" ist also, wie jeder unbefangene Leser einräumen wird, nicht durch ,,Transfer" ersetzt – das ist gar nicht die Zielrichtung unserer Formulierung –, sondern durch eine genauere Umschreibung der Stadien der Vertreibung. Dabei sind aus syntaktischen Gründen teils Verb-, teils Nominalformen gewählt. Statt ,,Vertreibung" stehen also bei uns – so muß man philologisch exakt interpretieren – deren vier historische Stadien, nämlich Ausweisung, Zwangsumsiedlung, Übersiedlung und Ausreise. Wir meinten damit der historischen Richtigkeit gedient zu haben.

2. Das Problem der polnischen Sprachkenntnisse und der Zusammensetzung der deutschen Delegation: Die ständige Teilnahme aller Polenfachleute – womöglich auf Kosten von freien Plätzen für zusätzliche Spezialkenner – wäre äußerst unergiebig gewesen. Es kam also darauf an, eine ,,Kernmannschaft" aus denjenigen Polenhistorikern zu bilden, die ihr Forschungsinteresse ausgewiesenermaßen auf die Geschichte der deutsch-polnischen Beziehungen als Ganzes richten. Ebenso wichtig aber war es, in diese Kernmannschaft nun weitere Wissenschaftler hineinzunehmen, die – über den enger geschichtswissenschaftlichen Bereich hinaus – die methodologische Zuordnung zu den Nachbarwissenschaften, wie Geographie, Politologie, Pädagogik, die ja für die Schulbuchfragen nicht unerheblich sind, sicherzustellen versprachen.

3. Schließlich noch der stereotype Einwand, wir hätten statt der ,,historischen Wahrheit" den politischen Kompromiß gesucht: Abgesehen davon, daß hier eine falsche Fragestellung aufgebaut wird – was auf einer offenbar doch sehr nebelhaften Vorstellung von den Möglichkeiten und Wegen geschichtswissenschaftlicher Erkenntnisfindung beruht –, muß ich für meinen Teil als Historiker der deutsch-polnischen Beziehungen feststellen: Im Namen der ,,historischen Wahrheit" hat die Geschichtswissenschaft in Polen wie in Deutschland generationenlang die Völker getrennt, ja ihr politisches Bewußtsein gegeneinander polarisiert. Wir sind heute als Nachkriegsgenerationen noch weit davon entfernt, das Gegenteil schon erreicht zu haben. Aber nach den Erfahrungen des deutsch-polnischen Kriegs und Nachkriegs halte ich – als wissenchaftlicher Historiker, dem es um die methodologische Eindeutigkeit seines Tuns sehr ernst ist – den Versuch für erforderlich, die traditionell kontroversen Standpunkte zu den neuralgischen Problemen unserer geschichtlichen Beziehungen ohne politische Affirmation, vielmehr als wissenschaftliche Problemstellung, objektivierbar zu machen. Mit Kompromiß hat das nichts zu tun.

Die Wahrheit aus der Geschichte vertreiben
(Dr. Herbert Hupka MdB: Leserbrief, FAZ, 10. 12. 1976)

Die Darstellung von A. Schickel ,,Aus Vertreibung soll Transfer werden" (F.A.Z. vom 19. November) zeichnet sich durch redliche Bemühung um Objektivität aus. Die Entgegnung von Professor Dr. H. Kuss ,,Bevölkerungsverschiebungen" (F.A.Z. vom 6. Dezember) versucht die auf die Zeitgeschichte bezogenen deutsch-polnischen Schulbuchempfehlungen ganz im Sinne der deutsch-polnischen Schulbuchkommission zu rechtfertigen. Dies geschieht aber im Widerspruch zu den historischen Fakten und der Rechtsauffassung der Bundesrepublik Deutschland.

1. So wie niemand von uns die Konzentrationslager Hitlers leugnen darf, so ist es andererseits unmöglich, die Vertreibung von Millionen Deutschen nicht als das zu bezeichnen, was sie gewesen ist, nämlich tatsächlich eine Vertreibung und ein Verbrechen gegen die Menschlichkeit. Die Konzentrationslager waren keine Barakkenunterkünfte für Arbeitnehmer, die Vertreibung keine ,,Bevölkerungsverschiebung" oder ,, Transfer der deutschen Bevölkerung", wie es in den deutsch-polnischen Schulbuchempfehlungen steht. Vertreibung sei ein ,,Reizwort" für die polnischen Teilnehmer der Schulbuchkonferenzen gewesen, also unterblieb es, während gleichzeitig die Verbrechen unter Hitler Verbrechen genannt werden. Warum denn überhaupt zum gegenwärtigen Augenblick deutsch-polnische Schulbuchempfehlungen, wenn der Vorsitzende der deutschen Delegation Professor W. Mertineit, nachträglich erklären muß: ,,Die moralischen Aspekte des Problems können aus den Empfehlungen nur indirekt erschlossen werden. Sie gemeinsam auch öf-

fentlich zu formulieren waren wir noch nicht imstande."

2. Leider kann nur als Rechtfertigung von Okkupation und Annexion gelesen werden, wenn zu den ,,Bevölkerungsverschiebungen" ausgeführt wird: ,,Sie zielten darauf ab, staatliche und ethnische Grenzen nach Möglichkeit in Übereinstimmung zu bringen." Die Grenzen des Deutschen Reiches nach Versailles waren doch nicht etwa dadurch belastet, daß der Staat über ethnische Grenzen hinausgegriffen hätte. Das Gegenteil ist historisch richtig: Große ethnische Gruppen, d. h. Deutsche, befanden sich jenseits dieser Grenzen. Auch das kann keine Rechtfertigung für die ,,Bevölkerungsverschiebungen" abgeben, weil es sie, wie H. Kuss schreibt, ,,seit 1939 im östlichen Mitteleuropa gegeben hat." Darunter kann nur die Volkstums- und Umsiedlungspolitik Hitlers verstanden werden. Sie ist ebenso als unmenschliche Machtpolitik zu verdammen wie die Schlußfolgerungen, die die Kommunisten und polnischen Nationalisten daraus gezogen haben.

3. Artikel XIII der Potsdamer Beschlüsse ist als ,,Transfer der deutschen Bevölkerung" falsch zitiert. Wörtlich heißt es ,,Orderly transfer of German populations", ,,Ordnungsgemäße Überführung deutscher Bevölkerungsteile". Jedermann weiß, daß, wie inzwischen einer der Mitautoren der deutsch-polnischen Schulbuchempfehlungen, Professor Dr. G. Rhode, geschrieben hat, ,,für sie alle (die Deutschen von jenseits von Oder und Neiße) mit der Kapitulation nicht das große Aufatmen und nicht die Befreiung von Todesangst kam, sondern erst jetzt, nach dem Ende der Kampfhandlungen, die Zeit der Erniedrigung, der Enteignung und schließlich der Vertreibung aus der Heimat". Im Artikel XIII hieß es indes, daß die ,,Überführung der deutschen Bevölkerung . . . in ordnungsgemäßer und humaner Weise erfolgen soll".

4. In den deutsch-polnischen Schulbuchempfehlungen wird, was H. Kuss bestreitet, die endgültige Teilung Deutschlands zur Grundlage des Verhältnisses zwischen Deutschland und Polen gemacht. Dies widerspricht unserer Rechtsauffassung, es sei nur an die beiden Entscheidungen des Bundesverfassungsgerichts vom 31. Juli 1973 und vom 7. Juli 1975 erinnert und auf den Deutschlandvertrag von 1954 verwiesen. Zumindest deutscherseits hätten sich die Verfasser der deutsch-polnischen Schulbuchempfehlungen darauf verpflichtet fühlen müssen. Es ist auch nicht zu begreifen, daß die Entstehung der DDR gleichrangig mit der Entstehung der Bundesrepublik Deutschland beurteilt wird: ,,Im Jahre 1949 konstituierten sich zwei deutsche Staaten mit unterschiedlicher Gesellschaftsordnung als Ergebnis des Zweiten Weltkrieges. . ." Bekundung des demokratischen Willens einerseits und Mißachtung des Selbstbestimmungsrechts andererseits sollte man gerade auch im Unterricht auseinanderhalten und sich nicht zu eigen machen, was Kommunisten in ihren Lehrbüchern behaupten.

5. Die deutsch-polnischen Schulbuchempfehlungen sind nur als das Produkt einer allzu durchsichtigen Tagespolitik zu sehen, weswegen diejenigen Bundesländer gut beraten sind, die sich weigern, aus diesen Empfehlungen Schulbuchtexte werden zu lassen. Grausam genug, daß es eine Vertreibung von Millionen Deutschen gegeben hat, aber nicht minder grausam ist es, die Wahrheit aus der Geschichte, aus welcher Gefälligkeit auch immer, zu vertreiben.

,,Vertreibung" und ,,Transfer"
(Dr. Waldemar Hoepfner: Leserbrief, FAZ, 20. 12. 1976)

In Ihrer Ausgabe vom 19. November berichten Sie unter der Überschrift ,,Aus Vertreibung soll ‚Transfer' werden" über die deutsch-polnischen Schulbuch-Empfehlungen und darüber, daß der Vorschlag, ,,Vertreibung" durch ,,Transfer" zu ersetzen, anscheinend von einigen Kultusministern gebilligt werde, daß einer

von ihnen sogar geäußert habe, das Wort ,,Transfer" sei keine Erfindung der Schulbuchkommission sondern stamme aus einem Vertrag, den die Westalliierten mit ihren sowjetrussischen Kriegsverbündeten abgeschlossen hätten.
Gemeint – wenn auch unrichtig bezeichnet – ist damit offenbar das sogenannte Potsdamer Protokoll, das die Ergebnisse der Potsdamer Konferenz vom 17. Juli bis 2. August 1945 zusammenfaßte und das in Ziffer XIII das Problem des ,,Transfers" von Deutschen aus der Tschechoslowakei, aus Polen und aus Ungarn behandelt.
Seinen englischen bzw. russischen Originaltext habe ich bisher leider nicht auffinden können, wohl aber – abgesehen von einer französischen Übersetzung, die aus dem Amt des Premierministers bzw. dem Generalsekretariat der Regierung stammt – zwei Übersetzungen ins Deutsche: – die offizielle Übersetzung, die der Kontrollrat im Ergänzungsblatt Nr. 1 zum ,,Amtsblatt des Kontrollrats für Deutschland" veröffentlicht hat, und eine Übersetzung, die damals das ,,Kaiser-Wilhelm-Institut (heute Max-Planck-Institut) für ausländisches öffentliches Recht und Völkerrecht" gefertigt hat. Im folgenden ist jeweils der Text des Kontrollrats, dahinter in Klammern der des Institutes angegeben.
Hinter der Überschrift ,,Ordnungsmäßige Überführung (geregelte Umsiedlung) deutscher Bevölkerungsteile" folgt ein einleitender Satz, die Konferenz habe über die ,,Ausweisung" (den Abtransport) Deutscher folgendes vereinbart: Die Überführung (Umsiedlung) dieser Deutschen solle in ordnungsmäßiger (geregelter) und humaner Art und Weise stattfinden, jedoch erst nach einem noch festzulegenden Plan, weil der Zustrom einer großen Zahl von Deutschen nach Deutschland die auf den Besatzungsbehörden ruhenden Lasten noch vergrößern würde. Die tschechoslowakische Regierung, die polnische provisorische Regierung und der Kontrollrat in Ungarn sollten deshalb gebeten werden, ,,inzwischen weitere Ausweisungen (Ausweisungen) einzustellen".
Die beiden Übersetzungen haben das, was das Original sagt, vermutlich eher abgeschwächt, als verstärkt. Für diese Annahme spricht auch, daß die amtliche französische Übersetzung da, wo es um die einstweilige Einstellung der weiteren ,,Ausweisungen" geht, den Ausdruck ,,Expulsion" verwendet; er bedeutet – so im Larousse nachzulesen – ,,chasser quelqu'un avec violence du lieu où il était établi", also die gewaltsame Entfernung, das Verjagen, die Vertreibung.
Der historischen Wahrheit entspricht also nur eine Schilderung, die den ,,Transfer" als die Absicht der Konferenz für die Zukunft, die Vertreibung dagegen als die mindestens bis dahin geübte Praxis der drei erwähnten Länder darstellt. Wäre es nicht eine Geschichtsfälschung, wenn man für das letztere gerade die Bezeichnung wählen würde, die nur für das erstere richtig ist?
Von denjenigen, die der historischen Wahrheit dienen wollen, kann man erwarten, daß sie die Urkunden, auf die sie sich selbst berufen, wenigstens lesen. Dann hätten sie entdeckt, daß auch das jetzt beanstandete Wort ,,Vertreibung" auf dasselbe Dokument zurückgeht, auf das sie sich für den ,,Transfer" berufen, daß also auch seine Bedeutung mit gedeckt ist durch die drei Unterschriften J. W. Stalin, Harry Truman, C. R. Attlee.

Bedingung = Nicht von Vertreibung sprechen
(Helmut Sauer MdB: Leserbrief, FAZ, 24. 12. 1976)

Professor Dr. Klaus Zernack (F.A.Z. vom 9. Dezember) verteidigt als Mitautor der deutsch-polnischen Schulbuchempfehlungen die Unterdrückung des Wortes und Faktums Vertreibung. Leider verschweigt er, daß die polnischen Teilnehmer der deutsch-polnischen Schulbuchkonferenz es zur Bedingung der Gespräche gemacht hatten: von Vertreibung darf nicht gesprochen und geschrieben werden. Wenn K. Zernack darauf verweist, daß doch von dem Begriff „Heimatvertriebene" die Rede sei, dann muß leider angemerkt werden, daß dieser Begriff ausdrücklich als Zitat einer deutschen Gewohnheit aus der Vergangenheit angeführt wird, während aber gleichzeitig polnischerseits in der Gegenwartsform vom „Hort des Revisionismus" gesprochen wird. Wörtlich: „In der Bundesrepublik Deutschland wurden all diese Gruppen unter dem Begriff ‚Heimatvertriebene' zusammengefaßt . . . sofern in diesen Gruppen, von den früheren Bundesregierungen unterstützt, ein Recht auf Heimat proklamiert wurde, werden sie in Polen als Hort des Revisionismus angesehen." Man hört gleichzeitig das polnische Lob für die sozial-liberale Koalition seit 1969 heraus.

Eine „genauere Umschreibung der Stadien der Vertreibung", wie K. Zernack schreibt – nur heißt in den Schulbuchempfehlungen Vertreibung „Bevölkerungsverschiebungen" –, müsse „vier historische Stadien, nämlich Ausweisung, Zwangsumsiedlung, Übersiedlung und Ausreise", zur Kenntnis nehmen. Es wird dabei bewußt unterschlagen, daß Unmenschlichkeit das Leitmotiv von alldem war und daß 400 000 Menschen gewaltsam ums Leben gekommen sind, wie aus einer Dokumentation des Koblenzer Bundesarchivs hervorgeht. Allerdings wird diese Dokumentation von der Bundesregierung der Öffentlichkeit absichtlich vorenthalten. Und warum wird unter den nachträglich als Kommentar aufgefächerten vier Stadien der Vertreibung, die nach den Schulbuchempfehlungen überhaupt nicht stattgefunden hat, nicht auch miterwähnt, daß Hunderttausende, die vor der Roten Armee geflohen waren, nachher nicht mehr in die Heimat zurückkehren konnten, weil sie nicht mehr die Görlitzer Neiße überschreiten durften; aus Flucht wurde Vertreibung!

K. Zernack verschweigt, daß Sachkenner Ostdeutschlands und der deutsch-polnischen Geschichte – wie der inzwischen verstorbene Ostpreuße Professor Gause und der Schlesier Professor Menzel – bewußt draußen vor der Tür bleiben mußten. Überdies wurde es offenbar als unwichtig gehalten, mit wenigen Ausnahmen Kenner der polnischen Sprache heranzuziehen, obwohl auf der anderen Seite des Tisches die polnischen Teilnehmer des Deutschen mächtig waren.

Ist das kein Kompromiß auf Kosten der Wahrheit, wenn das Jahr 1939, ein Schlüsseljahr im deutsch-polnischen Verhältnis, nicht so dargestellt wird, wie es notwendig wäre, gemeinsamer Überfall Hitlers und Stalins auf Polen, Teilungsvertrag zwischen Moskau und Berlin. Selbstverständlich weiß man nichts von Katyn, nichts von der Unterdrückung der Freiheit in Polen durch die Sowjetunion, nichts vom Aufbegehren in Polen und nichts auch vom Schicksal der Deutschen unter polnischer Herrschaft seit 1945. „Diplomatische Historie oder historische Diplomatie" hat einer der Mitautoren das ganze Unternehmen der Schulbuchempfehlungen genannt. Mit der historischen Wahrheit hat diese neue Art von Diplomatie nichts zu tun, wohl aber sehr viel mit Anpassung an den Warschauer Vertrag und die Entspannungseuphorie der Regierung Brandt/Scheel und deren Nachfolgerin.

Wer die Völker zusammenführen will, und wer will das nicht (!), darf nicht zuvor die Geschichte fälschen, indem er sie beschönigt, Tatsachen verschweigt, Zusammenhänge falsch darstellt.

Von Berlin aus gesehen. Albrecht und die Verschiebung von Menschen und Begriffen (Matthias Walden: Die Welt 10. 12. 1976)
[*Auszug*]

Freude hatten die Gastgeber des niedersächsischen Ministerpräsidenten auch an der Beteuerung ihres Gastes, er trete für eine Revision deutscher Schulbücher im

Sinne der polnischen Wunschliste ein. ,,Vorurteile der alten Generation" sollten, so sagte der relativ junge Reisende dem polnischen Außenminister, ,,abgebaut werden." Eines dieser als vergreist empfundenen vermeintlichen Vorurteile ist, daß zwölf Millionen Deutsche seinerzeit grausam aus ihrer Heimat vertrieben wurden. Statt des Begriffes der ,,Vertreibung" hatte sich die deutsch-polnische Schulbuchkommission auf freundlichere Termini wie ,,Bevölkerungsverschiebung" oder ,,Zwangsumsiedlung" geeinigt. Da aber eine Zwangsumsiedlung ein unfreiwilliger Austausch der Quartiere zu sein pflegt, der das Problem der Neuansiedlung und der Entschädigung im voraus klärt und tausendfache Todesopfer vermeidet, wird die historische Wahrheit durch diese Manipulation ebenso vernebelt wie durch den Verzicht auf eine Erörterung des Hitler-Stalin-Paktes und der Gemeinsamkeit des Überfalles auf Polen.

Einsicht in deutsche Kriegsschuld erfordert durchaus nicht Verschleierungstänze gegenüber sowjetischen und polnischem Unrecht. Schon gar nicht, wenn eine Aufrechnung der Schuld verworfen wird.

Zwischen historischer Schuld und der Unbefangenheit einer neuen Generation. Mit seinem Besuch in Polen wollte Ministerpräsident Albrecht ein Zeichen setzen. Schulbuchfragen als einziges konkretes politisches Thema
(Ludwig Harms: Hannoversche Allgemeine Zeitung, 13. 12. 1976)
[*Auszug*]

Geschichtliche Wurzeln
Symbolträchtiger als vor der Warschauer Heldengedenkstätte hätte der Besuch Albrechts nicht beginnen können. Zwei junge Polen demonstrieren den Besuchern polnisches Geschichtsbewußtsein. Es gibt in Europa kein zweites Volk, das ähnlich intensiv aus der Vergangenheit lebt. Permanenter Ausdruck dieses Wurzelns in der Geschichte sind die stilgetreu wiederaufgebauten Altstädte von Warschau und Danzig. Nicht einmal doppelte Kosten konnten dies auch heute noch mit chronischer Armut verschwägerte Volk davon abhalten, Zerstörtes naturgetreu wiedererstehen zu lassen, um die Gegenwart mit der Vergangenheit zu verknüpfen.

Die Besucher aus Niedersachsen wissen um die geschichtliche Hypothek, die in Polen ihr ständiger Begleiter ist. Ihre Bewunderung für die Aufbauleistungen hält Albrecht im Gästebuch des Kopernikus-Museums in Thorn fest: ,,Mit Dank und voller Anerkennung." Ebenso elegant wie souverän balanciert Albrecht in Polen auf jenem schmalen Pfad zwischen dem Wissen um die historische Schuld und der Unbefangenheit einer nicht mehr unmittelbar verstrickten Generation. Ohne jede Verlegenheit spricht er seine Gastgeber bei einem Empfang im Danziger Rathaus auf die Verflochtenheit deutsch-polnischer Geschichte an, die nirgends auffälliger ist als hier. Ob die Polen dies gern gehört haben, lassen sie nicht erkennen. Schließlich ist die gemeinsame Vergangenheit vor allem von Bitterkeit geprägt.

Das Aufarbeiten der historischen Wahrheit auch in den Schulbüchern ist ein zentrales Thema, das in allen Gesprächen anklingt, die Albrecht in Polen führt. Die Polen dringen darauf, daß die Empfehlungen der deutsch-polnischen Schulbuchkommission endlich auch in deutschen Schulbüchern ihren Niederschlag finden. Es ist übrigens das einzige konkrete politische Thema, bei dem Albrecht und Kultusminister Remmers sachzuständige Gesprächspartner sind. Denn im Unterschied zum zentralistischen Bildungssystem in Polen liegt die Kulturhoheit in der Bundesrepublik bei den Ländern. Albrecht und Remmers versprechen, sich zu Hause dafür einzusetzen, daß den deutschen Kindern ein faires Bild der polnischen Geschichte vermittelt wird, aber sie lassen sich nicht darauf festlegen, die Empfehlungen unverändert zu übernehmen.

Jüngste deutsch-polnische Geschichte – die Polen wollen oder können dies nicht zugeben – ist z. B. nicht ohne den Hitler-Stalin-Pakt darstellbar, in dessen geheimem Zusatzprotokoll die beiden Diktatoren im August 1939 die Zerschlagung Polens beschlossen. Deutsche Historiker können auch nicht verschweigen, was polnische wohl müssen, daß während des Gettoaufstandes im Spätherbst 1944 sowjetische Truppen seit dem 14. September im Warschauer Vorort Praga Gewehr bei Fuß der totalen Zerstörung der Altstadt zuschauten und erst am 17. Januar 1945 das übrige Warschau einnahmen.

[ohne Titel]
(Der Stern, 20. 1. 1977)

Ernst Albrecht, 46, CDU-Ministerpräsident von Niedersachsen, hat Ärger mit der katholischen Amtskirche. Das Hausblatt von Bischof Heinrich Maria Janssen, die „Kirchenzeitung für das Bistum Hildesheim", wirft dem Christdemokraten eine „Verbeugung vor kommunistischen Geschichtsfälschern" vor. Grund: Der Regierungschef, der Ende letzten Jahres Polen besucht hatte, habe jener „seltsamen Sprachregelung" zugestimmt, wonach die „grausame Vertreibung der Schlesier und Ostpreußen" in den deutschen Schulbüchern als „Bevölkerungsverschiebung" bezeichnet werden solle. Außerdem paßt dem Bischofsblatt die Zusammenarbeit der CDU mit den Freidemokraten nicht: Die „Gesamtrichtung Niedersachsens unter Albrechts Führung" sei eine „Politik der Dauerverbeugung vor der FDP".

Vorbehalte
(Dr. Hilmar v. Poser, Sprecher d. nieders. Landesregierung: Statement, Der Stern, 10. 2. 1977)

Zur Frage der Revision deutscher Schulbücher hat Dr. Albrecht in Polen betont, daß sich die niedersächsische Landesregierung nicht vorbehaltlos den Empfehlungen der deutsch-polnischen Schulbuchkommission anschließen könne. Gerade auch die bittersten Geschehnisse der deutsch-polnischen Geschichte dürften nicht bagatellisiert werden. Die Landesregierung werde aber darauf achten, daß in den Schulbüchern auch den Polen Gerechtigkeit zuteil werde.

Das Interview mit dem Kultusminister im Wortlaut. Remmers: Dazu gehört auch der Hitler-Stalin-Pakt. Polen sehen Darstellung der Geschichte aus anderer Perspektive
(Alois Dickopp: Osnabrücker Zeitung, 14. 12. 1976)
[ohne Aufmacher]

Frage: Die Schulbuchfrage hatte während der Polenreise des Ministerpräsidenten Albrecht, den Sie, Herr Dr. Remmers, als Kultusminister begleiteten, sicher nicht den niedrigsten Stellenwert, wenngleich sich die Problemkreise um diese Frage aufgrund Ihrer Gespräche in Polen bisher in der deutschen Öffentlichkeit wenig artikulierten. Wie sehen Sie dies?
Antwort: Es ist richtig, daß bei unserem Besuch in Polen die Frage der gemeinsamen Schulbuchrevision eine große Rolle gespielt hat. Wir wurden gleich im ersten Gespräch mit dem neuen polnischen Außenminister auf die Schulbuchfrage angesprochen. Es wurde dabei sehr darauf gedrängt, daß man in der Bundesrepublik entsprechend den ausgearbeiteten Richtlinien verfahren sollte.
Frage: Was sehen diese Richtlinien vor?
Antwort: Diese Richtlinien stellen ein umfangreiches Papier dar. Man kann sie hier nicht im einzelnen auseinanderfalten.
Frage: Sind sie nicht aus einem unter-

schiedlichen Geschichtsbewußtsein zwischen Polen und der Bundesrepublik Deutschland entstanden?

Antwort: Es ist in der Tat das Bemühen dieser Richtlinien, die zahlreichen heiklen Fragen im Verhältnis zwischen Deutschland einerseits und Polen andererseits aufzuarbeiten. Nun kann es sicherlich nicht darum gehen, zu jedem einzelnen Punkt dieser Richtlinien schlicht ja zu sagen. Diese Richtlinien sind zum Teil so allgemein gehalten, daß sie den tatsächlichen geschichtlichen Sachverhalt nicht hinreichend widerspiegeln.

Frage: Dennoch sind Ihre Bemühungen in der Öffentlichkeit mit dem Makel zu großer Nachgiebigkeit bedacht worden.

Antwort: Das nach meiner Ansicht Irreführende an der Berichterstattung besteht darin, daß man jetzt so tut, als hätten Albrecht und ich gesagt, wir wollten diese vorliegenden Richtlinien ohne weitere Überprüfung in die Wirklichkeit umsetzen. Das ist natürlich keineswegs der Fall. Es haben sehr differenzierte Diskussionen über die Schulbuchrichtlinien stattgefunden. Wir sind uns darüber im klaren, daß es weiterer Arbeit bedarf, um die bisher sehr allgemein gehaltenen Richtlinien zu verbessern und sie dann nach und nach in die Wirklichkeit umzusetzen.

Frage: Um welche Probleme geht es da beispielsweise!

Antwort: Die Polen legen größten Wert darauf, daß die geschichtlichen Fakten, die es zwischen Deutschland und Polen gibt, in möglichst objektiver Weise dargestellt werden.

Frage: Auf die gleichen Feststellungen legen die Deutschen aber auch Wert.

Antwort: Natürlich legen wir darauf Wert, dem wir uns auch nicht verschließen. Zum großen Teil geht es aber auch um Interpretationsfragen. So beispielsweise darum, welche Rolle die Deutschen Ordensritter gespielt haben. Diese Rolle kann sowohl so als auch so gesehen werden. Wir haben dies auch bei einigen Begegnungen in Polen gespürt, zum Beispiel während des Besuchs der Stadt Thorn. Auf der anderen Seite erachte ich es als das wichtigere Problem, daß wir uns mit den Polen über die objektiven Gegebenheiten der deutsch-polnischen Geschichte verständigen. Hier aber zeigen sich die Polen aus naheliegenden Gründen sehr zurückhaltend hinsichtlich der objektiven Darstellung ihres Verhältnisses aufgrund ihrer geschichtlichen Gegebenheiten zu Rußland. Ich sprach diese Beobachtung in einem inoffiziellen Gespräch an und habe darauf aufmerksam gemacht, daß wir unter objektiver Geschichtsdarstellung nicht nur die geschichtliche Sachlage der Bundesrepublik Deutschland und Polens, sondern auch jene zwischen Polen und der UdSSR, den Hitler-Stalin-Pakt und diese Dinge gerne in voller Deutlichkeit erörtert wissen wollen. So meinte ein inoffizieller Gesprächspartner unter anderem, warum uns eigentlich so sehr das Verhältnis zwischen Polen und Rußland interessiere. Da mußte ich antworten, daß objektive Geschichtsdarstellung alle Sachverhalte schonungslos offenlege. Dazu gehöre auch das Verhalten der Russen gegenüber den Polen in kritischen und historischen Situationen. Hier also verschieben sich offensichtlich für das in das Machtsystem des Ostblocks eingebundene Polen die Perspektiven.

Frage: Wie wird es nun weitergehen? Werden die Verbindungen auch in Ihrem Ressortbereich ausgebaut?

Antwort: Es besteht die Absicht, daß wir die ganze Schulbuchfrage in Ruhe weitererörtern und da, wo es sinnvoll und richtig ist, bisherige Geschichtsdarstellungen überarbeiten und anders fassen. Wir wollen auch die Kontakte zu polnischen Lehrern verbessern. Ich habe das meinem Kollegen vom Erziehungsministerium in Warschau vorgeschlagen. Er hat die Vorschläge akzeptiert. Ich sagte, so wichtig Geschichtsbücher für sich sind, noch wichtiger ist, was Lehrer mit Geschichtsbüchern machen. Deshalb bin ich daran interessiert, daß deutschen und polnischen Lehrern zu gegenseitigen Kontaktaufnahmen verholfen wird.

Vertriebenenkritik an Polen-Besuch Albrechts
(Hannoversche Allgemeine Zeitung, 18./19. 12. 1976)

Die Polenreise des niedersächsischen Ministerpräsidenten Albrecht (CDU) hat nach Meinung des Vizepräsidenten des Bundes der Vertriebenen (BdV), des CSU-Bundestagsabgeordneten Becher, nicht einer wünschenswerten Aussöhnung der Völker gedient, sondern dem „von Moskau korrumpierten Gierek-System". Albrecht wolle sich aus eigennützigen Gründen über Interessen des deutschen Volkes hinwegsetzen.

Mehr als 20 Prozent der Einwohner Niedersachsens, die durch das Verbrechen der Vertreibung um Hab und Gut gebracht worden seien, hätten Hunderttausende von Toten zu beklagen, deren Mörder in Polen bis heute ohne Sühne blieben, meinte Becher. Es sei unverantwortlich, wenn sich Albrecht zu den von „Dilettanten" ausgearbeiteten deutsch-polnischen Schulbuchvereinbarungen bekenne, in denen diese Verbrechen ebenso verschwiegen würden wie die durch den Hitler-Stalin-Pakt besiegelte Mitwirkung Moskaus an der Zertrümmerung Polens.

Enzmann kritisierte deutsch-polnische Schulbuchempfehlung
(Gießener Allgemeine, 17. 12. 1976)

Über die Ergebnisse der deutsch-polnischen Schulbuchrevision, ihre Nachteile für das deutsche Volk und über das Verschweigen der historischen Wahrheit, sprach – wie uns geschrieben wird – vor dem Arbeitskreis „Jüngere Generation" der stellvertretende Kreisvorsitzende des Bundes vertriebener Deutscher, Werner Enzmann. Auf Anregung der UNESCO hätten in den Jahren 1975/1976 Konferenzen stattgefunden, um Gegensätze und bisherige Gepflogenheiten zu überwinden. Bei den herausgegebenen Empfehlungen habe sich aber eindeutig der kommunistische und nationale Standpunkt der Polen durchgesetzt.

An der Grundeinstellung der Polen habe sich nichts geändert. Noch im Jahre 1931 hätten sich nur 68,9 Prozent der Gesamtbevölkerung Polens zum polnischen Volkstum bekannt. Rund eine Million deutsche Staatsangehörige seien nach 1945 in Polen geblieben. Über 283 000 Deutsche hätten Ausreiseanträge gestellt. Ihre Kinder erhielten keinen deutschen Unterricht, deutsche Zeitungen gebe es für sie nicht zu lesen. Selbstverständliche Menschenrechte gingen damit verloren.

Die Schulbuchempfehlung gehe davon aus, daß das Oder-Neiße-Gebiet ein polnisches Staatsgebiet sei und übersehe dabei, daß es laut der bestehenden Verträge bis zu einem Friedensvertrag nur verwaltungsmäßig an Polen übergeben worden sei. W. Enzmann verwies darauf, daß das Bundesverfassungsgericht am 7. Juli 1975 ausdrücklich festgestellt habe, daß die rechtliche Zugehörigkeit zu Deutschland fortbesteht. Die drei Westmächte hätten bislang einer endgültigen Abtrennung dieser ostdeutschen Gebiete nicht zugestimmt. Die Schulbuchempfehlung spreche nicht mehr von Vertreibung und Zwangsumsiedlung, sondern von einem Transfer. Unverständlich, so Enzmann, sei auch die Haltung deutscher Politiker, die sich bei ihren Besuchen in Warschau nicht scheuten, der polnischen Auffassung ihre Zustimmung und Unterstützung zu erteilen.

Geschichtsfälschungen im Schulbuch. Warschaus Lügen für deutsche Kinder
(Deutsche National-Zeitung, 7. 1. 1977)

Die Kommunistenführung in Warschau hat eine neue Taktik entwickelt, um die Schulbücher und den Unterricht in der Bundesrepublik im Sinne der deutsch-pol-

nischen Schulbuchempfehlungen zu beeinflussen. Das hat der Leiter der polnischen Delegation bei der UNESCO-Schulbuchkommission, Professor Wladyslaw Markiewicz, vor deutschen Journalisten offen zugegeben, mit denen er anläßlich des Besuches des niedersächsischen Ministerpräsidenten Ernst Albrecht in Warschau zusammentraf. Polen komme es darauf an, daß die „Empfehlungen" möglichst rasch in die Schulpraxis „umgesetzt" werden, sagte Markiewicz, der Mitglied der polnischen Akademie der Wissenschaften ist.
Das polnische Vorgehen findet nach Markiewicz auf zwei Ebenen statt. Einmal werden die einzelnen Kultusminister der Bundesländer aufgesucht und bei ihnen auf die Verwirklichung der „Empfehlungen" gedrungen. Ein solcher Besuch hat bereits in Kiel bei der schleswig-holsteinischen Landesregierung stattgefunden. Auf die ablehnende Haltung des bayerischen Ministers Hans Maier angesprochen, meinte Markiewicz, der Minister sei doch auch ein Professor, weshalb ihn dessen Ablehnung verwundere.
Die zweite Ebene des polnischen Programms sollen Begegnungen von westdeutschen und polnisch-kommunistischen Lehrern bilden. Man verspricht sich davon in Warschau einen unmittelbaren Einfluß, mit dem die unterschiedlichen Stellungnahmen der einzelnen Bundesländer gewissermaßen „unterlaufen" werden können.
Der Vorsitzende der Gewerkschaft Erziehung und Unterricht, Erich Frister, hat sich bei einem Besuch in der polnischen Hauptstadt im Januar dieses Jahres bereits für solche Begegnungen ausgesprochen. Eine Zusage für niedersächsisch-polnische Lehrertreffen hat Ministerpräsident Albrecht in Warschau gegeben, wie er vor der Presse mitteilte.
Markiewicz, der die „Empfehlungen" gelegentlich auch als „Richtlinien" bezeichnete, beklagte sich über eine „Klimaverschlechterung" in der Bundesrepublik. In der westdeutschen Presse seien wiederum kritische Artikel zu den Schulbuchempfehlungen erschienen.

Namentlich griff er den Mainzer Historiker Professor Joachim Menzel an, der bezweifelt hatte, daß die polnische Delegation politisch ungebunden sei. Nur eine Minderzahl dieser Delegation sei Mitglied der polnischen KP, brachte Markiewicz als Gegenargument vor. Er selber ist aber stellvertretendes Mitglied des Zentralkomitees der polnischen KP*.

Zu der Kritik westdeutscher Wissenschaftler und Schulmänner an den „Empfehlungen" erklärte Markiewicz, daß der Begriff „Vertreibung" unwissenschaftlich und deshalb durch „Zwangsumsiedlung" ersetzt werden müsse. Entgegen der historischen Wahrheit behauptete der polnische Professor, daß es keine willkürliche Vertreibung gegeben habe.

* (Anm. d. Hrsg.:) Diese oft wiederholte Behauptung entspricht nicht den Tatsachen.

Schulbuchgespräche
(Prof. Dr. Hartmut Boockmann: Leserbrief, FAZ, 12. 1. 1977)

Wenn Professor Menzel in seinem Leserbrief vom 30. Dezember behauptet, die Mitglieder der ostdeutschen Historischen Kommissionen seien von den deutsch-polnischen Schulbuchgesprächen „bewußt ausgeschlossen" worden, so muß dem widersprochen werden. Ich selbst gehöre einer dieser Kommissionen (der für ost- und westpreußische Landesforschung) an und habe an drei Schulbuchgesprächen teilgenommen. An dem letzten, das sich speziell mit Themen aus dem Arbeitsgebiet der genannten Kommission beschäftigte, waren sechs weitere Mitglieder, unter ihnen der Vorsitzende, beteiligt. Abgesehen von solchen Spezialtagungen handelt es sich um deutsch-polnische, nicht aber um ostdeutsch-polnische Schulbuchgespräche.

Die Forderung, es sollten deutscherseits nur Spezialisten der ostdeutschen Geschichte teilnehmen, geht also an der Sache vorbei. Wenn Professor Menzel schließlich meint, die polnischen Äußerungen würden von hochgestellten Parteihierarchen bestimmt, so kann er seinen Vorschlag unideologischer Expertengespräche wohl nicht für aussichtsreich halten. Also: keine deutsch-polnischen Schulbuchgespräche.

Polonisierte Geschichte
(Deutsche Wochen-Zeitung, 28. 1. 1977)

Weil die Arbeit der deutsch-polnischen Schulbuchkommission den Polen zu langsam vorangeht, entsandte Warschau in diesen Tagen ihren Genossen Professor Wladyslaw Markiewicz als ,,Privatmann" in die Bundesrepublik Deutschland, um bei den Kultusministern vorzusprechen. Markiewicz ist nicht irgendwer. Er ist stellvertretendes Mitglied des ZK der polnischen KP und Mitglied der polnischen Akademie der Wissenschaft. Während er in Bayern bei Kultusminister Hans Maier auf kein Verständnis stieß, erklärte Erich Frister, Vorsitzender der Gewerkschaft Erziehung und Unterricht, sich mit den polnischen Wünschen einverstanden. Der niedersächsische Ministerpräsident Dr. Ernst Albrecht hatte sich erst kürzlich für eine Begegnung zwischen deutschen und polnischen Lehrern ausgesprochen. Das Ziel der Polen ist klar. Sie wollen die Geschichte umfunktionieren und die deutschen Fehler vergrößern und die polnischen verleugnen. Sie wollen die deutsche Geschichte, die ohnedies seit Ende des Krieges nur mit halben Stimmchen sich zu Wort meldet, endgültig ins Gegenteil der Wahrheit verfälschen.

Sollte man lieber gar nichts empfehlen! In den Urteilen über die deutsch-polnischen Schulbuch-Vorschläge haben sich einige Mißverständnisse festgesetzt
(Prof. Dr. Gotthold Rhode: FAZ, 31. 1. 1977)

Die ,,Empfehlungen zur Behandlung der deutsch-polnischen Beziehungen in den Schulbüchern der Volksrepublik Polen und der Bundesrepublik Deutschland" haben in den letzten Monaten eine erstaunlich große Publizität gefunden. Dabei reichen die Urteile von vorbehaltloser Anerkennung bis zu völliger Ablehnung.

Auch in dieser Zeitung ist in dem Beitrag von Alfred Schickel mit dem Titel: ,,Aus Vertreibung soll ‚Transfer' werden" (F.A.Z. vom 19. November 1976) zumeist Kritik geübt worden, obwohl dem Autor jenes Beitrags der volle Wortlaut der Empfehlungen in der Endfassung offensichtlich nicht bekannt war: er nennt eine Zahl von 37, während die Endreaktion vom 8. April 1976 nur 26 Empfehlungen zur Geschichte und eine Empfehlung zur Geographie enthält. In Leserbriefen wurden bereits Irrtümer richtiggestellt; wenn man sich die Entstehung der Empfehlungen, ihre Aufgaben und die mit ihnen verbundenen Probleme noch einmal vergegenwärtigt, ergibt sich die Korrektur sonstiger Verzerrungen von selbst.

Der Verfasser hat an allen neun Konferenzen vom Februar 1972 bis zum April 1976 sowie an zusätzlichen Besprechungen und an einer der Geschichte des Deutschen Ordens gewidmeten Spezialkonferenz in Thorn im September 1974 teilgenommen und darüber berichtet. Dem Beginn der mündlichen Diskussion zwischen polnischen und deutschen Historikern und Geographen war seit 1956 eine schriftliche und gedruckte vorausgegangen, an der der Verfasser ebenfalls mit mehreren Beiträgen beteiligt war. Zuletzt ist er an der mühseligen Übertragung der zunächst in deutscher Sprache diskutierten und vereinbarten Formulierungen ins Polnische beteiligt gewesen. Daraus ergibt sich, welch falsche Vorstellungen einige von Schickel zitierte Münchener Kritiker haben, wenn sie fragen, ,,wieviel deutsche Kommissionsmitglieder wohl so hinreichend der polnischen Sprache mächtig sind, daß sie die komplizierten Formulierungen über die umstrittenen Fragen in ihren letzten philologischen Hintergründen ausleuchten können". Ein Manko dieser Art hat bei den Verhandlungen kaum eine Rolle gespielt. Diese wurden nämlich, ob in Warschau oder Braunschweig, mit Ausnahme der protokollarischen Eröffnungs- und Schlußansprachen ausschließlich in deutsch geführt; ebenso wurden Entwürfe, Gegenentwürfe und neue Entwürfe für die Texte nur in deutsch ausgetauscht.

Die Bemühungen, über die Schulbücher mehr Verständnis für benachbarte Völker zu erreichen und Fehlurteile abzubauen, begannen schon bald nach dem Ende des Ersten Weltkrieges. Auf dem VI. Internationalen Historikerkongreß in Oslo 1928 wurde von zwei internationalen Organisationen ein zweibändiger Bericht: ,,Report on Nationalism in History Textbooks" vorgelegt. Eine 1932 in Den Haag und 1934 in Basel zusammengetretene Internationale Konferenz für Geschichtsunterricht versuchte, aus diesen ersten Feststellungen Konsequenzen zu ziehen und mit Hilfe eines in Paris erscheinenden dreisprachigen ,,Bulletin Trimestriel" (Französisch, Englisch, Deutsch) den Gedankenaustausch zwischen Wissenschaftlern, Schulfachleuten und Autoren für eine Verbesserung der Lehrbücher der Geschichte zu pflegen. Das Unternehmen krankte allerdings am Geldmangel und an der Skepsis, die derartigen multilateralen Einigungsversuchen entgegengebracht wurde. Das Dritte Reich, dessen Delegation auf der Baseler Konferenz 1934 ziemlich schroff aufgetreten war, begann zweiseitige Kontakte mit Frankreich und aufgrund der deutsch-polnischen Erklärung vom 26. Januar 1934 mit Polen. An den zwischen 1935 und 1937 in Warschau und Breslau geführten Verhandlungen war auf deutscher Seite der Breslauer Mediävist Hermann Aubin beteiligt. Die damals getroffenen Vereinbarungen, deren Wortlaut bisher nicht wieder rekonstruiert werden konnte, fanden aber nach Aubins späterer Mitteilung nicht die Billigung des Reichskultusministeriums, und mit der 1937 einsetzenden Abkühlung der deutsch-polnischen Beziehungen hörten auch die im kleinen Rahmen geführten Gespräche auf.

Krieg und Nachkriegsjahre schufen ein Klima gegenseitiger Abneigung und äußersten Mißtrauens, so daß an die Anknüpfung von Schulbuchgesprächen, wie sie das Braunschweiger Schulbuch-Institut mit Vertretern westlicher Länder führte, mit Polen lange nicht gedacht werden konnte. Im polnischen Schulunterricht gab es bei der Darstellung der Beziehungen zu den Deutschen im wesentlichen zwei Aufgaben: zu zeigen, daß es zwischen Deutschen und Polen ,,tausend Jahre Kampf" gegeben habe, und darzutun, daß Polen rechtmäßig in die ,,wiedergewonnenen Gebiete" ,,zurückgekehrt" sei, daß sie also nur vorübergehend deutsch gewesen seien. Die Darstellung der Deutschen mußte freilich differenzierter werden, seit die DDR 1950 im Görlitzer Vertrag die Oder-Neiße-Linie als ,,Friedensgrenze" anerkannt hatte, so daß sich das Negativbild nun auf die Bundesrepublik Deutschland und ihre Zugehörigkeit zur Nato konzentrieren mußte.

Die enttäuschten Hoffnungen von 1956

In der Bundesrepublik Deutschland wurde die lang andauernde Unsicherheit, wie die Geschichte der deutschen Ostgebiete, der Deutschen im Osten und der Beziehungen zu Polen im Unterricht zu behandeln sei, erst durch die am 13. Dezember 1956 von der Kultusministerkonferenz beschlossenen ,,Empfehlungen zur Ostkunde" beseitigt. Diese Empfehlungen sind in Polen und in der Bundesrepublik Deutschland häufig kritisiert worden, wobei man den Eindruck haben konnte, daß die Kritiker den vollen Text gar nicht kannten. Einige Monate davor hatte der Oldenburger Studienrat Dr. Enno Meyer im Braunschweiger Jahrbuch für Geschichtsunterricht 47 ,,Thesen über die Darstellung der deutsch-polnischen Beziehungen im Geschichtsunterricht" veröffentlicht und damit sowohl eine binnendeutsche wie eine deutsch-polnische Diskussion in Gang gebracht, an der sich exilpolnische Historiker und namhafte Vertreter der polnischen Geschichtswissenschaft in Polen beteiligten, unter anderen der Posener Mediävist Gerard Labuda, der auch an den späteren Konferenzen maßgeblich beteiligt war. Die Hoffnungen, diese schriftliche Diskussion alsbald in eine mündliche umgestalten zu können, erfüllten sich allerdings nicht. Wenn einige Jahre später das Braunschweiger Schulbuch-Institut von der östlichen Propaganda als ,,Nato-Kriegstreiber-Institut" verunglimpft wurde, war deutlich, wie weit man von den Ansätzen der späten fünfziger Jahre wieder entfernt war.

Die in Polen angezogene Bremse wurde erst gelockert, als der Warschauer Vertrag vom 7. Dezember 1970 den Wünschen der polnischen Regierung weitgehend entgegengekommen war. Erst danach konnten die beiden Kommissionen der Unesco Verabredungen für eine erste Schulbuch-Konferenz für Anfang 1972 treffen, wobei die Tatsache, daß der Leiter des Braunschweiger Schulbuch-Instituts, Professor Georg Eckert, gleichzeitig Präsident der bundesdeutschen Unesco-Kommission war, manche Absprachen erleichterte. Es erschien auch Eile geboten, denn durch Tagungen der Evangelischen Akademie in Berlin im Herbst 1969 und im Herbst 1970 und das einseitige ro-ro-ro-Bändchen ,,Polen – ein Schauermärchen" wurden Akzente gesetzt, mit denen deutsche Kenner der polnischen wie der ostdeutschen Geschichte keinesfalls einverstanden sein konnten.

Derartige Verhandlungen sind von politischen Gegebenheiten abhängig, politische Entwicklungen wirken beschleunigend oder retardierend auf ihren Gang und auf ihre Ergebnisse ein. Es wäre Augenwischerei, wollte man dies ableugnen und behaupten, hier gehe es um einen rein wissenschaftlichen Gedankenaustausch zwischen Historikern und Geographen. Allein die Tatsache, daß das Adjektiv ,,deutsch" in den Texten nur für die Zeit vor 1945 verwendet werden kann, und daß eine Delegation der Bundesrepublik eben nur für einen Teil Deutschlands sprechen kann, zeigt, wie schwierig das Terrain wird, wenn man die jüngere und jüngste Entwicklung behandelt. Schließlich ist ja schon das Motiv, durch Versachlichung und Vermehrung der in den Schulbüchern mitgeteilten Informationen über ein Nachbarvolk zur besseren Verständigung und zum Abbau von Emotionen beizutragen, in erster Linie ethisch-politisch und nicht wissenschaftlich. Der Wissenschaftler wird sich freilich stets fragen müssen, wo er unüberschreitbare Grenzen sieht. Daß er sich oft die Frage stellt, ob die verhältnismäßig bescheidenen Ergebnisse Mühe und Zeitaufwand lohnen, wird jeder verstehen. Der Verfasser und manche Kollegen aus der ,,Ostforschung" haben sich diese Frage mehrmals gestellt und sind regelmäßig zu dem Ergebnis gekommen, daß es wohl der Mühe wert ist, sich zu engagieren.

Vorteile und Nachteile der ,,Experten"

Bei den Konferenzen arbeiten zahlreiche Kollegen mit, die sich auf dem Gebiet der Geschichte der deutschen Ostgebiete wie auf dem der polnischen Geschichte durch Publikationen ausgewiesen haben und auch in den verschiedenen Institutionen der Ostforschung an führender Stelle tätig sind. So gehören dem Kern der Kommission zwei Mitglieder des Vorstandes des J. G. Herder-Forschungsrats an (außer dem Verfasser der Berliner Geograph Wilhelm Woehlke), drei weitere sind Mitglieder dieses Rates, zwei sind Vorsitzende ostdeutscher historischer Kommissionen. Wer behauptet, man habe sich weder der Mitarbeit des J. G. Herder-Forschungsrats noch der der ,,Ostdeutschen Historischen Kommission" versichert (eine einzelne solche gibt es gar nicht, sondern vier regionale Kommissionen, die hier in Frage kommen), der zeigt, daß er mangelhaft unterrichtet ist.

Es war ein Verdienst Eckerts, daß er, obwohl selbst Mitglied der SPD und Befürworter der Ostpolitik der SPD-FDP-Koalition, Wert auf die Mitarbeit von Historikern und Geographen legte, die den Koalitionsparteien weder angehören noch nahestehen und der Ostpolitik erhebliche Skepsis entgegenbrachten. Allerdings ergab sich gleich bei der ersten Konferenz im Februar 1972 ein Problem, das bis heute nicht voll befriedigend gelöst ist, nämlich das der Zusammensetzung der deutschen Gruppe von „Experten". Da die tragende Organisation die Unesco-Kommission der Bundesrepublik ist, unterstützt vom Braunschweiger Schulbuch-Institut, waren für Auswahl und Einladung der deutschen Teilnehmer nur diese beiden Stellen zuständig, und weder die Kultusministerien der Länder noch wissenschaftliche Institutionen, noch Lehrerverbände wurden beteiligt. Es gab und gibt also keine Delegierten oder Beauftragten, die weisungsgebunden wären oder sich vertreten lassen könnten. Alle deutschen Teilnehmer vertreten, auch wenn sie in verschiedenen Einrichtungen tätig und selbst, wie der Verfasser, Vertriebene sind, nur ihre eigene Auffassung. Das hat Vorteile: Wollte man nämlich einem Proporzdenken huldigen und darauf achten, daß alle Bundesländer, alle ostdeutschen Landschaften, alle Arten von Pädagogen und Autoren nach ihrer Verbandszugehörigkeit angemessen vertreten wären, erhielte man mindestens eine halbe Hundertschaft, die zu sachlicher Arbeit nicht in der Lage wäre, zumal die polnische Seite aus Protokollgründen ja die gleiche Stärke beanspruchen könnte.

Es hat freilich auch Nachteile: Da alle Teilnehmer einen Hauptberuf haben – meist den des Hochschullehrers – und für diese Arbeit von niemandem „freigestellt" werden, waren und sind sie nicht in der Lage, an allen Konferenzen ganz teilzunehmen und sich dort oder zu Hause vertreten zu lassen. Das führt zu einem verhältnismäßig häufigen Wechsel in der Zusammensetzung der deutschen Gruppe, deren Kern nach einer Unesco-Vereinbarung vom Oktober 1972 aus zwölf „Experten" besteht, zu denen die sechs Mitglieder des Schulbuchausschusses der deutschen Unesco-Kommission hinzutreten. Es bedingt auch eine zeitweilig zahlenmäßig nicht ausreichende Repräsentanz der Sachkenner, was sich besonders bei der zweiten Konferenz in Braunschweig auswirkte, die sehr rasch nach der ersten schon im April 1972 einberufen wurde, obwohl die Zeit wegen des Semesterbeginns für die meisten deutschen Fachleute ungünstig war.

Bei diesen beiden ersten Konferenzen wurden nun 24 (13 in Warschau, 11 in Braunschweig) Empfehlungen zur Geschichte der deutsch-polnischen Beziehungen von der Frühzeit bis 1944 und 7 (eine und sechs) zur Behandlung der geographischen Probleme in den einschlägigen Lehrbüchern fertiggestellt, insgesamt also 31. (Ihre Zahl ist in der Endredaktion im April 1976 auf 20 zur Geschichte und eine zur Geographie reduziert worden. Die im folgenden verwendete Numerierung entspricht der der Endredaktion.) Das geschah in der Regel auf die Weise, daß kleine, paritätisch zusammengesetzte Gruppen mit der Ausarbeitung von möglichst knappen Entwürfen beauftragt wurden, die dann dem Plenum vorgelegt wurden. Dabei machte es sich in Braunschweig negativ bemerkbar, daß die deutschen Sachkenner nicht zahlreich genug und nicht kontinuierlich anwesend sein konnten. Deshalb enthalten hier manche Empfehlungen zur neueren Geschichte anfechtbare oder mißverständliche Formulierungen und sind in der Dosierung der Mitteilung von Fakten uneinheitlich. Eine Korrektur im Plenum war nur in einigen, besonders bedenklichen Punkten durchsetzbar, da diese Versammlung, vier Wochen vor der Ratifizierung des Warschauer Vertrages im Bundestag und unter dem Eindruck der Unterschriftenaktion zahlreicher deutscher Historiker und Politikwissenschaftler für die Ratifizierung, eu-

phorischen Zukunftsvorstellungen huldigte, die nur von wenigen Sachkennern mit Skepsis betrachtet wurden.
Manche Ungenauigkeiten und Mißverständnisse sind allerdings bei der Endredaktion im April 1976 beseitigt worden, aber eine erhebliche Uneinheitlichkeit in Umfang und Art ist dennoch geblieben. Nun kann natürlich die Frage gestellt werden, warum Empfehlungen, die zugegebenermaßen unvollkommen sind, überhaupt veröffentlicht werden, zuerst an verschiedenen Orten 1972 und demnächst, 1977, in einer durchredigierten und verbesserten Form. Hinter dieser Frage steht freilich das Mißverständnis, derartige Empfehlungen seien Texte, die in Schulbücher und Lehrprogramme übernommen werden und verbindliche ,,Sprachregelungen" darstellen sollten. Oder gar, noch schlimmer, alles, was nicht in den Empfehlungen enthalten ist, solle nun im Schulbuch der Geschichte und der Geographie oder sogar im Unterricht nicht mehr behandelt werden. Abgesehen davon, daß derartige ,,Sprachregelungen" zu unserem gesamten Unterrichtssystem in eklatantem Widerspruch stünden, müßte schon die Überschrift und die Lektüre einiger Empfehlungen derartige Mißdeutung unmöglich machen. ,,Empfehlungen" sind weder Befehle noch Richtlinien, von denen man nicht abweichen dürfte. Sie wenden sich auch nicht an den Schüler, sondern an den Schulbuchautor, den Lehrer, den Lehrplangestalter. Ihm wollen sie die Orientierung erleichtern.

Nicht für eine stillschweigende Hinnahme gedacht

Kein Autor und kein Lehrer wird aber allein auf der Basis etwa der Empfehlung 5: ,,Die mittelalterliche deutsche Siedlung im östlichen Mitteleuropa" das entsprechende Kapitel seines Buches schreiben oder eine Unterrichtsstunde über die deutsche Ostsiedlung und das deutsche Recht gestalten können. Er wird aber, ist er Deutscher, für den Hinweis dankbar sein, daß ,,die Verbreitung des deutschen Rechtes unverhältnismäßig viel größer" war als der Anteil der Deutschen an der Bevölkerung, oder, ist er Pole, die Betonung der positiven Rolle der deutschen Siedler als neue Nuance empfinden. In Empfehlung 6: ,,Polen und der Deutsche Orden" findet der Autor einen Katalog von 8 Komplexen, die er in ihrer kontroversen Einschätzung berücksichtigen sollte, was ihm erhebliche Arbeit abverlangt; und er erfährt, daß diese Probleme ,,noch weiterer gründlicher Behandlung" bedürfen. In Empfehlung 11: ,,Der Einfluß des polnischen Freiheitskampfes auf Deutschland" werden ihm dann verhältnismäßig viele Fakten über die deutsche Polenfreundschaft der dreißiger und vierziger Jahre des 19. Jahrhunderts mitgeteilt, die auch polnischen Autoren und Lehrern nicht durchweg bekannt sein dürften; in Empfehlung 12 schließlich: ,,Industrialisierung" wird ihm geraten, bei der Behandlung des Aufbaus der Schwerindustrie im Ruhrgebiet auch die eingewanderte polnische Arbeiterbevölkerung zu berücksichtigen und umgekehrt die Leistung deutscher Tuchmacher, Weber und Fabrikanten beim Aufbau der Textilindustrie in und um Lodz zu würdigen. Dazu bedarf es natürlich einiger Kenntnisse, und zu deren Erwerb möchte die Empfehlung Autoren und Lehrer veranlassen. Die Empfehlungen sollen zum Nachdenken und zur Diskussion anregen, sie sind nicht für eine stillschweigende Hinnahme gedacht.
Mit Recht wird man manche Sätze als mager und wenig informativ bezeichnen, aber hier machte sich eben bemerkbar, daß die Formulierungen für beide Seiten akzeptabel sein mußten, und da bleibt nur der kleinste gemeinsame Nenner. Das ergibt für die Minderheitenprobleme zur Zeit der Weimarer Republik nur den knappen, gewiß richtigen, aber eben wenig informativen, Satz: ,,In der Atmosphäre gegenseitigen Mißtrauens gelang auch eine befriedigende Regelung der beiderseitigen Minderheitenprobleme nicht." Daß im Unterricht, wenn das Problem überhaupt behandelt wird, mindestens das Zehnfache gesagt werden muß, sollte jedem einleuchten. Fraglich ist leider nur, ob das Verhältnis der Weimarer Republik

zum Nachbarn Polen im Schulunterricht vieler Bundesländer überhaupt erwähnt wird. Jüngste Erfahrungen mit Studierenden der Geschichte und Slawistik, die weder den Rat der Volksbeauftragten noch den Namen des ersten Reichspräsidenten kannten, geben Anlaß zu großem Pessimismus. Bei der Entwicklung der letzten Jahre, bei der Misere des Geschichtsunterrichts in einigen Bundesländern, könnte der Tag nicht fern sein, an dem der polnische Durchschnittsschüler nicht nur sehr viel mehr über die deutsch-polnischen Beziehungen weiß als sein deutscher Altersgenosse – das ist schon längst der Fall –, sondern auch über die deutsche Geschichte als Ganzes.

Hatte der Durchgang durch die tausendjährige Geschichte deutsch-polnischer Beziehungen schon viele Schwierigkeiten ergeben, so schienen diese bei der Behandlung der Entwicklung nach 1944 fast unüberwindlich. Hier mußte ja auf der polnischen Seite berücksichtigt werden, daß es nunmehr zwei Kategorien deutsch-polnischer Beziehungen gab und daß die Rolle der Sowjetunion nicht Gegenstand von Empfehlungen sein sollte, die sich strikt auf den bilateralen Rahmen zu beschränken hatten. Daher konnte in den Empfehlungen nur ein Ausschnitt des umfangreichen Entwicklungsgeflechts berücksichtigt werden – eine gewiß anfechtbare Methode. Zunächst wurde auf den weiteren Konferenzen (III bis VIII, April 1973 bis Oktober 1975) versucht, das Problem durch den Austausch von Darstellungen der Entwicklung im eigenen und im jeweils anderen Land zu lösen und dann durch Komprimierung wenn nicht zu einer Synthese, so doch zur parallelen Darstellung aus der einen wie aus der anderen Sicht zu gelangen. Autor und Geschichtslehrer hätten dann also die Entwicklung der Volksrepublik Polen und Dreizonendeutschlands sowie der Bundesrepublik einmal aus der Sicht westdeutscher, einmal aus der Sicht polnischer Historiker vor Augen geführt bekommen. Es zeigte sich aber, daß diese Methode viel zu umfangreiche Texte ergab und daß es für die deutsche Seite kaum möglich erschien, Darstellungen der jüngsten Entwicklung in Polen zu akzeptieren, in denen die Namen wichtiger Persönlichkeiten überhaupt nicht auftauchten, während die polnische Seite größte Schwierigkeiten sah, eine deutsche Darstellung der polnischen Entwicklung, die diese Namen und manche Daten enthielt, bei sich zu drucken.

Es entstand die Frage, ob man kapitulieren und sich nur auf die Abhaltung wissenschaftlicher Konferenzen zur Behandlung von Spezialfragen und auf den Austausch von Erfahrungen über die Verbesserung der Schulbücher und die Aufstellung von Unterrichtsmodellen beschränken wolle. In diese Zeit fiel der Tod von Georg Ekkert (7. Januar 1974), durch den die Personalunion von Unesco-Präsidentschaft und Leitung des Schulbuch-Instituts aufgelöst wurde. Die Leitung des Instituts übernahm der zuständige Dekan, Professor Siegfried Bachmann, den Vorsitz der Schulbuchkommission der Professor an der Flensburger Pädagogischen Hochschule Walter Mertineit als Mitglied des Schulbuchausschusses der deutschen Unesco-Kommission. Beiden und den aktivsten Mitgliedern der Kommission schien das Einfrierenlassen als wenig glücklich, und so wurde seit April 1974 eine kleinere Lösung angestrebt, nämlich die Konzentration auf die ,,Beziehungsgeschichte".

Eine solche Einschränkung ist natürlich problematisch, denn gerade in der neuesten Zeit lassen sich Beziehungen zweier Länder noch weniger isoliert betrachten als etwa im 18. Jahrhundert; sie wäre auch nicht vertretbar, wenn die ,,Empfehlungen" den ihnen häufig zu Unrecht zugeschriebenen Charakter verbindlicher Richtlinien hätten und den Anspruch erhöben, eine vollständige, wenn auch knappe Darstellung deutscher und polnischer Nachkriegsgeschichte zu geben. Angesichts der wesentlich bescheideneren Zielsetzung, einen gemeinsamen Nenner für die Behandlung wichtiger Fragen der Nachkriegsentwicklung zu finden, der für beide Seiten akzeptabel sein mußte, ließ sich aber eine solche Einschränkung vertreten. Nur so sind auch die sechs Empfehlungen für die Zeit nach 1944 zu verstehen, von denen zwei bei der VI. Konferenz im Oktober 1974 in Warschau, die restlichen vier nach einem gescheiterten Anlauf im April 1975 dann auf der VIII. Konferenz im Oktober 1975 in Warschau fertiggestellt wurden, in geradezu dramatischen, immer wieder verlängerten und zeitweilig vom Abbruch bedrohten Verhandlungen.

Dabei wurden im wesentlichen Entwürfe der deutschen Gruppe zugrundegelegt, die auch innerhalb der Gruppe eingehend und häufig diskutiert und dann umgearbeitet wurden. Den polnischen Gegenentwürfen, die den Gesamttenor beibehielten, aber einige Sätze und Wendungen umformulieren oder fortlassen wollten, folgten wieder neue Entwürfe, bis schließlich ein für beide Seiten akzeptabler Text formuliert werden konnte, zum Teil nach langen Auseinandersetzungen über einzelne Worte, wie in Empfehlung Nr. 25, wo es im Entwurf hieß: ,,Dagegen lag das Schwergewicht der Außenpolitik der Bundesrepublik Deutschland auf der Westintegration und der Aufrechterhaltung der Wiedervereinigungsmöglichkeiten." Hier wünschte die polnische Seite die Hinzufügung der Wendung ,,nach Ansicht der deutschen Delegation", die wieder von dieser als unakzeptabel erklärt wurde, weil sie die klare Aussage unzumutbar relativierte. Die nach stundenlangem Debattieren gefundene Lösung hieß dann: ,,Dagegen sah die Bundesrepublik Deutschland den Schwerpunkt ihrer Außenpolitik in der Westintegration und in der Aufrechterhaltung der Wiedervereinigungsmöglichkeiten auf der Grundlage der Prinzipien der Deutschland- und Ostpolitik."

Transfer, ausweisen, zwangsumsiedeln

Die von Kritikern geäußerten Behauptungen, die deutschen Teilnehmer hätten polnischen Wünschen und Formulierungen widerspruchslos nachgegeben, hat mit der Wirklichkeit der oft sehr hart geführten Verhandlungen nicht das geringste zu tun. Als zum Beispiel auf der polnischen Seite der Wunsch auftauchte, bei der Erwähnung des Verzichts auf Kriegsreparationen vom 1. Januar 1954 den Satz einzuschieben ,,ohne daß damit auf polnische zivilrechtliche Ansprüche verzichtet wurde", wurde das erfolgreich mit dem Gegenargument zurückgewiesen, daß dann auch die zivilrechtlichen Ansprüche der deutschen Vertriebenen ausführlich behandelt werden müßten.

Daß der schließlich vereinbarte Text von knapp 150 Zeilen nach so langen Verhandlungs- und Umarbeitungsprozeduren sprachlich unschön und stellenweise schwerfällig geworden ist und die Spuren eines langwierigen Entstehungsprozesses zeigt, ist verständlich. Bedauerlicherweise wird er aber in der Kritik meist nicht in seiner Gesamtheit, sondern in Einzelheiten analysiert und angegriffen, wobei auch vor falschen Behauptungen nicht zurückgeschreckt wird, wie die, daß bezüglich der Vertreibungen nur noch von ,,Transfer" die Rede sein solle oder daß die geschichtliche Wahrheit durch die Nichterwähnung des Ribbentrop-Molotow-Paktes entstellt würde. Zum Thema der Vertreibung ist in Leserbriefen schon das Wichtigste gesagt worden, nämlich daß hier mit verschiedenen Vokabeln wie ,,ausweisen" und ,,zwangsumsiedeln" der Gesamtvorgang in wesentlichen, wenn auch nicht in allen Teilen beschrieben worden ist (es fehlen zum Beispiel die Verschleppungen in die Sowjetunion) und daß das Wort ,,Transfer" entweder ausdrücklich als Zitat aus den Potsdamer Beschlüssen (der falsche Begriff ,,Potsdamer Abkommen" wurde sorgfältig vermieden) oder in dem nun einmal im Jahre 1945 verwandten Begriff ,,interalliierte Transferabkommen" erscheint.

Selbstverständlich genügen diese wenigen Sätze nicht, wenn Schulbuchautor und Lehrer das Schicksal der ostdeutschen Bevölkerung nach 1945 darstellen wollen, aber wo ist denn auch nur angedeutet worden, daß es damit sein Bewenden haben soll und daß nun die hier gebrauchten Vokabeln verbindlich oder gar allein verwendet werden sollen? Der Verfasser selbst hat sich seit 1952, als seine erste Schrift zu diesem Thema mit dem Titel ,,Völker auf dem Wege – Verschiebungen der Bevölkerung in Ostdeutschland und Osteuropa" erschien, bemüht, in zahlreichen Aufsätzen das Phänomen der Zwangswanderungen des 20. Jahrhunderts zu erfassen und zu beschreiben, und hat das erst jüngst in einem weiteren Aufsatz und einer Rundfunksendung mit dem Titel ,,Die Völkerwanderung des 20. Jahrhunderts: Zwangsaussiedlung als Mittel der Machtpolitik" wieder getan. Aus diesem zitiert Herbert Hupka in seinem kritischen Leserbrief (F.A.Z. vom 10. Dezember 1976) einige Passagen, doch wohl in der Absicht, hier Widersprüche aufzuzeigen. In Wirklichkeit aber sagt der Aufsatz nur ausführlich, mit Beispielen, Wertungen und für ein wesentlich breiteres Gebiet, was in der Empfehlung 22 auf knappstem Raum ohne Wertung so beschrieben wird, daß es auch in Polen gedruckt werden kann, wo bisher in diesem Zusammenhang von ,,Zwang" und von ,,großen Verlusten" nicht die Rede war und wo auch die Vokabel ,,Heimatvertriebene" nicht verwendet wurde, während sie jetzt im polnischen Text in der genauen Übersetzung ,,wypedzeni ze stron ojczystych" und als deutscher Terminus technicus erscheint.

Daß das Ribbentrop-Molotow-Abkommen nicht vorkommt – ebensowenig wie die Abkommen von Teheran und Jalta –, liegt an der die polnische Seite verpflichtenden Beschränkung auf die Bilateralität, die eine Voraussetzung für die Verhandlungen über die neueste Zeit darstellte. Daß hier Zwänge vorliegen, daß außerwissenschaftliche Erwägungen eine Rolle spielen – wer wollte das bestreiten?

Soll man aber wirklich, weil nicht alles abgesprochen und in gemeinsamen Empfehlungen formuliert werden kann, lieber nichts empfehlen? Sollte man nicht lieber versuchen, das jeweilige Minimum an Gemeinsamkeiten festzustellen und nach und nach zu mehr zu kommen, vor allem aber auch zu einem besseren, von Verständnis getragenen Gesprächsklima? Mit Sicherheit ist das in langjähriger Arbeit erreicht worden. Der Austausch von Schulbüchern und von Unterrichtserfahrungen und Unterrichtsmaterial ist besonders bei den Hochschul- und Schulgeographen in Gang gekommen und wird sich hoffentlich intensivieren lassen.

Eine Diskussion der Fachleute soll in Gang kommen

Zunächst einmal werden die Empfehlungen nach der auf der IX. Konferenz in Braunschweig im April 1976 fertiggestellten Endredaktion zu Beginn dieses Jahres im Druck vorgelegt werden, sowohl in der Bundesrepublik Deutschland wie in der Volksrepublik Polen an einer Stelle synoptisch in beiden Sprachen, an anderen nur in der jeweils eigenen Sprache. Dieser Text und nicht vorher gelegentlich veröffentlichte Einzelübersetzungen geben dann authentisch wieder, was die gemeinsame Kommission den Autoren von Schulbüchern, den Lehrprogrammgestaltern und Lehrern für die Gestaltung von Lehrbüchern und Unterrichtsstunden empfiehlt. Sie hofft dabei auf die Mithilfe und das Verständnis der Kultusministerien der Bundesländer und ist ganz gewiß nicht der Meinung, hier sei ein großartiges Werk gelungen, das jeder unbesehen und unreflektiert übernehmen könne und solle. Es ist vielmehr zu hoffen, daß nach der Veröffentlichung des vollen Textes erst recht eine Diskussion der Fachleute in Gang kommt. Daß zahlreiche Probleme noch weiterer intensiver Behandlung bedürfen, ist an vier Stellen der Empfehlungen ausdrücklich hervorgehoben, nämlich für Schlesien und Pommern (Empfehlung 4), für den Deutschen Orden (Empfehlung 6), für die deutsch-polnischen Beziehungen 1933–1939 (Empfehlung 19) und für die Probleme des Widerstandes (Empfehlung 20). Sie alle sollen auf alljährlich einmal in Polen, einmal in der Bundesrepublik Deutschland zu haltenden Fachtagungen intensiv behandelt werden. Auch davon werden Impulse ausgehen, wenn sich auch angesichts der Situation des Geschichtsunterrichts in vielen Bundesländern niemand großen Illusionen über die Intensivierung der Kenntnisse etwa über den Deutschen Orden in Preußen und seine Rolle im deutsch-polnischen Verhältnis hingeben wird.

Immerhin: Wer 1945 vorausgesagt hätte, daß polnische und deutsche Historiker und Geographen der Kriegsgeneration zwar hart, aber sachlich und höflich-kollegial in Warschau in deutscher Sprache über die Möglichkeit der Versachlichung der Schulbücher und des Geschichtsunterrichts verhandeln würden, wäre für geistesgestört erklärt worden. Derartige Rückblicke zeigen, daß es nicht nötig ist, die Arbeit an einem solchen Werk nur mit Skepsis zu betrachten.

Wie die Wahrheit verfälscht wird. Ein Mitglied der deutsch-polnischen Schulbuchkommission packt aus
(Bert Berlin: Deutscher Anzeiger, 25. 2. 1977)
[*ohne Aufmacher*] [*identisch in: Sudetendeutsche Zeitung, 18. 2. 1977*]

Nachdem in der ersten Phase der Auseinandersetzungen über Wert und Unwert der ,,Empfehlungen" von der deutschen Delegation, wohl in einer Art von ,,Corpsgeist", vorwiegend gelobt und verteidigt wurde, hat Rhode nunmehr mit erfreulicher Offenheit die ,,schwachen" Stellen der Kommissionsarbeit und ihres Ergebnisses dargelegt.
Bekanntlich ist die Kompetenz deutscher Delegierter angezweifelt worden. Rhode weist dazu darauf hin, daß erfahrene Sachkenner Mitglieder der deutschen Delegation waren. Aber nur wenig später beklagt er, daß bei der Redaktion in Braunschweig ,,die deutschen Sachkenner nicht zahlreich genug und nicht kontinuierlich anwesend sein konnten".
,,*Anfechtbare Formulierungen*"
Als Erklärung bietet er den Umstand an, daß die deutschen Sachkenner aus den Universitäten wegen ihrer anderen Verpflichtungen zu keiner regelmäßigen Mitarbeit und vor allem Anwesenheit bei den Sitzungen in der Lage waren. Dagegen hat wohl die Sechsergruppe des Schulbuchausschusses der deutschen UNESCO-Kommission regelmäßiger teilgenommen, allerdings befindet sich in ihr kein Sachkenner der deutsch-polnischen Geschichte und Probleme.
Von deutscher Seite ist also schlecht vorbereitet und organisiert worden, womit nicht etwa das Engagement der Sachkenner in Zweifel gezogen wird. Rhode gesteht aber freimütig ein: ,,Deshalb enthalten hier manche Empfehlungen zur neueren Geschichte anfechtbare oder mißverständliche Formulierungen und sind in der Dosierung der Mitteilung von Fakten uneinheitlich." Manche ,,Ungenauigkeiten und Mißverständnisse" seien bei der Endredaktion beseitigt worden, erinnert sich Rhode, doch: ,,Eine erhebliche Uneinheitlichkeit in Umfang und Art ist dennoch geblieben."
Rücksicht auf Warschau
Rhode spart auch sonst nicht mit Eingeständnissen: ,,Mit Recht wird man manche Sätze als mager und wenig informativ bezeichnen",
die Berücksichtigung von nur einem Abschnitt aus den jüngsten deutsch-polnischen Beziehungen (nämlich unter Fortlassen der Rolle der Sowjetunion) sei ,,eine gewiß anfechtbare Methode",
die Beschränkung auf eine bloße ,,Beziehungsgeschichte" sei ,,natürlich problematisch",
die Empfehlungen zur deutsch-polnischen Zeitgeschichte seit 1945 seien ,,sprachlich unschön und stellenweise schwerfällig" geworden,
die deutsche Delegation sei ,,ganz gewiß nicht der Meinung, hier sei ein großartiges Werk gelungen, das jeder unbesehen und unreflektiert übernehmen könne und solle".
Bereits an dieser Stelle kann festgestellt werden, daß die Kritiker der ,,Empfehlungen" von Rhode nicht nur bestätigt, sondern auch ermuntert werden, ihre kri-

tische Analyse fortzuführen. Im Grunde ist diese Aufforderung aus dem Kreise der Delegation kaum anders zu verstehen als die allerdings ziemlich späte Einsicht, daß diese „Empfehlungen" eben nicht „fertig" sind. Der kritische Betrachter hat hinzuzufügen: Dann hätten sie nicht vorgelegt und verabschiedet werden dürfen.

Diese Ablehnung wird nun durch ein weiteres Eingeständnis Rhodes nur noch bekräftigt. Wie erinnerlich ist in der bisherigen Auseinandersetzung sehr früh darauf hingewiesen worden, daß die Arbeit der deutsch-polnischen Kommission zumindest auf polnischer Seite unter politischen Eingrenzungen und Rücksichtnahmen stand und steht, weshalb keine Gewähr für eine objektive wissenschaftliche Arbeit gegeben ist. Rhode hat nun auch enthüllt, daß solche politischen „Einflüsse" auch auf deutsche Delegationsmitglieder bestanden.

Von der zweiten Schulbuchkonferenz im April 1972 in Braunschweig berichtet Rhode nämlich: „Eine Korrektur im Plenum war nur in einigen, besonders bedenklichen Punkten durchsetzbar, da diese Versammlung, vier Wochen vor der Ratifizierung des Warschauer Vertrages im Bundestag und unter dem Eindruck der Unterschriftsaktion zahlreicher deutscher Historiker und Politikwissenschaftler für die Ratifizierung, euphorischen Zukunftsvorstellungen huldigte, die nur von wenigen Sachkennern mit Skepsis betrachtet wurden."

„Euphorischen Zukunftsvorstellungen huldigte" – damit ist unmißverständlich ein Motiv gekennzeichnet worden, das niemand als ein wissenschaftliches bezeichnen kann. Zum anderen macht diese Enthüllung klar, daß die Mehrheit der Versammlung politischen Überlegungen und Hoffnungen folgte und nicht dem Gewissen des Historikers, obwohl dieses von „wenigen Sachkennern" vertreten wurde, wenn man Rhode richtig versteht.

„Außerwissenschaftliche Zwänge"

Letztlich bleibt die Frage, warum diese Sachkenner nicht aus der Kommission ausgetreten sind, warum sie nicht öffentlich gemacht haben, was sonst stets mit Recht getan wird: Die Anklage gegen Kräfte, welche Wissenschaftler zu Zustimmungen zwingen, die sie eigentlich nicht geben würden und – dürfen.

Rhode ringt sich leider nicht zu dieser Konsequenz durch. Obwohl er an anderer Stelle zu dem Vorwurf, daß der Ribbentrop-Molotow-Vertrag von 1939 in den „Empfehlungen" nicht vorkommt, schlicht erklärt: Das liege an der „die polnische Seite verpflichtenden Beschränkung auf die Bilateralität, die eine Voraussetzung für die Verhandlungen über die neueste Zeit" darstelle. Rhode weiter: „Daß hier Zwänge vorliegen, daß außerwissenschaftliche Erwägungen eine Rolle spielen – wer wollte das bestreiten?"

Deutlicher kann es nicht werden: Hier haben Historiker, Universitätswissenschaftler, sich nicht der historischen Wahrheit allein verpflichtet, sondern in den Dienst eines aktuellen politischen Programms stellen lassen. Man erinnert sich an die Berichte, daß von verschiedenen Stellen der Bundesregierung konkreter Druck auf die deutsche Delegation ausgeübt worden ist.

Rhode steuert noch ein weiteres Beispiel für die „Kompromisse" mit der historischen Wahrheit bei, die von der deutschen Delegation geschlossen wurden. Im deutschen Entwurf habe gestanden: „Dagegen lag das Schwergewicht der Außenpolitik der Bundesrepublik Deutschland auf der Westintegration und der Aufrechterhaltung der Wiedervereinigungsmöglichkeiten." Dieser sachlichen und konkreten Formulierung wollte die polnische Seite nicht zustimmen, vielmehr forderte sie einen Zusatz: „Nach Ansicht der deutschen Delegation". Diese Forderung sei abgelehnt worden, weil sie – so Rhode – „die klare Aussage unzumutbar relativierte".

Nach „stundenlangem Debattieren" habe man sich dann auf diese Formulierung geeinigt: „Dagegen sah die Bundesrepublik Deutschland den Schwerpunkt ihrer Außenpolitik in der Westintegration und in der Aufrechterhaltung der Wiedervereinigungsmöglichkeiten auf der Grundlage der Prinzipien der Deutschland- und Ostpolitik". Aus Klarheit wurde ein subjektiv gefärbtes und unverständliches Kauderwelsch. Was haben rotpolnische Einwände zu einem Satz zu bedeuten, der ausschließlich etwas aussagt, das nur die deutsche Seite betrifft? Haben kommunistisch-polnische Gesprächspartner Einwände zu erheben, wenn wir die Politik unseres Staates beschreiben?

Kommunistisches Drängen

Hier ist kein ,,Minimum an Gemeinsamkeiten" festgestellt worden, wie Rhode zu dem ganzen Unternehmen meint. Hier und an vielen anderen Stellen ist ,,außerwissenschaftlichen Erwägungen" nachgegeben worden.

Rhode rühmt ein von ,,Verständnis getragenes Gesprächsklima", man habe ,,sachlich und höflich-kollegial" verhandelt. Die polnische Seite kann mit dem Ergebnis zufrieden sein. Jeder deutsche Besucher von irgendeinem Rang, der sich in Warschau aufhält, wird mit der Forderung bedrängt, wann denn endlich diese ,,Empfehlungen" in der deutschen Schulpraxis verwirklicht würden.

Der enthüllende Bericht von Gotthold Rhode, eines Mannes, der sich mit Geduld um das Ordnen der Dinge zwischen Deutschen und Polen bemüht, festigt unsere Ablehnung der makelhaften ,,Empfehlungen".

Vernichtendes Urteil
(Prof. Dr. Hans-Eberhard Heyke: Leserbrief, FAZ, 1. 3. 1977)

Die Antwort auf die von Herrn Professor Gotthold Rhode in der F.A.Z. vom 31. Januar als Überschrift gestellte Frage zu den deutsch-polnischen Schulbuch-Vorschlägen ,,Sollte man lieber gar nichts empfehlen?" kann doch nur heißen – ja, aber allein die Wahrheit! Alles andere sollte man unterlassen. Herr Professor Rhode gibt mehrfach selbst zu, daß ,,politische Gegebenheiten" entscheidend gewirkt haben und es ,,Augenwischerei" wäre, ,,wollte man dies ableugnen und behaupten, hier gehe es um einen rein wissenschaftlichen Gedankenaustausch zwischen Historikern und Geographen". Vernichtender kann ein Urteil nicht sein.

Polen schreibt unsere Geschichtsbücher um. Manipulation der Zeitgeschichte durch Schulbuchkonferenz
(Hans Michael Fiedler: Deutscher Studenten Anzeiger, Januar 1977)
[ohne Karikatur: ,,Also Kinder – wie ich jetzt vom Georg-Eckert-Institut erfahren habe, müßt Ihr Euch die Vertreibung so vorstellen – da wurden nur Bevölkerungsteile umstrukturiert. – Noch nicht wie eine Ferienreise, aber so ähnlich."]

Der ,,Warschauer Vertrag" soll ,,mit Geist erfüllt" werden. Aber mit wessen Geist? Etwa mit dem von Wladyslaw Markiewicz, dem polnischen UNESCO-Chef und Delegationsleiter bei den berüchtigten deutsch-polnischen Schulbuchkonferenzen? Markiewicz, der so gern betont, die polnische Delegation bestehe mehrheitlich aus unabhängigen Persönlichkeiten, vergißt zu ergänzen, daß er selbst Mitglied des ZK der polnischen KP ist. Ist so ein Mann geeignet, die deutschen Geschichtsbücher mit ,,neuem" Geist zu erfüllen?

Wir erinnern uns: seit Februar 1972 haben unter Stabführung des heutigen Georg-Eckert-Instituts mittlerweile neun deutsch-polnische Schulbuchkonferenzen getagt. Über bisher 37 historische, geographische und zeitgeschichtliche Themen wurden gemeinsame Absprachen herausgegeben. Die ,,Empfehlungen dieser Konferenzen sollen in die Geschichtsbücher der jeweiligen Länder aufgenommen werden. Daß bisher auch nur in einem einzigen Punkt ein deutscher Standpunkt sich durchgesetzt hat, scheiterte nicht zuletzt daran, daß selbst polnische Vertreter verwundert waren, solche deutschen Standpunkte nicht vernommen zu haben. Sowohl Auswahl als auch Kompetenz deutscher Vertreter waren von Anfang an umstritten. Ein wirklicher Fachmann, aber von der Teilnahme ausgeschlossen, der Mainzer Historiker Prof. J. J. Menzel, verwies erst kürzlich darauf, daß die deutsche Delegation bis auf zwei Ausnahmen nur aus Mitgliedern bestehe, die keine Fachleute für die Geschichte der deutsch-polnischen Beziehungen sind. Die Thesen und „Empfehlungen" der ominösen Konferenzen sind denn auch beredtes Zeugnis dafür, daß hier nicht historischer Wahrheitsfindung und der Versöhnung zweier Völker gedient wird, sondern ausschließlich der Unterstützung einer bestimmten aktuellen Politik. – Es kommt noch besser: die deutschen Vertreter sind nicht einmal alle der polnischen Sprache mächtig!

Die ersten beiden Konferenzen 1972 hatten noch ein ziemliches öffentliches Echo gefunden. Dann senkte sich Nebel bewußter Verschleierung über die Tagungen. Die „Empfehlungen" der 9. Konferenz aber wirbelten Staub auf, aus zweierlei Gründen: einmal, weil ihre Thesen derart unsachliche polnische Propaganda darstellten, daß selbst einige Amtsträger nicht mehr mitziehen wollten – wie Bayerns Kultusminister Mayer;

zum anderen, weil Polen gerade in letzter Zeit, nicht zuletzt durch Schützenhilfe des niedersächsischen Strahlenmännchen Albrecht, eine massive Kampagne entfesselt, durch politischen Druck auf verschiedensten Ebenen seine verbogene Darstellung der Kriegs- und Nachkriegsgeschichte durch westdeutsche Kultusministerien und Schulbuchverlage absegnen zu lassen.

Besonders die skandalöse Wortwahl entlarvte. So heißt es zur Deutschen-Vertreibung in einer „Empfehlung: Betreffend die Bevölkerungsverschiebungen:"

„In den Polen gemäß Potsdamer Beschlüssen übertragenen ehemaligen Reichsgebieten östlich von Oder und Neiße lebten 1939 ca. 8,5 Mill. Menschen. Etwa die Hälfte von ihnen . . . wurde entweder evakuiert oder flüchtete unter großen Verlusten noch vor Kriegsende in die deutschen Gebiete westlich von Oder und Neiße. Der größte Teil der in den Oder-Neiße-Gebieten verbliebenen deutschen Bevölkerung wurde in den Jahren 1945-1947 ausgewiesen bzw. im Rahmen des interalliierten Transferabkommens zwangsumgesiedelt. . ."

Eine zynischere Verniedlichung der brutal organisierten Zwangsvertreibung durch rotpolnische und sowjetische Mörderbanden ist noch nicht vorgekommen. Hunderttausende von Toten und Millionen aus ihrer seit über 500 Jahren deutschen Heimat Vertriebene werden zu „Flüchtlingen" und „Umsiedlern" – im nachhinein! „Bevölkerungsverschiebungen", „Zwangsumsiedlung", „Transfer" der ostdeutschen Bevölkerung – eine verlogene Diktion, die nicht Bestand haben kann.

Eine zwingende Bedingung der polnischen Teilnehmer der Schulbuchkonferenz war es gewesen, daß das Wort „Vertreibung" mündlich und schriftlich nicht erwähnt werden dürfe.

Ebenso entlarvend ist, was nach Willen der polnischen Bolschewisten in deutschen Schulbüchern fehlen soll: der aktive Anteil der UdSSR an der Zerschlagung Polens 1939; die Greuel von Katyn 1940, in der die UdSSR Tausende Gefangene der polnischen Elite ermorden und verscharren ließ. Nicht einmal die Nürnberger Sieger- und Henkerjustiz konnte diese Greuel 1946 den geschlagenen Deutschen anlasten. Auch eine Erwähnung der Hunderttausenden von Deutschen, die nach 1945 in den Ostgebieten verblieben und denen die Polen die elementarsten Menschen- und Volksgruppenrechte bis heute verweigert, hat zu unterbleiben, will man die Marxisten zufriedenstellen. Die Erwähnung der Unterjochung Polens durch die ruhmreiche und friedliebende Sowjet-Union gar . . . im Hause des Gehenkten wird nicht vom Strick gesprochen!

Ist es schon widerlich genug, daß deutsche Wissenschaftler solchen Ansinnen widerspruchslos stattgeben, so zeigt sich vollends die knechtische Unterwürfigkeit, die sich in der westdeutschen Politik eingenistet hat, wenn man das Verhalten der verantwortlichen Politiker betrachtet.

Geschichtsbild – amtlich verordnet

Im deutsch-polnischen Kulturabkommen hat die Bundesregierung die Zusage gegeben, sich für die Berücksichtigung der Schulbuchempfehlungen einzusetzen. Professor Menzel monierte mit Recht diese unentschuldbare ,,Überschreitung staatlicher Kompetenzen in wissenschaftlichen Fragen". Er schloß daraus: ,,Wir werden jetzt ein amtlich verordnetes Geschichtsbild bekommen". Wegen des freien Schulbuchmarktes in Westdeutschland sowie wegen des föderalistischen Bildungswesens können die Empfehlungen allerdings nicht ohne weiteres Verbindlichkeit erlangen. Daher nimmt die polnische Regierung in immer stärkerem Maße direkten Einfluß auf westdeutsche Kultusministerien (durch deren Heimsuchung durch polnische Delegationen) sowie auf dem Wege durch ,,wissenschaftliche" Konferenzen mit Lehrerverbänden u. a. Der marxistischen Anmaßungen gegenüber stets servile GEW-Oberbonze Frister hat sich in Warschau bereits dem roten Minderheitsregime als Helfer angeboten, die Empfehlungen zu ,,verwirklichen".

Nötig ist, daß alle Lehrer, Wissenschaftler, Studenten, Eltern, Schüler und Verleger zusammen all das in ihren Kräften liegende tun, um zu verhindern, daß marxistische Geschichtsklitterung aus Polen in Zukunft unsere Geschichtsbücher ,,durch Wandel" zu Ostblockpropagandaschriften macht.

Deutsch-polnische Schulbuchempfehlungen. Aufrichtigkeit um der Wahrheit willen. Professor Rhode in Lüneburg: ,,Polen mit mehr Sachkennern in den Kommissionen"
[*Lüneburger Landeszeitung, 7. 2. 1977*]

Der Bund der Vertriebenen hatte den Mainzer Historiker Prof. Dr. Gotthold Rhode eingeladen, in Lüneburg über die deutsch-polnischen Schulbuchempfehlungen zu sprechen. Der Professor, der im Oktober 1953 im Lüneburger Rathaus anläßlich der 700-Jahr-Feier seiner Heimatstadt Posen einen Vortrag gehalten hatte, betonte, daß das erstrebte Ziel der Verständigung nicht um den Preis wissenschaftlicher Aufrichtigkeit erreicht werden könne.

Nach dem ersten Weltkrieg haben zum ersten Male Historiker versucht, mit unseren Nachbarländern Übereinstimmung in der Beurteilung historischer Ereignisse und Beziehungen herzustellen. Nach dem zweiten Weltkrieg schlugen sich die ersten Bemühungen in den ,,Empfehlungen zur Ostkunde" von 1956 nieder, die nach Meinung von Prof. Rohde ,,auch heute noch zu beherzigende Sätze" enthielten. Es hat aber immer zu wenig Geld bereitgestanden, um die Arbeiten voranzutreiben. Auch haben Ostberlin und Warschau die Arbeiten zeitweise blockiert. Erst nach Abschluß des Warschauer Vertrages lokkerte sich die polnische Haltung. ,,Von gewisser deutscher Seite werden leider mehr unberechenbare Schwierigkeiten gemacht als von polnischer Seite", bedauerte der Professor.

Für würdelose Kriecherei haben übrigens die polnischen Wissenschaftler kein Verständnis. Sie benutzen in der Kommission, deren Verhandlungssprache nur Deutsch ist, in historischen Zusammenhängen stets die alten deutschen Namen. Die Arbeit in der Kommission leidet darunter, daß es auf deutscher Seite zuwenig Fachleute gibt. Die Polen stellen weit mehr wissenschaftlich ausgebildete Sachkenner und sind in den Arbeitsausschüssen meist zahlenmäßig überlegen.

Die einst als typisch deutsch geltenden Tugenden der Gründlichkeit und Mehrsprachigkeit sind im Schwinden: ,,Die Braunschweiger Empfehlungen" sind u. a. auch deshalb in einigen Punkten nicht ganz einwandfrei, weil Bonn Eile hatte."

Es handelt sich – das wird von manchen übersehen – um ,,Empfehlungen für die

Autoren von Schulbüchern, nicht schon um Buchtexte selber". Selbst da also, wo vernünftige und beide Seiten zufriedenstellende Formulierungen gefunden wurden, müssen die Autoren den Inhalt ihrer Darstellungen selbst erarbeiten. Dazu gehört aber mehr exakte historische Forschung ausgeübt von jungen Forschern, die beide Sprachen beherrschen. Während aber bei uns nicht nur die Kenntnisse historischer Ereignisse und Gestalten stark im Schwinden begriffen sind, wird in Polen und Rumänien das Geschichtsbewußtsein systematisch gepflegt.

Die polnischen Schüler und Studenten, „die schon heute mehr über die deutsch-polnischen Verhältnisse der Vergangenheit wissen als ihre deutschen Altersgenossen, werden mit Sicherheit ihnen bald auch in der Kenntnis der deutschen Geschichte überlegen sein".

Der Beifall der zahlreichen Zuhörer galt einem Wissenschaftler, der – wie Frau Loeffke vom BdV sagte – „seine ganze eindrucksvolle Arbeit als Forscher und Lehrer dem Gedanken der Verständigung gewidmet hat".

Schmidt unterstützt Forderung nach Schulbuch-Revision
(Gernot Facius: Die Welt, 23. 2. 1977)

Bundeskanzler Helmut Schmidt hat die Ministerpräsidenten der Länder aufgefordert, an einer Erfüllung der umstrittenen Empfehlungen der deutsch-polnischen Schulbuchkonferenz mitzuwirken. Staatssekretär Klaus Bölling bestätigte gestern der WELT, der Kanzler habe bei seiner jüngsten Zusammenkunft mit den Länder-Regierungschefs diese „gebeten, sich des Themas anzunehmen". Schmidt komme es darauf an, betonte Bölling, daß mit dem polnischen Parteichef Edward Gierek getroffene Verabredungen „nicht untergehen". Nach Meinung des Kanzlers gebe es aber „noch Sachpunkte, wo auf polnischer Seite mehr Flexibilität wünschenswert wäre". Der außenpolitische Sprecher der CDU/CSU, Werner Marx, sagte der WELT, der Bundeskanzler habe „weder das politische noch das moralische Mandat, Absprachen mit einem kommunistischen Diktator einfließen zu lassen in die Gestaltung von Schulbüchern". Dies gelte insbesondere für die „sehr empfindlichen deutsch-polnischen Beziehungen".
Von den Kritikern der Empfehlungen wird insbesondere bemängelt, daß nicht auf die Vertreibung der Deutschen hingewiesen werde. In den vergangenen Wochen hatte auch der Mainzer Osthistoriker Professor Gotthold Rhode, der der deutschen Delegation bei den Gesprächen angehörte, erklärt, manche Empfehlungen zur neueren Geschichte enthielten „anfechtbare oder mißverständliche Formulierungen und sind in der Dosierung der Mitteilung von Fakten uneinheitlich". Die Berücksichtigung von nur einem Abschnitt aus den jüngsten deutsch-polnischen Beziehungen, unter Nichterwähnung der Rolle der Sowjetunion, sei „eine gewiß anfechtbare Methode". Rhodes Kritik war von Warschau mit der Bemerkung beantwortet worden, in der Bundesrepublik sei „nicht noch eine Diskussion über die Empfehlungen notwendig, sondern redliche Bemühungen zu ihrer Verwirklichung". Sprecher der Opposition und der Vertriebenen-Verbände äußerten die Befürchtung, daß Polen die Arbeiten der Konferenz als verbindlich für beide Seiten betrachtet.

Karl Dietrich Erdmann: Die Nation im geteilten Deutschland
(Geschichte in Wissenschaft und Unterricht 1977/12, S. 739 ff.)
[Vortrag beim Bundesparteitag der CDU, März 1977. Auszug]

Lassen Sie mich hier, um ein Beispiel zu geben, ein Wort sagen zu den auch bei uns lebhaft im Für und Wider umstrittenen deutsch-polnischen Vereinbarungen zu den Schulbuchempfehlungen. Daß es in unserem nationalen Interesse liegt, mit dem freiheitsstolzen polnischen Volk, so wie es sich uns heute in seiner problembeladenen inneren und äußeren Lage darbietet, auf allen Ebenen zu einem engstmöglichen Gedankenaustausch zu gelangen, liegt auf der Hand. Natürlich hat das Zustandekommen auch wissenschaftlicher Gespräche eine politische Voraussetzung, mit der sie stehen und fallen. Das muß man deutlich sehen. Diese Voraussetzung ist die faktische Anerkennung der gegebenen territorialen Verhältnisse. Hierüber wird in den gemeinsamen Empfehlungen unter anderem gesagt, daß die in Potsdam erfolgte faktische Anerkennung der polnischen Administration in den Gebieten ostwärts der Oder-Neiße ,,noch keine völkerrechtlich definitive Anerkennung der Grenzlinie" bedeutete, daß aber die Entwicklung – und zwar hier mit der Überschrift des Artikels XIII der Potsdamer Vereinbarungen als ,,Transfer" der deutschen Bevölkerung bezeichnet, während dann im weiteren Wortlaut der Empfehlungen zutreffend von ,,ausweisen", ,,zwangsumsiedeln" und ,,Heimatvertriebenen" die Rede ist – dahin führte, daß es sich bei der neuen Grenzziehung ,,nicht um ein revidierbares Provisorium handeln könne". Die des weiteren in der Empfehlung gegebene Schilderung der Wiederaufbauprobleme nach dem Kriege geht daher unter anderem von der Feststellung der ,,faktischen Auflösung des Deutschen Reiches" aus. Wenn hingegen in einer ausführlichen kritischen Stellungnahme aus Kreisen der CDU der Einwand erhoben worden ist – ich zitiere –, ,,verfassungs- und völkerrechtswidrige Aussagen zur Rechtslage Deutschlands und der Deutschen gehören nicht in deutsche Schulbücher", so wird meines Erachtens in dieser Kritik verkannt, daß es sich bei dieser Formulierung im Empfehlungstext eben nicht um eine Definition des Verfassungs- und Völkerrechts, sondern um eine Beschreibung der Wirklichkeit, eben des ,,Faktischen" handelt, in der wir leben.

Ich will mit diesem Exkurs nur sagen, daß Rechtspositionen, deren Legitimität innerhalb des staats- und völkerrechtlichen Normensystems hier nicht erörtert und nicht bestritten werden sollen, nicht den Blick derer, denen die Nation am Herzen liegt, starr an sich fesseln dürfen, wenn wir einen unverstellten Zugang zu der Frage gewinnen wollen, was es heute noch bedeuten kann, wenn wir von Deutschland reden. Wenn Rechtspositionen ein Besitzanspruch sind, so sollte man für deren kluge und im Sinne der Nation weiterführende Anwendung den biblischen Spruch des ,,Haben, als hätte man nicht" bedenken.

Freistaat gegen Schulbuch-Revision. Dr. Rost begründet Entscheidung gegen ,,deutsch-polnische Empfehlungen"
(Nürnberger Zeitung, 4. 3. 1977)

Der Freistaat Bayern wird die deutsch-polnischen ,,Empfehlungen" zur Schulbuch-Revision nicht übernehmen, sagte der Nürnberger Landtagsabgeordnete Dr. Sieghard Rost in einer vorwiegend von mittelfränkischen Gymnasiallehrern besuchten Veranstaltung des ,,Arbeitskreises staatsbürgerliche Bildung e. V." im Nürnberger Kolpingsaal.
Die deutsche UNESCO-Kommission sei eine privatrechtlich organisierte Vereinigung, die ihre Verhandlungen mit den polnischen Historikern ohne öffentliches Mandat und ohne staatliche Autorisierung geführt habe. Übernehme nun der Staat die von einer privaten Gruppe in eigener Verantwortung verabredeten Empfehlungen, so billige er auch die dort zwischen den Zeilen stehende Tendenz, die unserer Rechtsauffassung und unserem historisch-politisch begründeten Urteil entgegenstünde. Die Rechtsauffassung sei klar und

durch die Entscheidungen des Bundesverfassungsgerichts von 1973 und 1975 sowie durch das Urteil des Kasseler Bundessozialgerichts vom 30. 9. 1976 bestätigt worden: Die Oder-Neiße-Gebiete, Schlesien und Ostpreußen seien für uns ,,kein Ausland".
Aus der Arbeit der deutsch-polnischen Kommission hatte zuvor Professor Gotthold Rhode (Universität Mainz) berichtet. Zur Ehre des 1974 verstorbenen Vorsitzenden der deutschen UNESCO-Kommission, Prof. Eckert, könne er feststellen, daß dieser, obwohl engagiertes SPD-Mitglied, eine einseitige Zusammensetzung der deutschen Delegation vermieden habe.

,,Die deutsch-polnischen Schulbuchempfehlungen in die Wolfsschlucht befördern". Vertriebenenverbände versuchen, in der Jugend ein Irredenta-Klima zu erzeugen
(Georg Herde: Deutsche Volkszeitung, 17. 3. 1977)
[gekürzt um die ersten drei Abschnitte betr. ,,Irredenta-Politik", ,,Grenzen von 1937" und ,,Deutsche Landschaften"]

Schulbuchkommission
Ein besonderer Angriff der Entspannungsgegner gilt nach wie vor den Empfehlungen der ,,Deutsch-Polnischen Schulbuchkommission". So haben es bereits die Landesregierungen von Bayern, Baden-Württemberg und Rheinland-Pfalz abgelehnt, die Empfehlungen zu veröffentlichen und für den Unterricht zu übernehmen.
Jetzt richtete der Vorsitzende des Bundes der Vertriebenen von Schleswig-Holstein Dr. Josef Demabyl (Regierungsdirektor a.D., BdV-Vizepräsident und Mitglied des Bundesvorstandes der Sudetendeutschen Landsmannschaft), an den Kultusminister Prof. Dr. Walter Braun, eine Anfrage, ob sein Ministerium zu den Schulbuchempfehlungen der ,,Deutsch-Polnischen UNESCO-Kommissionen" nicht eine ähnlich klare Stellungnahme abgeben könne wie die Länder Bayern, Baden-Württemberg und Rheinland-Pfalz. Laut ,,Osmipress" vom 10. 2. 1977 antwortete Kultusminister Braun dem BdV-Landesvorsitzenden u. a., daß die Empfehlungen ,,keine ausgewogene Darstellung der Probleme" enthielten.
Es würden ,,häufig der polnische Standpunkt übernommen und die deutschen Rechtsgrundlagen nicht berücksichtigt".
Und schließlich: ,,Derartige Empfehlungen könnten bei uns keine Grundlage für Schulbuchgenehmigungen sein, da für die Zulassung von Schulbüchern andere rechtliche Grundlagen maßgebend" seien.
,,Schulbücher könnten bei uns nur dann genehmigt werden, wenn ihre Inhalte nicht gegen Verfassungsrecht oder sonstige Rechtsvorschriften verstoßen. . ."
Die Ziele der revanchistischen Kräfte insgesamt faßte Botschafter a. D. Felician Prill, Sprecher der Landsmannschaft Westpreußen, im Organ seines Verbandes vom 5. 2. 77 zusammen. Unter der Überschrift ,,Die Frage nach der Nation und die deutsche Schicksalsgemeinschaft" schrieb er u. a.:
,,Es ist nicht zu spät, den Menschen in der weiten Welt, besonders im Westen und speziell in den Unterzeichnerstaaten des Deutschlandsvertrages, klarzumachen, daß die Verträge an der deutschen Nation nichts geändert haben, daß unsere obersten Gerichte mit verbindlicher Wirkung für alle von uns klargestellt haben, daß wir nur ein Deutschland kennen, das geographisch aus Süddeutschland, Westdeutschland, Mitteldeutschland und Ostdeutschland besteht."
Und an anderer Stelle: ,,Es ist noch nicht zu spät, das Steuer wieder stärker in die nationale Richtung zu lenken . . . Die heranwachsende Generation wird bald erkennen, wo die Kräfte zu finden sind, die . . . unserem geschriebenen Verfassungsrecht das Leben einhauchen können, das die deutsche Schicksalsgemeinschaft zu einem

politischen Faktor mobilisiert. In diesem Zusammenhang ist es notwendig, allen versuchten oder vollendeten Geschichtsklitterungen, die unser Recht unterwühlen helfen, wie beispielsweise die ‚Schulbuchempfehlungen', in die ‚Wolfsschlucht' zu befördern."

Selten wird das Konzept reaktionärer Kräfte in der BRD, auf eine nationalistische Massenbewegung hinzuarbeiten, so deutlich erkennbar wie bei Prill.

Für die Demokraten unseres Landes gibt es genügend Anlässe, wachsam zu sein und dafür Sorge zu tragen, daß die Schulen unseres Landes dem Verfassungsgebot entsprechend die Jugend zu demokratischen Bürgern erziehen, denen Friede und Völkerverständigung höchstes Gebot ist.

Lücken in den Schulbüchern verleiten zu Fehlurteilen. Polen-Seminar von VHS und BdV. Es ging um Geschichtsbetrachtung
(Rhein-Zeitung/Neuwied, 18. 3. 1977)

Das deutsche Bildungswesen ist allzu sehr nach Westen orientiert, es bemüht sich kaum um Ostkunde, und dieser Fehler wirkt sich kulturell und politisch aus. Das war ein Hauptgedanke des von der VHS und dem Bund der Vertriebenen in Torney veranstalteten Polen-Seminars. In drei Referaten wurden die „deutsch-polnischen Beziehungen, dargestellt in den Schulbüchern beider Nationen" behandelt.

Dr. Fritz Halbauer, referierte über das Thema: „Der deutsche Ritterorden in seiner Bedeutung und im Widerstreit der Meinungen". Er zeigte die gegensätzliche Auffassung über den deutschen Ritterorden, in dem die Polen die Verkörperung des Herrenmenschen, die Deutschen einen Kulturpfleger sehen. Die Schwierigkeiten einer einheitlichen Auffassung über den Orden versuchte Dr. Halbauer anhand seiner Geschichte zu zeigen. Er schilderte dabei die gewaltsame Missionierung der Pruzzen (balt. Volksstamm an der Bernsteinküste, später Preußen) einerseits, die Hilfeleistungen für Arme und Pflegebedürftige und seine zahlreichen kulturellen Wirkungskreise andererseits. Zur gerechten Beurteilung des Ritterordens müßten daher beide Seiten herangezogen werden.

Interessante Gegensätze

Der zweite Referent, Wilhelm Fröbel, setzte sich mit den „polnischen Teilungen" auseinander. Er bemängelte, daß in allen deutschen Schulbüchern von nur drei polnischen Teilungen die Rede sei (1772, 1788/89, 1795). Außer diesen drei Teilungen gebe es jedoch noch drei weitere (1807 unter Napoleon, 1815 beim Wiener Kongreß, 1939 unter Hitler). Was in deutschen Schulbüchern stehe, sei also lückenhaft. Dadurch entstünden, wenn diese Lücken nicht ausgefüllt werden, Fehlurteile. Fröbel schilderte die Geschichte der polnischen Teilungen und wies dabei auf einige interessante Gegensätze in den Schilderungen deutscher und polnischer Schulbücher hin. So wird z. B. in keinem Schulbuch Polens erwähnt, daß Rußland bei allen Teilungen im Vergleich zu Preußen und Österreich das Drei- bis Vierfache an Neugebiet erhielt, daß in Polen mit Rücksicht auf den „großen Genossen" Sowjetunion nicht die uneingeschränkte Wahrheit gesagt werden dürfe.

Hans Günter Parplies, Bonn („Die deutsch-polnischen Schulbuchgespräche und ihre Empfehlungen zur Nachkriegsgeschichte"), berichtete über die von der UNESCO ins Leben gerufenen Schulbuchgespräche zwischen Kommissionen der Bundesrepublik und Polen. Er kritisierte die überwiegend kommunistische Geschichtsschau der polnischen Regierung. Anhand einiger Punkte aus den „Empfehlungen zur Darstellung der deutsch-polnischen Beziehungen", die von den Kommissionen ausgearbeitet wurden und die Nachkriegsgeschichte behandeln, vertrat er die Meinung, daß sich diese Art der Darstellung auch auf die Empfehlungen für deutsche Schulbücher

auswirke und daß dies zuweilen sogar verfassungswidrig sei.
Anschließend wurde über alle Themen diskutiert. Dabei übte man starke Kritik an bundesdeutschen und an polnischen Schulbüchern, die durch lückenhafte Informationen Fehlurteile bei der Jugend fördern. Für die Geschichtsbücher wurde mehr Quellenmaterial beider Seiten gefordert, um eine objektive Geschichtsbetrachtung zu erreichen. Viele Teilnehmer sprachen außerdem den Lehrern der Fächer Geschichte und Geographie die Aufgabe zu, den Stoff durch Unterrichtsgespräche zu erarbeiten, Fragen an die Geschichte zu stellen und so eine objektive Erziehung der Jugend zu fördern.

Kaum Resonanz der Schulen

Dies war nicht zuletzt der Grund für Dieter Melsbach, Leiter der VHS Neuwied, sein Bedauern darüber auszudrücken, daß unter den etwa 40 Teilnehmern des Seminars nur ein Lehrer einer Neuwieder Schule war, obwohl an alle Schulen eine Einladung mit dem Hinweis gegangen war, daß dieses Seminar für den Geschichts- und Geographieunterricht wichtig sein könne. Für die Zukunft stellte Dieter Melsbach weitere Seminare der VHS in Verbindung mit dem BDV in Aussicht.

Hupka kritisiert deutsch-polnische Schulbuch-Empfehlungen
(FAZ, 30. 3. 1977)

Die Wiedervereinigung Deutschlands und das gesamtdeutsche Bewußtsein müßten „Lernziel“ in den Schulen der Bundesrepublik bleiben. Dies forderte am Dienstag in Düsseldorf der Bundesvorsitzende der Landsmannschaft Schlesien, Hupka. Vor Journalisten griff der CDU-Bundestagsabgeordnete scharf die deutsch-polnischen Schulbuchempfehlungen „mit ihren Unwahrheiten, Beschönigungen und Auslassungen“ an. Die Landsmannschaft Schlesien trete nach wie vor dafür ein, Deutschland auch weiterhin in seinen Machtverhältnissen von 1937 zu zeigen, sagte Hupka. Entschieden wehren sich die 150 000 eingeschriebenen Mitglieder der Landsmannschaft nach Angaben Hupkas dagegen, Spätaussiedler immer als aus „Polen“ kommend darzustellen.

Vertreibung bleibt Vertreibung. Bayern ist für das Schulbuch ohne Schminke
(schule & wir, hrsg. v. Bayer. Staatsministerium für Unterricht u. Kultus, Nr. 3/4, 1977)
[*Ohne Aufmacher u. Abbildungen*]

Polen und Deutsche – Nachbarn seit 1000 Jahren; Nachbarn, die einander viel Leid zugefügt haben; Nachbarn, deren Geschichte über weite Strecken mit Blut und Eisen geschrieben wurde. Was darf, was soll darüber in den Geschichtsbüchern stehen, wenn junge Polen und junge Deutsche im Geiste der Völkerverständigung mit dieser Geschichte bekanntgemacht werden? Jeder Vernünftige wird sagen: Die Wahrheit. Aber was ist Wahrheit?
Eine deutsch-polnische Schulbuchkommission befaßte sich zwischen 1972 und 1976 unter der Schirmherrschaft der UNESCO in zahlreichen Konferenzen mit dieser Frage. Es galt, die beiderseitigen Geschichts- und Geographiebücher zu sichten, zu überprüfen, nationale Voreingenommenheit und politische Einseitigkeit auszuräumen, mehr Verständnis für das Nachbarvolk zu erreichen und Vorurteile abzubauen.
Diese Pläne sind voll zu unterstützen. Es ist nicht gleichgültig, was in Geschichtsbüchern steht. Darum ist es nur zu begrüßen, wenn sich Polen und Deutsche an einen Tisch setzen und versuchen, über ihre gemeinsame Vergangenheit ins Reine zu

kommen. Dennoch hat Bayern das in 26 Empfehlungen zusammengefaßte Ergebnis dieser Schulbuchkommission abgelehnt. Warum? Ist der Freistaat gegen eine Verbesserung der deutsch-polnischen Beziehungen? Im Gegenteil. Auch Bayern ist der Meinung, daß alles getan werden muß, was der Völkerverständigung dient. Und was könnte dienlicher sein, als das Offenlegen der geschichtlichen Tatsachen – seien es die nationalsozialistischen Greuel oder die an Deutschen begangenen Grausamkeiten nach dem Krieg.
Aber was bei den Konferenzen der Schulbuchkommission herauskam, ist leider in entscheidenden Punkten an der historischen Wahrheit vorbeigeschrieben. Das reicht von sprachlichen Verschönerungsprozeduren über Tatsachenunterdrückung bis hin zur Umpolung von staats- und völkerrechtlichen Grundsätzen.

Wortkosmetik

Da ist etwa die Empfehlung Nr. 22. Unter dem Titel ,,Bevölkerungsverschiebungen" befaßt sie sich mit der Vertreibung der Deutschen aus den Gebieten östlich von Oder und Neiße. Darin heißt es wörtlich: ,,Der größte Teil der in den Oder-Neiße-Gebieten verbliebenen deutschen Bevölkerung wurde in den Jahren 1945 bis 1947 ausgewiesen bzw. im Rahmen des interalliierten Transferabkommens zwangsumgesiedelt. . ."
Das dem historischen Vorgang angemessene Wort ,,Vertreibung" wird in diesem Text peinlich vermieden. An prominenter Stelle, nämlich in der Überschrift, spricht man verharmlosend von ,,Bevölkerungsverschiebungen".
Alle, die die grausamen Vorgänge erlebten, müssen dies als kosmetische Operation an der Wirklichkeit empfinden.
Auch die Feststellung, die Vertreibung sei ,,im Rahmen des interalliierten Transferabkommens" abgewickelt worden, ist insofern irreführend, als dieses Abkommen der Siegermächte keineswegs die grausame Art der Durchführung einschließt – bis hin zum gewaltsamen Tod ungezählter unschuldiger Deutscher.
Auch das Wort ,,zwangsumgesiedelt", das die Schulbuchkommission empfiehlt, führt in eine falsche Richtung. Westdeutsche Schüler verbinden damit nämlich rechtsstaatliche Vorstellungen. Sie denken, die damals Betroffenen hätten ein ordentliches Verfahren bekommen, hätten die Möglichkeit zur Beschwerde und zum Widerspruch bei oberen Instanzen gehabt, hätten anderswo vollwertigen Ersatz erhalten, seien mit ihrer ganzen persönlichen Habe aus dem altbesiedelten Gebiet gezogen – so wie etwa ein westdeutscher Landwirt, dessen Grund und Boden einem Flughafen, Stausee oder Autobahnbau zum Opfer fällt. Wer aber wie die Deutschen aus den Gebieten östlich von Oder und Neiße innerhalb weniger Stunden und unter Gefahr für Leib und Leben verjagt wurde und nur einen Rucksack persönlicher Habe mitnehmen durfte, der wurde nicht in diesem rechtsstaatlichen Sinne ,,zwangsumgesiedelt", sondern schlicht und wahr aus seiner angestammten Heimat vertrieben. Jede sprachliche Beschönigung dieser Vorgänge beleidigt die Opfer, führt die Nachwelt irre, verhindert, daß sie aus Fehlern lernt und schadet darum letztlich der Verständigung.
Nicht minder bedenklich als die Sprachkosmetik in punkto Vertreibung stimmen die an anderer Stelle klaffenden Lücken der Schulbuchempfehlungen. Die Kommission stand hier unter einem Gebot, das eine ernsthafte wissenschaftliche Orientierung von vornherein unmöglich machte: Die Rolle der Sowjetunion vor und nach dem Zweiten Weltkrieg durfte nicht erwähnt werden. Die Verhandlungen mußten streng ,,bilateral" verlaufen. Das bedeutet: Nur über Deutschland und Polen konnte gesprochen werden, obwohl jeder Zeitgenosse weiß, daß die Rolle der Sowjetunion im historischen Geschehen viel entscheidender war als die Rolle Polens. Das führt zu blinden Flecken im Geschichtsbild der Schulbuchempfehlungen – wie wenn man bei der Erklärung eines Gewitters zwar vom Donner, nicht aber vom vorhergehenden Blitz spricht.
Wer einem Schüler die deutsch-polnischen

Beziehungen erklären will und dabei die Sowjetunion ausklammert, läßt das Wichtigste ungesagt. War nicht der deutsch-sowjetische Pakt vom August 1939, der als Hitler-Stalin-Pakt in die Geschichte einging, die alles entscheidende Ursache für die gemeinsame Zerstückelung Polens durch die beiden Diktatoren? Und war diese ,,vierte Teilung Polens", deren östliches Beutestück die UdSSR bis heute in Händen hält, nicht der eigentliche Grund für die Vertreibung der Deutschen aus Schlesien, Pommern und Ostpreußen, d. h. den Ländern jenseits von Oder und Neiße, mit denen man Polen im Jahre 1945 für das an Rußland verlorene Gebiet entschädigte? Am Anfang der ,,Westverschiebung Polens" und damit am Anfang der Vertreibung der ostdeutschen Bevölkerung steht nun einmal der ,,Freundschaftspakt" zwischen der UdSSR und Hitler.

Die Schulbuchempfehlungen erwähnen diesen Hitler-Stalin-Pakt und seine fürchterlichen Folgen mit keinem Wort. Die bewußte Trennung von Ursache und Wirkung, das Ignorieren und Verschweigen klar gegebener Zusammenhänge ist aber wissenschaftlich unzulässig. Hier wird das vielleicht wichtigste Prinzip eines sinnvollen Geschichtsunterrichts verletzt. Wenn Schüler nicht Zusammenhänge, sondern künstlich aus der Geschichte isolierte Einzelheiten lernen sollen und wenn man ihnen die eigentlichen Ursachen zugunsten einer bloß ,,bilateralen" Schau vorenthält, dann bekommt Geschichtsunterricht Quizcharakter nach dem Muster ,,drei, drei, drei – bei Issos Keilerei". Geschichte des 20. Jahrhunderts ist stets Weltgeschichte. Wer sie als ,,bilateralen" Lückentext anbietet, vertritt keine Lehrmethode, sondern ein Verwirrspiel.

Die gleiche Problematik kehrt wieder in der Schulbuchempfehlung Nr. 21 mit dem Titel ,,territoriale Veränderungen". Auch hier vermeidet man sorgfältig jeden Hinweis auf die sowjetrussische Beteiligung an eben diesen Veränderungen während und nach dem Zweiten Weltkrieg. Immerhin gingen 170 000 qkm früher polnischen Territoriums – ein Gebiet von der zweieinhalbfachen Größe Bayerns – in russischen Besitz über. Nicht minder groß war die russische Beute im Baltikum und in Ostpreußen.

In verschwommenen Formulierungen bemüht man sich dann, die Anerkennung der Oder-Neiße-Grenze für die deutschen Schulbücher vorweg festzuschreiben, auch wenn völkerrechtlich diese Frage nach wie vor offen ist.

Die jetzt polnischer Verwaltung unterstehenden Ostgebiete sollen laut Schulbuchempfehlung nicht mehr zum deutschen Reichsgebiet zählen, obwohl oberste westdeutsche Instanzen nach gründlicher Prüfung der Rechtslage und aller Dokumente ganz anders entschieden haben. Im Urteil vom 7. 7. 1975 hat das Bundesverfassungsgericht nämlich klargestellt: ,,Das Deutsche Reich hat den Zusammenbruch 1945 überdauert und ist weder mit der Kapitulation noch durch Ausübung fremder Staatsgewalt in Deutschland durch die alliierten Okkupationsmächte noch später untergegangen." Das Bundessozialgericht hat auf dieser Rechtslage fußend mit Urteil vom 30. 9. 1976 in einem Rentenstreit entschieden, daß die Gebiete jenseits von Oder und Neiße kein Ausland im Sinne des Völkerrechts darstellen. Können ,,Empfehlungen", die sich über diese Rechtsgegebenheiten hinwegsetzen, tatsächlich für unsere Schulbücher empfohlen werden?

Höchst bedenklich ist auch die Schulbuchvereinbarung Nr. 23. Darin heißt es: ,,Auf polnischer Seite kam es (nach 1945) zur Wiederherstellung des eigenen Staates als ethnisch geschlossener Nationalstaat in neuen Grenzen. . . auf deutscher Seite zu der faktischen Auflösung des Deutschen Reiches." Jedermann weiß, daß Polen in seiner langen Geschichte niemals ein reiner Nationalstaat war. Der Anteil nichtpolnischer Nationalitäten bewegte sich meist um die 30 Prozent, die Volkszählung des Jahres 1931 ergab 68,9 Prozent Polen. Von der ,,Wiederherstellung" eines ethnisch geschlossenen Nationalstaats

nach dem Zweiten Weltkrieg kann also nur der schlecht Informierte reden.
Ein weiterer Einwand: Wenn die Schulbuchempfehlungen von einer „faktischen Auflösung" des Deutschen Reiches nach 1945 sprechen, müssen Schüler den Eindruck gewinnen, Völkerrecht ließe sich einseitig durch sogenannte „vollendete Tatsachen", sprich militärische Gewalt, herstellen. Das völkerrechtliche Fortleben des Deutschen Reiches über die Katastrophe des Jahres 1945 hinaus hat das oben zitierte Karlsruher Urteil unmißverständlich zum Ausdruck gebracht.

Zwei „Staaten"?

Es verwundert nicht, daß die Schulbuchkommission auch die Spaltung Deutschlands einseitig aus östlicher Sicht darstellt. So liest man in der Empfehlung Nr. 25: „Im Jahre 1949 konstituierten sich zwei deutsche Staaten mit unterschiedlicher Gesellschaftsordnung. . ." Diese Formulierung steht im klaren Widerspruch zum Völkerrecht, zum innerdeutschen Verfassungsrecht und zur tatsächlichen geschichtlichen Entwicklung. Keineswegs haben „sich" 1949 zwei deutsche Staaten gebildet. Allein die Bundesrepublik kann sagen, durch legitime Akte, d. h. freie Wahlen in das Völkerrechtsleben eingetreten zu sein. Von der DDR wird das niemand ernsthaft behaupten wollen. An der Tatsache, daß sie als Satellitenstaat der Sowjetunion gegen den Willen der Bevölkerung begründet wurde, führt kein Weg vorbei. Die Schulbuchempfehlungen versuchen hier also, historische Vorgänge von höchst unterschiedlicher Qualität gleichzusetzen, nämlich die Bildung eines demokratischen Staatswesens im Westen mit der aufgezwungenen Einparteien-Herrschaft im Osten.

Ursache und Wirkung verwechselt die Schulbuchempfehlung Nr. 25, wenn sie über die deutsch-polnischen Beziehungen sagt: „Das beiderseitige Verhältnis wurde . . .

Zu kurzes Gedächtnis

durch den Entschluß zum Aufbau von Streitkräften in der Bundesrepublik Deutschland im Rahmen der westeuropäisch-atlantischen Sicherheitsgemeinschaft (Nato-Beitritt 8. 5. 1955) zusätzlich erschwert." Ist unser Gedächtnis so kurz geworden? Wissen wir nicht mehr, durch wen das beiderseitige Verhältnis „erschwert" wurde, warum Westdeutschland die Bundeswehr aufbaute und in das Nordatlantik-Bündnis eintrat? Gingen diesen Ereignissen nicht die brutal kommunistischen Machtergreifungen in Polen, der Tschechoslowakei, in Ungarn, Rumänien, Bulgarien, Jugoslawien und die Berlin-Blockade voraus? War es nicht die gewaltsame Einverleibung ganz Osteuropas in den sowjetischen Machtblock, die den Nato-Beitritt für die Bundesrepublik zum Akt der Selbsterhaltung machte?

Es gibt in Bayern kein zugelassenes Schulbuch für neuere Geschichte, in dem nicht das von Deutschen anderen Völkern zugefügte Unrecht und die Verbrechen des Nationalsozialismus ungeschminkt und ausführlich dargestellt würden. Wer sich zur eigenen Schuld bekennt, der hat das Recht, die geschichtliche Wahrheit auch von anderen zu fordern. Das Zurichten der Geschichte im Interesse der Tagespolitik ist keine solide Grundlage für Völkerverständigung. Aus den Fehlern der Vergangenheit lernt nur, wer sie nicht verschweigt oder beschönigt.

Kontroverse um Schulbücher
(Die Welt, 15. 4. 1977)

Die Bundesregierung will Polen in einer Note ein Zweijahresprogramm vorschlagen, damit das im Juni vergangenen Jahres unterzeichnete deutsch-polnische Kulturabkommen in Kraft treten kann. Darin ist gegenüber Warschau in Paragraph 15 die

ausdrückliche Zusicherung enthalten, daß die Bundesregierung auf eine Berücksichtigung der deutsch-polnischen Schulbuchempfehlungen in den Lehrbüchern der Bundesrepublik „hinwirken" wird. Die Kulturhoheit liegt allerdings bei den Ländern.
Dieses Versprechen dürfte zu einer neuen innenpolitischen Kontroverse zwischen der sozial-liberalen Koalition und der CDU/CSU führen, wenn Bonn tatsächlich entsprechenden Druck ausüben sollte. Denn schon in der Ministerpräsidentenbesprechung mit Bundeskanzler Helmut Schmidt vom 4. Juni 1976 wird in einem Protokollvermerk darauf hingewiesen, daß die einzelnen Bundesländer im Hinblick auf Artikel 4 des deutsch-polnischen Kulturabkommens „frei sind, inwieweit sie die Empfehlungen der gemeinsamen Schulbuchkommission übernehmen".

Diesen Vorbehalt hat nun auch die ständige Vertragskommission der Länder gegenüber Paragraph 15 der vom Auswärtigen Amt vorbereiteten Note an Polen betont. Von der Union regierte Bundesländer gehen jedoch noch weiter. Sie lehnen die Berücksichtigung der Schulbuchempfehlungen kategorisch ab.

Ostkunde mit vielen Problemen belastet. Philologen befaßten sich mit deutsch-polnischen Schulbuchempfehlungen
(Fränkisches Volksblatt, 15. 4. 1977. Auszug)

Die unterfränkische Fachgruppe der Geschichts- und Sozialkundelehrer im Bayerischen Philologenverband hatte eingeladen, um zwei Themenkreise zu diskutieren: Die umstrittenen Empfehlungen einer deutsch-polnischen Kommission für die deutschen und polnischen Geschichtsbücher und die Entwicklung des Faches Geschichte in Bayern. Studiendirektor Heribert Kaller, der Bezirksvorsitzende der Fachgruppe, konnte zwei Experten als Referenten für das Thema der „Empfehlungen" begrüßen: Dr. A. Schickel, den durch weitverbreitete Publikationen bekannten Kritiker des Ergebnisses aus den vierjährigen, abwechselnd in Polen und in der Bundesrepublik gelaufenen Verhandlungen, und Prof. Dr. Rhode, Mainz, Vorstandsmitglied des Georg-Eckert-Instituts für Internationale Schulbuchforschung in Braunschweig und Mitglied der deutschen Delegation, die im Auftrag der deutschen UNESCO-Kommission die Verhandlungen mit den polnischen Wissenschaftlern führt.
Schickel betonte zwar, daß solche Gespräche erfreulich und notwendig seien, hielt aber einen Teil der insgesamt 26 „Empfehlungen" für mißverständlich oder wissenschaftlich nicht vertretbar und bezeichnete sie als einen schlechten Beitrag zur Ostkunde, wenn sie ohne Erklärung ihres Entstehungshintergrundes in die Schulbücher Eingang fänden. Große Teile der deutsch-polnischen Beziehungen seien ausgelassen, namentlich die Rolle der Sowjetunion und deren Einfluß auf das deutsch-polnische Verhältnis sei überhaupt nicht diskutiert, die von den Polen eingebrachte Zwei-Staaten-Theorie für das Nachkriegsdeutschland widerspreche zwei Urteilen des Bundesverfassungsgerichts, und die Verhandlungen hätten unter starken politischen Rücksichten gestanden. Daher könne man diese „Empfehlungen" als Einstieg in die deutsch-polnische Geschichte nicht brauchen.
Wer die bisherige Schärfe der Auseinandersetzungen um diese „Empfehlungen" kennt, war über die gewisse Zurückhaltung erstaunt, die sich Schickel bei seiner Kritik auferlegte. Hat doch die Bayerische Staatsregierung im Oktober des Vorjahres die Übernahme der „Empfehlungen" mit dem Vermerk abgelehnt, daß sie „nicht geeignet" seien, dem Ziel des deutsch-polnischen Kulturabkommens zu dienen, „eine umfassende Kenntnis und ein besse-

res gegenseitiges Verständnis zu fördern". Auch Professor Rhode, einer der Unterzeichner der ,,Empfehlungen", suchte jede Schärfe zu vermeiden. Er korrigierte zunächst die Vorstellungen, die deutsche Delegation sei politisch einseitig ausgewählt oder sachlich nicht hinreichend qualifiziert gewesen: Er selbst spreche fließend polnisch und habe die Übersetzung ins Polnische kontrolliert. Auch sei er, ebensowenig wie manche andere Mitglieder der Kommission, Vertreter einer bestimmten Partei, und schließlich habe er selbst als Heimatvertriebener eine Landsmannschaft gegründet. Die ,,Empfehlungen" sollten auch nicht als Text wörtlich in die Geschichtsbücher eingehen, sondern stellten eine allgemeine Ausrichtung für Schulbuchautoren dar, bislang strittige Punkte in den deutsch-polnischen Beziehungen zu behandeln. Sie erfaßten auch keineswegs die gesamte Geschichte der Beziehungen. Auch gingen die Gespräche weiter, mit den ,,Empfehlungen" sei kein Endpunkt gesetzt. Man müsse die Schwierigkeiten würdigen, unter denen die polnische Seite stehe; er sei kein Anhänger des Standpunkts ,,alles oder nichts".
Die Diskussion ergab in manchen Punkten erwartungsgemäß keine Übereinstimmung. Sicher bringt aber der Austausch achtenswerter Argumente auf längere Sicht auch wertvolle Fortschritte in der innerdeutschen Diskussion.

Vertreibung bleibt Vertreibung
(Dr. Fritz Wittmann MdB: Die Welt, 16. 4. 1977)

Besonderen Dank möchte ich Ihnen dafür sagen, daß Sie den eigentlichen Etikettenschwindel im Zusammenhang mit der Bezeichnung der Spätvertriebenen aufdekken. Der Etikettenschwindel liegt nicht – wie der stellvertretende Regierungssprecher Grünewald behauptet – darin, daß die jetzigen Spätaussiedler als Vertriebene bezeichnet werden, sonden umgekehrt. Wem die Heimat genommen wird, weil er dort nicht mehr als Deutscher leben kann und mannigfaltigem seelischen und wirtschaftlichem Druck ausgesetzt ist, wird daraus vertrieben, wenn ihm diese Zwangslage keinen anderen Ausweg läßt, als sich um die Aussiedlung in den freien Teil Deutschlands zu bemühen.
Schon bei Beginn der Vertreibungen in den Jahren 1945 und danach war in der Terminologie der in den Vertreibungsgebieten lebenden Betroffenen der Begriff ,,Aussiedlung" durchweg in Gebrauch, ohne daß jemand im freien Teil Deutschlands auf die Idee gekommen wäre, den Vorgang nicht als Vertreibung und die Betroffenen nicht als Vertriebene zu bezeichnen. Die gleiche Zwangssituation, wenn auch in anderen Formen, war damals genauso vorhanden wie heute!
Die Vertreiberstaaten kamen damals nicht auf die Idee, die Anpassung der Begriffe in unserer Vertriebenengesetzgebung ihren euphemistischen Umschreibungen des Vorgangs zu fordern, obwohl die Bundesrepublik bis zum Jahre 1955 nicht voll souverän war.

Die Forderung der polnischen Regierung und das willfährige Aufgreifen in der Bundesrepublik, Unrecht nicht mehr als solches zu qualifizieren, sind ein Teil des Versuchs, das Gefühl unserer Menschen für Recht und Unrecht zu deformieren. Dazu sollen auch die deutsch-polnischen Schulbuchempfehlungen dienen. Geschichtsbewußtsein und Rechtsgefühl unserer Kinder sollen deformiert werden. Es wäre wünschenswert, daß die Kultusminister aller Bundesländer sich diesem Versuch einer Gehirnwäsche entzögen.

Der Freistaat Bayern hat nicht nur durch seine Staatsregierung, sondern auch in der für alle Lehrer bestimmten Zeitschrift ,,Schulreport" (Heft 1/1977) klargestellt, daß diese Empfehlungen nicht der geschichtlichen Wahrheit und damit nicht der Moral dienen.

SPD kritisiert Remmers Haltung zu den deutsch-polnischen Schulbuchempfehlungen als politisches Ausweichmanöver
(Rolf Wernstedt MdL: Pressemitteilung, SPD-Fraktion im Niedersächsischen Landtag, 20. 4. 1977)
[*ohne Vorspann*]

Die Stellungnahme von Kultusminister Remmers zum Inhalt der deutsch-polnischen Schulbuchempfehlungen sind vordergründig und offenbar ohne wirkliche Kenntnis der Intentionen und Möglichkeiten der Schulbuchempfehlungen entstanden.
Die Schulbuchempfehlungen beanspruchen nicht, ein lückenloses Bild der deutsch-polnischen Beziehungen in Geschichte und Gegenwart zu liefern. Die Empfehlungen sind vielmehr Hinweise und Orientierungshilfen für Schulbuchautoren, Verlage und Gutachter auf wichtige Problemstellungen und – was das Wichtigste ist – auf möglichen Konsens.
Hier wird formuliert, auf welcher Ebene sich Deutsche und Polen begegnen können in der Interpretation ihrer Geschichte und wie ein kritischer und historisch reflektierter Neuanfang der Beziehungen möglich ist. Die Schulbuchempfehlungen können selbstverständlich nicht als verbale Versatzstücke in die Texte von Schulbüchern übernommen werden. „Berücksichtigung bei der Anerkennung von Schulbüchern" heißt für die SPD, daß man erwarten kann, daß Reflektionsstand, Problembewußtsein und Konsensmöglichkeiten bezüglich der deutsch-polnischen Geschichte sich wiederfinden müssen.
Als ausgesprochen billig müssen die Ausführungen des Kultusministers zu den Problemen der Zwangsumsiedlungen vor und nach 1945 bezeichnet werden. Die Formulierungen der Empfehlungen sprechen völlig exakt von „evakuieren – flüchten – ausweisen – zwangsumsiedeln – ausreisen". Die Formulierungen ermöglichen es jedem Gutwilligen, auch das Leid und die Not der Menschen gebührend zu berücksichtigen, die von diesen Maßnahmen betroffen worden sind. Unseren Kindern in den Schulen helfen hier garantiert nicht falsche Rücksichtsnahme auf die ewiggestrigen Verbandsfunktionäre.
Herr Remmers liegt auch schief, wenn er meint, die Schulbuchempfehlungen verlangten, daß man z. B. bei der Beschreibung der Entstehungsgeschichte des 2. Weltkrieges den Molotow-Ribbentrop-Pakt vom August 1939 nicht erwähnen dürfe. Dies ist schlicht unsinnig. Die Schulbuchempfehlungen stehen im übrigen an keiner Stelle im Widerspruch zu den Positionen des Verfassungsgerichts.

Der Antrag der SPD-Landtagsfraktion ist deswegen von der Sache her gerechtfertigt, weil die Auswahl und Anordnung von Inhalten in Geschichtsbüchern auch immer ethischen politischen Motiven unterliegt. Dies verlangt auch der Bildungsauftrag der Schule, wie er in Paragraph 2 NSchG festgelegt ist.
Die Arbeit der deutsch-polnischen Schulbuchkommission ist sinnlos, wenn Herr Dr. Remmers ihr einerseits den Willen zur Verständigung attestiert, zugleich aber sagt, man dürfe nicht verlangen, daß dies auch in den Schulbüchern deutlich werde. Die Ablehnung des SPD-Antrages kann deshalb nur als politisches Ausweichmanöver bezeichnet werden.

Münchner Kritik an deutsch-polnischen Schulbuchempfehlungen.
Die Lüge vom „Transfer".
(Rose-Marie Borngässer: Die Welt, 22. 4. 1977)

Die Kontroverse um die 1972 erarbeiteten deutsch-polnischen Schulbuchempfehlungen, die Gegenstand des am 11. Juni 1976 unterzeichneten deutsch-polnischen Kulturabkommens wurden, gehen weiter. Mit allen nur möglichen politischen Finten versucht die Bundesregierung, das umstrittene Kulturabkommen unter Dach und Fach zu bringen. In Baden-Württemberg und Bayern jedoch werden die Ergebnisse der deutsch-polnischen Schulbuchkonferenz nach wie vor kategorisch abgelehnt. Und inzwischen mehren sich auch bei anderen deutschen Teilnehmern der Schulbuchkommission die Stimmen, die Zweifel an der historiographischen Qualität dieses Textes hegen.

Wie das bayerische Kultusministerium jetzt erklärte, sei diese historiographische Qualität im höchsten Maße bedenklich und zwinge zu der Annahme, daß die deutschen Verhandlungspartner zu sehr auf die politische Situation der anderen Seite Rücksicht genommen haben. Als Beispiele von „Geschichtsverdrehung" werden u. a. folgende Tatsachen genannt: Die Einwirkung der Sowjetunion auf das deutsch-polnische Verhältnis zwischen 1939 und 1945 wird glatt verschwiegen. Die Austreibung der deutschen Bevölkerung aus den Ostprovinzen, die unter furchtbaren Begleitumständen erfolgte, wird in den Empfehlungen zum „Transfer" und zum Bemühen, „staatliche und ethnische Grenzen nach Möglichkeit in Übereinstimmung zu bringen", verharmlost.

Außerdem behaupten die Empfehlungen, daß die staatliche Hoheitsgewalt über die Gebiete östlich von Oder und Neiße schon vor Beginn der Potsdamer Konferenz den polnischen Behörden de facto übertragen worden sei. Sie verschweigen, wer diese Übertragung vorgenommen hat, und sie verschweigen auch, daß die endgültige Grenzziehung zwischen Deutschland und Polen künftigen Friedensverträgen vorbehalten bliebe. Die Empfehlungen erwecken schließlich den Eindruck, als ob die Bundesrepublik und der Westen an den Spannungen und Konflikten im Nachkriegseuropa die Schuld trügen.

Anhand dieser Sachlage spricht das bayerische Kultusministerium die Vermutung aus, daß die Empfehlungen im Widerspruch zum Völkerrecht und dem innerdeutschen Verfassungsrecht stehen. Bedenklich, so heißt es weiter, sei auch das bei den Empfehlungen praktizierte Verfahren. Denn die Vertreter eines Landes, in dem die Freiheit der Rede und der Forschung eine Selbstverständlichkeit ist, konferierten mit Partnern, denen bei der monistischen Struktur ihres Landes gar keine andere Wahl blieb, als die offizielle Geschichtsauffassung ihres Staates durchzusetzen.

„Das Verschweigen historischer Tatsachen und die einseitige, zielgerichtete Interpretation von Fakten machen deutlich, daß bei der Erarbeitung der Empfehlungen der Geschichtsunterricht primär als Funktion der Tagespolitik verstanden wurde", stellen die Münchner fest. „Der Geschichtsunterricht an den Schulen darf jedoch nicht von politischen Intentionen abhängig sein, sondern ist das Ergebnis der historischen Forschung. Geschichte ist als Geschichte zu akzeptieren und en bloc anzunehmen." Man wolle auf dem Weg zur Versöhnung weitergehen. Aber die deutsch-polnischen Schulbuchempfehlungen seien ein Schritt in die falsche Richtung.

Schulbuchempfehlungen „unscharf und lückenhaft"
(Frankfurter Rundschau, 22. 4. 1977)

Die deutsch-polnischen Schulbuchempfehlungen können nicht zu Kriterien für die Genehmigung von Lehrbüchern für bundesdeutschen Schulen erhoben werden. Bei der Zulassung von Schulbüchern sind vielmehr „allein Grundsätze und Grenzen unserer freiheitlichen Staats- und Rechtsordnung, Bildungsauftrag der Schule und sachliche Richtigkeit maßgebend". Das erklärte der niedersächsische Kultusminister, Werner Remmers (CDU), in Beantwortung einer Anfrage der polnischen Botschaft in Köln. Der Minister erläutert in seiner Antwort der polnischen Regierung den „Freiheitsraum", den in der Bundesrepublik Deutschland Verleger und Schulbuchautoren haben. „Es wäre ein erheblicher Präzedenzfall, wollte man für einzelne Schulfächer, in diesem Fall sogar für einzelne Stoffgebiete wie Nachkriegsgeschichte, zusätzliche Festlegungen vornehmen. Dies könnte sogar als eine unzulässige Einschränkung der Lehr- und Meinungsfreiheit angesehen werden".

Wenn die deutsch-polnischen Schulbuchempfehlungen regierungsamtliche Zulassungskriterien würden, müßte mit der bisherigen Genehmigungspraxis total gebrochen werden, heißt es in dem Brief. Die deutsch-polnischen Schulbuchempfehlungen seien teilweise „unscharf, vieldeutig und lückenhaft", schrieb Remmers. Dazu gehören Darstellungen des Verhältnisses der innerdeutschen Situation und die Weglassung des sowjetischen Einflusses wie des Hitler-Stalin-Paktes auf das deutsch-polnische Verhältnis. Im übrigen fordere der Bildungsauftrag in den Schulen „die Beachtung des Gedankens der Völkerverständigung und der Förderung der Friedensidee und der Toleranz."

Gegen jede Geschichtsklitterung. Erfreuliche Haltung in Rheinland-Pfalz
(Deutscher Anzeiger, 29. 4. 1977)

Rheinland-Pfalz, von der CDU regiert, will die deutsch-polnischen Schulbuchempfehlungen nicht befolgen. Das stellt die neue Kultusministerin dieses Bundeslandes, Dr. Hanna-Renate Laurien, in einem Schreiben an die Landsmannschaft Westpreußen fest. Darin heißt es u. a.:
„Die Landesregierung begrüßt grundsätzlich des Bestreben der deutsch-polnischen Schulbuchkonferenzen, Vorschläge für die Revision deutscher und polnischer Geschichtsbücher zu unterbreiten. Sie lehnt aber jede Geschichtsklitterung oder -verfälschung ab und wendet sich auch gegen das Verschweigen wichtiger Sachverhalte, da sie davon ausgeht, daß einseitige und verzerrende Darstellungen der Geschichte bereits den Keim neuer Streitigkeiten in sich tragen und nicht die Grundlage einer dauerhaften Versöhnung zwischen beiden Völkern sein können.
Die Empfehlungen der deutsch-polnischen Schulbuchkommission spielen in Rheinland-Pfalz bei der Genehmigung von Schulbüchern unmittelbar keine Rolle, da der Maßstab für Schulbuchgenehmigungen die Lehrpläne sind, die ihrerseits wiederum rechts- und verfassungskonform sein müssen. Dies bedeutet, Schulbücher können nur dann genehmigt werden, wenn ihr Inhalt nicht gegen Verfassungsrecht oder sonstige Rechtsvorschriften verstößt und wenn sie den Anforderungen und Entwicklungen der Lehrpläne inhaltlich, didaktisch und methodisch entsprechen.

Selbstverständlich entspricht es unseren Richtlinien nicht, historische Sachverhalte durch schiefe Bezeichnungen zu verfälschen. So wird z. B. der Begriff ‚Transfer' ganz sicher nicht an Stelle von ‚Vertreibung' oder ‚Zwangsumsiedlung' in unseren Richtlinien verwendet werden oder in Schulbüchern enthalten sein, die von uns genehmigt wurden."

Historische Wahrheit – Keine Propaganda!
(Hans-Michael Fiedler: Editorial, Deutscher Studenten Anzeiger, April 1977)
[*ohne Anrede u. Schlußformel*]

Im vorigen STUDENTEN-ANZEIGER haben wir die Geschichte verfälschenden polnischen Absichten untersucht, über westdeutsche Geschichtsbücher im rotpolnischen Sinne die mörderische Vertreibung zu einem „Transfer von Bevölkerungsteilen" zu machen. Inzwischen zeigt es sich, daß die polnische Seite doch zu weit gegangen ist, selbst wenn man den Sanftmut westdeutscher Politiker den Frechheiten der roten Minderheitsregimes in Ostmitteleuropa gegenüber bedenkt.

Niedersachsens Kultusminister Remmers hat nun endlich die Haltung seines Bundeslandes in Sachen Schulbuchmanipulation klargestellt. In einem Brief an die polnische Botschaft betonte er, die deutsch-polnischen Schulbuchempfehlungen seien „an einigen Stellen unscharf, vieldeutig oder lückenhaft".

Das ist zwar recht zart formuliert, aber schon besser als das, was „Nordlicht" Albrecht anläßlich seiner Polenreise im letzten Jahr zum Schlechten gab.

Auch die bayerische Staatsregierung hat bereits vor einiger Zeit beschlossen, die „Empfehlungen" nicht zu befolgen, da sie in Widerspruch zu den Entscheidungen des Bundesverfassungsgerichts hinsichtlich der Rechtslage Deutschlands stünden. „Außerdem", so hieß es, „sind sie zu wenig ausgewogen und gehen zu sehr auf die Wünschen und Vorstellungen der kommunistischen Seite ein".

Die polnischen Kommunisten sahen inzwischen, daß sie sich verschätzt hatten. Sie reagierten mit der Aufmöbelung antideutscher Haßgefühle durch organisierte Großkundgebungen – und bewiesen damit, daß schrankenloser chauvinistischer Eigennutz ihrer Art von „Verhandlungen" zur „Normalisierung" mit den Deutschen zugrunde liegt, nicht etwa die Absicht, zu einer Versöhnung von Volk zu Volk, zu gelangen. Diese ist nur denkbar, wenn beide Seiten historische Verfehlungen, aber auch eine jahrhundertelange schöpferische Zusammenarbeit anerkennen. Hier zeigt sich aber, in welch erschreckendem Maße westdeutsche Politiker die kommunistischen Diktatoren mit den von diesen unterdrückten Völkern verwechselten: oder, anders gesagt, wie illusorisch es ist, mit Kommunisten Abkommen zu schließen und zu glauben, sie würden eingehalten.

Auch der Gräfin Dönhoff von der „Zeit" dämmerte inzwischen, daß „die Polen" es ihren Freunden nicht leicht machten („Zeit", 18. 3.). Unsere linken Intellektuellen aber, die seit Jahrzehnten jeden Ansatz einer deutschen Orientierung der Bonner Politik verfehmten und verächtlich machten, haben es den marxistischen Diktatoren leicht gemacht: sie haben in emsiger Arbeit dem Gegner den Boden bereitet! Die eingangs zitierten Schulbuchempfehlungen mit dem Ziel einer kommunistischen Geschichtsverbiegung waren nur ein Teil dieser Unterwanderung.

Man glaube auch nicht, daß diese Ablehnungen der „Empfehlungen" durch Bayern und Niedersachsen die Gefahr gebannt oder gar beseitigt hätten – mit der Kommunisten eigenen Beharrlichkeit werden die deutsch-polnischen Schulbuchmanipulatoren unweigerlich ihr mieses Spiel weiterbetreiben. Dasselbe Bundesland Niedersachsen, in dem der Kultusminister zaghaft abrückte von den Empfehlungen, finanziert das Braunschweiger „Georg-Eckert-Institut", das die internationalen Schulbuchkonferenzen „betreut". Es ist genannt nach jenem Prof. Eckert, der diese Einrichtungen überhaupt erst ins Leben gerufen hatte und den Polen die Einfallspforte für ihre antideutsche Geschichtsbetrachtungen freischaufelte.

Halbherzigkeit und Feigheit der Verantwortlichen westdeutscher Bildungspolitik werden schon dafür sorgen, daß die Geschichtsbücher den Schulkindern kein wahrheitsgetreues Bild deutscher Leistungen und deutschen Kulturschaffens im ostmitteleuropäischem Raum vermitteln.

Wer Auschwitz sagt, müßte auch Bromberg und Katyn sagen – dann würde das einseitige Zerrbild deutscher Verbrechen im historisch korrekten Sinne relativiert. Das aber ist nicht erstrebt von Umerziehern, nach deren Auffassung die Widerlegung der deutschen Kriegsschuld der Nachkriegspolitik der Grundlagen entzögen.

Es liegt auch an uns und unserer Aufklärungsarbeit, der deutschen Jugend das berechtigte Selbstvertrauen zurückzugeben, das erst wirkliche Völkerverständigung auf der Basis gegenseitiger Achtung ermöglicht.
Sich darüber Gedanken zu machen, bittet

[Unterschrift]

Das Schulbuch im Blickpunkt der Schulpolitik
(Rede des schleswig-holsteinischen Kultusministers Prof. Dr. Walter Braun: Mitgliederversammlung des Verbandes der Schulbuchverlage, Timmendorfer Strand, 6. 5. 1977)
[nur Auszug, Pressemanuskript, S. 21 f]

Grundsätzlich begrüße ich den Versuch, sich über problematische, wechselseitige historische und geographische Darstellungen in Schulbüchern mit anderen Ländern zu verständigen.
Das bedeutet doch keineswegs, daß ich den Empfehlungen der deutsch-polnischen Schulbuchkonferenz insgesamt zustimme oder sie für Schleswig-Holstein für verbindlich erkläre. Vielmehr bin ich der Meinung, daß die Empfehlungen in der jetzt vorliegenden Form keine geeignete Grundlage für Schulbuchkonzeptionen oder gar Richtlinien für Schulbuchzulassungen sein können. Denn historische Sachverhalte werden unzureichend oder sogar entstellt zu Lasten der deutschen Seite wiedergegeben, und deutsche Rechtsgrundlagen werden nicht angemessen berücksichtigt.
Die Länder haben der staatsvertraglichen Regelung mit Polen zugestimmt, darauf ,,hinzuwirken", die Empfehlungen ,,zu berücksichtigen", was aber nur heißen kann, daß der Prozeß der Abklärung über vergangenes Geschehen weitergehen muß.

Albrecht fordert bessere Kenntnis
(Berliner Morgenpost, 29. 5. 1977)

Für eine Vertiefung der Geschichtskenntnisse der Jugend setzte sich der niedersächsische Ministerpräsident Albrecht (CDU) bei der Eröffnung des Schlesiertreffens in Essen ein. Im Geschichtsunterricht müsse auch die ostdeutsche Geschichte berücksichtigt werden. Die ,,Empfehlung" der deutsch-polnischen Schulbuch-Konferenz könne Niedersachsen ,,so nicht übernehmen".

Albrecht kritisierte: ,,Die bittersten Kapitel der deutsch-polnischen Geschichte sind nicht behandelt worden".

Das Jahrhundert der Massenaustreibungen. Polnische Schulbuchenpfehlungen gegen deutsche Interessen
(Dr. Otfried Michl: Deutscher Anzeiger, 1. 6. 1977)

Jedes Jahrhundert der Geschichte der Menschheit hat seine Eigenheiten; um einige Beispiele zu nennen: die Kreuzzüge, die Hexenverbrennungen, den Kolonialismus, die Aufklärung, erst politische, dann soziale Revolutionen usw.
Das zwanzigste Jahrhundert aber wird als das Jahrhundert der Massenaustreibungen ganzer Völker, Volksgruppen, Stämme, Sippen usw. aus ihrer angestammten Heimat in die Geschichte eingehen und damit diejenigen, die Menschen vertrieben haben, als Vertreiber und diejenigen, die vertrieben wurden, als die Heimatvertriebenen registrieren, gleichgültig, in welchem Erdteil oder Lande das Ereignis geschah und wer die Tat beging oder ihr zum Opfer fiel.

Die Tatbestände wurden längst behördlich registriert, geschichtlich erfaßt, statistisch mit den modernsten Methoden verarbeitet und in den Archiven festgehalten. Natürlich sind das keine Ruhmesblätter in der Geschichte der Völker, ob es sich nun um Großmächte oder kleine Staaten handelt, ob sich nur eine kleine Schicht der Bevölkerung an dieser Unmenschlichkeit beteiligte oder ob ein Volk in seiner Mehrheit daran aktiv teilnahm, wie dies z. B. bei den Polen und den Tschechen im besonderen der Fall war. Von Tschechen wurden 3 1/2 Millionen Sudetendeutsche aus ihrer Heimat, in der sie über Jahrhunderte und Generationen hindurch gelebt und gearbeitet hatten, nach allen Himmelsrichtungen vertrieben, wobei allein ca. 275 000 ihr Leben im Zuge der Vertreibungsmaßnahmen lassen mußten. Geschichtliche Tatsachen, an die die Verursacher nicht erinnert werden wollen. Eine billige Amnestie deckte die Schuldigen, von denen keiner bestraft oder sonstwie zur Verantwortung gezogen wurde.

Nun wollen sie es nicht gewesen sein

Anfangs rühmte man sich noch seiner Heldentaten an Wehrlosen. Dann kam die Zeit, seit der niemand mehr davon etwas wissen wollte, als die Grenzen geöffnet wurden und deutsche Devisen, nämlich harte Deutsche Mark winkten. Auch als zu erkennen war, daß der große slawische Bruder, der Russe, zwar die Schandtaten der Vergangenheit deckte, aber selbst damit nichts zu tun haben wollte und die Überlastung auf seine Soldaten ablehnte, wurde die Verdrängung der Vertreibungsverbrechen zur vordringlichsten Gepflogenheit der kleinen Völker: Keiner wollte mehr damit etwas zu tun gehabt haben. Hinter vorgehaltener Hand wurden die schlimmsten Täter den deutschen Besuchern genannt, die längst von sich aus unter dieses Kapitel menschlichen Versagens einen Schlußstrich gezogen, nämlich mit der Charta der Heimatvertriebenen ,,Verzicht auf Rache und Vergeltung" zugesichert hatten.

Warschaus ,,Wünsche"

Das schlechte Gewissen führt nun aber trotzdem zu den verwunderlichsten Ergebnissen. Das beweisen z. B. die sogenannten Schulbuchempfehlungen der gemischten deutsch-polnischen Schulbuchkommission, und zwar 26 an der Zahl, die nunmehr nach dem Wunsche Warschaus in die einschlägigen Lehrbücher für Geschichte und Geographie in der Bundesrepublik zur Reinigung von ,,nationalen Voreingenommenheiten" und von sachlichen ,,Fehldarstellungen" übernommen werden sollen. Die Massenmedien drängen gedankenlos auf Übernahme, ebenso Bundeskanzler mit Bundesregierung und Polens kommunistischer Parteichef Gierek, der dem Kulturföderalismus in der Bundesrepublik verständnislos und mißtrauisch gegenübersteht.

Für die Übernahme der 26 Empfehlungen, die nun seit geraumer Zeit auf dem Tisch liegen und allzu offensichtlich den offiziösen Stempel der kommunistischen polnischen Verhandlungspartner tragen, aber eine freie, von Partei- und Staatsräson unbeeinflußte wissenschaftlich-pädagogische Diskussion vermissen lassen, ist einzig und allein das jeweilige Landeskultusministerium zuständig, welches entscheidet, die Lehrpläne und Lehrinhalte der Schulen festlegt, d. h. die hierzu nötigen Unterrichtsgrundlagen prüft und auswählt. Deutsche Kultusminister und Kultussenatoren hätten Gründe genug, den polnischen Wünschen nicht zu entsprechen!

Bedenkliche Formulierungen

In verschiedenen Bundesländern wurde von Fachleuten und Betroffenen der Ablauf der insgesamt neun Konferenzen verfolgt, die zwischen deutschen und polnischen Politikwissenschaftlern und Didaktikern, Historikern, Geographen und anderen Interessierten seit 1972 abwechselnd in der Bundesrepublik und in der Volksrepublik stattfanden und sich mit nationalen und geschichtlichen Tabus beschäftigten. Es ging z. B. um eine einheitliche Bewertung der deutschen Ostsiedlung, die Bedeutung des deutschen Stadtrechts, die Rolle des Deutschen Ordens, usw., wobei 21 Empfehlungen Aussagen über mittelalterliche, neue und neuere Geschichte ent-

halten, der Rest Empfehlungen zur Zeit- und Nachkriegsgeschichte bringt, die mehr als bedenkliche Formulierungen zu Ereignissen im und nach dem Zweiten Weltkrieg beinhalten.
Eine ,,wissenschaftliche" Kommission hat hier den allzu durchsichtigen Versuch gemacht, das grausame Verbrechen der Massenaustreibung von Millionen Deutschen aus ihrer Heimat bewußt herunterzuspielen und zu kaschieren, wenn nicht total zu verfälschen, so daß es einfach für einen Heimatvertriebenen unerträglich wird, wie hier heute bereits in der Geschichte radiert und die Nachwelt unter Mitwirkung der Betroffenen getäuscht werden soll.

Wenn schon auf Rache und Vergeltung verzichtet wird, dann kann aber nie der Vorgang des Grauens derart verniedlicht werden, daß spätere Generationen wiederum nichts aus der Geschichte lernen und gegebenenfalls die Massenaustreibung als ein zulässiges Mittel der Politik zur Lösung völkerrechtlicher und geographischer Fragen ansehen, wie man später beim Studium der Geschichte unseres Jahrhunderts aus unseren Schulbüchern glauben könnte. Überall auf der Welt gibt es Völker und Volksgruppen, die sich in ähnlichen Situationen befinden und das Selbstbestimmungsrecht als höchsten Grundsatz im Völkerrecht verlangen!
Nach der Empfehlung Nr. 22 sollen ,,in Polen" in den ehemaligen Reichsgebieten östlich von Oder und Neiße 1939 ca. 8,5 Millionen Deutsche gelebt haben. Etwa die Hälfte davon sei noch vor Kriegsende evakuiert worden oder unter großen Verlusten in die westlichen Gebiete geflüchtet. Der größte Teil sei dann 1945 bis 1947 ausgewiesen und im Rahmen des interalliierten Transferabkommens zwangsübersiedelt worden. Der Rest folgte im Zuge der Familienzusammenführung 1956/57, alles geordnet, niedlich, menschlich – ohne Leichengeruch – und zur Beruhigung letzter Gewissensregungen: ,,In den vier Besatzungszonen Deutschlands wurden die Flüchtlinge und Zwangsumgesiedelten schon nach kurzer Zeit in die Gesellschaft integriert."

Nur einseitige Verbrechensverfolgung

Das hieße also, daß Flüchtlinge in aller Welt, die in höchster Not und Lebensangst ihre Heimat verlassen müssen, um ihr nacktes Leben zu retten, sich also einer akuten Gefahr entziehen, nie mehr in ihre Heimat zurückkehren dürfen, auch wenn sich nachher die Verhältnisse dort völlig geändert und konsolidiert hätten.
Das deutsche Teilvolk in der Bundesrepublik hat fast 35 Jahre lang Kriegsverbrecherprozesse bis zur Selbstaufgabe durchgeführt, und die tatsächlichen oder vermeintlichen Schuldigen hart bestraft, was weder in Polen, der Tschechoslowakei, in Jugoslawien und anderswo im Osten oder im Westen geschehen ist.
Die Empfehlungen der gemischten deutsch-polnischen Schulbuchkommission sind nun bei näherer Überprüfung in Wahrheit mit untragbaren Fehlern behaftet und haben bei einer kritisch-wissenschaftlichen Nachprüfung unter Berücksichtigung deutscher Interessen keinen Bestand.
Nach Sichtung aller 26 Empfehlungen und des Anhanges zur Geographie wurden von den verschiedensten Seiten Vorbehalte angemeldet, die beweisen, daß die sogenannten deutsch-polnischen Schulbuchempfehlungen im Widerspruch zum Völkerrecht und zum bundesdeutschen Verfassungsrecht stehen, also schon aus rein rechtlichen, darüber hinaus aber auch aus menschlichen Gründen nicht übernommen werden können!

Vertriebene kritisieren ,,Geschichtsklitterung". Union verlangt Absage an UNESCO-Schulbücher
(Westfälischer Anzeiger, 2. 6. 1977)
[*gekürzt um sachfremden letzten Absatz*]

In den Lehrplänen für die allgemein-bildenden und berufsbildenden Schulen die Weckung und Pflege des gesamtdeutschen Bewußtseins als pädagogische Aufgabe zu

verankern und dementsprechend dem Unterricht in Deutsch und Geschichte seine traditionelle Bedeutung zurückzugeben, fordert die Union der Vertriebenen, Flüchtlinge und Spätaussiedler in der Hammer CDU.
In einer Resolution an den Landtagsabgeordneten Heinz Siekmann wird auch verlangt, daß auch der Ostkunde als Unterrichtsprinzip die notwendige Beachtung in den Lehrplänen und im Unterricht eingeräumt werden müsse. Darüber hinaus müsse der ,,Geschichtsklitterung" in den sogenannten ,,Schulbuchempfehlungen" der deutsch-polnischen UNESCO-Schulbuchkommission eine klare Absage erteilt werden, wie das in den von CDU- und CSU regierten Ländern bereits geschehen sei.
Wie es in der Entschließung weiter heißt, könne dem Ziel der deutsch-polnischen Verständigung durch Verwendung von Lehrbüchern, in denen die Licht- und Schattenseiten der gemeinsamen deutsch-polnischen Geschichte ohne ideologische und nationalistische Verzerrung wahrheitsgetreu dargestellt werde, besser gedient werden.

Kritik an Schulbuchkonferenz. ,,Handlangerdienste für Geschichtsfälscher"
(Schwarzwälder Bote, 7. 6. 1977)

Heftige Kritik an der deutsch-polnischen Schulbuch-Konferenz hat der Landesbeauftragte für Vertriebene im Baden-Württembergischen Innenministerium, Ministerialdirigent Haun, geübt. Bei der Eröffnung der 16. Ostdeutschen Kulturwoche in Ravensburg sprach Haun von ,,Handlangerdiensten für Geschichtsfälscher", die diejenigen leisteten, die die Sprache der Osteuropäischen Machthaber übernehmen. Haun setzte sich dafür ein, daß auch im künftigen Europaparlament die Belange der unterdrückten Menschen im Osten vertreten werden müßten. Die Ostdeutsche Kulturwoche in Ravensburg wird von allen Landsmannschaften des Kreises Ravensburg gemeinsam organisiert. Im Mittelpunkt steht traditionsgemäß eine Ausstellung im Alten Theater, die heuer unter den Leitgedanken ,,Unvergessene Heimat – Geschichte und Auftrag" gestellt ist. Außerdem werden im Lauf der Woche verschiedene Vorträge gehalten, unter anderem zum Thema ,,Die Staufer und der deutsche Osten".

Empfehlungen nicht verbindlich
(Badische Zeitung, 11./12. 6. 1977)

Die Empfehlungen der deutsch-polnischen Schulbuch-Kommission werden für baden-württembergische Geschichts- und Geographie-Lehrbücher nach den Worten des Staatssekretärs im Kultusministerium, Gerd Weng, ,,als nicht verbindlich" angesehen. Wie das Kultusministerium am Freitag weiter mitteilte, hat der kulturpolitische Landtagsausschuß einen Antrag mehrerer SPD-Abgeordneter abgelehnt, Schulbücher nur unter Berücksichtigung der Kommissionsempfehlungen anzuerkennen. Auch andere Bundesländer teilten diese Haltung. Weng begründete die Ablehnung mit dem Hinweis, der zeitgeschichtliche Teil der Empfehlungen dieser ,,sogenannten" Kommission sei politisch einseitig, da die Vertreibung der deutschen Bevölkerung als ,,transfer" dargestellt sei.

Geschichte in den Schulbüchern
(Erich Heimeshoff: Der Heimkehrer, 15. 6. 1977)
[*gekürzt um Ausführungen zur sowjetischen Historiographie, 35 Zeilen*]

Geschichtsschreibung sollte die objektive Darstellung der Vergangenheit sein. Dieser Anforderung werden aber selbst wissenschaftliche Publikationen nicht immer gerecht. In den Schulbüchern war es zu allen Zeiten und in jedem politischem Regime um die Objektivität der Geschichtsdarstellung selten gut bestellt. Sie war getrübt durch die glorifizierte Selbstdarstellung der Fürstenhäuser, durch Ideologien und nationalistische Ressentiments, durch Feindbilder, die sich aus der politischen Situation der Gegenwart ergaben. Die geschichtsnihilistische Erziehung unserer Schüler heute in der Bundesrepublik ist nicht einmal zu solcher politisch motivierten Parteilichkeit fähig. Sie verhöhnt das Geschichtswissen als Gerümpel der Vergangenheit, sie vermittelt solches Wissen nicht und will durch kontroverse Dialektik die heute so hoch geschätzte Kritikfähigkeit des künftigen mündigen Bürgers erreichen. Sie macht jedoch die Bürger nicht mündig, sondern nur hilflos.

Seit den zwanziger Jahren dieses Jahrhunderts laufen Bestrebungen, den Geschichtsunterricht zu versachlichen. Wiederholt haben internationale Historikerkongresse vor dem Krieg sich bemüht, Vorurteile und Geschichtslegenden abzubauen. 1951 nahm auf Veranlassung der UNESCO das Internationale Schulbuchinstitut diese Arbeit wieder auf und in vielen Konferenzen, an denen deutsche und ausländische Historiker teilnahmen, wurden Schulbuchempfehlungen erarbeitet, die vor allem im Verhältnis zu Frankreich, Italien und Belgien im Geschichtsunterricht Berücksichtigung gefunden haben.

Von 1972 bis zum vergangenen Jahr haben deutsch-polnische Schulbuchkonferenzen zahlreiche Empfehlungen für den Unterricht über bestimmte geschichtliche Epochen und geographische Eigenheiten der beiden Völker erarbeitet. Es war sicherlich verdienstvoll und für die Verständigung zwischen Deutschland und Polen notwendig, ein solches Wagnis trotz der vielen geschichtlichen und nationalen Tabus zu unternehmen. Das Ergebnis ist jedoch zu Recht auf Kritik gestoßen. Eine gedeihliche Zukunft läßt sich nur aufbauen auf der vollen Wahrheit über das, was war, wie schmerzhaft, peinlich und schamvoll es auch gewesen sein mag. Wir müssen unsere Vergangenheit alle bewältigen und dürfen die Wahrheit nicht aus politischen Gründen manipulieren. Zur leidvollen deutsch-polnischen Geschichte, die auch jahrhundertealte Gemeinsamkeiten aufweist, gehören nicht nur Treblinka, Auschwitz, das Warschauer Getto und der Warschauer Aufstand, sondern auch Annaberg, Bromberg, Jalta und Potsdam, nicht nur die von Deutschen leider begangenen schweren Verbrechen, sondern auch die unmenschliche Vertreibung von 10 1/2 Millionen Deutschen aus ihrer jahrhundertealten Heimat, die man nicht, wie die Schulbuchempfehlungen es tun, als „Zwangsumsiedlung" und „Transfer" verharmlosen darf. Zur deutsch-polnischen Geschichte gehört nicht nur der Überfall auf Polen durch Hitler, sondern auch der Hitler-Stalin-Pakt. Die Empfehlungen übernehmen an vielen Stellen kommunistische Auffassungen und Sprachregelungen und stehen nicht immer im Einklang mit den vom Bundesverfassungsgericht festgelegten Rechtspositionen Deutschlands und der deutschen Ostgebiete. Es mag schwierig gewesen sein, hier Einigungen zu erzielen, aber besser als verbale Kompromisse, die mit der historischen Wahrheit und dem Recht nicht zu vereinbaren sind, wäre es gewesen, wie bei der Wertung des Deutschen Ordens die beiderseitigen unterschiedlichen Standpunkte wiederzugeben. Die deutschen Länder werden sorgfältig zu prüfen haben, was sie von diesen Empfehlungen übernehmen können, und was nicht.

Deutsch-polnische Arbeit anerkennen
(Kieler Nachrichten, 21. 6. 1977)

Acht deutsch-polnische Gesellschaften aus dem norddeutschen Raum haben in einer in Hamburg veröffentlichten Erklärung dazu aufgerufen, die gemeinsamen Empfehlungen der deutsch-polnischen Schulbuchkommission anzuerkennen. Eine besondere Beachtung gebühre dieser

Arbeit, heißt es in der Erklärung, weil damit zwischen der Bundesrepublik Deutschland und der Volksrepublik Polen gemeinsame Empfehlungen zur Darstellung der beide Staaten betreffenden geschichtlichen Ereignisse erarbeitet wurden, die zum Ziel haben, erstmalig die über zwei Jahrhunderte währenden Konflikte zwischen beiden Staaten zu beenden. Die Arbeit der Kommission sei nach Ansicht der Gesellschaften ,,sehr häufig einseitig, unsachlich und pauschal kritisiert worden". Dabei sei außer acht gelassen worden, daß die Empfehlungen Kompromisse zwischen verschiedenen Standpunkten darstellen. Diese Kompromisse seien nach Ansicht der Gesellschaften jedoch tragfähig.

Widerstandsbewegungen und ihre Problematik. Zum deutsch-polnischen Historiker-Treffen in Łańcut
(Gotthold Rhode: Kulturpolitische Korrespondenz, 30. 6. 1977)

Lassen sich der Widerstand deutscher Militärs und deutscher Politiker aus dem sozialdemokratischen und bürgerlichen Lager gegen Hitler und der Kampf der polnischen Nation gegen die Gewaltpolitik des Nationalsozialismus auf polnischem Boden miteinander vergleichen? Ist es der Erkenntnis dienlich, wenn man das eine wie das andere ,,Widerstand" nennt und so die tiefgreifenden Unterschiede verwischt? Hatten die Männer des 20. Juli Verbindung zur polnischen Untergrundarmee und wie stellten sie sich eine gemeinsame deutsch-polnische Zukunft vor? Was wußten die führenden Köpfe im polnischen Untergrund vom innerdeutschen Widerstand und wie sahen ihre Pläne für die Zukunft aus? Was erfahren die Schüler aus ihren Schulbüchern über diese Probleme im eigenen und im jeweils anderen Land? Das ist nur ein Teil der Fragen, mit denen sich 36 deutsche und polnische Historiker und Politikwissenschaftler in sehr intensiven Diskussionen vom 2. bis 4. Juni im Schloß Łańcut (Wojewodschaft Rzeszów) beschäftigten. Es war nach der dem Deutschen Orden gewidmeten deutsch-polnischen Fachkonferenz in Thorn im September 1974 die zweite einem Spezialthema gewidmete Fachkonferenz im Rahmen der deutsch-polnischen Schulbuchgespräche. Zugleich kennzeichnete sie den Beginn eines neuen Arbeitsabschnitts dieser Gespräche.

Nach der Vereinbarung und endgültigen Redaktion der Schulbuchempfehlungen, deren zweisprachige Veröffentlichung durch das Braunschweiger Schulbuch-Institut demnächst erfolgt, sollen alljährlich abwechselnd in beiden Ländern stattfindende Fachkonferenzen zur weiteren Klärung kontroverser Probleme beitragen und Schulbuchautoren sowie Lehrern durch den Abdruck der Referate und Diskussionsbeiträge Gelegenheit geben, ihr Wissen zu vertiefen. Daß hier noch sehr vieles geleistet werden muß, ist nicht nur allen denen klar, die sich mit Geschichte und Gegenwart der deutsch-polnischen Beziehungen auf beiden Seiten beschäftigen, diese Vertiefung ist auch in mehreren der viel diskutierten Empfehlungen ausdrücklich vorgesehen.

Die Wahl des ersten Themas zeugt von dem Bestreben, schwierigen Problemen einer Zeit, die alle Beteiligten noch bewußt miterlebt haben, nicht vorsichtig auszuweichen. Der Abstand von mehr als drei Jahrzehnten zu den Ereignissen, die große Fülle der Quellenveröffentlichungen und Literatur, die sich im polnischen Bereich von einem einzelnen Forscher gar nicht mehr überblicken läßt, erleichtern einerseits die sachlich-nüchterne Betrachtung, wenn es auch andererseits kaum möglich ist, ,,kühl bis ans Herz hinan" zu bleiben. Der Tagungsort im einstigen Schloß der in der polnischen und österreichischen Geschichte so wichtigen Potockis – heute ein täglich von Tausenden besuchtes Museum –, trug zu der Atmosphäre ruhiger Gespräche zwischen Wissenschaftlern nicht unerheblich bei, und der Museumsdirektor versäumte bei der Begrüßung nicht den Hinweis, daß die Stadt Łańcut zu deutschem Recht mit dem Namen Landshut gegründet worden sei und daß es noch heute unter ihren Bewohnern zahlreiche Träger deutscher Namen gebe. Ein prägnantes Beispiel für die Durchdringung beider Völker lieferte auch die Rednerliste: Dem deutschen Referenten, Professor Klaus Hildebrand aus Frankfurt, stand der polnische Referent Dozent Bogdan Hillebrandt aus Warschau gegenüber.

15 Referate und 40 Diskussionsbeiträge

Das Programm bewahrte in der Planung strenge Parität. Einem polnischen Referat stand ein deutsches mit einer vergleichbaren, freilich nicht identischen Thematik gegenüber. Dabei referierte nicht durchweg die deutsche Seite über den deutschen Widerstand und die polnische über den eigenen Abwehrkampf, sondern es gab auch bewußte Überschneidungen. So schilderte Wolfgang Jacobmeyer die Bewertung der polnischen Sabotage- und Kampfaktionen durch deutsche Militär- und Zivilstellen als Gegenstück zu Hillebrandts Referat über den polnischen bewaffneten Kampf, während Marian Wojciechowski und Gotthold Rhode die jeweils andere Seite behandelten, also die polnische Frage in der deutschen und das deutsche Problem in der polnischen Widerstandsbewegung.

Selbstverständlich konnten in 15 Referaten und 40 Diskussionsbeiträgen bei weitem nicht alle Aspekte und Komplexe erörtert werden, aber einige Schwerpunkte schälten sich dennoch heraus. So wurde von mehreren deutschen Teilnehmern, unter anderem von Hans Mommsen und Karl D. Erdmann die Breite des politischen Spektrums der deutschen Widerstandsbewegung deutlich gemacht, während man in Polen dazu neigt, auf der einen Seite die Militärs,auf der anderen die Kommunisten zu sehen und gleichzeitig Sympathien und Antipathien entsprechend zu verteilen.

Bei der Behandlung der Rolle der katholischen Kirche für den polnischen und nationalen Widerstand zeigte sich eine besondere Problematik: Polnische katholische Geistliche, die als aktive Kämpfer auftraten oder Waffen versteckten, werden zwar nachträglich als Helden gerühmt, dürften damit aber weder ihrer seelsorgerischen noch ihrer nationalen Aufgabe gerecht geworden sein. Der schwere Konflikt, der im polnischen Untergrund über die richtige Kampftaktik zwischen der nationalen Armee im Lande und den verschiedenen kommunistischen oder kommunistisch beeinflußten Kampfgruppen herrschte, fand in der Diskussion nur geringen Niederschlag. Die Zeiten, in denen die Armee im Lande der Feigheit oder sogar des Verrats bezichtigt wurde, sind lange vorüber, und wenn der anderen Seite im Schrifttum oft allzuviel Aufmerksamkeit zugebilligt wird, so kam diese Diskrepanz hier nicht zur Geltung. Diejenigen deutschen Teilnehmer, die mit der Entwicklung Polens in der unmittelbaren Nachkriegszeit nicht näher vertraut sind, hätten Härte und Konsequenzen dieser einstigen heftigen Auseinandersetzungen auch schwerlich verstehen können.

Besonders beeindruckt waren sie von den polnischen Berichten über eine besondere, in anderen besetzten Ländern mit günstigeren Bedingungen kaum zu beobachtende Form des polnischen Widerstandes: den Schulunterricht bis hin zum Universitätsstudium im Untergrund, bei dem Examina abgelegt und sogar Promotionen durchgeführt wurden. Hier konnte zwar auf die Traditionen nationalen Bildungswesens im einstigen russischen und preußischen Teilungsgebiet zurückgegriffen werden, aber die Bedingungen für den Unterricht in kleinen Geheimgruppen waren doch ungleich schwerer, das Risiko der Aufdeckung und Bestrafung viel größer – um so mehr Beachtung verdient diese Form gewaltloser Selbstbehauptung, die deutscherseits eine Darstellung durch den jetzt in Bielefeld lehrenden Historiker Christoph Klessmann gefunden hat. Einen tiefen Eindruck hinterließ der Bericht von Maria Wawrykowa, einer Spezialistin für deutsche Geschichte im 19. Jahrhundert, über ihre eigenen Erfahrungen als junges

Mädchen im Konzentrationslager, in dessen Krankenrevier jede Gelegenheit zum Geschichts- und Literaturunterricht ausgenutzt wurde.

Das Schlagwort ,,Nichts über uns ohne uns" war vergessen

Der Vergleich der beiderseitigen Vorstellungen vom Gegner und von einer möglichen gemeinsamen Zukunft ergab, daß es – von persönlichen Verbindungen mehr zufälliger Art und Fällen gegenseitiger Hilfe abgesehen – keine Beziehungen und keinerlei Formen einer Zusammenarbeit gab. Jede Seite entwickelte ihre Vorstellungen über die künftigen Grenzen ganz im Gegensatz zu dem polnischen Schlagwort ,,Nichts über uns ohne uns" aus dem eigenen nationalen Blickwinkel, ohne auch nur in Betracht zu ziehen, was die andere Seite darüber dachte oder denken könnte. So plante Goerdeler noch die Wiederherstellung der deutschen Ostgrenze von 1914, als auch der kommunistische Teil des polnischen Untergrunds, der in seinen die Grenzen betreffenden Aussagen zunächst sehr zurückhaltend gewesen war, die seit 1939 von nationalradikalen Kreisen erhobene Forderung nach der Oder-Neiße-Linie als polnische Westgrenze übernommen hatte (Frühjahr 1944). Kontaktversuche wurden ernsthaft nicht unternommen, und auch in Moskau konnte das schwarz-weiß-rote Nationalkomitee Freies Deutschland und der Verband Patriotischer Polen unmöglich kooperieren, waren ihre von den sowjetischen Betreuern geförderten Zukunftsvorstellungen doch unmöglich in Einklang zu bringen. In Polen waren die Gedanken so sehr auf den Kampf gegen die Okkupanten und dann zunehmend so stark auf die neue Westgrenze konzentriert, daß für die Entwicklung von Vorstellungen über das künftige Zusammenleben kein Raum war. Dieses Einandernichtbeachten ist gewiß durch die Situation zu erklären, in der sich beide Seiten befanden, es zeigt aber doch auch, wie sehr früheres Klischeedenken seine Wirkung tat und wie wenig man grundsätzlich voneinander wußte.

Diese Feststellung kann man mit gewissem Recht auch heute noch für die beiderseitigen Widerstandsbewegungen machen, wenn man sich nur auf das verläßt, was die Schulbücher hüben und drüben mitteilen. Dabei wurde in Łańcut das Manko etwa folgendermaßen charakterisiert: In Schulbüchern der Bundesrepublik Deutschland findet man im allgemeinen zu wenig über den polnischen Untergrundkampf, doch ist dieses Wenige in seiner Aussage kaum zu beanstanden. In polnischen Schulbüchern konzentriert sich dagegen alles auf das Attentat vom 20. Juli 1944, das gelegentlich als mißglückter ,,Versuch zu retten, was sich noch retten ließ" charakterisiert wird, während die inneren Konflikte der Widerständler gar nicht erwähnt werden. Diese Diskrepanz wird sich in Zukunft wohl in bezug auf den Umfang des Mitgeteilten ändern lassen, doch wird sich das Schulbuch immer auf wenige Fakten und einige Überlegungen beschränken müssen. Der einzelne Lehrer kann aber – und das infolge der freieren Lehrplangestaltung insbesondere in der Bundesrepublik Deutschland – eine Unterrichtsstunde oder vielleicht auch mehrere dem Widerstand widmen und dabei wesentlich mehr Verständnis erwecken, als es die knappen Sätze im Schulbuch könnten. Dabei können ihm Texte wie die Referate und Diskussionsbeiträge dieser Tagung wesentliche Hilfe leisten, daher wurde auch eine möglichst baldige Veröffentlichung in jedem Land beschlossen.

Gewiß ist es im Geschehen der großen Politik und in der Kette der zahllosen Begegnungen und Gespräche auf höchster und hoher Ebene, die stets als ,,nützlich" bezeichnet werden, kein besonderes Ereignis, wenn drei Dutzend deutsche und polnische Fachwissenschaftler in freimütiger Weise Fakten und Bewertungen austauschen und wenn in den Schlußansprachen in bezug auf die künftige Arbeit und auf die Verpflichtung zur unbedingten Wahrhaftigkeit bemerkenswerte Übereinstimmung zutage tritt. Für die Teilnehmer aber und für alle diejenigen, die sich darüber nicht im klaren sind, daß eine Verständigung nicht durch Deklarationen und

Massenveranstaltungen erreicht und gefestigt wird, sondern daß dazu zähe Arbeit und Kenntnisse gehören, waren diese intensiven Gespräche ein Merkzeichen für einen entscheidenden Fortschritt auf dem Wege zum Verständnis und zur Achtung des Partners.

Schulbücher. Gegenüber Polen besteht geschichtlich ein Nachholbedarf. Empfehlungen der deutsch-polnischen Schulbuchkommission werden sabotiert
(Walter Osten: Welt der Arbeit, 6. 7. 1977)
[*ohne Aufmacher*]

Bundeskanzler Schmidt hat zwar betont, daß die 27 ,,Empfehlungen" der Kommission ,,auf beiden Seiten noch nicht voll umgesetzt wurden", aber der Rückstand in der Bundesrepublik ist wohl größer als in Polen. Die Deutschen haben, wie Herbert Wehner sagte, gegenüber dem von Hitlers Armeen überfallenen Land einen ,,Nachholbedarf". Die Aussichten aber, daß, entsprechend den "Empfehlungen", schließlich in der gesamten Bundesrepublik Schulbücher und Schulunterricht über Fragen des Verhältnisses zwischen beiden Ländern in Geschichte und Gegenwart geändert werden, sind leider gering.

Das liegt vor allem an den von der CDU/CSU regierten Ländern. Die Regierungen Bayerns und Baden-Württembergs haben es abgelehnt, die einstimmig beschlossenen ,,Empfehlungen" für die Schulbücher ihres Landes zu übernehmen. Daß sich nach einigem Zögern auch die Regierung von Niedersachsen dieser Haltung anschloß, ist um so erstaunlicher, als der niedersächsische Kultusminister Werner Remmers bei einem Polenbesuch mit seinem Ministerpräsidenten Ernst Albrecht erklärt hatte, die Empfehlungen würden auch in Niedersachsen durchgeführt werden.

Heute bezeichnet er diese Empfehlungen als ,,an einigen Stellen unscharf, vieldeutig und lückenhaft".

Nur zwei Länder haben bisher die Empfehlungen durchgeführt: Bremen und Hamburg. Nordrhein-Westfalen hat sich dazu bereit erklärt.

Die Punkte der ,,Empfehlungen", gegen die sich die Kritik in München, Stuttgart und Hannover, in den Vertriebenenverbänden und in der der Bonner Opposition nahestehenden Presse wendet, behandeln zwar meist geschichtsbezogene Fragen, sind aber mit der politischen Haltung der Opposition eng verknüpft.

Das beginnt bei der Beurteilung der Ausgangsposition bei Kriegsende. Die in der ,,Empfehlung Nr. 22" enthaltene Feststellung, daß im Rahmen von ,,Bevölkerungsverschiebungen" nach Kriegsende ,,Zwangsumsiedlungen im Rahmen des interalliierten Transferabkommens" vorgenommen wurden, genügt diesen Kreisen nicht, weil hier der Terminus ,,Vertriebene" nicht verwendet wurde.

Für andere Begründungen muß das bekannte Urteil des Bundesverfassungsgerichts über die Bundesrepublik als ,,Rechtsnachfolger des Deutschen Reiches" herhalten. So wurde die Feststellung in den ,,Empfehlungen", daß sich ,,im Jahr 1949 zwei deutsche Staaten konstituiert" hätten und danach das Verhältnis zwischen Polen und der Bundesrepublik durch den Eintritt beider Staaten in die NATO und den Warschauer Pakt ,,zusätzlich erschwert" wurde, mit der Begründung abgelehnt, daß sich 1949 ,,nicht zwei deutsche Staaten konstituiert" hätten, da ,,die Bundesrepublik Rechtsnachfolger des Deutschen Reichs" ist.

Mit dem gleichen Hinweis wurde auch ,,Empfehlung Nr. 23" abgelehnt, nach der es ,,als Folge des zweiten Weltkrieges und des Zusammenbruchs des nationalsozialistischen Regimes . . . auf deutscher Seite zur faktischen Auflösung des Deutschen Reiches gekommen ist".

Hier zeigte sich deutlich, daß die Kritiker an die Empfehlungen der Schulbuchkom-

mission mit den gleichen Maßstäben herangehen, die einen Teil der Bonner Opposition seinerzeit zur Ablehnung der Ostverträge veranlaßte.
Der nächste Streitpunkt war die Frage, ob die ,,Empfehlungen" eine Art von Vertrag oder nur für beide Seiten unverbindliche Absichtserklärungen seien. Als der Bundeskanzler nach seinen Besprechungen mit dem Generalsekretär der Polnischen Arbeiterpartei, Gierek, die Ministerpräsidenten der Länderregierungen ,,bat, sich des Themas anzunehmen", sprach ihm der außenpolitische Sprecher der CDU/CSU, Werner Marx, sogar ,,das politische und moralische Mandat" ab, seine Absprache mit Gierek ,,in die Gestaltung von Schulbüchern einfließen zu lassen".
Für den Vizepräsidenten des Bundes der Vertriebenen, Hupka, sind sogar die jetzigen, von verzerrten Darstellungen des deutsch-polnischen Verhältnisses wimmelnden Schulbücher ,,besser als das, was die deutsch-polnische Schulbuchkommission erarbeitet hat". Der Vertreter dieses aus Steuermitteln finanzierten Verbandes regte als Pressionsmittel gegen die Bundesregierung die Gründung von Bürgerinitiativen an, ,,um die Eltern aufzuklären" über die angeblich beabsichtigten ,,Geschichtsfälschungen".
Daß polnische Kreise für diese Auswüchse des westdeutschen Föderalismus wenig Verständnis haben, ist angesichts ihres eigenen zentralistisch gegliederten Staates und den daraus abgeleiteten Vorstellungen über die Machtfülle eines Bundeskanzlers verständlich. Ihnen erscheint der Hinweis auf die Kompetenzen der Länder in Kultur- und Schulfragen als Ausrede.

Wenn bei Besuchen polnischer Staatsmänner in Bonn, bei früheren Besuchen Helmut Schmidts und dem kürzlichen Besuch Willy Brandts in Polen dieses Thema für eine Beeinträchtigung der sonst verständigungsbereiten Stimmug sorgte – bis zu dem für September geplanten Besuch des Bundeskanzlers in Polen sollte die Angelegenheit endgültig bereinigt sein. Dazu ist aber mehr erforderlich als wohlgemeinte Bitten und Empfehlungen.

Gegen einseitige Forderungen Polens. Bundesvorstand der Landsmannschaft Schlesien verabschiedete bei seiner Arbeitssitzung in Würzburg eine Resolution an die Bundesregierung
(Arnold Zölch: Fränkisches Volksblatt, 12. 7. 1977)

,,Die Probleme der Vertriebenen müssen das ganze deutsche Volk angehen", betonte Dr. Herbert Hupka (MdB), Bundesvorsitzender der Landsmannschaft Schlesien, nach der Sitzung des Bundesvorstandes in einem anschließenden Pressegespräch in Würzburg. Es seien Probleme des ganzen Volkes, und die heute im freien deutschen Teil Lebenden seien verpflichtet, für die jenseits von Oder und Neiße und in Mitteldeutschland lebenden Menschen einzutreten. In der Vorstandssitzung wurde eine Resolution der Landsmannschaft verabschiedet, mit der die Bundesregierung aufgefordert wird, gemäß dem Grundgesetz und allen späteren Vereinbarungen und Feststellungen die Sache des ganzen Deutschland in den Grenzen von 1937 zu vertreten.
Die Bundesvorstandsschaft befaßte sich in ihrer Würzburger Arbeitssitzung, wie bereits kurz berichtet, u. a. mit der derzeitigen politischen Lage und mit wichtigen Zukunftsaufgaben. Der Katalog polnischer Forderungen an die Bundesrepublik war Grundlage wichtiger Entscheidungen, so jene Forderung, daß den Spätaussiedlern seitens der Bundesrepublik keine Vertriebenenausweise mehr ausgehändigt werden sollten. Dr. Hupka wies darauf hin, daß auch die heutigen Spätaussiedler echte Heimatvertriebene seien, denn sie lebten auch in der alten Heimat als Vertriebene. Er wies darauf hin, daß die dort aufwachsenden jungen Deutschen kaum noch ihre Muttersprache können, da Deutschunterricht von den Polen verboten ist. Ortsnamen dürfen nur noch pol-

nisch gefaßt und angegeben werden, andernfalls will Polen keine Einreisepapiere mehr anerkennen oder aushändigen. Weiter wird von Polen gefordert, Ostdeutschland jenseits von Oder und Neiße entgegen unserem Verfassungsverständnis und den Entscheidungen des Bundesverfassungs- und Bundessozialgerichts zum Ausland zu erklären und nicht mehr enger als Teil Deutschlands anzusehen.

Die deutsch-polnischen Schulbuchempfehlungen mit ihren wahrheitswidrigen Behauptungen, das Deutsche Reich habe aufgehört zu existieren, und es habe keine Vertreibung von Millionen Deutschen gegeben, sollen in der Bundesrepublik verbindliche Schulbuchtexte werden. Ermittlungen in der Bundesrepublik wegen Verbrechen von Polen an Deutschen in der Zeit nach Kriegsende sollen eingestellt werden. Gegen all diese polnischen Forderungen wandte sich der Bundesvorstand entschieden.

Hinsichtlich der Schulbuchtexte zeigte Hupka auf, daß dabei die Wahrheit unterschlagen und manches beschönigt oder verfälscht dargestellt werde. So sollte die Vertreibung mit all ihren Leiden als „Bevölkerungsverschiebung" dargestellt werden. Bedauerlicherweise haben Hamburg und Bremen diese empfohlenen Texte bereits angenommen, und Nordrhein-Westfalen werde es in Kürze auch tun. Die Eltern hätten das Recht, eine wahrheitsgetreue Unterrichtung der Kinder zu fordern, deshalb sollten Elterninitiativen gegen derartige Geschichtsfälschungen tätig werden.

Mit den international anerkannten und verankerten Menschenrechten, befaßte man sich ausführlich. Diese müßten auch für die noch heute in Ost- und Mitteldeutschland lebenden deutschen Menschen gelten. Es müßte endlich ein Volksgruppenrecht geben. Gewährleistet werden müsse, daß auch nach 1980 noch Aussiedlungswillige ausreisen dürften. Im übrigen müsse die deutsche Frage ein europäisches Anliegen sein.

Wie Hupka weiter mitteilte, wird der „Ständige Rat der ostdeutschen Landsmannschaften" im Frühjahr 1978 ein Deutsches Forum in Berlin veranstalten. Namhafte Wissenschaftler und Politiker werden sich mit der Ostpolitik, den Ostverträgen, ihrer deutschen Interpretation und der Stellungnahme der verschiedenen deutschen Parteien beschäftigen. Hupka bedauerte, daß in der Frage der Menschenrechte die Parteien keine gemeinsame Sprache sprechen. Äußerungen von Willy Brandt, Bruno Friedrich und Außenminister Genscher zu diesem Problem wurden verurteilt. Bei einem Friedensvertrag müßten die Grenzen des Deutschen Reiches von 1937 den Ausgangspunkt bilden, und nicht heute geschaffene Situationen. Leider gehe die derzeitige Bundesregierung von anderen Voraussetzungen aus.

Die einstimmig angenommene Entschließung der Landsmannschaft der Schlesier lautet:

„Wir erwarten, daß die Bundesregierung endlich dem Druck der kommunistischen Regierung von Warschau Widerstand leistet und nicht zuläßt, oder anordnet, daß sich von der Gesetzgebung bis in den Unterricht an den Schulen durchsetzt, was Polen durchsetzen will. Die Bundesregierung ist an den Eid und die Pflicht zu erinnern, daß sie ihre ‚Kraft dem Wohle des deutschen Volkes widmen, seinen Nutzen mehren, Schaden von ihm wenden, das Grundgesetz und die Gesetze des Bundes wahren und verteidigen' muß. Wir fordern, daß die Bundesregierung für die Wahrung der Menschenrechte eintritt. Dazu gehört das bis heute den Deutschen jenseits von Oder und Neiße verweigerte Volksgruppenrecht und das Recht der Freizügigkeit und Ausreise. Die Bundesregierung trägt in gleicher Weise wie die polnische Regierung aufgrund der deutsch-polnischen Vereinbarungen Verantwortung dafür, daß nicht nur bis 1979 125 000 Deutsche werden ausreisen können, sondern daß auch danach die heute darüber hinaus mit 150 000 Deutschen anzusetzenden Ausreisewilligen die Erlaubnis zu Aussiedlung erhalten. Wir erstreben ein besseres, deutsch-polnisches Nachbarschaftsverhältnis, doch darf dies nicht auf

der Erfüllung einseitiger polnischer Forderungen und der Ausschließung ganzer Bevölkerungsgruppen aus einem deutsch-polnischen Dialog, auf der Einseitigkeit der Repräsentanz des heutigen Polens unter gleichzeitiger Ausklammerung aller politischen Kräfte der Bundesrepublik gegründet werden. Wir erinnern die Bundesregierung an das Verfassungsgebot, daß Deutschland in freier Selbstbestimmung erst noch zu vollenden ist. Die Bundesregierung ist verpflichtet,
1. ganz Deutschland in all seinen Teilen zu zeigen, statt sich ein verstümmeltes Deutschland zu eigen zu machen,
2. die gemeinsame Entschließung des Deutschen Bundestages vom 17. Mai 1972 nicht als ‚Krücke' zu bezeichnen, sondern ihren Wert als Dokument der Bundesrepublik Deutschland jedermann gegenüber deutlich zu machen,
3. Deutschland in allen seinen Teilen bewußt zu erhalten und bewußt zu machen." Des weiteren verurteilte Dr. Hupka, daß die derzeitige Bundesregierung nicht einmal davor zurückschrecke, sowohl die deutsche Öffentlichkeit als auch die westlichen Mitunterzeichner der KSZE-Schlußakte falsch zu informieren. Hier wolle man den Eindruck erwecken, als löse sich das ganze Problem der Aussiedlung allmählich von selbst. Dem Deutschen Roten Kreuz machte man gar zur Auflage, keine Zahlen von Aussiedlungswilligen mehr zu veröffentlichen! Die Regierung bediene sich eines Zahlenspieles, dessen sich die SPD/FDP-Koalition bereits bei den deutsch-polnischen Vereinbarungen bedient habe. Die Öffentlichkeit habe einen Anspruch darauf, zu erfahren, wie viele Deutsche einen Antrag auf Aussiedlung gestellt haben, denn hinter jeder Zahl verberge sich das zumeist grausame Schicksal eines einzelnen Deutschen.

Ergebnisse der Schulbuchkonferenzen liegen vor. Ein neuer Weg für Deutsche und Polen
(Braunschweiger Zeitung, 26. 7. 1977)

Die wechselvolle gemeinsame Geschichte von Polen und Deutschen über lange Jahrhunderte hinweg hat manche spröde Reibungsfläche geschaffen, die nicht mit einem ,,Schwamm drüber" weggewischt werden kann. Differenzierte Betrachtweise und behutsames Einfühlungsvermögen in die Problemkreise in und zwischen beiden Nationen sind im Sinne und zum Zweck der Normalisierung dieser Beziehungen unabdinglich.
Das Braunschweiger Georg-Eckert-Institut für Internationale Schulbuchforschung trägt anerkanntermaßen sein Teil dazu bei. Um Autoren und Verlagen Orientierungshilfen fachwissenschaftlicher Art zu geben, editiert die Anstalt des öffentlichen Rechts am Rebenring in Abständen Schriften, die das wertvolle Destillat von Überlegungen wissenschaftlicher und pädagogischer Gruppen in beiden Ländern darstellen.
Nun hat die gemeinsame deutsch-polnische Schulbuch-Kommission erneut einen wesentlichen Schritt getan und Empfehlungen für Schulbücher der Geschichte und Geographie in der Bundesrepublik Deutschland und in der Volksrepublik Polen veröffentlicht. Es ist der 22. Band in der Schriftenreihe des Instituts im Selbstverlag herausgegeben und im Druckhaus Limbach hergestellt.
Mit der Publizierung dieser Empfehlungen ist ein fruchtbarer, wenngleich auch teilweise recht steiniger Abschnitt der supranationalen Arbeit geschlossen. Nur wer sich eingehend mit Publikationen für den Unterricht beschäftigt, kann ermessen, welche Gratwanderung es zuweilen ist, sich an beiderseitigen Vorurteilen vorbeizulavieren, irreführende Begriffe zu umgehen und neue, objektiv wahre Akzente zu setzen.
Naturgemäß nimmt die Behandlung der gemeinsamen Historie sowohl in Umfang wie auch in detaillierter Aufgliederung

den Hauptteil des 56seitigen Büchleins ein. Die anempfohlene Leitlinie beginnt bei den Slawen und Germanen im Altertum, setzt sich fort durch die kulturellen und konfessionellen deutsch-polnischen Beziehungen in Renaissance und Barock und mündet schließlich in jene jüngsten Bemühungen um Normalisierung, die eine düstere Vergangenheit – zumindest auf der Basis von Wunsch und Planung – schon bewältigt haben.
Das Thema ,,Geographie" nimmt zwar mit seinen sieben Seiten lediglich einen bescheidenen Platz ein, ist jedoch trotz seiner delikaten Natur leichter zu fassen und darzustellen; die Verfasser schlagen einen realitätsbezogenen Weg der Erkenntnis vor. Dabei ist ein wesentlicher Unterschied zum historischen Aufriß, daß der erdkundliche Teil monographisch gestaltet ist, also beide Länder kaum in ihren Beziehungen zueinander zeigt.

Wie Verfasser und Herausgeber im Vorwort hoffen, soll das Zusammenwirken von ,,sauberem", also authentischem, Material und vorurteilsfreier Betrachtweise das Weltbild der Heranwachsenden zumindest auf dem Sektor polnisch-deutscher Relation günstig in Richtung objektiver Sicht beeinflussen. Die Intention scheint gelungen zu sein.

Schulbuchkommission. ,,Wahrheit mit Schönheitsfehlern"
(Dr. Enno Meyer: Leserbrief, Deutsche Zeitung /Christ und Welt, 29. 7.1977)

Die im April vorigen Jahres von der deutsch-polnischen UNESCO-Schulbuchkommission verabschiedeten Empfehlungen werden oft kritisiert. Gemeinsam sind den Kritiken einige Irrtümer:
1. Die Empfehlungen sollen kein Stoffkanon sein. Ein solcher gemeinsamer deutsch-polnischer Kanon wäre schon deshalb unmöglich, weil die polnischen Geschichtslehrbücher sehr viel über die deutsch-polnischen Beziehungen und Deutschland bringen, die deutschen jedoch nur wenig über die genannten Beziehungen und fast nichts über Polen.
2. Die Empfehlungen erstreben keine ,,Sprachregelungen". Wenn zwischen ,,Evakuierung", ,,Flucht", ,,Ausweisung" und ,,Zwangsumsiedlung" differenziert wird, so ist das eine an den polnischen Autor gerichtete Empfehlung, nicht, wie bisher, summarisch von ,,Umsiedlung" zu sprechen.
3. Die Empfehlungen behandeln die deutsch-polnischen Beziehungen, nicht die europäische Geschichte allgemein. Die Themen Berlin oder Tschechoslowakei, die Schickel vermißt, gehören nicht in ihren Stoffbereich.
4. Die Empfehlungen weisen auf Ereignisse hin, schildern sie aber nicht. ,,Das grausame Geschehen der Massenvertreibung" soll keineswegs ,,unzulässig heruntergespielt werden".
5. Gegenstand der Empfehlungen ist die Geschichte, nicht das Recht. Die ,,faktische Auflösung des Deutschen Reiches" (Nr. 23) ist ein historisches Ereignis, die Entscheidung des Bundesverfassungsgerichtes vom 31. 7. 1973, das Grundgesetz gehe davon aus, daß das Deutsche Reich weder 1945 noch später untergegangen sei, ein anderes.
6. Manche Empfehlungen sind allein für die polnische Öffentlichkeit bestimmt, zum Beispiel ,,Namen, die auf gezielte Germanisierungstendenz zurückgehen, sollten nicht verwendet werden". Da bei uns niemand mehr Namen wie Litzmannstadt oder Gotenhafen benutzt, ist die Empfehlung für den deutschen Autor überflüssig. Die Empfehlungen jedoch ,,geographische Namen . . . können ebenso zweisprachig sein oder in der Muttersprache der Schüler gebraucht werden" ist in Polen auf heftigen Widerspruch gestoßen. Um diesen zu beschwichtigen, ist der Hinweis auf die Namen mit Germanisierungstendenz erfolgt. Schickel vermißt einen Hinweis auf Namen mit Polonisierungstendenz, das heißt auf die seit 1945

neu geschaffenen polnischen Namen, wozu ,,Wroclaw" für Breslau nicht gehört, wohl aber etwa ,,Gyzicko" für Lötzen. Da die Empfehlungen eine zweisprachige Bezeichnung freistellen, brauchte die neue polnische Bezeichnung nur in Klammern zu erscheinen.
7. Schickel interpretiert in die Empfehlungen Aussagen hinein, die ihnen meines Erachtens nicht zu entnehmen sind, etwa daß in ihnen behauptet werde, Polen sei vor 1939 ein ,,ethnisch einheitlicher Staat" gewesen. Wenn in Nr. 25 festgestellt wird, daß der Eintritt der Bundesrepublik in die NATO deren Verhältnis zu Polen ,,zusätzlich erschwert" habe, so ist das eine Tatsachenfeststellung und nicht die Unterstellung, ,,Bonn" habe ,,eine aggressive Politik betreiben wollen und den Frieden bedroht".

GEW-Chef Erich Frister: Deutsch-Polnische Schulbuchempfehlungen verwirklichen (GEW Pressedienst, Hauptvorstand, 1. 8. 1977)

Vor einer 25köpfigen Delegation der polnischen Lehrergewerkschaft, die sich auf Einladung der GEW vierzehn Tage lang in der Bundesrepublik Deutschland aufhält, hat GEW-Vorsitzender Erich Frister die Umsetzung der Deutsch-Polnischen Schulbuchempfehlungen in die Schulwirklichkeit gefordert. Die derzeitige Auseinandersetzung in Deutschland um die Empfehlungen sei ,,steril", weil Befürworter und Gegner lediglich ihre Meinungen äußerten, ohne sich mit der Sache selbst zu beschäftigen. Die Frage sei nicht, ob die Empfehlungen in Lehrpläne und Schulbücher übernommen werden sollten, sondern ,,ob und inwieweit die gegenwärtigen Lehrpläne und Schulbücher den Empfehlungen entsprechen". Erst nach Beantwortung dieser Frage lohne es sich, ,,wissenschaftlich und politisch über das Fehlende und das zu Ändernde zu streiten".
Frister regte an, daß Bundes- und Länderregierungen Forschungsaufträge an Universitäten und Pädagogische Hochschulen zur Untersuchung der Frage vergeben, ,,ob und inwieweit die in der Bundesrepublik vorhandenen Lehrpläne und benutzten Schulbücher den Empfehlungen entsprechen", anschließend diese Untersuchungsergebnisse zusammenzufassen und durch eine Konferenz von Wissenschaftlern und Politikern erörtern zu lassen. Aufgrund solcher Untersuchungen und deren Auswertung sollten dann die Länder darangehen, erforderlichenfalls die Lehrpläne zu ändern, und die Schulbuchverlage eine Revision der Schulbücher vornehmen.
Frister verwies in seinem Referat vor den polnischen Gästen der GEW auf die Vorarbeiten des Internationalen Schulbuchinstituts in Braunschweig, das jahrelang durch das GEW-Mitglied Professor Dr. Georg Eckert getragen und von der GEW unterstützt worden sei. ,,Die GEW betrachtet daher mit Recht die Empfehlungen der gemeinsamen Deutsch-Polnischen Schulbuchkommission auch als ihr Werk", erklärte Frister wörtlich. Es sei erklärte Absicht der GEW, mit der Unterstützung dieser Arbeit ,,Voraussetzungen für die Erziehung zum Frieden und zum Abbau von Vorurteilen zu schaffen". Die gemeinsam erarbeiteten Empfehlungen entsprächen diesem Wollen:
Sie seien ,,historisch redlich, politisch ehrlich und denen, die guten Willens sind, in Inhalt und Sprache zumutbar". Daran änderten auch ,,oberflächliche Urteile von Politikern nichts, die sich von nationalistischen Untertönen noch Zulauf versprechen". Er bat jedoch zugleich die Polen um Verständnis für die ,,gefühlsbedingten Schwierigkeiten" der Deutschen, die nach dem Zweiten Weltkrieg ihre Heimat im Osten verlassen mußten, ,,das eigene, oft mit tragischen Begleitumständen verbundene Erleben unter dem wissenschaftlich richtigen aber von den menschlichen Vorgängen kühl abgesetzten Begriff ,Bevölkerungsverschiebungen' anzunehmen". Eine derart begründete kritische Äußerung zu

den Empfehlungen habe nichts mit Revanchismus zu tun. Die GEW wende sich jedoch dagegen, einen solchen Hinweis zum Vorwand zu nehmen, um gegen eine Verwirklichung der Empfehlungen aufzutreten.

Mit dem Besuch der polnischen Delegation beginnt das im vergangenen Jahr zwischen den Hauptvorständen beider Gewerkschaften vereinbarte Austauschprogramm für Lehrer. Noch im August wird eine Gruppe deutscher Lehrer nach Polen reisen. Grundlage für dieses Austauschprogramm sei die gemeinsame Überzeugung, daß ,,Beiträge zur Sicherung des Friedens Vorrang vor allen anderen Überlegungen" haben müßten. Auffassungsunterschiede zur gesellschaftlichen Ordnung und zur Funktion der Gewerkschaften sollten ,,zunächst nicht als Anlaß zur Auseinandersetzung, sondern zu einer möglichst tief- und weitgehenden Information" gewertet werden. Die Delegationen führen nicht ,,als Missionare für Weltanschauungen, Gesellschafts- oder Bildungssysteme" ins andere Land, sondern kämen in der Überzeugung, daß ,,gerade Lehrer lernen müssen, wie andere leben und warum sie gegebenenfalls anders leben".

Schulbuchprobleme
(Max Metzger: Düsseldorfer Nachrichten, 3. 8. 1977)

Mit der Bewältigung ihrer Vergangenheit haben sicherlich alle Völker Schwierigkeiten, wenn es nicht gerade darum geht, Ruhmesblätter der Geschichte umzuwenden. Besonders deutlich wird diese Tatsache, wenn man die Schulbücher anschaut, die doch eigentlich unserer Jugend ein möglichst objektives Bild der eigenen Vergangenheit und der Beziehungen zu anderen Völkern vermitteln sollen. Seit Jahren bemüht sich das Deutsche Schulbuchinstitut in Braunschweig darum, mit Fachleuten unserer früheren Kriegsgegner zu Übereinkünften darüber zu kommen, wie das andere Land, seine Menschen und seine Geschichte, für Schüler dazustellen ist. Aufgewärmt wird dieser alte Streit jetzt wieder durch den Besuch einer polnischen Lehrerdelegation bei der Gewerkschaft Erziehung und Wissenschaft. Der GEW-Chef Frister möchte nun gar Forschungsaufträge vergeben, die untersuchen sollen, ob etwa das alte Schimpfwort von der ,,polnischen Wirtschaft" in deutschen Schulbüchern heute noch vorkommt und was man gegebenenfalls dagegen unternehmen könnte. Aber schon hier tun sich bei uns föderalistische Schranken auf. Schulen und Schulbücher sind schließlich Ländersache, und die Schulbuchkommissionen der Bundesländer haben divergierende Auffassungen von historischen Abläufen.
Wenn auch alle beispielsweise die Kreuzritter im europäischen Osten als Kolonisatoren anerkennen wollen, dann klingt ihnen doch von jenseits der polnischen Grenzen das harte Wort vom ,,blutigen Eroberer" entgegen. Wenn man aber nicht einmal über so weit zurückliegende Epochen Einigkeit erzielen kann, um wieviel schwerer wird es dann, den Zweiten Weltkrieg im Schulbuch zu bewältigen. Hier steht dann ,,Völkermord" gegen ,,Massenaustreibung". Wer aber soll rechten oder gar richten?

Solange die Völker nicht zueinander finden können, solange nicht der Deutsche aus dem Rheinland dem Polen aus Warschau oder Krakau genauso begegnen darf, wie sich heute Franzosen und Deutsche treffen und – trotz aller früheren Erbfeindschaft – verstehen, solange – fürchten wir – werden Schulbuchkommissionen und sogar Forschungsaufträge doch nur wieder Papier erzeugen. Das schließt freilich nicht aus, daß gegenseitiger guter Wille manchem Vorurteil den Garaus machen könnte.

Historische Wahrheit gegen polnische Lügen
(Deutsche National-Zeitung, 5. 8. 1977)

Einen wertvollen Beitrag gegen die Bonn/Warschauer Schulbuchverfälschung lieferte jetzt das Bayerische Staatsministerium für Unterricht und Kultus in seiner für Eltern schulpflichtiger Kinder herausgegebenen Beratungszeitschrift „schule & wir". Mit erfreulicher Deutlichkeit wendet sich das regierungsamtliche Blatt gegen die deutsch-polnischen Schulbuchempfehlungen, in denen die blutige Vertreibung der Ostdeutschen beschönigend als „Bevölkerungsverschiebung" verschleiert wird.

Auf fünf Seiten vergleichen die Autoren den sozialistisch-kommunistischen Geschichtsklitterungsversuch mit der historischen Wahrheit.

Bayerns Eltern erfahren: „Was bei den Konferenzen der Schulbuchkommission herauskam, ist leider in entscheidenden Punkten an der historischen Wahrheit vorbeigeschrieben. Das reicht von sprachlichen Verschönerungsprozeduren über Tatsachenunterdrückung bis hin zur Umpolung von staats- und völkerrechtlichen Grundsätzen."

Unmißverständlich wird der Rechtsanspruch auf Ostdeutschland hervorgehoben; indem die Broschüre den roten Schulbuch-Fälschern vorhält: „In verschwommenen Formulierungen bemüht man sich, die Anerkennung der Oder-Neiße-Grenze für die deutschen Schulbücher vorweg festzuschreiben, auch wenn völkerrechtlich diese Frage nach wie vor offen ist." Hinweise auf höchste deutsche Gerichtsurteile zur Frage der deutschen Einheit ergänzen diese Feststellung.

„schule & wir" verweist auf die Darstellung von deutscher Seite verübten Unrechts in hiesigen Schulbüchern, um daraus zu folgern: „Wer sich zur eigenen Schuld bekennt, der hat das Recht, die geschichtliche Wahrheit auch von anderen zu fordern. Das Zurichten der Geschichte im Interesse der Tagespolitik ist keine solide Grundlage für Völkerverständigung."

Das bayerische Unterrichts- und Kultusministerium hat mit dieser den Eltern unterbreiteten Richtigstellung der historischen Redlichkeit einen guten Dienst erwiesen. Hoffentlich wird so fortgefahren.

Die deutsch-polnischen Schulbuch-Empfehlungen: Historische Fakten auf dem Prüfstand
(Gert Hensel: Berliner Liberale Zeitung, 26. 8. 1977)

Da „Kriege im Geist der Menschen entstehen, (müssen) auch die Bollwerke des Friedens im Geist der Menschen errichtet werden" – so heißt es gleich zu Beginn in der ‚Verfassung der Organisation der Vereinten Nationen für Erziehung, Wissenschaft und Kultur (UNESCO)'. Dieses Postulat sowie das gemeinsame „Interesse der Friedenssicherung und der Verständigung beider Völker" waren Richtschnur einer Arbeit, die seit 1972 Historiker, Geografen, Pädagogen, Schulbuchexperten und -verleger der gemeinsamen deutsch-polnischen Schulbuchkommission bei intensiven Schulbuchkonferenzen vereint hat.

Das Ergebnis:

Empfehlungen für Schulbücher der Geschichte und Geographie in der Bundesrepublik Deutschland und in der Volksrepublik Polen – im vergangenen Monat erschienen als 22. Band der Schriftenreihe des Georg-Eckert-Instituts für Internationale Schulbuchforschung in Braunschweig. „Mit der Publizierung aller Empfehlungen ist der erste, besonders fruchtbare, aber auch außerordentlich schwierige Abschnitt der Arbeiten der gemeinsamen Schulbuchkommission abgeschlossen" (Vorwort); die Texte liegen in ihrem deutschen und polnischen Wortlaut also endlich vor – auch in Polen wird eine zweisprachige Ausgabe veröffentlicht.

Zum Ablauf dieses bilateralen Unternehmens, das in ersten Ansätzen bereits vor dem II. Weltkrieg und dann erneut Mitte der fünfziger Jahre begann, jedoch erst nach Unterzeichnung des Warschauer Vertrages im Dezember 1970 mit Aussicht auf Erfolg angefangen werden konnte, sei daran erinnert, daß vom Februar 1972 bis zum Oktober 1975 acht Schulbuchkonferenzen stattfanden. Die Kommissionen trafen sich abwechselnd in Warschau und in Braunschweig. Auf der IX. Konferenz dann, im April 1976, wurden die Empfehlungen redaktionell überarbeitet – zwei Spezialkonferenzen haben ergänzendes Material erbracht: 1973 ging es um ,,Deutschland, Polen und der Deutsche Orden" und im Juni dieses Jahres standen die ,,Widerstandsbewegungen im nationalsozialistischen Deutschland und in Polen während des II. Weltkrieges" zur Diskussion. Vorbereitet und durchgeführt wurden die Treffen vom Institut für Lehrprogramme des Ministeriums für Bildung und Erziehung der VR Polen sowie vom Internationalen Schulbuchinstitut in Braunschweig, das seit 1975 den Namen Georg-Eckert-Institut für Internationale Schulbuchforschung trägt.

Gemeinsam erarbeitet

,,Die hier vorgelegten, bewußt knapp und thesenartig gehaltenen Empfehlungen zur Geschichte bieten zum ersten Mal eine von deutschen und polnischen Historikern gemeinsam erarbeitete und verantwortete Interpretation der deutsch-polnischen Beziehungen in ihrem Ablauf von den Anfängen bis in unsere Tage. Beide Seiten verbinden damit die Hoffnung, daß eine solche Skizzierung des fachwissenschaftlichen Diskussionsstandes von heute zur Orientierung von Schulbuchautoren und Geschichtslehrern in beiden Ländern dienlich sein wird."

,,Die Empfehlungen zur Geographie wollen Autoren und Verlage . . . zur Einhaltung bestimmter allgemeingültiger Prinzipien auffordern, deren Beachtung für die Erziehung zu sachlich begründeten Beurteilungen, Wertungen und Entscheidungen unerläßlich ist."

Mit diesen Zitaten aus den ,,einführenden Vorbemerkungen" sind die Autoren, Verlage und Lehrer als die wichtigsten Adressaten benannt. Im gemeinsam formulierten Vorwort heißt es zusätzlich:

,,Die gemeinsame Kommission ist überzeugt, daß die Schul- und Unterrichtsbehörden sich bemühen werden, die . . . Empfehlungen sobald wie möglich in den Schulbüchern und der Unterrichtspraxis zu berücksichtigen. Nur die Mitwirkung und das volle Engagement der Kultusbehörden können für die Arbeit der gemeinsamen Schulbuchkommission auf die Dauer den erwarteten Erfolg garantieren."

In der Tat sind die Kultusbehörden als Partner unerläßlich, denn die verfügen mit ihrem, auch verfassungsrechtlich nicht zu kritisierenden ,,Recht des Staates, die Lernmittel auszuwählen, die der Gestaltung des Ausbildungsganges entsprechen und die Erreichung der Unterrichtsziele gewährleisten" über ein entscheidendes Machtmittel: alle Lehr- und Lernmittel werden erst geprüft und dann für den Gebrauch im Unterricht genehmigt. Autoren und Verlage sind also an dieses Verfahren gebunden – und Lehrer haben auf das Ergebnis zu warten (nur in wenigen Ländern, wie z. B. in West-Berlin, sind sie beim Prüfen per Beirat beteiligt).

Anmerkungen zum gegenwärtigen Stand der Diskussion um die Empfehlungen der gemeinsamen deutsch-polnischen Kommission müssen also gerade hier ansetzen – die z. T. schrille und oft überbordende Kritik an den Empfehlungen soll dabei mit berücksichtigt werden. Ihr Ursprung ist – das sei gleich hinzugefügt – leicht auszumachen: es sind im wesentlichen die selbstherrlichen und selbsternannten ,,vertriebenen" Lautsprecher, die mit ihrem ,,Hupka, hupka tätärä"-Geschrei politische Zwietracht zu säen versuchen, die Öffentlichkeit mit wohlfeilen Formeln zu irritieren trachten und bei manchen Kultusbehörden einen überproportionalen Einfluß haben.

Unglücklicherweise hat die Auseinandersetzung um die Schulbuch-Empfehlungen erneut sehr deutlich gezeigt, daß der Kulturföderalismus in diesem Staat bis zum Exzeß strapaziert werden kann und der Bund über keinerlei „Transformationskompetenz" verfügt – d. h. : er kann nichts durchsetzen! Das Problem sieht in diesem Fall im Detail so aus:

„In Anbetracht der großen Bedeutung, die die Schule und die Schulbücher für die Jugenderziehung haben, werden die Vertragsparteien ihre Bemühungen fortsetzen, in den Schulbüchern eine Darstellung der Geschichte, Geographie und Kultur der anderen Seite zu erreichen, die eine umfassende Kenntnis und ein besseres gegenseitiges Verständnis fördert; sie werden darauf hinwirken, daß dabei die Empfehlungen der gemeinsamen Schulbuchkommission berücksichtigt werden."
So heißt es im § 4 des Kulturabkommens zwischen der Bundesrepublik Deutschland und der Volksrepublik Polen, das am 11. Juni des vergangenen Jahres in Bonn unterzeichnet wurde. Prof. Dr. Walter Mertineit, Leiter der deutschen Schulbuchkommission, hat darin eine „kaum vorstellbare große Würdigung der Kommissionsarbeit" gesehen und war darüber „sehr froh". Gar nicht froh war dagegen die Bayerische Staatsregierung, die diesem Kulturabkommen nur deshalb zugestimmt hatte, weil sie schon bald nach der Unterzeichnung erklären konnte, sie gehe davon aus, „daß die Länder aufgrund der Formulierungen ‚hinwirken' und ‚berücksichtigen' . . . frei sind, inwieweit sie die Empfehlungen der gemeinsamen Schulbuchkommission übernehmen".
Der bayerische Widerspruch – auf der Basis jener Sonthofener Maxime: „Wir können nicht genug an allgemeiner Konfrontation schaffen" –, das bayerische Diktum geht sogar so weit, die Empfehlungen generell für ungeeignet zu erklären, „dem Ziel des Artikel 4 des Kulturabkommens zu dienen, eine umfassende Kenntnis und ein besseres Verständnis zu fördern."
Es muß eigentlich gar nicht erst der folgende Satz in dieser ministeriellen Kampfansage zitiert werden – er ergibt sich logisch aus dem vorher Gesagten:
„Bayern wird die Empfehlungen der gemeinsamen Schulbuchkommission nicht übernehmen."
Dies ist also der harte Kern einer bundesweiten Aktion Widerstand, die mit ihrem Tiefschlag gegen die deutsch-polnischen Schulbuchempfehlungen – aus einer für sie günstigen Stellung heraus – natürlich auch und immer wieder die gesamte Ostpolitik der sozial-liberalen Regierungskoalition treffen will – und trifft! Und wenn ein bayerisch-sudetendeutscher Oberstudienrat, im Gespräch als Vorsitzender des Ostkunde-Beirats beim Bayerischen Staatsministerium für Unterricht und Kultus, eine „Erziehung zum Kniefall vor Polens Kommunisten" prophezeit, falls die Empfehlungen zur Zeitgeschichte „Eingang in unsere Schulbücher finden" sollten (Dr. A. Schickel im Deutschland-Magazin Nr. 1/1977), so sind Zielrichtung und (un)-geistiger Hintergrund der ganzen Kampagne erkennbar.
Worum geht es nun bei der Kritik im wesentlichen? Zum ersten ist da der Vorwurf, daß man mit Kommunisten auch nicht wissenschaftlich reden kann und darf: „Der Standpunkt polnischer Kommunisten und Nationalisten sollte bei uns keinen Widerhall finden" – so hat es Dr. Herbert Hupka (CDU-MdB) formuliert; einer der Vizepräsidenten der BdV, dessen kulturpolitischer Sprecher und Vorsitzender der Landsmannschaft Schlesien. Zum zweiten ist da der Vorwurf „einer sprachlichen Verharmlosung der Massenvertreibung" (so steht es im bayerischen Ablehnungs-Beschluß) – und das nur, weil in den Empfehlungen unter der Ziffer 22) von „Bevölkerungsverschiebungen" gesprochen und auf das „interalliierte Transferabkommen" Bezug genommen wird. Die Sätze über Evakuierung und Flucht „unter großen Opfern" noch vor Kriegsende sowie über die Ausweisung und Zwangsumsiedlung werden beim emotionalisierten Protest nicht zur Kenntnis genommen (s. Empf. Seite 36/37). Und zum

dritten geht es darum, daß in den deutsch-polnischen Schulbuch-Empfehlungen von der faktischen Existenz zweier deutscher Staaten seit 1949 ausgegangen wird – für die Kritiker stehen sie somit „im Widerspruch zu den Entscheidungen des Bundesverfassungsgerichts bezüglich der Rechtslage Deutschlands", so sagt es das Bayerische Staatsministerium. Das BVerG-Urteil ist die andere Klammer – von den gleichen Kräften geschmiedet – um eine realitätsorientierte Ostpolitik zu behindern – ein gravierender Fall übrigens , wo „Richterrecht über Parlamentsrecht" gegangen ist.

Nur dieser eine, zuletzt genannte Grund hat Gewicht – auch auch hierbei geht die Argumentation der Kritiker am Kern der Dinge vorbei:

Die Empfehlungen sind – schon der Name sagt es ja – Empfehlungen und keine diktatorischen Befehle oder Richtlinien, die nur diesen Wortlaut und sonst nichts in bundesdeutschen Schulbüchern zulassen würden.

Die Empfehlungen interpretieren auf wissenschaftlicher Basis den Zeitraum einer tausendjährigen – wie jeder wissen sollte – sehr wechselvollen Geschichte, die durch die Ereignisse zwischen 1939 und 1945 bis in unsere Tage hinein besonders belastet ist. Die Empfehlungen können nur im gesamten Kontext gelesen werden. Die Empfehlungen werden auch von ihren Autoren als eine Arbeit gesehen, die fortgesetzt und ergänzt werden muß – wissenschaftliche Konferenzen „sollen sich mit den . . . Problemen beschäftigen, deren Klärung für die fachwissenschaftliche und didaktische Vertiefung der Empfehlungen unerläßlich ist" (Vorwort S. 10/11.).

„Wir werden sie berücksichtigen"

Wogegen man sich also offensichtlich sträubt ist – das Ergebnis dieses deutsch-polnischen Schulbuch-Dialogs als Diskussions- und Arbeitsgrundlage anzuerkennen und an (möglichst) alle in Schule und Unterricht tätigen „mündigen Bürger" weiterzureichen. Die Frage geht an Walter Rasch, West-Berlins Schulsenator und kulturpolitischer Sprecher der F.D.P., wie er zu den Empfehlungen steht:

„Zunächst einmal muß man ganz deutlich bekennen und zum Ausdruck bringen, daß diese Empfehlungen aufs deutlichste zu begrüßen sind. Ich freue mich sehr, daß sie vorliegen – auch wenn sie, wie jeder weiß, Kompromißcharakter haben, nicht in jedem Satz, in jeder Formulierung vollkommen sind – der öffentliche Streit darum hat das ja auch deutlich gemacht. Aber ich muß auch sagen, dieser Streit ist nicht schädlich sondern es ist gut, wenn darüber gesprochen wird, weil dadurch das ganze Problem der Darstellung der jeweiligen historischen Entwicklungen und Gegebenheiten in den Schulbüchern der beiden Länder als ein klares Problem erkannt wird. Und auch erkannt wird, daß die Umsetzung in zukünftigen Schulbüchern im positiven Sinne dieser Empfehlungen erfolgen muß und sollte.

Für uns sind das Empfehlungen, die wir in die Schulen hineingeben – auch in die Beiräte, die die Schulbücher zu beurteilen haben – nicht als Verwaltungsvorschrift im engeren Sinne, sondern als eine Empfehlung, die sie fachlich verantwortlich für ihren Bereich berücksichtigen sollen: für die Gestaltung des Unterrichts und für die Beurteilung der Schulbücher. Der Grundtenor, die Tendenz und die Vorstellung, wie sie in den Empfehlungen enthalten sind, sollen Grundlage sein auch für das Prüf- und Genehmigungsverfahren.

Es sind Empfehlungen – so sind sie gedacht, so werden sie auch behandelt: Sie werden und müssen aber bei allen Fragen, die mit deutsch-polnischen Schulbuchfragen zu tun haben, eben berücksichtigt werden. Das ist schon mal wichtig und ich kann nur politisch hoffen, ich bin etwas skeptisch nach der letzten Diskussion in der Kultusministerkonferenz, daß es auch in der KMK möglich sein sollte, sich hierauf wenigstens zu einigen.

Der Nichtkundige weiß vielleicht gar nicht, daß wir uns nicht nur über diese Empfehlungen in der Kultusministerkonferenz streiten, sondern auch über die Fragen der Grenzen – d. h. wie die Grenzen des Deutschen Reiches von 1937 markiert werden sollen. Jeder weiß, welche politischen Komplikationen das wiederum mit den uns umgebenden Partnern zur Folge hat – hier ist auch z. Z. kein Kompromiß möglich. Und doch gäbe es gute Wege, einen Kompromiß zu finden, ohne daß wir unsere politischen oder unsere historischen Gegebenheiten vernachlässigen würden – wir müssen aber Rücksicht nehmen (und wollen das ja auch tun) auf die tatsächliche Situation, wie sie jetzt in Mitteleuropa vorfindlich ist. Das ist unsere Leitlinie und Sie können davon ausgehen, daß ich das in der Kultusministerkonferenz – wie schon bisher geschehen – deutlich machen werde. Unsere Augen sind alle etwas südwärts im deutschen Lande gerichtet, ob man auch dort wird auf diese Linie einschwenken können".

„Er sähe eine Chance", so sagte Schulsenator Rasch, „aber die ist noch sehr weit weg – so als konkrete Utopie vielleicht."

Bayerns Haltung zum deutsch-polnischen Schulbuchfrieden beschäftigt unsere Leser.
„Die Schrecken sind noch gegenwärtig"
(Leserzuschriften: Nürnberger Nachrichten, 10. 9. 1977)

In Ihrer Zeitung vom 31. August brachten Sie einen Beitrag unter der Überschrift „Bayern stört den Schulbuchfrieden". Dazu möchte ich feststellen: An fast keiner Stelle Europas ist in den letzten 200 Jahren so viel Haß, Gewalt und Feindschaft angehäuft worden wie zwischen Polen und Deutschland. Bittere Erfahrungen lehrten das polnische Volk, daß königlich-preußische, kaiserlich-deutsche und nationalsozialistische Polenpolitik die Vernichtung Polens als Nation beabsichtigte, während Polen andererseits niemals das Existenzrecht des deutschen Volkes in Frage stellte.
Antipolnische Schulbuchinhalte dienten schon frühzeitig dazu, den Angriff auf Polen vorzubereiten, der sich bald zu einem europäischen und schließlich zu einem weltweiten Krieg ausweitete. Noch heute ist vielen Polen der Schrecken in Erinnerung, der von der faschistischen Besatzungsmacht ausging. Umfassende, auf deutscher Herrenrasse-Ideologie basierende Programme sollten das polnische Volk ausrotten. Damals kamen sechs Millionen Polen ums Leben. Insgesamt mehr als 22 Prozent der Bevölkerung.

Wenn das bayerische Kultusministerium heute die deutsch-polnischen Schulbuchempfehlungen ablehnt, so wendet sich dies gegen die Aussöhnung mit dem polnischen Volk.
Die Argumente in „schule & wir" gegen die Empfehlungen der deutsch-polnischen Schulbuchkommissionen beweisen, daß die CSU die bayerischen Schulbücher nicht im Sinne der Völkerverständigung verbessern will und auch nach der Unterzeichnung des Warschauer Vertrags eine Politik des kalten Kriegs betreibt, die den Frieden erheblich gefährdet.

Karin Horneber.

Als vor rund einem Monat in „schule & wir" der Artikel über den „Schulbuchfrieden" erschien, stieß er bei uns Schülern fast durchwegs auf Zustimmung. Der Artikel in „schule & wir" sollte doch keineswegs eine Diffamierung der Arbeit und Absicht der deutsch-polnischen Kommission sein, sondern vielmehr die Kritik an einigen wesentlichen Punkten des Ergebnisses. So ist es keineswegs Haarspalterei, das Wort „Zwangsumsiedlung" anstelle von „Vertreibung" für den historischen Sachverhalt als unpassend zu bezeichnen. Schon allein die Tatsache, daß sieben Millionen Deutsche nicht nur um ihre Heimat, sondern auch um ihren Besitz und ihre Existenz gebracht wurden, widerlegt das Wort „Zwangsumsiedlung". Kompromisse mögen auf anderen Gebieten der

Entspannungspolitik sehr nützlich sein und notwendig: zur Geschichtsschreibung sind sie untauglich.

Matthias Friedl.

Es ist sehr anerkennenswert, wenn man in den deutsch-polnischen Schulbuchgesprächen versucht hat, Verständnis füreinander zu finden. Einige Teilbereiche konnte man zufriedenstellend formulieren. Beim Durchlesen des gesamten Textes bleiben jedoch einige deutliche Mängel, die in dem Artikel nur am Rande oder gar nicht erwähnt wurden. Hier stichpunktartig einige Beispiele: das Einwirken der UdSSR auf das deutsch-polnische Verhältnis zwischen 1939 und 1945 (zum Beispiel Hitler-Stalin-Pakt) wird totgeschwiegen. Die Greuel des NS-Regimes werden mit Recht zur Sprache gebracht, die russischen Aktionen gegen Polen (zum Beispiel Massaker von Katyn) fehlen wieder. Es ist daher verständlich, wenn Bayern (ebenso wie Baden-Württemberg) diese Empfehlungen nicht übernommen hat.

Ulf Beier, StR.

Die deutsch-polnischen Schulbuchempfehlungen sind eine notwendige Konsequenz aus der Erfahrung, daß die beiden Weltkriege dieses Jahrhunderts und eine Reihe weiterer Konflikte entscheidend mit Hilfe von friedensfeindlichen Schulbuchinhalten vorbereitet wurden. Die Schullektüre damals erzeugte Mißtrauen.
Obwohl sie am 11. Juni 1976 sogar Gegenstand des deutsch-polnischen Kulturabkommens wurden, haben die gemeinsam erarbeiteten Schulbuchempfehlungen, die insbesondere die Entfernung vertragswidriger Schulbuchinhalte vorschlagen, in Bayern noch keine Aufnahme gefunden.

Das bayerische Kultusministerium weigert sich bisher, diese Empfehlungen in seinen Amtsblättern zu veröffentlichen, obwohl – oder besser weil? – bayerische Schulbücher auch heute noch historische Tatsachen verschweigen, antipolnische Klischees fördern und friedensfeindliche Bestrebungen großschreiben.
Die Angriffe der CSU in „schule & wir" und in „Schulreport", Heft 1/77 gegen die im Rahmen der UNESCO erstellten Empfehlungen müssen energisch zurückgewiesen werden. Sie reihen sich nahtlos ein in die Kette kriegspolitischer Forderungen nach Wiederherstellung der deutschen Grenzen von 1937, die Ausdruck des gleichen Nationalismus sind, der zwei Weltkriege provozierte.

Rainer Schönhofer.

„Die wissenschaftliche Substanz bleibt von dem politischen Streit unberührt" *(Walter Mertineit: Betrifft Erziehung, September 1977)*

Der schöne Satz in der Verfassung der UNESCO, „. . . daß, da Kriege im Geist der Menschen entstehen, auch die Bollwerke des Friedens im Geist der Menschen errichtet werden müssen", gehört zu den Gedanken, die unzählige Male blamiert worden sind und dennoch ihre Kraft nicht eingebüßt haben, die Völker der Vereinten Nationen in der unaufgebbaren Idee eines „aktiven Friedens" zu verbinden.
Für die Pioniere der internationalen Schulbuchrevision, die ihren Anfang nach dem Ersten Weltkrieg unter dem Protektorat des Völkerbundes nahm, war der Gedanke nie so utopisch, daß es sich nicht gelohnt hätte, sich dafür mit den bescheidenen Mitteln der Wissenschaft, der gegenseitigen Kritik und der Anregungen zur Verbesserung von Geschichtsbüchern einzusetzen. Die Idee des „aktiven Friedens" gab der Schulbuchrevision ihren Sinn; sie bleibt auch in Zukunft ihre Leitvorstellung.

Anknüpfen an demokratische Tradition.
Unmittelbar wirksam wurde internationale Schulbuchrevisionsarbeit immer erst in politisch schon befriedeten Regionen. Nirgendwo aber gewann sie so an Intensität wie nach dem Zweiten Weltkrieg in der Bundesrepublik Deutschland unter Georg

Eckert und dem von ihm gegründeten Internationalen Schulbuchinstitut in Braunschweig, das nach seinem Tode 1974 heute auch seinen Namen trägt. Zwei miteinander eng verbundene Entwicklungen erklären vielleicht die überragende Bedeutung, die Braunschweig in der internationalen Schulbuchrevision spielte. Einmal der Wunsch vieler Deutscher, vor allem der Lehrer, nach den Jahren der Feindschaft mit so vielen europäischen Nachbarn, aber auch mit den USA, wieder anzuknüpfen an gemeinsame demokratische und friedliche Traditionen. Niemand hatte sich so viele Feinde gemacht wie Deutschland, niemand mußte nun auch so große Anstrengungen zur Versöhnung unternehmen. Mit einem ganz spezifisch deutschen Motiv, aus der historischen Situation verständlich, verband sich sehr bald ein westeuropäisch-regionales Motiv, erklärbar aus den neuen weltpolitischen Tatsachen, die der deutsche Zusammenbruch 1945, das Ende der Anti-Hitler-Koalition und die Konfrontation der Supermächte im ,,Kalten Krieg" geschaffen hatte.

Man wird im Europa der Europäischen Gemeinschaft und des Europarates heute kaum noch Schulbücher finden, die in grober Weise das Bild von den Nachbarnationen verzerren. Nationalegoistische Bewertungen historischer Tatsachen, die früher auf die gegenseitigen Beziehungen negativ einwirkten, wie das besonders im deutsch-französischen oder deutsch-britischen Verhältnis der Fall war, sind längst korrigiert.

Geschichtliche Tragweite.

Der unbestreitbare Erfolg der westeuropäischen Schulbuchrevisionen, der allerdings gebunden blieb an die Grenzen des politischen Paktsystems, den Regionalismus der Friedenssicherung, zeigt die Abhängigkeit des Erfolges internationaler Schulbucharbeit von der Politik. Gewöhnlich folgt sie dieser, und bereitet sie nicht etwa vor. Sie ist eher ein Nacharbeiten hinter der Politik und gerade darin notwendig und unersetzbar, weil sie nun Maßstäbe setzen kann für die weitere Entwicklung. Insofern wird sie nun auch für die Politik von Bedeutung, wie die zahlreichen Kulturabkommen etwa der Bundesrepublik Deutschland mit anderen Staaten zeigen, die in der Regel Artikel über die beiderseitige Schulbuchverbesserung enthalten. Die Maßstäbe gewinnt sie aus der historischen Retrospektive, indem sie das Bild vom ,,Erbfeind" oder vom ,,bösen Nachbarn" in rational gemeinsam diskutierbare Erklärungszusammenhänge einordnet und die in der Geschichte, im Ringen um die geschichtliche Wahrheit, so heiß diskutierten Schuldzusammenhänge diesen unterordnet, so daß eines Tages auch moralisch heute noch entgegengesetzte Standpunkte schließlich versöhnbar werden. Die Chance einer solchen Nacharbeit hinter der Politik ist eine doppelte. Indem sie das Bild vom ,,Erbfeind" oder ,,bösen Nachbarn" in seinen Entstehungsursachen erklären und damit überwinden helfen kann, eröffnet sie auch eine Perspektive. Sie zeigt für die Erziehung der Jugend Möglichkeiten der Versöhnbarkeit gegensätzlicher Standpunkte und nimmt dadurch ein Stück besserer Zukunft in den internationalen Beziehungen schon vorweg.

Die Themen, die die internationalen Schulbuchkonferenzen, an denen die Bundesrepublik beteiligt war, sich zu stellen hatten, waren immer von großer geschichtlicher Tragweite, die das Verhältnis zwischen dem deutschen Volk und seinen Nachbarn sowie die späteren Bemühungen um eine bessere Verständigung oder gar Aussöhnung zu einem schwierigen Problem machten. Ganz besonders gilt das für das deutsch-polnische Geschichtsverhältnis, das nicht erst seit dem Überfall Hitlers auf Polen, der gezielten Ausrottung der polnischen Intelligenz und Kultur, der Verknechtung des polnischen Volkes, der Umwandlung Polens in einen deutschen Kolonialraum und der millionenfachen Ermordung jüdischer Menschen in Massenvernichtungslagern wie Auschwitz in einem unvorstellbaren Maße historisch belastet war und es auch noch für lange Zeit bleiben wird. Denn mit polnischen Augen gesehen, erschienen nun die nationalsozialistischen Verbrechen wie eine logische, wenn auch unerwartet grausame Konsequenz früherer deutscher Polenpolitik, dergegenüber die Vertreibung von Millionen Deutscher aus ihrer angestammten Heimat nicht mehr als Unrecht empfunden wurde, auch wenn sie nach den Regeln des Völkerrechts wirklich ein Unrecht war.

Es gibt für den deutsch-polnischen Konflikt, der alle anderen historischen Konflikte Deutschlands mit seinen Nachbarn an Tiefe und zuletzt auch an Zahl der Opfer auf beiden Seiten weit übertraf, kein objektives Maß des Vergleichens und der Aufrechenbarkeit der Schuld. Das heute noch auf beiden Seiten unbewältigte moralische Problem macht es für Polen wie für Deutsche schwer, die Geschichte des jeweils anderen Volkes und die Geschichte der Beziehungen zwischen ihnen, die ein Jahrtausend umfaßt, unbefangen und objektiv zu sehen. Nationalistische Geschichtsschreibung in beiden Ländern hatte einen schon unversöhnlich gewordenen nationalen Konflikt zwischen Preußen-Deutschland und Polen seit dem Ende des 19. Jahrhunderts auf die gesamte Geschichte der deutsch-polnischen Beziehungen von ihren Anfängen an übertragen. Die Tatsache, daß die Volksrepublik Polen es seit 1949 mit zwei deutschen Staaten zu tun hat, von denen der eine gleich ihr dem sozialistischen Lager angehört, der andere aber, die Bundesrepublik Deutschland, dem westeuropäisch-atlantischen Sicherheitssystem und der politischen Kultur des Westens verbunden ist, erhöht noch die Schwierigkeiten einer objektiven Darstellung, deren Notwendigkeit aber gerade dadurch erst recht bezeugt wird.

Wunsch nach Verständigung.

Die seit 1972 schließlich aufgenommenen Schulbuchgespräche zwischen deutschen und polnischen Historikern, die durch die UNESCO-Kommissionen beider Länder abwechselnd in Braunschweig und in Warschau an einen Tisch zusammengeführt wurden, wären wahrscheinlich ohne Ergebnis geblieben, wenn ihnen nicht die Politik der Entspannung, der Abschluß des Vertrages zwischen der Bundesrepublik Deutschland und der Volksrepublik Polen über die Grundlagen der Normalisierung ihrer Beziehungen sowie die damals noch bevorstehende Konferenz über Sicherheit und Zusammenarbeit in Europa einen weiten Raum zur Verständigung geöffnet hätten. Dieser Politik kam entgegen, daß deutsche und polnische Historiker schon seit Mitte der 50er Jahre, zur Zeit des „polnischen Oktober", das Gespräch miteinander gesucht hatten und daß dieser Wunsch nach Verständigung lebendig geblieben war, auch wenn das Klima im außenpolitischen Verhältnis zwischen der Bundesrepublik Deutschland und der Volksrepublik Polen ihn zunächst nicht zur Verwirklichung kommen ließ.

Die internationale Schulbucharbeit war immer schon angewiesen auf eine international diskutierende Geschichtswissenschaft, die stark genug war, die außerwissenschaftlichen und politischen Erwartungen und Forderungen abzuwehren, die an sie von der einen oder anderen Seite herangetragen werden mochten. Im Falle der deutsch-polnischen Schulbuchkonferenzen wurde sie auch auf eine äußerst harte Probe gestellt, denn gleichgültig ob es sich um die Entstehungsgeschichte des deutschen oder des polnischen Volkes handelte, ob um die frühmittelalterlichen Staatsbildungsprozesse, um die Siedlungsbewegungen, um die Rolle des deutschen oder des polnischen Rechts, um den Deutschen Orden, die polnischen Teilungen, die Germanisierungs- und die Repolonisierungsbestrebungen, die deutsche Besatzungs- und Vernichtungspolitik und die darauf folgende Vertreibung der deutschen Bevölkerung und die Inbesitznahme deutschen Gebietes östlich der Oder-Neiße-Linie, so gut wie alles war im nationalen Sinne aktualisierbar und für politische Zwecke verwertbar.

Diffamierung.

Es war den deutschen und den polnischen Mitgliedern der gemeinsamen Schulbuchkonferenzen von vornherein klar, daß ihre Überprüfung historiographisch mehr oder weniger weit auseinander liegender Standpunkte, die ihren Niederschlag in oft vergröbernder Weise in den Geschichtsbüchern beider Länder gefunden hatten, erst recht aber ihre gemeinsamen Empfehlungen zur Verbesserung der Schulbücher auf Kritik, ja auf politische Gegnerschaft stoßen würden. Es kam insbesondere in der Bundesrepublik Deutschland zu einer Diffamierungskampagne, die der Bund der Vertriebenen anführte und die nicht wirkungslos blieb, wie das Beispiel der Bayrischen Staatsregierung zeigt, die die Empfehlungen politisch verurteilte, da sie ,,im Widerspruch zu den Entscheidungen des Bundesverfassungsgerichts bezüglich der Rechtslage Deutschlands" stünden. Sie seien, so hieß es, ,,gekennzeichnet von einer sprachlichen Verharmlosung der Massenvertreibungen und verschweigen historische Fakten, so z. B. die Rolle der Sowjetunion von 1939 an". Auch seien sie ,,zu wenig ausgewogen" und gingen ,,zu sehr auf die Wünsche und Vorstellungen der polnischen Seite ein". Man hielt sie ,,daher nicht geeignet, dem Ziel des Art. 4 des Kulturabkommens zu dienen, eine umfassende Kenntnis und ein besseres gegenseitiges Verständnis zu fördern". (Schreiben der Bayerischen Staatskanzlei Nr. A 12-405-31-2 vom 11. 10. 1976 an die Deutsche UNESCO-Kommission.)

Für viele Menschen in Polen hat diese Einstellung zu den Empfehlungen der deutsch-polnischen Schulbuchkommission, deren Tätigkeit Bundespräsident Walter Scheel unlängst vor dem Deutschen Historikertag in Mannheim als ,,ein Werk des Friedens" bezeichnete (Bulletin Nr. 105-1976, S. 1052 f.) und deren Empfehlungen im deutsch-polnischen Kulturabkommen als berücksichtigenswert herausgehoben wurden, nicht viel Überraschendes, da sie doch mit dem Bilde, das man sich immer noch von der Bundesrepublik Deutschland und der Rolle der Vertriebenenverbände in ihr macht, übereinzustimmen scheint. Die wissenschaftliche Substanz der Empfehlungen bleibt von dem politischen Streit unberührt. Sie werden das bayerische Verdammungsurteil überdauern; im übrigen haben sie heute schon ihr Eigenleben gewonnen. Nicht etwa deswegen, weil es an ihnen nichts zu kritisieren und zu verbessern gäbe.

Die Mitglieder der deutsch-polnischen Schulbuchkommission kennen die Mängel, die den gemeinsam formulierten Empfehlungen hier und da anhaften, selber nur zu gut. Die Verständigung über sie war nie mühelos zu erreichen. Viele Empfehlungen, besonders aber die zur Nachkriegsgeschichte sind erst nach langwierigen, gelegentlich auch dramatischen Auseinandersetzungen in den nationalen Delegationen und nach harten Kontroversen im Plenum zustandegekommen, nachdem sie viele Male umgeschrieben werden mußten, bis sie die Zustimmung aller deutschen und polnischen Teilnehmer fanden. Man merkt ihnen die Spuren solcher Auseinandersetzungen an, im Stil, in den Andeutungen, auch im sichtbar gemachten Weggelassenen wie z. B. der Rolle der Sowjetunion bei der 4. Teilung Polens 1939 oder der polnischen ,,Westverschiebung 1945.

Wo Gegensätze fortwirkten, etwa in der verschiedenen Bewertung der Rolle des Deutschen Ordens oder auch in den Unterschieden der politischen Systeme der Gegenwart, sind sie ohne Beschönigung ausgesprochen worden.

Mehr als nur ein Anfang.

Trotz mancher Mängel, die bei dem ersten gemeinsamen Versuch, Möglichkeiten einer objektiven Darstellung des deutsch-polnischen Geschichtsverhältnisses zu erproben, unvermeidlich waren, weisen die Empfehlungen über die Bedeutung eines bloßen Anfangs, eines ersten Schrittes in die richtige Richtung, hinaus. Gleichgültig, in welcher Weise, ob und wann auch in Bayern, sie sich in den Schulbüchern niederschlagen werden – die Empfehlungen sind keine Textanweisung sondern Orientierungshilfe –, es bleibt jetzt schon die historisch für die Beziehungen zwischen Deutschen und Polen, der Bundesrepublik Deutschland und der Volksrepublik Polen bedeutsame Tatsache, daß polnische und deutsche Historiker sich auf eine gemeinsame Darstellung schwierigster

Fragen, besonders auch der jüngsten Vergangenheit, haben verständigen können. Noch in einer anderen Weise sind die deutsch-polnischen Schulbuchkonferenzen wichtig geworden, wie die ungewöhnlich große Aufmerksamkeit zeigt, die sie in anderen Mitgliedsstaaten der UNESCO fanden. Aus dem Blickwinkel der Europarats-Schulbuchkonferenzen waren Polen und die übrigen osteuropäischen Staaten von Europa losgerissene und abgetrennte Teile, über die die Jugend im Westen immer weniger wußte. Aus dem Blickwinkel der deutsch-polnischen Schulbuchkonferenzen gesehen, gerieten auch die übrigen osteuropäischen Staaten wieder in den Blickwinkel der internationalen Schulbucharbeit als europäische Staaten und Nationen, deren Eigenart und Vielfalt es wieder zu entdecken gilt.

Gegen die kommunistische Verfälschung der deutschen Geschichte (Osmipress, 15. 9. 1977)

Bereits unmittelbar nach Inkrafttreten des Warschauer Vertrages hat der damalige polnische Ministerpräsident die Auslöschung der Erinnerung an die Massenvertreibung, das Umdenken bezüglich der ostdeutschen Geschichte im polnischen Sinn und die Aufrechterhaltung der vielfachen Teilung Deutschlands gefordert. Die deutsch-polnischen Schulbuchempfehlungen dienen in manchen Teilen dem gleichen Ziel.

Die Mehrzahl der Länder, insbesondere der unionsgeführten Länder, hat die Veröffentlichung der Schulbuchempfehlungen abgelehnt. Die Verfasser der Schulbücher und die Verlage, vor allem aber die Eltern und die Schulverwaltungen, sollten sich dieser kommunistischen Manipulation der ostdeutschen Geschichte nicht beugen. Polen übt konstanten Druck im Sinne der Durchsetzung der Empfehlungen aus – auch beim Besuch des Bundeskanzler bei Gierek – und mischt sich in unsere Rechtsordnung und unser Kulturbewußtsein ein.

Die Aufgabe, die sich die von der UNESCO eingesetzte Schulbuch-Kommission stellte, war nicht einfach zu erfüllen. Es gibt in den deutsch-polnischen Beziehungen auf beiden Seiten viele Tabus und scharfe Gegensätze in der Ausdeutung der geschichtlichen Tatsachen. Die UNESCO-Kommission hat keineswegs diese Gegensätze aufgearbeitet oder Ansatzpunkte für die zeitweise vorbildliche Zusammenarbeit der Deutschen und Polen besonders herausgestellt. Gegensätzlichkeiten wurden entweder ausgespart und verschleiert oder offengelassen oder aber wurden die neuralgischen Abschnitte gegenseitiger Beziehungen völlig einseitig und nicht selten im Sinne marxistischer Geschichtsschreibung dargestellt. Hinzu kam noch die keineswegs gemeisterte Schwierigkeit, komplizierte geschichtliche Probleme in knappen, für das Schulbuch und die Schule didaktisch geeigneten Thesen zusammenfassen.

Die strittigen Punkte über das Verhältnis von Slawen und Germanen im Altertum und im früheren Mittelalter, insbesondere die Auseinandersetzung über die Besiedlungsfragen werden so gut wie gar nicht behandelt. Die in den ersten Thesen aufgestellte Behauptung, die Ostgermanen seien keine Vorfahren der deutschen Stämme, ist eine mehr als vieldeutige Formulierung.

Sehr verschwommen ist das Verhältnis des Kaisers und des deutschen Königstums zu Polen im hohen Mittelalter beschrieben. Der Hinweis auf einzelne Theorien läßt klare Stellungnahmen, die für eine Empfehlung wichtig wären, vermissen. Die Entwicklung Schlesiens und Pommerns in der Frühgeschichte Polens vom 10. bis zum 13. Jahrhundert ist nicht klar herauszulesen. Es wird sehr wenig auf die tatsächliche Besiedlung aus den verschiedenen Stämmen der Deutschen und deren tatsächliche Auswirkungen auf die gesam-

te kulturelle Lage und das Leben im Alltag durch präzise Hinweise eingegangen.
Es wird zwar die Übernahme des deutschen Rechtes in Ostdeutschland und großen Teilen Osteuropas behandelt. Der Umfang der kulturellen, wirtschaftlichen und sozialen Einflüsse, der aus dem Bereich der Deutschen in den Gebieten sich bemerkbar machte, der deutsche Einfluß auf die städtische Kultur, auf das geistige Leben, aber auch auf die materielle Kultur, das Handwerk und die Landwirtschaft wird zu wenig deutlich gemacht. Es fehlt auch in diesem Bereich die Darstellung der Ansatzpunkte für eine wertvolle, praktische und politische Zusammenarbeit und Kompromisse zwischen Deutschen und Polen, etwa in der Regierungszeit Kasimir des Großen nach Überwindung schwerster Gegensätze.

Es wird auch nichts getan, um das polnische einseitige Bild der ausschließlich blutrünstigen Kreuzritter des Deutschen Ritterordens zu mildern, die Behandlung der diametral verschiedenen Meinung über den geschichtlichen Weg des Deutschen Ordens in den deutsch-polnischen Beziehungen wird vertagt.
Etwas befriedigender ist die Darstellung einzelner kultureller und konfessioneller deutsch-polnischer Beziehungen im Zeitalter der Renaissance, der Reformation und des Barock. Doch fehlt fast jede Behandlung der Epoche der Sächsischen Könige in Polen. Nicht uninteressant ist die Darstellung des Kapitels über den polnischen Staat im Zeitalter der Aufklärung, doch werden dabei die Mißstände der polnischen Adelsrepublik nicht beim Namen genannt und die innerpolnischen Ursachen für die Teilung Polens verschwiegen. Die ständige Präsenz russischer Truppen in Polen und die ständige russische Einmischung in Polen lange vor den Teilungen wird verschwiegen.
Bei der berechtigten Darstellung des Kampfes des polnischen Volkes um Freiheit und Unabhängigkeit werden die deutschen Hilfen für die polnischen Interessen in den Jahren 1800 bis 1848 nur auf deutsche Unterstützung von seiten linker marxistischer Kräfte beschränkt.
Ab 1848 wird die deutsche und die polnische Geschichte zwar vorsichtig, aber deutlich vom marxistischen Blickpunkt aus beleuchtet. Bei der Darstellung der Industrialisierung in Oberschlesien fehlt der Hinweis auf den deutschen Einfluß beim Aufbau der Industrie.

Bei der Darstellung der Polen-Politik der Teilungsmächte wird die kulturelle Förderung der Polen in Galizien durch Österreich und der polnische Einfluß auf das politische Leben in Österreich-Ungarn verschwiegen.
Bei der Darstellung des Ersten Weltkrieges wird die Haltung einzelner deutscher Kreise, die nicht für das Ganze die Verantwortung trugen, generalisiert. Die russische Version über den Ablauf des Ersten Weltkrieges wird übernommen und es werden die russophilen und panslawistischen Grundsätze der rechtsradikalen antideutschen polnischen Nationaldemokraten für die Darstellung der deutsch-polnischen Beziehungen im 20. Jahrhundert vertreten.
Vom Ende des ersten Weltkrieges ab folgen die Schulbuchempfehlungen immer mehr der russisch-kommunistischen Geschichtsschreibung. Die Oktoberrevolution wird zur Ursache der Befreiung Polens hochstilisiert. Die polnisch-russischen Kämpfe um 1920 werden kaum erwähnt. Die Nationalitätenpolitik Lenins wird einseitig dargestellt. Völlig verschwiegen wird, daß nach 1922 ein Drittel der Bevölkerung Polens aus nationalen Minderheiten bestand, die schwer unterdrückt wurden. Die Verfolgung der Deutschen nach 1922 wird so gut wie nicht erwähnt.
Marxistisch entstellt ist das Bild über die Entwicklung Oberschlesiens. Es fehlt jeder Hinweis darauf, daß die Deutschen in das Schlesische Parlament in Polen oft mehr als ein Drittel der Abgeordneten entsandten, solange es freie Wahlen gab. Die Grausamkeiten der Aufstände werden ebenso wenig genannt wie die Unterdrük-

kungspolitik der polnischen Behörden in Oberschlesien

Bei der Darstellung der deutsch-polnischen Beziehungen von 1933 bis 1939 wird verschleiert, daß die auch in Polen inzwischen verstärkte Diktatur das Regime Hitlers zeitweise stark unterstützte und die nicht gleichgeschalteten Deutschen in Oberschlesien schlecht behandelte. Fast überall fehlt ein Hinweis darauf, in welchen Bereichen Deutsche den Polen geholfen haben – auch während der Verfolgung von Polen – und was die Deutschen zur Festigung des polnischen Staates, seiner Kultur und seines Bestandes beigetragen haben.

Am schlimmsten ist die Darstellung des Nachkriegsgeschichte nach dem 2. Weltkrieg. Sie ist in der Darstellung grundgesetzwidrig und an vielen Stellen mit der Achtung der in der Würde des Menschen verankerten Menschenrechte und dem Völkerrecht nicht im Einklang.

Die Massenvertreibungen und die Besetzung großer Teile Deutschlands ohne friedensvertragliche Regelung werden in den Empfehlungen als ,,allgemeine territoriale und Grenzveränderungen im Ergebnis des Krieges betrachtet". Daß es ein völkerrechtliches Verbot gewaltsamen Gebietswandels und Schutzvorschriften gegen Massenvertreibungen gibt und gab, wird unterschlagen. Der rechtliche Fortbestand Deutschlands in den Grenzen vom 31. Dezember 1937 im Sinne der Entscheidungen des Bundesverfassungsgerichts vom 31. Juli 1973 und 7. Juli 1975 sollte nach diesen Empfehlungen in deutschen Schulbüchern keine Erwähnung finden.

Während die nationalsozialistischen Verbrechen scharf verurteilt werden, schweigen die Empfehlungen über die Verbrechen bei der Massenvertreibung der Deutschen.

Die polnische Regierung versucht nunmehr, insbesondere sozialdemokratische Verhandlungspartner für die zwangsmäßige Durchsetzung dieser Geschichtsklitterungen in den deutschen Schulen zu gewinnen. Wie man den Presseberichten folgen kann, stößt sie dabei auf viel Nachgiebigkeit. Wie immer die Entscheidung der politischen Kräfte fallen mag – leider wissen viel zu wenige, worum es eigentlich geht, – müssen die Eltern und die geschichtsbewußten Deutschen sich gegen eine solche Geschichtsklitterung und gegen die Manipulation der Erziehung und des Unterrichts für die junge Generation zur Wehr setzen.

Nach einem Aufsatz von Dr. Herbert Czaja

Deutschstunde
(Erwin Leiser: Leserbrief, Deutsche Zeitung/Christ und Welt, 9. 9. 1977)

Herr Dr. phil. Enno Meyer bemüht sich als Mitglied der Schulbuchkommission, die Schulbuchempfehlungen als Ergebnis unverbindlicher Kompromisse darzustellen. Es besteht wohl kein Zweifel, daß in Polen die Geschichte, was die deutschen Ostgebiete betrifft, so polnisch interpretiert wird wie eh und je.

Andererseits ist damit zu rechnen, daß in einigen deutschen Ländern mittels obligatorischer Bildungspläne von diesen Kompromißformeln Gebrauch gemacht wird unter stillschweigender Ignorierung der Kriterien, die die Urteile des BVG für die Gültigkeit der Ostverträge festgestellt haben.

Wenn Gegenstand der Empfehlungen Geschichte sein soll, so wird in dem Passus, der sich mit dem Gebrauch von Ortsnamen befaßt, besonders offenkundlich, wie schematisch und darum irreführend historische Begriffe gebraucht werden. So wenn es heißt, daß ,,Wroclaw" nicht zu den polonisierten Formen gehöre. Natürlich weiß Herr Meyer, daß die Anwerbung von deutschen Siedlern vor 800 Jahren unter den schlesischen Herzögen Boleslaus und Heinrich I. begann und daß in 150

Jahren 120 Städte und 1200 Dörfer gegründet wurden. Diese Orte erhielten entweder neue Namen oder man übernahm vorhandene Namen, gleich ob diese keltische, vandalische, marsische, tschechische, wikingische oder polnische Wurzeln hatten, was bis heute in vielen Fällen ungeklärt ist.
Die natürliche Anpassung solcher Namen an deutsche Zunge und Schreibweise durch jahrhundertelangen Gebrauch ist ein echter historischer Prozeß und als solcher ein Indiz für die friedliche Erschließung des Landes. Auch später vorgenommene Korrekturen als Anpassung an das Sprachverständnis der Bevölkerung entsprechen dieser legalen historischen Entwicklung, und der Ausdruck ,,Germanisierung" wäre in solchen Fällen fehl am Platze.

Bleibt der Blick nach Osten weiterhin getrübt? Wen kümmern westdeutsch-polnische Schulbuchempfehlungen?
(Irina Friedrichs: Die Wahrheit, 12. 10. 1977)
[*ohne Aufmacher*]

Seit 1972 sitzen polnische und westdeutsche Historiker, Geographen, Pädagogen, Schulbuchautoren und -verleger an dieser erstmalig gemeinsam erarbeiteten und verantworteten ,,Interpretation der deutsch-polnischen Beziehungen in ihrem Ablauf von den Anfängen bis in unsere Tage". Ergebnis sind fürs erste 57 Seiten mit Thesen in beiden Sprachen, die in Form von Empfehlungen den zuständigen Behörden und Fachleuten beider Länder zugegangen sind. Sie werden von den Autoren von der Hoffnung begleitet, daß ,,die Empfehlungen. . . zur Einhaltung bestimmter allgemein gültiger Prinzipien auffordern, deren Beachtung für die Erziehung zu sachlich begründeten Beurteilungen, Wertungen und Entscheidungen unerläßlich ist".
Solch lange Arbeit, solch ausgewogen formulierter Wunsch könnte eine willkommene Richtschnur für die Vorbereitung von Geschichts- und Geographieunterricht der für manchen Lehrer schwierigen Behandlung unserer sozialistischen Nachbarländer sein, zumal, wenn man die versteckt antikommunistischen bis offen revanchistischen Inhalte der meisten unserer Schulbücher dieser Fächer kennt – müßte man meinen! Wie ist es um das weitere Schicksal der ,,Empfehlungen" bestellt?
In der VR Polen ist das ganz einfach. Dort gab das Ministerium für Volksbildung bereits die Anweisung, Geschichts- und Geographiebücher unter Berücksichtigung der Vorschläge der westdeutsch-polnischen Schulbuchkommission zu ändern. Die Umsetzung der westdeutsch-polnischen Zusammenarbeit ist bereits im Gange, dank einer zentral geleiteten Bildungspolitik, wo es zu den Selbstverständlichkeiten gehört, die Arbeit wissenschaftlich beauftragter Kommissionen zu nutzen, und das heißt nichts anderes, als ihre Erkenntnisse in Zukunft in die Praxis miteinzubeziehen.
Wie steht es damit an unseren Schulen in Westberlin? Seit die Empfehlungen auf dem Tisch liegen, werden sie wie ein zu heißer Brei behandelt. Verantwortlich für die Bildungspolitik sind in der BRD allein die Kultusbehörden der einzelnen Länder. (In Westberlin ist es der Schulsenator.) Der Staat kann lediglich ,,dringend anraten", ,,nachdrücklich empfehlen". . . – entscheiden kann er nicht.
Das eigentlich heiße Problem der 57 Seiten, um die es geht, ist ein Kapitel, das die ,,Widerstandsbewegungen im nationalsozialistischen Deutschland und in Polen während des II. Weltkrieges" behandelt. Während ,,Deutschland, Polen und der Deutsche Orden", Themen aus mittelalterlicher Zeit ohne direkte aktuelle Brisanz, ohne Schwierigkeiten die Zustimmung der Kultusminister fand, nahmen gewisse Herren in der bundesdeutschen politischen Landschaft das zeitgeschichtliche Thema zum willkommenen Anlaß, einmal mehr realistische Positionen in der Frage unsres Verhältnisses zu unseren öst-

lichen Nachbarn zu verleumden. Sehr schnell erwiesen sich die ,,Empfehlungen" als Politikum, an dem sich deutlich die Geister schieden. Auf der einen Seite diejenigen, die bereit und gewillt sind, revanchistische Hetze und das Kalte-Kriegs-Gebrüll aufzugeben zugunsten der Einsicht in die real existierende Situation, zugunsten der Grenzen von 1945 und der friedlichen Koexistenz sowie entspannter Beziehungen zum gegenseitigen Vorteil der nach dem 2. Weltkrieg gegründeten Staaten und der in ihnen lebenden Völker. Nordrhein-Westfalen beispielsweise nahm die ,,Empfehlungen" positiv auf, und auch Schulsenator Rasch begrüßte sie ,,aufs deutlichste" und gestand ihnen zu, sie ,,werden und müssen bei allen Fragen, die mit deutsch-polnischen Schulbuchfragen zu tun haben, berücksichtigt werden". Als anerkennenswert muß man seinen Antrag auf 1 700 Exemplare werten, die kostenlos an die entsprechenden Fachlehrer verteilt werden sollen, begleitet von der Aufforderung, die ,,Empfehlungen" bei der ,,Gestaltung des Unterrichts und Beurteilung der Schulbücher" zu berücksichtigen. ,,Der Grundtenor, die Tendenz und die Vorstellung, wie sie in den Empfehlungen enthalten sind, sollen Grundlage sein auch für das Prüf- und Genehmigungsverfahren." Gewiß, das sind vage Formulierungen, und Rasch vergißt auch nicht zu bemerken, daß er nicht daran denkt, die Empfehlungen als Verwaltungsvorschrift (Richtlinien) zu übernehmen, d. h. sie verbindlich für den Fachlehrer im Unterricht und bei der Nutzung der Schulbücher zu machen – oder gar die Änderung der Schulbücher anzuordnen.
Weit entfernt jedoch immerhin von dem scheppernden Blechgerassel der anderen Seite, das von den Fahnenträgern der Reaktion, allen voran der Bund der Vertriebenen und, herzlich mit ihnen verbunden, Bayerns Staatsministerium für Unterricht und Kultus, veranstalten. Sie hatten nichts Eiligeres zu tun, als die ,,Deutsche Frage" erneut ins Gefecht zu führen und zu einem weiteren Schlag gegen die ,,Ostpolitik" auszuholen. Die sorgfältige Differenzierung belasteter Begriffe wie Vertreibung, Flucht und Evakuierung wird als Verharmlosung verunglimpft und ,,sollte" als ,,Standpunkt polnischer Kommunisten und Nationalisten . . . bei uns keinen Widerhall finden". Besonderer Dorn im Auge dieser Herren und Grund für ihre kategorische Ablehnung der Übernahme der Empfehlungen der gemeinsamen Schulbuchkommission ist die Anerkennung der Realität der seit 1949 bestehenden Grenzen. Für sie ist das eine Verletzung der Rechtslage, denn im Interesse und auf Betreiben eben dieser Kräfte hatte das BVerfG 1973 das skandalöse Urteil gefällt, wonach für die BRD auch heute noch die Grenzen von 1937 gelten!
Somit steht die Durchführung der Empfehlungen und ihr Wirksamwerden im Schulalltag vor einem hanebüchenen Widerspruch der föderalistischen Demokratie: Was der Staat nach außen vertritt, hat nach innen keinen bindenden Charakter – die Kulturhoheit der einzelnen Länder kann die Umsetzung für uns lebenswichtiger Abkommen mit anderen Staaten schwer behindern, ja unmöglich machen. In dieser Situation, in der die Regierung sich als angeblich machtlos gegenüber dem Kulturföderalismus bezeichnet und schweigt, ist als mindestes zu fordern: die schnellstmögliche Einigung aller Kultusminister auf die Übernahme der Empfehlungen für die Unterrichtspraxis und Schulbuchrevision!

Hier in Westberlin, wo die Lehrer im Beirat beim Prüfen der Lehr- und Lernmittel beteiligt sind, sollten wir die Verantwortlichen mit besonderem Nachdruck an die Begleitworte der polnischen Seite zu den Empfehlungen erinnern: ,,Für uns in der VR Polen sind diese Empfehlungen ein bedeutender Schritt zur Verständigung zwischen unseren Völkern. Die Übernahme der Empfehlungen wird ein entscheidender Faktor für unsere Beziehungen in der Zukunft sein." In diesem Falle wäre ein Übernehmen von BRD-Richtlinien nach Westberlin allerdings mehr als wünschenswert.

Deutsch-polnische Schulbuchempfehlungen werden scharf kritisiert. „Nur eine Verschönerungsprozedur". Die geschichtlichen Tatsachen dürfen nicht mehr beim Namen genannt werden
(Othmar Schwarzbach: Leserbrief, Nürnberger Nachrichten, 14. 10. 1977)

Der Titel Ihres Arikels „Bayern lehnt den Schulbuch-Frieden ab" erweckt zwangsläufig Emotionen und Ihr Kommentar, daß Bayern nur von Versöhnung redet aber sie nicht praktiziert, schafft nur Voreingenommenheit. Der Bund der Vertriebenen ist wie das bayerische Kultusministerium der Meinung, daß es nicht der Verständigung mit der Volksrepublik Polen dient, wenn geschichtliche Tatsachen nicht mehr beim Namen genannt werden dürfen, sondern einer sprachlichen Verschönerungsprozedur, Tatsachenunterdrückung und einer Umpolung von staats- und völkerrechtlichen Grundsätzen unterworfen werden.

Einig sind wir uns, daß bei der Behandlung des Zweiten Weltkrieges die unmenschliche nationalsozialistische Besatzungspolitik und ihre Folgen für das polnische Volk hinreichend dargestellt werden müssen, und in Bayern gibt es kein zugelassenes Schulbuch, in dem von Deutschen anderen Völkern zugefügtes Unrecht nicht ungeschminkt und ausführlich beschrieben wird.
Bedenklich sind die klaffenden Lücken der Schulbuchempfehlungen. Der Kommission wurde von vornherein eine ernsthafte, wissenschaftliche Arbeit unmöglich gemacht, denn die Rolle der Sowjetunion vor und nach dem Zweiten Weltkrieg durfte nicht behandelt werden. In diesem Zusammenhang verweisen wir auf das Verschweigen des Hitler-Stalin-Paktes vom August 1939, welcher den gemeinsamen Angriff auf Polen und die darauffolgende Teilung des Landes erst möglich machte. Das östliche Beutestück hält die UdSSR heute noch in Händen und die Potsdamer Konferenz 1945 hat auf ihren Antrag die deutschen Ostgebiete bis zur Oder-Neiße-Linie den Polen dafür zur Verwaltung übergeben. Inzwischen haben dort nach bewährtem Muster die Polen vollendete Tatsachen geschaffen und den verbliebenen Deutschen die primitivsten Menschenrechte verweigert, um deren Volkstod (Genocid) vorzubereiten.

Zeitgeschichte im Ost-West-Dialog. Vortrag auf der Jahrestagung des Landeskuratoriums Niedersachsen im Stifterverband für die Deutsche Wissenschaft, Hannover 26. 10. 1977
(Prof. Dr. Karl Dietrich Erdmann: Geschichte in Wissenschaft und Unterricht, 4. B, 1978, S. 149-163)
[*Auszug: S. 156-162*]

Hier breche ich jetzt ab, um noch einiges zu sagen über die deutsch-polnischen Schulbuchempfehlungen, die unter einem ganz anderen Vorzeichen stehen. Ideologische Schwierigkeiten stehen dem Gespräch zwischen polnischen und deutschen Historikern eigentlich überhaupt nicht im Wege. Die Empfehlungen liegen jetzt in einem geschlossenen Text in polnischer und in deutscher Sprache vor. Träger dieser Gespräche, an denen ich übrigens nicht unmittelbar beteiligt war, wohl aber an einer der Nachfolgekonferenzen, sind das wohlbekannte Georg-Eckert-Institut in Braunschweig und auf der anderen Seite das Institut für Lehrprogramme des Ministeriums für Bildung und Erziehung der Volksrepublik Polen.
Der Prozeß der Erarbeitung solcher zweiseitigen Empfehlungen hat eine lange Vorgeschichte. Er begann unter ganz anderen Voraussetzungen in den 30er Jahren zwischen Deutschland und Frankreich und zwischen Deutschland und Polen und

wurde nach dem Zweiten Weltkrieg wiederaufgenommen. Das Georg-Eckert-Institut hat in seiner außerordentlichen Rührigkeit viele solcher Vereinbarungen zwischen Historikern und Pädagogen der Bundesrepublik Deutschland und jeweils einem anderen Land zustande gebracht. Das methodische Prinzip ging immer darauf hinaus, zu versuchen, das gemeinsam zu formulieren, was gegenwärtig nach dem Stand redlicher Erkenntnis möglich war, und Unterschiede der Interpretation offen als solche zu benennen.

Die deutsch-polnischen Schulbuchempfehlungen haben bekanntlich mancherlei Kritik hervorgerufen. Man hat z. B. gesagt, die Kommission auf deutscher Seite sei einseitig zusammengesetzt worden. Wer sich aber die Namen derer vergegenwärtigt, die dort beteiligt sind, wird sagen müssen, daß angesehenste Vertreter der deutschen Geschichtswissenschaft darunter sind: Jacobsen, Ludat, Rhode, von Thadden, Zernack und manch anderer; und unter den Experten finden sich Namen wie Boockmann, Bracher, Hillgruber und Krausnick – lauter gestandene Leute, in der Forschung bewährt, die sich nicht die Butter vom Brot nehmen lassen. So einfach kann man diese Empfehlungen nicht unterminieren!

Natürlich haben solche Texte, von welchen wissenschaftlichen Autoritäten sie auch immer mitverantwortet sind, keine autoritative Geltung; sie können sie nicht haben. Ihre Verbindlichkeit besteht nicht darin, daß sie gleichsam politisch in Kraft gesetzt werden können. Es sind Empfehlungen eines Historikergremiums, auf die man als beachtliche Texte zur Interpretation der Geschichte auch behördlich hinweisen kann und hinweisen sollte. Es ist zu bedauern, daß dies im Fall der deutsch-polnischen Empfehlungen nicht in allen deutschen Bundesländern geschehen ist – noch nicht geschehen ist, wie ich hoffen möchte. Eine Verbindlichkeit im autoritativen Sinne können sie natürlich nie haben. Das gilt für die deutsch-polnischen nicht anders als für alle anderen, etwa auch für die deutsch-französischen Vereinbarungen, obwohl diese eine sehr heilsame Wirkung für die Klärung des Geschichtsbewußtseins auf beiden Seiten gehabt haben. Wir müssen es unseren Gesprächspartnern in Polen wie in der Sowjetunion immer wieder klarmachen, daß es nach dem Verhältnis von Wissenschaft, Politik und Staat, wie wir es hierzulande verstehen, gar nicht möglich ist, von Staats wegen eine bestimmte Interpretation bestimmter historischer Zusammenhänge zu dekretieren. Diese steht in der Verantwortung des Wissenschaftlers und des Lehrers, und davon darf und kann man nicht abgehen.

Die Empfehlungen sind nach der Formulierung ihres Vorwortes eine Skizzierung des wissenschaftlichen Diskussionsstandes, und als solche scheinen sie mir nun wirklich sehr beachtlich zu sein. Aus der Lektüre und Analyse dieser Empfehlungen heben sich für mich einige methodische Merkmale heraus. Hierauf möchte ich zunächst kurz eingehen.

In den Empfehlungen wird festgestellt, wo bestimmte historische Sachverhalte von polnischer und deutscher Seite unterschiedlich beurteilt werden. In der mittelalterlichen Geschichte betrifft das z. B. die Beurteilung des Verhältnisses von Schlesien und Pommern zum deutschen Königtum bzw. Kaisertum einerseits und dem polnischen Piastenstaat andererseits. Auf der einen Seite findet sich eine Akzentuierung der rechtlich-polnischen Phänomene aus der Sicht des westeuropäischen Lehnsrechts, und auf der anderen Seite finden wir eine Deutung in den Kategorien des piastischen Patrimonialstaats. Ähnlich wird der Deutsche Orden unterschiedlich beurteilt. Es wird in den Empfehlungen ausdrücklich festgestellt, daß die Beurteilung der Geschichte des Deutschen Ordens auf beiden Seiten kontrovers ist. Die polnische Seite betont die säkularstaatliche, militärisch-expansive Rolle des Ordens, und die deutschen Historiker betonen die zivilsatorische und missionarische Aufgabe, die er hatte. Man versucht also keine Harmonisierung um jeden Preis – und das ist gut und richtig so.

Eine zweite Beobachtung: Man stellt kein Ergebnis als endgültig und definitiv abgeschlossen hin. Es sind eine ganze Reihe von wissenschaftlichen Fachkonferenzen gerade zu den umstrittensten Fragen vorgesehen und z. T. auch bereits durchgeführt worden. Drittens scheint mir die Beobachtung wichtig zu sein, daß die Perioden angemessen gewichtet sind. Es konzentriert sich nicht alles nur auf die Zeitgeschichte. Von den insgesamt 26 Thesen behandeln 13 verschiedene Fragen der Zeitgeschichte, 13 andere Fragen aus der Zeit vor 1914. Von diesen scheint die Eingangsthese besondere Aufmerksamkeit zu verdienen. Sie besagt, daß der europäische Kulturkreis des Mittelalters das Ergebnis einer Synthese zwischen mediterran-christlicher, germanischer und slawischer Kultur sei. Dies ist eine ganz deutlich unterschiedliche Formulierung gegenüber dem Aspekt, unter dem Ranke den Zusammenhang der europäischen Geschichte sah. Für Ranke und in der Nachwirkung dieses Meisters weithin im deutschen Geschichtsdenken war die europäische Geschichte ein Wirkungszusammenhang der germanisch-romanischen Völker. Im Unterschied hierzu wird in den Empfehlungen eine Dreiheit gesehen und die slawische Kultur von vornherein mit einbezogen als konstitutives Element des europäischen Kulturkreises.

Natürlich ist diese Rankesche Beschränkung nicht zufällig gewesen. Die literarischen und sprachlichen Beziehungen, auch die Kenntnis der Sprache zwischen uns und den westlichen Ländern, war und ist viel intensiver als in unserem Verhältnis zu den östlichen Ländern. So haben wir z. B. heute noch an den deutschen Universitäten den im Grunde recht merkwürdigen und nur historisch zu erklärenden Umstand, daß es historische Seminare gibt, die für die allgemeine Geschichte zuständig sind, für die deutsche, europäische, außereuropäische, und daneben immer noch den eigenen Bereich der Seminare für osteuropäische Geschichte, so als ob diese ausgeklammert werden könnte. Die Fachkollegen, die hier im Saal sind, werden mir wohl zustimmen, wenn ich sage, daß die Integration der osteuropäischen Geschichte in ein gesamteuropäisches Geschichtsbild eine Aufgabe ist, vor der wir alle heute noch und wieder stehen.

Die deutsch-polnischen Empfehlungen jedenfalls haben das Verdienst, daß sie mit Nachdruck darauf hinweisen, in welcher Weise – einige Momente werden herausgehoben – die polnische Kulturentwicklung Leistungen aufzuweisen hat, die aus dem Zusammenhang der europäischen Kulturentwicklung nicht weggedacht werden können. Ich möchte einen Hinweis herausgreifen, der mir besonders nachdenkenswert zu sein scheint: die Tatsache, daß im 16. Jahrhundert, im Zeitalter der Glaubenskämpfe und der beginnenden Konfessionskriege, Polen ein Land gewesen ist, in dem es Toleranz gab, ein ,,Land ohne Scheiterhaufen", wie der Titel eines vor einigen Jahren erschienenen polnischen Buches lautet. Die Empfehlungen weisen auch zu Recht auf den Beitrag hin, den Polen im Erziehungswesen zur Kultur der Aufklärung des 18. Jahrhunderts geleistet hat.

Das eigentliche Umstrittene sind bekanntlich einige Fragen der Zeitgeschichte; hier besonders die Artikel 21 und 22, die die Überschrift tragen: ,,Territoriale Veränderung" und ,,Bevölkerungsverschiebungen". Was steht in diesen Artikeln, was wird daran kritisiert, was läßt sich dazu sagen? Die Aussage des Artikels 21 über territoriale Veränderungen ist folgende: Es gab eine unterschiedliche Auffassung zwischen den Alliierten über das Ausmaß der deutschen Ostgebiete, die dem neuen polnischen Staat zugewiesen werden sollten. Aber de facto war bereits vor Beginn der Potsdamer Konferenz die Hoheitsgewalt den polnischen Behörden übertragen worden. Hier hätte man sich vielleicht eine deutlichere Aussage darüber gewünscht, durch wen sie eigentlich übertragen worden ist, nämlich nicht durch die Westmächte, sondern durch die Sowjetmacht. Doch richtig folgt dann, daß die Westalliierten diese Übertragung nachträglich anerkannten, womit zugleich ge-

sagt ist, daß sie sie nicht selbst vollzogen haben; sie haben sie aber hingenommen und anerkannt.
Zweitens ist in diesem Artikel ausgesagt, daß die Oder-Neiße-Linie als Westgrenze Polens in Potsdam noch nicht völkerrechtlich anerkannt worden ist – eine zutreffende Feststellung –, daß aber – so geht der Gedankengang weiter – eine solche Anerkennung in Potsdam praktisch präjudiziert worden sei durch den Artikel 13 der Vereinbarung, dessen Überschrift lautet: ,,Orderly Transfer of German Population" – ordentliche Verschiebungen der deutschen Bevölkerung. Dieses Wort ,,Orderly Transfer of German Population" ist als Zitat gebracht. Es hat seinen Sinn und seinen logischen Ort eben in diesem völkerrechtlichen Argumentationszusammenhang zu der Frage, ob die Oder-Neiße-Linie von den Westalliierten damals als Westgrenze Polens ins Auge gefaßt und politisch de facto anerkannt worden sei oder nicht. Es trifft die Intention dieser Aussage in den Empfehlungen überhaupt nicht, wenn immer wieder polemisch behauptet wird, hier werde der schreckliche Vorgang der Vertreibung – es war ein schrecklicher Vorgang! – mit einem kalten, technischen Begriff beschönigt. Ein anderes Argument gegen die Formulierung lautet so: Dieses ,,Orderly Transfer of German Population" habe sich ja gar nicht auf die Zwangsumsiedlung aus den jetzt neuen polnischen Westgebieten beziehen können, da sich im übrigen die Potsdamer Vereinbarungen auf Deutschland in den Grenzen von 1937 bezogen. Auch dieses Argument ist nicht haltbar; denn es gibt eindeutige Belege dafür, daß sowohl die Briten als auch die Amerikaner dem ,,Transfer" aus den deutschen Ostgebieten zustimmten. Churchill hat am 15. Dezember 1944, also lange vor Potsdam, im Unterhaus eine Rede gehalten, in der er von einer völligen Vertreibung der Deutschen aus den Gebieten sprach, die Polen im Westen und Norden gewinnen werde. ,,Reiner Tisch wird gemacht", so lauteten seine Worte, ,,mich beunruhigt die Aussicht des Bevölkerungsaustausches ebensowenig wie die großen Umsiedlungen, die unter modernen Bedingungen viel leichter möglich sind als je zuvor." Oder General Clay, dessen Denkschrift vom Mai 1946 eine positive Revision der amerikanischen Politik in Deutschland einleitete, sagte in eben dieser Denkschrift u. a. eindeutig: ,,Der Entfernung der gesamten deutschen Bevölkerung aus den abzutretenden Gebieten haben wir in Potsdam zugestimmt." Das ist eine Tatsache, ich möchte sagen, leider eine erschreckende Tatsache. Aber so ist es.
Die Polemik, die sich gegen die rein feststellende Formulierung des Artikels 21 der Empfehlungen richtet, argumentiert also an der Aussage dieses Artikels vorbei. Natürlich ergibt sich ein ganzes Bündel von Fragen, mit denen sich die Geschichtslehrer und Historiker in ihrem akademischen oder schulischen Unterricht befassen müssen, z. B.: Haben denn Briten und Amerikaner, als sie in Potsdam ihre Zustimmung zum Artikel 13 gaben, gewußt, um welche Dimensionen eines Bevölkerungstransfers es sich handelte, wie groß die Zahl der Menschen war, die davon betroffen sein würde? Haben sie ihre Anschauung immer durchgehalten oder haben sie, wie Churchill, später geändert? Inwieweit war das Zugeständnis des Artikels 13 Ausdruck einer Resignation der Westmächte gegenüber einem schon in Gang befindlichen Vorgang, den aufzuhalten man keine Macht besaß, den man aber bemüht war, einigermaßen in kontrollierte und geregelte Bahnen zu lenken?
Im Artikel 22 der Empfehlungen ist dann von dem Vorgang der ,,Bevölkerungsverschiebung" – so lautet die Überschrift – die Rede, und zwar in Unterscheidung ihrer verschiedenen Phasen und Ursachen. Zutreffend differenzierend wird da gesprochen von der Evakuierung, von der Flucht, von der Ausweisung, von der Zwangsumsiedlung, von einzelnen Übersiedlungen, von individuellen Ausreisen und schließlich von Familienzusammenführung. Zusammenfassend wird festgestellt, daß alle diese Gruppen in Deutschland als ,,Heimatvertriebene" bezeichnet

werden. Dieser Begriff findet sich also völlig korrekt in den Empfehlungen vermerkt. Dann wird weiter festgestellt – hier wird ganz deutlich, wie von jeder Seite über die politische Rolle der Heimatvertriebenen ein Argument beigebracht worden ist –, daß die Heimatvertriebenen wegen ihrer Proklamierung des Rechts auf Heimat in Polen als Hort des Revanchismus bezeichnet werden – eine zutreffende Feststellung, ob man das für berechtigt hält oder nicht –, daß sie aber – und dies ist die ergänzende, korrigierende Position – tatsächlich gesellschaftlich und politisch in das Leben der Bundesrepublik voll integriert wurden und keinen außenpolitisch gefährlichen Sprengstoff darstellen.
Hier merkt man deutlich, daß über Formulierung und Inhalt dieser Aussage von beiden Seiten gerungen worden ist. Beide Elemente sind in ihrer feststellenden Art zutreffende Aussagen. Ich hätte mir, um größere Gerechtigkeit gegenüber den Vertriebenenverbänden walten zu lassen, gewünscht, hier ein Wort darüber zu finden, daß die Vertriebenen bei allem natürlichen und, weiß Gott, verständlichen inneren Festhalten an der Heimat, die sie verlassen mußten, sehr früh in ihrer Charta feierlich den Verzicht auf jeden Gedanken an Gewalt ausgesprochen haben und daß die Vertriebenenverbände als außerordentlich einflußreiche Gruppen politisch ihre Tätigkeit in Bund und Ländern gerade dahingehend verstanden haben, dafür zu sorgen, daß die Heimatvertriebenen nun wirklich ihren Platz in der deutschen Gesellschaft und Wirtschaft fanden. Und wenn die Vertriebenen heute vollkommen eingegliedert sind und, wie die Empfehlungen richtig feststellen, dieser Integrationsprozeß dazu geführt hat, daß sie eben außenpolitisch keinen gefährlichen Sprengstoff darstellen, so ist dies nicht zuletzt die historische Leistung der Verbände der Vertriebenen selber.
Sehr umstritten ist in der öffentlichen Auseinandersetzung über die Empfehlungen ferner Artikel 23 über „Aufbauprobleme". Hier wird von der Ausgangssituation gesprochen, in der sich das polnische und das deutsche Volk nach dem Krieg befanden, nämlich das polnische Volk nun in einem geschlossenen Nationalstaat, während auf der anderen Seite – ich zitiere jetzt – es zu der „faktischen Auflösung des Deutschen Reiches" kam. Dies ist eine unbestreitbare historische Tatsache, von der jeder realistische Geschichtsunterricht ausgehen muß. Das Deutsche Reich, das Bismarck geschaffen hatte und das in seiner Substanz den Ersten Weltkrieg überdauerte, wurde durch den Zweiten Weltkrieg zerschlagen.
Es ist abwegig, wenn in der Polemik gegen die Empfehlungen das Bundesverfassungsgerichtsurteil zum Grundlagenvertrag herangezogen wird, das an der staatsrechtlichen Figur des weiterbestehenden Reiches festhält. Gute staatsrechtliche Argumente sprechen dafür, daß das Gericht diese völkerrechtliche These schon im Hinblick auf das Recht der deutschen Staatsangehörigkeit, das für alle Deutschen gilt, nicht preisgibt. Es brauchte aber kein Verfassungsgebot der Wiedervereinigung zu geben, wenn das Deutsche Reich faktisch noch bestünde. Die Schule soll dem jungen Menschen helfen zu begreifen, warum es nicht mehr besteht und wie es gekommen ist, daß die staatliche Einheit Deutschlands im wesentlichen durch das deutsche Volk selber verspielt worden ist.
Schließlich ein weiterer, vielleicht der am häufigsten gehörte Vorwurf, der sich dagegen richtet, daß der Hitler-Stalin-Pakt mit seinem Geheimprotokoll über die Teilung Polens in den Empfehlungen zwar in seiner Existenz nicht bestritten, aber auch nicht genannt wird. Auch ich empfinde dies als eine erhebliche Lücke. Denn man kann nur fragmentarisch vom Ausbruch des Krieges sprechen, wenn man dieses Element in die Situationsanalyse nicht miteinbezieht. Die Einbeziehung war aus der Lage heraus, in der sich die polnischen Gesprächspartner befinden, nicht möglich. Das ist bedauerlich. Aber in der Polemik hiergegen hat man sich zu gänzlich absurden Vorwürfen verstiegen, wenn man erklärte, die deutschen Historiker seien hier einer marxistischen Ideologie

anheimgefallen. Das Gegenteil ist doch der Fall. Wir haben es hier mit einer recht engen, von begrenzten nationalstaatlichen Gesichtspunkten und machtpolitischen Rücksichten nicht gelösten Betrachtungsweise zu tun. Denn eine wirklich marxistische Aussage über den Kriegsausbruch – ich denke jetzt einmal von den Prämissen des marxistischen Denkens her – müßte ja notwendigerweise auf einer Gesamtanalyse der Situation beruhen. Es ist völlig ausgeschlossen, eine Analyse als marxistisch zu bezeichnen, die nur das isolierte Verhältnis zwischen zwei Staaten betrachtet und den Gesamtkomplex der wirtschaftlichen, politischen, auch machtpolitischen gesamteuropäischen Verhältnisse außer acht läßt. Es wäre sicherlich gut, wenn wir eines Tages eine wirklich umfassende marxistische Analyse des Kriegsausbruchs von polnischer Seite erleben würden. Das könnte dem Dialog der Historiker neuen Auftrieb geben.

Zu den Fragen, die den Empfehlungen zufolge einer weiteren Klärung bedurften, gehörte der polnische und deutsche Widerstand. Inzwischen hat bereits eine Fachkonferenz stattgefunden. Es sind eine Fülle von Referaten ausgetauscht worden, die uns deutschen und polnischen Historikern viele neue Erkenntnisse gebracht haben, z. B. die Tatsache, daß man weder in dem einen noch in dem anderen Land von „dem Widerstand“ sprechen kann, sondern von verschiedenen Widerstandsbewegungen, sehr unterschiedlich motiviert, sehr unterschiedlich in ihren Zielsetzungen. Hier richtete sich die Aufmerksamkeit auch auf Schulgeschichtsbücher. Dabei gelangte man zu der Feststellung, daß in polnischen Geschichtsbüchern vom deutschen Widerstand fast nur im Zusammenhang mit dem 20. Juli die Rede ist. Die Motive des deutschen Widerstandes werden, wie die Diskussion zeigte, im wesentlichen so gesehen, daß die Männer der militärisch-politischen Verschwörung durch ein konservatives Vorstellungsbild geprägt gewesen seien, auch was die Revision der in Versailles festgelegten deutschen Ostgrenze angehe. Das Beharren auf einem solchen Revisionismus sei aber nicht nur politisch unrealistisch, sondern spätestens seit dem deutschen Überfall auf Polen auch moralisch verwerflich gewesen. Mit diesen Leuten habe es also im Grunde nichts auf sich gehabt. Ein ernsthafter Versuch, Hitler zu beseitigen, sei zudem erst unternommen worden, als man gesehen habe, daß der Krieg verlorenging, in der Absicht, noch zu retten, was zu retten war.

Eine ganze Reihe von deutschen Kollegen, die dabei waren, haben mit Nachdruck darauf hingewiesen, daß man so dem deutschen Widerstand nicht gerecht wird. Man kann sich natürlich darüber unterhalten, ob die politischen Vorstellungen des deutschen Widerstandes heute noch praktikabel sind, ob sie also, was ihre konkreten inhaltlichen Vorstellungen angeht, ein politisches Erbe darstellen. Aber eines ist doch festzustellen, nämlich, daß einige der entschiedensten Männer dieses Widerstandes wie etwa Henning von Treskow, Graf von Stauffenberg u. a. den Wurf und den Schritt gewagt haben, als sie der Überzeugung waren: Politisch trägt uns das überhaupt nichts mehr ein, aber dieser Schritt muß dennoch gewagt werden. Warum? Die Antwort geben die berühmten Worte des Henning von Treskow. Um der Ehre und um des Gewissens willen! Ich glaube, wir haben es den polnischen Kollegen deutlich zu machen gewußt, daß ein Gespräch zwischen Historikern verschiedener Völker nicht möglich ist, wenn nicht in der gegenseitigen Betrachtung der Geschichte auch dieses substantielle Element der nationalen Ehre und Würde zum Tragen kommt. Wir haben uns lange hierüber unterhalten, im gemeinsamen Kreise und in intensiven persönlichen Gesprächen. Es ist für mich ein ermutigender Ertrag aus dieser Auseinandersetzung gewesen, aufgrund von sehr konkreten Zusagen die Überzeugung mitnehmen zu dürfen, daß in dem vielleicht am weitesten verbreiteten polnischen Geschichtslehrbuch die Darstellung des Widerstandes unter diesem Gesichtspunkt überprüft werden soll.

„Der Prozeß der Verständigung mit Polen hat sich verlangsamt". Besorgte Stimmen auf der Hauptversammlung der Deutsch-Polnischen Gesellschaft
(Robert-Julius Nüsse: Frankfurter Rundschau, 31. 10. 1977)
[gekürzt um Berichterstattung zum Verband]

Eingeleitet worden war die Hauptversammlung mit einem Referat von Professor Helmut Ridders zum Thema „Sieben Jahre Warschauer Vertrag". In ihm nannte er als Belastung für die deutsch-polnischen Beziehungen nicht nur den Teil des westdeutschen Rechts und der Rechtsprechung („Das Grundvertragsurteil des Bundesverfassungsgerichts ist ein skurriler Nonsens"), durch den die im Vertrag von 1970 ausgesprochene Anerkennung der polnischen Westgrenze ständig in Frage gestellt wird, sondern er machte auch auf andere Hemmnisse aufmerksam: Während sich der Tourismus zwischen beiden Ländern einspiele (1976 fuhren 340 000 Bundesbürger nach Polen, 150 000 Polen besuchten die Bundesrepublik), fehle es bei uns noch an der Bereitschaft zum Umdenken in Richtung auf einen wirklichen Ausgleich; revanchistische und nationalistische Äußerungen häuften sich wieder. Erschreckend sei die Diskriminierung der Empfehlungen der deutsch-polnischen Schulbuchkommission, vor allem in Bayern. Selbst die Diffamierung der Deutsch-Polnischen Gesellschaft habe nicht aufgehört, obwohl die Zielsetzung der Gesellschaft seit Jahren der offiziellen Politik der Bundesregierung entspreche. Schließlich wurde bedauert, daß in der ohnehin spärlichen westdeutschen Presse- und Rundfunkberichterstattung über Polen überwiegend negative Aspekte herausgegriffen würden und wenig über die zunehmende Zahl der vielfältigen deutsch-polnischen Begegnungen zwischen Gruppen der unterschiedlichsten Zusammensetzung aus beiden Ländern berichtet werde.

Die Hauptversammlung, der auch mehrere polnische Gäste und Journalisten beiwohnten, verabschiedete noch zwei weitere Entschließungen, in denen einmal die nationalistischen und neonazistischen Aktivitäten der letzten Monate in der Bundesrepublik verurteilt werden, und zum anderen gefordert wird, daß die Schulbuchempfehlungen der deutsch-polnischen Historikerkommission endlich verbindlich gemacht werden und daß die Thematik der Verständigung zwischen Deutschen und Polen in den nächsten Jahren in den Schulen besonderen Vorrang erhalten sollte.

Stellungnahme des Amts für evangelische Jugendarbeit der Evangelisch-lutherischen Kirche in Bayern zu: „Vertreibung bleibt Vertreibung – Bayern ist für das Schulbuch ohne Schminke" (schule & wir, 3/4, 1977). Beschlossen am 19. 10. 1977
[Stellungnahme paraphrasiert: epd-Landesdienst Bayern 7/1181 v. 3. 11. 1977]

Das Amt für evangelische Jugendarbeit und weite Kreise der Evangelischen Jugend in Bayern haben sich schon vor dem Erscheinen der Denkschrift der EKD „Die Lage der Vertriebenen und das Verhältnis des deutschen Volkes zu seinen östlichen Nachbarn" (1965) unter dem Leitgedanken „Versöhnung" um Verständigung und Abbau des Mißtrauens zwischen Deutschen und Polen bemüht. Dabei ist es zu einer Reihe von Begegnungen gekommen, die – frei von Vorurteilen und Ressentiments – vom Geist der Friedensbereitschaft und Partnerschaft bestimmt waren. Deswegen haben wir mit großem Befremden die Begründung zur Kenntnis genommen, mit der Bayern, obwohl dessen Schüler laut Verfassung „im Sinne der Völkerversöhnung zu erziehen" sind (Artikel 131, 3 der Bayerischen Verfassung), die Vereinbarungen und Empfehlungen der deutsch-polnischen Schulbuchkommission ablehnt. Wir haben kein Verständnis für die Art und Weise, mit der das Bayerische Staatsministerium für Unterricht und Kultus in der von ihm herausgebenen Zeitschrift „schule & wir", Juli 1977, Nr. 3/4 unter der Überschrift „Vertreibung bleibt Vertreibung – Bayern ist für das Schulbuch ohne Schminke" zu dieser Frage informiert. Was in diesem Heft, dessen sechs Nummern (Auflage 1,8 Millionen) im Haushalt 1977 mit 1.971.900,– DM zu Buche schlagen, zu diesem Thema serviert wird, ist unseres Erachtens weder Aufklärung noch Information, sondern Stimmungsmache, die nicht dem Gedanken der Versöhnung dient.

Ergebnisse historischer Diplomatie
(Dr. Herbert Hupka MdB: Leserbrief, Süddeutsche Zeitung, 22. 11. 1977)

Das Amt für evangelische Jugendarbeit übt laut SZ vom 16. 11. aus mir unverständlichen Gründen an der kritischen Auseinandersetzung von „schule & wir" mit den deutsch-polnischen Schulbuchempfehlungen Kritik. Es kann doch nicht angehen, daß die Verständigung zwischen Deutschen und Polen davon abhängig gemacht wird, ob man ein höchst anfechtbares Ergebnis von neun deutsch-polnischen Schulbuchkonferenzen preist oder tadelt.
Jeder von uns tritt für Verständigung und den Abbau des Mißtrauens ein, für Begegnungen „frei von Vorurteil und Ressentiments". Das bedeutet aber auch, daß wir deutscherseits vermeiden müssen, Vorurteile und Ressentiments der polnischen Kommunisten uns zu eigen zu machen.

Deutsche Mitarbeiter der deutsch-polnischen Schulbuchkonferenzen haben inzwischen rückblickend mitgeteilt, daß die deutsch-polnischen Schulbuchempfehlungen nicht frei sind von „außerwissenschaftlichen Zwängen", der „politischen Großwetterlage" und daß es sich um den „kleinsten gemeinsamen Nenner" und „historische Diplomatie oder diplomatische Historie" handele. Wer Kompromisse auf Kosten der historischen Wahrheit zu schließen sich gemüßigt fühlt, der sollte nicht nur Kritik erfahren, sondern dessen Werke, die deutsch-polnischen Schulbuchempfehlungen, dürfen nicht Schulbuchtexte werden.
Die sechs zeitgeschichtlichen Empfehlungen unter den 26 deutsch-polnischen Schulbuchempfehlungen sind ein Beispiel dafür, daß Fakten falsch dargestellt oder gänzlich unterschlagen oder Zusammenhänge in einer falschen Kausalität wiedergegeben werden. Das Ergebnis der neun deutsch-polnischen Schulbuchkonferenzen braucht einen aber auch deswegen nicht zu wundern, weil auf der einen Seite des Konferenztisches deutsche Demokraten und auf der anderen Seite Kommunisten oder vom kommunistischen Unterrichtsministerium entsandte und abhängige polnische Teilnehmer einander gegenübersaßen und, koste es, was es wolle, Empfehlungen zustande bringen sollten.
Darum ist jeder Protest gegen die deutsch-polnischen Schulbuchempfehlungen nur zu verständlich und auch leicht zu begründen. Auf keinen Fall darf man die an den Schulbuchempfehlungen geübte und nur allzu berechtigte Kritik nicht gleich mit „Stimmungsmache" abtun, wie das seitens des Amtes für evangelische Jugendarbeit geschieht. Es ist gut, daß in Bayern die Schulbuchempfehlungen, die eher Schulbuchverfehlungen genannt werden sollten, nicht Eingang in die Schulbücher und Schulen finden werden.

Ist unser Gedächtnis so kurz geworden?
(Georg Petrus, BdV-Kreisgeschäftsführer: Leserbrief, Mindener Tageblatt, 9.11.1977)
[ohne Zahlenaufstellung über territorialen Zuwachs der UdSSR, 1939-1945]

Nach meiner nochmaligen Prüfung der Schulbuchempfehlungen möchte ich zu einem gleichfalls sehr gravierenden Punkt – Empfehlung Nr. 25 – Stellung nehmen:

Es wundert nicht, daß die Schulbuchkommission auch die Spaltung Deutschlands einseitig aus östlicher Sicht darstellt. So liest man in der Empfehlung Nr. 25: „Im Jahre 1949 konstituierten sich zwei deutsche Staaten mit unterschiedlicher Gesellschaftsordnung . . ." Diese Formulierung steht im klaren Widerspruch zum Völkerrecht, zum innerdeutschen Verfassungsrecht und zur tatsächlichen geschichtlichen Entwicklung. Keineswegs haben „sich" 1949 zwei deutsche Staaten gebildet. Allein die Bundesrepublik kann sagen, durch legitime Akte, d. h. freie Wahlen in das Völkerrechtsleben eingetreten zu sein. Von der DDR wird das niemand ernsthaft behaupten wollen. An der Tatsache, daß sie als Satellitenstaat der Sowjetunion gegen den Willen der Bevölkerung begründet wurde, führt kein Weg vorbei.

Die Schulbuchempfehlungen versuchen hier also, historische Vorgänge von höchst unterschiedlicher Qualität gleichzusetzen, nämlich die Bildung eines demokratischen Staatswesens mit der aufgezwungenen Einparteien-Herrschaft im Osten.

Ursache und Wirkung verwechselt die Schulbuchempfehlung Nr. 25, wenn sie über die deutsch-polnischen Beziehungen sagt: „Das beiderseitige Verhältnis wurde durch den Entschluß zum Aufbau von Streitkräften in der Bundesrepublik Deutschland im Rahmen der westeuropäisch-atlantischen Sicherheitsgemeinschaft (NATO-Beitritt 8. 5. 1955) zusätzlich erschwert." Ist unser Gedächtnis so kurz geworden? Wissen wir nicht mehr, durch wen das beiderseitige Verhältnis „erschwert" wurde, warum Westdeutschland die Bundeswehr aufbaute und in das Nordatlantik-Bündnis eintrat? Gingen diesen Ereignissen nicht die brutalen kommunistischen Machtergreifungen in Polen, der Tschechoslowakei, in Ungarn, Rumänien, Bulgarien und die Berlin-Blockade voraus? War es nicht die gewaltsame Einverleibung ganz Osteuropas in den sowjetischen Machtblock, die den Beitritt für die Bundesrepublik in die NATO zum Akt der Selbsterhaltung machte?
Ich betone nochmals: Aus den Fehlern der Vergangenheit lernt nur, wer sie nicht verschweigt oder beschönigt.

Polen und Deutsche diskutieren über Schulbuchempfehlungen. Revision der Geschichtsschreibung umstritten
(Kieler Nachrichten, 23. 11. 1977)

Sind die deutsch-polnischen Schulbuchempfehlungen wissenschaftlich sachlich oder dominieren östliche Interessen? Muß man auf dem Begriff der „Vertreibung" bestehen, um die Vorgänge in den ehemaligen deutschen Ostgebieten nach dem zweiten Weltkrieg zu beschreiben?
Diese Fragen blieben strittig bei einer Podiumsdiskussion mit Wissenschaftlern und Politikern in der Kieler Hermann-Ehlers-Akademie. Unter Leitung von Dr. Nonnenbroich (Ehlers-Akademie) sprachen Prof. Dr. Wojciechowski (Polnische Akademie der Wissenschaften), Prof. Dr. Erdmann (Uni Kiel), Prof. Dr. Mertineit (PH Flensburg), Oberstudiendirektor Darsow und die Landtagsabgeordneten Dr. Klingner (SPD) und Dr. Bendixen (CDU) über ihre Standpunkte zu den Empfehlungen der deutsch-polnischen Schulbuchkommission zur Darstellung der deutschen und polnischen Geschichte in Schulbüchern und Atlanten. Die Empfehlungen sind kürzlich vom Schleswig-Holsteinischen Landtag mit einer Stimme Mehrheit abgelehnt worden.
Die Diskussionsteilnehmer waren sich darin einig, daß die Empfehlungen an vielen Stellen noch korrekturbedürftig sind. Bendixen und Darsow lehnten es ab, sie schon in der jetzigen Form zuzulassen, auch nicht punktuell. Wojciechowski argumentierte, es sei für die Normalisierung der deutsch-polnischen Beziehungen unerläßlich, die Empfehlungen bald einzuführen. In Polen werde man dies tun. Bei

der Erziehung der jungen Generation könnten nur so gegenseitige Ressentiments abgebaut werden. Er warf den deutschen Politikern vor, statt sachlichen hauptsächlich politische Gründe für die Kritik an den Empfehlungen zu haben.

Auch Mertineit, selbst Kommissionsmitglied, erklärte, die historische Aufarbeitung sei in Polen ein ,,Barometer für den Stand der Normalisierung der Beziehungen". Deshalb sei die Erarbeitung der Empfehlungen eine ,,mühselige aufregende, langwierige, aber auch lohnende Aufgabe". Bei ihrer Umsetzung sollte man von keiner Seite zu sehr drängen. Es sei erfreulich, daß schon jetzt Autoren und Verlage die erarbeiteten Grundlagen verwendeten, auch wenn sie noch keinen Rechtscharakter hätten.

Darsow und Bendixen erläuterten an Beispielen ihre Auffassung, in den Empfehlungen hätten östliche Interessen das Übergewicht. So sei die Vertreibung der deutschen Bevölkerung verharmlost dargestellt. Auch sei, so Bendixen, die Rolle der Sowjetunion vor, während und nach dem zweiten Weltkrieg ,,bewußt weggelassen" worden. Dies führe zu einer Vereinseitigung und Verfälschung des historischen Kontextes. Klingner widersprach dieser Auffassung. Es seien keine deutschen Positionen preisgegeben worden.

Der Kieler Historiker Prof. Dr. Erdmann wertete die Empfehlungen als Resultat ,,ehrlicher Bemühungen". Natürlich könnten und sollten sie nur Grundlage sein und nicht den Unterricht ersetzen. Man müsse die Teilung Deutschlands als Realität anerkennen und dürfe keine ,,Phantasiegebilde" für die junge Generation aufbauen. Vertreter der Bundes- und Heimatvertriebenen widersprachen dieser Auffassung entschieden und forderten, man müsse sich aktiv für die Wiedervereinigung einsetzen.

Begrüßt wurde die Aussage Bendixens, trotz des Urteils der CDU-Landtagsfraktion über die Empfehlungen gäbe es keinen Zweifel an dem Willen zur Versöhnungs- und Entspannungspolitik. Alle Beteiligten sprachen sich dafür aus, die Diskussion über die Schulbuchempfehlungen auf der wissenschaftlichen und politischen Ebene fortzuführen.

Weiter Unionskritik an Schulbuchempfehlungen. Abelein: Ausschließlich im polnischen Interesse
(Die Glocke, 23. 11. 1977)

Während sich Bundeskanzler Schmidt in Polen aufhält, ist es in Bonn zu einem Parteienstreit zwischen CDU und SPD über die deutsch-polnischen Schulbuchempfehlungen gekommen. Sie sind von einer Kommission aus Vertretern beider Länder ausgearbeitet worden und sollen einseitige, den Haß schürende Darstellungen über das jeweilige andere Volk in den Schulbüchern künftig verhindern.

Der CDU-Abgeordnete Abelein wendete sich gegen die Kritik polnischer Presseorgane, daß die Schulbuchempfehlung bisher kaum in die Praxis umgesetzt worden sei. Es gebe keinerlei Veranlassung, dem polnischen Ansinnen nachzukommen, sagte Abelein. Die Schulbuchempfehlungen seien von Anfang an auf schärfste Kritik gestoßen, weil sie eine einseitige, ausschließlich die Interessen der polnischen Regierung fördernde Darstellung des polnisch-deutschen Verhältnisses böten. So werde die Vertreibung der Deutschen aus den Ostprovinzen in jenen Empfehlungen lediglich als ,,Bevölkerungstransfer" bezeichnet.

Die Äußerung Abeleins solle offensichtlich als Störfeuer das freundschaftliche Klima belasten, das den Besuch des Bundeskanzlers in Polen präge, erklärte demgegenüber der SPD-Abgeordnete Karsten Voigt.

Gruß nach Warschau
(Stuttgarter Zeitung, 23. 11. 1977)

Die deutsch-polnischen Schulbuchempfehlungen haben viele Kritiker. Über die läßt sich streiten, und natürlich ist auch die Meinung des CDU-Abgeordneten Abelein Rechtens, daß diese Empfehlungen ein ,,polnisches Ansinnen" darstellten, das mißachtet werden müßte. So wird es Bundeskanzler Schmidt in Warschau natürlich nicht sagen, denn im Gegensatz zu Abelein dürfte der Kanzler in den Schulbuchempfehlungen eine Chance sehen, historischen Ballast zwischen beiden Völkern abzutragen. Diese Empfehlungen sind ein Kompromiß und deshalb mit allen Schwächen eines Kompromisses behaftet. Aber immerhin stehen für ihn deutsche Wissenschaftler gerade, die vielleicht nicht soviel von Parteipolitik, dafür um so mehr von der Geschichtsschreibung und den deutsch-polnischen Beziehungen in der Vergangenheit verstehen. An Abeleins fürsorglichem Begleittext zur Schmidt-Reise nimmt aber weniger die Attacke gegen die Schulbuchempfehlungen wunder, als eine Äußerung, in der vom ,,mit Massenmorden verbundenen Raum der Ostprovinzen" die Rede ist. Sie findet ihre logische Fortsetzung in der Aufforderung an Schmidt, in Warschau die territorialen Forderungen Polens zurückzuweisen. Gewiß hat auch Abelein gegen den Warschauer Vertrag und die Anerkennung der Oder-Neiße-Grenze gestimmt. Aber andererseits erklären führende Oppositionspolitiker stets, daß geschlossene Verträge auch von der Union respektiert würden.

Zweierlei ist möglich: entweder meint die Unionsspitze nicht, was sie sagt, oder Abelein ist, auch wenn er deutschlandpolitischer Sprecher der CDU/CSU-Bundestagsfraktion ist, nur ein unmaßgebliches CDU-Mitglied, das nicht ernstgenommen zu werden braucht.

Wirklichkeit, in der wir leben. Union verhindert die deutsch-polnischen Schulbuchrevisionen
(Manfred Dammeyer: Vorwärts, 24. 11. 1977)
[*ohne Bild und Aufmacher*]

Die CSU und CDU haben in der Frage der Umsetzung der deutsch-polnischen Schulbuchempfehlungen eine geschlossene Gegenposition bezogen. Die Bayerische Staatsregierung machte alsbald nach der neunten Schulbuchkonferenz im Juli 1976 klar, daß sie für die in Bayern zugelassenen Schulbücher ,,keine Veranlassung zur Änderung" sieht. Als Grund für die Ablehnung gibt sie den Inhalt der Empfehlungen an. Die deutschen Verhandlungspartner seien bemüht gewesen, ,,den Wünschen der anderen Seite so weit wie möglich zu entsprechen". Die Rolle der Sowjetunion in der Zeit von 1939 bis heute sei ausgespart, und ,,ein Geschichtsunterricht, der diese Fakten verschweigt, riskiert, von Schülern, deren Eltern und Großeltern, die noch Zeugen dieser Ereignisse waren, für unglaubwürdig gehalten zu werden".

Nach Wortwahl und Argumenten identische Reden

Bedenklich sei, daß die Austreibung der Bevölkerung aus den deutschen Ostgebieten ,,sprachlich verharmlost" sei, die Rolle der Heimatvertriebenen nach 1945 ,,zu einseitig" dargestellt wäre und auch, daß die Beschlüsse der Potsdamer Konferenz bezüglich der polnischen Westgrenze als endgültige Übertragung der deutschen Ostgebiete an Polen gewertet und verschwiegen werde, daß die endgültige Grenzziehung ausdrücklich künftigen Friedensverträgen vorbehalten blieb.

In den Landtagen von Hessen, Bremen und Nordrhein-Westfalen haben CDU-Abgeordnete Reden gehalten, die bis in die Wortwahl und die Abfolge der Argumente damit identisch sind. Wie der Bayerischen Staatsregierung ging es ihnen darum darzutun, daß mit den Empfehlungen wichtige deutsche Positionen aufgegeben worden seien („Diese Empfehlungen atmen den Geist der polnischen Einheitspartei, nicht des polnischen Volkes und lassen wenig von deutscher Mitwirkung spüren, leider!")

Sie sträuben sich zu akzeptieren, daß im Prozeß der Erstellung der Empfehlungen auf beiden Seiten die jeweilige Darstellung eines Sachverhaltes sorgfältig überprüft wurde. Der Sprachgebrauch im Zusammenhang mit der „Zwangsvertreibung der Heimatvertriebenen" belegt es. Die Vokabeln „Zwangsumsiedeln" und „Ausweisen" wie auch das Wort „Transfer", das ausdrücklich als Zitat aus den Potsdamer Beschlüssen und dem „Interalliierten-Transfer-Abkommen" erscheint, beschreiben, daß hier auf jeder anderen als auf freiwilliger Grundlage Menschen ihre Heimat aufgaben. Aber sie beschreiben es in einer Weise, daß das auch in Polen so gedruckt werden kann, wo doch bis dahin von Zwang und von großen Verlusten in diesem Zusammenhang nicht gesprochen wurde und die Vokabel „Heimatvertriebene" auch nicht verwendet wurde.

Die Unionssprecher behaupten, daß Themenbereiche, die von den bilateralen deutsch-polnischen Konferenzen nicht erfaßt werden, auch für den Geschichtsunterricht kein Gegenstand mehr seien („Bremer Schüler sollen nach den Empfehlungen allerdings in Zukunft nicht mehr lernen, nicht mehr hören, daß es einen Hitler-Stalin-Pakt gegeben hat"). Daß diese Empfehlungen, welche sich auf die Behandlung bestimmter Themenbereiche beziehen, in ein angebliches Verbot zur Behandlung gar nicht erörterter Themenbereiche umgemünzt wird, ist schlicht infam.

Sie tun auch so, als ob die Empfehlungen als administrative Anweisungen und Richtlinien behandelt werden sollten. Gerade diese Unterstellung hält Walter Mertineit, der Vorsitzende der deutschen Delegation bei den Schulbuch-Konferenzen, für ein „sehr bewußt herbeigeführtes Mißverständnis".

Vertreter der Unionsparteien spielen normative Forderungen, wie sie insbesondere aus der Entscheidung des Bundesverfassungsgerichtes zum rechtlichen Fortbestand des Deutschen Reiches und des Offenseins der deutschen Frage abgeleitet werden, gegen den tatsächlichen Verlauf der Geschichte aus. Als ob im Geschichtsunterricht mehr davon die Rede sein müßte, was nach solchen Prinzipien künftig sein soll, als was als Befund vorzufinden ist.

Dabei hatte bereits auf dem CDU-Parteitag am 8. März 1977 der Kieler Historiker Professor Erdmann darauf hingewiesen, „daß es sich bei dieser Formulierung im Empfehlungstext eben nicht um eine Definition des Verfassungs- und Völkerrechts, sondern um eine Beschreibung der Wirklichkeit, eben des Faktischen, handelt, in der wir leben". Indem sie eine gesellschaftliche Soll-Vorstellung als Ist-Zustand beschreiben wollen, klammern sie eine Reihe von Problemen als nicht existent aus, beteiligen sich daran, vorhandene Vorurteile aufrechtzuerhalten und massiv zu verstärken.

Wille zur Verständigung und zur Versöhnung

Der niedersächsische CDU-Kultusminister Remmers weigert sich, „die Ergebnisse der Bemühungen der deutsch-polnischen Schulbuch-Konferenzen grundsätzlich abzulehnen", da sie „von dem Willen zur Verständigung und von dem Wunsch, den Weg zur Versöhnung zwischen den Völkern zu ebnen", geprägt sind. Sie stellten aber einen Kompromiß dar und seien „dünn", und wiewohl er der Auffassung ist, daß ein Lehrbuch, das den in Niedersachsen geltenden Genehmigungskriterien entspricht, „in den Grundzügen weitgehend mit den Schulbuch-Empfehlungen übereinstimmen wird", sieht er keine Möglichkeit, „die Berücksichtigung der Ergebnisse der Deutsch-polnischen Schulbuch-Konferenzen zur Voraussetzung für die zukünftige Anerkennung entsprechen-

der Teile von Geschichts- und Geographiebüchern bzw. Atlanten für den Unterricht der niedersächsischen Schulen zu machen", wie es die SPD dort verlangt hat.
Der schleswig-holsteinische Kultusminister Braun bejaht „Gespräche zwischen Experten über Inhalte von Schulbüchern". Er hält das aber für ein Wissenschaftsproblem, zu dessen Ansprüchen nach wissenschaftlicher Exaktheit Begründbarkeit und Nachprüfbarkeit „das materialistische Wissenschaftsverständnis, das Wissenschaft als Rechtfertigungslehre in den Dienst von Ideologie und Politik stellt", im „deutlichen Widerspruch" stehe. Schließlich hätten die deutschen Wissenschaftler weder einen amtlichen Auftrag noch ein politisches Mandat, wo hingegen die polnischen Wissenschaftler mit klaren politischen Weisungen ausgestattet gewesen seien, die sich allein schon aus dem dortigen Wissenschaftsverständnis ergeben hätten.
Das Mosaik der Positionen, die von CDU-Politikern bezogen werden, fügt sich zu dem Bild, daß die Anforderung an den Geschichtsunterricht, nämlich auszusprechen, was ist, ihrer Erwartung untergeordnet werden soll, auch die Absichten ihrer künftigen Politik retrospektiv in der bisherigen Geschichte aufgehoben zu sehen. Lediglich die nordrhein-westfälische CDU läßt mit wenigen Ausnahmen die Bereitschaft erkennen, historische Fakten real zu sehen, wenngleich auch hier die Orientierung an den „verfassungsrechtlichen Normen" aufrechterhalten bleibt.
Die Problematik der Verständigung mit den Völkern Osteuropas, deren Voraussetzung die exakte und vorurteilsfreie Kenntnis geschichtlicher Abläufe ist, ist erkennbar nach wie vor ein schwieriges Problem bundesdeutscher Wirklichkeit. Die föderale Struktur der Bundesrepublik, die den Bundesländern je für sich die Verantwortung für die Gestaltung ihrer Schulpraxis zuweist, erweist sich dabei erneut als ein Hemmnis für die rasche Durchsetzung notwendiger und richtiger Einsichten. Aber daraus, daß die sozialliberalen Bündnisse in den Bundesländern und einige vorurteilsfrei verständigungsbereite CDU-Abgeordnete zu produktivem Dialog bereit sind, läßt sich die Hoffnung ableiten, daß die deutsch-polnischen Schulbuch-Empfehlungen nicht nur richtig sind, sondern auch wahr werden.

Geschichtsbewußtsein und Schulbücher
(J. G.: Leserbrief, Nordbayerischer Kurier, 25. 11. 1977)

„Herr Zoglmann, Obmann der Sudetendeutschen Landsmannschaften in Bayern, hat es laut KURIER vom 14. 11. kürzlich in Bayreuth als besonders schmerzlich empfunden, daß heute das Wort Vertreibung durch Umsiedlung ersetzt werde. Schon sei das in vielen Schulbüchern nachzulesen. Diese Behauptung ist irreführend. Denn selbst wo sich neueste Geschichtsbücher an die vom international anerkannten Georg-Eckert-Institut, Braunschweig, herausgegebenen Empfehlungen für Schulbücher der Geschichte und Geographie in der BRD und in der VR Polen halten, ist nicht einfach von Umsiedlung die Rede, sondern von Evakuierung, von Flucht unter großen Verlusten, von Zwangsumsiedlung und zwangsweiser Aussiedlung. (Mit der CSSR sind bisher noch keine Empfehlungen von Fachgelehrten von hüben und drüben erarbeitet worden.)
Die neuen Begriffe erfassen das Geschehene eher noch schärfer. Sie erfassen freilich auch das Chaos, das die nationalsozialistische Führung durch verspätete Räumungsbefehle angerichtet hatte. Sie unterscheiden dort etwas genauer, wo Herr Zoglmann mit der ‚einmalig unmenschlichen Vertreibung' Ressentiments lebendig halten will und sich dazu versteigt, das von den Nazis verschuldete harte Schicksal seiner sudetendeutschen Landsleute hinzustellen als den unerhört systematischen Versuch (der Tschechen und Polen) ‚Menschen zu eliminieren'. . ."

Hamburg bleibt bei den Schulbuchempfehlungen
(Kieler Nachrichten, 26. 11. 1977)

Das Hamburger Landesparlament hat mit den Stimmen der SPD/FDP-Koalitionsfraktion einen Antrag der CDU-Opposition abgelehnt, nach dem die Empfehlungen der deutsch-polnischen Schulbuchkommission im Hamburger Unterricht nicht wirksam werden sollen. In dem Antrag wurde der Senat zum Widerruf seiner Anweisung aufgefordert, die Empfehlung zu berücksichtigen. In der vorausgegangenen Debatte hatte die CDU erklärt, in den Empfehlungen sei ein ungenaues und einseitiges Geschichtsbild unter anderem zur Teilung Deutschlands enthalten. Schulsenator Günter Apel (SPD) sagte, wer eine Landesregierung zu einem Verstoß gegen einen ,,vernünftigen" völkerrechtlichen Vertrag auffordere, sei innenpolitisch unglaubwürdig und außenpolitisch suspekt. Wie berichtet, hat es dagegen kürzlich Schleswig-Holsteins Kultusminister Braun abgelehnt, die Schulbuchempfehlungen zu übernehmen.

Unter Hinweis auf die Ergebnisse des Kanzlerbesuchs in Polen hat der Lübecker SPD-Landtagsabgeordnete Heinz Lund die CDU im Lande erneut aufgefordert, den Empfehlungen zuzustimmen.

Probleme mit Schulbüchern
(Wilhelmshavener Zeitung, 29. 11. 1977)

Die deutsch-polnischen Schulbuchempfehlungen lassen sich in der Bundesrepublik nur in einem mittelfristigen Prozeß durchsetzen. Das erklärte der stellvertretende Vorsitzende der SPD-Bundestagsfraktion, Bruno Friedrich, gestern in Bonn zur Eröffnung einer deutsch-polnischen Experten-Konferenz über Probleme der Schulbuchrevision.

Der stellvertretende polnische Erziehungsminister Romuald Jezierski hob hervor, die polnische Regierung betrachte die Schulbuchempfehlung als bindend.

Bruno Friedrich wies darauf hin, daß die Bundesregierung angesichts der Kulturhoheit der Länder nicht selbst die Verantwortung für die Durchsetzung der Empfehlungen übernehmen könne. Kein einziges Bundesland habe aber dem im deutsch-polnischen Kulturabkommen ausgedrückten Willen zu einer Schulbuchrevision widersprochen.

Über die Ergebnisse der dreitägigen Konferenz, an der Politiker, Beamte der Kultusverwaltungen, Pädagogen, Wissenschaftler und Vertreter von Schulbuchverlagen teilnehmen, soll am Mittwoch berichtet werden. Die Konferenz soll prüfen, welche Auswirkung die von einer deutsch-polnischen Kommission in den letzten Jahren erarbeiteten Empfehlungen über die Darstellung von Geschichte und Geographie in den Schulbüchern Polens und der Bundesrepublik auf den Normalisierungsprozeß zwischen beiden Ländern haben.

,,Deutsch-polnische Schulbücher nutzen"
(Trierischer Volksfreund, 29. 11. 1977)

Als bedeutenden Schritt zu einem besseren Verhältnis zwischen Polen und der Bundesrepublik hat Bundeskanzler Helmut Schmidt die unter der Schirmherrschaft der Unesco erarbeiteten deutsch-polnischen Empfehlungen für Geschichts- und Geographie-Schulbücher gewürdigt. Der Kanzler wies darauf hin, daß bei der Umsetzung der Empfehlungen Schwierigkeiten auszuräumen seien, die durch die Aufteilung der Bildungskompetenzen in der Bundesrepublik vielleicht größer seien als in Polen. Wenn die Empfehlungen aber nicht als Abschluß, sondern als Ausgangspunkt für eine neue Phase des deutsch-polnischen Dialogs von Politikern, Wissenschaftlern und Schulbuchexperten betrachtet würden, dann werde die begonnene gute Entwicklung zu weiteren Fortschritten führen.

Deutsch-polnische Geschichtskorrektur für Schulkinder. Die Vertriebenen heißen jetzt Verschobene
(Maria Bischof: Münchner Merkur, 30. 11. 1977)
[ohne Foto]

Die Tausende von Flüchtlingen, die sich nach dem zweiten Weltkrieg hungernd und frierend und total erschöpft von Osten nach Westen in eine neue Heimat schleppten, sollen nach den Empfehlungen der deutsch-polnischen Schulbuchempfehlungen nicht mehr als Vertriebene gelten. Diese sprechen lapidar von Bevölkerungsverschiebungen.

Bundeskanzler Schmidt hat die Empfehlungen für Geschichte und Geographie als bedeutenden Schritt zu einem besseren Verhältnis zwischen Polen und der Bundesrepublik bezeichnet. Seine Worte richtete er dabei an die Friedrich-Ebert-Stiftung, die sich seit Montag in einer deutsch-polnischen Konferenz mit den heftig umstrittenen Thesen befaßt.

Nicht jeder steht ihnen so positiv gegenüber wie der Kanzler oder ihre Urheber. Erarbeitet wurden sie von 1970 an unter der Schirmherrschaft der UNESCO von einer deutsch-polnischen Schulbuchkommission, die sich aus Historikern, Geographen, Pädagogen, Schulbuchexperten und Verlegern zusammensetzte. Im Laufe des Jahres 1971 wurde auch das Internationale Schulbuchinstitut in Braunschweig hinzugezogen, das 1977 die Vereinbarungen, die in den Lehrbüchern ihren Niederschlag finden sollen, in deutscher und polnischer Sprache in einem gemeinsamen Band veröffentlicht.

„Beitrag zur Versöhnung"

Nach dem Willen der Verfasser sollen die bewußt knapp und thesenartig gehaltenen Empfehlungen zur Geschichte zum ersten Mal eine von Polen und Deutschen gemeinsam erarbeiteten Interpretation der gemeinsamen Beziehungen in ihrem Ablauf von den Anfängen bis in unsere Tage liefern. Gleichzeitig soll damit ein Beitrag zur Versöhnung der beiden Völker geleistet werden.

Gerade die sogenannte gemeinsame Interpretation jedoch ist es, die in der Bundesrepublik zu innenpolitischen Spannungen führte, denn nicht nur die Vertriebenenverbände, sondern auch die Opposition und einige Bundesländer, allen voran Bayern, bezeichnen die Darstellung als einseitig und mit unnötigen Konzessionen gegenüber Polen behaftet. Bayern weigert sich denn auch strikt, die Empfehlungen in den Lehrplan aufzunehmen, weil sie insgesamt, das heißt nicht nur die besonders heftigen umstrittenen Sätze zur Zeitgeschichte, im Widerspruch zu den Entscheidungen der Bundesverfassungsgerichts bezüglich der Rechtslage Deutschlands stehen. Sie seien zu wenig ausgewogen und gehen zu sehr auf die Wünsche und Vorstellungen der polnischen Seite ein.

In der Tat lesen sich einige der 26 Empfehlungen zur Geschichte sehr merkwürdig und sind Sprachkosmetik im Sinne der östlichen Dialektik.

Der Absatz 22 ist zum Beispiel mit Bevölkerungsverschiebungen überschrieben. „Die territorialen Veränderungen bei Ende des zweiten Weltkrieges wurden mit umfangreichen Bevölkerungsverschiebungen verbunden. Sie zielten darauf ab, staatliche und ethnische Grenzen nach Möglichkeit in Übereinstimmung zu bringen", heißt es da. Was damit gemeint ist, sind die Zwangsvertreibungen, Abertausende von Flüchtlingen, die Hals über Kopf ihre Heimat verlassen mußten. Mit der seltsamen Wortneuschöpfung sind die Deutschen der polnischen Forderung entgegengekommen, Reizwörter zu vermeiden. So wird nun auch an die Stelle der „Annexion" die „territoriale Veränderung" gesetzt. An anderer Stelle heißt es: „Die Art und Weise, wie die Auseinandersetzung mit der nationalsozialistischen Vergangenheit häufig geführt wurde, insbesondere Inkonsequenzen bei der Durchführung der Entnazifizierung und der gerichtlichen Verfolgung nationalsozialistischer Verbrechen haben die Beziehungen der Bundesrepublik und Polen in vieler Hinsicht belastet."

Die Formulierung setzt die Bundesrepublik einseitig auf die Anklagebank. Im freien Teil Deutschlands, so formulierte es der Vorsitzende der Vertriebenenverbände, Hupka, wurden alle abgeurteilt, deren man habhaft werden konnte. Das hätte genauso erwähnt werden müssen, wie die Tatsache, daß kein einziger Pole, der Verbrechen an Deutschen begangen hat, bis heute auch nur angeklagt wurde. Im Gegenteil, wer Schuld auf sich geladen hatte, wurde amnestiert.

Keiner der vielen Kritiker der Schulbuchempfehlungen ist der Ansicht, daß da nicht ein wünschenswerter Ansatz zur Völkerverständigung gemacht wurde. Aber die Einseitigkeit, so fordern sie, muß revidiert werden.

Die polnische Sicht hat sich durchgesetzt, Hupka, die deutsche Sicht hat keinen Niederschlag gefunden.

Der Abbau von Vorurteilen in Schulbüchern. Das deutsch-polnische und das deutsch-tunesische Modell
(Bernhard Ohse: Kommentar, „Kultur Aktuell", Deutsche Welle, 30. 11. 1977)
[ohne deutsch-tunesische Bezüge]

In Bonn ging heute, am Mittwoch, eine Konferenz polnischer und deutscher Experten zu Ende, die sich mit Fragen der Verwirklichung der deutsch-polnischen Schulbuchempfehlungen befaßt. In der Volksrepublik Polen sind die Empfehlungen bereits weitgehend in die Praxis umgesetzt worden: Die Geschichts- und Erdkundebücher sind von verzerrten oder gar antideutschen Darstellungen gereinigt worden. Da Polen ein zentralistisch geführtes Land ist, bedurfte es dort nur eines Erlasses des Erziehungsministeriums.

In der Bundesrepublik Deutschland hingegen, die ein föderalistischer Staat ist, geht so etwas nicht so einfach: Das Kultusministerium eines jeden Bundeslandes muß in seinem Bereich darauf hinwirken, daß die Schulbuchautoren die Empfehlungen berücksichtigen, und dies ist bisher nur in den von der SPD und FDP regierten Ländern geschehen, in den von der CDU oder CSU allein oder von CDU und FDP gemeinsam regierten Bundesländern jedoch nicht. Dort hat man Bedenken gegen einige der Empfehlungen, zum Beispiel dagegen, daß die Vertreibung der Deutschen aus den ehemaligen deutschen Ostprovinzen nach dem Kriege ebenso wie die zwangsweise Umsiedlung von Polen aus den von der Sowjetunion annektierten polnischen Ostgebieten als „Bevölkerungsverschiebungen" bezeichnet wird. Daß auch die Polen manche ihnen liebgewordene Interpretation aufgegeben haben, wird hier übersehen. Ein Kompromiß ist halt ein Kompromiß, der nur mit Zugeständnissen beider Staaten erreicht werden kann.

Die deutsch-polnischen Schulbuchempfehlungen sind deshalb so wichtig, weil es besonders schwierig war, sie auszuhandeln, und weil sie als Modell für die Ausarbeitung ähnlicher Empfehlungen mit anderen Ländern gelten, zum Beispiel mit Rumänien und mit Tunesien.

Es hat seit den frühen fünfziger Jahren eine beträchtliche Zahl von bilateralen Schulbuchempfehlungen gegeben – deutsch-britische, deutsch-belgische, deutsch-italienische, deutsch-amerikanische, deutsch-französische. Diese Vereinbarungen zu erzielen, war nicht besonders schwierig, denn beide Partner waren jeweils demokratische Länder. Schwieriger sind da schon Verhandlungen mit solchen Ländern, die eine andere Regierungsform haben, schwieriger wird es auch mit Israel werden, mit dem Schulbuchkonferenzen geplant sind. Das polnische Modell dürfte in diesen Fällen eine gute Hilfe sein.

„schule & wir" aufs Korn genommen. Amt für Jugendarbeit kritisiert Ablehnung der deutsch-polnischen Schulbuch-Empfehlungen
(Hans Holzhaider: Sonntagsblatt/Evang.-Lutherische Kirche, 4. 12. 1977)

Als „Stimmungsmache, die nicht dem Gedanken der Versöhnung dient", hat das Amt für Jugendarbeit der Evang.-Luth. Kirche in Bayern einen Artikel in der vom bayerischen Kultusministerium herausgegebenen Zeitschrift „schule & wir" kritisiert, der sich mit den Empfehlungen der deutsch-polnischen Schulbuchkommission für den Geschichts- und Erdkundeunterricht beschäftigt. In dem Artikel wird begründet, warum Bayern die Schulbuchempfehlungen ablehnt. Die Kritik des Amts für Jugendarbeit hat inzwischen auch parlamentarische Unterstützung erfahren. Die FDP-Abgeordnete im Bayerischen Landtag, Ursel Redepenning, will in einer schriftlichen Anfrage an Kultusminister Maier wissen, ob der Minister den Artikel gutheißt und ob er bereit sei, auch die Stellungnahme des Amts für Jugendarbeit in „schule & wir" abzudrucken. – Über die Empfehlungen und über den „schule-&-wir"-Artikel sprachen wir mit dem Vorsitzenden der deutsch-polnischen Gesellschaft in München, Pfarrer Reinhard von Loewenich.

Neunmal trafen sich zwischen 1972 und 1976 deutsche und polnische Historiker, um über Ereignisse der deutsch-polnischen Geschichte vom Altertum bis zur Gegenwart zu diskutieren. Vieles, was sich im Lauf der Jahrhunderte zwischen Deutschen und Polen ereignete, wird von beiden Seiten sehr unterschiedlich beurteilt. Um so bemerkenswerter ist die Tatsache, daß es gelungen ist, zu einer ganzen Reihe von bisher strittigen Interpretationen der deutsch-polnischen Beziehungen Ergebnisse vorzulegen, die von beiden Seiten gebilligt werden konnten. Diese „Skizzierung des fachwissenschaftlichen Diskussionsstandes" soll nach dem Wunsch der Autoren „zur Orientierung von Schulbuchautoren und Geschichtslehrern in beiden Ländern dienlich sein".

Ausdrücklich wird in der Einführung zu den Empfehlungen darauf verwiesen, daß es nicht das Ziel der Gespräche war, den gesamten Ablauf der deutsch-polnischen Beziehungen im Verlauf eines Jahrtausends zu beschreiben. Man habe sich in erster Linie dort um Aussagen bemüht, wo die Beurteilung der Ereignisse besonders kontrovers gewesen sei, oder wo bisher die andere Seite zu wenig zur Kenntnis genommen wurde. Jeder Schulbuchautor oder Lehrer, so heißt es in der Einführung, müsse wesentlich mehr an Fakten und Ereignissen behandeln oder zumindest kennen, als in den Empfehlungen berücksichtigt sind. Es wird auch nicht verschwiegen, daß es an manchen Stellen auch weiterhin „erhebliche Beurteilungsunterschiede" gebe.

In Bayern stieß das Ergebnis der deutsch-polnischen Arbeit auf keine Gegenliebe. Die kultusministerielle Zeitschrift „schule & wir", die in 1,8 Millionen Exemplaren alle zwei Monate kostenlos an alle bayerischen Schüler verteilt wird, teilte zwar ihre volle Unterstützung für alle Bemühungen zur Völkerverständigung mit, aber mit dem, was „bei den Konferenzen der Schulbuchkommission herauskam", mochte sie sich nicht anfreunden. Es sei „an der historischen Wahrheit vorbeigeschrieben", und das reiche „von sprachlichen Verschönerungsprozeduren über Tatsachenunterdrückung bis hin zur Umpolung von staats- und völkerrechtlichen Grundsätzen."

Was den anonymen Autor des ,,schule-&-wir"-Artikels besonders empörte, ist der Umstand, daß in den Schulbuchempfehlungen das Wort ,,Vertreibung" durch das Wort ,,Zwangsumsiedlung" ersetzt wurde. Mit einem doppelseitigen Foto, das Heimatvertriebene bei ihrer Ankunft mit Güterwaggons zeigt, und mit der ebenfalls über zwei Seiten gezogenen Schlagzeile ,,Vertreibung bleibt Vertreibung" protestiert ,,schule & wir" gegen die, wie es heißt, ,,Wortkosmetik". Das Wort ,,Zwangsumsiedlung", so der Artikel, führe in eine falsche Richtung, weil es bei westdeutschen Schülern ,,rechtsstaatliche Vorstellungen" auslöse, etwa wie bei einem ,,westdeutschen Landwirt, dessen Grund und Boden einem Flughafen, Stausee oder Autobahnbau zum Opfer fällt". Eine derartige ,,sprachliche Beschönigung" beleidige die Opfer und führe die Nachwelt irre.

Für ,,nicht minder bedenklich" hält der ,,schule-&-wir"-Autor den Umstand, daß in den Schulbuchempfehlungen der Hitler-Stalin-Pakt von 1939 nicht erwähnt werde. Damit werde bewußt Ursache und Wirkung getrennt, ,,klar gegebene Zusammenhänge" würden ,,ignoriert und verschwiegen" und somit ,,das vielleicht wichtigste Prinzip eines sinnvollen Geschichtsunterrichts verletzt".

Weitere Einwände beziehen sich auf die Frage der Anerkennung der Oder-Neiße-Linie als polnische Staatsgrenze und auf die Umstände der Gründung der beiden deutschen Staaten. Man habe sich bemüht, beklagt ,,schule & wir", ,,in verschwommenen Formulierungen die Anerkennung der Oder-Neiße-Grenze vorweg festzuschreiben" und sich damit über höchstrichterliche Entscheidungen hinweggesetzt. Beispiele für solche ,,verschwommenen Formulierungen" führt ,,schule & wir" nicht an. Schließlich wird der Satz beanstandet: ,,Im Jahre 1949 konstituierten sich zwei deutsche Staaten mit unterschiedlicher Gesellschaftsordnung." ,,schule & wir" ist der Ansicht, allein die Bundesrepublik sei durch ,,legitime Akte", die ,,schule & wir" gleichsetzt mit ,,freien Wahlen", in das Völkerrechtsleben eingetreten. Durch die Formulierung der Schulbuchempfehlungen würden ,,historische Vorgänge von höchst unterschiedlicher Qualität" gleichgesetzt.

In der Stellungnahme des Amtes für evangelische Jugendarbeit in Nürnberg zum ,,schule-&-wir"-Artikel wird darauf hingewiesen, daß sich die evangelische Jugend in Bayern schon seit langem um Verständigung und Abbau des Mißtrauens zwischen Deutschen und Polen bemüht habe. Man habe deshalb ,,mit großem Befremden" die Begründung zur Kenntnis genommen, mit der Bayern die Empfehlungen der deutsch-polnischen Schulbuchkommission ablehne. Für die Art und Weise, mit der das Kultusministerium in diesem Artikel informiere, habe man kein Verständnis.

,,Nicht eine Spur von Würdigung"

Unverständnis für die Argumentationsweise des Kultusministeriums zeigte auch der Vorsitzende der deutsch-polnischen Gesellschaft in München, Pfarrer Reinhard von Loewenich, im Gespräch mit dem ,,Sonntagsblatt": ,,Es hat mich betroffen gemacht, daß hier nicht eine Spur von Würdigung für diese jahrelange Arbeit zu spüren ist, dafür, daß hier versucht wurde, gemeinsam eine leidvolle Geschichte zu betrachten", sagte Loewenich. Der Pfarrer, der erst vor kurzem von einer Polen-Reise zurückkam, hält die Schulbuchempfehlungen keineswegs für ein perfektes Dokument. ,,Auch wenn sie höchst unvollkommen sind, so sind sie doch ein Fortschritt gegenüber dem, was bisher in den Schulbüchern stand. Es ist nichts anderes gewollt, als daß der Geschichtslehrer diese Empfehlungen mit in seinen Unterricht einbezieht. Das ist kein Katechismus, sondern ein Diskussionsbeitrag. Wichtig ist doch, daß wir auch die polnischen Empfindungen mit berücksichtigen, daß hier ein gemeinsames Minimum an historischer Betrachtung festgehalten wird."

Dem ,,schule & wir"-Vorwurf, wichtige

historische Tatsachen würden unterschlagen, hält Loewenich entgegen: ,,Das ist ja nicht der ganze Inhalt des Geschichtsunterrichts. Natürlich wird im Unterricht über vieles mehr geredet werden als in diesem Heft steht. Man soll doch nicht erwarten, daß polnische Historiker offizielle Verlautbarungen über die Sowjetunion abgeben, oder daß ein sozialistischer Geschichtswissenschaftler schreibt, die Bundesrepublik sei legitim zustandegekommen und die DDR nicht. Hier haben Vertreter zweier Gesellschaftssysteme versucht, das gemeinsam Mögliche zu sagen."
Auch den Vorwurf, in den Empfehlungen werde die Oder-Neiße-Grenze festgeschrieben, weist Loewenich zurück. ,,Die juristische Offenhaltung ist eine Sache. Aber ein Geschichtslehrer muß darstellen können, daß die Ostgebiete faktisch verlorengingen. Diese Wahrheit muß man einem Gymnasiasten zumuten können, alles andere hieße Sand in die Augen streuen."

Zu der von ,,schule & wir" angeprangerten ,,Wortkosmetik" meint Loewenich: ,,Den Unterschied zwischen Zwangsumsiedlung und Vertreibung würde ich nicht so tragisch nehmen. Zwangsumsiedlung halte ich schon für ein recht deutliches Wort."

,,schule & wir" druckt Kritik nicht ab. Kultusminister Maier gegen Äußerungen des Amts für evangelische Jugendarbeit
(Süddeutsche Zeitung, 4./5. 2. 1978)

Wenn die deutsch-polnischen Schulbuchempfehlungen für den Geschichtsunterricht an bayerischen Schulen übernommen würden, müßten nach Ansicht des Kultusministeriums wegen des ,,dort praktizierten Totschweigens des Hitler-Stalin-Paktes" sämtliche in Bayern zugelassenen Lehrbücher aus dem Verkehr gezogen werden. Diese Meinung vertritt Kultusminister Maier in seiner Antwort auf eine schriftliche Anfrage der FDP-Landtagsabgeordneten Ursel Redepenning. Die Abgeordnete hatte von Maier wissen wollen, ob er den Artikel über die Schulbuchempfehlungen im Juli-Heft der vom Kultusministerium herausgegebenen Zeitschrift schule & wir gutheiße und ob er bereit sei, auch die daran geäußerte Kritik des Amtes für Jugendarbeit der Evangelisch-Lutherischen Kirche in Bayern zu veröffentlichen.
Wie gemeldet, hatte schule & wir den Autoren der Schulbuchempfehlungen ,,Tatsachenunterdrückung und Verschönerungsprozeduren" vorgeworfen. Den Abdruck der vom Amt für evangelische Jugendarbeit geäußerten Kritik weist Maier mit der Bemerkung zurück, von der Aufnahme ,,derart nicht-substantiierter Meinungsäußerungen" müsse schon ,,wegen der Vielzahl der möglichen Konsequenzfälle Abstand genommen werden."

Die Autoren der Schulbuch-Empfehlungen weisen ausdrücklich darauf hin, daß ,,Ereignisse und Beziehungen", die in den Empfehlungen nicht erwähnt werden, keineswegs ,,aus den Schulbüchern und dem Unterricht ausgeklammert oder gar ,,verschwiegen" werden sollten. Wörtlich heißt es im Vorwort zu den Empfehlungen: ,,Jeder Schulbuchautor und jeder Lehrer, der die Empfehlungen zur Hand nimmt, wird wesentlich mehr an Fakten und Ereignissen behandeln oder zumindest kennen müssen."

,,Alle Lehrbücher müßten aus dem Verkehr gezogen werden"
(Frankfurter Rundschau, 7. 2. 1978)

Wenn die deutsch-polnischen Schulbuch-Empfehlungen für den Geschichtsunterricht an bayerischen Schulen übernommen würden, müßten nach Ansicht des Kultusministeriums in München wegen des ,,dort praktizierten Totschweigens des

Hitler-Stalin-Paktes" sämtlicher in Bayern zugelassene Lehrbücher aus dem Verkehr gezogen werden. Diese Meinung vertritt Bayerns Kultusminister Hans Maier in seiner Antwort auf eine schriftliche Anfrage der FDP-Landtagsabgeordneten Ursel Redepenning. Die Abgeordnete hatte von Maier u. a. wissen wollen, ob er den Artikel über die Schulbuch-Empfehlungen im Juli-Heft der vom Kultusministerium herausgegebenen Zeitsschrift „schule & wir" gutheiße und ob er bereit sei, auch die Kritik des Amtes für Jugendarbeit der Evangelisch-lutherischen Kirche in Bayern an diesem Artikel zu veröffentlichen. In „schule & wir" waren den Autoren der Schulbuchempfehlungen „Tatsachenunterdrückung und Verschönerungsprozeduren" vorgeworfen worden.

Den Abdruck der vom Amt für evangelische Jugendarbeit geäußerten Kritik lehnte Minister Maier mit der Bemerkung ab, von der Aufnahme „derart nicht-substantiierte Meinungsäußerungen" müsse schon „wegen der Vielzahl der möglichen Konsequenzfälle Abstand genommen werden". Die Verfasser der Schulbuch-Empfehlungen hatten ausdrücklich darauf hingwiesen, daß „Ereignisse und Beziehungen", die in den Empfehlungen nicht erwähnt würden, keineswegs „aus den Schulbüchern und dem Unterricht ausgeklammert oder gar verschwiegen" werden sollten.

Tatsachen unterschlagen
(Dr. Peter Gast: Leserbrief, FAZ, 15. 2. 1978)

In Ihrer Nummer vom 30. Januar berichten Sie darüber, daß der bayerische Kultusminister Maier die deutsch-polnischen Schulbuchempfehlungen abgelehnt hat. Man kann diesem Entschluß nur zustimmen, denn die Empfehlungen sind einfach ein Skandal. Die Annahme der Empfehlungen würde bedeuten, daß die Jugend im Schulunterricht regelrecht belogen werden soll. Eine Lüge liegt nicht nur dann vor, wenn Unwahrheiten ausgesprochen werden, sondern ebenso auch dann, wenn Tatsachen unterschlagen werden, die für die Beurteilung eines Sachverhalts entscheidend sind. Genau das soll aber nach den Empfehlungen der Schulbuch-Kommission geschehen. Wenn sich zum Beispiel ein junger Mensch ein richtiges Bild über den Beginn des Zweiten Weltkrieges machen will, so muß er wissen, daß Hitler zu seinem verbrecherischen Überfall auf Polen dadurch entscheidend ermutigt wurde, daß er vorher einen Vertrag mit Stalin abgeschlossen hatte, in dem beide sich über die Aufteilung Polens geeinigt hatten. Dies ist eine historisch feststehende Tatsache, die nicht deshalb unterdrückt werden darf, weil ihre Erwähnung „entspannungsfeindlich" ist. Ebenso ist es historisch erwiesen, daß über 3000 polnische Offiziere, die in die Hand der sowjetischen Truppen geraten waren, auf Befehl Stalins in Katyn regelrecht ermordet wurden. Das gleiche gilt auch davon, daß die entsetzlich grausame Vertreibung von Millionen Menschen zu einem „Transfer" verharmlost werden soll.

Wer verlangt, daß alle solche Dinge verschwiegen oder verharmlost werden, begibt sich auf das Niveau vom Himmler, der einmal in einer grundsätzlichen Rede verlangt hat, die Historiker müßten es sich abgewöhnen, den tatsächlichen Verlauf der Geschichte zu erforschen sondern müßten ihre Aufgabe darin sehen, ein Geschichtsbild zu entwerfen, das der nationalsozialistischen Vorstellung entspricht und der Durchsetzung ihrer politischen Ziele dient, ohne Rücksicht auf Richtigkeit oder Unrichtigkeit. Genau das ist es, was die Empfehlungen der Schulbuch-Kommission verlangen. Eine solche unwahrhaftige Erziehung der Jugend ist nicht zu verantworten.

Der Geschichtsunterricht soll dazu dienen, die jungen Menschen zu urteilsfähigen Staatsbürgern heranzubilden. Ein wirklich zutreffendes Urteil zu finden ist aber nur dem möglich, der die Wahrheit kennt. Es ist einfach skandalös, der Jugend in einem so wichtigen Punkt die Wahrheit vorzuenthalten.

Brücke aus Schulbüchern
(Offenbach-Post, 1. 12. 1977)
[*nahezu identisch mit: Donau Kurier, 1. 12. 1977*]

Es ist das erstemal, daß das Thema der Geschichte von Deutschen und Polen und ihrer Darstellung in den Schulbüchern eine Konferenz außerhalb der gemeinsamen Schulbuch-Kommission beschäftigte. Die Friedrich-Ebert-Stiftung in Bonn hat gemeinsam mit dem polnischen Institut für internationale Angelegenheiten eine solche Konferenz über die Kommissionsergebnisse drei Tage lang abgehalten. An der Atmosphäre zwischen den 43 Teilnehmer – darunter zehn Polen geführt vom stellvertretenden Erziehungsminister Jezierski – läßt sich am besten ablesen, wie sich das deutsch-polnische Verhältnis zu verbessern beginnt.
Dieses Treffen befaßte sich mit dem schwierigen Thema, wie die im Sommer dieses Jahres vorgelegten gemeinsamen Empfehlungen umgesetzt werden können – ein Thema, das hier wie dort politische Empfindlichkeit herausgefordert hat. Besonders die unionsgeführten Bundesländer tun sich schwer daran, die Empfehlungen deutscher und polnischer Wissenschaftler zu übernehmen. Auch bei der Konferenz der Ebert-Stiftung war wiederum kein Vertreter der Union anwesend.
Von solchen Ungeschicklichkeiten abgesehen, ist zu konstatieren, daß auch das Thema der Umsetzung der Schulbuchempfehlungen offensichtlich mehr und mehr sachlich betrachtet wird. Den polnischen Konferenzteilnehmern ist gezeigt worden, daß die Weigerung, etwas amtlich zu bestätigen, in einem Staat wie der Bundesrepublik nicht gleichzeitig bedeutet, daß es nicht realisiert wird. Das alte lateinische Wort, daß, was nicht in den Akten ist, auch nicht in der Welt sei, trifft gerade in der Politik oft nicht zu.

So ist die Praxis deutlich geworden: Die Schulbuchempfehlungen sind hier in vielen hunderttausend Exemplaren verbreitet. In Polen kennt sie außerhalb der Expertenkreise kaum jemand. Dort wurden die Empfehlungen aber bis auf drei allesamt in die Schulbücher übernommen. In der Bundesrepublik haben die sechs potenten Verlage, die allein zwei Drittel der Schulbücher liefern, die Empfehlungen berücksichtigt. Vom nächsten Jahr an werden Geschichte und Geographie korrigiert erscheinen. Das Land Nordrhein-Westfalen hat die Ostkunde-Empfehlungen aus dem Jahre 1956 eben zurückgezogen. Die Länder Hessen, Hamburg und Bremen stellen den Unterricht um. Modifizierte Bücher werden bereits in Niedersachsen verwendet. Auch die deutsche Seite braucht sich nicht zu verstecken. Die Brücke aus Schulbüchern wird fester. [Zusatz Donau Kurier:] Aber nur langsam.

Bonn: Deutsch-polnische Schulbuchkonferenz: Probleme haben alle
(Marlies Haase: Neue Rhein-Zeitung, 1.12. 1977)
[*ohne Aufmacher*]

Noch immer sind die gemeinsamen, unter der Schirmherrschaft der UNESCO erarbeiteten deutsch-polnischen Schulbuchempfehlungen ein Grund für Kontroversen. Die polnische Seite, für die das föderative Kultursystem der Bundesrepublik fremd ist, hat mit Unbehagen registriert, daß einige Bundesländer den Empfehlungen bereits folgen, andere nicht. Für die Polen ist dies jedoch ein Anhaltspunkt, die gewünschte Normalisierung der Beziehungen an solchen Umständen zu messen. Deshalb ist das zu Beginn der Veranstaltung von Bundeskanzler Schmidt übermittelte Grußwort, ,,diese Empfehlung für den konkreten Schulalltag nutzbar zu machen", von der polnischen Delegation, u. a. vertreten durch den stellvertretenden Minister für Volksbildung und Erziehung, Romuald Jezierski, als ,,wichtiger Beitrag" begrüßt worden.

Geschichte ,,verabschiedet"

Den deutschen Standpunkt umriß der Präsident der Kultusministerkonferenz, Hessens Kultusminister Hans Krollmann. Er betonte, daß bereits seit 1945 zu den klaren Zielen des Schulunterrichts der Gedanke der Völkerverständigung, seit 1956 auch die der Ostkundeempfehlungen gehören.

Dennoch betonte er, daß Schulbuchdarstellungen nicht festgeschrieben werden dürften, daß sie nicht als Sprachregelung, sondern nur als Darstellung des jeweiligen Stands der wissenschaftlichen Forschung zu gelten hätten. Daß ferner, selbst wenn die Bundesregierung Kulturabkommen – wie 1976 – unterzeichne, dies immer nur als Empfehlung an die Länder, nicht als Verordnung weitergegeben werden könne.

Da die polnische Delegation ihre Einwände nur unter strikter Vertraulichkeit vorbringen wollte, ist nicht bekannt geworden, welche Details der deutschen Darstellung mißfielen.

Kultusminister Krollmann hat jedenfalls, um die Art und Weise der Schulbuchproduktion in Deutschland vorzuführen, offiziell fürs nächste Jahr eine polnische Fachdelegation zu Gesprächen mit Lehrern, Verlegern, politisch Verantwortlichen in die Bundesrepublik eingeladen.

Daß die deutsch-polnischen Schulbuchregelungen eine der schwierigsten Bereiche überhaupt sind, gaben die Polen zu. Sie akzeptieren auch, daß es noch Probleme gebe, begrüßten aber, daß man trotz unterschiedlicher Auffassungen zumindest zu einer zukunftsorientierten Verständigungsbereitschaft gekommen sei. Aber die deutsche wie die polnische Seite forderten auch, daß man dem Geschichts- und Geographieunterricht allgemein mehr Raum geben müsse.

Dies dürfte die praktische Antwort auf jene von Krollmann geführte Klage sein, daß die Deutschen weitgehend ihre Geschichte ,,verabschiedet" hätten, daß das Geschichtsbewußtsein derzeit weitgehend auf ein ,,interessiert mich nicht" reduziert sei. Allerdings gab er auch zu, daß für die meisten Deutschen die eigene leidvolle Geschichte Anlaß sei, nationalistische Einseitigkeit abzulehnen.

Zeitgeschichte als Ärgernis: Deutsch-polnische Kommission verzichtet auf das Wort ,,Vertreibung"
(Gerd Ressing: Rheinischer Merkur, 2. 12. 1977)
[*am Schluß gekürzt*]

Einer der führenden deutschen Historiker, Theodor Schieder, hat dem ehemaligen Bundespräsidenten Heinemann einmal deutlich gemacht, die Geschichte sei kein Gemischtwarenladen, aus dem sich jedermann wählen könne, was ihm ins zumeist politische Geschäft passe. Es gibt selbstverständlich eine Kontinuität der Fakten, die als solche zwar interpretierbar, nicht aber revidierbar sind. Zur Zeit erscheint es dringend angebracht, daran zu erinnern. Die Empfehlungen der gemeinsamen deutsch-polnischen Kommission für den Schulunterricht in den Fächern Geschichte und Geographie sind publiziert. Für die Geschichte sollen sowohl in der Bundesrepublik Deutschland als auch in Polen künftig 26 Überlegungen von Lehrern und Schulbuchautoren beherzigt werden. Sie erfuhren bereits Kritik, vor allem von seiten des Bundes der Vertriebenen und vom Bayerischen Staatsministerium für Unterricht und Kultus über dessen Zeitschrift „schule & wir". Der deutsche Kommissionsvorsitzende, Professor Mertineit aus Flensburg, der das Ergebnis mit dem polnischen Professor Markiewicz zu verantworten hat, dürfte sie nicht leichtnehmen.

Jeder demokratisch empfindende Deutsche, der sich des Grauens bewußt ist, das Hitlers Krieg über Polen gebracht hat, wird wünschen, daß die Annäherung zwischen den beiden Völkern schließlich zu einer nicht nur von der Politik erzwungenen Versöhnung führt. Geistige Kommunikation, die geeignet ist, historiographische Klischees zu revidieren, kann dabei nur begrüßt werden. Es ist gut, daß sich Fachleute beider Länder ausgesprochen haben über Slawen und Germanen, über das Kaisertum von den Ottonen bis zu den Staufern, über die Beziehungen Pommerns und Schlesiens zum Staat der Piasten, über die Teilungen Polens und endlich über die deutsch-polnischen Probleme von der Weimarer Zeit bis in die Gegenwart.

Niemand konnte erwarten, daß man über die Komplexe Auschwitz, Maidanek und die einer fragwürdigen Befreiung folgende Vertreibung der Deutschen aus Ost-Mitteleuropa zu harmonischen Passagen gelangen würde, die von den Gesprächspartnern mit unterschiedsloser Zufriedenheit registriert werden durften. Die polnische Seite arbeitete im staatlichen Auftrag, im Dienste der Politik eines kommunistisch regierten Staates. Sie wollte, wie aus der Information über das Unternehmen, herausgegeben von der Bundeszentrale für politische Bildung, hervorgeht, das Ergebnis im Sinne von „Richtlinien" verstanden wissen, während die deutsche Kommission, zunächst geleitet vom UNESCO-Repräsentanten Professor Eckert, frei im Status, wirklich nur Empfehlungen zu geben in der Lage war. Sie unterliegt nun mannigfachen Vorwürfen, sich den polnischen Vorstellungen zu sehr angepaßt zu haben.

Am umfassendsten hat Herbert Hupka in seiner Eigenschaft als Vizepräsident des Bundes der Vertriebenen die Verfälschungen der Wirklichkeit, die beschönigende Sprache, gelegentliche Übernahmen des kommunistischen Geschichtsbildes und bewußtes Verschweigen von Fakten zu den zeitgeschichtlichen Empfehlungen (19 bis 26) angeprangert. Und die Prüfung der Texte ergibt, daß er nicht aus Befangenheit geurteilt hat.

Zu Punkt 21 „Territoriale Veränderungen" etwa lautet die Empfehlung unter anderem: „Die deutsch-polnische Grenzregelung nach dem Zweiten Weltkrieg ist im Zusammenhang der allgemeinen Territorial- und Grenzveränderungen als Ergebnis des Krieges zu betrachten." Es heißt dann weiter: „In den alliierten Kriegskonferenzen von Moskau, Teheran und Jalta spielte die Frage der polnischen Westgrenze eine bedeutende Rolle." Wer sich mit den Dokumenten der alliierten Gipfeltreffen befaßt hat, kann sich über solche einebnend glättende Diktion nur wundern.

In Teheran wurde Ende November 1943 auf ausdrücklichen Wunsch Stalins hin die „Westverschiebung" Polens grundsätzlich beschlossen. Roosevelt und Churchill erkannten zugleich den Gedanken der „Kompensation", der Entschädigung des erst noch zu befreienden Polen durch deutsche Gebiete an, ohne sich auf das Ausmaß der Verschiebung Polens (bis zur östlichen oder bis zur westlichen Neiße) festzulegen. Nach der Potsdamer Konferenz hat Churchill geschrieben, Polen winde sich „bebend im kommunistischen Griff", über die Oder-Neiße-Grenze hätte er es zu einer Kraftprobe mit Stalin kommen lassen, wäre er nicht daheim abgewählt worden. Nichts von diesem Konflikt findet sich in der Empfehlung. Die Sowjetunion wird völlig außer Betrachtung gelassen. Der Vergleich des polnischen Staatsgebiets der Vor- und Nachkriegszeit läßt die 170 000 qkm, die Stalin in Ostpolen erhielt, unerwähnt.

Politik und Positionen der Sowjetunion wurden auch in anderen Empfehlungen ausgespart. In Punkt 19, der den Kriegsausbruch 1939 behandelt, ist in keinem Satz vom Hitler-Stalin-Pakt des 23. Au-

gust 1939 die Rede, der eigentlich den deutschen Angriffskrieg auf Polen ermöglichte. Punkt 23, in dem die „Aufbauprobleme" nach 1945 dargelegt sind, bringt nichts über Präsident Trumans Forderung an Molotow, deren Nichterfüllung entscheidend für die Entwicklung zum „Kalten Krieg" gewesen ist.
Mit Retuschen und Anpassungen wurde vor allem aber die Empfehlung 22 über die „Bevölkerungsverschiebungen" abgehandelt. Wenn irgendwo die Einigung zu Lasten der deutschen Seite zustande kam, war es hier, wo man das Kunststück fertigbrachte, sogar auf den Begriff „Vertreibung" zu verzichten, ungeachtet dessen, daß er von der großen deutschen Dokumentation über dieses Geschehen bis zu neuesten amerikanischen Publikationen als Terminus anerkannt ist. Statt dessen findet sich folgender Satz: „Der größte Teil der in den Oder-Neiße-Gebieten verbliebenen deutschen Bevölkerung wurde in den Jahren 1945 bis 1947 ausgewiesen bzw. im Rahmen des interalliierten Transferabkommens zwangsumgesiedelt." An anderer Stelle, in der Empfehlung 21, wird der die Vertreibung legitimierende Artikel XIII des Potsdamer Protokolls mit dem Begriff „Orderly Transfers of German Population" zitiert, so, als habe es sich tatsächlich um die vom Westen verlangte „organisierte und humane Umsiedlung" gehandelt. In der Empfehlung 25 läßt die deutsche Seite sich sagen, Bonn habe 1955 durch seinen NATO-Beitritt die deutsch-polnischen Beziehungen „zusätzlich erschwert".

Die angeführten Beispiele aus den Empfehlungen der Schulbuchkommission geben einen Eindruck, welchen Gefahren diese historische Fachkompetenz unterliegt, wenn sie Kompromisse auf Kosten der Wahrheit schließen muß – der Politik wegen. Siegfried Graßmann, Vorsitzender des Verbandes der Geschichtslehrer, hat zu der Dokumentation festgestellt, nationales Geschichtsbewußtsein in Polen diene der Legitimierung des Status quo. Auswirkungen der problematischen Thesen dürften sich allerdings dank des Föderalismus und der Kulturhoheit der Länder bei uns nur begrenzt zeigen. Bayern zum Beispiel lehnt die Empfehlungen als Ganzes ab und hat sogar moniert, daß in Punkt 23 von der „faktischen Auflösung des Deutschen Reiches" die Rede ist, dies unter Berufung auf ein Urteil des Bundesverfassungsgerichts vom 7. Juli 1975. So radikal dürfte sich kein anderes Bundesland verhalten.

Deutsche und Polen wollen nicht Verteidiger und Ankläger sein.
Geschichte, Geographie und Schulbücher/Eine Konferenz
(Helmut Herles: FAZ, 5. 12. 1977)

Wenn Polen und Deutsche heute über Geschichte und Geographie sprechen, also auch von ihren Verletzungen und ihrer Verletzbarkeit, dann wollen sie nicht mehr Verteidiger, Kläger oder Ankläger, sondern „Klärende" sein. Dieses Wort, gegen die Verführung einander über Schulfächer und Schulbücher den Prozeß zu machen, stand am Ende einer deutsch-polnischen Konferenz in der Bonner Friedrich-Ebert-Stiftung. Es war der Versuch einer ersten Bilanz der gemeinsamen Schulbuchempfehlungen aus der Sicht sozialdemokratischer Politiker wie Bruno Friedrich oder Kultusminister Krollmann, von Fachleuten, Lehrern und einer polnischen Delegation unter Leitung des stellvertretenden Ministers für Volksbildung und Erziehung Jezierski. Die CDU/CSU-Kultusminister waren ebenfalls geladen, verzichteten aber.
Mit solchen Tagungen können die Schatten über einigen Kapiteln der gemeinsamen Geschichte nicht verdrängt werden, sollen es wohl auch nicht. Über dem Gespräch der Fachleute und Politiker lasten die Erfahrungen vieler Polen und Deutscher in diesem Jahrhundert. Es haftet

noch das Vorurteil, daß in tausend Jahren deutsch-polnischer Verkettungen niemals der Pole und der Deutsche einander Freund gewesen seien. Professor Walter Mertineit, der deutsche Mit-Vorsitzende der gemeinsamen Schulbuchkommission, hat auf dieser Konferenz abermals die Einschränkung der wechselseitigen Wahrnehmungsfähigkeit in Schulbüchern skizziert: in vielen polnischen Werken als ein „Tausend-Jahre-Kampf-Trauma" gegenüber Deutschland, und in vielen deutschen Schulbüchern hätte sich ein „Kulturleistungssydrom mit Besitzanspruch" niedergeschlagen.

Die Referate und Diskussionen in der Ebert-Stiftung sparten Kritik in Deutschland an den Empfehlungen nicht aus, wobei manchem Polen aus eigener schmerzlicher Erfahrung bewußt ist, daß mancher Deutsche auch deshalb für polnisches Empfinden verletzend kritisiert, weil er selbst verletzt ist. Deutsche Emotionen hatten sich vor allem am Kapitel der Empfehlungen über die Vertreibung entzündet. Sowohl von Deutschen als auch von Polen wurde diese Kritik in Bonn aufgenommen. Der hessische Kultusminister Krollmann, der als Präsident der Ständigen Konferenz der Kultusminister der Länder sprach, und der nordrhein-westfälische Landtagsabgeordnete Dammeyer redeten in einer Weise, die Polen wie deutsche Heimatvertriebene hätten verstehen können.

Krollmann wandte sich gegen „scholastische Haarspaltereien", die Anstoß an den von Polen und Deutschen gemeinsam empfohlenen Begriff „zwangsumgesiedelt" statt „vertrieben" nehmen: „In einem von der polnischen Seite akzeptierten Text steht jedenfalls klipp und klar, daß in den ehemaligen Reichsgebieten 8,5 Millionen Deutsche lebten, die ihre Heimat unfreiwillig verlassen mußten." Der Abgeordnete Dammeyer schließlich: „Die Vokabeln Zwangsumsiedeln und Ausweisen wie auch das Wort Transfer, das ausdrücklich als Zitat aus den Potsdamer Beschlüssen und dem ‚interalliierten Transfer-Abkommen' erscheint, beschreiben, daß hier auf jeder anderen als freiwilligen Grundlage Menschen ihre Heimat aufgaben. Aber sie beschreiben es in einer Weise, daß das auch in Polen so gedruckt werden kann, wo doch bis dahin vom Zwang und von großen Verlusten in diesem Zusammenhang nicht gesprochen wurde und die Vokabel Heimatvertriebene auch nicht verwendet wurde."

Der polnische Professor Wladyslaw Markiewicz, der Leiter der polnischen Delegation in der gemeinsamen Schulbuchkommission, kritisiert ebenfalls diese Kritik in Deutschland, indem er zugleich die deutsche Tragödie nach dem Krieg anerkennt: „Fortwährend redet man uns als Verfassern der Empfehlung ein, daß wir das Wort Vertreibung durch die euphemistische Bezeichnung Transfer ersetzt haben, um dadurch die Tragödie der zum Verlassen ihrer Heimat gezwungenen Menschen zu verbergen. . ." Markiewicz kam auch auf jenen zweiten neuralgischen Punkt der Kritik an den Empfehlungen zu sprechen, jene Politik also, welche die deutsch-polnische Tragödie und die der Heimatvertriebenen zusätzlich überschattet, nämlich den Hitler-Stalin-Pakt, der Polen am Ende zu Lasten der Deutschen und zum Gewinn der Sowjetunion auf der Landkarte nach Westen verschob. Dieser Vertrag fehlt in der Tat in den Empfehlungen, was keinen deutschen Lehrer zu hindern braucht, ihn zu behandeln. So taktvoll wie möglich auch im Blick auf den mächtigen Nachbarn Polens im Osten sagte er: „Der Ribbentrop-Molotow-Pakt war eine deutsch-sowjetische Angelegenheit und ihre Einschätzung für den Schulbuchgebrauch sollte von Experten aus der UdSSR und der BRD vorgenommen werden." Dieses Schweigen kommt also nicht aus Ignoranz, rührt eher von einer bösen Erfahrung her.

Gespräche mit Polen offenbaren Stolz und Empfindlichkeiten, auch Ungeduld und stets ein bißchen Unkenntnis von den Besonderheiten des föderalistischen Systems in der Bundesrepublik. Sie zeigen in den jeweiligen Systemen liegende Gegensätze. Die Schulen werden in Polen zentralistisch geführt, sie kommen mit wenigen für alle verbindlichen Lehrbüchern aus. Die Bundesrepublik dagegen lebt mit der Wahlfreiheit und der Vielfalt von Lehrmitteln, und so sehen auch die Befürworter der deutsch-polnischen Empfehlungen diese weit mehr als Empfehlung, während die Polen sie als verbindliche Richtschnur nehmen, wobei der Text der Empfehlungen wiederum in der Bundesrepublik weit weniger nur Sache der kleinen Zirkel der Eingeweihten und Verantwortlichen ist als in Polen.

Sie wollen nicht als Parteibuch-Kommunisten geschildert werden

Beispiele polnischer Rügen jetzt in Bonn: Sie wollen nicht als Kommunisten geschildert werden, die ihren wissenschaftlichen Anstand mit dem Parteibuch eingetauscht hätten, ,,als müßte man blind die Aufträge seiner Machthaber ausführen". Auch sie nehmen für ihre Wissenschaft Pluralismus in Anspruch und möchten die gemeinsame Arbeit, die alle Stärken und Schwächen eines Kompromisses in sich trägt, keineswegs als ,,Diktat polnischer Marxisten" mißverstanden wissen. Polen ärgern sich noch immer, wenn sie auf einer Landkarte die Oder-Neiße nicht als Staatsgrenze wie jede andere eingezeichnet sehen, sondern als vage Perlenkette, wobei derselbe Verlag für Österreich und die Schweiz das Werk mit fester Grenze ausliefere. Sie stoßen sich an Ausdrücken in deutschen Schulbüchern aus den sechziger Jahren, in denen ihr Land als ,,Satellitenstaat" geschildert wird, ,,rückständig in wirtschaftlicher und kultureller Hinsicht".

Freilich ärgern sie sich auch über Feststellungen in Büchern, die wahr sind, welche die deutsch-polnische Schulbuchkommission ohne weiteres hätte empfehlen können. Zum Beispiel: ,,Viele berühmte Naturwissenschaftler (Kopernikus), Philosophen (Kant, Schopenhauer). . . hat Ostpreußen hervorgebracht." Warum sollte dies als negativ angekreidet werden, wie es der polnische Professor Barbag jetzt tat. Und nicht nur Vertriebenensprecher, wohl auch die ,,ihr" Ostdeutschland evozierenden Schriftsteller Günter Grass oder Siegfried Lenz könnten jenem vom polnischen Professor gerügten Satz widersprechen: ,,Der Verlust der deutschen Ostgebiete bedeutet nicht nur eine wirtschaftliche Schwächung Deutschlands, sondern auch den Verlust deutschen Kulturlandes."

Der prominenteste Pole bei diesen Gesprächen, der stellvertretende Kultusminister Jezierski, übrigens gab einige Hinweise darauf, wie die Polen versuchen, das Bild von der Bundesrepublik in ihren Schulbüchern nicht als Zerrbild erscheinen zu lassen. Mit Begriffsänderungen soll Bewußtseinsänderung gefordert werden. Man schreibt nicht mehr von der deutschen Bundesrepublik, sondern von der ,,Bundesrepublik Deutschland". Man versucht, ,,wo es möglich ist", zwischen dem Begriff ,,die Deutschen" und ,,die Hitler-Faschisten" zu unterscheiden. Manchmal kommt man der deutsch-polnischen Wirklichkeit nach 1945 durch eine Streichung näher, was mitlesende DDR-Funktionäre sicher nicht mit ungeteilter Freude verfolgen. So entfernte man in dem 1976 erschienenen Schulbuch ,,Geschichte für die achte Klasse" folgenden Satz: ,,Nach der Entstehung der deutschen Bundesrepublik ergab sich die Notwendigkeit, einen zweiten deutschen Staat mit entscheidend friedlichem Charakter zu gründen."

Bei aller Kritik an der deutschen Kritik und in der Ungeduld über die keineswegs ungeteilte Aufnahme der Empfehlungen bei den Bundesländern – eine Nervosität, die aus der strikten Verbindlichkeit des eigenen Bildungssystems genährt wird – erkannten freilich die Polen in Bonn Fortschritte an, Verbesserungen, die Aufhellung der gegenseitigen Verhältnisse. Wobei freilich kein Pole so enthusiastisch war wie der deutsche Konferenzleiter Bruno Friedrich, der am Ende der Konferenz ausrief, daß die deutsch-polnischen Beziehungen im Blick auf die vergangenen Jahrhunderte noch nie so gut gewesen seien wie jetzt am Ende des Jahres 1977. Dieser Satz von Friedrich stimmt, verglichen mit den fünfziger Jahren, verglichen erst recht mit den beiden Weltkriegen. Aber er stimmt nicht beim Blick zurück ohne Zorn auf die Bauern und Siedler am Anfang der gemeinsamen Geschichte der Deutschen und Polen im Osten, deren Rolle jetzt auch von den Polen positiv gewürdigt wird. Er stimmt nicht beim Blick auf den fruchtbaren Austausch in der Renaissance und im Barock oder auf das Zusammenwirken von Polen und Deutschen in den europäischen Freiheitsbewegungen des 19. Jahrhunderts.

Begegnungen wie die in der Friedrich-Ebert-Stiftung regen weitere deutsch-polnische Gespräche an, können von ihrer Natur her nicht als abgeschlossen gelten. Geschichte und Geografie werden auch weiterhin Deutsche und Polen nicht kühl lassen. Breslau ist eben immer noch nicht dasselbe wie Wroclaw, wenigstens noch nicht in dieser Generation. Es wird weiter nicht um Dogmen, gehen, um eine für alle Deutschen und Polen verbindliche Bibel der Geschichte und Geografie, sondern um den Versuch, auch Schulbücher in beiden Ländern so zu verfassen, daß ein polnischer Schüler ein deutsches und ein deutscher ein polnisches Lehrbuch ohne Kränkung lesen kann. Und bei einer der nächsten Konferenzen dieser Art wäre es gut, wenn Argumente aus der Union oder von Vertriebenenverbänden nicht mehr stellvertretend von Sozialdemokraten gewürdigt werden müßten. Jedenfalls ließen SPD-Politiker wie Krollmann jetzt in Bonn und wie Helmut Schmidt vorher in Polen keinen Zweifel daran, daß die Suche nach Versöhnung mit Polen in der Bundesrepublik mehr ist als die Sache der Politik von SPD, FDP und der gegenwärtigen Bundesregierung.

Ein Beitrag zur Friedenssicherung. Empfehlungen der deutsch-polnischen Schulbuchkommission
(Darmstädter Tageblatt, 7. 12. 1977)

Die Landesregierung verschickt in diesen Tagen an die hessischen Schulleiter die deutsche Fassung der ,,Empfehlungen für Schulbücher der Geschichte und Geografie in der Bundesrepublik Deutschland und in der Volksrepublik Polen". Die Empfehlungen wurden nach Abschluß des Vertrages zwischen der Bundesrepublik und Polen aufgrund einer Initiative der UNESCO-Kommissionen beider Länder ausgearbeitet.

In einem Begleitschreiben, das von Ministerpräsident Börner, und den Staatsministern Karry und Krollmann unterzeichnet ist, heißt es unter anderem: ,,Die Diskussionen über das bisherige Arbeitsergebnis der deutsch-polnischen Schulbuchkommission zeigen, welche Bedeutung dem Versuch beizumessen ist, im Schulbereich einen konkreten Beitrag zur Verbesserung des deutsch-polnischen Verhältnisses zu leisten. Hierbei geht es um eine Aufgabe, die mit den Bemühungen um die Verbesserung des deutsch-französischen und des deutsch-israelischen Verhältnisses nach 1945 vergleichbar ist."

Die Schulbuchempfehlungen sollen über die Schule hinaus wirksam werden. Darum werden die Schulleiter von den drei Unterzeichnern gebeten, den Empfehlungen besonders Aufmerksamkeit zu widmen und zur Verwirklichung der angestrebten Ziele beizutragen. ,,Wir sind sicher, daß die Schule in diesem Bereich einen wertvollen und erfolgreichen Beitrag zur Sicherung des Friedens leisten kann", heißt es abschließend.

Bücher werden überarbeitet. Deutsch-Polnische Gesellschaft tagte
(Bremer Nachrichten, 8. 12. 1977)
[*ohne Interna der Gesellschaft*]

Während der deutsch-polnischen Tagung, die in der vergangenen Woche auf Einladung der Friedrich-Ebert-Stiftung in Bonn stattfand, seien wesentliche Fort-

schritte in der Durchsetzung der von der deutsch-polnischen Schulbuch-Kommission gegebenen ,,Empfehlungen" zur Revision der in der Bundesrepublik Deutschland und in der Volksrepublik Polen verwendeten Schulbücher erzielt worden. Das erklärte am Dienstag der Vorsitzende der Deutsch-Polnischen Gesellschaft Bremen-Bremerhaven, Manfred von Scheven, während der Jahreshauptversammlung seiner Gesellschaft.
Der Vorsitzende resümierte vor den Mitgliedern die wichtigsten Ergebnisse der Bonner Konferenz. Wie er betonte, haben die Spitzenvertreter aller deutschen Lehrerorganisationen in den während der drei Tage stattfindenden Diskussionen übereinstimmend festgestellt, daß sie ,,Geist und Inhalt der Empfehlungen" in den Schulunterricht eingeführt sehen möchten. Weiter teilte von Scheven mit, daß sämtliche der maßgeblichen Schulbuchverleger ihre Bereitschaft erklärt hätten, die Geschichtsbücher und Erdkundebücher im Sinne der ,,Empfehlungen" zu überarbeiten.

In seinem Referat zum Thema ,,Die deutsch-polnischen Schulbuchempfehlungen, ihre Entstehung und das Problem ihrer Verwirklichung in der Bundesrepublik Deutschland und in der Volksrepublik Polen" gab Dr. Enno Meyer, Oldenburg, unter anderem einen geschichtlichen Rückblick auf die Beziehungen zwischen den beiden Nationen.

,,Notorisch deutschfeindlich"
(Matthias Weber: Deutsche Wochen-Zeitung, 9. 12. 1977)

Franz Josef Strauß beschuldigt den SPD-Vorsitzenden Willy Brandt im ,,Bayernkurier" der ,,notorisch deutschfeindlichen Einstellung". Er wirft ihm vor: ,,Brandt war es, der zur Hetze gegen Deutschland aufgerufen hat!". Gleichzeitig klagt das bayerische Kultusministerium Bundeskanzler Schmidt an, die deutschen Opfer der bolschewistischen Massenmorde beleidigt zu haben, die Nachwelt irreführen und zu verhindern, daß sie aus den Fehlern lernt. So ein Artikel in dem vom Ministerium herausgegebenen Zwei-Millionen-Blatt ,,schule & wir".
Es handelt sich um den Auftrag, den der polnische Kommunistenchef Gierek dem SPD-Kanzler bei seinem Besuch in Warschau mit auf den Weg gab, nämlich die für die deutschen Schulbücher vorgesehenen Geschichtsfälschungen zugunsten der Sowjetunion und des polnischen Chauvinismus nun alsbald ins Werk zu setzen.
Schmidt muß noch aus Warschau entsprechende Order gegeben haben, so schnell tagte nach seiner Rückkehr eine dreitägige Konferenz bundesdeutscher SPDisten und polnischer Kommunisten in der Bonner Friedrich-Ebert-Stiftung. Der stellvertretende SPD-Bundesfraktionsvorsitzende Bruno Friedrich, der die Runde leitete, sprach von einem ,,großen Durchbruch" zugunsten der sogenannten deutsch-polnischen Schulbuchempfehlungen.
Obwohl der Bundesbildungsminister Rohde beteiligt war, ließ es sich Helmut Schmidt nicht nehmen, die Genossen in einem besonderen Grußwort anzuspornen, die Schulbücher für Geschichte und Geographie nun schnellstens umzuschreiben, um sie im Sinne seiner in Polen eingegangenen Verpflichtungen ,,für den Schulalltag nutzbar zu machen ".
Der SPD-Kanzler verlangt die Ungeheuerlichkeit, daß die deutschen Geschichtslehrer hinfort nicht mehr von der entscheidenden Rolle der Sowjetunion vor und nach dem Zweiten Weltkrieg sprechen, sondern das Verhältnis zwischen Deutschen und Polen nur noch ,,bilateral" betrachten. Das ist als ob man bei der Erklärung eines Gewitters zwar vom Donner, nicht aber vom vorhergehenden Blitz spricht.
Noch weiß jeder, der die Zeit erlebt hat, daß die Rolle Moskaus die entscheidende war und Polen nur ein Bauer auf dem

Schachbrett. Aber eben dies soll im Zuge der ,,Entspannung" die nächste Generation nicht mehr erfahren.
Ebenso verschweigen wollen die Schulbuchfälscher die Tatsache, daß die Oder-Neiße-Grenze völkerrechtlich nach wie vor offen ist. Der Widerspruch zu den Entscheidungen des Bundesverfassungsgerichts bezüglich der Rechtslage Deutschlands wird erst gar nicht erwähnt. Dafür sollen unsere Kinder lernen, zwei deutsche Staaten ,,mit unterschiedlicher Gesellschaftsordnung" hätten sich nach 1945 ,,konstituiert". Eine Formulierung, die nicht wahrhaben will, daß der als Satellit der Sowjetunion gegründete andere deutsche Staat nichts ist als das Ergebnis kommunistischen Terrors.
Wenn es nach dem Willen des Bundeskanzlers geht, soll zukünftig auch die kriegstreiberische Rolle Polens gegenüber der Weimarer Republik verschwiegen werden. Die Tatsache, daß sich damals demokratische Regierungen der gleichen Pressionen erwehren mußten wie später das Hitler-Regime – unsere Kinder sollen es nicht erfahren. Kein Wort von der systematisch durchgeführten Abschnürung des vom Reich getrennten Ostpreußen! Und nichts über die polnische Annektionspolitik gegenüber Oberschlesien und der Freien Stadt Danzig!
Würden die Schmidtschen Geschichtsklitterungen Eingang finden in die deutschen Schulbücher, hätte die Vertreibung nie stattgefunden. Aus den über Nacht von Haus und Hof verjagten zwölf Millionen Vertriebenen würden ,,Verschobene". Denn hier wird der polnische Landraub ,,Bevölkerungsverschiebung" genannt und im Sinne der östlichen Dialektik wie folgt beschönigt: ,,Die territorialen Veränderungen bei Ende des Zweiten Weltkriegs wurden mit umfangreichen Bevölkerungsverschiebungen verbunden. Sie zielten darauf ab, staatliche und ethnische Grenzen in Übereinstimmung zu bringen." So kann man eine in der Geschichte beispiellose Bestialität, die Hunderttausenden das Leben kostete, auch nennen!
Mit seltsamen Wortneuschöpfungen sind die Schulbuchempfehlungen der polnischen Forderung entgegengekommen, ,,Reizwörter", das heißt wahrheitsgemäße Formulierungen zu vermeiden. Nirgendwo wird beispielsweise von ,,Annektionen" gesprochen. Die Sprachkosmetik der SPD nennt sie vielmehr ,,territoriale Veränderungen".
Während die polnischen Schulbücher auf keine Darstellung der Leiden unter deutscher Besatzung verzichten, hat der kommunistische Völkermord an den Deutschen im Osten überhaupt nicht stattgefunden. Statt dessen wird behauptet: ,,Die Art und Weise, wie die Auseinandersetzung mit der nationalsozialistischen Vergangenheit häufig geführt wurde, insbesondere Inkonsequenzen bei der Durchführung der Entnazifizierung und der gerichtlichen Verfolgung nationalsozialistischer Verbrechen, haben die Beziehungen der Bundesrepublik und Polen in vieler Hinsicht belastet."
Dies wagten die Vertreter der roten Diktatur zu formulieren und dies wagt der deutsche Bundeskanzler als Schulbuchtext zu empfehlen! Der Vorsitzende der Vertriebenenverbände, Hupka, erklärt dazu:

,,Die Formulierung setzt die Bundesrepublik Deutschland einseitig auf die Anklagebank. Die Tatsache, daß kein einziger Pole wegen der ungezählten Verbrechen an Deutschen angeklagt wurde, spricht für sich." Wir fügen hinzu: Stalins polnische Henkersknechte wurden nicht nur nicht zur Rechenschaft gezogen, sondern empfingen für den Mord an Frauen und Kindern höchste Orden!
Triumphierend berichtet die SPD-Presse, Vertreter von Schulbuchverlagen seien mehr und mehr bereit, sich nach den ,,Empfehlungen" zu richten. Obwohl die Schulhoheit Ländersache ist, versucht die SPD durch Lehrergewerkschaft und wirtschaftlichen Druck, die von den polnischen Kommunisten verlangte Sprachregelung durchzusetzen. Da kann es nicht genügen, daß die CDU-regierten Bundesländer die deutsch-polnischen Schulbuchempfehlungen ,,ablehnen". Vielmehr sind die Kul-

tusminister der Union aufgerufen, dem Attentat auf die historische Wahrheit offensiv entgegenzutreten und zu verhindern, daß die in roten Propagandaküchen zubereiteten Verfälschungen unsere Jugend vergiften.

„In Polen Problem Nr. 1". Warschauer Kommentator betont Bedeutung der Schulbuchempfehlungen
(Flensburger Tagesblatt, 10. 12. 1977)

Kriege nehmen im Denken der Menschen ihren Anfang. Deshalb sei es vor allem die „große Aufgabe" der Lehrer und Schulbücher, „Bollwerke des Friedens im Geiste der Menschen zu errichten", sagte Edmund Meclewski, Kommentator des Warschauer Fernsehens, am Donnerstagabend auf einer Gemeinschaftsveranstaltung von GEW und Deutsch-Polnischer Gesellschaft in Flensburg. Die Deutschen müßten endlich begreifen, daß „für uns Polen die Beziehungen mit der Bundesrepublik das Problem Nr. 1 sind". Für Meclewski gibt es nur einen Weg für die Normalisierung der Beziehungen zwischen beiden Ländern: „Wir müssen uns, Deutsche und Polen, bemühen, Spuren der unnormalen Vergangenheit auszuwischen." Die Auschwitz-Rede von Bundeskanzler Schmidt, die einen großen Eindruck auf die polnische Bevölkerung gemacht habe, sei ein Beitrag dazu gewesen. Die historischen Vorstellungen von Polen und Deutschen müßten seiner Meinung nach so weit angenähert werden, daß „man einen gemeinsamen Nenner findet".

Das Prädikat „Deutschland-Fresser" lehnte Meclewski für seine Person „kategorisch" ab. Sein Verständnis von der Rolle eines polnischen Journalisten sei nicht, „Haß zu predigen, sondern nüchtern auf Gefahrenquellen wie Nationalismus und Faschismus hinzuweisen". Zuversichtlich meinte Meclewski: „Neue Generationen werden aufwachsen ohne die verfluchte Vergangenheit", wobei er nicht leugnen wolle, daß die Existenz der DDR nach wie vor eine Verständigung zwischen Polen und der Bundesrepublik erschwere.

Was die Schulbücherproblematik betrifft, so gibt es für den Warschauer Kommentator „keine Ankläger und keine Beschuldigten". Stolz vermerkte er, daß in Polen bereits alle 26 Empfehlungen der deutsch-polnischen Kommission in den Schulbüchern Eingang gefunden haben. Versöhnung sei für ihn keine Sache einer einzigen Partei, sagte er und bedauerte, auf vorangegangenen Veranstaltungen in der Bundesrepublik keine Vertreter von CDU und CSU angetroffen zu haben. Auch werde in Polen nicht verstanden, daß für die deutschen Spätaussiedler in der Bundesrepublik der Vertriebenenausweis gelte.

Der Flensburger PH-Professor Dr. Walter Mertineit, Vorsitzender der deutschen Delegation bei der Schulbuchkonferenz, wies darauf hin, daß die Empfehlungen für die Polen eine Art Barometer seien, „an dem man den jeweiligen Stand der Beziehungen mit der Bundesrepublik abliest". Nach Mertineits Feststellung schließt der Begriff der Normalisierung für das polnische Verständnis immer die historische Aufarbeitung der Vergangenheit mit ein. Deshalb seien die Schulbuchempfehlungen für die polnische Bevölkerung auch von größerer Bedeutung als für die deutsche. In der Bundesrepublik seien sie zur Zeit „noch mehr eine Sache der Experten und einiger Politiker". Die Schulbuchkommission habe mit ihrer Arbeit nicht zuletzt „zur Überwindung des horrenden Unterschieds in der gegenseitigen Wahrnehmung sowie zur Beseitigung nationalhistorischer, antagonistischer Denkmuster" beitragen wollen. Aus diesem Grunde bedauerte Mertineit, daß die deutsch-polnischen Schulbuchempfehlungen in der Bundesrepublik zum Gegenstand innenpolitischer Auseinandersetzungen geworden seien. Doch habe er in letzter Zeit den Eindruck gewonnen, daß „sich bei uns der Streit um die Umsetzung der Empfehlungen im Abflauen befindet". Die Tatsache, daß Niedersachsen in die Reihe der Befürworter eingeschwenkt sei, ermutigt Mertineit, wie er sagte, zu der Annahme, daß eines Tages auch die schleswig-holsteinische Landesregierung „darüber mit sich reden läßt".

Schulbuchkonferenz kommt voran. SPD lobt Arbeit der deutsch-polnischen Kommission / Union lehnt Ergebnisse ab
(Helmut Lölhöffel: Süddeutsche Zeitung, 2. 12. 1977)

Die gemeinsame deutsch-polnische Schulbuchkonferenz hat eine positive Zwischenbilanz ihrer bisherigen Arbeit gezogen. Die Teilnehmer beider Seiten äußerten sich am Donnerstag nach Abschluß dreitägiger Diskussionen in Bonn zufrieden. Der stellvertretende SPD-Bundestagsfraktionsvorsitzende Bruno Friedrich, der die Konferenz geleitet hatte, sprach sogar von einem „großen Durchbruch". Die CDU- und CSU-regierten Bundesländer, die sich weigerten, die Schulbuchempfehlungen zu übernehmen, stünden „im Abseits", sagte Friedrich im Gespräch mit der Süddeutschen Zeitung.
Die Leiter der beiden Delegationen der gemeinsamen Schulbuchkonferenz, Wladyslaw Markiewicz und Walter Mertineit, sehen ihre Bemühungen um eine übereinstimmende Darstellung der gemeinsamen Geschichte in Schulbüchern beider Staaten übereinstimmend „auf einem erfolgreichen Weg". Auf der Tagung zum Thema „Die Schulbuchempfehlungen im Normalisierungsprozeß zwischen der Bundesrepublik Deutschland und der Volksrepublik Polen" hatten sich unter anderem Geschichts- und Geographielehrer zu den umstrittenen Empfehlungen geäußert und sie dabei, wie aus der Konferenz berichtet wurde, neben einigen kritischen Anmerkungen insgesamt positiv beurteilt. Auch Vertreter von Schulbuchverlagen seien mehr und mehr bereit, sich nach den Empfehlungen zu richten.
Die unter UNESCO-Schirmherrschaft tagende deutsch-polnische Schulbuchkonferenz wird seit ihrem Beginn vor sieben Jahren von heftiger Kritik einiger Oppositionspolitiker begleitet. Sie sind der Meinung, die polnischen Formulierungswünsche seien übernommen worden, verfälschten aber teilweise die Geschichte. Während sich SPD-regierte Bundesländer die Empfehlungen zu eigen gemacht haben, zeichnet sich ab, daß die CDU/CSU-regierten Bundesländer bei ihrer strikten Ablehnung bleiben. Bundeskanzler Helmut Schmidt hatte nach seiner Rückkehr aus Polen vor einer Woche erklärt, es komme jetzt darauf an, die Empfehlungen für den Schulalltag nutzbar zu machen. Die Polen haben die Empfehlungen offiziell übernommen.
Die Bundesregierung hat wegen der Kulturhoheit der Länder keinen Einfluß auf die Entscheidungen der jeweiligen Kultusminister. Wie wichtig sie die Arbeit der Schulbuchkonferenz nimmt, machte sie mit der Teilnahme des Bundesbildungsminister Helmut Rohde am Abschluß der diesjährigen Bonner Tagung deutlich. Auf polnischer Seite hatte der Vizeminister für Erziehung, Romuald Jezierski, bei den Expertengesprächen mitgewirkt.
Vertreter der Bonner Regierungsparteien machten deutlich, daß sie die Empfehlungen als „Orientierungshilfen" für Schulbuchautoren und Pädagogen ansähen. Keinesfalls sei daran gedacht, etwa die Empfehlungen „wortwörtlich" in Schulbüchern wiederzugeben. Es gehe vielmehr um die Gesamttendenz, Geschichte so darzustellen, daß sie auf beiden Seiten Vorurteile abzubauen helfe.

Kanzler würdigt Schulbuchempfehlung
(Kieler Nachrichten, 3. 12. 1977)

Als bedeutenden Schritt zu einem besseren Verhältnis zwischen Polen und der Bundesrepublik hat Bundeskanzler Helmut Schmidt die unter der Schirmherrschaft der UNESCO erarbeiteten deutsch-polnischen Empfehlungen für Schulbücher der Geschichte und Geographie gewürdigt. In einem Grußwort an eine deutsch-polnische Konferenz der Friedrich-Ebert-Stiftung in Bonn über diese Empfehlungen betonte Schmidt, es komme darauf an, diese Empfehlungen nun für den konkreten Schulalltag nutzbar zu machen. Der Kanzler wies darauf hin, daß bei der Umsetzung der Schulbuchempfehlungen Schwierigkeiten auszuräumen seien, die durch die Aufteilung der Bildungskompetenzen in der Bundesrepublik vielleicht größer seien als in Polen. Wenn die Empfehlungen aber nicht als Abschluß, sondern als Ausgangspunkt für eine neue Phase des deutsch-polnischen Dialogs von Politikern, Wissenschaftlern und Schulbuchexperten betrachtet würden, dann werde die begonnene gute Entwicklung zu weiteren Fortschritten führen.

Aufgabe für Generationen. Eine Tagung der Friedrich-Ebert-Stiftung
(Walter Osten: Vorwärts, 15. 12. 1977)
[*ohne Bild*]

Nachdem es der Union nicht gelungen ist, die Entspannungspolitik zu verhindern, trägt sie nun Nachhutgefechte in der Auseinandersetzung um die deutsch-polnischen Schulbuchempfehlungen aus. Um so wichtiger ist die Fortführung des deutsch-polnischen Gedankenaustausches.
,,Für den Fall, daß die auswärtigen Beziehungen der Bundesrepublik durch Darstellungen in Schulbüchern ernstlich gefährdert werden, besitzt der Bund das Zwangsrecht, das er gegenüber den Ländern ausüben kann und muß." Diesen Satz aus einer rechtspolitischen Betrachtung über ,,Schulbuchverbesserung durch internationale Zusammenarbeit" von Dr. Carl August Schröder zitierte der Leiter der Dokumentationsabteilung im Westinstitut der Polnischen Akademie der Wissenschaften, Zbigniew Kulak, auf einer Konferenz zum Thema ,,Schulbuchempfehlungen im Normalisierungsprozeß", die die Friedrich-Ebert-Stiftung gemeinsam mit dem polnischen Institut für internationale Angelegenheiten veranstaltete. Ob eine solche ,,Gefährdung der auswärtigen Beziehungen der Bundesrepublik" zur Zeit vorliegt, wagte keiner der Referenten zu entscheiden. Nach dem Verlauf der Tagung gewann man eher den Eindruck, daß hier ein ,,Ausgangspunkt für eine neue Phase des deutsch-polnischen Dialogs" gesetzt wurde, wie es Bundeskanzler Helmut Schmidt in seinem Begrüßungstelegramm formulierte.
Allerdings änderte das wenig an der Skepsis, mit der die polnischen Vertreter die Erklärung der Bundesregierung beurteilten, sie könne angesichts des Widerstandes der von der CDU/CSU regierten Länder die von der deutsch-polnischen Schulbuchkommission gemeinsam erarbeiteten ,,Empfehlungen" nicht in Anweisungen an die Länderregierungen umwandeln. Es konnte jedoch als ein Beweis für die Reife des Normalisierungsprozesses zwischen beiden Staaten angesehen werden, daß man sich auf dieser Tagung ungeschminkt die Meinung sagte.
Für die Haltung gewisser westdeutscher Kreise zu den Empfehlungen der Schulbuchkommission führte der Tagungsleiter Bruno Friedrich Erklärungen des niedersächsischen Kultusministers Werner Remmers an. In einem Interview hatte Remmers die Empfehlungen mit der Begründung abgelehnt: ,,Hier genehmige ich kein Buch, in dem nicht mehr von ,Zwangsumsiedlung' gesprochen wird." Außerdem störte es ihn, das in den Empfehlungen angeblich das Wort ,,Vertriebene" fehle. Alles ,,sachlich falsch", kommentierte Bruno Friedrich. In der Empfehlung Nummer 22 heißt es, daß ,,der größte Teil der deutschen Bevölkerung in den Jahren 1945 bis

1947 ausgewiesen beziehungsweise im Rahmen des interalliierten Transferabkommens zwangsumgesiedelt wurde". Auch der Begriff ,,Heimatvertriebene" ist dort zu finden.
Von polnischer Seite antwortete man mit fundierter Kritik an den noch in vielen Bundesländern benutzten Schulbüchern. Als ,,tief beunruhigend" bezeichnete der Leiter der polnischen Delegation, der stellvertretende Minister für Volksbildung, Romuald Jezierski, daß in vielen Ländern immer noch nach den ,,Richtlinien zur Ostkunde" und den ,,Richtlinien zur Behandlung des Totalitarismus" unterrichtet werde. Inzwischen aus Schulbüchern gestrichene Formulierungen, in denen Polen als ,,Satellitenstaat" bezeichnet worden war, der ,,rückständig in wirtschaftlicher und kultureller Hinsicht" sei, nannte Professor Barbag ,,beleidigend". Ebenso beurteilte er den dürftigen Satz: ,,Hitler zerschlug Polen im Jahre 1939", mit dem ein Münchener Schulbuch Hitlers Überfall auf Polen abtat. Schließlich wurden, wie Professor Barbag erklärte, ,,durch Hitlers Schuld 6 Millionen Menschen ermordet".
Auch die ,,Perlenkette" – eine Markierung für vorläufige Grenzen –, mit der der Grenzverlauf zu Polen in westdeutschen Schulatlanten gekennzeichnet wird, erregte polnischen Widerspruch. Dem Verlag warf Professor Barbag eine aus ,,berechnenden politischen Gründen" angewandte ,,doppelte Politik" vor, da er im Gegensatz zu den für die Bundesrepublik bestimmten Ausgaben in den für Österreich und die Schweiz bestimmten die Grenzlinien ,,vollkommen richtig" ausführte, nämlich nicht punktiert, sondern voll durchgezogen.

Wem gehört Kopernikus?

,,Auch einige polnische Bücher berücksichtigen die Empfehlungen nicht in dem Maße, wie dies nötig und wünschenswert ist." Das schrieb Professor Markiewicz in einem Artikel der polnischen Agentur Interpress einige Wochen vor der Tagung. Auf der Konferenz wurde diese Selbstkritik nicht belegt. Aber daß auch bei den polnischen Sachverständigen einiges zurechtzurücken wäre, ging aus einigen Bemerkungen hervor. So nannte es Professor Barbag eine ,,nicht objektive Unterstreichung der Werte der von den Deutschen verlorenen Ostgebiete", wenn in einem in Oldenburg erschienenen Schulbuch behauptet wird: ,,Der Verlust der deutschen Ostgebiete bedeutet nicht nur eine wirtschaftliche Schwächung Deutschlands, sondern auch einen Verlust deutschen Kulturlandes", und wenn als Beweis für diese These ,,berühmte Naturwissenschaftler (Kopernikus), Philosophen (Kant, Schopenhauer)" angeführt werden, die ,,Ostpreußen hervorgebracht hat". Abgesehen davon, daß Schopenhauer weder in Ostpreußen geboren war noch dort wirkte – mit Ausnahme des zwischen beiden Ländern umstrittenen, im heutigen Polen geborenen Kopernikus scheint man gegen diese Art von ,,Nationalstolz" nichts einzuwenden, zumal der Namensliste noch mancher hinzugefügt werden könnte.
Dennoch schnitt die polnische Selbstdarstellung günstiger ab als die westdeutsche. Von den 26 von der Schulbuchkommission beschlossenen Empfehlungen wurden in Polen 23 ,,realisiert"; ,,in absehbarer Zeit haben wir vor, die drei letzten zu realisieren". Dabei wurden die Informationen über die Bundesrepublik um 40 Prozent erweitert, die früher übliche Gleichstellung ,,der Deutschen" mit ,,den Hitlerfaschisten" getilgt.
Über Bedeutung und voraussichtliche Dauer dieses Prozesses war man sich einig. Einen in der Bundesrepublik oft angeführten Vergleich der deutsch-polnischen mit der deutsch-französischen Versöhnung wies der Leiter der westdeutschen Delegation bei den Schulbuchverhandlungen, Professor Walter Mertineit, mit der Bemerkung zurück: ,,Auschwitz und die anderen Todeslager lagen nicht in Frankreich, sondern in Polen."
Hans Krollmann, Kultusminister von Nordrhein-Westfalen [muß heißen: Hessen. Der Hrsg.], bedauerte in seinem Referat jene ,,Reduktion des Geschichtsbe-

wußtseins", die sich auf das Heute beschränkt, ,,Fragen nach dem Gestern und Woher" mit ,,Interessiert-mich-nicht und Geht-mich-nichts-an" ausweicht. Die von Kulak beklagte ,,negative Einstellung der öffentlichen Meinung in der BRD", aber auch gewisse Erfahrungen in Polen führten den Vorsitzenden der polnischen Schulbuchkommission, Professor Markiewicz, zu der Ansicht, daß ,,der Prozeß der Umgestaltung der Ansichten der jungen Generation" beider Länder ,,Jahrzehnte dauern" wird.

Kapitulation der Wissenschaft
(Prof. Dr. Josef Joachim Menzel: Leserbrief, FAZ, 27. 12. 1977)

In der F.A.Z., vom 5. Dezember wird über eine Tagung der SPD-nahen Friedrich-Ebert-Stiftung zum Thema deutsch-polnische Schulbuchgespräche berichtet, wobei wieder einmal die einseitige Zusammensetzung derartiger Gesprächsrunden und ihre der Sache abträgliche politische Befrachtung und Verflechtung deutlich wird. Wenn etwa der zitierte Ribbentrop-Molotow-Pakt von 1939 zur vierten Teilung Polens (von K. D. Erdmann im Handbuch der deutschen Geschichte als ,,Todesurteil Polens" charakterisiert) aus politischer Rücksicht auf Moskau unterdrückt werden muß und die Vertreibung aus anderen politischen Rücksichten nicht Vertreibung (was sie tatsächlich war) genannt werden darf, dann ist dies wohl nicht nur in meinen Augen eine Kapitulation der Wissenschaft vor der Politik.

Oder was wäre denn von dem Vorschlag zu halten, den Begriff ,,Konzentrationslager" zum angeblich besseren Verständnis als ,,Zusammenziehungslager" ins Deutsche zu übersetzen und künftig nicht mehr von KZ Auschwitz, sondern Z.-L. Oswiecim (polnischer Name für Auschwitz) zu sprechen? Warum kann der Leiter der polnischen Verhandlungsdelegation, Professor Markiewicz, selbst ein hoher Parteifunktionär, von deutscher Seite bisher unwidersprochen feststellen: ,,Die Verständigung (auf die vorliegenden umstrittenen Empfehlungen) wurde dadurch enorm erleichtert, daß die Konferenzteilnehmer, die sich in der Mehrzahl nicht als Marxisten verstanden, nicht von der nationalistischen, sondern der klassenmäßigen Auffassung der polnisch-deutschen Beziehungen ausgingen." (Polens Gegenwart Nr. 1, Januar 1976). Die klassenmäßige Auffassung der deutsch-polnischen Beziehungen ist doch wohl ebenso einseitig, und damit unwissenschaftlich, wie die nationalistische.

Und warum etwa veranlaßt der hessische Kultusminister Krollmann zwar den Abdruck der deutsch-polnischen Schulbuchempfehlungen in seinem Amtsblatt, weigert sich aber hartnäckig, sachliche Kritik daran an derselben Stelle zuzulassen? Wissenschaft lebt von der Kritik, Politik fürchtet sie. Wir brauchen keine ,,historische Diplomatie" und ,,diplomatische Historie", sondern von Tagespolitik und Ideologie freie wissenschaftliche Expertengespräche.

Ein vorläufiger Abschluß im deutsch-polnischen Schulbuchdialog. Weder Sieger noch Besiegte. Respekt bestimmte das Verhandlungsklima
(Wolf Scheller: Kölner Stadt-Anzeiger, 12. 1. 1978)
[*ohne Bild Georg Eckerts*] [*weitgehend identisch in: Badische Zeitung, 14. 1. 1978*] [*ebenso in: Nürnberger Nachrichten, 14. 1. 1978*] [*ebenso in: Neue Westfälische Zeitung, 21. 1. 1978*]

Hessens Kultusminister Krollmann sprach mit sichtlichem Ärger von ,,scholastischen Haarspaltereien". Sein Parteifreund, der SPD-Abgeordnete Bruno Friedrich, hingegen, mochte solchen Mißton nicht gelten lassen. Die deutsch-polnischen Bezie-

hungen, so befand er auf einer Konferenz der Bonner Friedrich-Ebert-Stiftung, seien im Blick auf die vergangenen Jahrhunderte noch nie so gut gewesen wie am Ende des Jahres 1977.
Beide Äußerungen skizzieren in etwa das Klima im deutsch-polnischen Schulbuchdialog. Es geht um die seit 1972 unternommenen Anstrengungen von Wissenschaftlern beider Länder, den Geschichts- und Geographieunterricht an den Schulen so zu gestalten, daß er den nationalen Empfindlichkeiten und Ressentiments beim Nachbarn Rechnung trägt.
Und das, was sich unter dem technisch-kühlen Oberbegriff der ,,Schulbuchrevision" vollzieht, gehört zu den heikelsten Unternehmungen, auf die sich die Historiker, Geographen, Schulbuchwissenschaftler und Pädagogen in beiden Ländern eingelassen haben. Im regelmäßigen Turnus, mal auf polnischem, mal auf deutschem Boden, traf man sich zum wissenschaftlichen Disput in der gemeinsamen, unter dem Dach der Unesco arbeitenden Schulbuchkommission.
Die Polen drängten von Anfang an auf rasche Verhandlungsergebnisse. Die deutsche Delegation, ins Leben gerufen von dem inzwischen verstorbenen Direktor des Braunschweiger Schulbuchinstituts, Georg Eckert, konnte freilich nur anbieten, den gemeinsam erarbeiteten Empfehlungen in der Bundesrepublik Gehör zu verschaffen. Wirklich verbindliche Vereinbarungen, die die Polen erhofften, konnte sie nicht eingehen.

26 Empfehlungen

Gleichwohl sind diese Fachgespräche inzwischen mit der Verabschiedung von 26 Empfehlungen zur Geschichte und Geographie abgeschlossen worden. Das Braunschweiger Institut hat sie zu einem Buch zusammengestellt, das die deutschen und polnischen Originalfassungen der Texte enthält. Über den dornigen Pfad, den beide Seiten bis zur Einigung nach fünfjährigem zähem Ringen zurücklegten, sagt dieses Buch freilich nichts aus.
Kopfzerbrechen hatte den Autoren vor allem das die Gegenwart und die jüngste Geschichte behandelnde Kapitel bereitet. So hat man sich zum Beispiel in der strittigen Frage des Friedensvertragsvorbehalts auf die Beschreibung der unterschiedlichen politischen Standorte vor Abschluß des Warschauer Vertrages verständigt. Da heißt es in der Empfehlung:
,,Polen war vital daran interessiert, die endgültige Anerkennung der Oder-Neiße-Grenze zu erreichen. Es sah darin einen wesentlichen Beitrag zur Festigung der europäischen Sicherheit. Dagegen hat die Bundesrepublik Deutschland die Schwerpunkte ihrer Außenpolitik in der Westintegration und in der Aufrechterhaltung der Wiedervereinigungsmöglichkeiten auf der Grundlage der Prinzipien der Deutschland- und Ostpolitik gesehen. Dies bedeutete die Nichtanerkennung der Oder-Neiße-Grenze."
Mit dieser leidenschaftslos-dürren Beschreibung des damaligen Ist-Zustandes konnten sich beide Seiten abfinden, ohne daß die eine oder andere Partei einen Prestigeverlust zu befürchten brauchte. Denn aus deutscher Sicht wurde damit auch der Friedensvertragsvorbehalt umschrieben, dessen ausdrückliche Erwähnung für die Polen unannehmbar war.
Das Ganze ist ein Musterbeispiel für die Formulierungsakrobatik, die in der gemischten Schulbuchkommission geübt wurde.
Ein anderer neuralgischer Punkt war die polnische Forderung nach Einbeziehung der Wiedergutmachungsproblematik in den Text der Empfehlung. Die Polen wollten bei Erwähnung des Warschauer Verzichts auf Reparationen hinzugefügt wissen, daß dies keineswegs den Verzicht auf Wiedergutmachung an einzelnen Personen oder Personengruppen bedeutet habe. Dem hielt die deutsche Seite entgegen, daß die polnischen Wiedergutmachungsforderungen für NS-Opfer beim Reparationsverzicht noch gar nicht ausdrücklich erhoben worden seien.
Damit waren die Fronten klar. Und aus deutscher Sicht hätte bei einer Darstellung dieses Problems dann ohnehin auch das Bonner Verlangen nach Ausreiseerlaubnis

und Familienzusammenführung erwähnt werden müssen. Dinge, deren Fixierung in einem Schulbuch für die Polen völlig indiskutabel ist. Der Kompromiß bestand darin, daß man kurzerhand das ganze Thema ausklammerte.

In den Schulbuchverhandlungen haben so beide Seiten Federn lassen, von liebgewordenen Vorurteilen Abschied nehmen müssen. Der Leiter der polnischen Delegation, Professor Wladyslaw Markiewicz: „Auf jeden Fall eliminierten wir aus unseren Verhandlungen das Element der Rivalisierung, indem wir den festen Grundsatz annahmen, in den Wortgefechten der Experten zweier bis vor kurzem stark antagonistischer Länder dürfte es weder Sieger noch Besiegte geben."

Ähnlich sieht es sein deutscher Mitvorsitzender in der Schulbuchkommission, Professor Walter Mertineit. Er erinnert daran, wie festgefahren lange Zeit die Vorurteile auf beiden Seiten gewesen sind. So habe sich in vielen polnischen Lehrbüchern ein „Tausend-Jahre-Kampf-Trauma" gegenüber Deutschland niedergeschlagen. Und in etlichen deutschen Schulbüchern habe sich demgegenüber ein „Kulturleistungssyndrom" mit Besitzanspruch breitgemacht.

Verletzendes haben jedenfalls die Schulbuchautoren in beiden Ländern jahrzehntelang über das andere Land geschrieben. Die gemeinsamen Schulbuchempfehlungen könnten durch ihre inhaltliche Ausgewogenheit und moderate Form der historisch-geographischen Darstellung Entscheidendes für eine Korrektur dieser Klischees im Unterricht leisten.

Nur fehlt ihnen auf deutscher Seite jede Verbindlichkeit. Und die Kritik in der Bundesrepublik an den Ergebnissen des Schulbuchdialogs ist in letzter Zeit eher noch massiver geworden. Der deutschlandpolitische Sprecher der CDU/CSU-Fraktion, Manfred Abelein, zum Beispiel, sieht „keinerlei Veranlassung", die Empfehlungen für die Unterrichtspraxis zu nutzen, da sie eine „einseitige, ausschließlich die Interessen der polnischen Regierung fördernde, Darstellung des deutsch-polnischen Verhältnisses in der Vergangenheit" böten. Dies ist auch der Standpunkt der Landsmannschaften und Vertriebenenverbände.

Transfer statt Vertreibung

In der Schulbuchkommission hatte man sich darauf geeinigt, statt des Begriffs „Vertreibung" den der „Zwangsumsiedlung" oder das Wort „Transfer" zu benutzen. An diesen Reizworten haben sich in der Bundesrepublik die Emotionen aufgeladen.

So spricht das Bayerische Kultusministerium in einer kostenlos an alle Haushalte im Freistaat verteilten Zeitschrift von „sprachlicher Beschönigung", die die Opfer, also die Heimatvertriebenen, beleidige und die Nachwelt in die Irre führe.

Eine solche Tendenz läßt sich indes aus dem Text der Empfehlungen kaum ablesen. So erläutert etwa der hessische Kultusminister Krollmann: „In einem von der polnischen Seite akzeptierten Text steht jedenfalls klipp und klar, daß in den ehemaligen Reichsgebieten 8,5 Millionen Deutsche lebten, die ihre Heimat unfreiwillig verlassen mußten."

Dabei muß man sich freilich auch klarmachen, daß die gesamte Problematik der Heimatvertriebenen in Polen bisher niemals ein Thema war. Heute ist die polnische Seite bereit, das Elend auch der Deutschen in diesem Abschnitt der jüngsten Geschichte anzuerkennen.

Der stellvertretende polnische Kultusminister Jezierski gibt zu verstehen, daß manche Zerrbilder, die sich die Polen von den Deutschen gemacht haben, langsam, aber sicher aus den Schulbüchern zu verschwinden beginnen. So versuche man, so Jezierski, „wo es möglich ist", zwischen den Begriffen „die Deutschen" und „die Hitler-Faschisten" zu unterscheiden.

Gegenseitiger Respekt, die Rücksicht auf die Verletzbarkeit der anderen Seite – dies sind die bestimmenden Töne im Umgang zwischen Polen und Deutschen.

Dazu gehört auch, daß die Polen aus einem erst 1976 erschienenen Lehrbuch für die achte Klasse folgende Passage entfernten: „Nach der Entstehung der deutschen

Bundesrepublik ergab sich die Notwendigkeit, einen zweiten deutschen Staat mit entscheidend friedlichem Charakter zu gründen."

Ein fragwürdiges Vehikel. Deutsch-polnische Schulbuch-Empfehlungen in der Beilage zum „Parlament"
(H. G. Parplies: Die Sudetendeutsche Zeitung, 16. 12. 1977)
[*identisch in: Deutscher Ostdienst v. 22. 12. 1977, Osmipress v. 16. 12. 1977*]

Die Bundeszentrale für politische Bildung stellt bekanntlich wöchentlich die wichtigsten Debatten und Vorgänge aus Bundestag und Bundesrat in einer Zeitschrift mit dem Titel „Das Parlament" zusammen und verteilt sie an alle Schulen und Einrichtungen der politischen Bildung. Dieser Wochenschrift beigefügt ist regelmäßig eine Beilage „aus Politik und Zeitgeschichte", welche bedeutsame Themen des Zeitgeschehens in umfangreicheren Darstellungen abhandelt.
In der letzten November-Ausgabe war die Beilage den „deutsch-polnischen Schulbuch-Empfehlungen" gewidmet. Grundsätzlich muß es als dubios erscheinen, wenn der Text von sogenannten Empfehlungen, die in der vorliegenden Form inzwischen von der Mehrheit der Bundesländer abgelehnt, von weiteren zumindest differenziert betrachtet werden, auf diesem Wege gleichsam durch die Hintertür doch in unsere Schulstuben Eingang findet.
Da ist die Frage angebracht, ob hier nicht durch eine Bundesinstitution die Kulturhoheit der Bundesländer praktisch unterlaufen wird. Das ist im Grundsatz eine Frage an alle Landesregierungen, vornehmlich aber natürlich an diejenigen, welche die Übernahme der vorliegenden Empfehlungen ausdrücklich abgelehnt haben, wie auch an diejenigen, die sich bislang noch nicht festgelegt hatten.
Nun wird die Einmischung dadurch abgemildert, daß den Empfehlungstexten Stellungnahmen beigefügt worden sind. Dabei wurde immerhin von der ursprünglichen Absicht, von der vor Jahresfrist einmal zu hören, war, Abstand genommen, die „Empfehlungen" lediglich mit zwei „Jubelkommentaren" zu begleiten, wie die Öffentlichkeit gewöhnt war, sie von den Delegationen selbst – „in aller Bescheidenheit" – nach dem Abschluß jeder Gesprächsrunde erneut zu lesen.
Vielmehr kommen in der Beilage neben dem Leiter der deutschen Wissenschaftler-Delegation, Professor Walter Mertineit, Flensburg, nun auch zwei an den Gesprächen Unbeteiligte zu Wort, nämlich ein engagierter Kritiker der Empfehlungen, BdV-Vizepräsident Dr. Herbert Hupka MdB und Dr. Siegfried Graßmann, Vorsitzender des Verbandes der Geschichtslehrer in der Bundesrepublik.
Professor Mertineit hat es in seinem an sich gründlichen Kommentar leider erneut nicht über sich gebracht, sich beiden Seiten der komplexen Problematik zu stellen. Für ihn sind die deutsch-polnischen Beziehungen nach wie vor allein durch die nationalsozialistische Vernichtungspolitik und nicht gleichermaßen auch durch die polnischen Vertreibungsmaßnahmen „total zerstört" worden (Seite 26).
Für ihn entziehen sich die Empfehlungen zur Nachkriegsgeschichte einer Beurteilung nach einem völker- und verfassungsrechtlichen Normensystem in der Auslegung durch das Bundesverfassungsgericht (Seite 38). Diese offenbare Einseitigkeit wird seinem Beitrag beim unvoreingenommenen Leser viel an Überzeugungskraft nehmen.
Demgegenüber gewinnt um so mehr an Gewicht, was Dr. Hupka an Mängeln und Kritik sowohl am Verfahren dieser Schulbuchgespräche als auch an ihren Ergebnissen anzubringen weiß. Die Bedenken und Ablehnungsgründe wurden in diesen Blättern schon häufig dargestellt. Sie sind – von dem Makel der politischen Handschrift („historische Diplomatie") über

die gravierendsten Auslassungen und Verfälschungen insbesondere im Bereich der Nachkriegsgeschichte bis hin zur ,,Schlagseite" auch in dem Abschnitt über die Geographie – von Hupka in einer großen Überschau hier mit Fleiß noch einmal zusammengetragen. Man hätte sich vielleicht gewünscht, daß er als Fachmann, der er ist, sich auch dem eigentlich historischen Teil, zu dem eine systematische kritische Auseinandersetzung bis heute fehlt, etwas stärker zugewandt hätte.

Freilich sprechen bereits die drei markanten Beispiele, die er herausgreift, eine beredte Sprache für die Anfechtbarkeit auch des engeren historischen Teils der ,,Empfehlungen". Entsprechend distanziert fällt dann hierzu auch die dritte Stellungnahme aus, die aus der Feder des Verbandsvorsitzenden der Geschichtslehrer in der Bundesrepublik stammt.

Geradezu niederschmetternd muß für die Empfehlungsautoren aber das hauptsächliche Ergebnis dieses Beitrages wirken, in dem am Beispiel der Lehrplansituation unseres größten Bundeslandes, Nordrhein-Westfalen, die Möglichkeit oder eben Unmöglichkeit der Umsetzung dieser ,,Empfehlungen" in die Unterrichtspraxis in der Bundesrepublik Deutschland nüchtern untersucht wird.

Graßmann schließt mit der – wohl deutlichen – Warnung: ,,Man sollte Geschichtsunterricht an unseren Schulen nicht zu einer säkularisierten Morallehre entwickeln." Dem ist angesichts mannigfacher, vor allem jedoch marxistischer Indoktrinationsversuche in unseren Schulen nichts hinzuzufügen.

Schulbuchempfehlungen. Zweifel nötig
(Helmut Großmann: Leserbrief, Badische Zeitung, 24. 12. 1977)

Die Reise des Bundeskanzlers nach Polen war Anlaß, die Empfehlungen der deutsch-polnischen Schulbuchkommission, die sich mit der Geschichtsbetrachtung des deutsch-polnischen Verhältnisses in der Kriegs- und Nachkriegszeit befassen als Fortschritt im Sinne der Versöhnung des deutschen und des polnischen Volkes zu loben. Wer sich jedoch mit den Schulbuchempfehlungen befaßt, muß zu der Überzeugung kommen, daß solche Äußerungen nur Zweckoptimismus sind.

Die Empfehlungen verschweigen nämlich an zu vielen Stellen geschichtliche Tatsachen, soweit es sich um Rechtsbrüche und Unmenschlichkeiten polnischer Stellen und Menschen, begangen an Deutschen, handelt. In ihrer jetzigen Form stellen sie ein Dokument dar, im dem deutsche Bußfertigkeit und polnische Selbstgerechtigkeit ein falsches Geschichtsbild vermitteln und somit nicht nur für den Unterricht, sondern auch für eine Völkerverständigung ungeeignet sind. Solange auf Äußerungen deutscher Stellen, wie die Rede des Bundeskanzlers in Auschwitz, nicht entsprechende Verlautbarungen polnischer Stellen folgen, muß an einem wahrhaften Verständigungswillen der Verantwortlichen des polnischen Staates gezweifelt werden.

Das Mühsal der deutsch-polnischen ,,Aufräumungsarbeiten". Signale von Mainz nach Warschau. Beziehungen so populär wie die deutsch-französischen?
(Staats-Zeitung Rheinland-Pfalz, 30. 12. 1977)
[gekürzt um andere Bezüge]

Der Landtag Rheinland-Pfalz hat schließlich in diesem Jahr das deutsch-polnische Schulbücherabkommen behandelt. Rheinland-Pfalz hat als erstes mit CDU-Mehrheit regiertes Land die Empfehlungen der deutsch-polnischen Schulbuchkommis-

sion angenommen und auch dafür ein Beispiel gegeben. Das Saarland folgte.
Der Abgeordnete Hans Herrmann, SPD, hatte im Juli dieses Jahres in einer Kleinen Anfrage im rheinland-pfälzischen Landtag an die Verwirklichung der Empfehlungen der deutsch-polnischen Schulbuchkommission erinnert. Als Mitglied der deutsch-polnischen Schulbuch-Kommission kennt der Parlamentarier Herrmann natürlich auch die erheblichen Schwierigkeiten der unterschiedlichen geschichtlichen und zeitgeschichtlichen Voraussetzungen bei dieser wichtigen Schulbuchfrage. Kultusminister Dr. Hanna Renate Laurien, eine geborene Danzigerin, beantwortete selbst die Kleine Anfrage. Sie legte darauf Wert, daß auch deutsche Standpunkte von den Polen anerkannt werden. So heißt es in der Antwort des Kultusministeriums: ,,Die Pluralisierung des Schulbuchinstituts durch Beteiligung möglichst vieler Bundesländer kann nach Auffassung der Landesregierung gewährleisten, daß in Zukunft ausgewogene Schulbuchempfehlungen erarbeitet werden, deren Umsetzung in deutsche Schulbuchinhalte sachlich vertretbar ist."
Nicht einverstanden zeigte sich die Landesregierung beispielsweise mit der Behandlung des Vertriebenenproblems und anderen Fragen, zur Zeitgeschichte. Die Empfehlung etwa, lediglich von ,,Bevölkerungsverschiebungen" zu sprechen, bedeute eine Verschleierung der Tatsachen. ,,Vertreibung ist nicht Bevölkerungsverschiebung". Es müßte eine historische Berichterstattung auch die Härte vergangenen Geschehens aushalten. Bei der dritten Empfehlung ,,Aufbauprobleme" schließlich, werde Polen als ein ethnisch geschlossener Nationalstaat dargestellt, was den Bemühungen um die deutschen Minderheiten in Polen widerspreche.
An diesen Beispielen sieht man, daß gerade die deutsche und die polnische Zeitgeschichte nicht immer aufeinander zustrebende Betrachtungsweisen möglich machen und daß es eine harte Arbeit bedeutet, zu einem gegenseitigen Ausgleich zu kommen, wo dann das heutige Geschichtsverständnis die fundamentale Andersartigkeit der nationalen Ansprüche überwindet. Denn die polnische Frage als eine der großen nationalen Fragen des 19. Jahrhunderts war im Unterschied zur deutschen und zur italienischen Frage lange ungelöst geblieben und beruhte auf der langen Nachwirkung Bismarckscher Politik im politischen Bewußtsein. Erst seit 1970 ist es der Schulbuchkommission gelungen, nicht nur deutsche oder nur polnische, sondern gemeinsame deutsch-polnische Empfehlungen zu erarbeiten.

Zweifel an den deutsch-polnischen Schulbuch-Empfehlungen. Wenn aus der Vertreibung eine Verschiebung wird
(Dr. Herbert Hupka, MdB: Die Welt, 7. 1. 1978)
[*ohne Bild*]

Die deutsch-polnischen Schulbuchempfehlungen sind noch immer ein umstrittenes Thema. Die Autoren haben das inzwischen selbst erkannt. Sie sprechen neuerdings davon, daß es sich nur um ,,Empfehlungen", nicht aber um offizielle Richtlinien handele. Und in der der endgültigen Fassung vorangestellten Einführung wird sogar recht unverbindlich von einer ,,Skizzierung des fachwissenschaftlichen Diskussionsstandes" gesprochen.
Doch dieser Rückzug in die angebliche Unverbindlichkeit kann nicht überzeugen. Die Schulbuchempfehlungen sind längst zu einem Politikum geworden, das von polnischer Seite wie ein einklagbarer Rechtstitel in die verschiedensten Verhandlungen eingebracht wird. Sie belasten die Beziehungen zwischen Bonn und Warschau, weil sie ein verzerrtes Bild der deutsch-polnischen Geschichte zeichnen. Das gilt vor allem für die sechs zeitgeschichtlichen Empfehlungen über die drei Jahrzehnte zwischen 1945 und 1975:

- es wird eine Sprache gebraucht, die die Zusammenhänge entweder beschönigt oder falsch darstellt oder unzutreffend akzentuiert.
- es werden Vorstellungen des kommunistischen Geschichtsbildes übernommen und damit ein falsches Geschichtsbild entworfen.
- bestimmte Ereignisse werden absichtlich verschwiegen.

Das läßt sich mit Leichtigkeit an vielen Passagen der Schulbuchempfehlungen beweisen. Da heißt es z. B.:

,,Die deutsch-polnische Grenzregelung nach dem Zweiten Weltkrieg ist im Zusammenhang der allgemeinen Territorial- und Grenzveränderungen als Ergebnis des Krieges zu betrachten . . . Mit der gleichzeitigen Einigung über den Artikel XIII (‚Orderly Transfers of German Populations') und der Aufstellung eines Aufnahmeplanes des Alliierten Kontrollrates in Deutschland im November 1945 wurde aber von den Alliierten selbst präjudiziert, daß es sich bei der polnischen Herrschaft über die ehemals deutschen Gebiete nicht um ein revidierbares Provisorium handeln könne."

Es ist falsch zu behaupten, daß die Oder-Neiße-Linie die Folge einer ,,deutsch-polnischen Grenzregelung" gewesen sei. Sie hat es weder in Potsdam noch im Warschauer Vertrag gegeben, denn bekanntlich steht eine friedensvertragliche Regelung für Deutschland als Ganzes immer noch aus. Weder Artikel XIII der Potsdamer Beschlüsse noch interalliierte Aufnahmepläne haben diesbezüglich etwas präjudiziert. Im Gegenteil, im Artikel XIII wird festgehalten, daß die ,,Überführung der deutschen Bevölkerung in ordnungsgemäßer und humaner Weise erfolgen soll". Das Transferabkommen vom 20. November 1945 enthält gleichfalls keinerlei Präjudizierung der Grenzfrage.

Dieses Abkommen ist ein weiterer Punkt, der in den Schulbuchempfehlungen nicht richtig dargestellt wird:

,,Die territorialen Veränderungen bei Ende des Zweiten Weltkrieges wurden mit umfangreichen Bevölkerungsverschiebungen verbunden. Sie zielten darauf ab, staatliche und ethnische Grenzen nach Möglichkeit in Übereinstimmung zu bringen."

Mit der Wortneuschöpfung ,,Bevölkerungsverschiebungen" sind die deutschen Teilnehmer, wie sie zugaben, der polnischen Forderung entgegengekommen, ,,die in der Tagespolitik hüben und drüben häufig zu polemischen Zwecken benutzten ‚Reizwörter' zu vermeiden". Die Polen verstanden darunter Bezeichnungen wie ,,Vertreibung" und ,,Vertriebene". Auch ,,Annexion" mißfiel, und so heißt es nunmehr ,,territoriale Veränderungen".

Daß alle deutschen Teilnehmer dieser Begriffsverwirrung zugestimmt haben, ist um so erstaunlicher, als einer der Autoren, nämlich Prof. Rohde, wiederholt zuvor und auch nach Abschluß der deutsch-polnischen Schulbuchempfehlungen gerade die Vertreibung als ein historisches Faktum von unmenschlichem Ausmaß eindeutig benannt und beschrieben hatte.

Inzwischen ist nicht nur der verfälschende Begriff der ,,Bevölkerungsverschiebung" übernommen worden, sondern von deutscher Seite wird zusätzlich versucht, den Vorgang, der als ,,Vertreibung" am besten definiert worden ist, in unterschiedliche Vorgänge wie ,,Evakuierung", ,,Flucht", ,,Zwangsumsiedlung" aufzuspalten.

Den Kritikern wird gewöhnlich entgegengehalten, daß das Wort ,,Heimatvertriebene" in den Empfehlungen vorkomme. Das ist richtig. Es heißt da: ,,In der Bundesrepublik Deutschland wurden alle diese Gruppen unter dem Begriff ‚Heimatvertriebene' zusammengefaßt.

Nur wurde auf polnisches Verlangen ein Passus angefügt, der diesen Begriff mit einem negativen Akzent versieht: ,,Sofern in diesen Gruppen, von den früheren Bundesregierungen unterstützt, ein Recht auf Heimat proklamiert wurde, werden sie in Polen als Hort des Revisionismus angesehen." Auf eine Erläuterung, daß das Recht auf Heimat nichts mit Revisionismus zu tun hat, wurde leider verzichtet.

Noch fataler wirken die Empfehlungen, wenn behauptet wird, die ,,Bevölkerungsverschiebung" habe darauf abgezielt, „staatliche und ethnische Grenzen nach Möglichkeit in Übereinstimmung zu bringen". Erst durch die vorangegangenen Okkupation und Annexion eines Viertels von Deutschland in seinen Grenzen von 1937 durch die Sowjetarmee stellte sich die Frage, ob nunmehr staatliche und ethnische Grenzen nicht mehr übereinstimmten. Die Vertreibung diente dazu, den Norden von Ostpreußen und die ostdeutschen Provinzen von der deutschen Bevölkerung zu entleeren, um einen Freiraum für die Inbesitznahme durch die erst noch anzusiedelnden Polen (und Russen) zu erhalten.

Besonders fragwürdig werden die Schulbuchempfehlungen, wenn sie sogar die innerdeutsche Nachkriegsentwicklung festzuschreiben versuchen: „Im Jahre 1949 konstituierten sich zwei deutsche Staaten mit unterschiedlicher Gesellschaftsordnung als Ergebnis des Zweiten Weltkrieges und der verschiedenen Entwicklungsbedingungen für die drei westlichen und die sowjetische Besatzungszone: die Bundesrepublik Deutschland und die Deutsche Demokratische Republik. Je mehr sich beide in den folgenden Jahren in die entstehenden politischen Wirtschafts- und Bündnissysteme in West und Ost eingliederten, desto stärker wirkte sich die deutsche Zweistaatlichkeit auf das deutsch-polnische Verhältnis aus."

Daß man Derartiges in polnischen Schulbüchern lesen mußte und nun auch weiterhin lesen wird, ist aufgrund der Unfreiheit Polens und der Abhängigkeit von der Sowjetunion verständlich, aber es geht nicht an, daß wir uns in der Bundesrepublik Deutschland eine einseitige und falsche Darstellung über die Teilung Deutschlands und deren Aufrechterhaltung zu eigen machen.

Mit den Formulierungen „verschiedene Entwicklungsbedingungen", „zwei deutsche Staaten konstituierten sich" wird ein falsches Geschichtsbild entworfen, indem so getan wird, als habe sich die Teilung Deutschlands als logische Folge einer historisch-politischen Entwicklung, getragen vom Willen des deutschen Volkes, ergeben. Zugleich soll der Eindruck entstehen, die „DDR" hätte sich in gleicher Weise „konstituiert" wie die Bundesrepublik Deutschland. Davon kann doch überhaupt keine Rede sein.

Es ist hier nicht der Ort, die deutsch-polnischen Schulbuchempfehlungen kritisch zu würdigen. Die wenigen Beispiele zeigen jedoch, daß sie nicht geeignet sind, ein besseres Verständnis zwischen beiden Völkern entstehen zu lassen. Deshalb haben sich auch die von der CDU/CSU geführten Bundesländer geweigert, diese Empfehlungen für verbindlich zu erklären. Und selbst die Haltung der von der SPD regierten Bundesländer ist noch uneinheitlich. Ganz offensichtlich haben auch sie erkannt, daß mit dem Vorsatz, Vorurteile abzubauen, nur neue Vorurteile schulbuchreif geworden sind.

Geschichte in Hessen
(Herbert Lilge: Darmstädter Echo, 11. 1. 1978)
[*ohne Bild des Kolumnisten*]

Im Dezember überreichte Hessens Landesregierung jedem Schulleiter ein Exemplar der „Empfehlungen für Schulbücher der Geschichte und Geographie in der Bundesrepublik Deutschland und in der Volksrepublik Polen". In dem vom Ministerpräsidenten, seinem Stellvertreter Karry und dem Kultusminister unterzeichneten Begleitbrief wird auf die Bedeutung verwiesen, die diesem Versuch, im Schulbereich einen konkreten Beitrag zur Verbesserung des deutsch-polnischen Verhältnisses zu leisten, beizumessen ist. Eine Aufgabe, die die Landesregierung mit der Verbesserung des deutsch-französischen und des deutsch-israelischen Verhältnisses nach 1945 als vergleichbar ansieht.

Es kann hier nicht auf den Inhalt der Empfehlungen, denen man auf beiden Seiten ungeachtet des Ergebnisses redliche friedenspädagogische Bemühungen nicht absprechen kann, eingegangen werden. Festzuhalten bleibt, daß die Kontroverse über sie unverändert andauert und daß sie in CDU/CSU-regierten Bundesländern ohne jede Chance der Berücksichtigung bleiben.

Aber auch in den sozialdemokratisch und sozialliberal regierten Ländern ist diese geschichtswissenschaftliche Reflexion über Möglichkeiten zur Überwindung des belastenden Erbes des Weltkriegszeitalters im deutsch-polnischen Verhältnis – wie die Empfehlungen umschrieben werden könnten – keine lehrplanverbindliche Richtlinie, sondern nur eine Hilfe, eben eine Empfehlung für den Lehrer (und selbstverständlich auch für den Schulbuchautor). Nicht mehr.

Das Engagement der hessischen Regierung wird aber, so muß sie selbstkritisch befürchten, in der hessischen Schulwirklichkeit versanden. Und das nicht frei von eigener Schuld. Wenn die Zielsetzung der Schulbuchempfehlungen – Friedenssicherung und Völkerversöhnung – wirksam werden soll, dann doch nur dank eines Geschichtsunterrichts, der Zeit und Raum für die tausendjährige deutsch-polnische Geschichte erhält. Dieses Argument Siegfried Graßmanns, Direktor eines Hamburger Gymnasiums und seit 1972 Vorsitzender des Verbandes der Geschichtslehrer Deutschlands, ist doch ebensowenig zu verneinen wie die Berechtigung seiner Kritik, daß sich ein Land wie Hessen besonders zum entschiedenen Befürworter dieser Empfehlungen mache, das selbst aber ,,Geschichtsunterricht quantitativ am meisten beschnitten, wenn nicht in erheblichem Umfange abgeschafft" habe. Die hessische Unterrichtsrealität kennt nun einmal, zumindest nach der Verabschiedung der in der parlamentarischen Beratung befindlichen Novelle des Schulverwaltungsgesetzes, die Geschichte nicht mehr als selbständiges Unterrichtsfach, sondern nur noch als einen vom übermächtigen Busen der Gesellschaftslehre fast erdrückten ,,historischen Aspekt".

Die Beteuerung des Kultusministers, daß auch nach der Integration des Faches Geschichte in die Gesellschaftslehre der geschichtliche Bereich fester Bestandteil der politischen Bildung bleibe und daß in der gymnasialen Oberstufe innerhalb der für alle Schüler verbindlichen vier Grundkurse in Gemeinschaftskunde ein Angebot von geschichtlichen Themen enthalten sein müsse, widerlegt doch nicht die Tatsache, daß eben nur noch ein amputierter Geschichtsunterricht existiert, dem ausreichend Zeit und Raum fehlen, um die Schüler mit den Tatsachen der (deutsch-polnischen) Geschichte in etwa vertraut zu machen, weil es kaum von Nutzen sein kann, ohne diese Grundkenntnisse über die Empfehlungen zu diskutieren oder gar zu hoffen, sie den Schülern verständlich zu machen. Und das in einem Lande, in dem als einzigem in der Bundesrepublik dem Geschichtsunterricht eine verfassungsrechtlich überragend herausgehobene Position zuerkannt wird.

Der (nicht nur) in Hessen beschrittene Weg der Verkürzung und Begrenzung des Geschichtsunterrichts unter Aufhebung seiner Selbständigkeit als Unterrichtsfach, der möglichen Entwicklung ,,zu einer säkularisierten Morallehre", der Einbettung in ideologische und modische Emanzipationstheorien mit der Gefahr, daß ,,die Verhinderung geschichtlichen Verstehens geradezu institutionalisiert" wird, dieser von der Landesregierung beschrittene Weg macht ihre eigenen Wünsche hinsichtlich der Umsetzung der deutsch-polnischen Schulbuchempfehlungen in die hessische Schulwirklichkeit weitgehend unerfüllbar. Welche Ironie!

Schräges Polen-Bild durch gefälschte Geschichtsakten?
(Sieghard Rost: Nürnberger Zeitung, 28. 1. 1978)

Die zwischen 1972 und 1976 erarbeiteten ,,Empfehlungen für Schulbücher der Geschichte und Geographie in der Bundesrepublik Deutschland und der Volksrepublik Polen" sind in Deutschland immer noch heiß umstritten. Anstoß wird vor allem an der Tatsache genommen, daß Bayern und andere Bundesländer es abgelehnt haben, die genannten Empfehlungen unverändert zu übernehmen. Deshalb werfen die Kritiker der Bayerischen Staatsregierung „Stimmungsmache" (so das Amt für evangelische Jugendarbeit), Störung des „Schulbuch-Friedens" („Nürnberger Nachrichten", 31. 8. 1977), „Entspannungsfeindlichkeit" (kommunistische Gruppen) oder einfach „Unverständnis" (SPD und FDP) vor. Diese Kritiker stören nicht der Inhalt der Empfehlungen, die Hintergründe für das Zustandekommen oder die Rechtslage in Deutschland, sondern lediglich die Nicht-Übernahme durch Bayern.

Mein Gegenvorwurf an diese Kreise lautet: Die Ablehnung der deutsch-polnischen Schulbuch-Empfehlungen wird nicht inhalts- und rechtsbezogen gewürdigt, sondern viel zu einseitig an der moralischen Wirkung der Ablehnung im Hinblick auf politische Ziele, wie Entspannung oder Völkerversöhnung. Notwendig sind also Informationen über Inhalte der Empfehlungen, über deren Zustandekommen und über die Nicht-Annahme durch einige Bundesländer. Dazu will ich ein paar Hinweise geben: Strittig sind nicht die Empfehlungen zur Geographie, sondern einige von den 26 Empfehlungen zur Geschichte, vor allem die Ziffern 19–25. Die „deutsch-polnischen Beziehungen 1933–1939" (Ziffer 19) lassen u. a. folgende Fakten aus: a) den Hitler-Stalin-Pakt vom 23. 8. 1939, der die 4. Teilung Polens zwischen Deutschland und der Sowjetunion vorsah und den 2. Weltkrieg auslöste; b) die Beteiligung Polens an der Zerschlagung der CSSR und die Abtretung tschechischen Gebietes an Polen im Oktober 1938. Wenn der deutschen und polnischen Jugend im Unterricht der Hitler-Stalin-Pakt verschwiegen wird – und somit der wichtigste Tatbestand für den Ausbruch des 2. Weltkrieges –, wird die Jugend zu einer falschen Beurteilung der Kriegsschuldfrage kommen müssen.

Alle völkerrechtlichen Abkommen von Potsdam (1945) bis zu den deutschen Ostverträgen 1970–72 sehen vor, daß die endgültige Grenzziehung im Osten einer künftigen Friedensregelung vorbehalten bleibt. In der 21. Empfehlung jedoch wird der Versuch gemacht, die Abtrennung Ostdeutschlands „als Ergebnis des Krieges zu betrachten" und völkerrechtlich als endgültig festzuschreiben. Dies widerspricht klar der obersten deutschen Rechtsprechung (s. Bundesverfassungsgerichtsurteil vom 31. 7. 1973 u. a.).

Schließlich findet in Ziffer 25 die kommunistische Zweistaatentheorie für Deutschland Eingang („Im Jahre 1949 konstituierten sich zwei deutsche Staaten mit unterschiedlicher Gesellschaftsordnung"). Daß nach dem Urteil des BVG vom 31. 7. 1973 auch nach Abschluß der Ostverträge einerseits das Wiedervereinigungsgebot für die Bundesrepublik Deutschland besteht und andererseits die Bundesrepublik als Rechtsnachfolger des Deutschen Reiches von 1937 zu verstehen ist, wird nicht berücksichtigt und unterschlagen.

Bemühungen zwischen Deutschland und seinen Nachbarstaaten, über die Behandlung strittiger Themen im Unterricht sich zu verständigen – und zwar nicht einseitig zu Lasten eines Partners –, werden von allen Seiten nachdrücklich unterstützt. Wie Deutsche und Franzosen durch einen tiefen Graben von Vorurteilen getrennt waren, bestand auch zwischen Deutschen und Polen über Jahrhunderte hinweg Abneigung und Feindschaft. Diese Gräben zuzuschütten, ist eine politische und moralische Verpflichtung der Gegenwart. Aber als Mittel dazu darf nicht das Auslassen bzw. die Fälschung von Geschichtsfakten benutzt werden.

Die polnischen Delegationsmitglieder der Schulbuchkommission, ausgerüstet mit der Verpflichtung zu einer derartigen Geschichtsbetrachtung, handeln im staatlichen Auftrag und in Rückkopplung an die kommunistische Regierung. Dagegen waren die deutschen Delegationsmitglieder für ihre Entscheidungen weder einer Regierung noch gar einer einzigen Partei ver-

antwortlich. Auf diesen Umstand und auf die Diszipliniertheit der geschlossenen Argumentation der polnischen Seite ist es wohl zurückzuführen, daß Formulierungen entstanden, die in Deutschland Widerspruch erregen mußten.
Zunächst muß festgehalten werden, daß die Verfassung den Bundesländern die Zuständigkeit in Kulturangelegenheiten überträgt. Infolgedessen hat auch Bundeskanzler Schmidt beim Abschluß des deutsch-polnischen Kulturabkommens im Juni 1976 seinen polnischen Vertragspartner noch einmal auf diese Rechtssituation hingewiesen, die der breiten Öffentlichkeit in Polen vorenthalten wird. Ferner sollte beachtet werden, daß die deutsche Schulbuchkommission ohne Auftrag und ohne Deckung der Bundesländer die Empfehlungen abgeschlossen hat. Wenn aufgrund dieser Fakten nur wenige SPD-regierte Bundesländer die Schulbuch-Empfehlungen übernehmen, tun sie dies vor allem zur Rückendeckung der Ostpolitik der Bundesregierung, aber nicht aufgrund bildungspolitischer Notwendigkeiten. Das Bayerische Kultusministerium hat seine Gründe für die Nicht-Übernahme offengelegt – auch in der Zeitschrift ,,schule & wir" zur Information der Eltern.
Wer in seiner Kritik an diesen Begründungen ernst genommen werden will, muß Argumente gegen sie vorbringen. Wer nur mit ,,Stimmungsmache" oder ,,Störung des Schulbuchfriedens" gegen die bayerische Entscheidung polemisiert, muß sich seinerseits den Vorwurf gefallen lassen, daß er nicht rational, sondern emotional – eben stimmungsmäßig – reagiert. Diese Art der Auseinandersetzung mag zwar für Schlagzeilen sorgen, zur Lösung der Problematik trägt sie überhaupt nicht bei.

Für die Zukunft kann meines Erachtens vor allem dienlich sein, wenn die verfassungsmäßig zuständigen Organe, nämlich die Bundesländer, Schulbuchkommissionen stärker an die Länderhoheit binden und vor Abschluß von Empfehlungen grünes Licht geben können. Dieses Verfahren dürfte auch zur besseren Glaubwürdigkeit des deutschen Gesprächspartners im Ausland beitragen, woran uns auch gelegen sein muß.

Das zähe Ringen mit den Schatten der Vergangenheit. Deutsch-polnische Geschichte im Schulbuch-Widerstreit
(Wolf Scheller: Kommentar, Radio Bremen, 29. 1. 1978)
[Textwiedergabe nach Sendemanuskript mit Streichungen von unbekannter Hand, ohne 1.Absatz]

Denn das, was sich unter dem technisch-kühlen Oberbegriff der ,,Schulbuchrevision" vollzieht, gehört – fern aller Parteinahme – zu den heikelsten Unternehmungen, auf die sich die Historiker, Geographen, Schulbuchwissenschaftler und Pädagogen in beiden Ländern eingelassen haben.
Gleichwohl sind diese wissenschaftlichen Fachgespräche zwischen Polen und Deutschen inzwischen mit der Verabschiedung von 26 Empfehlungen zur Geschichte und Geographie abgeschlossen worden. Das Braunschweiger Institut hat sie zu einem Buch zusammengestellt, das die deutschen und polnischen Originalfassungen der Texte enthält. Über den dornigen Pfad, den beide Seiten bis zum Zustandekommen der Empfehlungen nach fünfjährigem zähen Ringen zurücklegten, sagt dieses Buch freilich nichts aus.
Kopfzerbrechen hatte den Autoren der Empfehlungen vor allem das die Gegenwart und die jüngste Geschichte behandelnde Kapitel bereitet. Liest man die Texte genau, so muß man auf deutscher Seite jedenfalls feststellen, daß hier Kompromißformeln gefunden wurden, die trotz mancher Vorbehalte das Äußerste von dem darstellen, was unter den gegenwärtigen Bedingungen möglich war. Mit der leidenschaftslos-dürren Beschreibung des

damaligen Ist-Zustandes konnten sich beide Seiten abfinden, ohne daß die eine oder andere Partei einen Prestigeverlust zu befürchten brauchte. Denn aus deutscher Sicht wurde damit auch der Friedensvertragsvorbehalt umschrieben, dessen ausdrückliche Erwähnung für die Polen unannehmbar war.
In den Schulbuchverhandlungen – soviel steht jedenfalls fest – haben beide Seiten Federn lassen, von liebgewordenen Vorurteilen Abschied nehmen müssen. Der Leiter der polnischen Delegation, Professor Wladyslaw Markiewicz: „Auf jeden Fall eliminierten wir aus unseren Verhandlungen das Element der Rivalisierung, indem wir den festen Grundsatz annahmen, in den Wortgefechten der Experten zweier bis vor kurzem stark antagonistischer Länder dürfte es weder Sieger noch Besiegte geben." Ähnlich sieht es auch sein deutscher Mitvorsitzender in der gemeinsamen Schulbuchkommission, Professor Walter Mertineit. Er erinnert daran, wie festgefahren lange Zeit die Vorurteile auf beiden Seiten gewesen sind. So habe sich in vielen polnischen Lehrbüchern ein „Tausend-Jahre-Kampf-Trauma" gegenüber Deutschland niedergeschlagen. Und in etlichen deutschen Schulbüchern habe sich demgegenüber ein „Kulturleistungssyndrom mit Besitzanspruch" breitgemacht.

Schlimmes und Verletzendes haben jedenfalls die Schulbuchautoren in beiden Ländern in reichlichem Ausmaß jahrzehntelang über das andere Land geschrieben. Die gemeinsamen Schulbuchempfehlungen könnten durch ihre inhaltliche Ausgewogenheit und moderate Form der historisch-geographischen Darstellung Entscheidendes für eine Korrektur dieser Klischees im Unterricht leisten. Nur fehlt ihnen auf deutscher Seite jede Verbindlichkeit. Und die Kritik in der Bundesrepublik an den Ergebnissen des Schulbuchdialogs ist in letzter Zeit eher noch massiver geworden. Der deutschlandpolitische Sprecher der CDU/CSU-Fraktion, Manfred Abelein zum Beispiel, sieht „keinerlei Veranlassung", die Empfehlungen für die Unterrichtspraxis zu nutzen, da sie eine „einseitige, ausschließlich die Interessen der polnischen Regierung fördernde, Darstellung des deutsch-polnischen Verhältnisses in der Vergangenheit" böten. Dies ist auch der Standpunkt der Landsmannschaften und Vertriebenenverbände. Sie kritisieren vor allem die Darstellung der unmittelbaren Kriegsfolgen in den Jahren 1945/46/47.
In der Schulbuchkommission hatte man sich darauf geeinigt, statt des Begriffs „Vertreibung" den der „Zwangsumsiedlung" oder das Wort „Transfer" zu benutzen.
An diesen Reizworten haben sich deutscherseits die Emotionen aufgeladen. So spricht das Bayerische Kultusministerium in einer kostenlos an alle Haushalte im Freistaat verteilten Zeitschrift von „sprachlicher Beschönigung", die die Opfer, also die Heimatvertriebenen, beleidige und die Nachwelt in die Irre führe.
Eine solch absichtsvolle Tendenz läßt sich indes aus dem Text der Empfehlungen kaum ablesen. So erläutert etwa der hessische Kultusminister Krollmann: „In einem von der polnischen Seite akzeptierten Text steht jedenfalls klipp und klar, daß in den ehemaligen Reichsgebieten 8,5 Millionen Deutsche lebten, die ihre Heimat unfreiwillig verlassen mußten."

Heute ist die polnische Seite bereit, das Elend auch der Deutschen in diesem Abschnitt der jüngsten Geschichte anzuerkennen. Der stellvertretende polnische Kultusminister Jezierski gibt zu verstehen, daß manche Zerrbilder, die sich die Polen von den Deutschen gemacht haben, langsam aber sicher aus den Schulbüchern zu verschwinden beginnen. Auch versuche man, so Jezierski, „wo es möglich ist", zwischen den Begriffen „die Deutschen" und „die Hitler-Faschisten" zu unterscheiden.

Gegenseitiger Respekt, die Rücksicht auf die Verletzbarkeit der anderen Seite – dies sind neue Stilelemente im Umgang zwischen Polen und Deutschen.

Wider die Schulbuch-Diplomatie. Bayerns Argumente gegen die deutsch-polnischen Schulbuch-Empfehlungen
(Roswin Finkenzeller: FAZ, 30. 1. 1978)

Stets erscheint Bayern als schwarzes Schaf, wenn von den Empfehlungen der deutsch-polnischen Schulbuchkommission die Rede ist. Denn das Kultusministerium in München weigert sich nach wie vor, die von ihm zu genehmigenden Geschichtsbücher im Sinne der Kommission zu prüfen. Schon im vergangenen Jahr hat „schule & wir“, eine Elternzeitschrift des Ministeriums, den bayerischen Standpunkt in relativ hoher Auflage erläutert. Wer in dieser Sache die bayerische Regierung angreifen will, reibt sich an dem groß aufgemachten Artikel, der den Titel trug, „Vertreibung bleibt Vertreibung“. Die Warschauer „Trybuna Ludu“ hat sich mit diesem Artikel zweimal beschäftigt. Aber auch die FDP-Opposition im Bayerischen Landtag hat in einer schriftlichen Anfrage, die kürzlich beantwortet wurde, das Thema neuerlich aufgerollt.
In seiner Antwort wehrt sich Kultusminister Maier gegen die Behauptung, Bayern sei das einzige Bundesland, das die Empfehlungen der Schulbuchkommission nicht übernommen habe. „In Wahrheit“ hätten sich „eine Vielzahl von Ländern“ äußerst spröde gezeigt. Ferner hatte sich die FDP erkundigt, ob und wie stark die vorhandenen Lehrmittel bei einer Beherzigung der Empfehlungen geändert werden müßten. Der Kultusminister erwiderte, es müßten sämtliche in Bayern zugelassenen Lehrbücher der neuesten Geschichte aus dem Verkehr gezogen werden. Zum Kern der Sache aber kam Maier, als er sich der Frage stellte, ob die Entscheidung seines Hauses „im Interesse der Entspannungspolitik angemessen“ sei.
Seine Entgegnung: „Der Grundsatz der Wahrheitsverpflichtung darf bei der Bildung und Erziehung unserer Jugend keinesfalls augenblicklichen politischen Interessen nach- oder untergeordnet werden. Besonders der zeitgeschichtliche Unterricht ist sorgfältig von allen Versuchen der Beschönigung, der Verschleierung und Tatsachenunterdrückung zugunsten der politischen Tagesopportunität freizuhalten.“ Die wichtigsten Stichworte dieser Argumentation sind „augenblickliches Interesse“ und „Tagesopportunität“. Die Pädagogik als Magd der Diplomatie? Dieser Anspruch ist es, den Maier verwirft. Was aber nach bayerischer Auffassung beschönigt, verschleiert und unterdrückt wurde, hat jener Artikel in der Elternzeitschrift dargelegt, den der Kultusminister abermals politisch sanktionierte.
Bereits der Titel „Vertreibung bleibt Vertreibung“ verrät den Ärger über das amtlich empfohlene Vokabular. In dem philologischen Angebot ist das Wort „Zwangsumsiedeln“ noch der schärfste Ausdruck für einen Vorgang, der Millionen von Menschen betraf und vielen von ihnen unsägliches Leid zufügte. Charakteristisch sind jedoch Vokabeln wie „Verschiebung“ oder „Transfer“. Dieser „Wortkosmetik“ hat die Zeitschrift mehrere Spalten gewidmet. Entscheidend aber ist die bayerische Kritik an dem Versuch der „Tatsachenunterdrückung“. Bemängelt wird in erster Linie die völlige Ignorierung des Hitler-Stalin-Paktes von 1939. Natürlich hören die Kommunisten nur höchst ungern etwas von dieser kurzen, aber bedeutsamen Allianz. Doch ohne Kenntnis des Paktes ist weder der Verlauf des Zweiten Weltkriegs noch die Geschichte Polens vor und nach dem Sieg der Roten Armee verständlich. Die „vierte polnische Teilung“, die mindestens ebenso interessant ist wie die erste, zweite und dritte, fällt somit unter den Tisch. Daß die Abtretung großer deutscher Gebiete an Polen mit der Abtretung noch größerer polnischer Gebiete an die Sowjetunion zusammenhängt, müßte bei Übernahme der Empfehlungen von den Schülern erahnt werden. Die Ausrede der um Schonung der Sowjetunion bemühten Kommission war die „Bilateralität“ der Geschichtsbetrachtung. Bayern ist im Recht, wenn es allein diese Perspek-

tive verwirft. Damals spielte sich zum Leidwesen der Völker Weltgeschichte ab, wie schon der Begriff „Weltkrieg" nahelegt.
Was das von der Kommission „praktizierte Totschweigen" angeht, so haben Maier und seine Ministerialen nur das aufgespießt, was zum allergröbsten Verständnis der polnischen wie der ostdeutschen Geschicke unerläßlich ist. Mit dem Mantel des Schweigens würden selbstverständlich auch andere Begebenheiten bedeckt werden: etwa die hochdramatischen und gerade im Hinblick auf den Eurokommunismus sehr bedenkenswerten Kämpfe zwischen polnischen Kommunisten und polnischen Demokraten. Selbstverständlich dürfen der Schuljugend nur historisch gesicherte Tatsachen vorgesetzt werden.

Welche Tatsachen? Da haben sich die Schulbuchautoren an den Erkenntniswert zu halten, nicht aber an das politische Opportunitätsprinzip.
Übrigens ist sehr daran zu zweifeln, daß mit derartigen Rücksichtnahmen dem polnischen Volk ein Liebesdienst erwiesen wird. Gefordert werden muß, daß in deutschen Klassenzimmern weiterhin unterrichtet und nicht gestichelt oder aufgeputscht wird. Aber der Satz, daß die Wahrheit frei macht, gilt auch für die historische und gerade für die peinliche historische Wahrheit. Ansonsten wäre Lehre und Forschung auf diesem Wissensgebiet kaum die Hälfte wert. Wenn akademisch gebildete Deutsche zuweilen in Osteuropa Verwunderung erregen, dann nicht etwa deshalb, weil sie sich noch an Stalin erinnern, sondern vielmehr deshalb, weil ihnen die Geschicke der slawischen Völker in geradezu kränkendem Ausmaß unbekannt sind. Niemand verdient sich die Hochachtung eines polnischen Gesprächspartners, wenn er Katyn verdrängt hat, dafür aber auch keinen blassen Schimmer von der Bedeutung des polnischen Wahlkönigtums oder von den Voraussetzungen des russisch-polnischen Gegensatzes hat. In dieser Beziehung hätten Schulbuchkommissionen noch viele lohnende Aufgaben.

Beschämend, ja erschreckend
(Prof. Dr. Georg W. Strobel: Leserbrief, FAZ, 30. 1. 1978)

Diskussionen um die deutsch-polnischen Schulbuchempfehlungen gedeihen viel zu häufig wegen ihrer kleingeistigen Rechthaberei von Menschen, die die deutsch-polnische Beziehungsgeschichte aus provinziellen Kellerfenstern betrachten, aber Geist und die wirklichen Dimensionen des Problems vergessen, zur intellektuellen und politischen Peinlichkeit. Auch werden mit unbewiesenen Behauptungen über politisches Funktionärstum polnischer Gesprächspartner, deren auf gegenseitiges Verständnis und auf Ausgleich gerichtetete, noble Bemühungen von unvoreingenommenen Beobachtern nicht in Frage gestellt werden, Menschen und Erreichtes verleumdet und abqualifiziert. Das ist nicht der Boden, auf dem gegenseitiges Verstehen und Normalisierung gedeihen können, in deren Namen zu sprechen aber scheinheilig vorgegeben wird.

Professor Dr. J. J. Menzels Versuch (F.A.Z. vom 27. Dezember), die Vertreibung, die auch durch den Begriff Zwangsumsiedlung nichts von ihrem Schrecken für die Betroffenen (= Zwang) einbüßt, mit den Konzentrationslagern der SS im nationalsozialistischen Deutschland in Beziehung zu setzen, und sei es nur zur vermeintlichen Verdeutlichung von Begriffen, ist beschämend, ja erschreckend. Auch das ist eine Kapitulation, eine Kapitulation des Geistes und der Toleranz. Doch könnte auf diese Weise auch ein Ansatzpunkt für eine Entwicklung gelegt werden, die mit Sicherheit Professor Menzel nicht im Sinn hatte: über die vergleichsweise nur noch harmlose Zwangsumsiedlung oder Vertreibung die Vergewaltigung jeglicher Humanität in der Erniedrigungs- und Tötungsmaschinerie der Konzentrationslager und der SS zu ver-

harmlosen oder gar zu entschuldigen suchen. Vor solchen Versuchen, wie und wo immer sie unternommen werden, müssen wir auf der Hut sein, weil in ihnen historische Absicht und politische Ideologie verschmelzen würden.
Zeichen von Selbstüberwindung eines auch heimatpolitisch engagierten Schlesiers wäre gewesen, wozu dann aufrichtig zu gratulieren gewesen wäre, wenn Professor Menzel statt des mit Sicherheit ohne politischen Hintersinn getätigten Vergleichs darauf hingewiesen hätte, daß die deutsch-polnischen Beziehungen auch für die politische Entwicklung Deutschlands von Bedeutung waren. Die 1830/31 für ,,unsere und eure Freiheit" kämpfenden Polen, die auf ihrem Wege in die ,,große Emigration" 1832 Deutschland westwärts durchzogen, förderten den liberalen Gedanken und Zusammenschluß in Deutschland ungemein – was zu sehr vergessen ist. Wo sind die Zeugnisse dieser ,,liberalen deutschen Polenfreundschaft" in unseren so arm an Überbleibseln ihrer Geschichte gewordenen Städten? Wer wird, und sei es nur durch eine schlichte Gedenktafel, daran erinnert, daß beispielsweise auch der bedeutendste polnische Dichter, Adam Mickiewicz, ein kongenialer Gesprächspartner Goethes, auf seiner ,,polnischen Pilgerschaft" 1832 in Nürnberg, Ansbach und Karlsruhe Station machte?

Hierüber nachzudenken und auch Abhilfe zu schaffen, sollte versucht werden, statt durch das Vergleichen von Unvergleichbarem neue Mißverständnisse aufzubringen. Vielleicht fällt dann nebenbei noch ein, daß nicht alle Menschen, die auch juristisch als ,,Vertriebene" gelten, unfreiwillig ihre Heimat verließen und dies nur nach 1945 – sondern auch schon davor im Gefolge eines Krieges, der von beiden Völkern nicht gewünscht wurde, aber beiden Völkern unermeßliches Leid zugefügt und Heimatlosigkeit gebracht hatte.

Nur die Wahrheit dient der Aussöhnung. Schlesische Katholiken und Protestanten zur Schulbuchempfehlung
(Unser Oberschlesien, 2. 2. 1978)
[gekürzt]

Vertreter des Heimatwerks schlesischer Katholiken mit Präsident Prof. Dr. Georg Smolka, Wessling Obb., und der Gemeinschaft evangelischer Schlesier unter ihrem Vorsitzenden Propst Eberhard Schwarz, Seegeberg, tauschten auf ihrem alljährlichen Treffen in Bergisch-Gladbach am 13.–14. Jan. 78 Berichte und Erfahrungen über die kirchliche Lage der in der alten Heimat verbliebenen Landsleute aus.
Im Anschluß an die Beurteilungen der Ergebnisse der deutsch-polnischen Schulbuchkonferenz gaben die Teilnehmer die nachstehende Erklärung ab:
Wahrhaftigkeit fördert Aussöhnung.
,,Wahrheiten sind ein besserer Weg zur Aussöhnung als Schmeicheleien oder das Verschweigen unangenehmer Erfahrungen." Diese Erkenntnis des polnischen Schriftstellers Witold Wirpsza sollte gerade im deutsch-polnischen Verhältnis und bei der Beurteilung der deutsch-polnischen Schulbuchempfehlungen Platz greifen.
Zu dieser Auffassung bekannten sich Vertreter des ,,Heimatwerks schlesischer Katholiken" und der ,,Gemeinschaft evangelischer Schlesier" bei ihrem jährlichen Treffen in Bergisch-Gladbach am 13./14. Januar 1978.

Wenn ein Mann, der selbst Beiträge zur deutsch-polnischen Versöhnung unter Beweis gestellt hat, erklärt: ,,Gerade die jüngste Geschichte Europas muß von der Lüge befreit werden", wird jeder Politiker beschämt, der meint, mit grundsatzlosen politischen Kunststückchen und Liebedienerei Fundament für die Zukunft Europas bauen zu können, zu dem auch die Völker gehören, die unter dem Druck sowjetischer Machtpolitik leben müssen.

Grundlage dauerhafter Verständigung
(Prof. Dr. Josef Joachim Menzel: Leserbrief, FAZ, 17. 2. 1978)

Es ist bedauerlich, spricht aber wohl für sich, daß Professor Dr. G. Strobel als Teilnehmer an den deutsch-polnischen Schulbuchgesprächen in seinem Leserbrief vom 30. Januar auf die von den Kritikern der deutsch-polnischen Schulbuch-Empfehlungen gestellten konkreten Fragen (Verschweigen des Ribbentrop-Molotow-Paktes von 1939 zur vierten Teilung Polens, Behauptung des polnischen Delegationsleiters, die Konferenzteilnehmer wären ,,von der klassenmäßigen Auffassung der deutsch-polnischen Beziehungen ausgegangen" usw.) nicht mit sachlichen Argumenten antwortet, sondern sich in eine diffuse, persönlich herabsetzende Polemik flüchtet (,,kleingeistige Rechthaberei", ,,provinzielle Kellerfenster", ,,peinlich", ,,beschämend", ,,scheinheilig"). Ist dies der weite Horizont und die wissenschaftliche Methode der hohen Schulbuch-Diplomatie?

In meinen Augen sind die Vorgänge in den nationalsozialistischen Konzentrationslagern wie die Vertreibung der Deutschen Massenungeheuerlichkeiten unseres vermeintlich so aufgeklärten und fortschrittlichen Jahrhunderts, denen weder in dem einen noch im anderen Falle durch ,,Wortkosmetik" die historische Dimension genommen werden darf. Schon gar nichts ist gegen ein paar neue Gedenktafeln für den polnischen Dichter Adam Mickiewicz einzuwenden; doch wünschte ich mir auch, daß die in den Oder-Neiße-Gebieten nach 1945 systematisch (mit wenigen Ausnahmen) entfernten, überstrichenen, ausgemeißelten, zuzementierten oder günstigstenfalls mit polnischen Texten überlegten deutschen Gedenktafeln und Denkmäler wieder in ihren früheren Zustand zurückversetzt würden. Ist es erlaubt, diesen Wunsch zu hegen und auszusprechen, ohne . . . (siehe oben)?

Vermag ein progressiver hessischer Politologe tatsächlich dem bayerischen Kultusminister Professor Maier nicht mehr zuzustimmen, wenn er – wie soeben im Bayerischen Landtag geschehen (F.A.Z. vom 30. Januar) – feststellt, daß der Grundsatz der Wahrheitsverpflichtung für jede seriöse Wissenschaft (auch in Fragen des Details) unverzichtbar ist und daß er bei der Bildung und Erziehung unserer Jugend keinesfalls augenblicklichen politischen Interessen nach- oder untergeordnet werden darf? Auf welcher Grundlage, wenn nicht auf der der Wahrheit und Gerechtigkeit, soll denn eine dauerhafte deutsch-polnische Verständigung aufgebaut werden?

Kapitel polnischer Geschichte
(Erwin Leiser: Leserbrief, Hessische Allgemeine, 18. 2. 1978)

Dieser Bericht über den deutsch-polnischen Schulbuchdialog läßt erkennen, daß Revisionen von Geschichtsbildern nicht Angelegenheit von Kompromissen sein können, die auf Kosten der historischen Wahrheit gehen. Dies wird besonders deutlich an dem Satz: ,,Es gibt nur wenige Staaten in Mitteleuropa, die sich im Verlaufe einer gemeinsamen tausendjährigen Geschichte so viel Leid zugefügt haben" (wie Deutsche und Polen). Wer ein seriöses Buch über polnische Geschichte zur Hand nimmt, kann sich des Verdachtes nicht erwehren, daß der Verfasser der zitierten Behauptung mit der Revision des eigenen Geschichtsbildes beginnen müßte. Da von tausend Jahren die Rede ist, müßte man von vorn anfangen, und die Zahl der Feldzüge Polens ist dann zu groß, um sie hier aufzuzählen, wobei der überwiegende Teil sich nach Osten richtete.

Der erste bekannte Herrscher (ab 963) hinterließ seinen Söhnen ein Reich, das weit über das Kerngebiet zwischen mittlerer Weichsel und Warthe hinausgedrungen war. Er stieß nach Westen vor, unterwarf die Pommern, bekämpfte im Bunde mit den Sachsen die heidnischen Slawen und führte Krieg gegen Böhmen (mit Unterstützung des Kaisers, der ihn „seinen treuen Vasallen" nannte). Diese Aktivitäten setzten sich unter den Nachfolgern fort, mit Unterbrechungen, die oft durch grausame Auseinandersetzungen innerhalb der Dynastie und mit dem Adel ausgefüllt waren. Es gab Verwüstungszüge und Verschleppungen (9000 im Elbe-Saale-Gebiet).

Die meisten deutschen Kaiser waren mit den polnischen Herrschern verwandt oder verschwägert. Sie sprachen manchmal ein Machtwort, traten als Lehnsherrn in Erscheinung und griffen nur in wenigen Fällen ein ohne eigene Absichten auf Gebietserweiterung. Es ging bei allen Angriffen um dynastische Machterweiterung. Nationale Gesichtspunkte traten in den Hintergrund, was daraus hervorgeht, daß sich auch die Herrscher im zentralen Polen um deutsche Ansiedler bemühten, die dort eine Reihe bedeutender Städte gründeten. Von Kasimir d. Gr. (ab 1333) heißt es, daß er sein Herrschaftsgebiet verdoppelte, wobei er nur Kriege gegen Litauer und Russen führte und sich mit dem deutschen Kaiser stets einigte.

Die Besiedlung Schlesiens und seine Angliederung an das Deutsche Reich war das Werk der schlesischen Piasten. Es hat nie Kämpfe um Schlesien mit dem Deutschen Reich gegeben. Die Pommern machten sich durch einen Aufstand von der polnischen Herrschaft frei und schlossen sich dem deutschen Kaiser an.

Die Ureinwohner des Ordensstaates Preußen waren ein baltischer Volksstamm. Der Orden wurde anfangs von den Piasten und Polen unterstützt. Die Kämpfe zwischen Orden und Polen entstanden, nachdem Polen sich zur Eroberung von Pommerellen mit Litauen verbündet hatte. Polen begann die Verwüstungszüge mit dem Kulmer Land. Im übrigen war das Ordensland ein geistlicher Staat außerhalb des Deutschen Reiches. Der letzte Hochmeister vor der Säkularisierung war Kurfürst Albrecht von Brandenburg (1525). Die Lehnshoheit Polens über Preußen war das Ergebnis des polnisch-litauischen Sieges über den Orden. (Auch die deutschen Kaiser waren lange Zeit Lehnsherrn polnischer Herrscher, ohne daraus Besitzrechte abzuleiten.) Die nordischen Kriege gingen von Schweden aus (1665).

Die Teilungen Polens begannen nach einer Periode innerer Zwiste und nach drei sächsischen Königen (von Polen gewählt). Initiant waren zuerst Österreich, dann Rußland. Preußen war, wie es Marx ausdrückte, als Schakal Rußlands beteiligt.

Polen erhielt im Ersten Weltkrieg seine staatliche Selbständigkeit durch den deutschen und österreichischen Kaiser zurück. Es hatte 1921 30,2 Prozent fremdsprachige Minderheiten, darunter über 1 Million Deutsche.

Kein Dienst an der Wahrheit. Geschichtsfälschung aus Gefälligkeit
(Erich J. Karl: Bayern-Kurier, 18. 2. 1978)

Es ist unbegreiflich, was Politiker der Bonner Koalitionsparteien dazu drängt, die Einführung der deutsch-polnischen Schulbuchempfehlungen in allen deutschen Schulen zu fordern. Ihr Geschichtsbewußtsein kann doch nicht so weit verkümmert sein, daß sie zwecks vermeintlicher Verbesserung der Beziehungen zum kommunistischen Regime in Warschau die Verfälschung historischer Tatbestände einfach hinnehmen!

Unter diesem Gesichtswinkel ist auch die parlamentarische Anfrage der bayerischen FDP-Landtagsabgeordneten Ursel Redepenning an Kultusminister Prof. Dr. Hans Maier zu sehen. Sie wollte wissen, warum er diese Empfehlungen ablehne, da sie doch „die gegenseitigen Beziehungen verbessern sollten". Entspringen derlei Anfragen politischer Naivität oder sind sie Ausdruck eines politischen Unverstandes, der im Parteikollektiv gepflegt wird? In diesem Falle wäre das Sprichwort vom Philosophen anwendbar, der es geblieben wäre, wenn er geschwiegen hätte. Denn die Schulbuchempfehlungen sind das Ungeeignetste, um politisches Wissen (richtiger gesagt: Besserwissen) zu demonstrieren.

Zunächst muß dazu festgestellt werden, worauf auch Professor Maier in seiner Antwort an Frau Redepenning hinwies, daß die Schulbuchempfehlungen auf deutscher Seite von einer privaten Institution, dem Georg-Eckert-Institut für Internationale Schulbuchforschung in Braunschweig, mit einer der polnischen KP und Regierung verantwortlichen Kommission ausgehandelt wurden, wobei deutscherseits der offizielle Charakter auch dadurch nicht hergestellt wurde, daß der 1974 verstorbene Vorsitzende der Kommission, Professor Dr. Georg Eckert, SPD-Mitglied war. Bayern und die übrigen deutschen Bundesländer waren nicht an der Schulbuchkonferenz beteiligt, und es besteht daher kein Anlaß, die bayerischen Schulen zur Berücksichtigung der Empfehlungen in den Geschichts- und Geographieunterricht zu zwingen. Wenn in SPD-regierten Ländern die Kultusminister ihre Parteidisziplin über ihre historischen Erkenntnisse stellen, dann ist damit die Richtigkeit der Empfehlungen noch keineswegs erwiesen.

Die Verteidiger der Schulbuchempfehlungen verweisen gerne auf die deutsch-französischen Vereinbarungen über strittige Fragen der europäischen Geschichte aus dem Jahre 1952. Aber dieser Vergleich hinkt, denn diese Vereinbarungen wurden von freien wissenschaftlichen Gremien getroffen und dienen der Findung geschichtlicher Wahrheit. An den Konferenztischen in Braunschweig und Warschau aber saßen auf polnischer Seite die Vertreter einer omnipotenten Staatspartei, die keineswegs darauf aus waren, die geschichtliche Wahrheit zu finden, sondern der deutschen Seite ein Geschichtsbild aufzudrängen, das den kommunistischen Parteirichtlinien entspricht. In dieses Geschichtsbild paßt beispielsweise nicht, den Hitler-Stalin-Pakt vom August 1939 und das geheime Zusatzabkommen zu erwähnen, das die politische Grundlage für den Angriff der deutschen Wehrmacht auf Polen am 1. September 1939 war. Mit Recht schrieb daher Professor Maier an Frau Redepenning, es müßten aus den zugelassenen Geschichtsbüchern die Seiten, auf denen dieser Pakt erwähnt wird, herausgerissen oder die Bücher eingezogen werden.

Es stellt der deutschen Kommission, die nach dem Tode Professor Eckerts unter der Leitung von Professor Walter Mertineit stand, ein wissenschaftliches Armutszeugnis aus, wenn sie sich auf eine derartige – der polnischen KP von Moskau befohlene – Geschichtsklitterung einläßt und den deutschen Geschichtslehrern zumutet, solches mitzumachen. Dabei geht es aber nicht allein darum, daß – wie im Falle des Hitler-Stalin-Pakts – historische Fakten verschwiegen werden, sondern daß solche auch bewußt falsch dargestellt werden, weil die Diktatoren in Moskau und Warschau das so wollen. Zum Beispiel wird in den Empfehlungen von einer „deutsch-polnischen Grenzregelung nach dem Zweiten Weltkrieg“ gesprochen, obwohl es eine derartige Regelung niemals gab. Außerdem ist die Rede von der „polnischen Herrschaft über die ehemals deutschen Gebiete“, bei der es sich „nicht um ein revidierbares Provisorium handeln könne“. Im Artikel XIII des Potsdamer Abkommens wurde bis zu einem Friedensvertrag eine polnische Administration“ über die Oder-Neiße-Gebiete festgelegt. Dieser Ausdruck ist auch im polnischen Text der Empfehlungen enthalten. Die deutsche Kommission wollte aber polnischer sein als die Polen, wenn sie den Ausdruck „polnische Herrschaft“ verwendet.

Über die Umformulierung des Begriffes „Vertreibung“ in „Bevölkerungstransfer“ oder „Bevölkerungsverschiebung“ ist bereits viel geschrieben worden. Interessanter noch ist aber die Begründung, die Professor Mertineit in einem Zeitschriftenbeitrag dafür gibt, daß nämlich Bezeichnun-

gen wie „Vertreibung“ und „Vertriebene“ für die polnische Seite (d. h. für die polnische KP) „Reizwörter“ seien, die nicht gebraucht werden dürften.
Um sich dieser „Reizwörter“ nicht bedienen zu müssen, nennt man daher die Vertreibungsgebiete „von der deutschen Bevölkerung geräumte Gebiete“, in denen „systematisch eine inzwischen dort ansässig gewordene polnische Bevölkerung angesiedelt“ wurde. Damit soll gar eine Legalität der „Ansiedlung“ dokumentiert werden, obwohl die Voraussetzung dafür die menschen- und völkerrechtswidrige Vertreibung der Deutschen war.
Die Teilung Deutschlands wird mit der Behauptung konstatiert, 1949 hätten sich „zwei deutsche Staaten mit unterschiedlicher Gesellschaftsordnung als Ergebnis des Zweiten Weltkrieges“ konstituiert, wobei mit keinem Wort erwähnt wird, daß die von Moskau befohlene Errichtung der „DDR“ unter Bruch des Selbstbestimmungsrechts der Mitteldeutschen erfolgte.
Eine Zumutung für Demokraten ist auch der Hinweis auf die „Befreiung“ Polens durch die Rote Armee, denn nach der Besetzung durch das Hitler-Regime kam die Besetzung durch die Rote Armee und die Unterwerfung Polens unter die sowjetische Hegemonie. Wenn in den heutigen polnischen Geschichtsbüchern die „Befreiung“ gepriesen wird, dann ist das kein Grund, den deutschen Schülern solches vorzusetzen. In eine ähnliche Richtung zielt in den Schulbuchempfehlungen auch der Tadel an den „Inkonsequenzen bei der Durchführung der Entnazifizierung“ und an der Laschheit der gerichtlichen Verfolgung nationalsozialistischer Verbrechen, was nicht den Tatsachen entspricht.

Voraussetzung mißachtet

Eine Notwendigkeit, bayerische Geschichtsbücher mit historischen Fälschungen zu belasten, besteht nicht, zumal diese Bücher, wie Professor Maier an Frau Redepenning schrieb, vom Kultusministerium geprüft worden seien. Es ist schon eigenartig, wenn die bayerische FDP, deren Landesvorsitzender Josef Ertl sich gerne das nationale Mäntelchen umhängt, auf die Annahme von Schulbuchempfehlungen drängt, die nicht der historischen Wahrheit dienen, sondern nur das Geschichtsbild einer kommunistischen Diktatur widerspiegeln. Noch absurder wird jedoch dieser Fall, wenn die Verbreitung historischer Unwahrheiten an deutschen Schulen als Beitrag zur Völkerverständigung hingestellt wird. Voraussetzung für jede Verständigung ist die gegenseitige Wahrhaftigkeit.

Niedersachsen folgt Empfehlungen für Schulbücher nicht
(Braunschweiger Zeitung, 3. 3. 1978)

Verstärkte Bemühungen, um Deutschen aus Ostblockstaaten die Übersiedlung in die Bundesrepublik zu ermöglichen, hat am Donnerstag in Hannover der Bundesvorsitzende der Vereinigung der Ost- und Mitteldeutschen in der CDU (VOM) und CDU-Bundestagsabgeordneten Herbert Hupka gefordert.

Anläßlich einer Bundesvorstandssitzung der „VOM“ wies er vor Journalisten darauf hin, daß die Zahl der Übersiedler aus Polen bisher hinter den Erwartungen zurückgeblieben sei. Seit Inkrafttreten der Vereinbarung über die Ausreise von 125 000 Deutschen aus Polen innerhalb von vier Jahren im Mai 1976 seien etwa 4000 Aussiedler weniger gekommen, als in dieser Zeit hätten kommen müssen. Der für Vertriebenen-Fragen zuständige niedersächsische Landesminister, Wilfried Hasselmann (CDU), wies in der Pressekonferenz darauf hin, daß die niedersächsische Landesregierung nicht bereit sei, den Empfehlungen der deutsch-polnischen Schulbuchkommission zu folgen.

Bei der Darstellung der Ereignisse in den Kriegs- und Nachkriegsjahren dürfe die Vertreibung der Deutschen aus den Ostgebieten nicht unterschlagen oder mit dem Begriff „Transfer" verschleiert werden. Auch die Verluste polnischer Gebiete an die Sowjetunion gehöre in die Geschichtsdarstellung aufgenommen, wenn man die Tatsachen nicht verfälschen wolle.

Entschiedene Vorbehalte
(Fritjof Berg: Leserbrief, Kieler Nachrichten, 3. 3. 1978)

In Ihrem Artikel beziehen Sie sich auf die „von allen Seiten gewünschte politische Entspannung und Versöhnung". Gegen diese Verallgemeinerung sind entschiedene Vorbehalte zu machen. Bei einem längeren Ostpreußen-Aufenthalt 1977 mußte ich mich überzeugen lassen, daß das staatliche polnische Fernsehen bis heute ein breitangelegtes Programm von Hetzfilmen gegen uns Deutsche ausstrahlt, den Krieg also mit anderen Mitteln fortsetzt. Die Auswirkungen auf viele Polen, vor allem auf die Heranwachsenden, waren unübersehbar. Versöhnungswille und Entspannungsbereitschaft sind bisher eine mit gefährlicher Verkehrsblindheit befahrene Einbahnstraße auf deutscher Seite.
Das polnische Interesse an einer Umschreibung – sprich Verharmlosung – der die polnische Seite belastenden Tatsachen ist bekannt. Der Menschen- und Völkerrechtsbruch durch Teilnahme an den Vertreibungshandlungen und durch die ständige Steigerung annexionistischer Maßnahmen gegenüber einem Viertel des deutschen Staatsgebietes findet in der polnischen Argumentation nirgends Berücksichtigung. Liest man polnische Veröffentlichungen hierzu, so bleibt eigentlich nur der Gedanke übrig, als habe das deutsche Staatsvolk in den Vertreibungsgebieten sich nach 1945 quasi in Luft aufgelöst. Die Logik auf polnischer Seite könnte dementsprechend eigentlich nur lauten, daß überhaupt keine Veranlassung besteht, die Verdrängung einer millionenfachen Bevölkerung zu erwähnen, und daß die Verwendung des Begriffs „Transfer" für einen an sich gar nicht existierenden Vorgang sogar ein großes Entgegenkommen sei.
Kein Historiker, der Anspruch auf wissenschaftlichen Rang erhebt, kann sich an einem solchen Zurechtbiegen der Geschichte beteiligen. Wer es dennoch tut, setzt sich dem Verdacht aus, daß ihm nicht an historischer Wahrhaftigkeit gelegen ist, sondern an der Verfestigung von Unrechtsstrukturen im polnisch-deutschen Verhältnis mittels einer dialektischen Geschichtsbetrachtung. Hier werden politisch-territoriale Ambitionen unter der Toga des Historikers versteckt. Transferieren kann man Geld und Waren, nicht aber Menschen. Die rechtmäßigen Bewohner Ostdeutschlands und ihre Kinder sind vertrieben worden und werden weiterhin an der Rückkehr in ihre Heimat gehindert. Dies ist der historisch, politisch und sprachlich wahre Sachverhalt – und sonst nichts.

Ohne Anerkennung ihrer Menschenwürde, ohne Wiederherstellung der völkerrechtlichen Maximen zwischen Polen und Deutschland müssen Entspannung und Versöhnung durchsichtige Truggebilde bleiben.

Widerstand gegen Geschichtsfälschung. Schulbuchempfehlungen sind verfassungswidrig
(Deutscher Anzeiger, 10. 3. 1978)

Offene Kritik haben die deutsch-polnischen Schulbuchempfehlungen auf dem ersten Berliner Lehrerfortbildungskurs zu diesem Thema gefunden. Dabei hatte der Berliner Schulsenator Walter Rasch (FDP) die Empfehlungen im Herbst vergangenen Jahres „auf das deutlichste" begrüßt. Vielmehr fand der Lübecker Studiendirek-

tor Eberhardt Schwalm bei den Fachleitern für Geschichte und Geographie als Referent Zustimmung, als er von einer „Dekretierung" der Empfehlungen als verbindlich für die Schule warnte. Sein Argument. „Sie widersprechen einem demokratischen Geschichtsunterricht."
Zuvor hatte Oberschulrat Lau vom Senator für das Schulwesen für die Empfehlungen geworben, allerdings unter Hinweis auf Urteile deutscher Historiker eingeräumt, daß die Thesen der „Ergänzungen" bedürften. Er bezeichnete sie aber auch als „Teilschritte zur Entkrampfung des deutsch-polnischen Verhältnisses". Überhaupt unterstrich Lau die „politische Bedeutung" der Empfehlungen, die er als das „im Augenblick machbare", als „Kompromiß" bezeichnete.
Offenbar als Ausweg aus dem spürbaren Unbehagen über die Empfehlungen empfahl Lau Tagesausflüge zum Beispiel in die Neumark nach Landsberg an der Warthe, das jetzt „Gorzow" heiße.

An der politischen Wertung der Empfehlungen hakte Studiendirektor Schwalm mit seinen kritischen Einwänden ein. Er verwies auf die im Grundgesetz festgelegte Freiheit der Lehre und Forschung und warf die Frage auf, ob eine Verwandlung der Empfehlungen in verbindliche Richtlinien nicht grundgesetzwidrig sein würde. Statt rotpolnischen Forderungen nach „strikter Durchführung" der Empfehlungen nur mit dem Hinweis auf die Kulturhoheit der Bundesländer entgegenzutreten, sollte die Verfassungswidrigkeit der Erfüllung einer solchen Forderung als das entscheidende Gegenargument vorgebracht werden.
Ohne auf einzelne Thesen einzugehen, beanstandete Schwalm an den Empfehlungen, daß sie den neuesten Forschungsstand nicht berücksichtigen. So fehle die „vor- und unterstaatliche Ebene", womit die vielfältigen persönlichen, wirtschaftlichen und kulturellen Beziehungen zwischen Deutschen und Polen im Verlauf der Jahrhunderte gemeint sind. Diese Beziehungen haben trotz politischer und staatlicher Spannungen weiter bestanden, betonte Schwalm.
Als eine aktuelle Mahnung durch ein historisches Beispiel war auch der Hinweis Schwalms auf das Verhalten der Liberalen im Paulskirchen-Parlament von 1848 zu verstehen. Er erinnerte an die große Rede von Wilhelm Jordan, der sich gerade im Hinblick auf Forderungen deutscher Nachbarn für den „sacro-egoismus" der deutschen Nation eingesetzt hatte.
Auch Bayerns Kultusminister, Professor Hans Maier, hat der Landtagsabgeordneten Ursel Redepenning (FDP) auf deren parlamentarische Anfrage erklärt, daß der Freistaat Bayern keinen Beitrag zur amtlichen Geschichtsfälschung leisten will.
Frau Redepenning wollte wissen, warum das Kultusministerium die Schulbuchempfehlungen der deutsch-polnischen Kommission ablehne, die die gegenseitigen Beziehungen „verbessern" sollten. Maier erläuterte, daß in diesem Falle alle Seiten von derzeit zugelassenen Geschichtsbüchern, die den Stalin-Pakt vom August 1939 erwähnten, herausgerissen oder eingezogen werden müßten.
Als weitere Gründe für die Ablehnung erwähnte Maier, daß die Schulbuchempfehlungen von einer deutschen UNESCO-Kommission ohne Länderbeteiligung, von polnischer Seite aber von kompetenten Experten ausgearbeitet worden seien, so daß einseitige Betrachtungen zugunsten Polens herausgekommen seien. Bei den Empfehlungen sei unterstellt worden, die derzeit verwendeten Bücher würden zu wenig dem Geist der Völkerverständigung dienen.
Die in Bayern verwendeten Bücher seien aber allesamt vom Kultusministerium auch auf diesen Aspekt hin geprüft worden und gäben zu keinerlei Beanstandungen Anlaß. Schließlich seien in den Empfehlungen sachliche Mängel enthalten, die die Ablehnung nötig machten. So bemühen sich die Empfehlungen, die Vertreibung der Deutschen aus den Ostgebieten nach dem Zweiten Weltkrieg durch sprachliche Ausdrücke wie „Bevölkerungsverschiebung" zu verharmlosen.

Die Rolle der Heimatvertriebenen beim Wiederaufbau der Bundesrepublik werde mit keinem Wort erwähnt, wohl aber die Tatsache, daß die Heimatvertriebenen von Warschau als „Hort des Revisionismus" angesehen würden. Auch die „Westgrenze" Polens werde als endgültig dargestellt, obwohl die Potsdamer Konferenz diese Regelung einem Friedensvertrag vorbehalte.

Das Kultusministerium wies mit dieser Antwort zugleich die Kritik des Amts für Jugendarbeit der evangelischen Kirche zurück, das ebenfalls für die deutsch-polnischen Schulbuchempfehlungen eingetreten war.

Verhandlungen um die Schatten der Vergangenheit. Deutsch-polnische Geschichte im Widerstreit des Schulbuchdialogs. Empfehlungen veröffentlicht
(Wolf Scheller: Der Tagesspiegel, 12. 3. 1978)

Die gemischte deutsch-polnische Schulbuchkommission unter dem Schirmdach der UNESCO hat im alten Jahr ganze Arbeit geleistet. Nach zähen Verhandlungen, mal auf deutschem, mal auf polnischem Boden, haben die Fachwissenschaftler aus beiden Ländern die Arbeit an den Schulbuchempfehlungen zur Geschichte und Geographie vorerst abgeschlossen. Das Ergebnis sind 26 Empfehlungen, die das Internationale Georg-Eckert-Institut in Braunschweig jetzt in einem Band zusammengestellt hat. Die Empfehlungen, seit längerem bereits auf der Tagesordnung der Verhandlungen zwischen Bonn und Warschau, erregen wie kaum ein anderes Problem im Verhältnis zwischen Polen und Deutschen die Öffentlichkeit. In der Bundesrepublik lehnen vor allem die unionsgeführten Länder ihre Einbeziehung in die Lehrplangestaltung ab. In Polen kritisiert man die uneinheitliche Handhabung durch die deutschen Stellen.

Vor allem die Empfehlungen zur jüngeren Zeitgeschichte, den Ereignissen, die zum II. Weltkrieg führten, und dessen unmittelbare Folgen, aber auch etwa die Wirkungsgeschichte des Deutschen Ordens in Polen, sind Reizthemen, die trotz aller Glättungsversuche brisant wie eh und je erscheinen. Was sich hier unter dem technisch-kühlen Oberbegriff der „Schulbuchrevision" in den Jahren seit Abschluß des Warschauer Vertrages (1972) vollzog, gehört mithin – fern aller Parteinahme – zu den heikelsten Unternehmungen, auf die sich Historiker, Geographen, Schulbuchwissenschaftler und Pädagogen in Polen und der Bundesrepublik eingelassen haben.

Es ging um den Versuch, gemeinsame Grundlagen für den Geschichts- und Geographieunterricht zu finden, die den Empfindlichkeiten und Ressentiments in beiden Ländern gerecht werden sollten. Die polnische Seite, von Anfang an mehr vorwärtsdrängend, gab in diesen Verhandlungen frühzeitig zu erkennen, daß sie nur an konkreten Ergebnissen interessiert sei, die Zug um Zug in die Schulpraxis umgesetzt werden müßten. Anders hingegen die deutsche Delegation, die der inzwischen verstorbene Gründer und Namensgeber des Braunschweiger Schulbuchinstituts, Professor Georg Eckert, ins Leben gerufen hatte. Der westdeutschen Seite ging es vor allem um eine begriffliche Verständigung, um die Suche nach dem „gemeinsamen Nenner".

Fünf Jahre insgesamt haben die Verhandlungen gedauert, die schließlich zur Verabschiedung der Empfehlungen führten. Kopfzerbrechen hatte ihren Autoren vor allem das die Gegenwart und die jüngste Geschichte behandelnde Kapitel bereitet. Liest man heute die Texte genau, so muß man feststellen, daß Kompromißformeln gefunden wurden, die trotz mancher Vorbehalte das Äußerste des Möglichen auf beiden Seiten darstellen. So hat man sich zum Beispiel in der strittigen Frage des Friedensvertragsvorbehalts auf die Beschreibung der unterschiedlichen politischen Standpunkte vor 1972 verständigt. Beide Seiten konnten sich damit zufriedengeben, ohne einen Prestigeverlust befürchten zu müssen.

Solche Formulierungsakrobatik, die auch bei Themen der mittelalterlichen und neueren Geschichte geübt wurde, erreicht ihren Höhepunkt, wenn es etwa um die polnische Forderung nach Einbeziehung der Wiedergutmachungsproblematik geht. Hier wollten die Polen im Text niedergelegt wissen, daß der Warschauer Verzicht auf Reparationen keineswegs einen Verzicht auf individuelle Wiedergutmachung an den NS-Opfern beinhalte. Dies jedoch erschien der bundesdeutschen Seite unannehmbar, da ja dann auch die Bonner Forderung nach humanitären Erleichterungen hineingenommen hätte werden müssen. Der Streitpunkt wurde schließlich ausgeklammert.

Beide Seiten – soviel steht fest – haben in den Schulbuchverhandlungen Federn lassen, von liebgewordenen Vorstellungen Abschied nehmen müssen. Der Leiter der polnischen Delegation, Professor Wladyslaw Markiewicz: „Auf jeden Fall eliminierten wir aus unseren Verhandlungen das Element der Rivalisierung". Sein deutscher Gesprächspartner, Professor Walter Mertineit (Kiel), erinnert daran, wie festgefahren lange Zeit die Vorurteile auf beiden Seiten erschienen. So habe sich in vielen polnischen Lehrbüchern ein „Tausend-Jahre-Kampf-Trauma" gegenüber Deutschland niedergeschlagen. Und in etlichen deutschen Schulbüchern sei Polen gegenüber ein „Kulturleistungssyndrom" mit Besitzanspruch zu registrieren.

Schlimmes und Verletzendes über den Anderen konnte und kann man zum Teil noch immer in den Schulbüchern beider Länder finden. Hier wollen die Empfehlungen für eine Korrektur der Klischees sorgen. In der Bundesrepublik gibt es freilich starken Widerstand gegen die Ergebnisse des deutsch-polnischen Schulbuchdialogs. Manfred Abelein, deutschlandpolitischer Sprecher der CDU/CSU-Fraktion, sieht „keinerlei Veranlassung", die Empfehlungen in die Schule zu übernehmen, da sie eine „einseitige, ausschließlich die Interessen der polnischen Regierung fördernde Darstellung des deutsch-polnischen Verhältnisses in der Vergangenheit" böten. Dies ist im Groben auch der Standpunkt der Landsmannschaften und der Vertriebenenverbände. Die kritisieren vor allem die Art und Weise, in der die Kriegsfolgen der Jahre 1945/1946/47 hier beschrieben werden. So nehmen die Kritiker etwa Anstoß daran, daß in den Empfehlungen von „Zwangsumsiedlung" „Ausweisung" und „Transfer" statt von „Vertreibung" die Rede ist. Das bayerische Kultusministerium hat dies in einer kostenlos unlängst an alle Haushalte verteilten Zeitschrift als „eine sprachliche Beschönigung" bezeichnet, die die Opfer, also die Heimatvertriebenen, beleidige und die Nachwelt in die Irre führe.

Befürworter der Schulbuchempfehlungen, wie etwa der hessische Kultusminister Krollmann, können eine solche Tendenz nicht ausmachen. Krollmann: „In einem von der polnischen Seite akzeptierten Text steht jedenfalls klipp und klar, daß die Deutschen auf unfreiwillige Weise ihre Heimat verlassen mußten."

Dabei muß man sich in der Tat vor Augen führen, daß noch bis vor kurzem die Problematik der Vertreibung in den polnischen Unterrichtswerken überhaupt nicht erwähnt wurde. Das Thema war für die Polen nicht existent. Hier scheint nun ein Umdenkungsprozeß einzusetzen. Der polnische Delegationschef Markiewicz jedenfalls will die Kritik der deutschen Seite so nicht gelten lassen. „Fortwährend redet man uns als den Verfassern der Empfehlung ein, daß wir das Wort Vertreibung durch die euphemistische Bezeichnung Transfer ersetzt haben, um dadurch die Tragödie der zum Verlassen ihrer Heimat gezwungenen Menschen zu verbergen. . ."

Am ehesten dürften die deutsch-polnischen Empfehlungen noch im Unterricht an den Schulen Hessens und Nordrhein-Westfalens genutzt werden. Der Düsseldorfer Kultusminister Girgensohn (SPD) hat vorsorglich darauf hingewiesen, daß die Empfehlungen „nicht unkritisch verwendet werden" sollten.

Schulbuchdialog
(Oberschulrat Karlheinz Lau im Auftrag des Senators für Schulwesen Berlin: Zuschrift, Der Tagesspiegel, 2. 4. 1978)

Wolf Scheller berichtete in Nr. 9872 (Verhandlungen um die Schatten der Vergangenheit) über die deutsch-polnische Geschichte im Widerstreit des Schulbuchdialogs. Schulsenator Rasch begrüßt grundsätzlich jede Sachdiskussion über die deutsch-polnischen Schulbuchempfehlungen. Er hat in einer Presseerklärung am 7. Februar die Schulen gebeten, die deutsch-polnischen Schulbuchempfehlungen zum Unterrichtsgegenstand zu machen. Er erklärte unter anderem: „Die Empfehlungen, deren Text alle Schulen im Lande Berlin erhielten, sollen helfen, Vorurteile der besonders belasteten deutsch-polnischen Geschichte abzubauen. Geschichtsunterricht ist noch immer weitgehend die Selbstdarstellung der eigenen Nation. Es muß aber allmählich begriffen werden, daß vor allem in Europa keine Nation ihre Geschichte ohne die ihrer Nachbarn verstehen kann.“ Im Rahmen der Lehrerfortbildung wurden in einer ersten Informationsveranstaltung, die ausgezeichnet besucht war, die Schulbuchempfehlungen am 8. Februar der Berliner Lehrerschaft vorgestellt. Weitere Tagungen mit polnischen Wissenschaftlern und Pädagogen sind beabsichtigt. Der Verlauf der Fortbildungsveranstaltung zeigte, daß die vorliegenden Empfehlungen von den Kollegen grundsätzlich begrüßt wurden als ein wichtiges Instrument, Kenntnisdefizite über unseren östlichen Nachbarn abzubauen. Der Verlauf dieser Informationsveranstaltung bestärkt mich eigentlich in meinem Eindruck, daß es in Berlin nicht zu einer ähnlich emotionsgeladenen Diskussion kommt, wie sie etwa in Bayern vom dortigen Kultusministerium durch seine abrupte Ablehnung begonnen wurde. Ich glaube, daß es gerade unseren Kollegen in Berlin sehr deutlich ist, daß der Kompromißcharakter der Empfehlungen natürlich nicht ohne Berücksichtigung der Besonderheiten in der internationalen Politik und in der Innenpolitik beider Staaten gesehen werden muß. Diese Empfehlungen zeigen in ihren Ergebnissen und unter Berücksichtigung der aktuellen politischen Bedingungsfaktoren deutlich Möglichkeiten und Grenzen der Zusammenarbeit von Wissenschaftlern unterschiedlicher Gesellschaftssysteme. Der eingeschlagene Weg muß im Interesse beider Völker fortgesetzt werden, eine überzeugende Alternative dazu gibt es nicht.

Schulbuchempfehlungen für alle Schulen Niedersachsens. Remmers: Wichtiger Schritt zur Normalisierung mit Polen
(Nordsee-Zeitung, 3. 4. 1978)

Die deutsch-polnischen Schulbuchempfehlungen erhalten alle niedersächsischen Schulen zur Kenntnis. Der Sprecher des niedersächsischen Kultusministeriums berichtete in Hannover, Minister Werner Remmers gehe im Interesse der jungen Generation davon aus, daß damit ein wichtiger Schritt auf dem Weg zur Normalisierung der deutsch-polnischen Beziehungen getan werden könne.

Die Versendung der Empfehlungen – den Lehrern steht es frei, sie in den Unterricht einzubringen – geht auf einen Beschluß des Landtages vom 27. Oktober vergangenen Jahres zurück. In einem Begleitschreiben, erläuterte der Sprecher, betont Remmers, daß er in den deutsch-polnischen Schulbuchempfehlungen einen Beitrag zur Versachlichung der Darstellung der Nachkriegsgeschichte in den Schulbüchern sehe. Sie seien geprägt von dem Willen zur Verständigung und dem Wunsch, den Weg zur Versöhnung zwischen den Völkern zu ebnen. Zugleich offenbarten sie

jedoch auch die Grenzen, die heute noch einer Verständigung entgegenstünden. So gäben Kompromisse und Auslassungen in den Empfehlungen Anlaß zu kritischen Vorbehalten, die nicht vernachlässigt werden dürften.
In diesem Zusammenhang verweist Remmers in seinem Brief auf Stellungnahmen der Autoren zu den Schulbuchempfehlungen, nach denen ,,Ereignisse und Beziehungen" aus dem deutsch-polnischen Verhältnis, die nicht in die Empfehlungen aufgenommen worden seien, keineswegs ,,aus den Schulbüchern und dem Unterricht ausgeklammert oder gar verschwiegen" werden sollten.

SPD: Hasselmann fällt Remmers in den Rücken
(Hannoversche Allgemeine Zeitung, 7. 4. 1978)

Die SPD ist der Meinung, daß der CDU-Vorsitzende Hasselmann und Ministerpräsident Albrecht dem niedersächsischen Kultusminister Remmers (CDU) in den Rücken fallen. Der SPD-Abgeordnete Wernstedt begründete dies mit dem Hinweis auf die neuerliche Kritik Hasselmanns an den deutsch-polnischen Schulbuchempfehlungen, die Remmers jetzt allen niedersächsischen Schulen zugeleitet hat. Hasselmann hatte erklärt, die Empfehlungen könnten nicht zu Kriterien für die Genehmigung von Schulbüchern gemacht werden, weil sie an entscheidenden Stellen unscharf oder vieldeutig seien.

Ausradierter Stalin: Schulbuchempfehlungen mit merkwürdigen Lernzielen
(F. R.: Rheinischer Merkur, 7. 4. 1978)

Die deutsch-polnischen Schulbuchempfehlungen werden jetzt auf Anweisung des niedersächsischen Kultusministers Werner Remmers (CDU) an allen Schulen zwischen Harz und Nordsee verteilt. Mit der Übergabe dieser umstrittenen Unterrichtshilfen verbindet Remmers nach Darstellung seines Hauses ,,insbesondere im Interesse der jungen Generation die Hoffnung, daß ein wichtiger Schritt auf dem Weg zur Normalisierung der deutsch-polnischen Beziehungen getan werden" könne.
In Begleitschreiben an die Lehrer präzisiert Remmers seine Ansicht dahingehend, daß er in den Empfehlungen einen ,,Beitrag zur Versachlichung der Darstellung der Nachkriegsgeschichte in den Schulbüchern" sehe. Die Empfehlungen seien geprägt von dem Willen zur Verständigung und dem Wunsch, den Weg zur Versöhnung zwischen den Völkern zu ebnen, fügte der Minister erläuternd hinzu.
Seinen eigenen Optimismus relativiert Remmers anschließend mit dem realistischen Hinweis, daß ,,Kompromisse und Auslassungen in diesen Empfehlungen Anlaß zu kritischen Vorbehalten geben, die nicht vernachlässigt werden dürfen". Damit könnte der Kultusminister zum Beispiel die Verwendung des Wortes ,,Transfer" für die Vertreibung der Deutschen aus dem Osten meinen. Eine der bedeutendsten ,,Ausklammerungen" in den Empfehlungen stellt die Ignorierung des Hitler-Stalin-Paktes auf Wunsch der polnischen und russischen Kommunisten dar. Trotz der Bedeutung dieses Abkommens hat die polnische Delegation in der gemeinsamen Schulbuch-Konferenz immer auf Ausklammerung bestanden und als Grund für ihre Haltung den ausschließlich bilateralen Charakter der Empfehlungen ins Feld geführt.
In seinem Begleittext verweist Remmers ausdrücklich auf eine Stellungnahme der Autoren, der zufolge ,,Ereignisse und Beziehungen" aus dem deutsch-polnischen Verhältnis, die in die Empfehlungen nicht aufgenommen worden sind, keineswegs

aus den Schulbüchern und aus dem Unterricht ,,ausgeklammert oder gar verschwiegen" werden sollten.
Die betroffenen niedersächsischen Lehrer werden sich nun Gedanken darüber machen müssen, ob ihnen die Empfehlungen empfohlen worden sind oder nicht. Wichtig erscheinen in diesem Zusammenhang die ,,Handreichungen für den Sekundarbereich II für das gesellschaftswissenschaftliche Aufgabenfeld", die der niedersächsische Kultusminister im vergangenen Jahr herausgegeben hat. Die ,,Handreichungen", die für Lehrer der Oberstufe bestimmt sind, enthalten einen Grundkurs zum Thema ,,Deutsche und Polen". Den Verantwortlichen ist zu bescheinigen, daß sie eine Fülle von Literatur und anderen Materialien herangezogen und zur Verwendung vorgeschlagen haben, in denen die unterschiedlichsten Positionen vertreten werden. Trotz dieses pluralen Angebots wird die Absicht der Autoren erkennbar. So werden beispielsweise die aus dem Osten in die Bundesrepublik kommenden Deutschen als ,,deutschstämmige Aussiedler aus Polen" bezeichnet. Die Autoren wissen auch Folgendes: ,,Die Vertriebenen stellen heute für die BRD kein gesellschaftliches Problem mehr dar; ihre Integration kann seit langem als erreicht gelten. Trotzdem gibt es Verbände, die mit dem Anspruch, für diese Gruppen zu sprechen, die Forderung nach Rückkehr und Entschädigung aufrechterhalten." Kühn wird die Auffassung vertreten, daß vielen heute aus den deutschen Ostgebieten kommenden Aussiedlern die Integration nicht gelinge: ,,. . . sie leben am Rande der Gesellschaft. Manche wollen zurück nach Polen."
Zu den erklärten Lernzielen gehören zwei ganz bemerkenswerte: ,,Entschlossenheit aller Alliierten zur endgültigen Überlassung umfangreicher deutscher Gebiete an Polen erkennen" und ,,erkennen, daß Wiederherstellung der Grenzen von 1937 neues Unrecht schaffen würde."

Schulpolitik gerügt
(Frankfurter Rundschau, 12. 4. 1978)

Kritik an der Schulbuchpolitik des Landes Baden-Württemberg haben Historiker aus der Bundesrepublik und Polen am Dienstag auf einem ersten gemeinsamen Treffen in Freiburg geäußert. Danach hat die Landesregierung die vom Internationalen Schulbuch-Institut in Braunschweig im Auftrag der Vereinten Nationen erarbeiteten Empfehlungen zur künftigen Gestaltung der Schulbücher beider Länder nicht in dem Maße verwirklicht wie andere Bundesländer. Die Historiker sprachen von der Notwendigkeit zur ,,Entgiftung der Schulbücher", was die Beseitigung entstellender nationalistischer Darstellung und Ressentiments beinhalte. Mit diesem Ziel hatte das Braunschweiger Institut seine Arbeit vor sechs Jahren aufgenommen und seither einen systematischen Schulbuchvergleich der Fächer Geschichte, Geographie und politische Bildung vorangetrieben. Der Freiburger Historiker Gottfried Schramm sprach bei der Eröffnung des bis einschließlich Freitag andauernden Treffens von einem offensichtlichen Rückstand Baden-Württembergs hinsichtlich einer Öffnung gegenüber Polen.

Über das Bild vom Nachbarn. Arbeit der deutsch-polnischen Schulbuchkommission
(Saarbrücker Zeitung, 28. 4. 1978)

Voraussetzung für ein friedliches Zusammenleben der Völker ist, daß zwischen ihnen keine Vorurteile aufgrund falscher und einseitiger Informationen bestehen. Daraus ergeben sich Anforderungen an den Geschichtsunterricht in den Schulen, in dem es nicht darauf ankommen darf, ,,historische Prozesse aus eigener Sicht zu rechtfertigen". Davon geht die Deutsch-Polnische Schulkommission aus, über deren Arbeit das Kommissionsmitglied und Professor für osteuropäische Geschichte an der Universität des Saarlandes, Jörg K. Hoensch, am Mittwochabend in Saarbrücken berichtete.

Die Veranstaltung wurde gemeinsam von der Deutsch-Polnischen Gesellschaft im Saarland mit der Volkshochschule Saarbrücken durchgeführt. Beide Träger planen vom 22. bis 28. Oktober eine Deutsch-Polnische Woche im Saarland. Die letzte fand vor fünf Jahren statt. Darüber wurde bereits mit den am Mittwoch anwesenden Botschaftsangehörigen, Botschaftsrat Korol und Botschaftssekretär Cholewiak, gesprochen.

Professor Hoensch und sein polnischer Kollege, der Geschichtswissenschaftler Professor Wojciechowski (Warschau), unterstrichen in Saarbrücken einen wesentlichen methodischen Gesichtspunkt für eine redliche Darstellung des ,,Bildes vom Nachbarn": Wo – zum Beispiel im Fall der Zugehörigkeit von Pommern oder Schlesien zu Polen – unterschiedliche Auffassungen gravierender Art bestehen, müßten beide Auffassungen ,,gleichgewichtig" vertreten sein. Außerdem sollte auch mehr von der Möglichkeit der ,,Selbstdarstellung" im Schulbuch des anderen Landes Gebrauch gemacht werden (Hoensch).

Es sei ,,an der Zeit", fand Professor Hoensch, daß auch das Saarland seine Mitarbeit am Georg-Eckert-Institut für internationale Schulbuchforschung in Braunschweig erkläre. Die Veranstaltung wollte gleichzeitig an die Bundesländer appellieren, zu denen auch das Saarland gehört, in denen die Richtlinien der UNESCO-Schulbuch-Kommission noch nicht berücksichtigt würden.

,,Blut muß fließen", Rotpolnische Schulbuchhetze gegen Deutschland
(Deutscher Anzeiger, 4. 5. 1978)
[*ohne Bild: Stettin vor 1939*]

Obwohl sich außer Bremen und Hamburg die Bundesländer Bayern, Schleswig-Holstein, Rheinland-Pfalz und Baden-Württemberg klar ablehnend, Hessen und Nordrhein-Westfalen, Berlin und das Saarland vorsichtig und zurückhaltend zu den deutsch-polnischen Schulbuchempfehlungen stellen, versuchen kommunistisch-polnische Kreise unter Hilfestellung liebedienerischer deutscher Stellen immer wieder, die Anpassung deutscher Schulbücher an die vorliegenden Empfehlungen zu erpressen.

So kritisiert der polnische Kommunist Wojna (Wojna heißt zu deutsch Krieg) unausgesetzt in seiner ,,Trybuna ludu" das Grundgesetz und pocht immer wieder auf die Schulbuchempfehlungen aus nicht nur pädagogischen, sondern nach seiner Meinung auch eminent wichtigen politischen Gründen.

Vor kurzem mußte die Kultusministerin von Rheinland-Pfalz die Behauptungen des früheren polnischen Botschafters Piatkowski hinsichtlich des deutsch-polnischen Geschichtsunterrichts in aller Form zurückweisen. Nach Ansicht der ,,Trybuna ludu" enthalten die deutschen Schulbücher zahlreiche falsche Angaben und erwecken bei den Schülern ,,polenfeindliche Emotionen". Die meisten der deutschen Bücher stammen nach polnischer Aussage aus den sechziger Jahren und spiegelten den Geist des ,,Kalten Krieges", verbunden mit einem ,,krassen Antikommunismus". Ebenso fehlten in verschiedenen Büchern Hinweise auf den polnischen Widerstand.

Es wäre doch sehr am Platze, wenn sich der Kommunist Wojna nicht auf Allgemeinplätzen tummeln, sondern greifbare Beispiele für den ,,unsachgemäßen" Unterricht bringen würde. Die heutigen wie auch die Bücher aus den sechziger Jahren weisen an keiner Stelle Gedanken auf, auch wenn sie in die wilhelminische Zeit zurückgehen, die das Ansehen Polens herabsetzen würden. Finden dagegen in den polnischen Büchern die westlichen Demokraten sachgerechte Würdigung?

Oft verlogene Ansichten

Wenn jemand antipolnische Stimmung verbreitet, dann sind es die polnischen Funktionäre und Skribifaxe, die mit ihren oft so naiven und verlogenen Ansichten einer ehrlichen deutsch-polnischen Zusammenarbeit doch nur schaden.

Wie es scheint, wird dieses sinnlose Drängen und Maulen nun auch einzelnen Mitgliedern der Bonner Regierungskoalition zu viel. Vorsichtig lassen sie erkennen, daß sich die Empfehlungen nicht Wort für Wort in die Schulbücher zwingen lassen. Man sollte aber auch auf die Praxis in Polen verweisen.

Ja, auch in der Volksrepublik Polen! Zu den Beweggründen, Schulbuchempfehlungen überhaupt zu schaffen, gehörte doch die Forderung, alles aus den Schulbüchern zu entfernen, das in der Jugend ein Verhalten auslöst, das nicht ihrer Erziehung im Geiste gegenseitigen Verständnisses und gegenseitiger Achtung sowie dem friedlichen Zusammenleben beider Völker dient. Oder – wie es der polnische Professor Labuda formuliert –: ,,Aus den Schulbüchern sind die Tatsachen und Ansichten zu entfernen, die Gefühle des Unwillens und des Hasses erwecken könnten."

Ob diesen Anforderungen das polnische Lesebuch ,,Mowa Ojczysta" für die Klasse VII – erschienen 1975, lange nach Beginn der deutsch-polnischen Verhandlungen im Jahre 1972 – auch nur im mindesten genügt?

Die Empfehlungen sprechen in der Regel nur von Geschichts- und Erdkundebüchern. Sind aber die von deutschen und polnischen Schülern täglich benutzten Lesebücher nicht ebenso wichtig? Beeinflussen sie nicht auch in entscheidendem Maße die Gemüts- und Willensbildung ihrer Benutzer? Ist das den deutschen Mitgliedern der Kommission entgangen? Oder haben die weit wendigeren, rabulistischen rotpolnischen Dialektiker dem deutschen Michel die Zipfelmütze derart um die Ohren geschlagen, daß er diesem Umstand nicht gebührend Rechnung trug und nicht gemerkt hat, daß die so viel propagierten Schulbuchempfehlungen wie eine ,,Einbahnstraße" verlaufen.

Die Deutschen – der Feind

Nehmen wir einmal das angeführte Lesebuch zur Hand. Nichts gegen die verpflichtenden und natürlichen Bekenntnisse zur angestammten Erde, zu Volk und Muttersprache! Achtung vor den Worten polnischer Klassiker und Poeten; Bewunderung gar für das Poem ,,Frauenhände"; Billigung auch der Eigentumsauffassung des alten Bergmanns Szymiszek, der statt von der früheren ,,herrschaftlichen" Kohlengrube nun von ,,unserer" Grube und von ,,unserer" Kohle spricht. Keine Einwendungen auch gegen den Aufmarsch früherer ehrenwerter Generäle, wie Dombrowski, Umunski, Sowinski, und die patriotischen Heldengesänge, soweit es um die früheren Kämpfe Polens um Recht und Freiheit geht. Wir gönnen es auch der kleinen Danusia, in unser deutsches Schlesien zu fliegen.

Bedenklich wird es aber, wenn ,,den Deutschen" die Rolle des Feindes und zwar des absolut bösen, durch nichts zu versöhnenden Erbfeindes zugewiesen wird, wenn in dem besagten Lesebuch Zbyszek, der Tausendsassa aus dem deutschfeindlichen ,,Die Kreuzritter" von R. Sienkiewicz immer noch die Pfauenfedern von den Helmen der deutschen Ritter für seine zwölfjährige Angebetete herunterholen will, obwohl er sich schon vor Jahrhunderten die Hände weidlich verbrannt hat.

,,Das Bajonett aufs Gewehr!" schreit auf Seite 184 Wladyslaus Broniewski und fährt dann fort:

,,Wenn sie kommen, dein Haus anzuzünden, in dem du wohnst in Polen,
wenn sie schleudern vor sich den Donnerschlag,
wenn sie einfallen mit gepanzertem Heer

und vor der Tür stehen
und sie mit Kolben einschlagen –
wenn du deine Schläfe aus dem Schlaf erhebst –
steh' an der Tür!
Das Bajonett aufs Gewehr!
Blut muß fließen!"

Und dann beschwört der Verfasser die Rechnungen des Unrechts, schreit wieder nach Blut, und einer Kugel in den Schädel. Und wenn es zu sterben heißt, eifert er weiter, dann meinen auch wir an der Weichsel, was der napoleonische General Cambronne bei Waterloo gesagt hat: „Die Garde stirbt, aber sie ergibt sich nicht!"

Wie die Fußnote angibt, wendet sich der blutrünstige flammende Aufruf an die Adresse der Deutschen. Er ist im April 1939 entstanden, als nach dem Anschluß Österreichs und des Sudetenlands in Polen antideutsche Hetze ihren Höhepunkt erreicht. Doch man bekennt sich noch heute dazu: Das Bajonett aufs Gewehr! Blut muß fließen! Die Kugel vor den Schädel! Welche Gefühle müssen da in den Herzen der dreizehnjährigen Polen den Deutschen gegenüber entstehen! Ist das nicht Erziehung zu Haß, Revanchismus, Chauvinismus?

Um wieviel anders quittiert doch Alfons Hayduk die Morde und Drangsalierungen an schuldlosen Deutschen durch aufgehetzte polnische Banden während der drei Überfälle auf Oberschlesien:

Dem polnischen Bruder
Mein Bruder, warum haßt du mich,
was soll dein Zorn, die blinde Wut?
Wir stammen doch von einem Blut –
Die Heimat segnet mich und dich.
Mein Bruder, sieh' des Landes Not!
Sieh' wie der Zwiespalt es zerbricht.
Komm', steig mit mir zum Sonnenlicht;
uns eint der Zukunft Machtgebot.
Mein Bruder, reich mir deine Hand,
wir wollen treue Brüder sein
und glaub': Bald kündet Frührotschein
ein glückhaft Oberschlesierland!"

Das „preußische Tier" erschlagen

Ist es nicht zu durchsichtig, wenn man polnische Schüler allein mit dem menschenunwürdigen Verhalten des fiktiven Wachtmeisters Hinz und einiger Gestapo-Schergen beim Sterben eines verwundeten polnischen Mädchens konfrontiert? Waren oder sind denn alle Deutschen Gestapo-Schergen?

Auf Seite 190 bittet Jozef Nadzieja, in die polnische Volksarmee aufgenommen zu werden, um mit den Russen gemeinsam das „preußische Tier" zu erschlagen.

In der Darstellung eines Anschlages im Krieg auf das Warschauer Café „Club" durch Jugendliche sagen die Ausführenden: „So töten wir die Hitlerleute im Verlangen, die Blutrechnung auszugleichen, so töten wir, obwohl es nicht leicht ist, zu töten, wenn man erst zwanzig Jahre alt ist." Kommt dem Verfasser, der nach vierzig Jahren fragt, warum die Polen an die Zeit der deutschen Besatzung denken müssen, denn nicht in den Sinn, daß er Haßgelüste weckt? Mußten gerade in Warschau durch solch vermeintliche Heldentaten nicht ungezählte Unbeteiligte umsonst ihr Leben lassen!

Wenn auf Seite 88 Zofia Kospak Friedrich den Großen wegen der polnischen Teilungen zur Rechenschaft zieht, dann hätte sie schon um der Wahrheit willen dazusagen müssen, daß Friedrich II. nur 8 Prozent (meist deutsches Land), Österreich 10 Prozent und Rußland aber 82 Prozent Polens erhalten haben. Dann würde der junge Pole die Teilungen wohl mit etwas anderen Augen sehen.

Alles in allem: Man wird bei Durchsicht dieses polnischen Schulbuches das Gefühl nicht los, daß es sich bei der Arbeit der Schulbuchkommission nicht um eine kritische Durchforstung der Bücher beider Staaten zum Zweck des gegenseitigen Näherkommens, sondern nur um einen zeitpolitischen einseitigen Bezug kommunistischer Leitstellen handelt. Im anderen Falle würde man doch nicht derart aufreizende, sondern versöhnende Darstellungen in polnischen Lesebüchern bringen und jede Gelegenheit nützen, einander von der Ehrlichkeit der gegenseitigen Bestrebungen zu überzeugen.

Würde z. B. eine Abbildung der 88 Gräber

polnischer Offiziere, die durch einen alliierten Luftangriff in Dössel/Westfalen ums Leben gekommen sind, mit entsprechendem Begleittext nicht gesündere und beiden Seiten nützlichere Gefühle in den polnischen Schülerherzen wecken als der von Blut triefende Aufruf ,,Das Bajonett aufs Gewehr!"? Einer der polnischen Besucher dieser Grabstätte ist auf dem richtigen Wege, wenn er in einer katholischen Wochenzeitung berichtet, wie der deutsche Pfarrer Ernst mit deutschen Spendengeldern bemüht ist, diesen polnischen Gräbern das Denkmal, die Kreuze, den grünen Bewuchs und den vielen Blumenschmuck nicht nur zu erhalten, sondern die polnischen Angehörigen auch noch herzlich zu bewirten.

Warum machen die für Polens Geschicke derzeit verantwortlichen Stellen die polnische Jugend nicht mit den nahezu tausend Werken deutscher Dichter aus der Zeit der polnischen Freiheitskämpfer bekannt? Singt nicht Ludwig Uhland, derselbe, der das Lied vom ,,Guten Kameraden" geschrieben hat, auch:

An der Weichsel fernem Strande
tobt ein Kampf mit Donnerschall;
weithin über deutsche Lande
rollt er seinen Widerhall.
Schwert und Sense, scharfen Klanges,
dringen her zu unsern Ohren
und der Ruf des Schlachtgesanges:
,,Noch ist Polen nicht verloren!"

Würden die Herzen der polnischen Jugend nicht zu den Herzen der heutigen deutschen Jugend finden, wenn sie wüßten, daß diese Worte 1833 ein Deutscher an seinen Freund, den größten polnischen Dichter, Mickiewicz, geschrieben hat?
Eine von der SPD-nahen Friedrich-Ebert-Stiftung geplante Zusammenarbeit mit polnischen Stellen unter dem Motto ,,Erziehung zum Frieden" wird nur dann einen Sinn haben, wenn Bücher von der Art des Besprochenen für immer aus den polnischen Schulen verschwinden. In der Bundesrepublik Deutschland gibt es solche Bücher nicht.

Deutsch-polnische Schulbuchempfehlungen. Stalin wird nicht erwähnt. In den Leitsätzen zur Geschichte kommt die Wahrheit zu kurz
(Harald Steffahn: Die Zeit, 26. 5. 1978)
[*ohne Bild: Flüchtlingstreck 1945; ohne Aufmacher*]

Am 23. August 1939 unterzeichneten die Außenminister Ribbentrop und Molotow den deutsch-sowjetischen Nichtangriffspakt. War dieser Vertrag für die Weltöffentlichkeit schon sensationell genug, so gab es ein noch gewichtigeres Zusatzprotokoll. Das aber hielten die Vertragspartner aus guten Gründen geheim. Darin hieß es unter Punkt 2:
,,Für den Fall einer territorial-politischen Umgestaltung der zum polnischen Staate gehörenden Gebiete werden die Interessensphären Deutschlands und der UdSSR ungefähr durch die Linie der Flüsse Narew, Weichsel und San abgegrenzt. Die Frage, ob die beiderseitigen Interessen die Erhaltung eines unabhängigen polnischen Staates erwünscht erscheinen lassen (. . .), kann endgültig erst im Laufe der weiteren politischen Entwicklung geklärt werden. In jedem Falle werden beide Regierungen diese Frage im Wege einer freundschaftlichen Verständigung lösen."
In freundschaftlichem Einvernehmen haben die beiden Raubtiere die polnische Gans geschlachtet. Das Geheimprotokoll steht heute in jeder größeren Dokumentation, jedenfalls bei uns. Es ist zusammen mit dem Nichtangriffspakt eine Fundamentalquelle für die Geschichte des Zweiten Weltkrieges, weil damit Stalins Stillhalten in der polnischen Frage garantiert war und Hitler für den Polenfeldzug keinen Hinderungsgrund mehr sah.
Unbestreitbare Tatsachen zu lehren, dürfte nicht schwierig sein. Wie aber, wenn man nicht darf? Polen hat einen mächtigen Nachbarn, der Stalins Mitschuld am Völkerbrand bisher nicht öffentlich zugegeben hat. So sparen dementsprechend auch

die polnischen Historiker die sowjetische Beteiligung an Polens Tragödie im Zweiten Weltkrieg schlichtweg aus. Genauso sehen denn auch die beiderseitigen Schulbuchempfehlungen aus: Auf diesem Gebiet wird nichts empfohlen; es wird geschwiegen. Stalin wird nicht erwähnt. Die deutschen Fachleute fanden sich darein, aus Rücksicht auf die schwierige Lage der polnischen Kollegen lieber nicht an Dinge zu rühren, die jene nicht offen benennen dürfen, selbst wenn sie über die Tatsachen nicht im Zweifel sind.

Kärrnerarbeit für besseres Verstehen

So haben also die Kommissionen auf die Gretchenfrage: ,,Wie haltet ihr's mit der geschichtlichen Wahrheit?" leider schon beim ersten Anwendungsfall enttäuschend reagiert. Ist damit der Katalog von 26 Abschnitten von vornherein um Sinn und Zweck gebracht? Wenn ein Pianist die schwarzen Tasten nicht verwenden darf, wie klingt dann das Stück? Geben wir nicht zu rasch dem Unmut nach. Sechsjährige Bemühungen um Annäherung wären dann ungerecht gering geschätzt. Die beiderseitigen historiographischen Ausgangspositionen waren derart konträr, daß schon halbe Schritte aufeinander zu buchenswert sind.

Außerdem ändern die unterschlagenen Mitverbrechen eines Dritten nichts an der eigenen Schuld, und die wird in deutschen Schulgeschichtsbüchern selten angemessen herausgestellt. Meist ist weit mehr die Rede von den Leiden der Vertriebenen als von denen der Polen unter der Gestapo und SS. Umgekehrt lesen Kinder in Krakau und Lodz noch immer nur, was die Nazi-Diktatur angerichtet hat, aber nicht, daß Millionen Deutsche unter schlimmen Begleitumständen um Heimat und Besitz gebracht wurden und daß Hunderttausende aus der Zivilbevölkerung der deutschen Ostprovinzen für immer verschollen sind. Hier Kärrnerarbeit zu leisten für das bessere Verstehen der jeweils fremden Leiden, ist in jedem Fall ein Verdienst. Im 20. Abschnitt der Empfehlungen heißt es im ersten Satz: ,,Bei der Behandlung des Zweiten Weltkrieges sollten die nationalsozialistische Besatzungspolitik und ihre Konsequenzen für das polnische Volk hinreichend dargestellt werden." Wenn in einem Hamburger Lehrbuch (,,Menschen in ihrer Zeit" Band 4, Klett Verlag) zu lesen steht: ,,SS und Gestapo hausten grausam und unmenschlich unter den Polen", dann ist die Forderung, wenngleich etwas unscharf und summarisch, erfüllt.

Mehr an die polnische Adresse richtet sich der 22. Paragraph mit der beschönigenden Überschrift ,,Bevölkerungsverschiebungen". Hierin haben die Fachleute sich nicht zum klaren Ausdruck ,,Vertreibung" durchringen können, aber immerhin wurde ,,der größte Teil der in den Oder-Neiße-Gebieten verbliebenen deutschen Bevölkerung (. . .) in den Jahren 1945 bis 1947 ausgewiesen bzw. (. . .) zwangsumgesiedelt". Zuvor schon sei die Hälfte der etwa 8,5 Millionen Deutschen entweder evakuiert worden oder ,,unter großen Verlusten" geflüchtet. Das entspricht trotz terminologischer Trapezakte dem wahren Sachverhalt.

Keine verbindliche Sprachregelung

Polnische Historiker gestehen inzwischen zu, daß die volle Gleichsetzung Deutschlands mit dem NS-Staat die Wirklichkeit verkürzt. So enthält der 24. Abschnitt unter der Dachzeile ,,Bewältigung der Vergangenheit" den Satz: ,,Auch das deutsche Volk hat den Terror der nationalsozialistischen Herrschaft und die Schrecken des Krieges erlebt." Wird hier auch eine Binsenwahrheit gedruckt, so fängt das wechselseitige Verständnis tatsächlich bei elementarsten Tatbeständen an.

Der Friede im Geschichtsbuch ist keine leichtere Sache als die Vergangenheitsbewältigung unter den Politikern und von Volk zu Volk. Es ist der gleiche Vorgang auf anderem Terrain. Nur, daß hier weit mehr aufzuarbeiten ist als der Konfliktstoff von vierzig Jahren, weit mehr zu überwinden als tiefwurzelnde Ressentiments. Volle tausend Jahre deutsch-polnischer Geschichte harren einer insgesamt gerechteren Würdigung. Langsam erst bricht die Pflugschar wahrheitsgetreuerer Urteile den verkrusteten Acker der ge-

wollten Abwertung und des ungewollten Mißverstehens auf. Bezeichnend dafür ist das Bemühen um mehr Ausgewogenheit im Kapitel deutsche Ostkolonisation.
Das uns ferngerückte christlich-ritterliche Missionsideal der ausgehenden Kreuzzugsepoche und der ostwärts gerichtete Siedlungsdrang einer räumlich und rechtlich beengten Landbevölkerung im Altreich: Sie müssen aus ihren Zeitbedingungen verstanden werden. Wenn polnische Schulbücher in Denkkategorien des Imperialismus von einem deutschen Eroberungsdrang nach Osten schon im Mittelalter sprechen, sozusagen eine Linie ziehen von Barbarossa zum Dritten Reich, dann verzeichnen sie die Wirklichkeit. So ist es erfreulich, heute folgende didaktische Empfehlung zu lesen:
,,Die (. . .) von den Herrschern und dem Grundadel auf westslawischen Gebiet gewährten Rechte und Freiheiten lockten neue Siedler aus dem Bereich des alten karolingischen Imperiums an. Diese Siedler spielten bei der wirtschaftlich-sozialen Umwandlung der westslawischen Länder vom 12. bis zum 14. Jahrhundert eine positive Rolle." Der zuletzt zitierte Wortlaut ist übrigens schon 1972 erarbeitet worden. Es erschien damals wohl leichter, bei weit zurückliegenden Geschichtsperioden anzufangen, um sich von daher heranzupirschen an die noch schwierigere Gegenwart.
Auch in der grauen Ferne ist es aber nicht leicht, Rankes Leitsatz von 1824 zu folgen, er wolle ,,bloß zeigen, wie es eigentlich gewesen". Beim Kapitel ,,Polen und der Deutsche Orden" wird vielsagend vermerkt, dieser Problemkreis bedürfe trotz gewisser Fortschritte noch weiterer gründlicher Diskussion. Ins polnische Klischee der militärisch-expansiven Rolle des Ordens paßt ja auch schlecht die Ausgangslage: daß ein slawischer Fürst, Konrad von Masowien, die Ritter überhaupt erst ins Land – gegen die heidnischen Pruzzen – gerufen hat und daß der Hochmeister zunächst einmal gründlich rechtliche Absicherung suchte bei Kaiser und Papst.
Nun verlangen allerdings die beteiligten Historiker nicht, in der Broschüre verbindliche Sprachregelungen zu sehen. Sie haben die Schulbuchautoren und Pädagogen absichtlich so locker angebunden, daß die Fesseln jederzeit abzustreifen sind. Wem der karge Grundkonsens nicht genügt, der kann ihn um das ergänzen, was zu sagen auch noch nötig ist. Da die deutsche Seite bei der mühevollen Einigung auf den kleinsten Nenner mehr Rücksichten genommen hat, so enthalten die Empfehlungen aus unserer Sicht vor allem ein zeitgeschichtliches Tatsachendefizit, das ausgeglichen werden muß.
Als der niedersächsische Kultusminister Werner Remmers (CDU) die 28 Druckseiten auf Beschluß aller Fraktionen des Landtages im April den 3300 Schulen seines Landes übersenden ließ, sparte er daher nicht mit Kritik: Kompromisse und Auslassungen gäben Anlaß zu kritischen Vorbehalten ungeachtet des sichtbaren Willens zur Verständigung.
Freilich besteht kein Anlaß zur Selbstgerechtigkeit. Insgesamt harrt unser Geschichtsverhältnis zu den Slawen gründlicher Korrektur. Der verstorbene Direktor des Braunschweiger Schulbuch-Instituts, Georg Eckert, beklagte vor Jahren in unseren Schulbüchern ,,den alten Hochmut der Westvölker gegenüber den Ostvölkern". Wer solche Schelte einstecken muß, kann gegenüber den Polen nicht Gläubiger sein, sondern bleibt Schuldner einer Geschichtsbetrachtung, die auf dem Wege zur berühmten reinen Rankeschen Wahrheit noch eine ansehnliche Wegstrecke vor sich hat.

Empfehlung zum Verzicht
(Dr. iur. Botho Spruth: Leserbrief, Die Welt/Ausgabe B, 13. 5. 1978)

Wilfried Körber, Eckernförde, hat recht, wenn er die polnischen ,,Schulbuchempfehlungen" mit der Überschrift ,,Geschichtsklitterung" versieht (Leserbrief in

der Welt vom 28. 4.). Man sehe sich nur einmal den Punkt 21 der Empfehlungen, harmlos überschrieben mit ,,territoriale Veränderungen" anstatt ,,Annexionen", an. Da heißt es, ,,mit der gleichzeitigen Einigung über den Art. XIII" (des Potsdamer Protokolls von 1945) . . . sei ,,von den Alliierten selbst präjudiziert" worden, daß die Inbesitznahme der deutschen Gebiete endgültig sei. In Art. XIII ist gesagt, daß die Überführung der Bevölkerung in ,,geordneter und humaner Weise" durchgeführt werden müsse.
Zu diesen Fragen wird auf das Werk des jungen spanisch-amerikanischen Historikers und Völkerrechtlers Alfred M. de Zayas verwiesen: ,,Die Anglo-Amerikaner und die Vertreibung der Deutschen" (München 1978). Aufgrund sehr eingehender Forschungsergebnisse stellt de Zayas fest, ,,die westliche Genehmigung für die Aussiedlung der Deutschen wurde durch täuschende hinterhältige Manöver der sowjetischen und der polnischen Delegationen erreicht, sie war rechtlich ungültig und die Vertreibung ebenso illegal" (S. 105). ,,Wenn man die Terminologie, die von politischer Zweckmäßigkeit diktiert wird, einmal fortläßt, handelt es sich schlicht um kriminelle Vertreibung" (S. 141), ,,eine Schande, für die es keine Rechtfertigung gibt" (Churchill), ein ,,Verbrechen gegen die Menschlichkeit" – bei über zwei Millionen Toten um Völkermord! (S. 143 mit Anm. 93). Im übrigen ist die Vertreibung alles andere als in ,,geordneter" und ,,humaner" Weise durchgeführt worden. Allein deswegen ist eine Berufung auf jene Bestimmung des Potsdamer Protokolls unzulässig.

Wer sich seriös mit der deutsch-polnischen Geschichte befaßt, kann an dem Werk des genannten, völlig neutralen und unbeteiligten Autors nicht vorbei. Die von ihm getroffenen Feststellungen zeigen deutlich, daß es sich bei den Schulbuchempfehlungen in vielen Punkten nicht um Geschichte, sondern um politische Zweckdarstellung handelt.

Das eingefrorene Geschichtsbewußtsein. Jürgen Günsche maß am Beispiel der Geschichtsbücher das Verhältnis Deutschlands zu Polen und umgekehrt (Nordbayerischer Kurier/Bayreuth, 16. 5. 1978)

,,Geschichtsbewußtsein: eingefroren?", diese Frage behandelte das Referat von Oberstudienrat Jürgen Günsche bei einer Veranstaltung der Gewerkschaft Erziehung und Wissenschaft (GEW) im ,,Pritscherprackl". Günsche sprach über die deutsch-polnischen Beziehungen, das Geschichtsbild und -bewußtsein der beiden Völker. Er versuchte, vor allem zu klären, welche Haltung hinter der Ablehnung des bayerischen Kultusministeriums zu den Empfehlungen der deutsch-polnischen Schulbuchkommission stehe, die ein kleiner Schritt zur Völkerverständigung seien. Die Geschichtsbilder der Einwohner beider Länder, meinte Günsche, seien zwangsläufig verschieden, doch veränderbar. Dies setzte aber Bemühungen auf beiden Seiten und ein entsprechendes Geschichtsbewußtsein voraus.
Daß die Polen wesentlich mehr dazu bereit seien, eine gemeinsame Ebene der Verständigung zu finden als die Deutschen, zeigte der Referent anhand einiger Zitate deutscher und polnischer Historiker, Publizisten und Politiker.
So führte Günsche Auszüge aus einem Artikel der Warschauer Zeitung ,,Polityka" zu dem Thema ,,Deutschland, Polen, der Schulunterricht und die Frage des Friedens" an. Der Verfasser, Stefan Kieniewicz, schreibt darin, daß es bei den Gesprächen über Schulbücher und Geschichtsunterricht, die in den letzten Jahren mit einigen anderen Ländern geführt wurden, sicherlich Schwierigkeiten gab. Da es aber um die Annäherung in der Beurteilung einer tausendjährigen, nur selten friedlichen Nachbarschaft ging, sei es nicht verwunderlich, daß man sich nicht

über alle Themen verständigen konnte. Es sei Pflicht, so Kieniewicz, sich für Annäherung und gegenseitiges Verständnis – also auch für die Heilung alter Wunden – einzusetzen. Dieser erwünschte Ausgleich werde sicher Bemühungen und Verzichte fordern – auch für Polen.

Die Meinung der deutschen Seite zu den Schulbuchgesprächen führte Günsche anhand einer Rundfunksendung über die deutsch-polnischen Schulbuchgespräche, der Schülerzeitung ,,schule & wir" und des Informationshefts für Lehrer, ,,Schulreport", an.

Hier werde mit allen Mitteln, besonders von Bayern aus, versucht, an der alten Vorstellung, daß Deutsche nach 1945 vertrieben wurden, festzuhalten und die Empfehlungen und Bemühungen von polnischer Seite nur in geringem Maß anzunehmen.

20 Prozent der Deutschen hätten Polen verlassen, als die Nationalsozialisten auf dem Vormarsch nach Osten waren, 30 Prozent seien während des Krieges – also ebenfalls vor 1945 – nach Deutschland abgewandert. Der Rest sei erst nach dem Krieg umgesiedelt worden. Der Begriff ,,Vertreibung" sei also nicht angebracht.

Durch solche Behauptungen gegen Polen würden immer wieder Emotionen aufgeladen.

Sicher seien die Geschichtsbilder der Volksrepublik Polen und der Bundesrepublik Deutschland verschieden. Doch müßten beide eine gemeinsame Ebene finden, die allerdings nur durch ein entsprechendes Bewußtsein, ein Sichabwenden von alten und oft falschen Standpunkten erreicht werden könne.

Wie soll Geschichte im Schulbuch stehen? Empfehlungen der deutsch-polnischen Kommission beschäftigen das Schlesische Kulturwerk in Würzburg
(Wilhelm Hilpert: Süddeutsche Zeitung, 22. 5. 1978)

Vor dem Hintergrund der ,,Empfehlungen für Schulbücher der Geschichte und Geographie in der Bundesrepublik Deutschland und in der Volksrepublik Polen" stand bei einer Arbeitstagung der ,,Stiftung Kulturwerk Schlesien" eine Vortragsveranstaltung über die Arbeit der deutsch-polnischen Kommission, deren Aktivitäten in dieser Angelegenheit bis 1972 zurückreichen und die am Wochenende in Deidesheim tagte. In Würzburg war zu hören, daß es in den 26 Empfehlungen immer noch vereinzelt Passagen gebe, in denen historische Tatsachen verkürzt, verfälscht oder verharmlost würden. Der Mainzer Historiker Josef Joachim Menzel unterbreitete dazu Alternativen einer Gruppe von Wissenschaftlern.

Er bekräftigte den friedenspädagogischen Charakter der Empfehlungen, meinte aber, volles überzeugendes Gewicht besäßen sie erst, wenn in ihnen die historischen Gegebenheiten objektiv dargestellt würden.

Schwächster Punkt ist nach Ansicht Menzels der in den Empfehlungen nicht erwähnte deutsch-sowjetische Vertrag vom 23. August 1939 mit seinem Zusatzprotokoll. Er war dem deutschen Überfall auf Polen vorausgegangen; in ihm hatten sich Hitler und Stalin auf eine neue Teilung Polens geeinigt. Diese Tatsache sollte in den Empfehlungen ebensowenig fehlen wie die Konzentrationslager der Nazi in Polen, sagte Menzel. Die Vertreibung der ostdeutschen Bevölkerung nach 1945 werde diplomatisch mit ,,Bevölkerungsverschiebungen" umschrieben. Zufolge der 22. Empfehlung hätte sie den Zweck verfolgt, ,,staatliche und ethnische Grenzen nach Möglichkeit in Übereinstimmung zu bringen".

Dem Mainzer Historiker gefällt ferner nicht, daß in der siebten Empfehlung – Die kulturellen und konfessionellen deutsch-polnischen Beziehungen im Zeitalter der Renaissance und des Barock – der Astronom Kopernikus (1473 bis 1543) als ,,polnischer Reichsbürger" bezeichnet wird. Statt dessen wünscht Menzel, daß dieser Astronom von europäischen Rang ein ,,Untertan des polnischen Königs deutscher Abstammung war" und auch Deutsch und Lateinisch geschrieben habe. Ein Katalog von Alternativen und Ergänzungen, die nicht ,,politisch motiviertem Wohlverhalten" geopfert werden dürften, werde demnächst den Mitgliedern der deutsch-polnischen Schulbuchkommission vorgelegt. Es sei erforderlich, die Gespräche fortzusetzen.

Bekanntlich werden die Empfehlungen vor allem in Bayern sowie in allen von der CDU regierten Bundesländern in der vorliegenden Fassung abgelehnt. Ein Mitglied der Delegation von Rheinland-Pfalz berichtete von der Kommissionssitzung aus Deidesheim, die polnische Seite habe ihr Interesse daran bekundet, daß die Empfehlungen so schnell wie möglich verwirklicht würden. Es sei ihnen jedoch bedeutet worden, daß die Bundesländer auf Grund ihrer Kulturhoheit allein über den Inhalt der Lehrbücher zu entscheiden hätten.

Die Aufgabe der gemischten Kommission wird auch im deutsch-polnischen Kulturabkommen vom 11. Juli 1976 erwähnt. Darin heißt es. ,,In Anbetracht der großen Bedeutung, die die Schule und die Schulbücher für die Jugenderziehung haben, werden die Vertragsparteien ihre Bemühungen fortsetzen, in den Schulbüchern eine Darstellung der Geschichte, Geographie und Kultur der anderen Seite zu erreichen, die eine umfangreiche Erkenntnis und ein besseres gegenseitiges Verständnis fördern."

Die deutsch-polnischen Schulbuchempfehlungen und ihre Aufnahme in der BRD (Gertrud Bienko: Deutsche Volkszeitung, 15. 6. 1978)

Die deutsch-polnischen Schulbuchempfehlungen und ihre Aufnahme in der BRD erregen auch gegenwärtig wieder die Gemüter und die Aufmerksamkeit wichtiger Zeitungen, so der FR am 20. 5. 1978, der ZEIT und der TAT am 26. 5. 1978. Nächster Anlaß dazu ist der Besuch des polnischen Botschafters bei der 11. Sitzung der deutsch-polnischen Kommission, die um den 20. Mai 1978 in der Weinstadt Deidesheim in der Pfalz stattfand. Also in Rheinland-Pfalz, dessen CDU-Regierung und Kultusminister Frau Laurien den Empfehlungen höchst reserviert, wenn nicht ablehnend gegenüberstehen, jedoch immerhin gnädiger als Bayern und auch Schleswig-Holstein und Baden-Württemberg.

Botschafter Piatkowski hatte sich scharf geäußert: es würde eindeutig negative Folgen haben, wenn die Empfehlungen unbeachtet blieben. Immer noch würden die Geschichtsbücher der BRD die polnische Geschichte und die deutsch-polnischen Beziehungen unkorrekt darstellen. Dem widerspricht z. B. der Verfasser des Artikels in der ZEIT. In dem vielgebrauchten Klett-Buch ,,Menschen in ihrer Zeit", 1970 ff., heiße es z. B.: ,,SS und Gestapo hausten grausam und unmenschlich unter den Polen." Mit diesem Satz sei die Forderung der Empfehlungen erfüllt: ,,Die (NS)-Besatzungspolitik und ihre Konsequenzen für das polnische Volk sollten hinreichend dargestellt werden." Daß es um den Mord an 6 Millionen Polen, die Ausrottung der Intelligenzschicht und die Versklavung des Volkes ging, was die Empfehlungen ebenfalls und höchst korrekt sagen, darf also verschwiegen werden! Der Verfasser, H. Steffahn, findet die Klett-Darstellung ,,erfüllend", ,,wenngleich etwas unscharf und summarisch".

Bekanntlich sind die dicksten Steine des Anstoßes, auch für Steffahn, die Auslassung des Hitler-Stalin-Paktes vom August 1939 in den Empfehlungen und die Vermeidung des Wortes ,,Vertreibung" der Deutschen nach 1945. Man glossiert dessen Ersetzungen ,,Ausweisung", ,,Zwangsumsiedlung", ,,Transfer" und dessen Übersetzung in ,,Bevölkerungsverschiebung" als ,,Wortkosmetik", also wohl in Unwissenheit darüber, daß Transfer der Terminus technicus in den interalliierten Abmachungen von 1945 ist. Für Springer-Presse und Vertriebenenverbände ist sowieso das Ganze „ein berüchtigtes Machwerk" (so in „Welt" vom 8. 11. 1977). Ein dritter dicker Stein ist die angeblich staatsrechtliche Unkorrektheit, die heutigen Grenzen und die Existenz von zwei deutschen Staaten „festzuschreiben".

Zu den zwei erstgenannten und anderen Hindernissen ist zunächst zu sagen, daß die Empfehlungen sich ja nicht als endgültig verstehen, sondern als Wegweiser. Die Experten beider Kommissionen liefern Wissenschaft, d. h. weiter zu entwickelndes Wissen, keine „Weltanschauung" oder Dogmen. Erst recht bei diesem Thema, das beiderseitig von Politik belastet ist, muß es Kompromisse geben; beide Seiten müssen Unangenehmes schlucken. Dennoch gibt es, wenn Friede herrschen soll, keine Alternative zu den Empfehlungen, wie es z. B. der frühere Ministerpräsident von Niedersachsen, Kubel, oder ein deutscher Experte der Schulbuchkommission, Prof. Rhode, Mainz, ausgesprochen haben (Vgl. FAZ, Jan. 1977). Es gibt da kein Ideal, sowenig wie eine Ideologie.

Die inzwischen stattgehabten zwei Fortsetzungsgespräche geben viel Grund zur Hoffnung. Das erste, bzw. zehnte Gespräch – es war in Bonn, also nicht wie bisher in Braunschweig oder Warschau – befaßte sich mit „Fragen der Herstellung und Genehmigung von Lehrmitteln und der Einführung der Empfehlungen". Auch das ist ja ein von den CDU-Ländern aufgerichteter Hinderungskomplex. Besonders glücklich ist wohl auch die Wahl des Gegenstandes der 11. Gesprächsrunde in Deidesheim: Es ist der sogenannte Völkerfrühling der Epoche zwischen 1830 und 1848, der freilich mit der Niederschlagung der Revolutionen von 1848 und der des letzten polnischen Aufstandes 1863 endete, die einzige Epoche freundschaftlicher Beziehungen zwischen Deutschen und Polen, nämlich des gemeinsamen Kampfes gegen reaktionäre Monarchen und Fürsten für nationale Einheit, demokratische Freiheit und soziale Gerechtigkeit, ein Thema also, geeignet, sich entspannend auf die neuralgischen Punkte auszuwirken.

Zu diesen, auch zu dem Fehlen des Hitler-Stalin-Paktes, gibt es natürlich schon weiterführende, nicht blockierende Erörterungen. Zum Beispiel in der Zeitschrift „Begegnung mit Polen", Heft 9/1977, Rochusverlag Düsseldorf, noch weit eingehendere in dem bisher wohl einzigen Lehrbuch, das den Empfehlungen voll Rechnung trägt: „Deutschland und Polen nach 1945", von Heck und Schurig, Professoren für Lehrerbildung in Rheinland-Pfalz und Hessen, Diesterweg 1977, das auch viele der von den Gegnern vermißten Tatsachen bringt. Diese Ergänzungen werden ausdrücklich vom Leiter der deutschen Kommission, Prof. Mertineit, gutgeheißen. Das Buch wurde auch, durchaus lobend, in der DVZ besprochen (März 1978). Selbstredend enthält die Besprechung dieses Buches in der „Welt" nur Gezeter.

Ein hoffnungsvolles Zeichen können auch die Bemühungen, nicht zuletzt die von Rheinland-Pfalz, um kulturellen Austausch und Jugendaustausch zwischen unseren beiden Völkern sein. Die diesjährigen „Ingelheimer Tage" im Mai sind gewiß nicht von ungefähr in diesem Jahr „Polnische Tage", wie stets von der Regierung unterstützt. Selbstredend kann solches nicht Ersatz für eine ablehnende Haltung gegenüber den Empfehlungen sein; Freundschaft kann es nicht ohne Frieden geben. Von dieser Einsicht war etwa auch eine Veranstaltung der DFU in Ingelheim getragen, an der zwei polnische Professoren, von Deidesheim aus, teilnahmen. Es zeigte sich da auch, daß es für sie kein Tabu gibt, und daß die bundesdeutsche Seite keinen Grund hat, ihren „Pluralismus" herauszustreichen, noch die „Freiheit der Schulbuchgestaltung".

Auf dieses Ruhmesblatt hat übrigens die lange Debatte im Landtag Niedersachsens,

Juli 1977, ein bezeichnendes Licht geworfen: auf den Einwurf eines Abgeordneten, der Totalitarismuserlaß von 1962 sei doch auch von allen Kultusministern für alle Schulbücher obligatorisch gemacht worden, erfolgte – nichts.

Polenbegeisterung und „Völkerfrühling". Zur XI. Deutsch-Polnischen Schulbuchkonferenz in Deidesheim

(Gotthold Rhode: Kulturpolitische Korrespondenz, 10. 6. 1978)

„Ohne Polens Freiheit keine deutsche Freiheit, ohne Polens Freiheit kein dauernder Friede, kein Heil für alle anderen europäischen Völker! Drum fordert auf zum Kampf für Polens Wiederherstellung, es ist der Kampf des guten gegen das böse Prinzip." – Mit diesen Worten schloß einer der Festredner auf dem Hambacher Fest, Johannes Fitz, seine Rede im „Goldenen Löwen" zu Neustadt a. d. Haardt am 28. Mai 1832 und gab damit der Meinung vieler deutscher Liberaler und der Stimmung der Festteilnehmer Ausdruck. Sie hatten am eigentlichen Festtage, dem 27. Mai, auf dem Hambacher Schloß bei Neustadt die weiß-rote polnische Fahne neben der deutschen schwarz-rot-goldenen flattern sehen, die die Aufschrift „Deutschlands Wiedergeburt" trug.

Die Wogen der Polenbegeisterung schlugen nicht nur in Südwestdeutschland in den Jahren 1830 bis 1832 hoch. Sympathie und Freundschaft wurde den Polen auch in den folgenden Jahren, während des Berliner Polenprozesses 1847 und insbesondere im März 1848 in Berlin, entgegengebracht, als die verurteilten Polen mit Ludwik Mieroslawski an der Spitze aus dem Moabiter Gefängnis befreit und im Triumph durch Berlin geführt wurden. „Polen und Deutsche sind fortan Brüder" war die allgemeine Losung der Märztage 1848 in Berlin wie in Posen, und überall fanden Verbrüderungsszenen statt. – Im Juli 1848, während der großen Polendebatte in der Frankfurter Paulskirche, hatte sich das Bild entscheidend gewandelt. Die deutschen Liberalen waren nicht bereit, das Großherzogtum Posen aus dem Verband des zu bildenden Deutschen Reiches zu entlassen, und wollten das Gebiet, dem Autonomie gegeben werden sollte, möglichst begrenzen. Auf die Begeisterung war die Ernüchterung gefolgt, was freilich nicht bedeutete, daß aus der „Polenfreundschaft" nun Polenfeindschaft geworden wäre.

Die knapp zwei Jahrzehnte zwischen dem polnischen Novemberaufstand von 1830, der so viel Interesse und Sympathie in Deutschland fand, und dem „tollen Jahr" 1848, das mit einer merklichen Abkühlung der Beziehungen zwischen beiden Völkern schloß, waren das Thema der XI. Deutsch-polnischen Schulbuchkonferenz. Es lag nahe, daß man diesmal als Tagungsort eine Stadt in der Nähe des beziehungsreichen Hambacher Schlosses wählte, dessen Besuch selbstverständlich auch zum Programm gehörte. Außerdem hat das Land Rheinland-Pfalz eine ganz besondere Stellung zu den Empfehlungen bezogen, die man als „kritisch-distanziertes Wohlwollen" umschreiben kann. Es hat sie weder seinerseits empfohlen, wie zum Beispiel Hamburg, Bremen oder Hessen, noch hat es sie abgelehnt, wie Bayern oder Baden-Württemberg, sondern es hat sie in einigen Gremien zur Diskussion gestellt. Auch gehört es zu den bisher sieben Bundesländern, die an der Trägerschaft des durch ein niedersächsisches Landesgesetz als öffentlich-rechtliche Anstalt neu organisierten Georg-Eckert-Instituts beteiligt und dementsprechend im Kuratorium vertreten sind.

Dieses kritische Wohlwollen und das lebhafte Interesse an der Arbeit der gemeinsamen Kommission kamen auch dadurch zum Ausdruck, daß der Kultusminister des Landes, Frau Dr. Hanna Renate Laurien, die Konferenz gemeinsam mit dem Botschafter der Volksrepublik Polen, Waclaw Piątkowski, eröffnete, und daß der

Ministerpräsident Dr. Bernhard Vogel die Konferenzteilnehmer am Eröffnungstage zu einem Abendessen empfing.

Trugschlüsse bei der Behandlung der anderen Seite

Das Konferenzthema wurde in vierzehn Einzelreferaten behandelt, die jeweils mit vergleichbarer, aber nicht identischer Thematik von einem polnischen und einem deutschen Historiker gehalten wurden, meist Spezialisten für den behandelten Zeitabschnitt. Deutlich stand die Begegnung zwischen der polnischen ,,Großen Emigration" nach 1831 und der deutschen Öffentlichkeit im Zentrum, denn mit ihren verschiedenen Aspekten befaßten sich jeweils drei deutsche und drei polnische Referate. Dabei wurde aus Archivmaterial und aus der deutschen und polnischen Tagespresse vieles mitgeteilt, was bisher unbekannt war, so zum Beispiel die intensive Fürsorge, die die südwestdeutschen Regierungsstellen den nach Frankreich durchziehenden polnischen Emigranten zuteil werden ließen, die soziale Zusammensetzung der in dieser Zeit entstandenen ,,Polenfreundevereine" (Professor Strobel/Darmstadt), oder die Tatsache, daß die Zahl der in diesen Jahren entstandenen ,,Polenlieder" rund tausend betrug, und daß sie zeitweilig sogar eine ausgesprochene Modeerscheinung waren und auch viel gesungen wurden. Andererseits wurde auch klar, daß die Vertreter der polnischen Emigration sich sehr theoretische, konstruierte Vorstellungen von Deutschland und seinen Möglichkeiten für den Freiheitskampf machten, die mit der Wirklichkeit wenig zu tun hatten (Dr. Kalembka/Thorn), und daß die polnische Öffentlichkeit in Kongreßpolen und Galizien ihr Interesse an der deutschen Revolution von 1848 weitgehend auf die Folgen für die ,,polnische Sache" konzentrierte und dementsprechend tief über die Folgen der Polendebatte in der Paulskirche enttäuscht war.

Die vier Referate, die sich mit den politischen Verhältnissen im Großherzogtum Polen und mit den wirtschaftlichen Verhältnissen im deutsch-polnischen Grenzraum in diesem Zeitabschnitt befaßten, hatten dagegen mehr mit den Realitäten eines zu dieser Zeit noch meist nachbarschaftlich-friedlichen, aber doch nicht spannungslosen Zusammenlebens zu tun, in dem die scharfe Trennung in zwei streng geschiedene Lager und wirtschaftlicher Konkurrenzkampf zwischen ihnen noch nicht zu Tatsachen geworden waren. (Professor Baske/Berlin, Professor Trzeciakowski/Posen, Professor Fuchs/Mainz und Professor Galos/Breslau, dessen Referat nicht vorgetragen wurde, aber schriftlich vorlag). Auffällig war dabei, daß es kaum authentische Zeugnisse dafür gibt, welche Gedanken und Vorstellungen sich die ansässigen Posener Deutschen in diesen Jahren von ihren polnischen Nachbarn, vor allem aber von deren politischer Zukunft und von der Zukunft überhaupt machten. Erst die Erlebnisse des Jahres 1848 und die Möglichkeit, in einem autonomen polnischen Gebiet mit polnischer Amtssprache leben zu müssen, statt unter der Fürsorge preußischer Behörden, ließ die nationale Bewegung stärker werden, in der aber auch jetzt noch nicht dem Lande entstammende Beamte an der Spitze standen. Freilich wird man sie deshalb kaum wie gelegentlich polnischerseits geschehen, ,,Nationalisten" oder gar ,,Chauvinisten" nennen können.

Zweifellos sind hier, wie mehrfach betont wurde, von beiden Seiten Trugschlüsse und Fehler bei der Behandlung der anderen Seite gemacht worden. Es erhebt sich freilich die von Professor Nipperdey in der Diskussion gestellte Frage, ob die Fehler wirklich entscheidend waren oder ob nicht vielmehr die Auseinandersetzung allein dadurch unvermeidlich wurde, daß beide Seiten nicht mehr den übernationalen, in sprachlichen und kulturellen Fragen toleranten Staat anstrebten, wie es das Königreich Preußen und die alte ,,Republik" Polen gewesen waren, sondern den geschlossenen, von einer einzigen Sprachnation getragenen und beherrschten Nationalstaat.

Auf dieses Dilemma wiesen auch die beiden Einleitungsreferate (Professor Kieniewicz/Warschau und Professor Rhode/Mainz) nachdrücklich hin. Insbesondere wurde in ihnen auch deutlich, wie verschieden sich das Bild des ,,Vormärz" und des ,,Völkerfrühlings", wie das Jahr 1848 in der polnischen Geschichtsschreibung häufig genannt wird, im Bewußtsein beider Völker widerspiegelt. Zum deutschen Bild des ,,Vormärz" gehören neben der Zensur und der Enge der Kleinstaaterei unter anderem eben auch die gemütvolle Behaglichkeit des ,,Biedermeier" und der bedeutende Aufschwung der Geisteswissenschaften, während polnischerseits eher das Pathos des Leidens und des stellvertretenden Kampfes ,,für eure und unsere Freiheit" im Vordergrund steht.

Die gemeinsame Zukunft bleibt im Dunkel

Daß viele Ideen dieser an Plänen und Flugschriften reichen Zeit nicht zu Ende gedacht wurden, daß gerade auch die deutschen Dichter, die den Freiheitskampf der Polen feierten und ihre Unterdrückung durch den Zaren beklagten, keine deutlichen Vorstellungen von einer gemeinsamen Zukunft hatten, ist charakteristisch. Der ganz überraschend leichte Sieg der Revolution im März 1848, das Nachgeben der alten Gewalten, schufen somit ein Vakuum, das durch guten Willen, Freundschaftsbeteuerungen und Proklamationen allein nicht gefüllt werden konnte. Hier ist wohl das Versagen beider Seiten zu sehen, die vorher, im Kampf, in gegenseitiger Hilfe und in Sympathiekundgebungen viel Größe gezeigt hatten.

Während die X. Konferenz im Juni 1977 in Łańcut dem schwierigen Thema des beiderseitigen Widerstands im Zweiten Weltkrieg gewidmet war, so daß dementsprechend fast ausschließlich von Kampf und fehlender Gemeinsamkeit die Rede sein mußte, konnte jetzt in Deidesheim häufig von gemeinsamen oder doch ähnlichen Anschauungen und Hoffnungen, von gegenseitiger Beeinflussung gesprochen werden, insgesamt also von einer vergleichsweise freundlichen Phase deutsch-polnischer Beziehungen. Dies kam in den Berichten über die noch recht unzulängliche Behandlung des Komplexes in den Schulbüchern (Professor Klessmann/Bielefeld, Magister Kulak/Posen) zum Ausdruck.

Darüber, daß die vielfachen Berührungen dieser Jahrzehnte in Politik, Literatur und Musik im Schulunterricht eingehend behandelt werden könnten, macht sich gewiß niemand Illusionen. Es kann aber doch sicher jeweils eine Stunde oder ein sogenannter ,,Unterrichtsblock" dieser Begegnung gewidmet werden, wenn etwa das Jahr 1848 oder allgemein Freiheitsbewegungen des 19. Jahrhunderts auf dem Lehrprogramm stehen. Mit den Referaten der Konferenz, die in absehbarer Zeit gedruckt vorliegen sollen, haben dann die Lehrer genügend Anregungen, um einen solchen Unterricht vorzubereiten und auszugestalten. Damit sie auch mehr Quellenmaterial zur Verfügung haben, wurde eine Publikation wichtiger politischer wie literarischer Quellentexte in beiden Sprachen ins Auge gefaßt.

Im Vordergrund stand an allen Konferenztagen das Bemühen, zu sachlichen, ausgewogenen Darstellungen einer wichtigen Phase deutsch-polnischer Beziehungen zu kommen, voneinander zu lernen und das gemeinsam zu Tage Geförderte und Gelernte auch weiterzutragen, insbesondere an Schulbuchautoren und Lehrer zu vermitteln. Die gemeinsame Arbeit kann hier viel dazu beitragen, daß Vorurteile abgebaut werden. Die knappen, thesenartigen und deshalb leicht mißverstandenen Texte der ,,Empfehlungen" werden auf diese Weise ergänzt, interpretiert und besser verwertbar gemacht.

Für politische Verdienste
(Deutsche Wochen-Zeitung, 16. 6. 1978)

Die Redaktion der in Warschau erscheinenden nationalistischen Zeitung ,,Polen" hat dem deutschen Mitglied der ,,deutsch-polnischen Schulbuchkommission", Armin Th. Dross aus Vlotho an der Weser, das Ehrenabzeichen „Amicus Poloniae“ verliehen. Der deutsche Herr wurde damit „für das Verbreiten des Wissens um unser Land“ geehrt. Man kann sich leicht vorstellen, daß die Polen alle Veranlassung haben, die deutschen Mitglieder der gemeinsamen Schulbuchkommission auszuzeichnen. Denn schöner wurde polnische Geschichte noch nie geschrieben, wie es Ziel der Empfehlungen der Schulbuchkommission ist.

Zwischenbilanz der deutsch-polnischen Schulbuchkonferenz
(Harald Steffahn: Deutsche Welle, 3. 7. 1978)

Jahrzehntelang war das deutsch-polnische Verhältnis eine Stätte von gegenseitigen Aufrechnungen und Ressentiments, von Mißverstehen und Ignoranz. Es kostete Schwerarbeit des Umdenkens, den Graben der Entfremdung langsam zuzuschütten. Mit dem Warschauer Vertrag von 1970 wurde offiziell der erste Spatenstich getan.

Aber Versöhnung wird nicht nur mit Verträgen, Handelsbeziehungen und Fabrikanlagen erreicht. Sie muß von einem tieferen Begreifen der geschichtlichen Zusammenhänge begleitet werden. Das geht nur über die Erziehung in der Schule, muß also langfristig angelegt werden. In dem Sinne haben die UNESCO-Kommissionen beider Länder im Jahre 1970, nach dem Warschauer Vertrag, angeregt, die beiderseitigen Schulbücher zu überarbeiten. Irrtümer, Vorurteile und Fehlinterpretationen sollten schrittweise beseitigt werden. Neunmal haben sich seitdem Fachleute der beiden Länder wechselseitig in Polen und der Bundesrepublik zusammengesetzt und Empfehlungen für Schulbuch-Korrekturen entworfen. Jetzt liegt eine Broschüre im Druck vor, achtundzwanzig Seiten stark, die eine gemeinsame Sichtweise deutscher und polnischer Historiker darstellt. Beim Durchblättern merkt man rasch, wo ein Einverständnis über die Vergangenheit erzielt werden konnte, und wo es noch fehlt.

Die polnischen Experten gestehen zu, daß die jahrhundertelange deutsche Ostbewegung im Mittelalter nichts mit Eroberungsdrang zu tun hatte, sondern daß es sich um eine friedliche Besiedlung gehandelt hat – vielfach sogar auf Einladung slawischer Fürsten. „Diese Siedler“, so heißt es jetzt in den gemeinsamen Schulbuch-Empfehlungen, „spielten bei der wirtschaftlich-sozialen Umwandlung der westslawischen Länder vom 12. bis zum 14. Jahrhundert eine positive Rolle.“ Das wird in den wenigsten polnischen Schulen bisher so gelehrt.

Über die umstrittene Rolle des deutschen Ritterordens im späteren Ostpreußen konnten die gegensätzlichen Standorte bisher nicht harmonisiert werden.

Gewaltig werden die Hindernisse zur Einigung, wenn es in die junge Vergangenheit geht. Das liegt nicht nur an wechselseitiger schlimmer Erinnerung, sondern auch an Rücksichtnahmen. So können und dürfen polnische Historiker nicht zugeben, daß es ein geheimes deutsch-russisches Abkommen zur vierten polnischen Teilung gibt. Die Außenminister Ribbentrop und Molotow unterzeichneten es im August 1939 unmittelbar vor dem Krieg. Stalins Unrecht gegenüber Polen wird also schlichtweg unterdrückt. Der entsprechende Paragraph beschränkt sich auf die nationalsozialistische Besatzungspolitik und ihre Konsequenzen für das polnische Volk. Es klingt wie eine kleine polnische Wiedergutmachung für dieses Verschweigen, daß Deutschland und der NS-Staat nicht mehr einfach gleichgesetzt werden. So steht da der Satz in den Schulbuch-Empfehlungen: „Auch das deutsche Volk hat den Terror der nationalsozialistischen Herrschaft und die Schrecken des Krieges erlebt.“

Zu den elementarsten Tatbeständen gehört eigentlich auch, daß man eine Vertreibung eine Vertreibung nennt. Statt dessen wird hier das, was Millionen Deutschen nach dem Krieg auf brutale Weise widerfuhr, mit dem glättenden Ausdruck „Bevölkerungsverschiebung" bedacht.

Wir sehen, wie schwer es ist, unwiderlegbare Ereignisse so darzulegen, wie sie sich zugetragen haben. Es gibt Grund zur Kritik an den oft schwammigen Kompromissen und den weißen Flächen auf der geschichtlichen Landkarte. Aber daß die mühselige Vorarbeit für ein besseres Verstehen überhaupt begonnen hat, wird jeder begrüßen, dem an einer Versöhnung Deutschlands auch mit seinen östlichen Nachbarn gelegen ist.

Empfehlungen für Schulbücher der Geschichte und Geographie in der Bundesrepublik Deutschland und in der Volksrepublik Polen [UNESCO]

Josef Joachim Menzel, Wolfgang Stribrny, Eberhard Völker: Alternativ-Empfehlungen zur Behandlung der deutsch-polnischen Geschichte in den Schulbüchern*

1. Slawen und Germanen im Altertum und frühen Mittelalter

Über die Entstehung der großen indoeuropäischen sprachlich-ethnischen Gruppen, u. a. die Germanen und Slawen, deren Urheimat und Wanderungen sowie die Ausbreitung der ostgermanischen[1] Stämme gibt es[2] verschiedene Hypothesen, und als solche sollten sie in den Schulbüchern gekennzeichnet werden.
Es steht fest, daß die Ostgermanen keine Vorfahren[3] der deutschen Stämme waren[4].
Der europäische[5] Kulturkreis des Mittelalters[6] ist das Ergebnis der Synthese mediterran-christlicher[7], germanischer und slawischer Kultur.

* Da die Alternativ-Empfehlungen keine eigene Textgestalt gewonnen haben, sondern den Wortlaut der UNESCO-Empfehlungen nur stellenweise ändern, werden hier diese textkritischen Glossen der Alternativ-Empfehlungen als Anmerkungen zum Text der UNESCO-Empfehlungen ausgewiesen. Jeweils am Anfang einer Glosse wird diese durch einen Großbuchstaben gekennzeichnet: Z(usatz), E(rsetzung), S(treichung).

1.1 Z: *und westslawischen*
2 Z: *teilweise gesicherte Erkenntnisse und*
3 Z: *sondern Verwandte der Vorfahren*
4 Z: *Es steht ebenfalls fest, daß die Slawen keine Ureinwohner im Oder- und Ostseegebiet sind, sondern Zuwanderer wie vor ihnen die Ostgermanen und nach ihnen die Deutschen, und daß die Balten einschließlich der Prußen keine Slawen sind. Die Slawen Schlesiens und Pommerns sind zum größten Teil in den deutschen Neustämmen der Schlesier und Pommern aufgegangen.*
5 E: *lateinisch-christliche*
6 Z: *Europas im Mittelalter*
7 E: *romanischer*

2. Die Entstehung der europäischen Staaten im Mittelalter

In der Zeit des Überganges vom Früh- zum Hochmittelalter entfaltete sich die europäische Staatenwelt als das Ergebnis des Zerfalls des spätkarolingischen Imperiums und verschiedener Integrationsprozesse in anderen Gebieten Europas.
In dieser Zeit bildeten sich die staatlichen Institutionen in Frankreich, England, Deutschland, den skandinavischen Ländern, Polen, Böhmen, Ungarn und auf dem Boden der südslawischen Völker und der Kiewer Rus. Damals entstanden[1] die gemeinsa-

men Züge der Verfassungsstrukturen und damit der Personenverband mit einer Dynastie an seiner Spitze sowie die kirchliche Organisation als Element der staatlichen Ordnung[2].

2. 1 Z: *unter Einwirkung des karolingischen Vorbildes im Abendland*
2 Z: *Eine entscheidende Rolle spielte in diesem Zusammenhang die Annahme des lateinischen Christentums durch Polen (966), die Unterstellung des polnischen Staates unter den Heiligen Stuhl und die Errichtung einer polnischen Kirchenprovinz unter Mitwirkung Kaiser Ottos III (1000).*

3. Das Kaisertum und die deutsch-polnischen Beziehungen im hohen Mittelalter

Die Institution des Imperiums[1] enthielt die Konzeption von der Vorrangstellung des Kaisers. Als primus inter pares gilt er sowohl in Byzanz als auch im Westen als Oberhaupt einer symbolisch aufgefaßten Familie der Könige.
Seit Mitte des 11. Jahrhunderts begannen sich neue Vorstellungen von den zwischenstaatlichen Beziehungen zu entwickeln. Diese führten im 12. Jahrhundert zur Herausbildung der Konzeption von der staatlichen Souveränität. Die lehnsrechtlichen Theorien von den Formen zwischenstaatlicher Beziehungen sollen ein Gegenstand weiterer Diskussionen sein. Jedenfalls bedeuteten die Lehnshuldigungen polnischer Fürsten gegenüber dem[2] Kaiser nicht die Eingliederung Polens oder polnischer Teilfürstentümer in das deutsche Königreich[3]. Sie waren nur[4] die Anerkennung der kaiserlichen Prärogative[5].

3. 1 E: *Das römisch-christliche Imperium*
2 Z: *deutschen König und*
3 Z: *, wohl aber die rechtliche und moralische Lehnsbindung der betreffenden polnischen Fürsten, die nach Auffassung der Zeit den Staat verkörperten, an den deutschen König und römischen Kaiser.*
4 S: *(nur)*
5 Z: *, die machtmäßig nahezu ausschließlich auf dem deutschen Königtum beruhte.*

4. Schlesien und Pommern in der Frühgeschichte Polens (10.–13. Jahrhundert)

In der Darstellung der Geschichte Schlesiens und Pommerns im 10.–13. Jahrhundert gibt es Unterschiede in den Interpretationen der Grundfakten durch die polnische und deutsche Geschichtsschreibung; dies beruht auf zwei Prämissen:
Die deutsche Geschichtsschreibung hob die Fakten über die Beziehungen dieser Gebiete zum deutschen Königtum bzw. zum römischen Kaisertum und die Germanisierungsprozesse[1] dieser Länder besonders hervor.
Die polnische Geschichtsschreibung hingegen betonte die Fakten, welche die Beziehungen Pommerns und Schlesiens zum polnischen Piastenstaat und die Kontinuität der ethnischen und kulturellen slawischen Komponenten betreffen, die sich in unterschiedlicher Stärke in manchen Gebietsteilen bis in die Gegenwart erhalten haben.[2]
Die deutsche Geschichtsschreibung betrachtete die rechtlich-politischen Phänomene, die sich auf Schlesien und Pommern beziehen, vornehmlich aus der Sicht des[3] westeuropäischen Lehnsrechts. Die polnische Geschichtsschreibung hingegen deutete diese Erscheinungen meist mit den Kategorien des Patrimonialstaates, betrachtete die polnischen Gebiete als Eigentum der Piastendynastie und sah dabei die Lehnsbildung als zweitrangig an. Die verschiedenen Interpretationen der älteren deutschen bzw. der modernen westdeutschen und der polnischen Historiographie finden ihren Niederschlag in den voneinander abweichenden Darstellungen der Geschichte Schlesiens und Pommerns in den Lehrbüchern.

In den älteren deutschen und heutigen westdeutschen Lehrbüchern wird oft die Ansicht vertreten, daß Schlesien sich bereits im Jahre 1163 durch die Anerkennung der Lehnsabhängigkeit vom Kaisertum aus der polnischen Gemeinschaft gelöst habe. Nach diesen Darstellungen sei eine schnelle Germanisierung[4] Schlesiens und des dortigen Zweiges der Piastendynastie erfolgt. In den polnischen Büchern dagegen unterstreicht man die politische und kirchliche Bindung Schlesiens an den[5] Patrimonialstaat der Piasten im Mittelalter. Die Trennung Schlesiens von der polnischen politischen Gemeinschaft wird[6] auf die Jahre 1325/1348 datiert, und zwar im Zusammenhang mit dem Übergang der schlesischen Teilfürstentümer in den Hoheitsbereich der Könige von Böhmen.
In den deutschen Lehrbüchern wird die[7] Einbeziehung Pommerns und Pommerellens in den polnischen Patrimonialstaat im allgemeinen nicht erwähnt. Dagegen unterstreicht man frühere Lehnsabhängigkeit Pommerns vom Kaisertum und danach von Brandenburg. In den polnischen Lehrbüchern wird die Huldigung des pommerschen Fürsten Boguslaw I. gegenüber Kaiser Friedrich Barbarossa (1181) als eine Episode betrachtet. Man weist auf die Abhängigkeit Pommerns von Dänemark (1184) hin und wertet erst die Abhängigkeit von Brandenburg (1231) als Übergang dieses Gebietes in die mittelbare Reichshoheit. Man unterstreicht auch das Fortleben vieler[8] slawischer Institutionen in diesem Gebiet, die den pommerschen Fürstentümern spezifische Züge[9] im Vergleich zu den anderen Territorialstaaten des Reichs gegeben hatten.
Die hier skizzierten Interpretationen sollen in nächster Zukunft in einer weiterführenden wissenschaftlichen Diskussion analysiert werden.

4. 1 E: *den Prozeß der Eindeutschung*
2 Z: *Außer in Teilen Oberschlesiens waren sie aber bis zum Ausgang des Mittelalters im wesentlichen verschwunden.*
3 E: *in beiden Ländern zur Geltung gelangten*
4 E: *Eindeutschung*
5 Z: *sich in Einzelteile auflösenden*
6 Z: *irrtümlich*
7 Z: *vorübergehende*
8 Z: *sich zunehmend wandelnder*
9 Z: *nicht nur gegenüber Polen, sondern auch*

5. Die mittelalterlich deutsche Siedlung im östlichen Mitteleuropa

Die deutsche Kolonisation im östlichen Mitteleuropa sollte[1] als demographischer, wirtschaftlicher und sozialer Prozeß[2] behandelt werden. Das Fortschreiten der sozialen und wirtschaftlichen Veränderungen in Oberitalien, der Provence und den Rheinlanden um die Wende vom 1. zum 2. Jahrtausend machte aus ihnen Ausstrahlungszentren neuer Arten der Produktion und des Handels sowie neuer Rechtsformen für Stadt und Land[3]. Alle europäischen Völker, darunter die slawischen und germanischen, schufen selbständig die Grundlagen, die ihnen die Übernahme neuer Kulturformen ermöglichten. Überall waren diese ein[4] Faktor der Beschleunigung[5] des wirtschaftlichen Wachstums und des Erblühens der mittelalterlichen Kultur. Die nach diesen Formen von den Herrschern und[6] dem Grundadel[7] auf westslawischem Gebiet gewährten Rechte und Freiheiten lockten neue Siedler aus dem Bereich des alten karolingischen Imperiums[8] an. Diese Siedler spielten bei der wirtschaftlich-sozialen Umwandlung der westslawischen Länder vom 12. bis zum 14. Jahrhundert eine positive Rolle. Die Zahl der Siedler und der Umfang ihres Anteils an diesen Veränderungen läßt sich nicht vollständig klären. Das Übergewicht der Deutschen unter den Zuwanderern führte zur Entstehung der Terminus „deutsches Recht" für die Umschreibung ihrer Freiheiten und Pflich-

ten[9]. Seit dem zweiten Viertel des 13. Jahrhunderts wurde dieses Recht auch einheimischen Siedlern gewährt. Infolgedessen war die Verbreitung des deutschen Rechtes unverhältnismäßig[10] viel größer als der Anteil der Deutschen an den wirtschaftlichen und gesellschaftlichen Veränderungen Polens im 13. und 14. Jahrhundert.[11]
Die endgültige[12] Bildung der deutschen Neustämme östlich der Elbe[13] kam erst einige Jahrhunderte nach der mittelalterlichen deutschen Siedlung zum Abschluß.

5. 1 Z: *nicht nur*
2 Z: *, sondern auch als rechtlicher (Schlüsselbegriff: deutsches Recht), kultureller und ethnischer Vorgang (Ansiedlung von Deutschen in großer Zahl, vereinzelt auch von Romanen) behandelt werden, der alle Lebensbereiche erfaßte, insbesondere die westslawischen Gebiete durch starke Bevölkerungswanderung, Rodung, Bodenmeliorationen, Dorf- und Stadtgründungen volkstumsmäßig und strukturell durchgreifend umgestaltete und die intensivste und dauerhafteste Form deutsch-polnischer Begegnung und Durchdringung bis in Namengebung und Sprache hinein (Übernahme vieler Lehnwörter) darstellt.*
3 Z: *, die im wesentlichen über Deutschland in den Osten vermittelt wurden.*
4 Z: *auslösender oder beschleunigender*
5 S: *(der Beschleunigung)*
6 S: *(und)*
7 Z: *und der Kirche*
8 Z: *, insbesondere dem benachbarten deutschen Reich,*
9 E: *Die den herbeiströmenden Siedlern, unter denen die Deutschen weit überwogen, gewährten besonderen Freiheiten bei eingeschränkten Pflichten wurden mit dem Terminus ,,deutsches Recht" umschrieben.*
10 E: *erheblich*
11 Z: *Das sog. Magdeburger Recht blieb praktisch bis zu den Polnischen Teilungen im 18. Jahrhundert das Stadtrecht des Königreichs Polen.*
12 S: *(endgültige)*
13 E: *ist ein Ergebnis der mittelalterlichen deutschen Siedlung und war im wesentlichen am Ausgang des Mittelalters abgeschlossen. Seit dem 14. Jahrhundert gibt es hier eine deutsche Urkunden-, Kanzlei- und Literatursprache mit landschaftlichem Einschlag.*

6. Polen und der Deutsche Orden
In den polnischen Schulbüchern wird vor allem die säkular-staatliche und militärisch-expansive Rolle des Ordens hervorgehoben, in den westdeutschen seine zivilisatorische und missionarische Aufgabe betont.
Dieser Sachverhalt spiegelt zu einem guten Teil die grundsätzlich bzw. punktuell kontroverse Einschätzung des Deutschen Ordens wider, welche daher bei der Behandlung folgender wesentlicher Fakten der Ordensgeschichte zukünftig zu berücksichtigen ist: 1. Im 13. Jh. ,,Vorgang der Landnahme" (Rechtsgrundlagen, Eroberung des Prußenlands, Erwerb von Pommerellen); 2. ,,Ordensstaat" (geplante Landesherrschaft, Friede von Christburg, Missionsaufgabe); 3. im 14. Jh. ,,Verhältnis zu Polen" (Pommerellen 1269 bis 1343); 4. ,,Verhältnis zu Litauen"; 5. ,,Hochmeisterstaat" (Land und Herrschaft); 6. im 15. Jh. ,,Verhältnis zu Polen-Litauen" (Schlacht von Tannenberg/Grunwald – 1. Thorner Friede – 13jähriger Krieg – 2. Thorner Friede – Zerfall des Hochmeisterstaates – Städte und Adelsopposition); 7. ,,Nach 1466: Preußen Königlichen Anteils – Restordensstaat"; 8. im 16. Jh. ,,1525: Säkularisierung und Lehnsnahme".
Dieser Problemkomplex bedarf trotz gewisser Fortschritte, die auf der Konferenz in Thorn im September 1974 erzielt werden konnten, noch weiterer gründlicher Behandlung.

6. [ohne Änderung]

7. Die kulturellen und konfessionellen deutsch-polnischen Beziehungen im Zeitalter der Renaissance und des Barock

Der eigenständigen Entwicklung und Leistung der polnischen[1] Kultur in der Renaissance und der Aufklärung sollte im Rahmen der Darstellung der Evolution des europäischen Geisteslebens durch Erwähnung in den Schulbüchern stärker[2] als bisher Rechnungen getragen werden. Hier wäre z. B. auch der Rolle von Copernicus als eines polnischen[3] Reichsbürgers und Gelehrten von europäischen Rang zu gedenken.

Die Reformation, die sich in Polen in ihrer lutherischen Prägung Mitte des 16. Jahrhunderts entwickelt hat, kam aus Deutschland. Sie gewann vor allem Anhänger unter den Stadtbewohnern in Großpolen und in Preußen Königlichen Anteils[4]. Unter der Herrschaft der polnischen Könige erfreuten sich die großen[5] Städte einer beachtlichen Autonomie auf dem Gebiet der städtischen Selbstverwaltung und genossen eine Reihe von Handelsprivilegien, die ihre wirtschaftliche Entwicklung ermöglichten. Mitte des 16. Jahrhunderts gewährte Sigismund II. August den großen Städten in Preußen Königlichen Anteils Religionsfreiheit, wodurch die Lutheraner die Möglichkeit erhielten, sowohl ihre eigenen Kirchen als auch ihre Schulen und Druckereien einzurichten[6].

Die im Königreich Polen[7] herrschende nationale und[8] religiöse Toleranz bedarf ebenso einer Berücksichtigung wie der besondere Charakter der polnischen Reformation, deren bestimmende geistig-intellektuelle Antriebe und politische Motivation vor dem Hintergrund der generellen geistlichen Erneuerung in den Schulbüchern nicht verschwiegen werden dürfen. Die Interdependenz, die von der Historiographie beider Länder erkannt worden ist, muß die bisherige Interpretation ablösen, es habe sich um einen einseitig von Westen nach Osten verlaufenden Kulturaustausch gehandelt[9].

Die Religionsfreiheit führte zur kulturellen Blüte in Preußen Königlichen Anteils im 16. Jahrhundert und in der ersten Hälfte des 17. Jahrhunderts. Zu dieser Zeit wirkten dort viele hervorragende Künstler, Schriftsteller und Wissenschaftler, die ihre Werke in polnischer, deutscher und lateinischer[10] Sprache verfaßten. Besondere Anerkennung genossen sowohl in Polen als auch im Ausland vor allem die[11] Gymnasien von Thorn und Danzig. Im 17. Jahrhundert fand in Deutschland die in den Werken der Polnischen Brüder (Sozinianer) vertretene Konzeption der religiösen Toleranz weitere Verbreitung.

Aus Deutschland,[12] aus dem von den Habsburgern beherrschten Schlesien und aus den Niederlanden strömten im 16. und 17. Jahrhundert Bürger und Bauern, die dort aus konfessionellen Gründen verfolgt worden waren, nach Polen (vor allem Lutheraner, in geringerer Zahl Mennoniten und Antitrinitarier). Sie erreichten in Großpolen und in Preußen Königlichen Anteils einen beachtlichen Wohlstand und leisteten ihren Beitrag zur wirtschaftlichen und kulturellen Entwicklung dieser Länder.

Der generelle Aufschwung dieser Gebiete wurde durch die[13] Einfälle der Schweden und Brandenburger, die Polen um die Mitte des 17. Jahrhunderts verwüsteten, unterbrochen. Der endgültige Erfolg der Gegenreformation in der Adelsrepublik bedingte die Übersiedlung von Protestanten aus Großpolen und Kleinpolen nach Danzig, Elbing, Thorn und anderen Städten Preußens Königlichen Anteils. Diese[14] bewahrten der Republik Polen[15] gegenüber volle Loyalität, weil die ihnen einst zugesprochene Konfessionsfreiheit und die städtische Selbstverwaltung[16] weiterhin aufrechterhalten wurde.

7. 1 Z: *und der deutschen*
2 E: *angemessener*
3 E: *preußischen Patrioten (im zeitgenössischen und in seinem Selbstverständnis) deutscher (schlesischer) Abstammung und Zunge, Untertan des polnischen Königs als Landesherrn ,,Preußens Königlichen Anteils''*

4 Z: *dessen Stadtbevölkerung überwiegend, in Danzig und Elbing nahezu rein deutsch war.*
5 S: *diese Städte*
6 Z: *Der Kalvinismus gewann insbesondere unter dem polnisch-litauischen Adel beachtlichen Anhang.*
7 Z: *im 16. Jahrhundert*
8 Z: *allgemeine*
9 E: *Neben dem von Westen nach Osten verlaufenden Kulturaustausch ist auch die Interdependenz zu berücksichtigen, die in der Historiographie beider Länder erkannt worden ist.*
10 E: *lateinischer, deutscher und polnischer*
11 Z: *Akademischen*
12 Z: *insbesondere*
13 E: *die Schwedenkriege und Kosakenaufstände*
14 Z: *Städte*
15 E: *der polnischen Krone*
16 Z: *und z. T. auch die deutsche Amtssprache*

8. Der polnische Staat im Zeitalter der Aufklärung

Die ,,politische Kultur" der Adelsrepublik hatte ihre Ausstrahlungskraft auf die ständische Politik in ihrem Widerstand gegen die absolutistische Krongewalt in Preußen, Kurland und Livland. Umgekehrt hat das Problem einer Stärkung der Krongewalt im Reformdenken der späten Adelsrepublik – zumal unter August dem Starken – eine wichtige Rolle gespielt[1]. Doch wurden die Chancen dafür seit dem Beginn der offenen Einmischungspolitik[2] der großen Nachbarn (1717/21) und der Festigung ihrer Allianz in der polnischen Frage (1735) immer geringer[3].

Die Teilungen Polens fallen in eine Zeit, da in diesem Land, insbesondere seit dem Regierungsbeginn von Stanislaw August Poniatowski, positive Veränderungen auf dem Gebiet der Staatsordnung, der Wirtschaft, der Kultur und der sozialen Verhältnisse in Gang kamen[4]. Besonders verdienen unter den Staatsformen die Reformen der Sejms 1764 sowie die Reformen des Großen Sejms 1788 bis 1792, vor allem aber die Verfassung vom 3. Mai 1791 Beachtung, denn diese Reformen haben die politische Struktur der Adelsrepublik in eine gut durchorganisierte konstitutionelle Monarchie verwandelt. Es muß unterstrichen werden, daß Polen während der Aufklärung einer der aktivsten Brennpunkte der europäischen Kultur war; die in Polen verwirklichten Reformen auf dem Gebiet des Schulwesens (Szkola Rycerska/ Ritterschule 1765, Komisja Edukacji Narodowej/Nationale Edukations-Kommission 1773) waren Pionierleistungen[5]. Nach den neuesten Ergebnissen der historischen Forschung beider Seiten spielte dabei Stanislaw August Poniatowski eine große Rolle. Er war ein König von ausgeprägter politischer Individualität. Jedenfalls haben die durch russisch-preußisch-österreichische Gewaltpolitik erstickten Reformen als große politische Leistung der polnischen Aufklärung auf das politische Denken und auf liberale reformerische Ansätze in Deutschland und Europa gewirkt.

8. 1 Z: *Entgegen bisher landläufigen, vor allem durch die polnische Literaturwissenschaft gebildeten Meinungen, die Zeit der beiden Sachsenkönige (August II. d. Starke 1697–1733; August III. 1733–1763) sei lediglich eine Phase des Verfalls gewesen, ist sie doch nicht zuletzt dank neuerer Unterlagen der polnischen Historiographie als Vorbereitungszeit (seit dem 3. Jahrzehnt des 18. Jahrhunderts) für eine neue Blüte der polnischen Kultur zu werten. Insbesondere war sie eine Zeit des deutsch-polnischen kulturellen Austausches, der sich beispielhaft an der Stadt-*

und Gartenarchitektur des „sächsischen Rokoko" von Dresden und Warschau ablesen läßt (Brühl, Flemming). Auch im Bereich der Musik (G. Ph. Telemann), des Verlagswesens (M. v. Koloff), Bibliothekswesens, der wissenschaftlichen Gesellschaften, des Buchhandels sind gegenseitige Beeinflussungen wirksam gewesen. Nach der Zeit schwerer Kriegsverwüstungen und Bevölkerungsverluste (Nordischer Krieg 1700-1721) sind auch wirtschaftliche Erfolge (deutsche „Holländersiedlung", adelige „Manufakturen", deutsche Tuchmachereinwanderung u. a.) unverkennbar. Und selbst politische Versuche, Polen durch zeitgemäße Reformen der Verwaltung, Finanzen, nicht zuletzt des Heeres nach „westlichem, sächsischem Stil" vor dem drohenden Untergang durch die „Adelsanarchie" zu bewahren und zu modernisieren, sind schon in der sächsischen Zeit spürbar.

2 E: *Rußlands (1717/21) und zunehmend auch Preußens und Österreichs*

3 Z: *Seit dem Nordischen Krieg (1700/21) war Rußland in Polen militärisch und politisch beinahe permanent zu Lasten der Unabhängigkeit Polens präsent.*

4 Z: *Die „goldene Freiheit" des Adels mit ihren anarchischen Auswirkungen hatte Reformen des Staates zu einer Existenzfrage gemacht.*

5 Z: *Im benachbarten Schlesien, das im Barock eine führende Stellung in der deutschen Literatur (Opitz, Gryphius, Hofmannswaldau, Logau, Lohenstein, Böhme, Angelus Silesius u. a.) mit Ausstrahlung nach allen Seiten eingenommen hatte, bemühte sich zur gleichen Zeit der Saganer Abt Ignaz Felbiger ebenfalls um eine Schulreform. Eine Ritterakademie war hier 1708 in Liegnitz gegründet worden.*

9. Preußen und die Teilungen Polens

Das konsequente Streben der brandenburgischen Hohenzollern führte dazu, daß das von Polen[1] abhängige[2] Preußen in ihre Hände (1618) überging, und zwar als Lehen der Krone Polen. 1657 errangen die Hohenzollern im[3] Herzogtum Preußen die Souveränität, und 1701 wurde Kurfürst Friedrich III. als Friedrich I. zum König in Preußen gekrönt. Parallel dazu liefen die Bemühungen um die Landverbindung zwischen Brandenburg und dem Herzogtum Preußen. Diese territoriale Vereinigung erreichte Friedrich II.[4], indem er die günstige politische Lage in Europa[5] ausnutzte und das Zustandekommen der Ersten Teilung Polens förderte (1772)[6]. Der Teilungsvertrag[7] war für Preußen von grundlegender politischer Bedeutung, und die Teilnahme Preußens an den folgenden Teilungen Polens war die Konsequenz zielbewußter hohenzollernscher Machtpolitik[8].

Bei der Behandlung der Teilungen Polens sind neben den vordergründigen politischen Motiven auch die sozialen und ökonomischen Momente sowie die strategischen Überlegungen aller Teilungsmächte zu berücksichtigen.

9. 1 Z: *seit 1525*

2 Z: *Herzogtum*

3 E: *errang das Herzogtum*

4 Z: *, der Große*

5 Z: *und die innere Schwäche Polens*

6 Z: *, welche durch die russische Machtpolitik verursacht und durch österreichische Annexionen (Zipser Städte 1769) ausgelöst wurde*

7 Z: *, ein Ergebnis der Gleichgewichtspolitik der Großmächte,*

8 Z: *Als Ergebnis der Teilungen Polens (1772, 1793, 1795) und der Regelungen des Wiener Kongresses 1815 betrug das preußische Teilungsgebiet Polens bis zum Ersten Weltkrieg rund 8 % (das österreichische 10 %, das russische 82 %).*

10. Der Kampf des polnischen Volkes um Freiheit und Unabhängigkeit

Das polnische Volk hat sich nach dem Verlust der Eigenstaatlichkeit in keinem der drei Teilungsgebiete mit der Tatsache der Teilung abgefunden; es hat vielmehr den Kampf um Freiheit und Unabhängigkeit aufgenommen.

Dieser Kampf begann mit dem Aufstand Kościuszkos (1794) und fand mit der Aufstellung militärischer Verbände an der Seite des napoleonischen Frankreich (Polnische Legionen) seine Fortsetzung. Das Lied der Legionen ,,Noch ist Polen nicht verloren" wurde die Nationalhymne Polens. Ein Ergebnis der Teilnahme polnischer Legionen an den Feldzügen Napoleons war die Gründung des Herzogtums Warschau im Jahre 1807, der Keimzelle eines polnischen Staates. Das Herzogtum Warschau war ein Bestandteil des napoleonischen Staatensystems und durch die Personalunion mit dem Königreich Sachsen de facto ein Glied des Rheinbundes.

Der Wiener Kongreß hatte die polnische Frage nicht zur Zufriedenheit des polnischen Volkes gelöst. Statt ein unabhängiges Polen zu gründen, schuf man aus dem Großteil des Herzogtums Warschau ein ,,Königreich Polen", in dem der Zar als polnischer König regierte. Krakau wurde zu einer Freien Stadt unter dem Schutz der drei Teilungsmächte erklärt, der Westteil des Herzogtums Warschau wurde als Großherzogtum Posen mit der Krone Preußens vereinigt[1].

Die nächste Phase im Kampf des polnischen Volkes bildete die Gründung von zivilen und militärischen Untergrundorganisationen zunächst im Lande, dann auch in europäischen Staaten, u. a. auf dem Territorium des Deutschen Bundes, die sich die Beseitigung der auf dem Wiener Kongreß geschaffenen reaktionären[2] Ordnung zum Ziel setzten.

Der Aufstand im Königreich Polen (Nov. 1830/Okt. 1831) brach aus, weil die russische Regierung die Verfassung von 1815 nicht einhielt und versuchte, die polnische Armee gegen revolutionäre Bewegungen in Europa (Belgien) einzusetzen. Der Novemberaufstand war einer der Faktoren, die den Sieg der französischen Julirevolution ermöglichten. Infolge der Niederwerfung des Novemberaufstandes wurde das Königreich Polen[3] faktisch beseitigt.

Der Krakauer Aufstand 1846 und die Bewegung[4] in Posen eröffneten den europäischen ,,Völkerfrühling". Zwei Jahre danach brach die Revolution im Großherzogtum Posen, in Krakau und Galizien aus. Nach ihrer militärischen Niederwerfung verschlechterte sich die Lage der polnischen Nation und der liberalen Kräfte in Europa.

Der Widerstand gegen die Russifizierungspolitik des Zarenreiches und der Kampf um Unabhängigkeit führten erneut zum nationalen Aufstand – dem Januaraufstand 1863. Die Erhebung wurde durch die polnische Gesellschaft im Königreich Polen und in den anderen Teilungsgebieten sowie unter Mitwirkung der polnischen Emigration vorbereitet. Eine Folge der Niederlage war das Anwachsen des Terrors und der Unterdrückung (Verhaftungen, Deportationen nach Sibirien, Konfiskationen, verstärkte Russifizierungspolitik). Die bewaffnete Erhebung hatte aber auch auf lange Sicht positive ökonomische und soziale Veränderungen zur Folge.

10. 1 Z: *Galizien verblieb bei Österreich.*
2 E: *restaurativen*
3 Z: *durch Rußland*
4 E: *nationale Spannungen*

11. Der Einfluß des polnischen Freiheitskampfes auf Deutschland

Die polnische Frage besaß nicht nur einen nationalen, sondern auch einen internationalen Aspekt.

Die freiheitlich-liberalen Kräfte Polens und anderer Völker erstrebten gemeinsam neue

gerechte soziale und politische Verhältnisse. Besonders deutlich wurde dieses Streben bei der Zusammenarbeit der liberalen und demokratischen Strömungen in Polen und Deutschland. Die ersten Symptome einer solchen Zusammenarbeit wurden bereits in den 20er Jahren des 19. Jahrhunderts spürbar, besonders unter der studentischen Jugend. Es wurden bereits damals Kontakte zwischen Studentengruppen in Warschau, Krakau, Wilna einerseits und Burschenschaften in Berlin, Breslau, Königsberg, Heidelberg und Marburg andererseits geknüpft. In Berlin und Breslau gab es sogar gemeinsame deutsch-polnische Studentenbünde.
Die Vertreter der jungen Generation in Deutschland gaben 1830 ihrer Sympathie für das kämpfende polnische Volk offen Ausdruck; sie organisierten nicht allein Solidaritätskundgebungen, sondern nahmen auch als Ärzte und Sanitäter an dem Aufstand teil. Die Aufständischen, deren Weg in die Emigration durch Deutschland führte, wurden hier herzlich empfangen. In vielen Städten entstanden Polenvereine. Sie förderten die Annäherung führender Persönlichkeiten der liberalen und demokratischen Bewegung in Polen und Deutschland; sie leisteten materielle Hilfe für die polnische Bewegung und trugen nicht zuletzt zu der Popularisierung der polnischen Frage in der Dichtung (Polenlieder), Publizistik und wissenschaftlichen Literatur bei.
Die Polenfrage wurde so zu einem Kristallisationspunkt der liberalen Opposition in Deutschland. Die von den Polen propagierte Kampfparole ,,Für Eure Freiheit, für unsere Freiheit!" spiegelte sich u. a. in der Gründung des ,,Jungen Europa" wider. Die Verhaftung der führenden Persönlichkeiten der polnischen Geheimbünde in Polen 1846 und der Polenprozeß des Jahres 1847 steigerten das Interesse der öffentlichen Meinung Deutschlands an der polnischen Frage; sie förderten die revolutionäre Stimmung in Preußen. Im Jahre 1848 nahmen Polen an den revolutionären Kämpfen in Deutschland teil.
In den Jahren 1848/49 kam es zu einer Neubewertung der polnischen Frage durch die Liberalen in Deutschland. In der Polendebatte der Frankfurter Nationalversammlung entfernte sich[1] ihre Mehrheit von ihren bisherigen propolnischen Sympathien.
Die relativ kleine demokratische Partei in der Frankfurter Nationalversammlung beharrte dagegen auf ihrer konsequenten Stellungnahme zugunsten der Rechte des polnischen Volkes auf einen freien und unabhängigen Staat. Das galt vor allem für die Anhänger der von Karl Marx redigierten ,,Neuen Rheinischen Zeitung".
Der Kampf für die Freiheit und für die Rechte des polnischen Volkes wurde in den 60er und 70er Jahren von der jungen deutschen Arbeiterbewegung fortgesetzt. Ihre führenden Persönlichkeiten vertraten in Reden und Schriften diesen offiziellen Standpunkt der Sozialdemokratischen Partei Deutschlands[2].
Die Gründung der I. Internationale ist mit der polnischen Frage eng verbunden. Die Internationale wurde 1864 in London auf einer Gedenk- und Solidaritätskundgebung für den polnischen Januar-Aufstand gegründet. Karl Marx nahm an dieser Kundgebung und an der Gründung der Internationale maßgeblichen Anteil.

11. 1 Z: – *infolge des Konfliktes zwischen deutschen und polnischen Nationalstaatsbestrebungen in der Provinz Posen* –

2 Z: *Hierbei war der politische Kampf gegen das absolutistische Rußland die Basis für die Gemeinsamkeit. In noch stärkerem Maße setzten sich bürgerliche Demokraten für die Polen ein. Beim polnischen Aufstand von 1863 kämpften nicht nur in Polen lebende Deutsche, sondern auch deutsche Freiwillige aus Schlesien für die polnische Freiheit.*

12. Industrialisierung

Bei der Behandlung der Industrialisierung im 19. Jahrhundert sollte berücksichtigt werden, daß der Aufbau der Schwerindustrie im Ruhrgebiet nur[1] durch den Zustrom deut-

scher und polnischer Arbeiterbevölkerung aus den östlichen Provinzen des preußischen Staates möglich war[2]. Dadurch erhielten einige Städte des Ruhrgebietes, z. B. Bochum, Herne, Gelsenkirchen, starke polnische Bevölkerungsteile. Ihre Mitwirkung am Aufbau der Industrie und am Ausbau der Städte ist erheblich.
Als ein Gegenstück sollte der Aufbau der Textilindustrie in Lodz und Umgebung behandelt werden, der in der ersten Hälfte des Jahrhunderts durch deutsche Tuchmacher und Weber aus den preußischen Ostprovinzen begonnen und z. T.[3] durch deutsche Fabrikanten aus Westdeutschland[4] fortgesetzt wurde. Dadurch hatte die polnische Industriestadt Lodz einen starken deutschen Bevölkerungsanteil, der sowohl im Bürgertum wie in der Arbeiterbewegung (SDKPiL/Socjaldemokracja Królestwa Polskiego i Litwy (Sozialdemokratie des Königreichs Polen und Litauens)) eine Rolle spielte[5].

12. 1 S: *(nur)*
2 E: *wesentlich gefördert wurde*
3 E: *vorwiegend*
4 E: *anderen Teilen Deutschlands*
5 Z: *Während die zur Ruhr wandernden Polen jedoch kaum eine unternehmerische und industrieplanerische Initiative entfalteten, lag sie bei Lodz aufgrund regierungsamtlicher Ermunterung fast ausschließlich in den Händen kapitalkräftiger deutscher Fabrikanten.*

13. Polenpolitik
Bei der Behandlung des Deutschen Kaiserreiches sollten die Polenpolitik Bismarcks und der Volkstumkampf, vor allem in den Provinzen Posen und Westpreußen, berücksichtigt werden. Bei der Polenpolitik sollte – vom Kulturkampf ausgehend – auf die verschiedenen restriktiven Maßnahmen wie die Einstellung des polnischen Unterrichts, die Ausweisung[1] nichtpreußischer Staatsbürger[2] sowie auf die Ansiedlungspolitik[3] hingewiesen werden. Dabei sollte deutlich werden, daß die Polenpolitik unter Bismarcks Nachfolgern zwar Schwankungen unterlag, im ganzen aber doch eine Schwächung des polnischen und eine Stärkung des deutschen Bevölkerungsanteils mit verschiedenen Mitteln anstrebte. Der Erfolg blieb jedoch aus; der deutsche Bevölkerungsanteil ging aufs Ganze gesehen[4] zurück[5]. In diesem Zusammenhang sollte auch die polnische Nationalbewegung in Oberschlesien behandelt werden[6].

13. 1 Z: *illegal eingewanderter*
2 Z: *(rund 26 000)*
3 Z: *(1886–1916 insgesamt 1439 Hofstellen mit 461000 ha, davon 334000 ha aus deutschem Besitz und 127000 ha aus polnischem Besitz in den Provinzen Posen und Westpreußen)*
4 E: *infolge des stärkeren polnischen Geburtenzuwachses leicht, aber kontinuierlich*
5 Z: *(in Westpreußen von 69 % im Jahre 1858 auf 64,5 % im Jahre 1910, in der Provinz Posen von 41 % im Jahre 1871 auf 38 % im Jahre 1910). Andererseits entwickelten die Polen in Preußen alle Elemente einer künftigen eigenen Staatlichkeit, bildeten eine moderne Gesellschaft heraus und nahmen am allgemeinen Fortschritt teil.*
6 Z: *, welche von außen (von Krakau und Posen) her ins Land getragen wurde, hier aber erst in der 2. Hälfte des 19. Jahrhunderts allmählich Anklang fand. Sie wurde durch die zeitweise Einführung des Hochpolnischen als Schulsprache, durch deutsche Schulmänner in der preußischen Schulverwaltung aus humanistischen und christlichen Erwägungen heraus, begünstigt.*

14. Der Erste Weltkrieg und die deutsch-polnischen Beziehungen

Der Erste Weltkrieg war der erste große Krieg, in dem die drei Teilungsmächte sich als Feinde gegenüberstanden. Damit eröffnete sich für die Polen die Aussicht, die Freiheit und Unabhängigkeit ihres Staates wiederherzustellen. Die polnische Nationalbewegung war über den Weg, auf dem dieses Ziel erreicht werden sollte, nicht einig. Die Nationaldemokraten neigten dazu, in der gegebenen Situation mit dem Zarenreich, dem Alliierten Frankreichs, zusammenzugehen, um eine Vereinigung aller polnischen Teilungsgebiete zu erreichen. Andere Gruppen und Persönlichkeiten – darunter Pilsudski – waren der Ansicht, daß man die Freiheit Polens im Bunde mit den Mittelmächten, vor allem mit Österreich-Ungarn verwirklichen sollte, denn die k. u. k. Monarchie hatte im Zusammenhang mit dem österreich-ungarischen Ausgleich von 1867 Galizien eine weitgehende Autonomie zugestanden. Der linke Flügel der Arbeiterbewegung hoffte auf einen revolutionären Zusammenbruch aller Teilungsmächte.

Am 5. November 1916 proklamierten die Kaiser Franz Josef und Wilhelm II., von der militärischen Führung, besonders General Ludendorff, dazu gedrängt, feierlich ein neues Königreich Polen. Dabei dachten die Mittelmächte nicht daran, ihre von Polen bewohnten Gebiete dem vorgesehenen neuen polnischen Staat abzutreten. Vielmehr forderten einflußreiche[1] deutsche Kreise aus strategischen Gründen die Abtrennung eines von der Ostspitze Oberschlesiens bis zum Ostrand Ostpreußens reichenden Grenzstreifens an Deutschland, aus dem sie die polnischen Bewohner auszusiedeln gedachten. Die Proklamation vom 5. November 1916 täuschte[2] die Absicht vor, im Kampf gegen den Zarismus[3] dem Freiheitsverlangen des polnischen Volkes entgegenzukommen. In Wahrheit[4] sollte diese Aktion polnische Soldaten liefern und das neue Polen, über dessen künftige Grenzen nichts gesagt wurde, zu einem Teil des deutscherseits angestrebten Gürtels von Satellitenstaaten machen, durch dessen Schaffung Rußland möglichst weit nach Osten zurückgedrängt werden sollte. Die Proklamation fand daher beim polnischen Volk auf die Dauer keine Resonanz und erwies sich vom Standpunkt ihrer Urheber als Fehlschlag. Die Friedensschlüsse von Brest-Litowsk (1918) bestätigten die polnischen Befürchtungen.

14. 1 E: – *in ihrem tatsächlichen Einfluß schwer abschätzbare* –
2 E: *verkündete*
3 E: *Rußland*
4 E: *Vor allem aber*

15. Die Oktoberrevolution und Polen

Solange Rußland der Kriegskoalition der Ententemächte angehörte, scheuten sich seine westlichen Alliierten, eine verbindliche Erklärung über die vom ganzen polnischen Volk geforderte Wiedererrichtung eines polnischen Staates abzugeben. Insofern war die Lage der Polen grundlegend anders als die der Tschechen. Während die tschechischen Exilpolitiker seit 1915 mit der Unterstützung der Ententemächte rechnen konnten, die Länder der böhmischen Krone aus dem feindlichen österreichisch-ungarischen Staatsverband auszugliedern, schufen erst die Oktoberrevolution und das Ausscheiden Rußlands aus der alliierten Kriegskoalition die Voraussetzung für die Anerkennung der nationalen Selbständigkeitsbestrebungen der Polen durch die Allierten.

Die Oktoberrevolution war für die Wiedererstehung des polnischen Staates in doppelter Hinsicht von Bedeutung: Die Bolschewiki und Lenin erklärten sich aufgrund ihrer prinzipiellen[1] Nationalitätenpolitik für ein unabhängiges Polen. Diese Entscheidung hatte 1917/18 vor allem psychologisch-propagandistische Bedeutung, da Polen außerhalb des Machtbereichs der Bolschewiki lag. Nach dem ,,Dekret über den Frieden" des Rates der Volkskommissare und nach Abschluß des Waffenstillstandes mit dem Deut-

schen Reich schied Rußland endgültig aus der Entente aus. Für die Westmächte waren damit die Voraussetzungen gegeben, die Unabhängigkeitsbestrebungen der Polen, die im Westen im wesentlichen von Vertretern der Nationaldemokratie betrieben wurden, anzuerkennen und zu fördern.
Die ausdrückliche Berücksichtigung der polnischen Forderungen in den 14 Punkten Wilsons, deren Proklamation im Januar 1918 auch eine Reaktion auf die Oktoberrevolution darstellt, erklärte sich nicht zuletzt aus dieser Situation.
Nach dem Ausbruch des russischen Bürgerkrieges war keine der Bürgerkriegs-Parteien in der Lage, in Polen aktiv zu werden. Dem Versuch der Bolschewiki, in Litauen – Weißrußland (Sowjetrepublik Litbel) und in der Ukraine revolutionär die Macht zu ergreifen, war nur vorübergehend Erfolg beschieden; erst in der zweiten Hälfte des Jahres 1919 waren die Ukraine und Weißrußland im Machtbereich der Sowjetregierung. Die sogenannten Weißen Regierungen und Machthaber, die die Förderung der Entente erhielten, waren zu keinem Zeitpunkt imstande, die russische Herrschaft über Polen wiederherzustellen.
Der russische Bürgerkrieg, der in den umkämpften Gebieten östlich des Bug zeitweilig ein Machtvakuum schuf, war dagegen für die Frage der polnischen Ostgrenze, vor allem für das Problem der Zugehörigkeit der ukrainischen Territorien, von größter Bedeutung[2].

15. 1 E: *der Prinzipien ihrer*
2 E: *Der sowjetrussisch-polnische Krieg 1920/21, in dem Polen nach bedrohlichen, aber abgewendeten Rückschlägen („Wunder an der Weichsel") siegte, hatte zur Folge, daß entgegen der von den Alliierten aufgrund des Nationalitätenprinzips als polnische Ostgrenze vorgeschlagenen Curzon-Linie weite überwiegend weißrussisch und ukrainisch besiedelte Gebiete, ungeachtet des Selbstbestimmungsrechts der Betroffenen, dem polnischen Staat einverleibt wurden (Friede von Riga 1921).*

16. Der Zusammenbruch der Mittelmächte und die deutsch-polnischen Beziehungen

Erst der militärische Zusammenbruch der Mittelmächte und die Auswirkungen der Novemberrevolution von 1918 in Deutschland schufen die Voraussetzungen für die Proklamierung des souveränen polnischen Staates.
Die militärische Niederlage Deutschlands mit ihrer Konsequenz der Annahme von Wilsons 14 Punkten durch das Waffenstillstandsangebot schloß ein, daß das Deutsche Reich gezwungen war, die Schaffung eines unabhängigen polnischen Staates zu akzeptieren. Obwohl der Rat der Volksbeauftragten, die revolutionäre Übergangsregierung, sich dieser Einsicht nicht verschloß, bemühte er sich, die Einheit des Reiches so weit wie irgend möglich zu wahren und in diesem Sinne die territorialen Verluste so gering wie möglich zu halten. Daher war es von großer Bedeutung für die Formierung eines unabhängigen polnischen Staates, daß der Posener Aufstand[1] für einen Teil der von Polen beanspruchten Gebiete vollendete Tatsachen schuf, noch ehe die Pariser Friedenskonferenz mit der Behandlung der Grenzfragen begann. Während die überwiegend von Polen beherrschten Arbeiter- und Soldaten-Räte im Posener Land[2] den Aufstand und die Loslösung vom Deutschen Reich unterstützten, bildeten die deutschen Arbeiter- und Soldaten-Räte in den östlichen Grenzgebieten eine im allgemeinen zuverlässige Stütze der Reichsregierung.
Die polnische Delegation bei der Pariser Friedenskonferenz verlangte im Westen Polens im wesentlichen die Wiederherstellung der Grenze von 1772[3] sowie aus ethnischen Gründen die Eingliederung von ganz Oberschlesien und des südlichen Teils von Ostpreußen, die vor der Ersten Teilung nicht zum polnischen Staatsverband gehört hatten.

Aufgrund des deutschen Einspruchs, der Unterstützung der britischen und der Bedenken der amerikanischen Regierung beschloß die Pariser Friedenskonferenz, im südlichen Ostpreußen, in[4] Teilen Westpreußens und in[5] Oberschlesien durch Volksabstimmungen über die künftige staatliche Zugehörigkeit dieser Gebiete entscheiden zu lassen. Gleichzeitig wurde festgelegt, in Erfüllung des 13. Punktes der Wilsonschen Proklamation für Polen den ungehinderten Zugang zur Ostsee sicherzustellen. Danzig wurde[6] mit dem Gebiet der Weichselmündung zur Freien Stadt erklärt[7]. Durch diese Grenzregelungen ging die Landverbindung zwischen Ostpreußen und dem übrigen deutschen Staatsgebiet verloren; ein 1920 gemäß dem Verssailler Vertrag abgeschlossenes Transitabkommen regelte die Verkehrsverbindungen.
Der Versailler Vertrag bildete die völkerrechtliche Grundlage für den Bestand des polnischen Staates. Er stellte Polen in den Grenzen von 1772 im Westen weitgehend wieder her[8]. In der deutschen Öffentlichkeit wurden die[9] Abtretungen[10] als untragbarer Verlust deutschen ,,Volksbodens" betrachtet und eine Gefährdung der deutschen Ernährungsbasis befürchtet. Die Auseinandersetzung um die Zukunft Oberschlesiens wurde noch dadurch verschärft, daß neben den nationalen Spannungen auch wirtschaftliche Interessen (Erhaltung[11] der oberschlesischen Montanindustrie[12] für Deutschland) eine gewichtige Rolle spielten. Insgesamt zeigten in den Revolutionsmonaten in Deutschland nur kleine, politisch einflußlose Gruppen und einzelne Persönlichkeiten Verständnis für Haltung und Forderungen der Polen[13].
Dem wiedererstandenen polnischen Staat gelang es, aus ehemaligen Teilungsgebieten in kurzer Zeit ein einheitliches Wirtschafts- und Verwaltungssystem aufzubauen. Das Problem der nationalen Minderheiten[14] sowie weitgehende soziale Differenzierungen und Spannungen erschwerten diesen Prozeß wesentlich. Im Laufe von 20 Jahren wurden wirtschaftliche Fortschritte erzielt, eine einheitliche Gesetzgebung und gut funktionierende Verwaltung geschaffen und ein reges kulturelles Leben gefördert.[15]

16. 1 Z: *(27. 12. 1918)*
2 Z: *(außer an seinem Westrand und im Bromberger Gebiet)*
3 Z: *(einschließlich der deutsch besiedelten Gebiete) sowie darüber hinaus mit ethnischen Argumenten*
4 E: *einem kleinen*
5 E: *im größten Teil*
6 Z: *gegen den einmütigen Protest seiner fast rein deutschen Bevölkerung*
7 Z: *, in der Polen wichtige Sonderrechte erhielt.*
8 Z: *Die Voraussetzung für die Einbeziehung Polens in diesen Vertrag, insbesondere für die Anerkennung seiner Westgrenze, war die Unterzeichnung des Minderheitenschutzvertrages durch Polen.*
9 Z: *ohne Volksabstimmung verfügten*
10 Z: *in Posen und Westpreußen, die mehr als 1 Million Deutsche unter polnische Herrschaft stellten,*
11 S/E: *(Erhaltung / an*
12 Z: *auf deutscher wie auf polnischer Seite*
13 Z: *Dasselbe gilt umgekehrt auch für Polen.*
14 Z: *(30–35 % der Bevölkerung)*
15 Z: *Das Verhältnis Polens zu allen seinen Nachbarn war jedoch durch unbefriedigte gegenseitige territoriale Ansprüche und durch Minderheitenprobleme belastet.*

17. Grenzfragen
Oberschlesien[1] war vor der Industrialisierung ein im wesentlichen von Polen besiedeltes Agrargebiet. Die Industrialisierung bewirkte eine tiefgreifende Umgestaltung der

sozialen, demographischen und ethnischen Verhältnisse, wodurch eine Zuspitzung der nationalen Gegensätze begünstigt wurde. Vor 1914 war die Mehrheit der bäuerlichen Landbevölkerung polnischsprachig und – wie die Arbeiter – bei allem schlesischen Regionalbewußtsein im wachsenden Maße polnisch gesinnt; dagegen waren die Großgrundbesitzer Deutsche. Teile der polnischen Bevölkerung hatten eine preußische Staatsgesinnung, die von der ethnischen Zugehörigkeit unabhängig war. Die deutsche Bevölkerung konzentrierte sich vor allem in den kleineren und mittleren Städten.
Die Industrialisierung förderte die Landflucht in Oberschlesien, Kongreßpolen sowie in anderen Landesteilen. In den rasch aufblühenden Städten des Reviers lebten Polen aus Oberschlesien und Galizien sowie Deutsche aus Schlesien und anderen Gebieten des Reiches. Der nationale Gegensatz zwischen Polen und Deutschen wurde im Revier durch soziale Spannungen noch verschärft. Die polnischsprachige Bevölkerung stellte die Masse der Arbeiterschaft, wogegen die leitenden Posten in der Industrie und Verwaltung meistens mit Deutschen besetzt waren. Trotz dieses nationalen und sozialen Gegensatzes gab es zwischen Polen und Deutschen zahlreiche Gemeinsamkeiten. So fanden sich z. B. polnische und deutsche Arbeiter in den freien Gewerkschaften, in der Sozialdemokratischen Partei und in den Kulturorganisationen der Arbeiterbewegung zusammen; dasselbe gilt in noch stärkerem Maß von der Zentrumspartei und katholischen Vereinen.
Obwohl die nationale Frage in der deutschen Sozialdemokratie im Gegensatz zur österreichischen Arbeiterbewegung nur eine untergeordnete Rolle spielte, förderte die SPD polnischsprachige Arbeiterzeitungen, um die polnische Arbeiterschaft für ihre Ziele zu gewinnen. Die Germanisierungspolitik förderte auch in Oberschlesien das Erwachen und die Festigung der polnischen Nationalbewegung. Oberschlesien entsandte auch polnische Abgeordnete in den Deutschen Reichstag, unter ihnen[1] Wojciech Korfanty, der zur Symbolgestalt der polnischen Bewegung in Oberschlesien wurde[2].
Der Kriegsausgang und die Erneuerung eines polnischen Staates verschärften die[3] nationalen Spannungen in Oberschlesien. Ein großer [4] Teil der polnischen[5] Bevölkerung erstrebte nun den Anschluß an die polnische Republik, wogegen die deutsche[6] Bevölkerung ihre Verbundenheit mit dem Reich betonte. Viele[7] Anhänger der Arbeiterbewegung setzten sich für einen Verbleib Oberschlesiens bei Deutschland ein[8]. Mit der Annahme des Versailler Vertrages, der Errichtung eines interalliierten Besatzungsregimes in Oberschlesien und der Vorbereitung für die Volksabstimmung verschärften sich die nationalen Spannungen auf das Äußerste. Während der drei Aufstände in Oberschlesien (1919/20/21), die vom polnischen Staat unterstützt wurden und vollendete Tatsachen schaffen sollten, kam es zu einer Art Kriegszustand, der die Beziehungen beider Völker nachhaltig beeinflußte.
Die nationalen Auseinandersetzungen um Oberschlesien haben nicht zuletzt zu der Entstehung und zu dem geschichtlichen Mythos eines überspitzten deutschen Nationalismus beigetragen.
Die Abstimmung im März 1921 entsprach ungefähr den genannten Gegebenheiten: die Landbevölkerung stimmte mehrheitlich für Polen, während die Städte des Industriereviers Mehrheiten für Deutschland aufwiesen. Dabei muß freilich berücksichtigt werden, daß die im Vertrag vorgesehene und vom Reich geförderte Beteiligung von Oberschlesiern aus dem Reich (ca. 200 000 der insgesamt 1 185 000 abgegebenen Stimmen) das Abstimmungsergebnis beeinflußte; es belief sich auf ca. 60 Prozent für Deutschland und 40 Prozent für Polen. Die folgende Teilung des Gebietes, auf die auch noch der dritte Aufstand in Oberschlesien einwirkte, wurde jedoch auch von anderen Gesichtspunkten bestimmt: dem Interesse an zusammenhängenden Territorien mit verkehrstechnisch vertretbaren Grenzen und dem Verlangen der Alliierten nach Aufteilung des Industriegebietes auf beide Staaten. Im Ergebnis blieben also Deutsche in Polen und

Polen in Deutschland. Die Teilung des Industriegebietes brachte für die Bevölkerung Erschwernisse, die durch die 15 Jahre (1922 bis 1937) für das ehemalige Abstimmungsgebiet geltende Genfer Konvention von 1922 abgemildert wurden[8].
Die Errichtung der Freien Stadt Danzig war das Ergebnis internationaler Auseinandersetzungen. Während Frankreich Danzig und die Weichselmündung Polen angliedern wollte, forderte Großbritannien die Kompromißlösung einer Freien Stadt unter Völkerbundkontrolle. Diese Regelung konnte[9] weder die Polen noch die Deutschen befriedigen. Für die Polen war [10] – vorwiegend aus wirtschaftlichen Gründen – der Besitz eines Hafens an der Ostsee und die Kontrolle der Weichselmündung[11] von entscheidender Bedeutung. Die Deutschen sahen in der Abtrennung einer überwiegend[12] von Deutschen bewohnten Stadt einen Bruch des Selbstbestimmungsrechtes der Völker. Das Problem Danzig und das des sogenannten polnischen Korridors haben nachhaltig zur Vergiftung der Atmosphäre zwischen Deutschland und Polen beigetragen[13].
Bei den Abstimmungen in Ost- und Westpreußen fiel entscheidend ins Gewicht, daß sich die große Mehrheit der Bevölkerung aufgrund der staatlichen Tradition und teilweise auch der Konfession (Masuren) trotz ethnischer und sprachlicher Unterschiede dem preußischen Staat zugehörig fühlte.
Während die alliierten Kontrollmächte in Oberschlesien eine die Polen begünstigende Haltung einnahmen, verhielten sie sich in den Abstimmungsgebieten Ost- und Westpreußens eher deutschfreundlich.
Auch der Zeitpunkt der Abstimmung im Juli 1920 während der sowjetischen Gegenoffensive, die den polnischen Staat gefährdete und schwächte, beeinflußte das Ergebnis[14] (in beiden Gebieten über 90 Prozent der Stimmen für einen Verbleib in Preußen).

17. 1 E: *Seit der Slawisierungsperiode an der Wende zur Neuzeit, in der die Ergebnisse der mittelalterlichen deutschen Siedlung teilweise wieder rückgängig gemacht wurden, war die Bevölkerung Oberschlesiens, auf das Polen 1335 verzichtet hatte, überwiegend polnischsprachig, besaß aber ein ausgeprägtes schlesisches Regionalbewußtsein, das sie – infolge des vielhundertjährigen ungetrübten Zusammenlebens – mit den deutschen Schlesiern ungleich stärker verband als mit den Polen jenseits der schlesischen Grenze. Dies gilt für alle Lebensbereiche.*
Bis ins 19. Jahrhundert war Oberschlesien ein stark gutsherrschaftlich bestimmtes Agrargebiet. Seit 1796 entstand in seinem östlichen Teil, zunächst unter Führung des preußischen Staates, dann des grundbesitzenden deutschen Adels, das zweitgrößte deutsche Industriegebiet in Kombination von Steinkohlenbergbau, Eisen- und Zinkverhüttung. Auf engem Raum erwuchsen in der zweiten Hälfte des 19. Jahrhunderts mehrere Großstädte, eine Reihe von Mittelstädten und volkreiche Arbeiterdörfer. Die leitenden Schichten der Industrie und Verwaltung kamen vorwiegend aus Niederschlesien und dem übrigen Reichsgebiet, die Arbeitermassen entstammten zum größten Teil dem starken natürlichen Bevölkerungsüberschuß Oberschlesiens, zu einem kleineren Teil den angrenzenden polnischen Gebieten, aus denen sie zuwanderten.
Die mit der Industrialisierung entstehenden sozialen Spannungen wurden durch konfessionelle zwischen den alteingesessenen Katholiken und den meist evangelischen deutschen Zuwanderern, die oft in gehobene Positionen einrückten, vermehrt. Dazu kam seit der Mitte des 19. Jahrhunderts im Zuge des allgemeinen nationalen Erwachens der osteuropäischen Völker eine „polnische Bewegung“, die von Krakau und Posen her initiiert und gefördert wurde. Der Kulturkampf und die staatliche Förderung des Deutschtums auf der anderen Seite verschärften die aufkeimenden Gegensätze. 1903 wurde in Oberschlesien, das bis dahin nur Zentrumsabgeordnete entsandt hatte, erstmals ein (1) Abgeordneter der Polenpartei in den deutschen Reichstag gewählt,

2 Z: *(1907: 5 polnische Abgeordnete, 1912: 4 polnische Abgeordnete, von jeweils 12 oberschlesischen Abgeordneten insgesamt). Die große Mehrheit der Bevölkerung aber bewahrte im Bewußtsein schlesischer Zusammengehörigkeit die preußische Staatsgesinnung und die Verbindung von „wasserpolnischer" Haus- und deutscher Schriftsprache.*
Unter den Parteien war das Zentrum die weitaus stärkste politische Kraft in Oberschlesien. Unterstützt von zahlreichen katholischen Vereinen und Organisationen, trat es nicht nur für die politischen, sondern auch die kirchlichen, kulturellen und sozialen Belange der deutschsprachigen wie der polnischsprachigen Oberschlesier ein. Die Sozialdemokratie spielte daneben nur eine untergeordnete Rolle.
3 Z: *sich bis dahin in Grenzen haltenden*
4 S: *(großer)*
5 E: *polnischsprachigen*
6 E: *deutschsprachige*
7 Z: *Auch viele*
8 E: *Im Versailler Vertrag 1919 wurde das Hultschiner Ländchen ohne Befragung der Betroffenen der Tschechoslowakei zugesprochen, für das übrige Oberschlesien – mit Ausnahme einiger rein deutscher Kreise im Westen – eine Volksabstimmung vorgesehen. Dabei waren auch die etwa 170 000 im Abstimmungsgebiet geborenen, aber seither – meist in den Westen des Reichs, kaum nach Osten – abgewanderten Oberschlesier stimmberechtigt. Der Abstimmung ging eine Besetzung des Landes durch französische, englische und italienische Truppen voraus, die aber die Sicherheit nicht gewährleisten konnten. In drei Aufständen 1919, 1920 und 1921, die vom polnischen Staatgebiet her geführt wurden, versuchten die Polen, vollendete Tatsachen zu schaffen. Die Abwehr lag vor allem in der Hand deutscher Freiwilligenverbände aus allen Teilen Deutschlands.*
Am 20. März 1921 erklärten sich rund 60 % der stimmberechtigten Oberschlesier für den Verbleib beim Deutschen Reich, rund 40 % für den Anschluß an Polen. In fast allen Orten, ländlichen wie industriellen, lag der Anteil der deutschen Stimmen höher, meist wesentlich höher, als jener der deutschen Muttersprache nach der letzten Volkszählung von 1910.
Das zeigt, daß sich in Oberschlesien Umgangssprache und nationales Bekenntnis nicht deckten. Es gab hier eine historisch gewachsene breite Schicht sog. schwebenden Volkstums, das sich nicht ohne weiteres aufgrund äußerer Kriterien einer bestimmten Nationalität zuordnen ließ, sondern sich erst in der persönlichen Entscheidung und im Bekenntnis des einzelnen als deutsch oder polnisch konkretisierte.
Die 1922 vorgenommene Teilung Oberschlesiens entsprach den Bevölkerungszahlen nach nur annähernd dem Abstimmungsergebnis (rund 44 % deutsche Stimmen blieben im polnischen Teil, rund 29 % polnische im deutschen Teil) und gab den größten Teil des Industriegebietes mit 85 % der abbauwürdigen Kohlelager an Polen. Die neue Grenze zerschnitt das Industriegebiet und viele einzelne Anlagen. Die dadurch bedingten wirtschaftlichen Schwierigkeiten wurden durch das 1922 zwischen dem Deutschen Reich und Polen für 15 Jahre geschlossenen Genfer Abkommen gemildert. Es traf auch Bestimmungen zum Schutze der beiderseitigen nationalen Minderheiten. In Deutsch-Oberschlesien sank in der Folgezeit der Anteil der polnischen Wahlstimmen stetig bis auf knapp 2 % im Jahre 1932; in Polnisch-Oberschlesien hielt sich der Anteil der deutschen Wahlstimmen über 30 %. Der Nationalitätenkampf dauerte hier an. Eine wirkliche und dauerhafte Entspannung trat nicht ein.

9 E: *befriedigte*
10 E: *betrachteten*
11 Z: *als Faktor*
12 Z: *zu mehr als 95 %*
13 Z: *Allein zwischen 1919 und 1926 fühlten sich 600 000 Deutsche genötigt, die polnisch gewordenen Teile Posens und Westpreußens zu verlassen.*
14 E: *möglicherweise ebenso, wie die Tatsache, daß Deutschland den Krieg verloren hatte (in Ostpreußen 98 %, in Westpreußen 92,5 %)*

18. Das deutsch-polnische Verhältnis in der Weimarer Republik

Das deutsch-polnische Verhältnis in der Weimarer Zeit stellt einen Tiefpunkt der beiderseitigen Beziehungen dar. Dies gilt nicht nur für den politischen, sondern auch für den wirtschaftlichen („Zollkrieg") und insbesondere für den kulturellen Bereich. Zu keinem anderen Nachbarn waren die Beziehungen in jeder Hinsicht durchgehend ähnlich schlecht wie zu Polen. Deutscherseits sind die Gründe dafür darin zu sehen, daß Polen als Exponent und Nutznießer des Versailler Vertrages erschien, dessen Revision gerade hinsichtlich der territorialen Bestimmungen gegenüber Polen von allen Parteien angestrebt wurde. Auch die deutsche Linke, die traditionellerweise Sympathien für Polen hatte, teilte diese Einstellung. Polnischerseits betrachtete man den deutschen[1] Revisionismus als Bedrohung der Lebensfähigkeit des polnischen Staates. Darin waren sich alle politischen Kräfte Polens einig. Polnische Versuche in den Jahren 1927/28, diesen[2] Gegensatz zu mildern, blieben angesichts dieser grundsätzlichen Diskrepanz ohne Erfolg. Dabei spielte auch die internationale Konstellation eine entscheidende Rolle. Die polnische Außenpolitik mußte sich auf das Bündnis mit Frankreich stützen, da ein funktionsfähiges Sicherheitssystem im Ostmitteleuropa nicht zustande kam. Auf die Deutschen, die von einer Einkreisungsfurcht beherrscht waren, wirkte das polnisch-französische Bündnis als eine potentielle Bedrohung, auf die Polen in ähnlicher Weise der Vertrag von Rapallo (1922). Unter diesen Voraussetzungen mußten die Verträge von Locarno von den Polen um so mehr als eine Gefahr betrachtet werden, weil Polen darin eine Ermunterung revisionistischer Tendenzen in Deutschland sah. In der Atmosphäre gegenseitigen Mißtrauens gelang auch eine[3] befriedigende Regelung der beiderseitigen Minderheitenprobleme nicht[4]. Nach dem Staatsstreich Pilsudskis im Mai 1926 kam es zwar zu einer zeitweiligen Entspannung des deutsch-polnischen Verhältnisses, jedoch betrachteten die demokratischen Kräfte Deutschlands das autoritäre Regime in Polen mit Vorbehalten[5].

18. 1 Z: *und sowjetischen*
2 E: *den deutschpolnischen*
3 Z: *gab es keine Basis für eine*
4 Z: *Die deutsche Minderheit in Polen sah sich trotz des Minderheitenschutzvertrages vielfältigen Bedrückungen ausgesetzt.*
5 Z: *Insgesamt konnte der polnische Staat aufgrund der gravierenden Minderheitenprobleme im Innern und der erheblichen Spannungen mit seinen Nachbarn ringsum ohne Änderung seiner Politik auf Dauer nur schwer gedeihlichen Bestand haben.*

19. Zu den deutsch-polnischen Beziehungen 1933–1939

Während[1] die deutsche Politik der Jahre 1930/32 in Polen als Verschärfung des revisionistischen Kurses betrachtet wurde[2], verkannte die polnische Regierung den Charakter des im Gefolge der Weltwirtschaftskrise aufsteigenden Nationalsozialismus und die außenpolitischen Konsequenzen der Machtergreifung Hitlers[3].

Bei der polnisch-deutschen Nichtangriffserklärung von 1934[4] handelte es sich nicht um einen ,,Freundschaftspakt". Die Unterzeichnung des Abkommens hat es jedoch der nationalsozialistischen Regierung erleichtert, sich als europäischen ,,Ordnungsfaktor" und ,,Friedensstifter" hinzustellen. Polen hoffte, durch diese Erklärung das Deutsche Reich an sich zu binden, um eine Annäherung Deutschlands an die Westmächte, die auf Kosten Polens gegangen wäre, zu erschweren. Ein zweites Motiv der polnischen Seite war der Versuch, durch die Nichtangriffserklärung eine stärkere Hinwendung der Sowjetunion nach Europa zu unterbinden[5].
Da es Hitler nicht gelang, Polen in einen Satellitenstaat zu verwandeln, war er 1939 zu einer kriegerischen Lösung entschlossen. Die Danziger Frage war für ihn nur ein Vorwand[6]. Polen hatte unter diesen Umständen nur die Wahl, auf seine Eigenständigkeit zu verzichten oder sich zur Wehr zu setzen[7].

19. 1 S: *Während* (Folgt veränderter Satzbau)
2 Z: *und hier mit der Erörterung von Präventivkriegsplänen (Bedrohung Ostpreußens) beantwortet.*
3 Z: *: von Teilen der polnischen Bevölkerung wurden nationalsozialistische Parolen und Programme, z. B. der Antisemitismus, anfangs mit Interesse aufgenommen.*
4 Z: *– sie brachte der deutschen Minderheit kaum Erleichterungen –*
5 Z: *Die Furcht Polens vor der kommunistischen Sowjetunion war zu diesem Zeitpunkt größer als vor dem nationalsozialistischen Deutschland. Im Zuge der Sudetenkrise bemächtigte sich auch Polen tschechoslowakischen Staatsgebietes (an der Olsa).*
6 Z: *Ebenso wenig war die zunehmend schwieriger werdende Lage der deutschen Minderheit in Polen, die sich nach dem Kriegsausbruch im September zu Blutopfern steigern sollte, ein wirklicher Kriegsgrund.*
7 Z: *Dem Angriff Hitlers auf Polen ging der deutsch-sowjetische Nichtangriffspakt vom 23. August 1939 mit dem Geheimprotokoll voraus, in dem sich Hitler und Stalin auf eine gemeinsame Aufteilung Polens einigten (,,Todesurteil für Polen").*

20. Die nationalsozialistische Besatzungspolitik und der Widerstand im Zweiten Weltkrieg

Bei der Behandlung des Zweiten Weltkriegs sollten die nationalsozialistische Besatzungspolitik und ihre Konsequenzen für das polnische Volk hinreichend dargestellt werden. Es sollte deutlich werden, daß die Politik des Hitler-Regimes nicht nur die Auslöschung des polnischen Staates zum Ziel hatte, sondern daß sie auch die Ausrottung der polnischen Intelligenz und Kultur, die Unterdrückung des polnischen Volkes und die Umwandlung Polens in einen Kolonialraum anstrebte. Es sollten sowohl diese Tatsache als auch der Kampf der polnischen Streitkräfte, die den Fortbestand des polnischen Staates symbolisierten, und die Aktivität der polnischen Widerstandsbewegung, insbesondere die Erhebung des Warschauer Ghettos und der Warschauer Aufstand, gewürdigt werden[1]. Es ist zu begrüßen, daß in polnischen Schulbüchern zwischen Deutschen und ,,Hitlerfaschisten" unterschieden wird, und es wäre zu wünschen, daß die deutsche Widerstandsbewegung ausführlicher berücksichtigt wird. Zur Ergänzung der Empfehlungen 19 und 20 werden die zahlreichen schwierigen Probleme der deutsch-polnischen Beziehungen in den Jahren 1933 bis 1945 in gemeinsamen Konferenzen und Symposien von 1977 an erörtert werden.

20. 1 Z: *, wobei zwischen den demokratisch-nationalen Widerstandsgruppen der Anhänger der Exilregierung und dem kommunistischen Widerstand in seinem Zu-*

sammengehen mit der Sowjetunion, insbesondere nach Ausbruch des deutsch-sowjetischen Krieges (22. Juni 1941) zu unterscheiden wäre.

21. Territoriale Veränderungen

Die deutsch-polnische Grenzregelung nach dem Zweiten Weltkrieg ist im Zusammenhang der allgemeinen Territorial- und Grenzveränderungen als Ergebnis des Krieges zu betrachten[1]. In den alliierten Kriegskonferenzen von Moskau, Teheran und Jalta spielte die Frage der polnischen Westgrenze[2] eine bedeutende Rolle. Die unterschiedlichen Auffassungen bezüglich des Ausmaßes der neuen polnischen Westgebiete waren unter den Alliierten vor der Potsdamer Konferenz nicht beizulegen. Vor Konferenzbeginn war[3] jedoch die staatliche Hoheitsgewalt de facto bereits den polnischen Behörden übertragen worden. Die Anerkennung der polnischen Administration durch die Westalliierten bedeutete nach deren Auffassung mit[4] zunehmendem zeitlichen Abstand von der Konferenz noch keine völkerrechtlich definitive Anerkennung der Grenzlinie. Mit der gleichzeitigen Einigung über den Art. XIII („Orderly Transfers of German Populations")[5] und der Aufstellung eines Aufnahmeplans des Alliierten Kontrollrates in Deutschland im November 1945[6] wurde aber von den Alliierten selbst präjudiziert, daß es sich bei der polnischen Herrschaft über die ehemals deutschen Gebiete nicht um ein revidierbares Provisorium handeln könne.
Das Staatsgebiet Polens, das sich 1939 auf ca. 389 000 km² belaufen hatte, umfaßt in der Konsequenz der Grenzveränderungen ca. 312 000 km². Vom Territorium des ehemaligen Deutschen Reiches, 1937 mit einer Fläche von ca. 470 000 km², gingen mit den Oder-Neiße-Gebieten ca. 102 000 km² (zusätzlich ca. 2 000 km² der ehemaligen Freien Stadt Danzig) an den polnischen Staat über[7].
Die Regierung der Deutschen Demokratischen Republik[8] erkannte im Görlitzer Vertrag 1950 die Oder-Neiße-Linie gemäß den Potsdamer Beschlüssen[9] als endgültige Grenze gegenüber der Volksrepublik Polen an. In der Zeit des Kalten Krieges bis zur Mitte der fünfziger Jahre verschärften sich die unterschiedlichen Auslegungen der Potsdamer Beschlüsse. Mit dem Beginn der Entspannungspolitik wuchs auf der Seite der ehemaligen Westalliierten, und auch schließlich in der Bundesrepublik Deutschland, die Bereitschaft zur Respektierung der bei Kriegsende geschaffenen territorialen Veränderungen[10].

21. 1 E: *Die Ziehung der Oder-Neiße-Linie als westliche Begrenzung der 1945 unter polnische Verwaltung gestellten deutschen Gebiete steht in engem Zusammenhand mit der Westverschiebung der polnischen Ostgrenze.*

2 E: *der polnischen Ostgrenze und in Verbindung damit die*

3 E: *waren bereits Verwaltungs- und Hoheitsfunktionen einseitig durch die Sowjetunion*

4 E: *trotz des*

5 E: *Die Einigung in Potsdam über den Art. XIII (Orderly Transfers of German Populations (. . .) from Poland, Czechoslovakia and Hungary) – von den polnisch verwalteten deutschen Ostgebieten ist nicht die Rede –*

6 E: *können nicht als Präjudiz für eine endgültige Grenzziehung angesehen werden. Der Aufnahmeplan war eine humanitäre Notwendigkeit.*

7 E: *Während Polen im Osten 181 000 km² nur dünn und mehrheitlich nichtpolnisch besiedeltes, wirtschaftlich schwach entwickeltes Gebiet an die Sowjetunion abtrat, erhielt es im Westen 104 000 km² dicht und nahezu rein deutsch bevölkertes, wirtschaftlich ungleich wertvolleres, gut strukturiertes Gebiet zur Verwaltung übertragen. Die heutige polnische Ostgrenze entspricht weitgehend der 1919/20 von den Alliierten aufgrund der Volkstumsverhältnisse geforderten –*

durch den seinerzeitigen polnischen Sieg über Rußland jedoch militärisch verhinderten – Curzon-Linie.

8 Z: *, die weder nach eigenem Selbstverständnis zu diesem Zeitpunkt souverän war noch für den gesamtdeutschen Souverän handeln konnte,*

9 S: *(gemäß den Potsdamer Beschlüssen)*

10 Z: *Sowohl die Alliierten wie auch die Bundesrepublik Deutschland hielten dabei ausdrücklich an ihrem Rechtsstandpunkt fest.*

22. Bevölkerungsverschiebungen

Die[1] territorialen Veränderungen bei Ende des Zweiten Weltkrieges wurden mit umfangreichen Bevölkerungsverschiebungen verbunden. Sie zielten darauf ab, staatliche und ethnische Grenzen nach Möglichkeit in Übereinstimmung zu bringen[1]. Die historischen Erfahrungen der Nationalitätenkonflikte und die unmittelbar vorhergegangene gewaltsame nationalsozialistische Bevölkerungs- und Besatzungspolitik spielten in diesem Zusammenhang eine erhebliche Rolle.

In[2] den Polen gemäß den Potsdamer Beschlüssen übertragenen ehemaligen Reichsgebieten östlich von Oder und Neiße lebten 1939 ca. 8,5 Mill. Menschen. Etwa die Hälfte von ihnen, außerdem die Mehrzahl der deutschen Bevölkerung Danzigs sowie der in Polen lebenden Deutschen, wurden entweder evakuiert oder flüchteten unter großen Verlusten noch vor Kriegsende in die deutschen Gebiete westlich von Oder und Neiße. Der größte Teil der in den Oder-Neiße-Gebieten verbliebenen deutschen Bevölkerung wurde in den Jahren 1945 bis 1947 ausgewiesen bzw. im Rahmen des interalliierten Transferabkommens zwangsumgesiedelt. In der Folgezeit fanden noch einzelne Übersiedlungen und individuelle Ausreisen im Rahmen der Familienzusammenführung u. a. in den Jahren 1956/57 statt.

In den von der deutschen Bevölkerung geräumten Gebieten wurde systematisch eine inzwischen dort ansässig gewordene polnische Bevölkerung angesiedelt[2].

In den vier Besatzungszonen Deutschlands[3] wurden die Flüchtlinge und Zwangsumgesiedelten schon nach kurzer Zeit in die Gesellschaft integriert. Sie [3] spielten eine große Rolle bei dem wirtschaftlichen Aufschwung in Westdeutschland. In[4] der Bundesrepublik Deutschland wurden alle diese Gruppen unter dem Begriff ,,Heimatvertriebene" zusammengefaßt[4]. Ein großer Teil von ihnen schloß[5] sich in landsmannschaftlichen Verbänden zusammen[6]. Der Versuch[7], durch eine eigene Partei (BHE) eine besondere politische Kraft zu bilden, scheiterte[8] bereits im Jahre 1957. Sofern in diesen Gruppen, von den früheren Bundesregierungen unterstützt, eine Recht auf Heimat proklamiert wurde, werden sie in Polen als Hort des Revisionismus angesehen.

Die Bundes- und Länderregierungen förderten jedoch[9] auf verschiedenen Wegen ihre materielle und soziale Eingliederung[10]. Dadurch wurde vermieden[11], daß diese Bevölkerungsgruppe sich[12] zu einem Element permanenter sozialer Unzufriedenheit entwikkelte und daß damit[13] auch außenpolitisch gefährlicher Sprengstoff entstand. Sie ist seit langem[14] auch politisch in den großen Parteien und gesellschaftlichen Organisationen der Bundesrepublik Deutschland integriert.

22. 1 E: *Die Festlegung der neuen polnischen Ostgrenze und die Ziehung der Oder-Neiße-Linie als polnische Verwaltungsgrenze im Westen bei Ende des Zweiten Weltkriegs erfolgten in der Weise, daß Millionen von Menschen gezwungen wurden, die Heimat zu verlassen.*
Während im Osten Polens aufgrund eines sowjetisch-polnischen Vertrages ein Bevölkerungsaustausch durchgeführt wurde, von dem etwa 1,5 Millionen Polen auf der einen und etwa 0,5 Millionen Weißrussen und Ukrainer auf der anderen Seite betroffen waren, wurden im Westen aus dem deutschen Gebiet etwa 8,5

Millionen Deutsche vertrieben. Hinzu kommen über 1 Million Deutsche aus dem polnischen Staatsgebiet vor 1939. In nationalistischer Konzeption wurde so versucht, die staatlichen bzw. verwaltungsmäßigen Grenzen mit den ethnischen in Übereinstimmung zu bringen.

2 E: *Ein Teil der aus ihren Wohnsitzen entfernten deutschen Bevölkerung war durch die deutschen Behörden bei Kriegsende evakuiert worden, ein anderer Teil war vor den Kampfhandlungen geflüchtet, eine weiterer Teil wurde durch die polnischen Behörden gewaltsam des Landes verwiesen. In allen Phasen der Flucht und Vertreibung entstanden schwere Bevölkerungsverluste. Sowohl die Evakuierten wie die Geflüchteten beabsichtigten, nach Ende der Kampfhandlungen in ihre Wohngebiete zurückzukehren, wurden jedoch von den polnischen Behörden daran gehindert und so zu Vertriebenen.*
In den Jahren 1950–70 kamen im Zuge der Aussiedlung, insbesondere der – infolge der Vertreibung notwendig gewordenen – Familienzusammenführung, 460 000 in Ostdeutschland oder Polen zurückgebliebene oder zurückgehaltene Deutsche in die Bundesrepublik Deutschland.
In den Gebieten, aus denen die deutsche Bevölkerung vertrieben worden war, wurden – nach anfänglich ungeregelter Inbesitznahme – von den polnischen Behörden systematisch Polen angesiedelt, die teilweise aus Ostpolen, zum größten Teil aber aus dem zentralpolnischen Bereich stammten.

3 E: *mußte in einem langwierigen und schwierigen Prozeß versucht werden, die Vertriebenen in die Gesellschaft einzugliedern. Dieser Prozeß dauert an. Die Vertriebenen*

4 S: *(In der Bundesrepublik Deutschland wurden alle diese Gruppen unter dem Begriff „Heimatvertriebene" zusammengefaßt.)*

5 E: *organisierte*

6 Z: *die sich im Bund der Vertriebenen zusammenschlossen. In der Charta der Heimatvertriebenen haben sie 1950 als allgemeines Menschenrecht das Recht auf die Heimat gefordert, aber dabei ausdrücklich auf Rache und Vergeltung verzichtet. Gleichwohl* (folgt: der letzte Hauptsatz dieses Absatzes)

7 Z: *von Teilen der Vertriebenen*

8 Z: *auf Bundesebene*

9 S: *(jedoch)*

10 Z: *(Vertriebenen- und Lastenausgleichsgesetzgebung)*

11 E: *dazu beigetragen*

12 Z: *nicht*

13 Z: *nicht*

14 E: *inzwischen weithin*

23. Aufbauprobleme

Als Folge[1] des Zweiten Weltkrieges und des[2] Zusammenbruchs des nationalsozialistischen Regimes kam es[3] zu einer neuen weltpolitischen Konstellation[4]. Sie setzte den Rahmen[5] auch für das deutsch-polnische Verhältnis. Auf polnischer Seite kam es zur Wiederherstellung des eigenen Staates als[6] ethnisch geschlossener Nationalstaat in neuen Grenzen[7], der aber der außenpolitischen Sicherung bedurfte, auf deutscher Seite zu der faktischen Auflösung des Deutschen Reiches.
Kriegsverluste und Kriegsverwüstungen stellten beide Länder vor komplizierte Aufbauprobleme. In Polen, das in besonderem Maße unter den Kriegseinwirkungen zu leiden gehabt hatte, schufen die Befreiung[8], das politische Übergewicht der linken Parteien und die territoriale Westverschiebung historische Voraussetzungen für die revolutionären Veränderungen seiner ökonomisch-gesellschaftlichen und politischen Struktur

und dadurch andere Ansatzmöglichkeiten des politischen und wirtschaftlichen Aufbaus als in den vier Besatzungszonen Deutschlands. In den Ländern der amerikanischen, britischen und französischen Besatzungszonen knüpfte man an Traditionen der parlamentarischen Demokratie an.
Die Grundsätze der Alliierten hinsichtlich der Entnazifizierung, Entmilitarisierung, Demokratisierung und eines nur begrenzten und verzögerten wirtschaftlichen Aufbaus Deutschlands entsprachen den damaligen interalliierten Auffassungen zur europäischen Nachkriegsordnung und auch den polnischen Interessen. Als die drei westlichen Besatzungszonen Deutschlands in das amerikanische Wiederaufbauprogramm für Europa (Marschallplan) einbezogen wurden, sah man in Polen wie in anderen[9] Staaten hierin eine Abkehr von den bisherigen[10] interalliierten Grundsätzen des politisch-wirtschaftlichen Aufbaus in Europa. Aus politischen und ökonomischen Gründen intensivierte Polen[11] seine vielseitige Kooperation vor allem mit den Ländern Osteuropas[12]. Die unterschiedliche [13] wirtschaftliche Entwicklung war begleitet von wachsenden politischen und ideologischen[14] Meinungsverschiedenheiten unter den ehemaligen Kriegsalliierten, was zu[15] einer zunehmend kontroversen Auslegung einiger Potsdamer Beschlüsse führte[16]. Dies konnte nicht ohne Auswirkungen auf das deutsch-polnische Verhältnis bleiben.

23. 1 E: *Mit dem Ende*
2 E: *dem*
3 E: *entstanden im Rahmen der*
4 Z: *die Ost-West-Spannungen*
5 E: *Sie beeinflußten*
6 Z: *nunmehr*
7 Z/S: *(wobei Hunderttausende von Deutschen in den Oder-Neiße-Gebieten als sogenannte Autochthonen reklamiert wurden). Er lehnte sich außerpolitisch an die Sowjetunion an. Das faktisch handlungsunfähige Deutsche Reich blieb rechtlich weiterbestehen.*
8 Z: *der dominierende Einfluß der Sowjetunion,*
9 Z: *sozialistischen*
10 E: *früheren*
11 Z: *das unter sowjetischem Einfluß die Marshallplan-Hilfe abgelehnt hatte,*
12 E: *des Ostblocks*
13 Z: *ideologische, politische und*
14 S: *(politischen und ideologischen)*
15 E: *und*
16 S: *(führte)*

24. Bewältigung der Vergangenheit

Überaus nachhaltig ist das deutsch-polnische Verhältnis durch die Erfahrungen mit der nationalsozialistischen Gewaltherrschaft[1] belastet worden. Polen hat, mehr noch als andere besetzte Länder, durch die Gewaltpolitik des Hitler-Regimes schwere Verluste erlitten (vgl. Empfehlung 20). Auch das deutsche Volk hat den Terror der nationalsozialistischen Herrschaft und die Schrecken des Krieges erlebt.
Erst nach Kriegsende jedoch wurde dem deutschen Volk das volle Ausmaß der nationalsozialistischen Verbrechen in Europa deutlich. Nachdem die Hauptverantwortlichen durch die alliierten Militärgerichte abgeurteilt worden waren, wie es in den Potsdamer Beschlüssen vorgesehen war, übertrugen die Alliierten den deutschen Behörden die Entnazifizierung der Mitglieder der NSDAP und ihrer Organisationen. Diese Maßnahmen wurden Anfang der 50er Jahre abgeschlossen. Erst danach[2] setzte[3] die grund-

sätzliche[4] geistige und moralische Auseinandersetzung mit dem Nationalsozialismus in größerem Umfange[5] ein. Die Art und Weise, wie die Auseinandersetzung mit der nationalsozialistischen Vergangenheit häufig[6] geführt wurde, insbesondere Inkonsequenzen bei der Durchführung der Entnazifizierung und der gerichtlichen Verfolgung nationalsozialistischer Verbrechen, haben[7] die Beziehungen der Bundesrepublik Deutschland zu Polen und zu anderen Ländern in vieler Hinsicht belastet[8].

24. 1 Z: *, durch die Vertreibung der Deutschen und die polnischen Gebietsannexionen*
2 E: *Mit dem Zusammenbruch*
3 E: *in zunehmendem Maße*
4 S: *(grundsätzliche)*
5 S: *(in größerem Umfange)*
6 E: *bisweilen*
7 Z: *in polnischer Sicht*
8 Z: *In deutscher Sicht ist das deutsch-polnische Verhältnis belastet durch eine unzureichende polnische Auseinandersetzung mit der Vertreibung und die gänzlich fehlende Verfolgung der Vertreibungsverbrechen. Hinzu kommt, daß den in den Oder-Neiße-Gebieten verbliebenen Deutschen die sonst – auch im sowjetischen Machtbereich – üblichen Gruppenrechte verweigert werden.*

25. Der internationale Rahmen

Im Jahre 1949[1] konstituierten sich zwei deutsche Staaten mit unterschiedlicher Gesellschaftsordnung als Ergebnis des Zweiten Weltkrieges und der verschiedenen Entwicklungsbedingungen für die drei westlichen und die sowjetische Besatzungszone: die Bundesrepublik Deutschland und die Deutsche Demokratische Republik. Je mehr sich beide in den folgenden Jahren in die entstehenden politischen Wirtschafts- und Bündnissysteme in West und Ost eingliederten, desto stärker wirkte sich die deutsche Zweistaatlichkeit[2] auf das deutsch-polnische Verhältnis aus.

Während sich die gesellschaftspolitischen Systeme in der Bundesrepublik Deutschland und Polen grundsätzlich unterschieden, war für Polen mit der Deutschen Demokratischen Republik ein deutscher Grenznachbar entstanden, der die Oder-Neiße-Linie als deutsch-polnische Grenze anerkannte (6. 7. 1950) und als sozialistischer Partner die weltpolitische Lage prinzipiell übereinstimmend beurteilte. Das deutsch-polnische Verhältnis wurde so auf der einen Seite durch die aktiven Beziehungen Polens zur Deutschen Demokratischen Republik, auf der anderen Seite weitgehend durch Beziehungslosigkeit zwischen der Bundesrepublik Deutschland und Polen bestimmt. Polen war vital daran interessiert, die endgültige Anerkennung der Oder-Neiße-Grenze zu erreichen. Es sah darin einen wesentlichen Beitrag zur Festigung der europäischen Sicherheit. Dagegen sah die Bundesrepublik Deutschland den Schwerpunkt ihrer Außenpolitik in der Westintegration und in der Aufrechterhaltung der Wiedervereinigungsmöglichkeiten auf der Grundlage[3] der Prinzipien der Deutschland- und Ostpolitik. Dies bedeutete die Nichtanerkennung der Oder-Neiße-Grenze.

Daraus ergab sich, daß die politischen Beziehungen zwischen beiden Staaten faktisch ausgeklammert wurden. Das beiderseitige Verhältnis wurde durch die internationalen Spannungen zu Beginn der fünfziger Jahre und in deren Folge durch den Entschluß zum Aufbau von Streitkräften in der Bundesrepublik Deutschland im Rahmen der Westeuropäisch-Atlantischen Sicherheitsgemeinschaft (NATO-Beitritt 1955)[4] zusätzlich erschwert. Entsprechend erfolgte die bündnispolitische und militärische Integration Polens und anderer sozialistischer Staaten im Warschauer Pakt[5]. Zunehmende Bedrohungsvorstellungen waren die Folge.

Andererseits gab es seit 1955 auch Anzeichen für die Möglichkeit einer Änderung dieser Konstellationen. Die Erklärung über den Verzicht auf Kriegsreparationen zum 1. 1. 1954 und über die Beendigung des Kriegszustandes mit Deutschland durch Polen im Februar 1955 sowie die Aufnahme diplomatischer Beziehungen zwischen der Bundesrepublik Deutschland und der Sowjetunion im September 1955 waren in dieser Hinsicht besonders wichtig. Polen sah jetzt weitere Perspektiven für die Festigung der europäischen Sicherheit durch die Anerkennung des territorialen und politischen Status quo in Europa, auch im Rahmen internationaler Organisationen und verbesserter zwischenstaatlicher Beziehungen (z. B. Atomwaffenfreie Zone, Angebot der Aufnahme diplomatischer Beziehungen mit der Bundesrepublik Deutschland 1957). In diesen Jahren haben auch die Westmächte gemeinsam mit der Bundesrepublik Deutschland wiederholt Vorschläge vorgelegt, die Sicherheit in Europa mit friedlichen Mitteln zu fördern und so die Konfrontation zu reduzieren.

Obwohl die Politik der Annäherung auf staatlich-diplomatischer Ebene ohne Erfolg blieb, wurde mit den kulturellen, wirtschaftlichen und zwischenmenschlichen Kontakten seit 1957 doch ein außerdiplomatisches Beziehungsfeld aktiviert.

Polen erklärte sich bereit, Maßnahmen der Familienzusammenführung einzuleiten. Diese führten in den folgenden Jahren zur Übersiedlung von mehr als 450 000 Personen. Insgesamt sind seit 1957 weit über 500 000 Personen aus Polen[7] in die Bundesrepublik Deutschland und in die Deutsche Demokratische Republik übergesiedelt[8]. Jedoch[9] war eine Normalisierung des Verhältnisses zwischen der Bundesrepublik Deutschland und der Volksrepublik Polen zunächst nicht zu erreichen.

25. 1 E: *entstand als Folge der Ost-West-Spannungen in den drei westlichen Besatzungszonen, getragen vom frei geäußerten Willen der Bevölkerung, die Bundesrepublik Deutschland, in der sowjetischen Besatzungszone, ohne freie Zustimmung und Willensbekundung der Bevölkerung,*

2 E: *Teilung*

3 E: *des Gebotes des Grundgesetzes, „die Einheit Deutschlands in Freiheit zu vollenden“*

4 Z: *und des Eintritts Polens in den Warschauer Pakt*

5 S: (der ganze Satz)

6 E: *Gegenseitige*

7 E: *dem polnischen Staats- und Verwaltungsgebiet*

8 Z: *Darüber hinaus erstreben mindestens weitere 280 000 Deutsche die Ausreise aus dem polnischen Bereich in die Bundesrepublik Deutschland.*

9 S: *(Jedoch)*

26. Auf dem Wege zur Normalisierung

Anfang der sechziger Jahre wurden die wirtschaftlichen und kulturellen Kontakte erneut aktiviert. Seitdem verstärkte sich in der Bundesrepublik Deutschland das Interesse an polnischer Kultur und an der politischen Realität des neuen Polen. In der Öffentlichkeit der Bundesrepublik Deutschland mehrten sich Stimmen und Stellungnahmen unterschiedlicher gesellschaftlicher Gruppen, die eine Verständigung mit Polen forderten[1]. Diese beginnende Bewußtseinsveränderung fand eine zunehmend positive Resonanz in Polen[2].

Dies alles war für den Abbau des geschichtlich bedingten Mißtrauens zwischen Polen und Deutschen deshalb wichtig, weil sich damit eine Normalisierung in der gegenseitigen Wahrnehmung ankündigte. Gleichzeitig wurde seit dem Abschluß des Handelsvertrages und der Errichtung von Handelsmissionen im Jahre 1963 eine Intensivierung der wirtschaftlichen Beziehungen ermöglicht. Dadurch ist die Bundesrepublik inzwischen zum größten westlichen Handelspartner Polens geworden. Ungeachtet der damit erzielten Verbesserungen und der auf friedliche Verständigung abzielenden Erklärungen der damaligen Bundesregierungen (Friedensnote[3] vom 25. März 1966, Regierungserklärung der Großen Koalition vom 13. Dezember 1966) wurde in Polen das Festhalten an der deutschlandpolitischen Rechtsauffassung[4] als Fortsetzung revisionistischer Politik bewertet. Für Polen blieb die Anerkennung der Oder-Neiße-Grenze[5] die Grundbedingung für die Normalisierung der zwischenstaatlichen Beziehungen.

Im Rahmen einer weltweiten Entspannungspolitik und auch vor dem Hintergrund einer neuen Einschätzung der Beziehungen zu Polen in der öffentlichen Meinung der Bundesrepublik Deutschland leitete die 1969 gebildete Bundesregierung eine neue Phase in der Politik gegenüber den sozialistischen Staaten, und so auch gegenüber Polen ein. Dabei handelte die Bundesregierung nur im Namen der Bundesrepublik Deutschland[6]. Diese Politik fand zunächst ihren Niederschlag im Moskauer Vertrag vom 12. August 1970.

Aufgrund der polnischen Vorschläge vom Mai 1969 wurden seit Februar 1970 konstruktive Verhandlungen geführt. Diese mündeten in den Warschauer Vertrag zwischen der Volksrepublik Polen und der Bundesrepublik Deutschland vom 7. Dezember 1970. Darin stellten beide Vertragspartner fest, daß die bestehende Grenzlinie, deren Verlauf in den Potsdamer Beschlüssen festgelegt ist, die westliche Staatsgrenze der Volksrepublik Polen bildet. Beide Staaten sichern einander ,,die Unverletzlichkeit ihrer bestehenden Grenzen jetzt und in Zukunft" und die ,,uneingeschränkte Achtung ihrer territorialen Integrität" zu. Sie erklärten, daß sie ,,gegeneinander keinerlei Gebietsansprüche haben und solche auch in Zukunft nicht erheben werden".[7]

Der Warschauer Vertrag bietet Grundlagen zur Normalisierung und Verbesserung der Beziehungen zwischen der Volksrepublik Polen und der Bundesrepublik Deutschland in wesentlichen Bereichen. Beide Regierungen haben die Absicht bekräftigt, diese Zusammenarbeit im Geiste der Vereinbarungen von Helsinki vom 1. August 1975 konstruktiv weiterzuentwickeln.

26. 1 Z: *Insbesondere sind die verschiedenen Äußerungen der Versöhnungsbereitschaft der Kirchen anläßlich der polnischen Milleniumsfeier (1960–66) zu erwähnen.*

2 Z: *, wo ein stärkeres Interesse als früher an deutscher Technik, Kultur und Sprache zu beobachten war.*

3 Z: *der Regierung Erhard*

4 Z: *(Verantwortung der Siegermächte für Deutschland als Ganzes)*

5 E: *Linie*

6 Z: *, nicht jedoch für das rechtlich fortexistierende Deutsche Reich.*

7 Z: *Gemäß der Rechtsauffassung der Bundesrepublik Deutschland handelt es sich dabei um einen territorial konkretisierten Gewaltverzicht, nicht jedoch um eine Gebietsabtretung des rechtlich in den Grenzen von 1937 fortbestehenden Deutschen Reiches. Der Deutsche Bundestag hat in einer den Warschauer Pakt begleitenden interpretatorischen, von allen Parteien getragenen Entschließung einmütig festgestellt, daß ,,der Vertrag keine Rechtsgrundlage für die heute bestehenden Grenzen schafft". Nach Urteilen des Bundesverfassungsgerichts vom 31. 7. 1973 und 7. 7. 1975 ist durch den Warschauer Vertrag nicht völkerrechtlich über die deutschen Ostgebiete verfügt worden und sind die dort lebenden Deutschen nach wie vor deutsche Staatsangehörige. Das Bundessozialgericht hat am 30. 9. 1976 im gleichen Sinne festgestellt, daß die Oder-Neiße-Gebiete für die Bundesrepublik Deutschland nicht Ausland sind.*

II. Geographie

Vorbemerkung

Bei der Schulbuchrevision im Fach Geographie war davon auszugehen, daß der Geographieunterricht in den Schulen für die Erziehung des heranwachsenden Staatsbürgers eine entscheidende Bedeutung hat: Er zeigt, daß sich das Handeln des Menschen auf der Basis der natürlichen Ressourcen und im Rahmen der technischen, ökonomischen, sozialen und politischen Bedingungen vollzieht. Der Geographieunterricht trägt dazu bei, daß der Schüler befähigt wird, an der rationalen und verantwortlichen Gestaltung der Umwelt mitzuwirken. Der heranwachsende Staatsbürger gewinnt Kenntnisse und Einsichten in die vielseitigen Probleme des eigenen Landes und anderer Länder. Hierdurch ist er in der Lage, die Leistungen anderer Völker zu bewerten. Toleranz und Achtung vor der Leistung fremder Völker werden gefördert.
Die Reduzierung des Geographieunterrichts in den Schulen oder seine Begrenzung auf wenige problemorientierte Themen muß daher zu einer nicht mehr zu verantwortenden Einengung des Weltbildes und zur Verringerung der politischen Urteilsfähigkeit beim Schüler führen.
Das in der Geschichte begründete deutsch-polnische Verhältnis verlangt, daß die gegenseitige Behandlung beider Länder im Schulunterricht objektiv und verständnisvoll erfolgt. Die Curricula für den Geographieunterricht beider Länder sind verschieden. Im Geographieunterricht der Volksrepublik Polen wird die Bundesrepublik Deutschland im Rahmen einer allgemeinen politischen, ökonomischen Geographie und in der regionalen Geographie/Länderkunde behandelt. Die derzeitige Entwicklung des Curriculums für Geographie geht in der Bundesrepublik Deutschland von einer anderen Konzeption aus. Die Volksrepublik Polen wird dabei einerseits als Beispiel für politische, soziale und ökonomische Entwicklungen in einem sozialistischen Staat, andererseits idiographisch und zugleich problemorientiert behandelt.
Eine Besonderheit der Schulbuchrevision im Fach Geographie liegt darin, daß in den Schulbüchern nahezu ausschließlich gegenwartsbezogene Fakten und Probleme behandelt werden. Diese betreffen nur zu einem Teil die politischen Beziehungen zwischen der Bundesrepublik Deutschland und Polen. Andererseits wirken die unterschiedlichen sozio-ökonomischen Systeme beider Länder zum Teil auf die Auswahl von Fakten und auf Wertungen in den Schulbüchern. Hieraus resultierende kontroverse Positionen wurden offen, vertrauensvoll und in Achtung der gegenseitigen Standpunkte behandelt.
Zusammenfassend stellten sich der Schulbuchrevision im Fach Geographie drei Aufgaben:

a) Wiederholte Begutachtung der Schulbücher und Vorschläge zu ihrer Veränderung. Hierbei entfiel ein großer Teil der Arbeit auf die Korrektur von sachlichen Fehlern, die nicht die Kernaufgabe der Schulbuchrevision sein kann.
Das Vorliegen eindeutiger Fakten erleichterte die Konzentration auf das Problem ihrer Auswahl und Darstellung. Schulbuch und Schulatlas standen von Anfang an im Mittelpunkt der Arbeit.
b) Erarbeitung von Grundlagen für bessere Schulbücher durch Vermittlung von Material und Informationen, vor allem in Form von Symposia zu spezifischen Problemen beider Länder (in geographischer Hinsicht z. B. Strukturwandel in der Landwirtschaft der Bundesrepublik Deutschland, die Wirtschaft der Küstenregion am Beispiel der Dreistadt Danzig/Gdańsk – Zoppot/Sopot – Gdingen/Gdynia). Diese Symposia haben sich nach übereinstimmender Auffassung beider Delegationen voll bewährt.

c) Angesichts der Entwicklung des Curriculums in der Bundesrepublik Deutschland – nunmehr auch in der Volksrepublik Polen – waren der Standort und die Probleme, mit denen das jeweils andere Land behandelt werden sollte, zu bestimmen. Dies führte zu einer intensiven und fruchtbarem Diskussion über Aufgaben, Methoden und Didaktik der Geographie in den Schulsystemen beider Länder. Der Fortführung dieser Arbeit soll das Forschungsvorhaben „Grundlagen und Bildungswert der regionalen Geographie (Länderkunde bzw. regionale ökonomische Geographie)" dienen.

Empfehlungen

1. Die Geographie ist vorwiegend eine Gegenwartswissenschaft. Die Darstellung beider Länder muß daher von gegenwärtigen Realitäten ausgehen. Der Geographieunterricht soll objektive Informationen vermitteln. Er soll ein wohlwollendes Interesse im Sinne eines friedlichen Zusammenlebens der Völker wecken sowie Fehlinformationen, Mißverständnisse und Vorurteile abbauen helfen. Es wird empfohlen, den Normalisierungsprozeß zwischen den beiden Staaten dadurch zu fördern, daß die Probleme beider Länder in den Lehrbüchern und im Unterricht angemessen berücksichtigt werden.
Das Fach Geographie/Erdkunde muß, um seiner Bedeutung in Bildung und Erziehung gerecht zu werden, im Schulunterricht in hinreichendem Umfang sowie in Methode und Problemen an alle Altersstufen angepaßt bis zur letzten Klasse berücksichtigt werden.
Das Schulfach Geographie muß auch im neuen Curriculum den Auftrag erfüllen, seinen Teil zur Erziehung der Heranwachsenden zum Staatsbürger zu leisten.

2. Obwohl in den beiden Ländern unterschiedliche Gesellschafts- und Wirtschaftssysteme bestehen, ist es notwendig, die Leistungen beider Völker in gegenseitiger Toleranz und mit Achtung zu behandeln.

3. Politische Fragen sollen im Geiste des Vertrages zwischen der Bundesrepublik Deutschland und der Volksrepublik Polen vom 7. Dezember 1970 behandelt werden. Wenn zum Verständnis gegenwärtiger geographischer Sachverhalte historische Erklärungen notwendig sind, gelten sinnentsprechend die Empfehlungen zur Revision der Lehrbücher für Geschichte. Historische Sachverhalte, die von der Wissenschaft unterschiedlich interpretiert werden, sollen in ihrer Problematik und unter gleichgewichtiger Berücksichtigung beider Standpunkte dargestellt werden.

4. Bei der Auswahl der in Text, Karten, Abbildungen usw. dargestellten Fakten sollen sich die Autoren ihrer Verantwortung im Sinne der genannten Ziele bewußt sein. Die Auswahl der Fakten, die von der didaktischen und methodischen Zielsetzung und dem verfügbaren Raum abhängt, muß in jedem Fall objektiv und aktuell sein. Die Auswahl der Fakten soll daher so erfolgen, daß tendenziöse und diskriminierende Interpretationen verhindert werden. Obwohl seit Beginn der Schulbuchrevision die Tendenz zu verbesserter und versachlichter Darstellung auf beiden Seiten in den Schulbüchern deutlich zu erkennen ist, werden Autoren und Verlage beider Länder erneut aufgefordert, die Schulbücher zur Geographie zu überprüfen und ggfs. zu verbessern. Hierdurch soll verhindert werden, daß auch weiterhin sachliche Fehler und nicht gerechtfertigte Aussagen und Wertungen in immer neuen Auflagen wiederholt werden. Die raumgestaltenden Leistungen beider Völker sind angemessen und ausgewogen darzustellen.

5. Für die Verwendung geographischer Namen werden folgende Grundsätze empfohlen: In Karten und Darstellungen für den Schulgebrauch sollen Autoren und Verleger die offiziell im jeweils anderen Land verwendeten Ortsnamen berücksichtigen. Aus didaktischen Gründen kann eine zweisprachige Bezeichnung erforderlich sein. Andere geographische Namen (von Flüssen, Seen, Landschaften usw.) können ebenso zweisprachig oder nur in der Muttersprache der Schüler gebraucht werden[1]. Namen, die auf eine gezielte Germanisierungstendenz zurückgehen, sollen nicht verwendet werden[2].

Das Problem der geographischen Namen bedarf noch weiterer Erörterungen, wobei auch die sich entwickelnden internationalen Grundsätze berücksichtigt werden sollen.

6. Als notwendige Voraussetzung für die ständige Verbesserung und Aktualisierung der Schulbücher wird empfohlen:

a) Gegenseitige Begutachtung der Lehrbücher bzw. der Lehrbuchausschnitte, die das jeweilige Land betreffen, vor der endgültigen Drucklegung. Dies gilt auch für Neuauflagen.

b) Für eine objektive und verantwortungsbewußte Unterrichtung des Schülers durch Schulbücher und andere Medien ist es unbedingt erforderlich, Fakten zu verwenden, die wissenschaftlich abgesichert sind. Daher sollen die Verantwortlichen, vor allem Schulbuchautoren, Lektoren bzw. Redakteure sowie Begutachter der Verlage, Wege suchen, welche die Zusammenarbeit zwischen Autoren und Wissenschaftlern gewährleisten.

c) Besonderer Nachdruck ist auf den Austausch und die Bereitstellung von Informationsmaterial (z. B. neue statistische Daten, neues kartographisches Material, Forschungsergebnisse) zu legen.

Die Bereitstellung von geeigneten Fotos, Diapositiven, Abbildungen, Karten, Plänen und Skizzen ist auf beiden Seiten zu gewährleisten. Die zuständigen wissenschaftlichen Institutionen sowie die geographischen und kartographischen Verlage sollen diese Initiativen beraten und unterstützen.

Als Kontaktstellen werden von den UNESCO-Kommissionen der Volksrepublik Polen und der Bundesrepublik Deutschland empfohlen:

Der Verlag für Schule und Pädagogik (Wydawnictwa Szkolne i Pedagogiczne/WSiP) und der Staatliche Verlag für Kartographie (Państwowe Przedsiębiorstwo Wydawnictw Kartograficznych/PPWK) in Warschau, das Georg-Eckert-Institut für internationale Schulbuchforschung in Braunschweig.

d) Der Austausch von Schulbuchautoren und Wissenschaftlern ist zu fördern, da jeder objektive und die Annäherung künftiger Generationen fördernde Unterricht in Schulen und Universitäten mehr als in anderen Fächern Landeskenntnis voraussetzt. Außerdem sollen zur Verbesserung des Informationsstandes von Schulbuchautoren und Curriculumexperten der Geographie Seminare und Symposien durchgeführt werden. Die Ergebnisse dieser Arbeit sollen publiziert und damit den interessierten Fachleuten beider Länder zugänglich gemacht werden.

7. Zur Behandlung der Geographie der Volksrepublik Polen in den Lehrbüchern der Bundesrepublik Deutschland werden für die altersgemäße Behandlung in den Sekundarstufen I und II folgende Problemfelder und Themen empfohlen:

a) Bevölkerungsbewegungen und ihre Ursachen – regionale und soziale Mobilität:
„Demographische Veränderungen in Polen nach dem Zweiten Weltkrieg – Kriegsverluste, Migrationen, Veränderungen der ethnischen Struktur, Berufsstruktur".

b) Grenzen in ihrer politischen, ökonomischen und sozialen Wirksamkeit:
„Polen in seinen neuen Grenzen – Veränderung des Potentials als eine der Grundlagen ökonomischen Aufbaus".

c) Sozio-ökonomische Systeme in ihrer spezifischen Raumwirksamkeit:
„Die ‚sozialistische Industrialisierung' – naturräumliche, historische und ökonomische Aspekte (Instrumente, Etappen, Trends, Standortentscheidungen) am Beispiel Polen".

d) Raumordnung und Landesplanung:
„Raumplanung in den sozialistischen Ländern – Grundlagen und Instrumente des Abbaus räumlicher Disproportionen in Polen".

e) Die sozialistische Stadt:
„Grundlagen und Instrumente des Städtebaus und der Stadterneuerung in Polen –

Funktion des Stadtzentrums, typische Elemente im Grund- und Aufriß, Ausmaß des Städtewachstums, Konzeptionen und Realisierungsmöglichkeiten der Stadtplanung".
f) Probleme der Landwirtschaft:
„Formen und Funktionen des sozialistischen und privaten Sektors der Landwirtschaft in Polen".
g) Rohstoffpotential und Weltwirtschaft:
„Die Verteilung der Ressourcen und ihre Bedeutung für Arbeitsteilung bzw. wirtschaftliche Kooperation am Beispiel Polen – Kohle, Kupfer, Schwefel".
Ebenso wird empfohlen, Problemfelder und Themen zur Geographie der Bundesrepublik Deutschland für die Darstellung in Lehrbüchern in Polen zu erarbeiten.

1 E: *Geographische Namen, einschließlich der Namen von Völkern, Ländern und Verwaltungsbezirken, sollen in der, in der Unterrichtssprache des Schülers, üblichen Form verwendet werden. Die entsprechenden Bezeichnungen in der jeweils anderen Sprache können nach Bedarf in Klammern hinzugefügt werden.*

2 E: *; desgleichen sollen Namen, die eine eindeutige Polonisierungstendenz zeigen, keine Verwendung finden.*
Karten sollen nicht nur die auf den bestehenden Machtverhältnissen beruhenden, sondern auch die dem Recht entsprechenden Gegebenheiten (z. B. völkerrechtliche Grenzen, Demarkationslinien, Verwaltungsgebiete usw.) in geeigneter Weise wiedergeben.

ANHANG der Alternativ-Empfehlungen

Zu Empfehlung 4:
a) Schlesien vom 10.–14. Jahrhundert
Im 9. und 10. Jahrhundert siedelten im Gebiet der oberen und mittleren Oder slawische Kleinstämme (Golensizen, Opolanen, Slensanen, Dedosizen, Trevowanen, Boboranen). Sowohl der damals entstehende und kräftig expandierende böhmische Premysliden- wie der polnische Piastenstaat bemühten sich in gegenseitiger Konkurrenz um ihre Angliederung. Vratislav I. (894–921) eroberte Schlesien südlich der Oder und legte die nach ihm benannte Burg Vratislava (Breslau) an. Auch Oberschlesien geriet in böhmische Abhängigkeit. Das böhmisch beherrschte schlesische Gebiet gehörte mit zu dem 973 gegründeten Bistum Prag, von wo erste Missionsversuche und westliche Kultureinflüsse ausgingen.
Um 990 drang der Polenherzog Mieszko I. im Gegenzuge siegreich bis zum Sudetenrande vor. Das Böhmen abgenommene Schlesien wurde bald darauf mit Polen dem hl. Petrus geschenkt. Im Jahre 1000 erhielt es mit Sitz in Breslau ein eigenes, zur Kirchenprovinz Gnesen zählendes Landesbistum. Um Schlesien entbrannten nun heftige Auseinandersetzungen zwischen Böhmen und Polen, die sich mit wechselnden Erfolgen beider Seiten und immer neuen Verwüstungen bis zum Glatzer Pfingstfrieden 1137 hinzogen. Er legte die Sudeten-Zinna-Ostrawitza-Linie als böhmisch-polnische Grenze fest. Ein Jahr später erhielt bei der polnischen Erbteilung (1138) der älteste Sohn Boleslaws III., Wladislaw, Schlesien als piastisches Teilfürstentum zugewiesen. Er wurde 1146 von seinen Brüdern vertrieben und flüchtete mit seiner Familie zu seinem Schwager, dem deutschen König Konrad III. Wladislaws Söhne kehrten nach 17jährigem Exil in Deutschland (Altenburg) 1163 mit kaiserlicher Hilfe nach Schlesien zurück. Sie lehnten sich fortan an das Reich an, leisteten Tribut und pflegten familiäre Beziehungen zu deutschen Fürstenhäusern. Mit ihnen zogen deutsche Ritter und Mönche (1175 Besetzung des Klosters Leubus von Pforta/Saale aus) nach Schlesien, denen bald Bergleute, Bürger und Bauern in großer Zahl in das nur dünn besiedelte und kaum erschlossene Land folgten.

1202 erlosch die polnische Senioratsverfassung. Die schlesischen Fürstentümer wurden damit unabhängige Territorien, wenngleich vorerst noch gewisse durch Gewohnheit, piastisches Familienrecht und das Erzbistum Gnesen bedingte Verbindungen mit den anderen polnischen Teilfürstentümern bestehen blieben. Diese lockerten sich jedoch mit dem Fortschreiten der deutschen Siedelbewegung, der kulturellen und sprachlichen Eindeutschung der fürstlichen Familien durch deutsche Heiraten und der herrschaftlichen Zersplitterung des Landes zunehmend.
Herzog Heinrich I. (Gemahl der hl. Hedwig) und Heinrich II. versuchten von Schlesien aus eine moderne Landesherrschaft aufzubauen, in die auch andere piastische Teilgebiete einbezogen wurden. Der Versuch schlug jedoch mit dem Tode Heinrich II. in der Mongolenschlacht bei Liegnitz (1241) fehl. In das nun entstehende machtpolitische Vakuum drang Böhmen ein.
Erste Kontakte zum böhmischen Königshof wurden durch Anna, die Frau Heinrichs II., eine Tochter König Ottokars I., hergestellt. Ihr Enkel Herzog Heinrich IV. von Breslau wurde in Prag erzogen, König Ottokar II. führte zeitweilig seine Vormundschaft und schloß mit ihm einen Erbvertrag. Nach dem Schlachtentode Ottokars II. huldigte Heinrich IV. 1280 dem erfolgreichen deutschen König Rudolf von Habsburg, was ihn jedoch nicht hinderte, 1289 sein Land erneut König Wenzel II. von Böhmen zuzusichern, der freilich die Herrschaft darin nicht antreten konnte. Gleichzeitig erkannte Herzog Kasimir von Beuthen Wenzel II. als seinen Lehnsherrn an (1289), die Herzöge von Oppeln und Teschen schlossen mit ihm 1291 Hilfs- und Verteidigungsbündnisse. 1327 übergaben alle sechs oberschlesischen Herzöge ihre Fürstentümer dem Böhmenkönig und erhielten sie als böhmische Lehen zurück. Herzog Heinrich VI. von Breslau, der noch 1324 sein Land von König Ludwig dem Bayern zu Lehen genommen hatte, trat dieses 1327 an Böhmen ab, durfte es aber zu lebenslänglicher Nutzung behalten. 1329 begaben sich die niederschlesischen Herzöge von Sagan, Oels, Steinau und Liegnitz-Brieg in böhmische Vasallität, Herzog Primko von Glogau, der denselben Schritt verweigerte, starb 1331; sein Herzogtum wurde von König Johann annektiert und zu unmittelbarem böhmischen Kronbesitz erklärt.
Dieser Entwicklung Rechnung tragend, verzichtete König Kasimir III. von Polen 1335 im Vertrag von Trentschin, den er 1339 bestätigte, auf alle Ansprüche, die er auf die unter böhmische Hoheit getretenen schlesischen Gebiete erhoben hatte.
1336 huldigte auch Herzog Bolko II. von Münsterberg König Johann, 1342 schloß der Bischof von Breslau für das Bistum und das Breslauer Bistumsland einen Schutzvertrag mit ihm ab. Das letzte schlesische Fürstentum wurde schließlich 1368/69 durch Karl IV. auf dem Weg über seine Heirat mit Anna von Schweidnitz-Jauer für Böhmen gewonnen. Karl IV. inkorporierte 1348 als deutscher König, 1355 als römischer Kaiser die erworbenen schlesischen Gebiete in die Krone Böhmen, über die sie unmittelbar zum deutschen Reich gehörten. Dieser rechtlich-politische Status entsprach vollauf den ethnischen und kulturellen Verhältnissen Schlesiens, wie sie sich hier im Zuge der in friedlichen und rechtlichen Bahnen verlaufenden deutschen Siedelbewegung seit dem Ende des 12. Jahrhunderts herausgebildet hatten. Als Ausdruck und Bestätigung all dessen kann der 1420 in Breslau vom deutschen König Sigismund abgehaltene Reichstag gelten.

b) Pommern vom 10.–13. Jahrhundert
Pommern ist im Gegensatz zu Schlesien nie ein fester Bestandteil Polens gewesen, hat sich aber vom 10.–12. Jahrhundert immer wieder mit wechselndem Erfolg gegen polnische Angriffe zu wehren gehabt. Die slawischen Pomoranen unterwarfen sich nur zeitweise den polnischen Herrschern, erstmals wohl gegen Ende des 10. Jahrhunderts. Ein im Jahre 1000 eingerichtetes, dem Erzbischof von Gnesen unterstelltes Bistum Kolberg scheint ebenso wie die polnische Herrschaft über Pommern nicht lange über den Tod Boleslaw Chrobrys (1025) hinaus Bestand gehabt zu haben. Jedenfalls zwang Boleslaw

Schiefmund 1121 nach jahrelangen Kämpfen dem besiegten Pommernherzog die polnische Oberhoheit auf. Der deutsche Bischof Otto von Bamberg missionierte in Pommern, 1124 unter dem Schutz polnischer, 1127/28 deutscher Waffen. 1135 nahm Boleslaw Pommern vom Reich zu Lehen. Als 1138 mit seinem Tod Polen in eine Reihe von Teilstaaten zerfiel, wurde Pommern wieder unabhängig und hatte seitdem mit Polen keinerlei staatlichen Zusammenhang mehr. Das 1140 eingerichtete pommersche Bistum Wollin (1176 nach Kammin verlegt) wurde nicht Gnesen, sondern unmittelbar dem Papst unterstellt.

Dagegen wurde 1164 die Lehnshoheit Heinrichs des Löwen über die pommerschen Herzöge aus dem Greifengeschlecht wirksam, nach dessen Sturz sie 1181 Reichsfürsten wurden. Zwar stand Pommern 1185 bis zum Sieg der norddeutschen Fürsten über den Dänenkönig bei Bornhöved 1227 unter dänischer Herrschaft (Rügen schon seit 1168), aber seit der Anerkennung brandenburgischer Lehnshoheit 1231 gehörte Pommern endgültig dem Reichsverband an.

Der schon mit der Berufung westdeutscher und dänischer Klosterkonvente und der von ihnen angelegten Dörfer seit 1153 begonnene Landesausbau wurde nach 1230 mit Hilfe deutscher Ritter, Bürger und Bauern zur Sicherung gegen die Nachbarmächte so intensiv betrieben, daß Pommern sehr schnell sprachlich völlig deutsch wurde. Um 1400 erlosch schließlich die slawische Sprache auch auf Rügen. Nur im Osten Pommerns hielten sich kleine slawischsprachige Gruppen noch bis in die Neuzeit.

c) Zu Empfehlung 6:

Extrakt aus den „Thesen zur Geschichte des Deutschen Ordens" von Hartmut Boockmann und Gotthold Rhode, in: Internationales Jahrbuch für Geschichts- und Geographieunterricht, Band XVI, 1975, S. 7–18.

1. Im Unterschied zu den anderen Ritterorden gelang dem Deutschen Orden die Unterwerfung und dauernde Beherrschung großer heidnischer Gebiete. Entgegen dem Willen Konrads von Masowiehn, der den Orden herbeigerufen hatte, setzte er sich als Landesherr durch. Das Ordensland war kein Teil des Reiches, doch verstand sich der Orden als unter dem Schutz des Kaisers und Papstes stehend.

2. Es entstand eine Herrschaftsordnung, in welcher die zentrale politische Gewalt über ungleich mehr Macht verfügte, als das in den anderen Gebieten des östlichen Mitteleuropa der Fall war. Hinzu kamen die modernen Herrschafts- und Verwaltungsmethoden, deren der Orden sich bediente, darunter vor allem der in eigener Regie betriebene Handel. Die allmähliche Assimilierung von deutschen Einwanderern und einheimischen Prußen hat sich ähnlich wie in den anderen Gebieten der Ostsiedlung abgespielt. Der Orden versuchte, prußische Adlige auf seine Seite zu ziehen; in den Städten war die nichtdeutsche Bevölkerung nur in der untersten Schicht zu finden. – Nach mittelalterlicher Auffassung bedeutete die Taufe die voll gültige Annahme des Christentums. Die Art der Christianisierung, wie sie im Ordensland praktiziert worden war, wurde schon im Mittelalter kritisiert, wobei gewöhnlich die Gegnerschaft zum Orden – nicht nur der christliche Glaubenseifer – den Kritikern die Feder führte.

3. Der Konflikt mit Polen ergab sich erst aus der Erwerbung Danzigs und Pommerellens durch den Orden im Jahre 1309. Das Gebiet war von christlichen Slawen (Kaschuben) bewohnt, deren Herzöge zeitweilig von Polen abhängig waren. Der Orden erwarb damit ein Territorium, das nichts mit dem Kampf gegen die Feinde des Glaubens zu tun hatte und auf das Polen nicht endgültig verzichten wollte.

4. Zwischen dem Orden und dem heidnischen Litauen gab es ständig Kämpfe, die auf beiden Seiten mit Härte ausgetragen wurden. Nachdem im Frieden am Melnosee 1422 die bis in die Gegenwart gültige Grenze zwischen Litauen und dem Ordensgebiet festgelegt worden war, entfielen für Großfürst Witold wie für seine Nachfolger jeder Grund für eine Feindschaft gegen den Orden. Das Großfürstentum nahm dementsprechend trotz bestehender Personalunion mit Polen an keinem der noch folgenden Kriege zwischen Polen und dem Orden teil.

5. Die Jahre zwischen 1309 und 1386 stellen sozusagen die klassische Zeit des Ordens-„Staates" in Preußen dar. Der Orden ist in diesen Jahren nicht mehr durch die unterworfene einheimische Bevölkerung bedroht, er unterliegt auch keiner ernsten Gefährdung von außen her. Die Stände des Landes sind noch kein politischer Faktor. In diesen Jahrzehnten sammelt der Orden dank seiner effektiven Verwaltungstechnik jene großen Reichtümer, die ihn berühmt machen und es ihm erlauben, sein Territorium über die Grenzen von 1309 hinaus durch Pfandschaft und Kauf auszudehnen. Dagegen gelingt es ihm nicht, die politische Expanison auf dem ihm vorgegebenen Wege fortzusetzen; der Heidenkampf gegen die Litauer führt zu keinem dauernden Erfolg.

6. Mit der polnisch-litauischen Union von 1386 und der Christianisierung Litauens wurde dem Orden die Möglichkeit genommen, in Nordosteuropa weiterhin den Heidenkrieg zu führen. Die Niederlage des Ordens von Tannenberg 1410 ist der vorläufige Endpunkt der mit dem Jahre 1386 beginnenden Krise des Ordens, die er niemals überwunden hat. Seine Herrschaft in Preußen ist jedoch nicht an der Macht Polens gescheitert, sondern am Widerstand seiner eigenen Untertanen, der (deutsch sprechenden) Adligen und Bürger. Die preußischen Stände erklärten dem Orden 1454 den Krieg und unterstellten das Land dem polnischen König. Der restliche Ordensstaat war aufgrund des 2. Thorner Friedens (1466) zwar mit Polen eng verbunden, aber es gelang dem Orden, sich dem weitgehend zu entziehen und den Charakter des Ordensstaates als einer korporativen Herrschaft deutscher Adelsgruppen aufrechtzuerhalten.

7. Vom 2. Thorner Frieden (1466) bis zur Lubliner Union (1569) war das vom Orden abgetretene Preußen königlichen Anteils nicht Polen einverleibt, sondern nur in einer rechtlich nicht klar definierten Union verbunden. Die ständische Autonomie wurde auch später besonders von den Städten Danzig, Thorn und Elbing sowie dem Bischof von Ermland gegen Polen verteidigt. – Auch im Restordensstaat gab es Gegensätze zwischen dem Landesherrn und den Ständen. Dem Orden gelang es, die Verbindung zum Reich auszubauen.

8. Die Umwandlung des preußischen Ordensgebiets durch den letzten Hochmeister Albrecht von Brandenburg in ein weltliches Herzogtum und dessen Lehensnahme vom König von Polen nach Albrechts vergeblichen Bemühen, irgendwo Unterstützung zu erlangen, war eine für Polen sehr vorteilhafte Lösung. – Größere Nachwirkungen als die Säkularisation hatten gewiß die Durchführung der Reformation in Preußen und die Gründung der betont protestantischen Universität in Königsberg. Gerade das Bestreben, der polnisch sprechenden Bevölkerung im Südteil des Herzogtums Katechismus, Gesangbuch und Heilige Schrift in der Muttersprache zu geben, machte Königsberg zum Druckort frühen polnischsprachigen Schrifttums und befruchtete das Bemühen um die Ausgestaltung der Volkssprache zur Schriftsprache sehr stark. Säkularisation und Reformation führten also zunächst zu friedlichen politischen Beziehungen anstelle der seit 1466 andauernden Spannungen und zu einem lebhaften kulturellen Austausch sowie zu engen persönlichen Beziehungen, Kontakten polnischer und preußischer Protestanten. Sie trugen mit dazu bei, daß das 16. Jahrhundert einen Höhepunkt friedlicher deutsch-polnischer Beziehungen bildet.

Brauchbare Alternativen. Menzel-Stribrny-Völker: Verbesserungsvorschläge zu den unakzeptablen UNESCO-Schulbuchempfehlungen
(Dr. Alfred Schickel: Sudetendeutsche Zeitung, 14. 7. 1978)

Die im April 1976 vorgelegten 26 deutsch-polnischen Schulbuchempfehlungen zum Geschichts- und Erdkundeunterricht haben in der Bundesrepublik ein lebhaftes Für und Wider ausgelöst.

Dabei fiel auf, daß der mehr oder minder kritiklosen Zustimmung häufig eine ebenso undifferenzierte Ablehnung gegenüberstand oder die Diskussion gar im Parteiengezänk versank.

Während dieses streckenweise frustrierenden Streites gingen die Professoren Josef Joachim Menzel (Mainz) und Wolfgang Stribrny (Flensburg) zusammen mit dem Schulpraktiker Eberhard Völker (Bad Harzburg) daran, Alternativ-Empfehlungen zur Behandlung der deutsch-polnischen Geschichte in den Schulbüchern zu entwerfen. Ihre wissenschaftlichen Fachgebiete wie ihre didaktische Erfahrung weisen sie als berufene Autoren aus, was nicht zuletzt auch ihre nunmehr der Öffentlichkeit übergebenen Verbesserungsvorschläge deutlich machen.

Menzel-Stribrny-Völker nennen ihre ,,Alternativ-Empfehlungen" eine ,,in sich ausgewogenere wissenschaftliche Gegenposition" zu den 26 umstrittenen Schulbuch-Absprachen der deutsch-polnischen Schulbuchkommission, die aber keineswegs den Anspruch erhebe, ,,eine lückenlose Darstellung der deutsch-polnischen Geschichte von der Urzeit bis zur Gegenwart" zu sein.

Dafür reklamieren sie für sich, ,,von einem normalen, ungekünstelten und unpolitisierten Sprachverhalten, vom elementaren Selbstverständnis des Rechtsstaates und vom Prinzip der Gleichbehandlung als verbindlicher Grundlage" auszugehen, von Voraussetzungen also, die den 1976 verabschiedeten Schulbuchvereinbarungen der gemischten deutsch-polnischen UNESCO-Kommission mitunter spürbar abgingen.

Während diese sich in mühsamen Formulierungen oder beschönigenden Vokabeln um einseitige Unrechtsakte herumwinden und das Wort ,,Vertreibung" gegen ,,Bevölkerungsverschiebungen" austauschen, nennen Menzel-Stribrny-Völker die Ereignisse beim Namen.

Das zeigt sich bereits in der Überschrift der einschlägigen Schulbuchempfehlung Nr. 22. Lautet sie in den UNESCO-Empfehlungen lapidar ,,Bevölkerungsverschiebungen", wählte Menzel mit seinen Ko-Autoren die Form der nüchternen Aufzählung und spricht von ,,Bevölkerungsaustausch, Evakuierung, Flucht, Vertreibung, Aussiedlung".

Der nachfolgende Text seiner ,,Alternativ-Empfehlung" erläutert dann des Näheren die in der Überschrift angedeuteten Vorgänge und stellt fest:

,,Die Festlegung der neuen polnischen Ostgrenze und die Ziehung der Oder-Neiße-Linie als polnische Verwaltungsgrenze im Westen bei Ende des Zweiten Weltkriegs erfolgten in der Weise, daß Millionen von Menschen gezwungen wurden, die Heimat zu verlassen. Während im Osten Polens aufgrund eines sowjetisch-polnischen Vertrages ein Bevölkerungsaustausch durchgeführt wurde, von dem etwa 1,5 Millionen Polen auf der einen und etwa 0,5 Millionen Weißrussen und Ukrainer auf der anderen Seite betroffen waren, wurden im Westen aus dem deutschen Gebiet etwa 8,5 Millionen Deutsche vertrieben. Hinzu kommen über 1 Million Deutsche aus dem polnischen Staatsgebiet vor 1939. In nationalistischer Konzeption wurde so versucht, die staatlichen bzw. verwaltungsmäßigen Grenzen mit den ethnischen in Übereinstimmung zu bringen."

In der ,,Empfehlung Nr. 22" der deutsch-polnischen Schulbuchkommission ist über dieses leidvolle Geschehen nur vermerkt: ,,Die territorialen Veränderungen bei Ende des Zweiten Weltkrieges wurden mit umfangreichen Bevölkerungsverschiebungen verbunden. Sie zielten darauf ab, staatliche und ethnische Grenzen nach

Möglichkeit in Übereinstimmung zu bringen." Überflüssig zu sagen, welche Aussage sich mehr an der geschichtlichen Wirklichkeit orientiert.
Dasselbe gilt auch für die Schulbuchempfehlung zur Behandlung der „territorialen Veränderungen". Während Menzel-Stribrny-Völker die Ziehung der Oder-Neiße-Linie „in engem Zusammenhang mit der Westverschiebung der polnischen Ostgrenze" sehen und damit den eigentlichen Hintergrund des deutsch-polnischen Grenzproblems anleuchten, rang sich die gemischte Schulbuchkommission nur zu der vagen Feststellung durch, daß „die deutsch-polnische Grenzregelung nach dem Zweiten Weltkrieg im Zusammenhang der allgemeinen Territorial- und Grenzveränderungen als Ergebnis des Krieges zu betrachten" sei, um dann den Blick immer mehr nur auf „die Frage der polnischen Westgrenze" zu verengen und die Verantwortung der Sowjetunion ganz aus den Augen zu verlieren.
Schließlich ist in der UNESCO-Schulbuchempfehlung nur noch davon die Rede, daß vor dem Beginn der Potsdamer Konferenz die staatliche Hoheitsgewalt über die Oder-Neiße-Gebiete „de facto bereits den polnischen Behörden übertragen worden" sei und daß mit dem Artikel XIII des Potsdamer Abkommens (Transfer der deutschen Bevölkerung) wie der Aufstellung eines Aufnahmeplans des Alliierten Kontrollrates von den Alliierten selbst präjudiziert sei, „daß es sich bei der polnischen Administration der ehemals deutschen Gebiete nicht um ein revidierbares Provisorium handeln könne."

Gegenüber diesen völkerrechtlich wie historisch gleichermaßen bedenklichen Aussagen stellen die Verfasser der „Alternativ-Empfehlungen" die wesentliche Mitwirkung Moskaus an den polnischen Annexionen und der Vertreibung der Deutschen heraus und vermerken, daß der Aufnahmeplan der Alliierten für die aus Polen auszuweisenden deutschen Bevölkerungsteile „eine humanitäre Notwendigkeit war".
Zu der in der UNESCO-Empfehlung mißverständlichen Flächenberechnung, nach welcher Polen zwar 102 000 Quadratkilometer deutschen Landes bekam, trotzdem aber gegenüber 1939 mit jetzt 312 000 qkm um rund 77 000 Quadratkilometer kleiner ist, stellen Menzel-Stribrny-Völker klärend fest, daß Polen im Osten 181 000 qkm „nur dünn und mehrheitlich nichtpolnisch besiedeltes, wirtschaftlich schwach entwickeltes Gebiet" an die Sowjetunion abtrat, während es im Westen zusammen mit der ehemaligen Freien Stadt Danzig 104 000 Quadratkilometer „dicht und nahezu rein deutsch bevölkertes, wirtschaftlich ungleich wertvolleres, gut strukturiertes Gebiet" zur Verwaltung übertragen erhielt.

Zusätzlich weisen sie darauf hin, daß die heutige polnische Ostgrenze weitgehend der 1919/20 von den Alliierten aufgrund der Volkstumsverhältnisse geforderten, sogenannten Curzon-Linie entspricht, Warschau also kein volkspolnisches Land hergeben mußte. Bekanntlich hat sich Polen die in Frage stehenden Gebiete nach seinem Sieg über Rußland im Friedensvertrag von Riga (18. März 1921) abtreten lassen, aber nicht entsprechend polonisieren können. Die Autoren der „Alternativ-Empfehlungen" nehmen in ihrer Darstellung auf diese Zusammenhänge Bezug.

Ein mustergültiges Stück Ostkunde

Sie rücken auch die problematischen Aussagen der UNESCO-Empfehlungen über die „faktische Auflösung des Deutschen Reiches" und die Konstituierung von „zwei deutschen Staaten mit unterschiedlicher Gesellschaftsordnung" zurecht und halten – in Übereinstimmung mit höchstrichterlichen Entscheidungen – fest, daß das Deutsche Reich „rechtlich fortexistiert" und die Bundesrepublik Deutschland aus dem „frei geäußerten Willen der Bevölkerung" hervorgegangen und getragen ist, während in der sowjetischen Besatzungszone „ohne freie Zustimmung und Willensbekundung der Bevölkerung" die Deutsche Demokratische Republik entstand.

Ebenso stellen sie klar, daß die vor Kriegsende aus den Oder-Neiße-Gebieten und aus Polen evakuierten oder geflüchteten Deutschen nicht rechnerisch von den übrigen Vertriebenen unterschieden werden dürfen, wie dies die UNESCO-Empfehlungen insinuieren und ihre Befürworter auch interpretieren, sondern zu den ihrer Heimat Verwiesenen gezählt werden müssen, da sie von den polnischen Behörden daran gehindert wurden, in ihre Wohnorte zurückzukehren.
In diesem Zusammenhang verweisen Menzel-Stribrny-Völker darauf, daß in diesen Vertreibungsgebieten – nach anfänglich ungeregelter Inbesitznahme – „von den polnischen Behörden systematisch Polen angesiedelt wurden, die teilweise aus Ostpolen, zum größten Teil aber aus dem zentralpolnischen Bereich stammten". Damit beugen sie der auch hierzulande weit verbreiteten irrigen Annahme vor, als hätten die deutschen Ostgebiete in erster Linie jenen Polen als Ersatz und Entschädigung dienen müssen, die aus den an die Sowjetunion abgetretenen Landstrichen evakuiert wurden und eine neue Heimstatt suchten.

Die zur Unterstützung dieses Fehlschlusses von Moskau in die Welt gesetzte „Kompensationstheorie", nach welcher Polen für abgetretene Wohngebiete einen „Ausgleich" bekommen müsse und diesen auf Kosten des kriegsverantwortlichen Deutschland bekommen solle, wird im übrigen nicht nur durch die verhältnismäßig geringe polnische Bevölkerungsdichte – 108 Einwohner auf einem Quadratkilometer! – Lügen gestraft, sondern auch durch einen Ausspruch Kardinal Wyszynskis widerlegt, daß Polen heute für 95 Millionen Menschen Raum biete, aber erst ein Drittel davon aufweise.

Mit dem Blick auf solche objektiven Tatbestände erweisen sich die „Alternativ-Empfehlungen" Menzel-Stribrny-Völker rerealitätsbezogener als die UNESCO-Schulabsprachen und verdienen deswegen auch den Vorzug vor jenen.

Das gilt nicht allein für die sechs Empfehlungen zur deutsch-polnischen Nachkriegsgeschichte, sondern zum großen Teil auch für die übrigen zwanzig Schulbuchvereinbarungen über die deutsch-polnischen Beziehungen in Altertum, Mittelalter, Neuzeit und im 20. Jahrhundert sowie für die Empfehlung zum Geographie-Unterricht. Dabei ergeben sich wiederum die größten Abweichungen zwischen den UNESCO- und den „Alternativ-Empfehlungen" bei der kontroversen Darstellung der Geschichte Schlesiens, Pommerns und des Deutschen Ordens, die sich in den einschlägigen Schulbuchabsprachen Nr. 4 und Nr. 6 findet.

Menzel-Stribrny-Völker widmen diesen Abschnitten über sechs Seiten, während die gemischte deutsch-polnische Schulbuchkommission kaum mehr als zwei Seiten für diese Themen übrig haben. Freilich räumt sie in ihrer Empfehlung Nr. 6 „Polen und der Deutsche Orden" ein, daß „dieser Problemkomplex trotz gewisser Fortschritte . . . noch weiterer gründlicher Behandlung bedarf"; eine Offenheit, die man sich öfters in den UNESCO-Empfehlungen gewünscht hätte – die andererseits aber gleichzeitig „die Hoffnung der gemeinsamen Kommission, daß die von ihr erarbeiteten Empfehlungen mit Hilfe der Kultusbehörden und der Unterstützung der öffentlichen Meinung in möglichst kurzer Zeit in die Schul- und Unterrichtspraxis eingeführt werden" etwas überzogen erscheinen läßt: schließlich kann schwerlich etwas ins Schulbuch oder in die Unterrichtspraxis eingeführt werden, was „trotz gewisser Fortschritte noch weiterer gründlicher Behandlung bedarf", also eigentlich noch gar keine verwertbare Empfehlung ist.
Menzel-Stribrny-Völker übergehen diese Ungereimtheit der gemischten deutsch-polnischen Schulbuchkommission, wie sie sich überhaupt in ihren vorgelegten Alternativen jeglicher Schärfe und Polemik gegen die UNESCO-Empfehlungen enthalten und sich nur auf sachliche Ergänzungen und Korrekturen beschränken.

In ihrer Alternativ-Empfehlung zum Thema ,,Polen und der Deutsche Orden" verzichten sie sogar auf einen eigenen Beitrag und bieten statt dessen ein Extrakt aus einer einschlägigen Darstellung zweier deutscher Vertreter der gemischten Schulbuchkommission an, die diese offenbar nicht in die betreffende UNESCO-Empfehlung einzubringen vermocht haben. Um so leichter müßte es ihnen fallen, dieser von Menzel und seinen Ko-Autoren stellvertretend für sie vorgelegten Ergänzungen ihre Zustimmung zu geben.
Es darf angenommen werden, daß sie auch der Alternativ-Schulbuchempfehlung zur Geographie mit der Forderung, daß ,,Karten nicht nur die auf den bestehenden Machtverhältnissen beruhenden, sondern auch die dem Recht entsprechenden Gegebenheiten in geeigneter Weise wiedergeben sollen", ihrer eigenen Kompromißformel, nach welcher man ,,zur Darstellung beider Länder von den gegenwärtigen Realitäten ausgehen" müsse, den Vorzug geben würden.

Dies um so mehr, als sich sonst die von manchen beflissenen Schulbuchverlagen bereits praktizierte Schreibweise, welche die polnische Hauptstadt zwar weiterhin mit ,,Warschau" angibt, aber das siebenhundertjährige deutsche Stettin mit ,,Szczecin" ausweist, noch mehr verbreitet, entgegen jeder Logik und völkerrechtlichen Notwendigkeit. Machte man sich nämlich den Standpunkt zu eigen, daß heute polnisch bewohnte Orte in der Landessprache vorzustellen seien, müßte man nicht nur ,,Warszawa", ,,Bydgoszcz" oder ,,Poznan" schreiben, sondern auch heute von ,,Oswiecim" statt von Auschwitz sprechen, eine Konsequenz, zu der sich kaum jemand entschließen mag – von der allgemeinen Praxis ganz zu schweigen, nach welcher man zur besseren Übersicht und Verständlichkeit an den herkömmlich bekannten und eingeführten Ortsnamen festhält und beispielsweise in Frankreich die bayerische Landeshauptstadt ,,Munich" nennt oder sie in Italien als ,,Monaco" vorstellt, ohne daß sich die Münchener gewaltsam französisiert oder italienisiert fühlen.
Um wieviel weniger Anlaß besteht dann, die jahrhundertealten deutschen Namen wie Breslau, Grünberg oder Stettin in sich schier überschlagender Selbstverleugnung durch kaum aussprechbare polnische Bezeichnungen zu ersetzen, wie dies einige sich offenbar besonders ,,fortschrittlich" fühlende Kartenverlage schon tun. Die von Menzel-Stribrny-Völker vorgelegte Empfehlung zur Geographie kann vielleicht dazu beitragen, diese schon an Anbiederung grenzende Beflissenheit ein wenig zu reduzieren und gleichzeitig diese Frage aus dem deutsch-polnischen Streitfeld herauszuführen.

Vor dieser Hoffnung steht freilich zunächst die Ungewißheit, wie diese ,,Alternativ-Empfehlungen" von den Verfassern der UNESCO-Schulbuchabsprachen, insonderheit den polnischen Vertretern, aufgenommen werden. Haben Menzel-Stribrny-Völker weitgehend die sachlichfachliche Zustimmung zu ihren vorgelegten Alternativen auf ihrer Seite, können die westdeutschen Schulbuchkommissionsmitglieder dafür auf die Zustimmung ihrer polnischen Gesprächspartner verweisen und die Hoffnung hegen, daß die von ihnen vereinbarten Schulbuchempfehlungen auch an der Weichsel Eingang in die Lehrbücher und Unterrichtsmaterialien finden.
Gleiches dürfte Menzel-Stribrny-Völkers Vorschlägen einstweilen verwehrt sein. Damit sind sie aber nicht schon Makulatur: vielmehr machen sie die UNESCO-Schulbuchempfehlungen auch für jene deutschen Bundesländer akzeptabel, die sie bisher aus guten Gründen ablehnten und darob in den ungerechtfertigten Verdacht der Entspannungsfeindlichkeit geraten waren.
Zugleich bieten sie in ihrer einwandfreien Beschreibung der deutsch-polnischen Beziehungen ein mustergültiges Stück Ostkunde für den Geschichtsunterricht an unseren Schulen. Gründe genug, sich eingehend mit ihnen zu beschäftigen.

Den Geschichtsklitterern zur Antwort. Korrektur der deutsch-polnischen Schulbuchempfehlungen
(Deutscher Anzeiger, 11. 8. 1978)

Einen Beitrag zur Beilegung der Kontroverse um die Schulbuchempfehlungen der deutsch-polnischen UNESCO-Kommission haben drei westdeutsche Historiker in Form einer ,,Alternativ-Empfehlung" vorgelegt. Die UNESCO-Empfehlungen sind in der westdeutschen Öffentlichkeit auf heftige Kritik gestoßen. Von den Kultusministerien mehrerer Bundesländer sind sie wegen ihrer ,,Unausgewogenheit" sogar abgelehnt worden.

Die ,,Neufassung" der Historiker Prof. Josef Joachim Menzel (Universität Mainz), Prof. Wolfgang Stribrny (Pädagogische Hochschule Flensburg) und Studiendirektor Eberhard Völker (Bad Harzburg) läßt den UNESCO-Text dort unangetastet, wo er ,,nur irgendwie wissenschaftlich vertretbar" ist. Änderungen und Ergänzungen sind im wesentlichen nur dort vorgenommen worden, erklären die Verfasser, ,,wo es sachlich – sei es wegen Mängeln und Fehlern im Detail, sei es wegen Unstimmigkeiten des Gesamtzusammenhanges – unabweisbar geboten erschien". Die ,,Alternativ-Empfehlungen" sind von der ,,Kulturstiftung der deutschen Vertriebenen" in Bonn veröffentlicht worden.

So wird jetzt auch die Rolle Rußlands und vor allem der Sowjetunion in der Geschichte Polens dargestellt, auf deren Berücksichtigung die UNESCO-Kommission auf Warschauer Verlangen verzichtet hatte. Die Neufassung nennt deshalb bei der Behandlung der polnischen Teilungen im 18. Jahrhundert die ,,großen Nachbarn" beim Namen. Von der ersten Teilung 1772 heißt es nun im Klartext, sie sei von Preußens König Friedrich dem Großen ,,gefördert", durch die ,,russische Machtpolitik verursacht" und durch ,,österreichische Annexionen ausgelöst" worden. Schließlich wird die Mitverantwortung Moskaus an dem Ausbruch des Zweiten Weltkrieges festgehalten, die in der Urfassung völlig verschwiegen ist.

Ein besonderes Verdienst der Neufassung ist die Einarbeitung des Anteils Deutscher an den polnischen Freiheitskämpfen im 19. Jahrhundert. Die Basis für die Gemeinsamkeit sei der ,,Kampf gegen das absolutistische Rußland" gewesen. So hätten beim polnischen Aufstand 1863 ,,auch deutsche Freiwillige aus Schlesien für die polnische Freiheit" gekämpft.

Einer sorgfältigen Überarbeitung sind die zeitgeschichtlichen Abschnitte des UNESCO-Textes unterzogen worden, gegen die sich die öffentliche Kritik besonders gerichtet hat. So wird jetzt die Mißachtung des Minderheitenschutzvertrages von 1919 durch Polen ebenso erwähnt, wie auch auf die durch die antideutsche Innenpolitik Warschaus erzwungene Auswanderung von rd. 6000 Deutschen aus den 1919 polnisch gewordenen Teilen Posens und Westpreußens hingewiesen. Eingefügt wurde auch der Hinweis auf die Beteiligung Polens an der ,,Zerschlagung" der Tschechoslowakei 1938 durch Annexion des Olsa-Gebietes.

Während der UNESCO-Text die alliierten Vereinbarungen von Potsdam 1945 so hinstellt, als ob sie eine endgültige Abtrennung Ostdeutschlands zugunsten Polens beinhalten, weist die Korrekturfassung auf die bis heute völker- und staatsrechtliche Vorläufigkeit der Unterstellung Ostdeutschlands unter polnische Verwaltung hin, wie sie mehrfach durch alliierte Erklärungen bekräftigt worden ist.

Die Bearbeiter traten auch mit konkreten Zahlen der These entgegen, daß Polen Ostdeutschland zur Ansiedlung der Bevölkerung aus den an die Sowjetunion abgetretenen polnischen Gebieten benötigt habe.

Das deutsch-polnische Verhältnis sei nicht nur durch die Erfahrungen mit der nationalsozialistischen Herrschaft, sondern auch ,,durch die Vertreibung der Deutschen und die polnische Gebietsannexionen belastet", stellen die Bearbeiter fest.

In ihre Neufassung haben sie auch das Bedauern über eine ,,unzureichende polnische Auseinandersetzung mit der Vertreibung und die gänzlich fehlende Verfolgung der Vertreibungsverbrechen" hineingeschrieben.
Dringend erforderlich war auch die Ergänzung zur politischen und rechtlichen Wertung des Warschauer Vertrages von 1970. Der UNESCO-Text hatte den von der Bundesregierung und dem Bundesverfassungsgericht nachdrücklich vorgebrachten Vorbehalt weggelassen, wonach eine endgültige Regelung der deutsch-polnischen Grenzfrage erst in einem Friedensvertrag mit einem wiedervereinigten Deutschland vorgenommen werden kann. Jetzt sind die Empfehlungen durch Darstellung dieses Sachverhaltes wissenschaftlich einwandfrei ergänzt.

Endlich Alternativempfehlungen. Für die deutsch-polnischen Schulbuchgespräche (Helmut Neubach: Allgemeine Zeitung Mainz, 24. 8. 1978)

Zwei Mainzer Historiker beteiligen sich besonders aktiv an den Diskussionen über die deutsch-polnischen Schulbuchgespräche. An erster Stelle ist Professor Dr. Gotthold Rhode zu nennen, der Ordinarius für osteuropäische Geschichte an der Johannes Gutenberg-Universität, Verfasser einer in über dreißigtausend Exemplaren verbreiteten ,,Geschichte Polens" (Deutsche Buchgesellschaft Darmstadt). Als zweiter macht sich nun der 45jährige Dr. Josef Joachim Menzel, ebenfalls Professor an der Mainzer Universität, einen Namen. Er ist ein Experte der mittelalterlichen deutschen Ostsiedlung, arbeitet sich aber mit Erfolg auch in die neuere und neueste Geschichte ein. Trotz seiner guten Kenntnisse und Erfahrungen wurde Menzel bisher noch zu keinem deutsch-polnischen Schulbuchgespräch eingeladen.
Vor einigen Wochen hat er zusammen mit Professor Dr. Wolfgang Stribrny, Flensburg, und Studiendirektor Eberhard Völker, Bad Harzburg, eine 45seitige Broschüre mit ,,Alternativempfehlungen zur Behandlung der deutsch-polnischen Geschichte in den Schulbüchern" veröffentlicht. Sie wird – leider nur ,,als Manuskript gedruckt" und einfach hektographiert – von der ,,Kulturstiftung der deutschen Vertriebenen" herausgegeben und kann auch nur von dort bezogen werden (53 Bonn, Gorch-Forck-Straße 1). Was diese ,,Alternativempfehlungen" anstreben, wird aus dem Vorwort deutlich, nämlich eine ,,Konkretisierung und Konzentration der kontroversen Diskussion mit dem Ziel einwandfreier Aussagen zur deutsch-polnischen Geschichte". ,,Um die Vergleichbarkeit zu gewährleisten und den bestehenden Teilkonsens zu verdeutlichen", so heißt es weiter, ,,wurde dabei bewußt von den UNESCO-Schulbuchempfehlungen ausgegangen, deren Text – soweit wie nur irgendwie wissenschaftlich vertretbar – unangetastet blieb." Änderungen und Ergänzungen seien im wesentlichen nur dort vorgenommen worden, wo es ,,wegen Mängeln und Fehlern im Detail oder wegen Unstimmigkeiten des Gesamtzusammenhangs" ,,unabweisbar geboten" erschien. Alles in allem wollen diese Alternativempfehlungen Korrekturen anbringen und eine ,,ausgewogene wissenschaftliche Gegenposition markieren".
Zugestimmt wird eigentlich nur einer einzigen These, und zwar der Nr. 6, die sich mit ,,Polen und dem Deutschen Orden" beschäftigt. Von ihr heißt es, daß sie ,,die unterschiedliche Einschätzung der Rolle des Ordens von polnischer und deutscher Seite begrüßenswert offen darlegt". Kritisiert wird dagegen die Art, in der die katholische Kirche behandelt wird (Thesen Nr. 2, 5 und 26). Hier scheint in der Tat eine Unterbewertung vorzuliegen. Kritik melden die Verfasser auch gegenüber den Thesen 8–10 an, in denen – wohl aus politischen Rücksichten gegenüber der Sowjetunion – die Rolle Rußlands bei den polnischen Teilungen und auch die Russifizierungspolitik in Kongreß-Polen zu

schonend dargestellt werden. In der These 19 wünschen sie einen Hinweis auf den deutsch-sowjetischen Grenz- und Freundschaftsvertrag vom 23. August 1939 (Hitler-Stalin-Pakt), in dem sich beide Diktatoren auf eine gemeinsame Aufteilung Polens einigten. Besonders gravierende Korrekturen melden die Alternativempfehlungen bei der These 22 („Bevölkerungsverschiebungen") an. Hier wird genau zwischen Evakuierung, Flucht, Vertreibung und Aussiedlung unterschieden.
Anderer Meinung als die Empfehlungen sind die drei Autoren auch im Kapitel „Geographie", was den Gebrauch der geographischen Namen angeht. Diese sollen „in der in der Unterrichtssprache des Schülers üblichen Form verwendet werden". Abgelehnt werden sowohl Namen, die auf gezielte Germanisierungsbestrebungen wie auch gegen solche, die auf eine „eindeutige Polonisierungstendenz" hindeuten. „Die entsprechenden Bezeichnungen in der jeweils anderen Sprache können nach Bedarf in Klammern hinzugefügt werden", heißt es wörtlich.
Die „Alternativ-Empfehlungen" sind inzwischen allen Kultusministerien, zahlreichen Presseorganen sowie den Rundfunk- und Fernsehanstalten zugeschickt worden. Staatssekretär Langes vom rheinland-pfälzischen Kultusministerium hat sie in einem Schreiben an Professor Menzel mit Nachdruck begrüßt. In der Tat sind diese Alternativthesen notwendig; sie bilden ein Korrektiv, das die weiteren Diskussionen befruchten dürfte.

Die große Bedeutung, die die rheinland-pfälzische Landesregierung den deutsch-polnischen Schulbuchgesprächen entgegenbringt, zeigte sich bei der elften Konferenz in Deidesheim/Weinstraße. Sie wurde durch die Kultusministerin Dr. Hanna-Renate Laurien in Anwesenheit des polnischen Botschafters eröffnet. Ministerpräsident Dr. Bernhard Vogel gab im Deidesheimer Ratskeller einen Empfang, an dem wie an der Eröffnungsveranstaltung auch Staatssekretär Dr. Stollenwerk teilnahm. Die CDU-Landtagsfraktion vertrat Studiendirektor Gernot Heck MdL, selber Historiker. Rheinland-Pfalz hatte in den Professoren Rhode und Konrad Fuchs auch zwei maßgebliche Referenten gestellt.

Umfrage unter Geschichtslehrern: Schulbuchempfehlungen bekannt – Schwächen in der Umsetzung!
(Deutsch-Polnische Gesellschaft: Mitteilungen, H. 4, Sept. 1978)

Um die Verwirklichung der deutsch-polnischen Schulbuchempfehlungen scheint es nicht schlecht zu stehen. Wir befragten einige Geschichtslehrer im Oberhausen-Duisburger Raum und stellten dabei fest: Inhalte und Ziele der von einer gemischten Experten-Kommission erarbeiteten Empfehlungen sind grundsätzlich bekannt. Trotzdem waren bei einigen Lehrern gewisse Informationsdefizite bzw. Unsicherheiten festzustellen.
Während viele der Befragten erklärten, Teile der Empfehlungen bereits in der Vergangenheit in ihren Geschichtsunterricht aufgenommen zu haben, beriefen sich einige wenige auf Inhalt und „Geist" der an ihren Schulen verwandten Büchern, die nicht immer auf dem neuesten Stand geschichtlicher Erkenntnisse seien. Es scheinen jedoch bereits ein Großteil der im Gymnasialbereich verwandten Geschichts- und Erdkundebücher im Sinne der Empfehlungen bereinigt zu sein.

Gymnasial-Geschichtsbücher weitgehend bereinigt – aber Polen kommt wenig vor

Der Leiter des Oberhausener Freiherr-vom-Stein-Gymnasiums, Friedrich Jucknat, versicherte, daß bereits in den beiden an seiner Schule verwandten Geschichtsbüchern – Schmid „Fragen an die Geschichte" und Schöningh „Zeiten und Menschen" – die Empfehlungen ihren Niederschlag gefunden hätten. Einzige Einschränkung: Soweit sich die Verfasser

in den genannten Büchern überhaupt mit deutsch-polnischen Beziehungen beschäftigten.
Friedrich Jucknat betonte aber auch, daß gerade der Bereich der gemeinsamen Beziehungen der beiden Länder entsprechend der Empfehlungen noch ausgeweitet werden soll.
Geschichtslehrerin Lisa Meyburg vom Duisburger Max-Planck-Gymnasium sprach aus, was mehrere ihrer Kollegen auf den Lippen hatten, daß nämlich die Behandlung der deutsch-polnischen Beziehungen im Lehrplan lediglich für den Zeitraum nach 1945 etwas ausführlicher vorgesehen sei. Aus Zeitgründen werde dieser Bereich jedoch, außer im Differenzierungsbereich der Klassen 9 und 10, weder in der Mittel- noch in der Oberstufe behandelt.

Die Verführung zum falschen Vergleich und zum Aufrechnen

Ein Studiendirektor aus Duisburg versicherte, er habe schon lange Gedankengut der Empfehlungen in den Geschichtsunterricht einfließen lassen, wobei er sogar häufig den polnischen Standpunkt eingenommen haben will. Er erklärte aber auch stolz, daß er seinen Schülern gerne die polnischen Teilungen und die letztendliche Entstehung des polnischen Staates als Beispiel dafür vor Augen führe, daß man auch die deutsche Teilung überwinden könne.
Sicher ein Beispiel am falschen Objekt.
Er kritisierte auch, daß in polnischen Geschichtsbüchern nichts vom deutsch-sowjetischen Nichtangriffspakt von 1939 stehe und sagte wörtlich: „Bei der Vertreibung wurden die Deutschen auch nicht mit Samthandschuhen angefaßt."
Diese Argumente lassen erkennen, wie weit teilweise der an Gymnasien erteilte Geschichtsunterricht vom Geist der Empfehlungen entfernt ist! Hier wird noch versucht aufzurechnen nach dem Motto „Zahn um Zahn. . .", anstatt auf den Kern des Unrechts und seinen verheerenden Folgen einzugehen.
Nach Meinung von Arthur Leißner, Englisch- und Geschichtslehrer am Käthe-Kollwitz-Gymnasium in Ruhrort, komme der Bereich der deutsch-polnischen Beziehungen im Unterricht generell zu kurz. Oberstudiendirektor Jucknat dagegen glaubt, daß der Bereich trotz seiner Bedeutung für die Deutschen, nur ein kleines Teilgebiet in der Gesamtgeschichte ausmacht, und, sofern die Berührungspunkte laut Lehrplan im Geschichtsunterricht behandelt werden, auch ausreichend berücksichtigt wird.

Lehrpläne für den Geschichtsunterricht erneut begutachten

Laut neuem Schulmitwirkungsgesetz, das jetzt in Nordrhein-Westfalen in Kraft trat, müssen sich die Fachkonferenzen „Geschichte" mit den Lehrplänen beschäftigen. Dies ist sicher eine Möglichkeit, dem „Bereich der deutsch-polnischen Beziehungen durch die Jahrhunderte" den ihm zustehenden Stellenwert zu verschaffen, wenn fortschrittliche Eltern – sie haben erstmals das Recht der Mitsprache – und Lehrer an einem Strang ziehen und auf die Verwirklichung der Schulbuchempfehlungen drängen.
Schließlich gab Friedrich Jucknat einen interessanten Tip in Richtung Ausweitung der deutsch-polnischen Beziehungen. Er schlug vor, Studienfahrten mit Gymnasiasten einmal nicht nach London oder Paris zu unternehmen, sondern nach Warschau oder Krakau.

„Ein Dokument zukunftsloser Doppelstrategie"
(Prof. Dr. Helmut Ridder: Deutsch-Polnische Gesellschaft, Mitteilungen, H. 4, Sept. 1978)

Die uns hier als vervielfältigtes Manuskript druckfrisch vorliegenden „Alternativ-Empfehlungen zur Behandlung der deutsch-polnischen Geschichte in den Schulbüchern" erschienen dem FAZ-Beauftragten als ein möglicher „Ausweg aus dem Schulbuchstreit". Was die Binnenszene der Bundesrepublik Deutschland angeht, könnte er damit sogar vorübergehend richtig getippt haben. Um die Sache, um die es geht, die Sache der Normalisierung der bundesdeutsch-polnischen Beziehungen nämlich, stünde es allerdings um so schlimmer, wenn die große Einmütigkeit der Staats-, Partei- und Verbandsapparate sich auch auf diese „Alternativ-Empfehlungen" erstrecken sollte, die ein nahezu zwangsläufiges Produkt der Perpetuierung einer irrationalen und die Glaubwürdigkeit der Bundesrepublik Deutschland im völkerrechtlichen Verkehr beharrlich auf dem Null-Punkt haltenden Doppelstrategie sind.

Von historischen *Einzelheiten* – Feststellungen wie Wertungen – ist in dieser kurzen Stellungnahme zur *Funktion* der „Alternativ-Empfehlungen" durchweg *nicht* zu handeln. Mangelnde Sorgfalt ist den Verfassern hinsichtlich eines Großteils der von ihnen vorgeschlagenen Ergänzungen gewiß nicht vorzuwerfen. Und sicher sind andererseits die mühsam, kompromißbereit und guten Willens in einem langwierigen Verständigungsprozeß von den Experten der deutschen und der polnischen UNESCO-Kommission erarbeiteten Schulbuchempfehlungen kein Optimum und Maximum sondern lediglich ein – durchaus verbesserungsbedürftiger – *Anfang*. Ein Anfang, dessen Defizite und Mängel in beiderseitiger kontinuierlicher, kritischer Weiterarbeit bereinigt werden könnten. Dazu bedarf es zweifellos eines Ineinandergreifens von gutwilliger Arbeit der jeweiligen nationalen Schulmänner und künftiger weiterer Kommissionstätigkeit. (Beide Seiten täten allerdings im übrigen gut daran, den fachhistorischen Feststellungen z. B. darüber, in welchem Jahrhundert welche wie zu qualifizierenden ethnischen Verhältnisse bestanden haben, keinen unangemessenen Stellenwert für die Beurteilung der Legitimität heutiger Postulate einzuräumen.) Selbst über terminologische Fixierungen, die an lebensgeschichtliche Verwundungen auch deutscher Zeitgenossen rühren – „Vertreibung", „Ausweisung", „Transfer", „Verschiebung" . . . wer wollte leugnen, daß der „Transfer" der Deutschen aus den heutigen polnischen Westgebieten weder freiwillig angenommen noch mit Freundlichkeit bewerkstelligt worden ist noch individuelles Verschulden oder Nicht-Verschulden „gerecht" treffen konnte –, ließe sich weiter sprechen und ehrlich streiten, *wenn* . . . Ja, wenn aus all den Monita dieser „Alternativ-Empfehlungen" nicht alsbald und gegen Ende immer deutlicher, der alles vergiftende Wurm herauskröche, der diese Empfehlungen zu einer radikalen Verwerfung der ganzen Schulbuchkommissionsarbeit und damit ungeachtet mancher erwägenswerter Einzelheiten untauglich macht.

Was der Arbeit und den Arbeitsergebnissen der gemeinsamen Schulbuchkommission einen so positiven Akzent verlieh, war vor allem ihre *ausschließliche* Orientierung auf den Warschauer Vertrag und seine Folgevereinbarungen und -erklärungen, mithin der Verzicht auf die Einbeziehung der anläßlich der Ratifizierung des Warschauer Vertrags von allen Bundestagsparteien verabschiedeten Gemeinsamen Erklärung, wonach „der Vertrag keine Rechtsgrundlagen für die heute bestehenden Grenzen schafft". Diese letztere Feststellung ist zwar richtig, wird aber in Übereinstimmung mit der amtlichen Doktrin verknüpft mit der unsinnigen These vom immer noch „fortbestehenden Deutschen Reich", das angeblich auch durch die „Ostverträge" rechtlich nicht affiziert werden kann (wohingegen dieser Phantom-Staat in anderen Beziehungen nicht etwa als auf seine Rechtsordnung nach dem Stand von 1937/45 festgefroren traktiert wird, sondern fortwährend, und zwar kräftig, trotz seiner angeblichen Handlungsunfähigkeit an der bundesrepublikanischen politischen und Rechtsentwicklung partizipiert und somit nichts anderes als ein Doppelgänger dieser Bundesrepublik ist).

Die Wahrheit ist also die, daß der Warschauer Vertrag deswegen keine Gebietsabtretungen konstituiert, weil die in Betracht kommenden „Ostgebiete“ nie zu der 1949 gegründeten Bundesrepublik Deutschland gehört haben. Alles andere ist ein Gespinst von juristischer Weltanschauung, mit dessen Annahme die „Alternativ-Empfehlungen“ genauso wie das Bundesverfassungsgericht zum status quo ante zurückkehren und den Warschauer Vertrag auf einen taktischen Schachzug reduzieren, der unter dem Vorbehalt einer jederzeit möglichen Rückkehr zur „Politik der Stärke“ steht. Es ist darüber hinaus ein grundlegender Irrtum, wenn die Verfasser meinen, daß die Verbündeten der Bundesrepublik Deutschland, die die revisionistischen Forderungen der mit dem deutschen Alleinvertretungsanspruch auftretenden Bundesrepublik Deutschland jahrzehntelang *politisch* unterstützt haben, sich auch deren entsprechende *Rechts*auffassung zueigen gemacht hätten. Sie haben dies niemals getan, wenn sie ihr Schweigen dazu auch klüglich und diplomatisch in die sog. Verantwortung für „Deutschland als Ganzes“ verpackt haben, die eben auch nur eine politische Position war, und sie haben angesichts der heute gegebenen Lage noch weniger Anlaß, sich mit solchen Torheiten zu identifizieren. Am Auslöffeln der Suppe, die der westdeutsche Staat sich unter ihren mehr oder minder wohlgefälligen Augen eingebrockt hat, werden sie sich schließlich auch nicht beteiligen.

Freilich: Auch nach dem 7. Dezember 1970 hat man hierzulande mit einem Strang von Amtlichkeit verbissen an den juristischen Wahnthesen festgehalten – die Linie zieht sich von der eben genannten gemeinsamen „interpretatorischen“ Entschließung der Bundestagsparteien über die anachronistischen Judikate des Bundesverfassungsgerichts vom 31. Juli 1973 und 7. Juli 1975 bis in die Gegenwart fort. Die Arbeiten der gemeinsamen Schulbuchkommission konnten demgegenüber nur flott werden, indem man sich unter Vernachlässigung dieses Strangs von Amtlichkeit beherzt zum Umsteigen auf das Vertragsschiff des Warschauer Vertrags entschloß, dessen Kurs auf Zukunft steht. Von der polnischen Seite zu erwarten, sie werde ausgerechnet auf den mit Volldampf in die Vergangenheit zurückschwimmenden Transporter umsteigen, ist nachgerade absurd. Nichts anderes als eine Einladung dazu stellen aber die „Alternativ-Empfehlungen“ dar. Und deswegen, mögen die Verfasser sich der Tragweite bewußt sein oder nicht, sind sie auch mit all den Unzumutbarkeiten belastet, die die Normalisierung der deutsch-polnischen Beziehungen blockieren, wie etwa mit der Forderung nach Verfolgung von „Vertreibungsverbrechen“ (die nicht abzulehnen ist, weil es keine unzulässigen Übergriffe im Rahmen der Zwangsaussiedlungen gegeben haben könnte, sondern weil diese Aktion dadurch auf eine Vergleichsebene mit der nazistischen Ausrottungspolitik gegenüber Polen gehoben wird) oder der bornierten Deutung des deutsch-sowjetischen Nicht-Angriffs-Pakts von 1939 (die geflissentlich übersieht, welche Spielräume der sowjetischen Außenpolitik im Sommer 1939 zur Verfügung standen). Durch solche grundsätzlichen Fehlorientierungen werden die „Alternativ-Empfehlungen“, obwohl sie die eine oder andere diskutable Einzelkorrektur enthalten, insgesamt unannehmbar.

Die „Deutsch-Polnische Gesellschaft der Bundesrepublik Deutschland“ verficht in Verfolg ihrer satzungsmäßigen Ziele einen geraden Weg zur Normalisierung der Beziehungen zwischen der Bundesrepublik Deutschland und der Volksrepublik Polen, der auf die politischen Lebenslügen der Bundesrepublik Deutschland keine Rücksicht nimmt. Das schließt ihre Bereitschaft zur Gesprächshilfe gegenüber den Trägern solcher Bestrebungen nicht aus, die im Wege einer nur transitorisch konzipierten Doppel-Strategie letztlich ernsthaft um die Abschüttelung des Ballasts des Kalten Kriegs bemüht sind. Zu diesen Trägern können aber leider die Verfasser der „Alternativ-Empfehlungen“, obwohl auch sie verbal vom Kalten Krieg abrükken, nicht gezählt werden. Sie haben sich vielmehr als perpetuierliche Doppel-Strategen präsentiert, deren reale Zukunft nur die Vergangenheit sein kann. Auf ihr unmißverständliches Signalement kann daher nicht verzichtet werden.

Die Wahrheit kam zu Schaden. Neuer Anlauf zur Beilegung des Streits über Geschichtsfakten
(Bernhard Gervink: Westfälische Nachrichten, 12. 9. 1978)

Zur Überwindung der Kontroversen, die die 26 Schulbuch-Empfehlungen der deutsch-polnischen UNESCO-Kommission hervorgerufen haben, wollen „Alternativ-Empfehlungen" beitragen, in denen ein unabhängiges dreiköpfiges Gremium behutsame Korrekturen und Gegenvorschläge anbringt. Die Neuhistoriker Prof. Dr. Josef Joachim Menzel, der Didaktiker Prof. Dr. Wolfgang Stribrny und der Schulpraktiker Studiendirektor Eberhard Völker haben in einem 45 Seiten starken Papier ergänzende Formulierungen entwickelt, die aus dem weitgehend undifferenziert geführten Streit über die UNESCO-Empfehlungen herausführen sollen.
Während die Thesen der deutsch-polnischen Kommission sich vielfach mühsam um bestimmte geschichtliche Fakten wie das Verhältnis Polens zu Rußland oder die Vertreibung der Deutschen am Ende des Zweiten Weltkriegs herumdrücken, sind die Gegenvorschläge in einer eindeutigen, die geschichtliche Wahrheit nicht verletzenden, jedoch auch nicht aggressiven Weise niedergeschrieben. Die Autoren nehmen für sich in Anspruch, „von einem normalen, ungekünstelten und unpolitisierten Sprachverhalten, vom elementaren Selbstverständnis des Rechtsstaates und vom Prinzip der Gleichbehandlung als verbindlicher Grundlage auszugehen". Sie bezeichnen ihre Alternativ-Empfehlungen als „eine in sich ausgewogene wissenschaftliche Gegenposition".

Das von ihnen reklamierte „unpolitisierte Sprachverhalten" geht dem UNESCO-Papier in der Tat in manchen Passagen ab. Daß die deutsche Seite den polnischen Vertretern Zugeständnisse machte, ist zu verstehen. Unbestreitbar waren es die Deutschen, die mit dem militärischen Überfall auf Polen jene furchtbaren Leiden auslösten, die noch immer als Schatten über dem Verhältnis zwischen den beiden Ländern liegen und deren gegenseitige Aufrechnungen sinnlos ist. In der Schulbuch-Kommission war es für die deutschen Vertreter angesichts der Verschiedenartigkeit der herrschenden politischen Systeme und geschichtswissenschaftlichen Auffassungen naheliegend, Großzügigkeit und Entgegenkommen zu üben. Nur nahm die Wahrheit, von der es heißt, daß sie freimacht, dabei an manchen Stellen Schaden.
Die Korrekturen, die die Verfasser des Alternativ-Gutachtens machen, beziehen sich oft nur auf Nuancierungen, ohne die jedoch das geschichtliche Bild nicht komplett ist. So wird, um ein Beispiel zu nennen, der Satz, daß der Vertrag über die polnische Teilung von 1772 für Preußen von grundlegender politischer Bedeutung war und daß die Teilnahme Preußens an den Teilungen von 1793 und 1795 die Konsequenz zielbewußter hohenzollernscher Machtpolitik darstellte, ergänzt durch die Bemerkungen, daß der Vertrag von 1772 ein Ergebnis der Gleichgewichtspolitik der Großmächte war und daß der Anteil Preußens an den Teilgebieten bis zum Ersten Weltkrieg acht Prozent, der Anteil Rußlands 82 Prozent betrug.
Nicht einverstanden ist die Alternativ-Gruppe damit, daß die „vierte Teilung", ausgelöst durch den Pakt zwischen Hitler und Stalin, die die polnische Beute unter sich teilten, im Geschichtsunterricht praktisch verschwiegen werden soll. Der Zusammenhang zwischen der Abtretung großer deutscher Gebiete an Polen und die Abtretung noch größerer polnischer Gebiete an die Sowjetunion nach dem Zweiten Weltkrieg soll, wenn es nach der UNESCO-Kommission ginge, in den Schulbüchern nicht erwähnt werden.

Nicht so euphemistisch wie die gemischte Kommission formuliert die Dreier-Gruppe in dem Abschnitt über „Bevölkerungsverschiebungen", wo die Vokabeln „Bevölkerungsaustausch, Evakuierung, Flucht, Vertreibung, Aussiedlung" den ungenaueren Begriffen der UNESCO-Empfehlungen gegenübergestellt werden, die höchstens von „Zwangsumsiedeln", lieber aber von „Verschiebung" oder „Transfer" sprechen. In der Passage „Polen und der Deutsche Orden" verzichten die Alternativ-Empfehlungen auf Gegenvorschläge; im Anhang wird jedoch ein Extrakt aus einer Ausarbeitung von Hartmut Boockmann und Gotthold Rhode aufgeführt, die bei den deutsch-polnischen Verhandlungen offenbar ohne Wirkung blieb.

Daß die Alternativ-Empfehlungen zu Änderungen der UNESCO-Vorschläge führen werden, ist nicht zu erwarten. Die polnischen Gesprächspartner, die dem UNESCO-Papier zustimmten, würden ihnen das Placet versagen. Soll der leidvolle Streit also von neuem aufflammen? Hätten die Autoren deshalb besser geschwiegen? Wer so fragt, übersieht, daß Aussöhnung und Friede auf die Dauer keinen Erfolg haben, wenn die Wahrheitsfrage dabei unter den Teppich gekehrt wird. Die Diskussion wird weitergehen müssen.

Deutsch-polnische Schulbuchempfehlungen – ein Beispiel ihrer Konkretisierung im Unterricht
(Prof. Dr. Udo Arnold: Westdeutsche Schulzeitung 10, 1978, S. 239 f)
[ohne Anmerkungen]

Seit dem Abschluß des Warschauer Vertrages 1970 haben sich die Kontakte zwischen der Bundesrepublik Deutschland und der Volksrepublik Polen vervielfacht, auf offiziellem wie auch auf weniger offiziellem Parkett. Offiziell angelaufen sind 1972 gemeinsame Schulbuchgespräche. Das konnte keineswegs als Überraschung gelten. Bereits zwischen den Kriegen hatte es Gespräche gegeben, die aus politischen Gründen abgebrochen wurden: Mitte der 50er Jahre wurde ein neuerlicher Ansatz gestartet, der sich aber aufgrund der damaligen politischen Situation ebenfalls festlaufen mußte. Als es nun zu vertraglichen Abmachungen zwischen beiden Staaten kam, waren Schulbuchgespräche von polnischer Seite ganz offiziell bereits deutlich als Desiderat angemeldet worden. Als sie 1972 begannen, wußte man auf polnischer Seite auch sehr viel besser als bei uns, was man konkret wollte. Man hatte es auch wesentlich einfacher. Ein zentral verwalteter Staat mit einem ebenso geleiteten Schul- und Schulbuchwesen tut sich leichter in Bildungsfragen als gerade die Bundesrepublik: zehn Bundesländer und Berlin mit jeweils eigener Kultus- und somit Schulhoheit, damit jeweils ländereigene Lehrpläne für eine Vielzahl von Schulformen und -stufen, eine für die ganze Bundesrepublik schier unübersehbare Zahl von Schulbüchern, auch wenn manche Verlage eindeutige Prioritäten besitzen, und letztlich ein privatwirtschaftlich organisiertes Verlagswesen. Dies waren die Prämissen für Schulbuchgespräche, und hier liegt auch heute noch die Problematik in der gegenseitigen Argumentation.

Auf diesem Hintergrund konnte es also – im Gegensatz zur polnischen Seite – keine staatliche Verhandlungskommission geben, wenn der Bund sich nicht zuvor mit den Ländern einigte. Außerdem existierte noch kein deutsch-polnisches Kulturabkommen. So boten sich – nicht zuletzt aufgrund der Personalidentität in der Person des jeweiligen Leiters Prof. Dr. Georg Eckert – die Deutsche UNESCO-Kommission, deren Schulbuchausschuß und das Internationale Schulbuchinstitut Braunschweig als Veranstalter von Schulbuchgesprächen an.

So unverbindlich im staatlichen Bereich der Bundesrepublik dieser Beginn war, so blieb teilweise auch das Ergebnis, während der Verlauf hier weniger interessiert. 1976 wurden endgültig „Empfehlungen für Schulbücher der Geschichte und Geographie in der Bundesrepublik Deutschland und in der Volksrepublik Polen" in einer Endredaktion verabschiedet.

Damit war die erste Etappe dieser Gespräche beendet. Es begann der Abschnitt der wissenschaftlichen Tagungen zu bestimmten Spezialproblemen, vorgezogen 1974 mit dem Thema „Deutscher Orden", zuletzt vor wenigen Wochen in Deidesheim zum Thema „Die deutsch-polnischen Beziehungen 1831–1848 (‚Vormärz')".

Gleichzeitig vollzieht sich das Gerangel darum, wie jene Empfehlungen in der Bundesrepublik „berücksichtigt" werden: offenbar handelt es sich in vielen Fällen um ein rein parteipolitisches Spiel, das oftmals sogar in Unkenntnis der genauen Formulierungen erfolgt; nachlesbar ist das in den jeweiligen Protokollen der Landtagsdebatten. Was jedoch sehr oft übersehen wird, ist die Tatsache, daß die Empfehlungen gar nicht den Stand einschließlich aller abwägenden, kritischen und kontroversen Details der 1000jährigen Beziehungen Deutschland-Polen in aller wissenschaftlichen Exaktheit wiedergeben wollen, sondern nur Punkte jener Beziehungsgeschichte aufzeigen, auf die man sich bilateral in einem ersten Durchgang geeinigt hat. Insofern sind sie ergänzungs- und integrationsbedürftig und sollten keineswegs Richtlinie für Unterricht sein, sondern wären viel besser Ausgangspunkt bzw. Gegenstand von Unterricht.

Von diesem generellen Standpunkt geht ein neues Buch aus, das vorweg bereits als höchst interessant zu bezeichnen ist:

Gerhard Heck / Manfred Schurig, Deutschland und Polen nach 1945. Vorschlag für eine Unterrichtseinheit ab 9. Schuljahr, Frankfurt/Main: Diesterweg 1977, VI + 138 S., brosch., 19,80 DM.

Die Autoren sehen im Abschnitt „Rahmenbedingungen" als Motivationsgrundlage für Geschichtsunterricht, und gerade für die Beschäftigung mit diesem Thema, keineswegs „verwundert den Kopf über fehlende Kenntnisse zu schütteln und pathetisch auf die Notwendigkeit einer Beschäftigung mit der Geschichte zu verweisen" (S. 3), sondern wünschen das unmittelbare Berührtsein des Schülers zur Qualifikation für Lebenssituationen, erkennen aber richtig, daß dies bei vorliegendem Thema sich „allenfalls in vermittelter und abgeleiteter Weise herstellen läßt" (S. 1). Diese Vermittlung steht aber unter der Einsicht, daß „die Beurteilung der verschiedenen Aspekte der deutsch-polnischen Beziehungen in Vergangenheit und Gegenwart . . . sich in ihren Konkretionen deshalb nicht ohne weiteres in konsensfähige Kriterien auflösen lassen (wird)" (S. 1). Denn schließlich ist eine solche Konkretion nicht nur wissenschaftlich, sondern auch politisch standortgebunden. „Die Reflexion solcher ‚Standortgebundenheit' kann aber dazu dienen, sie in einem bestimmten Rahmen aufzulösen, indem sie nämlich in ihrer Funktion durchschaubar wird" (S. 2f). Also verfahren die Autoren dieses Bandes – und dazu sind sie zu beglückwünschen – konsequent: „Der Einbeziehung interessenorientierter politischer Kontroversen und dem Versuch der Ermittlung ihrer Bedingungen dient auch die Auswahl der Materialien einschließlich der Interpretation . . .", diese „keineswegs jedoch ausführlich: sie ist . . . in den kurzen didaktisch-methodischen Kommentaren und in den vorgeschlagenen Fragestellungen auszumachen" (S. 3). Ohne sich theoretisch expressis verbis anzulehnen, sind die Autoren damit der Curriculum-Theorie verbunden wie auch den neueren Erkenntnissen der Didaktik des historisch-politischen Unterrichts.

Sie sehen die Unterrichtseinheit aber nicht unbedingt als geschlossenes Ganzes, sondern haben die einzelnen Teile so gestaltet, daß aus dem Gesamtangebot durchaus Teilbereiche ausgewählt werden können, sicherlich ein Vorteil im Hinblick auf unterschiedliche Zeitmöglichkeiten für diese Thematik. Ein solch offenes Unterrichtskonzept, das auch bei dem jeweiligen Themenblock die Eigenbeteiligung des Schülers im Hinblick auf die Auswahlbegründung der Materialien stärker als üblich fordert, ist geradezu ideal für eine Thematik wie unsere, da sie eben nicht von einer „Darstellung" im üblichen Schulbuchsinn ausgeht, sondern in einem so stark mit Vorurteilen historischer und politischer Art – durch soziologische Untersuchungen der letzten zwei Jahrzehnte stets erneut bestätigt – beladenen Bereich den Schüler nie zum ‚Konsumenten' zu machen droht, sondern in ständig neue Fragehaltung bringt. Und nur dies kann letztlich Urteile bilden: in Frage stellen – auch der eigenen Position – durch Kenntnis konträrer Urteile, um Problembewußtsein zu erhalten und ein Lösungsangebot bewußt anzunehmen, eine eigene Lösung zu erarbeiten.

Erfreulicherweise sind die Autoren keine Lernzieltechnokraten: detaillierte Hierarchisierung und Aufsplitterung bis zu Feinstlernzielen ist nicht ihr Fall, wie im Vorwort näher erläutert ist, wo auch die Lernziele aufgelistet werden. Dem entsprechen auch die Überlegungen zur Lernzielkontrolle, und dem Schlußsatz dieses Abschnitts ist deutlich zuzustimmen: das Wesentliche ist „jenes Problemwissen, das zur Bewältigung späterer Lebenssituationen sinnvoller zu sein scheint als ein Lernen von isolierten Daten und Fakten!" (S. 8).

Auf diesen Voraussetzungen wurden 7 thematische Sequenzen zusammengestellt: 1. Kenntnisstand und allgemeine Vorstellungen von Jugendlichen in der Bundesrepublik über Polen und über deutsch-polnische Beziehungen. Die Heftigkeit und Intensität der innenpolitischen Auseinandersetzung über den Vertrag und die Vereinbarungen zwischen der Bundesrepublik Deutschland und der Volksrepublik Polen. 2. „Feindschaft". Deutsch-polnische Beziehungen 1939–1945. Deutsch-polnische Beziehungen 1945-1950. 3. Ökonomische Aspekte zur Okkupation und der Zwangsumsiedlung. 4. Historische Argumente zur Begründung von Gebietsansprüchen. 5. Die Oder-Neiße-Grenze (Abkommen, Verträge und Stellungnahmen). 6. Richtlinien für Lerninhalte: Wie die deutsch-polnischen Beziehungen in der Bundesrepublik Deutschland von Schülern gesehen werden sollen. 7. Die Darstellung der deutsch-polnischen Beziehungen nach 1945 in deutschen und polnischen Schulbüchern.

Diese Sequenzen sind gleich aufgebaut: Am Anfang steht ein methodisch-didaktischer Kommentar mit den wesentlichen Intentionen, Übersicht über die Materialien, Hinweise zur Verwendung und Anordnung der Materialien im Unterricht und einige Anmerkungen zur Interpretation. Die dann folgenden Materialien stützen sich ausschließlich auf bereits Veröffentlichtes; das schließt allerdings nicht aus, daß selbst der Fachmann Unbekanntes findet.

Wurde einleitend festgestellt, daß die Motivation für die Schüler nur vermittelt existieren kann, so bietet gerade Sequenz 1 mit ihren Fragebogen zum Kenntnisstand und dem Vergleich mit einer parallelen Umfrage im Saarland einerseits, der heftigen politischen Auseinandersetzung im Bundestag um die Polenverträge andererseits eine solche Vermittlung. Dies mag Beleg genug sein, daß die Autoren nicht nur klingende Einleitungsworte verfaßten, sondern wirklich ihre Intentionen in die Tat (der Materialzusammenstellung) umsetzten.

Es wäre nun sinnlos, alle Sequenzen im einzelnen zu besprechen; jeder von uns hätte sicher an der einen oder anderen Stelle etwas anders gemacht. Wesentlich scheint mir jedoch, daß die Autoren nicht das Jahr 1945 als das Jahr Null ansehen, sondern – soweit es ihre Themenstellung und das Bemühen, nicht auszuufern, zulassen – sehr wohl die historische Bedingtheit der jüngsten Vergangenheit und unserer „politischen" Gegenwart sehen, sei es in Sequenz 2, 4 oder 5.

Vielleicht mutig, auf jeden Fall aber höchst begrüßenswert sind die Sequenzen 6 und 7, in denen Richtlinien für den Unterricht zur Ostkunde zwischen 1956 und 1973, deutsche und polnische Schulbuchtexte, die heißumstrittenen Schulbuchempfehlungen für die Zeit nach dem Zweiten Weltkrieg und verschiedenartige Resonanz zum Gegenstand des Unterrichts gemacht werden. Genau das entspricht meiner Eingangsforderung, daß die deutsch-polnischen Schulbuchempfehlungen keine Unterrichtsrichtlinien, sondern Gegenstand des Unterrichts selber darstellen sollten, was hier realisiert ist und hoffentlich kein Einzelfall bleibt – nicht zuletzt deshalb, um der derzeitigen Diskussion um die Empfehlungen ,,die Luft rauszulassen" und den Ballon wieder auf die Erde zu holen!

Eine Zeittafel 1939–1976, ein Literaturverzeichnis und der komplette Abdruck der letzten Fassung der deutsch-polnischen Schulbuchempfehlungen beschließen den Band.
Wenn man ein Fazit zieht, muß man als erstes sagen, daß die deutsch-polnischen Schulbuchgespräche einen solchen Band herausgefordert haben. Er wird sicher nicht ungeteilte Zustimmung finden. Das hat zwei Gründe. Zum einen ist es die geschilderte didaktische Grundhaltung, die noch nicht Allgemeingut ist, obwohl in der vorliegenden, keineswegs messianischen Form voll akzeptabel und praktikabel. Zum zweiten muß man den Band genau und ganz lesen; denn wenn man die Intention überlesen hat und nur blättert, rutscht einem sicher eine Materialie in den falschen Hals. Es ist ein politisches Buch – kein parteipolitisches! – und es ist ein pädagogisch engagiertes Buch. Auch wer keine entsprechende Unterrichtseinheit durchführen will, sollte es lesen, sei es aus thematischem Interesse oder als Beispiel: es bereichert, macht nachdenklich und regt an – es ist ein gutes Buch.

Eine Revision der deutsch-polnischen Schulbuchempfehlungen zeichnet sich ab (Gerhard Resserer: Die Welt/Ausgabe B, 20. 10. 1978)

Polen ist möglicherweise bereit, einer Modifizierung der in der Bundesrepublik umstrittenen deutsch-polnischen Schulbuchempfehlungen zuzustimmen. Auf dem zweiten deutsch-polnischen Forum in Allenstein schlug der Sprecher der polnischen Delegation, Witold Jankowski, vor, man solle die zwanzig Punkte der Empfehlung, über die über die Einigkeit herrsche, möglich rasch in die Praxis umzusetzen und über die sieben noch strittigen Punkte erneut verhandeln. Der polnische Parlamentarier sprach von ,,zusätzlichen Erläuterungsdiskussionen", durch die ,,vorhandene Vorbehalte" ausgeräumt werden könnten.

Kritik der Union

Umstritten sind die Schulbuchempfehlungen vor allem wegen der Darstellung der Vertreibung von Deutschen aus Polen nach dem Zweiten Weltkrieg. Die Unionsparteien hatten heftig kritisiert, daß das Wort ,,Vertreibung" in dem Dokument nicht ein einziges Mal vorkommt, sondern von ,,Transfer" und ,,Zwangsumsiedlung" gesprochen wird. Zu dem polnischen Vorstoß verlautete von seiten der Bundesrepublik, man werde möglicherweise eine veränderte Fassung empfehlen, in der Worte und Halbsätze zu streichen und Sätze hinzuzufügen wären. In Allenstein wurde darauf hingewiesen, daß trotz des inoffiziellen Charakters des Forums ein polnischer Vorschlag zur Revision der Schulbuchempfehlungen nur nach Konsultation mit der Parteiführung in Warschau denkbar sei.
In seiner Wertung des gestern nach dreitägiger Dauer zu Ende gegangenen Forums begrüßte Philipp von Bismarck (CDU) als Berichterstatter der 35 deutschen Teilnehmer aus Politik, Wirtschaft und Wissenschaft die polnische Initiative, ,,das Schulbuchdilemma anzupacken". Die Diskussion zwischen Deutschen und Polen sei ,,offener, realistischer und härter" gewesen als das erste Treffen vor einem Jahr in Bonn.
Zu den ,,ungeschminkten Wahrheiten", die man sich habe sagen können, gehöre

auch die von der CDU/CSU zum Allensteiner Forum veröffentlichte Erklärung. Die Union hatte darin betont, daß sie in der Wahl des Tagungsortes die Bereitschaft der polnischen Seite sieht, „auch solche Fragen zu erörtern, die sich daraus ergeben, daß auf der Grundlage der abgeschlossenen Verträge die deutsche Frage weiterhin offen ist und bleiben muß".

„Wenn die deutsche Frage geschlossen wird, ist Berlin in Gefahr", hatte von Bismarck dazu gegenüber der polnischen Delegation erklärt, und auf den Zusammenhang des Offenhaltens der deutschen Frage mit dem Vier-Mächte-Status von Berlin hingewiesen. „Wir haben ausdrücklich versichert: alle Parteien des Bundestages tragen die Erklärung der Bundesregierung, daß die Oder-Neiße die Westgrenze Polens ist", betonte von Bismarck. Das Offenhalten der deutschen Frage werde „nicht mit einem territorialen Anspruch der Bundesrepublik gegen Polen begründet". Die polnische Seite habe sich – anders als bei früheren Begegnungen – „bereit gezeigt, den deutschen Standpunkt zu diskutieren".

In allen Diskussionsbeiträgen betonten polnische Teilnehmer die „gemeinsame Verantwortung beider Staaten für Europa". Gleichzeitig wurden Befürchtungen laut, die westeuropäische Integration könne die Polen „ins europäische Aus" bringen. Demgegenüber versicherten die Teilnehmer aus der Bundesrepublik, Europa bleibe für jedermann offen und ende nicht an der Elbe.

Einige kritische Punkte konnten auch in Allenstein keiner Lösung nähergebracht werden. So wiederholt die polnische Seite ihre Argumentation, die interne Gesetzgebung der Bundesrepublik stehe „im Widerspruch zu den Verpflichtungen, die sich aus dem Warschauer Vertrag ergeben". Bürger aus den ehemals deutschen Gebieten würden trotz des Vertrages, zum Beispiel nach Entscheidungen des Bundesverfassungsgerichts und des Bundessozialgerichts, von den Behörden nicht als Ausländer, sondern wie deutsche Staatsbürger behandelt. „Der Vertrag hat die Verfassung nicht verletzt, und die Verfassung verletzt nicht den Vertrag", stellte von Bismarck dazu nachdrücklich fest. Ein Vorschlag der polnischen Delegation, eine „Juristenkonferenz" zur „Prüfung von Gesetzen und Verordnungen im Hinblick auf ihre Übereinstimmung mit dem Warschauer Vertrag" einzuberufen, wurde von der deutschen Seite nicht akzeptiert.

Stärkerer Dialog

Zum Abschluß des Forums bekräftigten die 35 deutschen Teilnehmer ihren Willen, den deutsch-polnischen Dialog weiterzuentwickeln, indem

dem Forum ein regelmäßiger Rhythmus gegeben wird,

das „Jugendforum" fortgesetzt wird

sie darauf drängen, daß die Parteistiftungen in der Bundesrepublik sich in Arbeitskreisen mit deutsch-polnischen Problemen beschäftigen und

anläßlich des zehnten Jahrestages des Warschauer Vertrages eine Konferenz vorgeschlagen wird, die bilateral die KSZE-Folgekonferenz von Madrid vorbereiten soll.

Historiker korrigieren die Unesco-Schulbuchempfehlungen. Hier wird die Wahrheit beim Namen genannt
(Dr. Alfred Schickel: Die Welt, 25. 10. 1978)

Seit sie vorliegen, bereiteten sie mehr Ärger als Freude, die 26 Schulbuchempfehlungen der deutsch-polnischen Unesco-Kommission. Nun ist ein Ende des Streites um diese zweifelhaften Absprachen in Sicht. Der Mainzer Neuhistoriker, Josef Joachim Menzel, und sein Flensburger Kollege, Wolfgang Stribrny, haben zusammen mit dem Bad Harzburger Schulpraktiker, Eberhard Völker, „Alternativ-Empfehlungen" ausgearbeitet, die genau das ergänzen oder korrigieren, was die Unesco-Absprachen aussparten oder einseitig beschrieben.

Im Gegensatz zu den 26 umstrittenen deutsch-polnischen Schulbuchempfehlungen gehen sie nämlich von einem normalen ungekünstelten und unpolitisierten Sprachverhalten aus und lassen sich bei ihren Vorschlägen von elementaren Selbstverständnis des Rechtsstaates und dem ,,Prinzip der Gleichbehandlung als verbindlicher Grundlage einer gemeinsamen Geschichtsdarstellung" leiten.

Während beispielsweise die Unesco-Schulbuchvereinbarungen sich in mühsamen Formulierungen oder beschönigenden Vokabeln um einseitige Unrechtsakte des Warschauer Regimes herumwinden und etwa das Wort ,,Vertreibung" beflissen gegen ,,Bevölkerungsverschiebungen" austauschen, nennen Menzel-Stribrny-Völker die Ereignisse von 1944 und den folgenden Jahren ehrlich und ungeschminkt beim Namen.

Ähnlich präzise und zugleich vollständiger handeln sie auch das Thema ,,Territoriale Veränderungen" ab, wenn sie die Ziehung der Oder-Neiße-Linie ,,in engem Zusammenhang mit der Westverschiebung der polnischen Ostgrenze" sehen und damit den eigentlichen Landgewinnler des Krieges im Osten, die Sowjetunion, herausstellen.

Im weiteren Zusammenhang rücken Menzel und seine beiden Koautoren auch die unhaltbaren Aussagen der Unesco-Empfehlungen über die ,,faktische Auflösung des Deutschen Reiches" und die angebliche Konstituierung von ,,zwei deutschen Staaten mit unterschiedlicher Gesellschaftsordnung" zurecht und halten – in Übereinstimmung mit Urteilen des Bundesverfassungsgerichts – fest, daß das Deutsche Reich rechtlich fortexistiert und die Bundesrepublik Deutschland aus dem frei geäußerten Willen der Bevölkerung ,,hervorgegangen und getragen ist", während in der sowjetischen Besatzungszone ohne freie Zustimmung der dort lebenden Menschen die sogenannte ,,Deutsche Demokratische Republik" entstand. Ebenso stellen sie klar, daß die vor Kriegsende aus den Oder-Neiße-Gebieten geflüchteten Deutschen nicht rechnerisch von den übrigen Vertriebenen unterschieden werden dürfen, sondern zu den der Heimat Verwiesenen gezählt werden müssen, da sie von den polnischen Behörden daran gehindert wurden, in ihre alten Wohnorte zurückzukehren.

Mit dieser wissenschaftlichen Hintergrundaufhellung erweisen sich die ,,Alternativ-Empfehlungen" ungleich geschichtsgetreuer als die Unesco-Schulbuchabsprachen und verdienen daher auch weitaus größere Zustimmung als jene.

Das gilt nicht nur für die ,,6 Empfehlungen zur Nachkriegsgeschichte", sondern zum größten Teil auch für die übrigen 20 Schulbuchvereinbarungen über die deutsch-polnischen Beziehungen in Mittelalter, Neuzeit und im 20. Jahrhundert sowie für die Empfehlungen zum Geographie-Unterricht.

Für die Erdkundebücher fordern Menzel-Stribrny-Völker, daß sie auf ihren Landkarten die völkerrechtlich gültigen Grenzen und die einschlägigen Feststellungen des Bundesverfassungsgerichts berücksichtigen. Diese Forderung erscheint um so dringlicher, als sich sonst die von manchen beflissenen Schulbuchverlagen bereits praktizierte Schreibweise, welche die polnische Hauptstadt zwar weiterhin mit ,,Warschau" angibt, das siebenhundertjährige deutsche Stettin aber mit ,,Szczecin" ausweist, noch mehr verbreitet, entgegen jeder Logik und völkerrechtlichen Notwendigkeit.

Die von Menzel und seinen Mitautoren vorgelegten Alternativ-Vorschläge zur Gestaltung der Geographiebücher können vielleicht mit dazu beitragen, diese schon an würdelose Anbiederung grenzende Beflissenheit ein wenig zu reduzieren und gleichzeitig diese Frage aus dem deutsch-polnischen Streitfeld herauszuführen.

Vor dieser Hoffnung steht freilich vorläufig die polemische Attacke der kommunistischen Parteipresse in Polen, welche die wohlabgewogenen und wissenschaftlich hieb- und stichfesten ,,Alternativ-Empfehlungen" als ,,Elaborat von drei Herren" und ,,revisionistische von Hupka und Czaja verfertigte Verifikation" abqualifi-

zierte, wie dies die polnische Nachrichtenagentur PAP in diesen Wochen unüberhörbar tat.
Trotz dieser unsachlichen Töne aus Warschau sind die Gegenformulierungen von Menzel-Stribrny-Völker aber keineswegs Makulatur; vielmehr machen sie die schier unerträglichen Unesco-Schulbuchempfehlungen durch ihre wichtigen Ergänzungen und Korrekturen auch für jene deutschen Bundesländer verwertbar, die sie bisher aus guten Gründen ablehnten und darüber an der Weichsel in den ungerechtfertigten Verdacht der Entspannungsfeindlichkeit geraten waren.
Zugleich bieten sie in ihrer einwandfreien Beschreibung der deutsch-polnischen Beziehungen ein mustergültiges Stück Ostkunde und erscheinen geeignet, den innerdeutschen Streit um die Schulbuchempfehlungen zu beenden. Gründe genug, sich eingehend mit ihnen zu beschäftigen.

Vertriebene prangern Lügen an. Schulbuchvereinbarungen mit Polen verfälschen Geschichtsbild
(Darmstädter Tagblatt, 1. 12. 1978)

Zu einer Informationsveranstaltung hatte der Ortsverein des Bundes der Vertriebenen in die Altrheinhalle eingeladen. Ortsvorsitzender Friedrich Mauler begrüßte auch Kreisvorsitzenden Dr. Johann Hauke aus Gernsheim. Behandelt wurden Schulbuchvereinbarungen zum Geschichtsunterricht. Das gehe jeden Bürger an, meinte Mauler. In Schulbüchern dürfe die Geschichte nicht einseitig dargestellt werden.
Referent war Dr. Stingl. Einleitend wies er darauf hin, daß die Vertriebenen Schulbuchgespräche zwischen Deutschen und Polen grundsätzlich begrüßen. Das historische Geschehen dürfe nicht Not leiden; es müsse objektiv dargestellt werden. Leider sei in den vorliegenden Empfehlungen – vor allem denen zur Nachkriegsgeschichte – vieles ausgelassen, verzerrt oder gar verfälscht worden. Man habe von einem ,,wissenschaftlichen Skandal" gesprochen.
Dr. Stingl beschränkte sich im wesentlichen auf die zeitgeschichtlichen Empfehlungen, in denen sich der polnische Standpunkt besonders deutlich durchgesetzt habe. Es werde grundsätzlich davon ausgegangen, daß die Grenzfrage geregelt, also die Oder-Neiße-Gebiete ohne jede Einschränkung polnisches Staatsgebiet seien. Das entspräche nicht der hiesigen Rechtsauffassung. Nach Urteilen des Bundesverfassungsgerichts in Karlsruhe von 1973 und 1975 gehörten diese Gebiete nach wie vor rechtlich zu Deutschland. An dieser Rechtslage habe auch der Vertrag mit Warschau im Jahre 1970 nichts geändert.
Nach eingehender Schilderung auch der Stellung der noch in Schlesien lebenden Deutschen ging Dr. Stingl auf die Schulbuchempfehlung ein, die mit dem Begriff ,,Bevölkerungsverschiebungen" betitelt sei. Er zeigte dazu den Dokumentarfilm ,,Verschleppt – vertrieben – geflohen". Während dieser Film das auch von Nichtdeutschen verübte Unrecht beim Namen nenne, rede man in den Empfehlungen nur von den nationalsozialistischen Gewalttaten gegenüber Polen. Dabei zeigten auch englische und amerikanische Berichte von 1945/46, mit welcher Brutalität gegen die Deutschen östlich von Oder und Neiße vorgegangen worden sei. In den Schulbuchempfehlungen werde sogar das Wort ,,Vertreibung" vermieden und nur von ,,Ausweisung" und ,,Zwangsumsiedlung" gesprochen.

Damit werde das grauenvolle Geschehen am Ende des letzten Krieges verharmlost. Eine einseitige Darstellung dürfe, wie es vorgesehen sei, auf keinen Fall in die deutschen Schulbücher übernommen werden, führte Dr. Stingl weiter aus. Die Heimatvertriebenen hätten bereits 1950 feierlich auf Rache und Vergeltung verzichtet. Sie hätten aber nicht darauf verzichtet, mit allen demokratischen Mitteln gegen die Verbreitung von geschichtlichen Lügen und Verfälschungen zu kämpfen. Eine dauerhafte Verständigung zwischen Deutschen und Polen sei nur auf dem Boden der historischen Wahrheit möglich.

Halbwahre Schulbücher
(Wolfgang Knauft: Petrusblatt/Berlin, 3. 12. 1978)

Fünf polnische Teilungen gab es seit 1772. Das polnische Volk wurde immer wieder zum Spielball der benachbarten Großmächte. Die im Nationalbewußtsein so stark verwurzelte Rolle der katholischen Kirche als Garant nationaler Identität ist nur auf diesem Hintergrund zu begreifen. Um so grotesker ist der Versuch sozialistischer Historiker im heutigen Volkspolen, diesen geschichtlichen Beitrag der katholischen Kirche totzuschweigen. Und mindestens ebenso befremdlich – um es gelinde zu sagen – ist die Zustimmung deutscher Historiker, die dieses schiefe, parteiliche Geschichtsbild in den „Empfehlungen für Schulbücher der Geschichte und Geographie in der Bundesrepublik Deutschland und in der Volksrepublik Polen" freiwillig mitverantwortet haben.

In den 26 thesenartigen Empfehlungen, die von der deutsch-polnischen Schulbuchkommission von 1972 bis 1976 erarbeitet wurden, hat man sich auf minimalistische Kompromißformeln geeinigt, die wohl vor dem wachsamen Auge der Warschauer Parteizentrale bestehen können, nicht aber vor einer ungeschminkten Geschichtsforschung.

Die Rolle der Kirche wird in allen Epochen – besonders im Mittelalter und in der Neuzeit – prinzipiell unterbewertet. Das gilt beispielsweise auch für das jahrzehntelange Bemühen, im Erzbistum Breslau für die Grenzbevölkerung und für polnische Saisonarbeiter in Pommern polnischsprechende Seelsorger heranzubilden. Die blutige Kirchenverfolgung von 1939 bis 1945 durch das NS-Regime bleibt ebenso unerwähnt wie die Ära des Stalinismus, die die Kirche auf einen neuen Leidensweg zwang. Daß auch der Hitler-Stalin-Pakt von 1939 und die Westverschiebung der Grenze Polens zugunsten der UdSSR, die etwa 180 000 qkm Ostpolens umfaßt, in den Schulbuchempfehlungen unterschlagen werden, sei nur am Rande vermerkt.
Geschichtsbücher von heute programmieren das Bewußtsein von morgen. Geschichtsschreibung im Geiste der Völkerverständigung ist wichtig. Aber sie sollte weder mit Schönfärberei noch mit dem Rotstift des Partei-Zensors geschrieben werden. Der Wahrheit und Versöhnung dient man nicht durch faule Halbwahrheiten oder artiges Verschweigen unbequemer Fakten.

Dr. Enno Meyer als „Mann der ersten Stunde" dabei: Bei Schulbuchkonferenz mit Polen Akzente gesetzt. Oldenburger Pädagoge: Historische Fakten totgeschwiegen
(Klaus Schalow: Nordwest-Zeitung/Oldenburger Nachrichten, 13. 1. 1979)
[ohne Bild: Dr. Meyer]

Seit 20 Jahren bemühen sich Wissenschaftler und Erzieher, die mit Schuld, Mißverständnissen und ideologischen Verfälschungen beladenen deutsch-polnischen Beziehungen der Vergangenheit und Gegenwart für die Schulbücher beider Länder sachlicher und wahrheitsgemäßer zu formulieren. Ein Oldenburger war als „Mann der ersten Stunde" von Anfang an dabei: Der Pädagoge, Historiker und Schulbuchautor Dr. phil. Enno Meyer.
Die bisher letzte deutsch-polnische Begeg-

nung in einer längeren Serie von Schulbuchkonferenzen beider Länder, an denen Dr. Meyer teilnahm, fand kürzlich in Posen statt. Wichtigstes Forum des zähen Ringens um Objektivität in der Geschichtsdarstellung für die junge Generation ist die Gemeinsame Deutsch-Polnische Schulbuchkommission, die 1976 nach fünfjährigen, zum Teil heftigen Debatten, die ,,Empfehlungen für Schulbücher der Geschichte und Geographie in der Bundesrepublik Deutschland und in der Volksrepublik Polen" veröffentlichte. Die je elfköpfigen Delegationen beider Länder sind Unterglieder der nationalen UNESCO-Kommissionen (UNESCO: Erziehungs-, Wissenschafts- und Kulturorganisation).

,,Schon Anfang der fünfziger Jahre, als ich in Großbritannien mit emigrierten polnischen Historikern diskutierte, war mir bewußt, wie wichtig das Thema der deutsch-polnischen Beziehungen in den Schulbüchern ist", erinnert sich Dr. Meyer.

In den nächsten Jahren schrieb der Oldenburger Gymnasiallehrer erste Vorschläge für die Diskussion über das ,,ungeheuer vielschichtige Problem" der deutsch-polnischen Beziehungen in den Schulbüchern nieder. Dr. Meyer, der aus dem Polnischen ins Deutsche übersetzen kann und wie die meisten seiner Kommissions-Kollegen polnisch liest, war von der Reaktion überrascht. ,,Mein Entwurf stieß 1956/57 in Polen auf ein unglaubliches Interesse". Kritik richtete sich darin auch gegen deutsche Schulbücher, die – so der Verfasser – ,,manches schief darstellten". Dann kühlten jedoch in der großen Politik die Ost-West-Beziehungen ab, und die ersten zaghaften deutsch-polnischen Kontakte in Sachen Schulbüchern froren ein. Einen verheißungsvolleren Neubeginn ermöglichte nach dem Bonner Regierungswechsel 1971 die neue deutsche Ostpolitik.

,,Mit großem Bahnhof und diplomatischem Gepränge wurden wir im Februar 1972 zur ersten Verhandlung beider UNESCO-Kommissionen in Polen empfangen", freut sich Dr. Meyer noch heute. Aber im Konferenzsaal erwies sich sehr bald, wie brisant der Verhandlungsgegenstand war. Zwar überwog die Sachlichkeit der Aussprachen, aber es gab auch Emotionsausbrüche. Vor allem bei dem Versuch, die Ereignisse nach 1945 in den Griff zu bekommen, begab sich die Experten-Runde auf rhetorischen Gratwanderungen zu ,,letzten Kompromissen". So mochten die Polen bei dem Passus über den verlustreichen Exodus Millionen Ostdeutscher dem Begriff ,,Vertreibung" nicht zustimmen. Sie ließen sich lediglich die Wortmonstren ,,Bevölkerungsverschiebung" und ,,Zwangsumsiedlung" abhandeln.

Die Empfehlungen der deutsch-polnischen Kommission schlugen sich unterschiedlich nieder. Während die Autoren vieler bundesrepublikanischer Schulbücher das Geschichtsbild korrigierten, hielt sich die polnische Seite auffallend zurück. Dr. Meyer rückte diese Erkenntnis in den Mittelpunkt eines nicht veröffentlichten Gutachtens, das die polnischen Partner beeindruckt haben muß.

Der Gutachter aus Oldenburg berichtet jetzt: ,,Man zog ein Geschichtsbuch der 5. Klasse, in dem die Deutschen verteufelt wurden, aus dem Verkehr. Im Januar erscheint ein neues Buch, dessen Autor ich gesprochen habe. Da ist Besseres zu erhoffen." Korrekturen im Sinne der Empfehlungen zeichnen auch neue polnische Bücher für Oberschulen aus. Gleichwohl werden noch immer historische Fakten, wie die Vertreibung der Ostdeutschen und der Einmarsch der Sowjets in Polen 1939, weitgehend ,,totgeschwiegen". Dennoch will Dr. Meyer mit seinen Kollegen unverdrossen weiterarbeiten, ,,um die Empfehlungen zu ergänzen". Der Oldenburger visiert auch schon fernere Ziele an: Schulbuchverhandlungen mit den Sowjets. Dr. Meyer schätzt die Chancen realistisch ein:

,,Bis es soweit ist, fließt noch viel Wasser Rhein und Moskwa hinab."

Schuld nüchtern dargestellt. Schulbücher geben deutsch-polnische Geschichte korrekt wieder
(Die Rheinpfalz/Ludwigshafen, 17. 1. 1979)

In den Schulbüchern in Rheinland-Pfalz wird die deutsch-polnische Geschichte korrekt dargestellt und in ausreichendem Umfang behandelt. Dies ist das Ergebnis eines Gutachtens über Geschichtsbücher, die in Rheinland-Pfalz im Schulunterricht verwendet werden. Gemessen an der Behandlung der deutsch-französischen Geschichte beläuft sich der Umfang der Darstellung auf etwa zwei Drittel.
Das Gutachten kam darüber hinaus zu dem Ergebnis, daß in den Geschichtsbüchern sachlich und nüchtern über die Schuld von Deutschen und Polen berichtet wird, die die deutsch-polnischen Beziehungen bis heute belastet. Geschichtliche Fakten werden ohne Beschönigung dargestellt und sind somit ein Aufruf zur weiterführenden Verständigung.
In einem Brief an den Leiter der Abteilung für internationale Beziehungen im Zentralkomitee der Polnischen Vereinigten Arbeiterpartei, den ehemaligen polnischen Botschafter in der Bundesrepublik, Waclaw Piatkowski, hat Kultusminister Dr. Hanna-Renate Laurien dieses Ergebnis des Gutachtens bekanntgegeben. Piatkowski hatte bei einem Treffen mit Dr. Laurien im Mai 1978 in Deidesheim bemängelt, daß die deutsch-polnische Geschichte in den deutschen Schulbüchern unzulänglich dargestellt werde. Er hatte damals eine weitgehende Überarbeitung der Geschichtsbücher gefordert. Diese Kritik hatte den Kultusminister dann zum Anlaß genommen, die Geschichtsbücher, die in Rheinland-Pfalz im Unterricht benutzt werden, eingehend prüfen zu lassen.
Als weitere bemerkenswerte Ergebnisse dieser Untersuchung wertete Dr. Laurien, daß die behandelten Themen weitgehend den Themen entsprechen, die auch die deutsch-polnischen Schulbuchempfehlungen als besonders bedeutsam ausweisen.
Der Minister kündigte an, daß für den Bereich der Kulturgeschichte Deutschlands und Polens Verbesserungen angestrebt werden sollen. Wichtig sei, daß die untersuchten Geschichtsbücher die Geschichte nicht unter dem Gesichtspunkt der Bilateralität betrachteten. Die vorliegende Untersuchung der Geschichtsbücher bestärke sie in der Auffassung, daß nur eine differenzierte und kritische Aufnahme der deutsch-polnischen Schulbuchempfehlungen dem gemeinsam zu leistenden Auftrag zur Verständigung zwischen Deutschen und Polen gerecht werde. Dr. Laurien kündigte an, daß sie sich auch künftig für eine Fortsetzung der Gespräche zwischen Deutschen und Polen über Fragen der Vermittlung geschichtlicher und geographischer Kenntnisse im Unterricht einsetzen werde.

Kultusminister Frau Dr. Laurien: Korrekte Darstellung deutsch-polnischer Geschichte in den Schulbüchern in Rheinland-Pfalz
(Vertretung des Landes Rheinland-Pfalz beim Bund: Pressemitteilung, Bonn, 17. 1. 1979)

Die in Rheinland-Pfalz benutzten Schulbücher behandeln Fragen der deutsch-polnischen Geschichte in ausreichendem Umfang. Gemessen an der Behandlung der deutsch-französischen Geschichte beläuft sich der Umfang der Darstellung auf etwa zwei Drittel. In den Geschichtsbüchern wird sachlich und nüchtern über die Schuld von Deutschen und Polen berichtet, die die deutsch-polnischen Beziehungen bis heute belasten. Geschichtliche Fakten werden ohne Beschönigung dargestellt und sind somit ein Aufruf zur weiterführenden Verständigung. Dies ist das

Ergebnis eines Gutachtens über die Geschichtsbücher, die in Rheinland-Pfalz im Unterricht eingesetzt werden.
In einem Brief an Botschafter a. D. Waclaw Piatkowski, Leiter der Abteilung für internationale Beziehungen im Zentralkomitee der Polnischen Vereinigten Arbeiterpartei, hat Kultusminister Frau Dr. Laurien dieses Ergebnis des Gutachtens bekanntgegeben. Piatkowski, der bis 1978 polnischer Botschafter in der Bundesrepublik Deutschland war, hatte bei einem Treffen mit Frau Dr. Laurien im Mai 1978 in Deidesheim bemängelt, daß die deutsch-polnische Geschichte in unzulänglicher Weise in den deutschen Schulbüchern dargestellt werde. Piatkowski hatte damals eine weitgehende Überarbeitung der Geschichtsbücher gefordert. Wie Frau Dr. Laurien in ihrem Brief mitteilt, habe sie diese Kritik zum Anlaß genommen, die Geschichtsbücher, die im Lande im Unterricht benutzt werden, eingehend prüfen zu lassen.
Als weitere bemerkenswerte Ergebnisse dieser Untersuchung führte Frau Dr. Laurien an, daß die behandelten Themen weitgehend den Themen entsprechen, die auch die deutsch-polnischen Schulbuchempfehlungen als besonders bedeutsam ausweisen. Frau Dr. Laurien kündigte an, daß für den Bereich der Kulturgeschichte Deutschlands und Polens Verbesserungen angestrebt werden sollen. Wichtig sei, daß die untersuchten Geschichtsbücher die Geschichte nicht unter dem Gesichtspunkt der Bilateralität betrachteten. Eine Einengung der Betrachtungsweise käme daher erfreulicherweise nicht vor. Frau Dr. Laurien zeigte sich in ihrem Brief zuversichtlich, daß die Fortsetzung der Gespräche zwischen polnischen und deutschen Wissenschaftlern sowie anderen Verantwortlichen fruchtbar sein könne. Die vorliegende Untersuchung der Geschichtsbücher bestärke sie in der Auffassung, daß nur eine differenzierte und kritische Aufnahme der deutsch-polnischen Schulbuchempfehlungen dem gemeinsam zu leistenden Auftrag zur Verständigung zwischen Deutschen und Polen gerecht werde. Frau Dr. Laurien kündigte an, daß sie sich auch künftig für eine Fortsetzung sachdienlicher Gespräche zwischen Deutschen und Polen über die Fragen der Vermittlung geschichtlicher und geographischer Kenntnisse im Unterricht einsetzen werde.

Die Rechtslage Deutschlands ist kein Dschungel
(Dr. Herbert Czaja, MdB: Leserbrief, FAZ, 18. 1. 1979)

Den Bericht der F.A.Z. vom 4. Dezember über Bemühungen des „Verbandes der Schulbuchverleger" bei der Bundesregierung um eine Klarstellung bezüglich der Darstellung der Grenzen von 1937 in geografischen Karten und Schulatlanten nahm das Mitglied des polnischen Zentralkomitees Wojna (F.A.Z. vom 21. Dezember), ebenso wie eine Leserzuschrift, zum Anlaß, die Rechtslage Deutschlands und Ostdeutschlands zu vernebeln und dies wieder deutschen Stellen vorzuwerfen. Der Verband wendet sich offensichtlich an eine unzuständige Stelle, denn für die Zulassung von Schulatlanten sind die Kultusministerien der Länder zuständig. Diese dürfen nur Unterrichtsmaterial zulassen, das dem Gesetz und der Verfassung entspricht. Das nach dem Grundgesetz für die Auslegung der Verfassung höchste Verfassungsorgan, das Bundesverfassungsgericht, hat festgestellt, daß jedes amtliche Informationsmaterial gesetzes- und verfassungskonform sein muß. Um wieviel mehr gilt dies für das amtlich zugelassene Unterrichtsmaterial!
Die meisten Länder haben dem Verband der Schulbuchverleger deutlich gemacht, daß sie keine Schulatlanten zulassen werden, die nicht den Fortbestand Deutschlands in den Grenzen von 1937 angemessen markieren. Das Bundesverfassungsgericht als das oberste Verfassungsorgan zur Auslegung der innerstaatlichen verbindli-

chen Rechtslage Deutschlands und der Deutschen hat in dem Beschluß vom 7. Juli 1975 festgestellt, den Ostverträgen könne nicht die Wirkung beigemessen werden, daß die Gebiete östlich von Oder und Neiße aus der Zugehörigkeit zu Deutschland entlassen und der gebietlichen und personalen Souveränität Polens und der Sowjetunion endgültig unterstellt sind.
In der Denkschrift zum Vertragsgesetz stellte die Bundesregierung fest, daß sie Polen gegenüber ununterbrochen bekräftigt habe, sie könne einen Friedensvertrag nicht präjudizieren und auch angesichts der Viermächteverantwortung über Gebiete von ganz Deutschland nicht verfügen. Sie vereinbarte nur einen konkretisierten Gewaltverzicht, wobei der Artikel I des Warschauer Vertrages eine Lage beschreibt, aber nicht anerkennt (die Staatsgrenze ,,bildet" – aber nicht ,,ist"), Polen hingegen in Artikel IV ausdrücklich – in voller Kenntnis von Wortlaut und Tragweite des Deutschlandvertrages – dessen Unberührtheit hingenommen und bestätigt hat. Gromyko hat am 29. Juli 1970 ausdrücklich bestätigt, daß man für die Ostverträge den Begriff der Anerkennung fallengelassen hat. Hinzu tritt der alliierte Friedensvertragsvorbehalt mit dem Festhalten an der Verantwortlichkeit für Deutschland als Ganzes. Der diesbezügliche Notenaustausch wurde am 19. November 1970 zwischen Paraphierung und Unterzeichnung des Vertrages vollzogen, Form und Inhalt der Noten an die Drei Mächte waren in den Vertragsverhandlungen mit der polnischen Seite erörtert, der Text der Noten ist ihr am 20. November 1970 zugestellt worden.
Entgegen der Leserzuschrift bestätigen die Westmächte ausdrücklich, daß auch der Warschauer Vertrag die Rechte und Verantwortlichkeiten der Vier Mächte, wie sie in den bekannten Verträgen und Vereinbarungen ihren Niederschlag gefunden haben, nicht berührt und nicht berühren kann. Wenige Tage vorher war in den Noten zum Moskauer Vertrag von den Westmächten dies noch durch den Hinweis auf das Londoner Abkommen Ende 1944 und die Berliner Erklärung vom 5. Juni 1945, die eine Annexion Deutschlands in den Grenzen vom 31. Dezember 1937 strikt ablehnte, präzisiert worden. Auf nichts anderes können sich die Hinweise auf die Vereinbarungen in den Noten vom 19. November 1978 beziehen. Der Friedensvertragsvorbehalt für Deutschland als Ganzes wurde von den Westmächten auch bei der UN-Aufnahme und bei der Aufnahme der Beziehung mit der DDR geltend gemacht. Der Deutschlandvertrag, den Artikel IV des Warschauer Vertrages mit polnischer Zustimmung als unberührt erklärt, verbietet Grenzregelungen vor frei vereinbarten friedensvertraglichen Regelungen für ganz Deutschland.
Dies entspricht der westlichen und der neutralen Staatenpraxis und dem Völkervertragsrecht. Großbritannien hat gegenüber der DDR noch im Juni 1976 in einer Note auf die Verbindlichkeit der deutschen Staatsangehörigkeit für Großbritannien im Sinne des Artikels 116 des Grundgesetzes (der auf die Grenzen Deutschlands von 1937 verweist) aufmerksam gemacht.
Diese Tatsachen sind der Volksrepublik Polen wohl bekannt: ebenso die Schranken, die das Wiedervereinigungsverbot und Wahrungsgebot des Grundgesetzes der Bundesrepublik Deutschland bei allen Vertragsabschlüssen auferlegt. Die polnisch-kommunistischen Institutionen versuchen jetzt das, was bei den Ostverträgen nicht erreicht wurde, durch kleine und größere politische und rechtliche Schritte nachzuholen. Zu diesem Zwecke soll auch in den Schulen die ,,Endgültigkeit" der Amputation Deutschlands im Osten verbreitet werden.
Die für die Schulverwaltung zuständigen amtlichen Stellen müssen aber nach den Entscheidungen des Bundesverfassungsgerichts auf der Markierung der Grenzen Deutschlands von 1937 bestehen, wenn sie nicht verfassungswidrig handeln wollen, die Jugend darf in den Schulen über die Rechtslage nicht falsch orientiert werden. Ihr Wille zum friedlichen Wandel in Deutschland im Rahmen einer freien und

föderalen Ordnung der europäischen Staaten und Völker ist wachzuhalten.
Der Kultusminister von Nordrhein-Westfalen mußte unter dem Druck der Opposition und von Eltern, die Verfassungsbeschwerden einreichen wollten, vor diesen Tatbeständen zurückweichen. Er hatte zuerst verfügt, daß keine geografische Karte die Grenze Deutschlands vom 31. Dezember 1937 zeigen solle, dann aber zugestanden, daß eine geografische Karte zur „Veranschaulichung der völkerrechtlichen Position" in den Schulatlanten mit den Grenzen von 1937 enthalten sein solle. Nach den Entscheidungen des Bundesverfassungsgerichts muß aber jedes amtliche Informationsmaterial verfassungskonform sein, also muß das nordrhein-westfälische Zugeständnis auf alle geografischen Karten in amtlich zugelassenen Schulatlanten erweitert werden. Die Schulbuchverleger täten gut, sich den Forderungen der meisten Länder und den Entscheidungen des Bundesverfassungsgerichts zu beugen.

Die Rechtslage Deutschlands und der Deutschen ist kein „Dschungel". Die amtlichen Stellen bemühen sich vielmehr zu wenig, die Rechtslage Deutschlands und der Deutschen in breiten Bevölkerungsschichten und gegenüber dem Ausland bewußtzumachen. Die Rechtslage Deutschlands und der Deutschen nach innen und außen zum Gegenstand des friedlichen politischen Wollens der Nation zu machen, gebietet das Grundgesetz, aber auch der Deutschlandvertrag und die Achtung vor dem Völkerrecht. Daran können keine nebulösen Formulierungen etwas ändern. Die freie Selbstbestimmung steht auch den Deutschen zu.

Polnische Schulbuchexperten zu Besuch in Hessen
(Informationen. Der Hessische Kultusminister, 24. 1. 1979)

Kultusminister Hans Krollmann begrüßte gestern abend in Wiesbaden eine Delegation polnischer Schulbuchexperten, die sich gegenwärtig auf einer Informationsreise in der Bundesrepublik Deutschland befindet. Der Delegation gehören unter anderem an: Vizeminister Romuald Jezierski vom Ministerium für Bildung und Erziehung, Professor Dr. Wladyslaw Markiewicz, Vorsitzender der polnischen UNESCO-Schulbuchkommission, und Mag. Jerzy Lozinski, Direktor des Schul- und Pädagogischen Verlags.

In seiner Begrüßungsrede betonte Minister Krollmann, daß er die deutsch-polnischen Schulbuchempfehlungen als einen wichtigen Beitrag zur Förderung friedlicher Beziehungen zwischen den Völkern ansehe. Es handele sich um sehr hilfreiches Material zur Behandlung der so komplizierten und zeitweise tragischen Beziehungsgeschichte der beiden Völker. Der Text der Schulbuchempfehlungen sei mit einem Begleitschreiben des Ministerpräsidenten und des Kultusministers allen hessischen Schulen zugestellt worden; die Schulen seien gebeten worden, den Empfehlungen ihre besondere Aufmerksamkeit zu widmen und zur Verwirklichung der angestrebten Ziele beizutragen.
Was die Umsetzung der Empfehlungen angehe, so wisse Krollmann, daß auf polnischer Seite eine gewisse Besorgnis und Skepsis herrsche.
Daß eine solche Umsetzung administrativ nicht auf einen Schlag möglich sei, liege an der föderalistischen Struktur unseres Bildungswesens und unserer Auffassung von der wissenschaftlichen Freiheit von Autoren. Er sei trotzdem zuversichtlich:
Konkrete Beispiele zeigten schon jetzt, daß die Empfehlungen für die Schulbuchproduktion in der Bundesrepublik Deutschland fruchtbar geworden seien und ihren Niederschlag in neueren Schulbüchern und in der Neubearbeitung älterer Werke gefunden hätten.

Dr. Alfred Dregger: Vorwort zur Publikation der Alternativ-Empfehlungen durch die CDU Hessen
(Gelbe Reihe der CDU Hessen, Nr. 15, Februar 1979)

Liebe Mitbürger!
Deutsche und Polen können auf ein Jahrtausend gemeinsamer Geschichte zurückblicken. Neun Zehntel dieser Vergangenheit waren von friedlichem Nebeneinander und gegenseitiger kultureller Durchdringung bestimmt. Erst die Politik Hitlers und Stalins hat zwischen Deutschen und Polen unüberwindlich scheinende Gräben aufgerissen. Millionen von Toten und Millionen von Heimatvertriebenen wurden Opfer einer Politik ohne Recht. Das polnische Volk ist unter die Herrschaft einer kommunistischen Diktatur geraten, die auch unseren in ihrer ostdeutschen Heimat verbliebenen Landsleuten elementare Freiheitsrechte vorenthält.
Trotz dieser Belastungen ist es für beide Völker notwendig, nach einem neuen Anfang zu suchen und eine tragfähige Grundlage der Verständigung zu schaffen.
Wir dürfen uns aber keiner Täuschung hingeben: Ohne das Bekenntnis zum Recht und ohne den Willen zur geschichtlichen Wahrheit gibt es keine echte Verständigung unter den Völkern.
Deshalb haben die bekannten Empfehlungen der gemischten deutsch-polnischen Schulbuchkommission der gemeinsamen Zukunft von Deutschen und Polen keinen guten Dienst erwiesen:
Sie haben den völkerrechtlichen Status Deutschlands falsch dargestellt und einem schiefen Geschichtsbild Vorschub geleistet, das z. T. in einseitiger Weise großpolnisch-nationalistisch ausgerichtet ist und z. T. kommunistischen Sprachregelungen folgt. Auf Geschichtsverfälschung kann aber keine Verständigung aufgebaut werden.
Um so mehr ist es zu begrüßen, daß eine Arbeitsgruppe unter Federführung von Prof. Josef Joachim Menzel sich der Mühe unterzogen hat, den Text der „amtlichen" Schulbuchempfehlungen kritisch zu überarbeiten. Sie hat die ursprünglichen Empfehlungen, soweit es nur irgend möglich war, übernommen und Korrekturen und Ergänzungen angebracht, soweit es nach gesicherten Erkenntnissen nötig ist.

Diese Alternativ-Empfehlungen sollten zunächst im Rahmen der wissenschaftlichen Diskussion von der Bundeszentrale für politische Bildung herausgegeben werden. Offensichtlich aufgrund „höherer Weisung" wurde dann dieser Beitrag unterdrückt und bislang nicht veröffentlicht. In dieser Situation ist es für die CDU Hessen eine Pflicht, anstelle der staatlichen Instanzen zu handeln, die innerlich nicht mehr frei genug sind, um die historische Wahrheit getreu darzustellen. Die CDU Hessen übergibt diesen wichtigen Text der Öffentlichkeit, um dazu beizutragen, daß die Gerechtigkeit gegenüber der Geschichte und die Gerechtigkeit in den gegenwärtigen Beziehungen zu unseren Nachbarvölkern zur Grundlage der Verständigung wird, die wir alle anstreben.

Keine Geschichtsklitterung. Zu den Empfehlungen der deutsch-polnischen Schulbuchkonferenzen und zur Kulturhoheit der Länder
(Weiß-blaue Rundschau, März 1979)

Die sogenannten deutsch-polnischen Schulbuchempfehlungen stoßen hierzulande aber auch in anderen Bundesländern auf Widerstand. Die Abgeordnete Redepenning (FDP) wollte deshalb vom Bayerischen Kultusminister wissen, ob er es „für eine im Interesse der Entspannungspolitik angemessene Entscheidung (hält), daß Bayern die Vereinbarungen und Empfehlungen der deutsch-polnischen Schulbuchkonferenzen nicht vollzieht?" Abgeordneter Dr. Rost (CSU) fragte den Bayerischen Kultusminister, ob er angesichts des Auftretens des Georg-Eckert-Instituts für internationale Schulbuchforschung (Braunschweig) auf der deutschen Seite der deutsch-polnischen Schulbuchkonferenzen die verfassungsrechtlich garantierte Kulturhoheit der Länder gewahrt sieht. In einer polnischen Jugendzeitung wurde laut einer Meldung des Münchner Merkur vom 17. 1. 1978 ein deutsch-polnischer Jugendaustausch von der vorherigen Durchführung der Schulbuchempfehlungen in der Bundesrepublik Deutschland abhängig gemacht. Die Bundesregierung fordert nunmehr die Übertragung der Kulturhoheit auf den Bund. Dieses Viereck soll den Umfang unserer Betrachtungen abstekken.

I.

Die Regierung der Bundesrepublik Deutschland und die Regierung der Volksrepublik Polen haben für ihre Staaten im Kulturabkommen am 11. 6. 1976 vereinbart, sie werden darauf hinwirken, daß die Empfehlungen der gemeinsamen Schulbuchkommission berücksichtigt werden. Die von der deutsch-polnischen Schulbuchkommission in den Jahren 1972–1976 erarbeiteten Empfehlungen für Schulbücher der Geschichte und Geographie in der Bundesrepublik Deutschland und in der Volksrepublik Polen (beschlossen am 5./7. April 1976) gliedern die Geschichte der deutsch-polnischen Beziehungen in 26 Punkte auf und geben in 7 Punkten Empfehlungen zum Geographieunterricht. Es ist nicht Sinn dieser Betrachtung, auf jeden dieser Punkte einzugehen.

Gründe, von der Einführung der Empfehlungen der deutsch-polnischen Schulbuchkonferenz abzusehen, sind aber u. a. folgende zeitgeschichtliche Empfehlungen:

1. „Die deutsch-polnische Grenzregelung nach dem Zweiten Weltkrieg ist im Zusammenhang der allgemeinen Territorial- und Grenzveränderungen als Ergebnis des Krieges zu betrachten. . . Mit der gleichzeitigen Einigung über den Artikel XIII (Orderly Transfers of German Populations) und der Aufstellung eines Aufnahmeplanes des Alliierten Kontrollrats in Deutschland im November '45 wurde aber von den Allierten selbst präjudiziert, daß es sich bei der polnischen Herrschaft über die ehemals deutschen Gebiete nicht um ein revidierbares Provisorium handeln könne."

Von einer deutsch-polnischen Grenzregelung zu sprechen, ist einfach falsch. Eine völkerrechtlich verbindliche deutsch-polnische Grenzregelung hat es weder in Potsdam 1945 noch im Warschauer Vertrag 1972 gegeben. Im übrigen wurden die Gebiete jenseits von Oder und Neiße Polen lediglich zur Verwaltung übergeben, von „polnischer Herrschaft" kann nicht die Rede sein.

2. „Die territorialen Veränderungen bei Ende des Zweiten Weltkrieges wurden mit umfangreichen Bevölkerungsverschiebungen verbunden. Sie zielten darauf ab, staatliche und ethnische Grenzen nach Möglichkeit in Übereinstimmung zu bringen."

Es ist eine Ungeheuerlichkeit, Enteignung und Vertreibung aus der Heimat, völkerrechtswidrige Akte, denen mehr als 400 000 Deutsche östlich von Oder und Neiße zum Opfer fielen, als „Bevölkerungsverschiebung" zu bezeichnen. Was ist das doch für eine Heuchelei der Kommission, die den Begriff „Vertreibung" mit der Begründung nicht gebrauchen wollte, um zum einen, wie ihr Leiter auf deutscher Seite, Prof. Mertineit, sagt, „Reizwörter" zu vermeiden und um andererseits in dem Begriff „Bevölkerungsverschiebung" „so unterschiedliche Vorgänge wie Flucht, Evakuierung, Ausweisung, Zwangsumsiedlung, Übersiedlung, Ausreise und Familienzusammenführung" zusammenfassen zu können.

Nach unserer Ansicht ist es nicht möglich, mit Begriffen wie „Bevölkerungsverschiebung" die historische Wahrheit der Vertreibung zu verschleiern. Derartiges ist auch dem Völkerrecht und der Erziehung zu Gerechtigkeit, Wahrheitsliebe, Frieden und Toleranz geradezu abträglich. Das Unrecht muß beim Namen genannt wer-

den, um es als solches zu brandmarken. Wer sich das Unrecht nicht als solches zu bezeichnen traut, kann auch nicht zu Recht und Gerechtigkeit erziehen.
Es liegt auf der gleichen sprachlich feigen Linie, wenn die Gebiete, aus denen die Deutschen vertrieben wurden, als ,,von der deutschen Bevölkerung geräumte Gebiete" bezeichnet werden, als ob es sich hierbei um einen quasi freiwilligen und rechtmäßigen oder doch wertneutralen Vorgang handelte. Ganz abgesehen davon, daß sich die Heimatvertriebenen in den Schulbuchempfehlungen noch sagen lassen müssen, daß ,,sie in Polen als Hort des Revisionismus angesehen" werden, sofern von ihnen ein Recht auf Heimat proklamiert wird. Schulbuchempfehlungen, die – wenn auch mit dem Finger eines anderen – auf den zeigen, der für das Recht auf Heimat eintritt, sind der glatte Widerspruch zu aller Rechtlichkeit. Das Recht auf Heimat ist eine natürliche Forderung mit hoher moralischer Qualität!
3. ,,Die Art und Weise, wie die Auseinandersetzung mit der nationalsozialistischen Vergangenheit häufig geführt wurde, insbesondere Inkonsequenz bei der Durchführung der Entnazifizierung und der gerichtlichen Verfolgung nationalsozialistischer Verbrechen, haben die Beziehungen der Bundesrepublik Deutschland zu Polen und zu anderen Ländern in vieler Hinsicht belastet."
Diese die Bundesrepublik Deutschland anklagende Darstellung ist schon deshalb nicht richtig, weil wir doch alle Schuldigen, deren wir habhaft werden konnten, den Gerichten zur Aburteilung zugeführt haben. Außerdem müßten in einem Schulbuch neben den nationalsozialistischen Verbrechen auch die kommunistischen Verbrechen genannt werden und etwa erwähnt werden, daß kein einziger Pole, der Verbrechen an Deutschen begangen hat, bis heute auch nur angeklagt worden ist. Wer die Schuld nicht der historischen Wahrheit gemäß, sondern vielmehr einseitig darstellt, trägt nicht zur Versöhnung bei.
4. Beispiele für Einseitigkeiten durch Weglassen gibt es noch mehrere. Nur einige seien erwähnt:
a) Die systematische Entnationalisierungspolitik der polnischen Regierung gegenüber den Deutschen nach 1945 wird nicht erwähnt, obwohl jede Aussiedlerfamilie, die mit ihren kaum ein Wort Deutsch sprechenden Kindern zu uns kommt, hinreichend Zeugnis ablegt für die Vertreibung aus Volkstum und Muttersprache.
b) Der Hitler-Stalin-Pakt aus dem Jahr 1939 (Deutsch-Russischer Nichtangriffspakt mit Verständigung über die Teilung Polens) ist totgeschwiegen. Im Gegensatz zu diesen Bonner ,,Schulbuchempfehlungen" erwähnen sämtliche gegenwärtig in Bayern zugelassenen Lehrbücher der neuesten Geschichte den Hitler-Stalin-Pakt.
5. Daß auch für den Geographieunterricht nicht von Vertreibung gesprochen wird, sondern beim Thema ,,Demographische Veränderungen in Polen nach dem 2. Weltkrieg" von ,,Kriegsverlusten, Migrationen, Veränderungen der ethnischen Struktur, Berufsstruktur" die Rede ist, verwundert nach dem oben Dargestellten nicht mehr. Im übrigen soll für die Bezeichnung der Ortsnamen der offizielle Sprachgebrauch im jeweils anderen Land maßgeblich sein, sodaß wir also in den Schulen für Breslau Wroclaw und für Stettin Szczecin zu sagen hätten.

II.

Der Bayerische Kultusminister und die Bayerische Staatsregierung tun daher, wie bereits von der Staatsregierung am 14. 9. 1976 beschlossen, gut, wenn sie die Empfehlungen der deutsch-polnischen Schulbuchkommission wegen ihrer Unausgewogenheit nicht übernehmen. Auch eine Vielzahl anderer Bundesländer hat sich aus den gleichen Gründen die ,,Empfehlungen" nicht zu eigen gemacht. Im übrigen hat der Bayerische Kultusminister in seiner Antwort auf die eingangs erwähnte schriftliche Anfrage der Frau Abgeordneten Redepenning ausgeführt: ,,Der Grundsatz der Wahrheitsverpflichtung darf bei der Bildung und Erziehung unserer Jugend keinesfalls augenblicklichen politischen Interessen nach- oder untergeordnet werden. Besonders der zeitgeschichtliche Unterricht ist sorgfältig von allen Versuchen der Beschönigung, der Verschleierung und Tatsachenunterdrükkung zugunsten der politischen Tagesopportunität frei zu halten. Andernfalls würde er nicht nur der Wissensvermittlung sondern auch der Erziehung der jungen Generation Schaden zufügen und statt der staatsbürgerlichen Mündigkeit der Indoktrination dienen, ganz abgesehen von dem Eingriff in die Freiheit der Forschung, die mit der Unterdrückung offenkundiger, historisch gesicherter Tatsachen gegeben wäre."

Diesen Ausführungen ist voll zuzustimmen. Der Bayerische Kultusminister wird zu Recht Schulbüchern mit derartigem von der deutsch-polnischen Schulbuchkommission vorgestelltem Inhalt die Zulassung an Bayerns Schulen verweigern. Wir hoffen, daß auch die anderen Bundesländer so handeln werden. Wie der Bayernbund das Thema Schulbuchzulassung in bezug auf gewisse literarische Produkte ausgerührt hat und beim Bayerischen Kultusminister schließlich ein Ohr gefunden hat (bekanntlich wurde mehreren Lesebüchern die Zulassung genommen), so wird er auch das Thema Schulbuchzulassung im Zusammenhang mit den Empfehlungen der deutsch-polnischen Schulbuchkommission im Auge behalten.

III.

In der Tat würde im Sinn der eingangs erwähnten schriftlichen Anfrage des Abgeordneten Dr. Rost die Kulturhoheit der Länder beeinträchtigt, wenn der Bund auf eine bestimmte inhaltliche Gestaltung der Schulbücher hinwirken würde. Über die Zulassung von Schulbüchern entscheiden die Länder in eigener Zuständigkeit! Somit erweist sich die Kulturhoheit der Länder als Bollwerk gegen eine etwaige Forderung des Bundes oder Polens, die Empfehlungen der deutsch-polnischen Schulbuchkommission zu übernehmen. Der Bundeskanzler selbst hat ja den Ministerpräsidenten der Länder in der Besprechung am 4. 6. 76 zugesichert, daß sie frei seien, inwieweit sie die Empfehlungen der deutsch-polnischen Schulbuchkommission übernehmen wollten. Auch die polnischen Verhandlungspartner wurden darauf aufmerksam gemacht, daß die Zuständigkeit für die Übernahme der Schulbuchempfehlungen bei den Ländern liegt. Es bleibt aber der fade Geschmack zurück, warum – trotz dieser Vorbehalte – in Art. 4 des deutsch-polnischen Kulturabkommens formuliert wurde: die Vertragsparteien „werden darauf hinwirken, daß dabei die Empfehlungen der gemeinsamen Schulbuchkommission berücksichtigt werden."

Zu Recht hat daher der Abgeordnete Dr. Rost in einem weiteren Antrag gefordert, daß „bei künftigen Kulturabkommen mit Ländern Ost-(mittel)europas die Kulturhoheit der deutschen Bundesländer voll gewahrt und nicht durch mißdeutbare Artikel ins Zwielicht" geraten dürfe. In diesem Sinn hat auch der Bayerische Landtag am 29. 6. 1978 Beschluß gefaßt.

IV.

Die Länder sind also infolge des deutsch-polnischen Kulturabkommens nicht verpflichtet, die – im übrigen ohne Länderbeteiligung ausgearbeiteten – Schulbuchempfehlungen einzuführen. Diese Rechtslage könnte sich ändern, wenn der Bund qua Verfassungsänderung die Kulturhoheit übernehmen würde. Das strebt er ja jetzt an. Derartiges ist für einen, der auf dem Boden des Grundgesetzes steht, undiskutabel. Die in Art. 79 Abs. 3 des Grundgesetzes ausgesprochene Garantie der Unabänderbarkeit des föderalistischen Prinzips würde verletzt, der totale Verfassungsbruch wäre erreicht. Wenn nun Polen im Rahmen des Kulturabkommens einen deutsch-polnischen Jugendaustausch von der Durchführung der Schulbuchempfehlungen abhängig macht, so sollten wir das gelassen zur Kenntnis nehmen. Polen hat kein Recht darauf, daß die Schulbuchempfehlungen Wirklichkeit werden. Somit kann Polen mit diesem Argument einen Jugendaustausch, wenn es wirklich einen will, nicht zu Fall bringen. Wir hingegen haben es nicht nötig, einen Jugendaustausch um den Preis der Durchführung der Schulbuchempfehlungen zu erkaufen. Was wäre das für ein „Geschäft"?!

Polnische und deutsche Sorgen. Schulbuchempfehlungen im Meinungsstreit (Wolf Scheller: Neue Bielefelder Zeitung, 24. 3. 1979)

Beim Hamburger Historikertag im Oktober vorigen Jahres meldete sich Bundeskanzler Helmut Schmidt mit behutsamer Schelte zu Wort. Die Polen – so der Kanzler – hätten sich bei den Schulbuchempfehlungen gegenüber dem deutschen Partner wohl „ein bißchen zu entschlossen durchgesetzt. Keine Seite darf sich überfahren lassen, darf andere überfahren, niemand soll sich überfahren fühlen." Gemeint waren damit die seit nunmehr drei Jahren vorliegenden 26 „Empfehlungen für die Schulbücher der Geschichte und Geographie in der Bundesrepublik Deutschland und in der Volksrepublik Polen", die von der gemeinsamen Schulbuchkommission unter Leitung der UNESCO seit Anfang der siebziger Jahre ausgearbeitet worden sind.

In der Bundesrepublik waren diese Empfehlungen von Anfang an umstritten. In keinem Bundesland sind sie bislang als verbindliche Richtschnur für den Schulunterricht vorgeschrieben, wenngleich auch etwa Hessen oder Nordrhein-Westfalen die Empfehlungen als „hilfreiches und diskussionswürdiges Material" verstanden wissen wollen und Niedersachsens Kultusminister Remmers (CDU) die Empfehlungen als „wichtigen Schritt auf dem Wege zur Verständigung" gewürdigt hat. Ein Bundesland, nämlich Bayern, hat die Empfehlungen bereits rundherum abgelehnt. Die Staatsregierung in München erklärte: „Sie sind gekennzeichnet von einer sprachlichen Verharmlosung der Massenvertreibungen und verschweigen historische Fakten".

Die Polen ihrerseits bemängeln seit Jahr und Tag, daß deutscherseits die Arbeit der gemeinsamen Schulbuchkommisson keine verbindliche Ausformung im Schulunterricht erfährt. So rügte das Parteiblatt „Trybuna Ludu" kürzlich unter der Überschrift „Schulbuch-Unwahrheiten in der Bundesrepublik Deutschland" Inhalt und „tendenziöse Interpretation der Geschichte und Geographie" in den meisten westdeutschen Lehrbüchern. Das Blatt: „Die mehr oder weniger sichtbaren Veränderungen, die in den neuesten Schulbuchausgaben gemacht wurden, beruhen eigentlich allein auf dem quantitativen Zuwachs an Information über Polen beziehungsweise über die Beziehungen zwischen unseren Ländern. Nur in vereinzelten Fällen kann man von Versuchen sprechen, die Empfehlungen zu berücksichtigen." Während in Polen absprachegemäß diese Empfehlungen verwirklicht seien, sei dieser Prozeß in der Bundesrepublik fast vollständig am toten Punkt steckengeblieben. Auch der stellvertretende polnische Kultusminister Jezierski hat vor kurzem in Bonn lediglich „gewisse Symptome von Veränderungen" in den Schulbüchern registriert.

Die offiziellen polnischen Stellen geben sich irritiert angesichts der föderativen Vielfalt im westdeutschen Schulbetrieb. Andererseits aber erheben sie den Vorwurf, in der Bundesrepublik, in der deutschen Geschichtsschreibung vor allem, werde eine immer stärkere „nationalistische Tendenz" sichtbar. Dazu gehöre die zunehmende Neigung mancher Historiker, für die Zeit des Zweiten Weltkrieges fremde Mitschuld und deutsche Leiden – etwa bei der Vertreibung – hervorzuheben. Als Negativbeispiel für den Beleg dieser These führte die polnische Nachrichtenagentur PAP das auch hierzulande kritisierte Geschichtswerk des Erlanger Historikers Diwald an.

Inzwischen freilich mehren sich auch in der Bundesrepublik die Stimmen der Kritiker, die vor einer Übernahme der Schulbuchempfehlungen in ihrer gegenwärtigen Form warnen. Der deutsch-polnische Schulbuchdialog, ursprünglich als ein Faktor der Verständigung gemeint, ist heute eher zum Gegenteil geworden. Die Fronten sind ziemlich starr. Wenn es zum Beispiel nach den Bayern ginge, müßten zumindest jene Empfehlungen neu verhandelt werden, die sich mit der jüngsten und jüngeren Zeitgeschichte beschäftigen. Bayerns Kultusminister Hans Maier nennt bereits Vorbedingungen. „Wichtig wäre eine gegenseitige Versicherung. Erstens: Wir berichten völlig unvoreingenommen und im Geist der Verständigung mit dem Willen zur Versöhnung. Das wäre sozusagen die Generalklausel. Und dann: die Wissenschaft hat die Freiheit, alle Tatsachen im einzelnen zu untersuchen." Andererseits weiß Maier aber auch: „Es gibt in kommunistischen Systemen keine freie historische Forschung."

Also stehen die Dinge schlecht für eine Verständigung. Denn es ist höchst unwahrscheinlich, daß die Polen, um mit den Deutschen zu einer Verständigung zu kommen, von ihrem ideologischen Standort lassen. Mittlerweile aber sind unter Maiers wohlwollender Aufmerksamkeit sogenannte „Alternativ-Empfehlungen" in der Bundesrepublik erschienen, die von der bayerischen CSU bereits als „brauchbarer Ersatz" begrüßt wurden. Die Autoren dieser „Anti-Empfehlungen" – der Mainzer Neuhistoriker Josef Joachim Menzel, sein Flensburger Kollege Wolfgang Stribrny und der Harzburger Schuldidaktiker Eberhard Völker – erklären im Vorwort, es gehe ihnen um eine „Konkretisierung und Konzentration der kontroversen Diskussion mit dem Ziel einwandfreier Aussagen zur deutsch-polnischen Geschichte". Vertrieben wird ihr Manuskript von der „Kulturstiftung der deutschen Vertriebenen in Bonn-Bad Godesberg. Das Deutsche Reich, so heißt es in den „Alternativ-Empfehlungen", existiere rechtlich weiter. Daher sollten die Schulbücher Karten enthalten, die nicht nur die auf den bestehenden Machtverhältnissen beruhenden, sondern auch die dem Recht entsprechenden Gegebenheiten in geeigneter Weise wiedergeben. Heute von Polen bewohnte Orte sollen „in der in der Unterrichtssprache des Schülers üblichen Form verwendet werden". Bis auf das Kapitel „Polen und der Deutsche Orden" werden die gemeinsamen deutsch-polnischen Empfehlungen von den „Alternativ" – Autoren abgelehnt oder weitreichend korrigiert. So melden die drei Verfasser Kritik auch an gegenüber der Darstellung der Rolle Rußlands bei den polnischen Teilungen. Sie fordern einen Hinweis auf den deutsch-sowjetischen Grenz- und Freundschaftsvertrag vom August 1939 (Hitler-Stalin-Pakt) und wollen beim Thema „Bevölkerungsverschiebungen" exakt unterschieden wissen zwischen Evakuierung, Flucht, Vertreibung und Aussiedlung.

Zum Teil handelt es sich um Überlegungen und Korrekturvorschläge, die auch von manchem Befürworter der bisherigen Empfehlungen akzeptiert oder zumindest als diskussionswürdig angesehen werden könnten. Anderes freilich in diesem „Alternativ-Papier" dürfte von vornherein wenig Aussicht haben, von den Polen überhaupt als Diskussionsgegenstand betrachtet zu werden. Angesichts der Empfindlichkeiten in beiden Lagern ist ein Ende der Kontroverse um die deutsch-polnischen Schulbuchempfehlungen noch lange nicht abzusehen.

CDU: Schulbücher sind umzuschreiben. Vorstoß zur „deutsch-polnischen Geschichte" (Gelnhäuser Tageblatt, 4. 4. 1979)

Die hessische CDU hat am Dienstag in Wiesbaden „Alternativempfehlungen zur Behandlung der deutsch-polnischen Geschichte in den Schulbüchern" herausgegeben. Die als Broschüre verteilten Materialien hat eine Arbeitsgruppe unter der

Federführung des Mainzer Professors Josef Joachim Menzel zusammengestellt.
CDU-Landesvorsitzender Dr. Alfred Dregger bewertete die Veröffentlichung als „wichtigen Beitrag zur Diskussion um die deutsch-polnischen Beziehungen". Die Alternativempfehlung würden in wesentlichen Teilen die von der gemischten deutsch-polnischen UNESCO-Kommission verabschiedeten ursprünglichen Schulbuchempfehlungen korrigieren, ließ Dregger erklären. Diese seien sowohl bei Wissenschaftlern als auch in den meisten Kultusverwaltungen der Länder auf Kritik gestoßen. Nach Auffassung von Dregger sei es notwendig gewesen, die teilweise „großpolnisch-nationalistischen" und zum Teil auch „kommunistischen Uminterpretationen der Geschichte" wieder zurechtzurücken.
Aus diesem Grunde wiesen die neuen Alternativempfehlungen zum Beispiel auf den dem Polenfeldzug von 1939 vorangegangenen Hitler-Stalin-Pakt hin, der in der Textfassung der UNESCO-Kommission aus Rücksichtnahme auf die Sowjets unerwähnt geblieben sei. Auch andere „heikle Probleme" wie die Durchführung der Versailler Vertragsbestimmungen in Oberschlesien oder die Vertreibung bei Beendigung des zweiten Weltkrieges würden in den CDU-Materialien „wesentlich präziser und ehrlicher dargestellt" als in dem UNESCO-Text.

Der CDU-Vorstoß wurde noch am Dienstag von der hessischen Landesregierung bedauert. Regierungssprecher Thielmann erklärte in Wiesbaden, die Debatten des Landtags über diesen Themenkreis hätten gezeigt, daß die von einer angesehenen internationalen Organisation wie der UNESCO herausgegebenen deutsch-polnischen Schulbuchempfehlungen die leidvolle Geschichte beider Völker aufgearbeitet hätten. Es sei bedauerlich, daß die CDU jetzt diese Bemühungen in Frage stelle.

Wie aus Geschichte Geschichten wurden. Mainzer Alternativ-Empfehlungen zur Unesco (Bayern-Kurier, 21. 4. 1979)

Von der Erkenntnis ausgehend, daß manche kriegerische Auseinandersetzung ihre psychologische Wurzel im Geschichtsunterricht der Schule hatte, ist man im allgemeinen von der Notwendigkeit überzeugt, Geschichtsunterweisungen und Unterrichtsmaterialien von nationalen Voreingenommenheiten und Einseitigkeiten freizuhalten. Unter diesen Vorzeichen hatte die „Union der Vertriebenen" in Bayern unter ihrem Landesvorsitzenden Dr. Sieghard Rost, MdL, zu einer Fachtagung geladen, bei der ein bemerkenswertes Papier vorgestellt wurde: Eine Alternative zu den bestehenden und in weiten Teilen umstrittenen deutsch-polnischen Schulbuchempfehlungen (Unesco-Empfehlungen), an denen sogar Bundeskanzler Schmidt kritisiert, daß „die polnischen staatlich beauftragten Wissenschaftler sich an der einen oder anderen Stelle gegenüber ihren ungebundenen deutschen Verhandlungspartnern ein bißchen zu entschlossen durchgesetzt" hatten.
Als Hauptmängel der Unesco-Empfehlungen erwiesen sich falsche Sachangaben und Daten, das Verschweigen entscheidender historischer Fakten, die vielfach einseitige Sicht des deutsch-polnischen Verhältnisses, die Verwendung beschönigender Begriffe und das Anlegen ungleicher Maßstäbe. Deshalb haben die Historiker Prof. Josef Joachim Menzel (Mainz), Prof. Wolfgang Stribrny (Flensburg) und Studiendirektor Eberhard Völker (Bad Harzburg) Alternativempfehlungen vorgelegt, die durch ihre geschlossene Wissenschaftlichkeit bestechen. Daß die polnische Parteipresse die Alternativ-Empfehlungen heftig attackiert hat, kann nicht verwundern. Dagegen muß überraschen (oder – leider – schon nicht mehr), daß die Bundesregierung dem politischen Druck von außen wieder einmal nachgegeben hat und den

Druck der Alternativ-Empfehlungen durch die Bundeszentrale für politische Bildung stoppen ließ.

Dabei zeigen gerade Gegenüberstellungen, wie wertvoll die Alternativ-Empfehlungen sind. So befaßt sich beispielsweise die Unesco-Empfehlung mit der Entstehung der europäischen Staaten im Mittelalter und schließt mit dem Satz: „Damals entstanden die gemeinsamen Züge der Verfassungsstrukturen ... sowie die kirchliche Organisation als Element der staatlichen Ordnung." Nur hier und in dieser Einbettung in den Staat wird die polnische Kirche überhaupt erwähnt. Angesichts ihrer in Wirklichkeit überragenden Rolle bis auf den heutigen Tag fügen die Alternativen hinzu: „Eine entscheidende Rolle spielt in diesem Zusammenhang die Annahme des lateinischen Christentums durch Polen (966), die Unterstellung des polnischen Staates unter den Schutz des Heiligen Stuhls und der Errichtung der Kirchenprovinz Gnesen unter Mitwirkung Kaiser Ottos III. (1 000)."

Ein weiteres Beispiel. Obwohl die Teilungen Polens Ende des 18. Jahrhunderts gemeinsam von den drei Großmächten Rußland, Österreich und Preußen durchgeführt wurden, erscheinen sie in der Unesco-Empfehlung verkürzt und eingeschränkt allein auf „Preußen und die Teilungen Polens". Die Alternativen ergänzen und klären die Relation: „Als Ergebnis der Teilungen Polens, die durch russische Machtpolitik verursacht, österreichische Annexionen ausgelöst und von Preußen zielstrebig gefördert wurden, und der Regelungen des Wiener Kongresses (1815) betrug das preußische Teilgebiet Polens bis zum Ersten Weltkrieg rund acht Prozent, das österreichische zehn Prozent und das russische 82 Prozent."

Die nahezu permanente militärische und politische Präsenz Rußlands seit dem Nordischen Krieg (1700/21) in Polen zulasten der polnischen Unabhängigkeit bis in die Gegenwart dagegen wird in den Unesco-Empfehlungen nur vage und unzureichend deutlich. Vor allem wollen die Autoren der Alternativ-Empfehlungen nicht hinnehmen, daß der deutsch-sowjetische Vertrag von 1939, in dem sich Hitler und Stalin unmittelbar vor Ausbruch des Zweiten Weltkriegs auf die vierte Teilung Polens einigten, mit keinem Wort erwähnt wird.

Während die Unesco-Empfehlungen den Begriff „Vertreibung" umgehen und beschönigend von „Bevölkerungsverschiebungen" und „Transfer" sprechen, differenzieren die Alternativen: „ Ein Teil der aus ihren Wohnsitzen entfernten deutschen Bevölkerung war durch die Behörden bei Kriegsende evakuiert worden, ein anderer Teil war vor den Kampfhandlungen geflüchtet, eine weiterer Teil wurde durch die polnischen Behörden gewaltsam des Landes verwiesen. In allen Phasen der Flucht und Vertreibung entstanden schwere Bevölkerungsverluste. Sowohl die Evakuierten als auch die Geflüchteten beabsichtigten, nach Ende der Kampfhandlungen in ihre Wohngebiete zurückzukehren, wurden jedoch von den polnischen Behörden daran gehindert und so zu Vertriebenen."

Keine Gebietsabtretung

Auch im Zusammenhang mit dem Warschauer Vertrag wird in der Unesco-Empfehlung verkürzt und einseitig festgestellt, daß „die bestehende Grenzlinie, deren Verlauf in den Potsdamer Beschlüssen festgelegt ist, die westliche Staatsgrenze der Volksrepublik Polen bildet. . ." Die Alternativ-Empfehlungen verweisen aber darauf, daß es sich hier „um einen konkretisierten territorialen Gewaltverzicht, nicht jedoch um eine Gebietsabtretung" handelt.

Nachdem Bonn wieder einmal dem Druck der Kommunisten nachgegeben hat, ist es um so erfreulicher, daß die Landeszentrale für politische Bildung in Mainz diese Alternativ-Empfehlungen als Broschüre veröffentlichte. Wer wirklich an der Völkerverständigung interessiert ist, wer historische Tatsachen nicht verfälschen, die Wahrheit nicht in kommunistische „Wahrheit" umfunktionieren will, wird an diesen Empfehlungen nicht vorbeikommen.

Seminar über Schulbuchkonferenzen. Ziele sind Frieden und die Aussöhnung. Unterschiedliche Ansichten über den Weg (Westfälische Nachrichten, 30. 4. 1979)

Nach einer langen Zeit voller Konflikte sollen die politische Aussöhnung zwischen Deutschen und Polen und das gegenseitige Verständnis gefördert werden, beginnend im Schulunterricht. Über dieses Ziel herrscht Einigkeit, aber über den Weg dorthin gibt es sehr unterschiedliche Meinungen. Diese Kontroverse wurde bei einem VHS-Seminar deutlich, in dem es am Wochenende um die deutsch-polnischen Schulbuchkonferenzen, ihre Ergebnisse und die Umsetzung in die Praxis ging.

Unter der Leitung von Dr. Wolfgang Ramonat (Hamburg) lieferten sich die Vertreter zweier gegensätzlicher Richtungen heftige Wortgefechte. Professor Dr. Wladyslaw Markiewicz (Warschau), Leiter der polnischen Delegation in den Konferenzen, und Professor Dr. Hans-Adolf Jacobsen (Bonn), Mitglied der deutschen Delegation, vertreten die Auffassung, das Anliegen sei zwangsläufig ein politisches. Sie halten es deshalb für unumgänglich, daß in den Schulbüchern gewisse Wertungen mitgegeben werden.

Zu den Verfassern von Alternativ-Empfehlungen zu den bisherigen deutsch-polnischen Schulbuchkonferenzen gehören Professor Dr. Josef Joachim Menzel (Mainz), und Professor Dr. Richard Breyer (Marburg). Sie vertraten im Seminar der Volkshochschule ihre Gegenposition: „Man muß die unterschiedlichen Positionen respektieren, sie aber dann stehen lassen, wenn wissenschaftlich Kompromisse nicht zu verantworten sind“, faßte Prof. Menzel in einem Pressegespräch zusammen. „Wir müssen uns an der Historie orientieren, soweit sie erkennbar ist, den Bürgern aber das Urteilen überlassen, anhand der Fakten. Kompromißbildung gehört in den politischen Raum, aber nicht in den wissenschaftlichen.“

Professor Jacobsen umschrieb die Ansichten der Gegenseite. Ausgangspunkt sei für die deutsch-polnischen Schulbuchkonferenzen der Bilateralismus: In den Empfehlungen für den Geschichts- und Geographieunterricht würden nur die historischen Ereignisse berücksichtigt, die die beiden Staaten direkt betrafen. „Das führt natürlich zu Kritik. Schulbuchempfehlungen sind aber nicht Geschichtsschreibung. Ihr Ziel ist eine dezidierte Friedenspolitik, der Abbau von Feindbildern und Klischees. Die wissenschaftliche Grundlage spielt eine Rolle, aber nicht allein sondern auch politische Probleme.“ Man müsse die andere Seite und deren Verständnis von Frieden, bedingt durch eine andere Gesellschaftsordnung, berücksichtigen. „Dort müssen wir Brücken schlagen, und in diesem Sinne wollen wir Empfehlungen geben.“

Im Seminar war eine Frage besonders umstritten und bot immer wieder Zündstoff für die Diskussion: Welche Auffassung kommt dem Ziel, den Frieden und die Entspannung zu fördern, am nächsten? Professor Menzel zeigte sich dabei besonders betroffen, daß die Empfehlungen der Schulbuchkonferenzen in einer Beilage des Parlamentes im vollen Wortlaut und mit Kommentar abgedruckt worden seien, die Alternativ-Empfehlungen aber aus politischen Überlegungen und Rücksichtnahmen nicht. An der Diskussion beteiligten sich auch die Mitglieder des Plenums – Münsteraner, die auf Einladung der Volkshochschule teilnahmen – sehr engagiert.

Mit Referaten der Teilnehmer auf dem Podium wurde der Sachstand aufgearbeitet. Professor Jacobsen sprach über die Entstehung der Schulbuchempfehlungen von 1970 bis 1975 aus deutscher Sicht. Professor Markiewicz über die Durchsetzung der polnischen Vorstellungen. Für Professor Breyer war der Ausgangspunkt seines Beitrages die Vorgeschichte und Geschichte des Zweiten Weltkrieges in den Empfehlungen der Schulbuchkonferen-

zen, während Professor Menzel die Alternativ-Empfehlungen vorstellte.
Zur Umsetzung der Ergebnisse der Konferenzen berichteten Prof. Markiewicz und Professor Jacobsen im Pressegespräch, in beiden Ländern seien Ansätze zu verzeichnen. In Polen habe sich mehr geändert, was beide auf das dortige System zurückführten, in dem Umsetzung einfacher sei. Dort gebe es nur einen Schulbuchverlag, in dem für den Geschichts- und Geografieunterricht elf Titel herausgegeben wurden, in Deutschland dagegen 78 Verlage mit über 300 Titeln.

Nachgiebigkeit wäre ein Verhängnis: Die Wahrheit muß unteilbar sein – Beispiel aus Mainz und Wiesbaden wirkt weiter
(Heinz Rudolf Fritsche: Süddeutsche Zeitung, 11. 5. 1979)

Das leidige Problem der deutsch-polnischen Schulbuchfrage, das dem Eindringen in das Bewußtsein der deutschen Öffentlichkeit offenbar bewußt ferngehalten werden soll, von Polen aus aber immer wieder als Druckmittel für mögliche Zugeständnisse seitens der Bundesrepublik Deutschland benutzt wird, droht von Bonner Amtsstuben aus an die Grenze des öffentlichen Skandals getrieben zu werden.
Die Bundeszentrale für politische Bildung in Bonn ließ Ende vorigen Jahres erklären, daß „aus allgemeinen politischen Gründen, die dem speziellen Auftrag unseres Hauses übergeordnet sind", bis auf weiteres keine Beiträge zum Komplex „Deutsch-polnische Schulbuchempfehlungen" mehr veröffentlicht werden könnten, und zwar wegen der „unausbleiblichen innen- und außenpolitischen Konsequenzen".
Gemeint mit dieser Maulkorb-Entscheidung, die ebenso eindeutig wie vieldeutig ist, waren die „Alternativ-Empfehlungen zur Behandlung der deutsch-polnischen Geschichte in den Schulbüchern", mit denen die Autoren – Prof. Dr. Joachim Menzel von der Universität Mainz, Prof. Dr. Wolfgang Stribrny von der Pädagogischen Hochschule Flensburg und der Ostkunde-Fachmann Studiendirektor Eberhard Völker aus Bad Harzburg – die teilweise gravierenden Mängel ausmerzen wollten, die in den von einer gemeinsamen Subkommission der deutschen und polnischen UNESCO-Kommission (ohne eingehende Vorbereitung, aber mit großem publizistischen Aufwand) beschlossenen „Empfehlungen zur Behandlung der deutsch-polnischen Beziehungen in den Schulbüchern der Volksrepublik Polen und der Bundesrepublik Deutschland" zutage getreten waren.
Die deutschen Teilnehmer hatten – zum mindesten fahrlässigerweise – einer nahezu nationalistischen Aufwertung der polnischen Geschichte zugestimmt, und zwar zu Lasten der deutschen Geschichte, die damit in die Ecke des ewigen Unrechts gestellt wurde. Jedenfalls war dies das Urteil derjenigen, die sich darum bemühten, einen wirklichen Ausgleich zwischen Deutschen und Polen auf der Grundlage der historischen Wahrheit und frei von jeglichen Reminiszenzen herbeizuführen.
Aus einer ausgewogenen wissenschaftlichen Gegenposition zu den umstrittenen UNESCO-Empfehlungen haben die genannten Autoren Aussagen zur deutsch-polnischen Geschichte als Änderungen und Ergänzungen erarbeitet, deren Veröffentlichung ihnen nach eigener Überzeugung „unabweisbar geboten erschien". Nachdem nun aber die Bundeszentrale für politische Bildung einen zunächst zugesagten Abdruck in der Beilage zur Bonner Wochenzeitung „Das Parlament" aus unsachlich politischen Gründen gestoppt hatte, was immerhin zu einer allerdings ergebnislosen Anfrage im Deutschen Bundestag führte, waren nunmehr die Länder als von der Thematik her angesprochenen Träger der Kulturhoheit aufgerufen, hier aktiv zu werden.
Freilich, nicht alle Länderregierungen wa-

ren ansprechbar. Einige hatten sich bereits voreilig festgelegt, andere blieben schwankend, nur wenige waren und sind mutig und verantwortungsbewußt genug, die Gefahr des unkontrollierten Einschleichens des Ungeistes der Ausgangs-Empfehlungen in die Schulen und die Schulbücher aufzuhalten. So förderte zunächst die Landeszentrale für politische Bildung in Rheinland-Pfalz eine Drucklegung in Mainz (Hase und Kohler Verlag GmbH, Mainz) und die CDU im Lande Hessen brachte den Text mit einem Vorwort ihres Landesvorsitzenden Dr. Alfred Dregger als Heft 19 ihrer ,,Gelben Reihe" heraus. Die hessische CDU übernahm diese Herausgabe unter der Überschrift ,,Verständigung durch Wahrheit" als ,,eine Pflicht, anstelle der staatlichen Instanzen zu handeln, die innerlich nicht mehr frei genug sind, um die historische Wahrheit getreu darzustellen".

Das Beispiel aus Mainz und Wiesbaden wirkt indessen weiter. Wie man hört, plant auch die Landeszentrale für politische Bildung in Niedersachsen eine weitere Auflage des Textes der Alternativ-Empfehlungen, und in München trägt man sich mit dem Gedanken, den Text ins Polnische zu übersetzen und den Polen als Diskussionsgrundlage anzubieten. Inzwischen hat auch der Landesverband Baden-Württemberg des Bundes der Vertriebenen die Anregung der Landsmannschaft Schlesien aufgegriffen, dem Ministerium für Kultus und Sport in Stuttgart ein ähnliches Vorgehen zu empfehlen und den Minister Prof. Dr. Roman Herzog hierzu um ein Gespräch mit Experten zu bitten.

Angesprochen bleiben aber weiterhin insbesondere die in den Gliederungen der Vertriebenen-Organisationen tätigen Pädagogen und Erzieher, nicht zuletzt aber auch jedes Elternhaus, sich hier um eigene Sachkenntnis zu bemühen und für Aufklärung in der Öffentlichkeit zu sorgen.

Abzuwehren gilt es vor allem jene polnischen Bemühungen, die durch Druck auf die Kultusverwaltungen der Länder eine Entscheidung im Sinne der Ausgangs-Empfehlungen zu erreichen suchen. Würden wir diesem Druck nachgeben, wäre das ein Verhängnis für die Zukunft der beiden betroffenen Völker. Nichts wäre schädlicher und würde dauerhafter einem deutsch-polnischen Ausgleich im Wege stehen. Das sollten auch unsere gelegentlichen Warschauer-Pilger wissen, die immer wieder so gern ohne eigentliches Verhandlungsmandat in die polnische Hauptstadt reisen.

Die Wahrheit sollte unteilbar sein!

Peter Bender: Kommentar
(Westdeutscher Rundfunk I, ,,Politik am Morgen, 27. 6. 1979)

Wenn Mitte der sechziger Jahre nach dem Stand der Beziehungen Bonn-Warschau gefragt wurde, dann war über große Schwierigkeiten zu berichten, große noch ungelöste Probleme aus der Vergangenheit – aber eins gab es immer, was das düstere Bild aufhellte: die westdeutsch-polnische Schulbuchkonferenz. Polen hatte von 1939 bis 1945 sechs Millionen seiner Staatsbürger verloren und war verheert worden wie kein Land Europas, Deutschland hatte ein Viertel seines Staatsgebiets an Polen verloren. Daß sich danach westdeutsche und polnische Wissenschaftler zusammensetzten und gemeinsame Empfehlungen ausarbeiteten, um die Schulbücher, das heißt die Jugend beider Länder von nationalen Vorurteilen zu befreien, – das erschien damals fast wie ein Wunder. Neun von elf Bundesländern begrüßten diese Arbeit und eröffneten begründete Aussicht, daß die Empfehlungen in die Bücher, Lehrpläne und Köpfe eingehen würden – nur Bayern und Baden-Württemberg machten eine Ausnahme.

Heute sieht es fast umgekehrt aus. Was damals Paradebeispiel für die Möglichkeit westdeutsch-polnischer Verständigung war, gerät in die Gefahr, zum Negativ-Symbol zu werden: zum Beweis für die

Nationalisten und Opportunisten beider Seiten, daß eben doch nichts zu machen sei – mit diesen Polen, mit diesen Deutschen, je nachdem. Die Schuld liegt nicht bei den Wissenschaftlern, sondern bei den Politikern. Die Wissenschaftler, Polen wie Deutsche, kommen immer besser miteinander aus: der Marxismus trennte sie nie und der Nationalismus tut es immer weniger. Auf ihrer letzten Tagung in Allenstein sprachen die Historiker über Pommern und Schlesien im deutsch-polnischen Verhältnis – vor zehn Jahren wäre das Thema gar nicht diskutabel gewesen. Glaubenssätze hätten es verhindert, die deutsche Vorstellung vom ewig deutschen Schlesien und die polnische von den ,,wiedergewonnenen Gebieten".

Es scheint, als liefen hier zwei Linien immer weiter auseinander. Die Wissenschaftler kommen einander näher, die Politiker, und das heißt großenteils auch die öffentliche Meinung, entfernen sich – Resultat: die Schulbuchempfehlungen werden immer weniger populär. In Polen steht es wirtschaftlich und politisch nicht sehr gut, das hat auch Folgen für das Verhältnis zu den Deutschen. In der Bundesrepublik ist das Engagement der ersten siebziger Jahre erlahmt. Man glaubt, seine Verständigungspflicht erfüllt zu haben; Gleichgültigkeit und Selbstgerechtigkeit breiten sich aus – gestärkt vom kräftigen Rückenwind eines neuen Antikommunismus.

Daß die Schulbuchempfehlungen in eine Krise geraten sind, hat hier seinen Hauptgrund: in einer allgemeinen politischen Veränderung und nicht in sachlichen Meinungsunterschieden. Die Wissenschaftler können ihre Ergebnisse begründen, aber die Lage ändern können nur die Politiker, einige haben es schon erkannt. Da es eine Einigung in der Kultusministerkonferenz ohnehin nicht geben wird, müssen die Bundesländer handeln, die zu den Empfehlungen stehen. Franz-Josef Strauß erklärte Deutschland in den Grenzen von 1937 zu seinem Vaterland – aber man kann nicht die gesamte westdeutsche Jugend darunter leiden lassen, daß einige Unionspolitiker ihren innenpolitischen Opportunismus nicht überwinden.

Skandal um deutsch-polnische Schulbuch-Broschüre. SPD: ,,Alternativ-Empfehlungen" vom Bund der Vertriebenen ohne Quellenangabe veröffentlicht. ,,Machwerk" gerügt
(Eckart Spoo: Frankfurter Rundschau, 7. 7. 1979)

Die niedersächsische SPD-Landtagsfraktion hat eine von der Landeszentrale für politische Bildung veröffentlichte Broschüre zum Thema ,, Deutsch-polnische Schulbuchempfehlungen" als ein ,,politisch verantwortungsloses Machwerk" und als ein ,,außerordentliche Provokation" gerügt. An die CDU-Landesregierung richteten die Sozialdemokraten die Aufforderung, die Broschüre umgehend zurückzuziehen.

Neben den auf Initiative der UNESCO-Kommissionen Polens und der Bundesrepublik von führenden Fachwissenschaftlern beider Länder in mehrjähriger Arbeit gemeinsam formulierten Schulbuchempfehlungen enthält die Broschüre auch ,,Alternativ-Empfehlungen", die nach Angaben der SPD vom Bund der Vertriebenen stammen, ohne daß diese Herkunft in der Veröffentlichung kenntlich gemacht ist. Im Vorwort der Landeszentrale heißt es:

,,Europas Wissenschaft hat das, was sie erkannt hat, stets nur als einen Teil des Wahren, des Absoluten anerkannt, dem ein Gegenteil entgegenzusetzen ist."

Nach Ansicht der sozialdemokratischen Kritiker ,,strotzen die sogenannten Alternativ-Empfehlungen von selbstgerechtem, überheblichem Geschichtsverständnis". In der Broschüre sei ihnen ein Übergewicht gegenüber den Empfehlungen der gemeinsamen Schulbuchkommission gege-

ben worden. Dies sei weder politisch noch sachlich zu rechtfertigen.
Der CDU-Landesregierung warf die SPD vor, mit der Veröffentlichung der Landeszentrale unterlaufe sie eine Parlamentsentscheidung. Die Broschüre konterkariere die Landtagsdebatte vom Oktober 1977, in der Sprecher von SPD, CDU und FDP die Schulbuchempfehlungen als brauchbare Grundlage für die Versachlichung des Geschichtsunterrichts akzeptiert und die drei Fraktionen bei nur einer Gegenstimme gemeinsam eine Entschließung verabschiedet hatten. Die Gegenstimme stammte vom niedersächsischen Landesvorsitzenden des Bundes der Vertriebenen, Eberhard von Claer (CDU). Das Vorwort der Broschüre enthält einen Bericht über die Debatte, in dem Claer, der nur eine Frage gestellt hatte, ebenso ausführlich zitiert wird wie die offiziellen Sprecher von SPD und FDP.
Die SPD rügte diese verkürzende und verfälschende Wiedergabe der Landtagsdebatte und sprach von einem „miserablen Stil" der Landeszentrale bei der Vorbereitung der Publikation. Der stellvertretende Vorsitzende des Kuratoriums der Landeszentrale, der SPD-Landtagsabgeordnete Wolfgang Schulze, sagte, die Veröffentlichung sei „hinter dem Rücken des Kuratoriums von interessierter politischer Seite durchgedrückt" worden.

Die Landeszentrale untersteht dem Minister für Bundesangelegenheiten Wilfried Hasselmann, der zugleich Landesvorsitzender der CDU ist. Sein Ministerium war auch verantwortlich für einen an sämtlichen niedersächsischen Schulen veranstalteten „Schlesien-Wettbewerb", der seinerzeit ebenfalls heftige Kritik der oppositionellen SPD ausgelöst hatte, weil zahlreiche den Schülern vorgelegte Fragen von historisch und geographisch falschen Tatsachenbehauptungen ausgingen. Das Ministerium hatte sich bei der Vorbereitung des Wettbewerbs von Vertretern der Landsmannschaft Schlesien beraten lassen.

Mertineit attackiert Menzel. Arbeit deutscher Historiker als „Besserwisserei" abgetan (Das Ostpreußenblatt, 18. 8. 1979)

Am Stadtrand Berlins im Schinkelschlößchen von Glienicke haben rund 60 Fachbereichsleiter für Geschichte von West-Berliner Gymnasien und Gesamtschulen über deutsch-polnische Geschichte diskutiert. Oberschulrat Karl-Heinz Lau vom Berliner Schulsenator bezeichnete es als Aufgabe der Tagung, die „Multiplikatoren" in die Probleme einzuführen und vor allem die „Umsetzung" der Schulbuchempfehlungen einer deutsch-polnischen UNESCO-Kommission voranzutreiben. An der Ausrichtung der Tagung war auch die Evangelische Akademie Wannsee beteiligt.
Auf der Tagung referierten deutsche Historiker, wie Professor Gotthold Rhode (Universität Mainz) und Prof. Walter Mertineit (Universität Kiel) und die polnischen Wissenschaftler Professor Wladyslaw Markiewicz, Professor Marian Wojciechowski und Gerard Labuda. Die Wissenschaftler räumten vor der Presse ein, daß die „26 Empfehlungen" der UNESCO-Kommission unvollständig und wegen ihrer Lücken auch mißverständlich seien. Weitere Fachkonferenzen würden neues und ergänzendes Material erarbeiten, wie bereits 1978 in Deidesheim über die Widerstandsbewegungen gegen Hitler und 1979 in Allenstein über die mittelalterliche Geschichte Pommerns und Schlesiens.
Auf die Kontroversen innerhalb der deutschen Wissenschaft über Wert und Unwert der UNESCO-Empfehlungen angesprochen, verteidigte Mertineit, der Leiter der deutschen Delegation in der Kommission ist, fast päpstlich die Rolle der Kommission. Die von den drei deutschen Historikern Professor Joachim Menzel, Wolfgang Stribrny und Eberhard Völker

bearbeitete Fassung der Empfehlungen wertete er als ,,Besserwisserei", sie trügen nur einen ,,Mantel der Objektivität".
Eine ganz so entschiedene Ablehnung hat die Menzel-Fassung der Empfehlungen aber im Kreise der Kommission offenbar nicht gefunden. Denn Wojciechowski teilte mit, daß Eberhard Völker zur Fachtagung nach Allenstein in der Woche nach Pfingsten dieses Jahres eingeladen gewesen sei.
Die Problematik der Empfehlungen wurde auch offenbar durch die Erklärung Mertineits, daß sie nur ein ,,Mindestmaß der Gemeinsamkeit" darstelle. Keine Gemeinsamkeit besteht noch immer bei der Beurteilung der Rolle der Sowjetunion beim Ausbruch des Zweiten Weltkrieges. Eine Übereinstimmung dürfte noch einige Zeit ausstehen, denn Wojciechowski verschob die Antwort auf diese Frage auf eine noch immer nicht arbeitsfähige deutsch-sowjetische Schulbuch-Kommission, deren Ergebnis dann auch die polnische Seite übernehmen werde. Beim Thema des Ribbentrop-Molotow-Vertrages vom August 1939 hört die sonst so entschiedene Selbstdarstellung der polnischen Geschichte durch die Landeshistoriker offenkundig auf.
Oberschulrat Lau kündigte an, daß eine weitere Tagung mit Lehrern anderer Schulgattungen stattfinden werde. Auch würden die in Berlin verwendeten Schulbücher für Geschichte und Erdkunde auf ihre Darstellungen der deutsch-polnischen Beziehungen überprüft und das Ergebnis den Schulbuchverlagen mitgeteilt werden.

Erfreuliche Bilanz: Gespräche ohne Empfehlungsdruck. Über die deutsch-polnische Schulbuchkonferenz in Allenstein
(Eberhard Völker: Das Ostpreußenblatt, 18. 8. 1979)

Die XII. Konferenz der gemeinsamen UNESCO-Kommission der Volksrepublik Polen und der Bundesrepublik Deutschland für die Schulbuchrevision in Geschichte und Geographie wurde von allen Beteiligten als harmonisch und ertragreich empfunden. Professor Walter Mertineit, der Vorsitzende der deutschen Delegation, rief in seinem Schlußwort sogar enthusiastisch aus, man werde in den deutsch-polnischen Schulbuchgesprächen eine neue Zeitrechnung einführen und künftig vor und nach der Allensteiner Konferenz datieren. Ist ein so positives Urteil berechtigt?
Zunächst ist der eindeutig fachwissenschaftliche Charakter der Konferenz zu unterstreichen. ,,Schlesien und Pommern im Mittelalter" lautet das Thema, und die Historiker hatten uneingeschränkt das Wort. Im Gegensatz zu früheren Schulbuchkonferenzen setzte sich die deutsche Delegation – nicht zum erstenmal, man kann diese Tendenz schon seit einiger Zeit beobachten – überwiegend aus Fachleuten zusammen. Von den 18 Teilnehmern auf deutscher Seite sind 14 nicht nur durch ihr Interesse für die deutsch-polnischen Beziehungen und allgemeine historische Qualifikation, sondern ganz konkret durch eigene Beschäftigung mit dem hier erörterten Spezialgebiet oder unmittelbar relevanten Nachbargebieten bzw. -disziplinen ausgewiesen. Allerdings war der für das Gebiet der mittelalterlichen Siedlungsgeschichte Schlesiens kompetente deutsche Fachmann Professor Dr. Josef Joachim Menzel (Universität Mainz), der u. a. dieses Thema bei den angesehenen internationalen Historikertreffen auf der Insel Reichenau vertreten hat, auch diesmal nicht eingeladen worden. Die Lücke war spürbar – die deutschen Referenten äußerten sich vorzugsweise über die staatsrechtlichen und politischen Probleme Schlesiens im Mittelalter, während aus polnischer Sicht Professor Zientara gerade die schlesische Siedlungsgeschichte interpretierte.
Was in Allenstein gesagt wurde, stand aber auf hohem wissenschaftlichen Niveau. Und das bemerkenswerte daran war,

daß einerseits gegensätzliche oder mindestens verschiedene Positionen nicht verwischt wurden, daß aber andererseits das Bemühen um Berücksichtigung der jeweils anderen Sicht durchaus spürbar wurde. Natürlich ging auf polnischer Seite Professor Roman Heck (Breslau) geradezu liebevoll jeder wirtschaftlichen und kulturellen Beziehung zwischen Schlesien und Polen und jedem Anzeichen des Slawentums in Schlesien bis in die frühe Neuzeit nach, ohne sie in Relation zu setzen zu den Bindungen Schlesiens ans Reich, zu Zahl und Gewicht der Deutschen in Schlesien seit dem Mittelalter, während Dr. von Grawert-May (Neuwied) auf deutscher Seite jede staatsrechtliche Verbindung zwischen Schlesien und Polen seit dem Erlöschen der Senioratsverfassung 1202 verneinen mußte. Auch für Pommern kann von einer Übereinstimmung nicht gesprochen werden. Andererseits wurden zukunftsweisende Perspektiven schon im ersten, aus universalhistorischer Sicht glänzend konzipierten Vortrag von Professor Dr. Gotthold Rhode (Mainz) deutlich, der nationale Geschichtswertungen in übergreifende Zusammenhänge stellte und außerordentlich erhellend wirkte. Ähnlich versöhnlich wirkten die streng der Sache verpflichteten und überholte Deutungen abstreifenden Untersuchungen seines polnischen Kollegen Professor Gerard Labuda. Neuansätze eröffneten sich etwa in dem Bemühen von Professor Jürgen Petersohn (Würzburg), die Situation Pommerns einmal nicht aus deutscher oder polnischer Sicht, sondern aus der Interessenlage des pommerschen Herzogtums und seiner Bewohner zu sehen. Die Beispiele ließen sich vermehren. Diese so erfreuliche Bilanz kann sicher darauf zurückgeführt werden, daß die Konferenz frei von jeder Verpflichtung war, sich auf gemeinsame Empfehlungen zu einigen. Die Empfehlungen sind abgeschlossen, sie sollten weder bestätigt noch revidiert werden. Wer sich über den Forschungsstand unterrichten will, wird sich künftig auf die hoffentlich bald im Druck erscheinenden Allensteiner Vorträge und Diskussionen stützen müssen. Sie werden ihm kein übereinstimmendes Bild der deutschen und der polnischen Sicht vermitteln. Aber dies entspricht der Sache. Ein gemeinsamer Empfehlungstext würde vorerst diesen Tatbestand eher verschleiern. Daß man sich aber auf dem Weg der Annäherung befindet, dies ist die Hoffnung von Allenstein. Es war auch ein gutes Zeichen, daß die deutsche Delegation einen der Kritiker der deutsch-polnischen Schulbuch-Empfehlungen und Mitautor der Alternativ-Empfehlungen zur Teilnahme eingeladen hatte und daß er ebenso freundlich aufgenommen wurde wie jedes andere Mitglied der Delegation. Die Alternativ-Empfehlungen standen in Allenstein ebensowenig zur Debatte wie die UNESCO-Empfehlungen. In der Sache wurde nichts, was in den Alternativ-Empfehlungen steht, in Frage gestellt. Ihre bloße Existenz stieß freilich auf polnisches Mißtrauen, so daß der Vorsitzende der polnischen Delegation, Professor Markiewicz, in seinen Eröffnungsworten gar von einer ,,Verschwörung" sprach. Es ist Dr. von Grawert-May dafür zu danken, daß er den Verfassern der Alternativ-Empfehlungen den gleichen Willen zur Wahrheit und zur Verständigung attestierte, den die Schulbuchkommission für die UNESCO-Empfehlungen in Anspruch nimmt.

Polemik ist das nicht
(Dr. Botho Spruth: Leserbrief, FAZ, 24. 9.1979)

Nach dem Bericht der F.A.Z. vom 10. September haben die bildungspolitischen Sprecher der SPD-Fraktionen bei einer Konferenz im Braunschweiger Institut für internationale Schulbuchforschung darüber Klage geführt, daß die Schulbuchempfehlungen nur in SPD- und SPD/FDP-regierten Ländern eine ,,angemessene Förderung" erfahren hätten. Anstatt jedoch von ,,teilweiser polemischer Ablehnung" in den anderen Ländern zu sprechen, sollte man das Kind beim Namen nennen. Die Zurückhaltung in den CDU- und CSU-regierten Ländern beruht auf der Feststellung von Mängeln der vorgelegten Empfehlungen: Der Hitler-Stalin-Pakt vom August 1939 ist in den Empfehlungen der Unesco-Kommission übergangen. Man kann das Verschweigen dieser historisch bedeutsamen Tatsache nicht rechtfertigen und den Hinweis darauf nicht als ,,Polemik" abwerten. Nicht anders steht es mit den Entscheidungen des Bundesverfassungsgerichts zu den Ostverträgen vom 31. Juli 1973 und 7. Juli 1975.

Diese Entscheidungen binden deutsche Behörden, auch die Schulbehörden. Wie will man es rechtfertigen, deutschen Schülern den Standpunkt des höchsten deutschen Gerichtes vorzuenthalten?
Die Vertreibung der Ostdeutschen aus ihrer Heimat ist in Punkt 21 und 22 der Empfehlungen so beschrieben, als wäre sie gemäß Artikel XIII des Potsdamer Protokolls von 1945 durchgeführt worden; die Vertreibung ist als ,,Bevölkerungsverschiebung" dargestellt. Wie es wirklich war, hat der neutrale, allseitig anerkannte Historiker und Völkerrechtler Alfred M. de Zayas in seinem Werk ,,Die Anglo-Amerikaner und die Vertreibung der Deutschen" (1978) beschrieben. Wenn Grausamkeiten im Zuge der Versöhnung übergangen werden sollen, so ist das recht, wenn es beiderseits geschieht; nicht aber dürfen deswegen die Dinge irreführend dargestellt werden.

Die Vertreibung
(Prof. Dr. Gotthold Rhode: Leserbrief, FAZ, 3. 10. 1979)

Zum Leserbrief von Dr. Botho Spruth, Lübeck: ,,Polemik ist das nicht", in der F.A.Z. vom 24. September: Spruth wiederholt leider einige Irrtümer und Mißverständnisse, die ich in meinem Beitrag: ,,Sollte man lieber gar nichts empfehlen?" in der F.A.Z vom 31. Januar 1977 aufzuklären versucht habe. Es sei hier noch einmal versucht:
1) Die Nichterwähnung eines historischen Faktums in den Empfehlungen bedeutet durchaus nicht, daß dieses Faktum in den Schulbüchern oder im Geschichtsunterricht ,,verschwiegen" werden solle, sondern lediglich, daß über seine Erwähnung in den Empfehlungen keine Einigung erzielt werden konnte. In der Volksrepublik Polen, in der ja die Empfehlungen genauso gedruckt worden sind wie in der Bundesrepublik Deutschland, ist nun einmal der Hinweis auf das den Hitler-Stalin-Pakt begleitende Geheimabkommen nicht möglich. Ebenso wie dieses Abkommen sind aber in den Empfehlungen auch die polnisch-sowjetischen Abkommen von 1944 und 1945 nicht erwähnt, die alliierten Kriegskonferenzen werden lediglich genannt, ohne daß etwas über die dort gefaßten Beschlüsse gesagt wird, und niemand hat bisher daraus den falschen Schluß gezogen, daß sie in unserem Schulunterricht nicht behandelt werden sollten.
2) Es ist nicht richtig, daß die Vertreibung der Ostdeutschen in der Empfehlung 22 als ,,Bevölkerungsverschiebung" dargestellt wird. Die drei Sätze in der Empfehlung 22 lauten vielmehr: ,,In den Polen gemäß den Potsdamer Beschlüssen übertragenen ehemaligen Reichsgebieten östlich von Oder und Neiße lebten 1939 ca. 8,5 Millionen Menschen. Etwa die Hälfte von ihnen, außerdem die Mehrzahl der deutschen Bevölkerung Danzigs sowie der in Polen lebenden Deutschen, wurden entweder evakuiert oder flüchteten unter großen Verlusten noch vor Kriegsende in die deutschen Gebiete westlich von Oder und Neiße. Der größte Teil der in den Oder-Neiße-Gebieten verbliebenen deutschen Bevölkerung wurde in den Jahren 1945 bis 1947 ausgewiesen bzw. im Rahmen des interalliierten Transferabkommens zwangsumsiedelt. In der Folgezeit fanden noch einzelne Übersiedlungen und individuelle

Ausreisen im Rahmen der Familienzusammenführung unter anderem in den Jahren 1956/57 statt." Daraus wird für jeden, der den Text richtig liest, deutlich, daß die Vertreibung schon vor den Potsdamer Beschlüssen begonnen hat. Man kann gewiß darüber streiten, ob der Terminus „zwangsumsiedeln" härter ist als der Terminus „vertreiben" oder nicht, aber man kann gewiß nicht sagen, daß der Terminus „zwangsumsiedeln" eine Verharmlosung darstellt. Die Überschrift zu Empfehlung 22 „Bevölkerungsverschiebungen" bezieht sich auf den Gesamtvorgang der Jahre 1945–1957 einschließlich der Ansiedlung der polnischen Bevölkerung in den ostdeutschen Provinzen.

Als ich 1952 als einer der ersten deutschen Autoren das Gesamtphänomen in einer kleinen Schrift darzustellen versuchte, gab ich ihr den Titel: „Völker auf dem Wege .... Verschiebungen der Bevölkerung in Ostdeutschland und Osteuropa seit 1917". Gegen diesen Titel ist in den zahlreichen Rezensionen von niemandem etwas eingewendet worden, obwohl wir damals den leidvollen Ereignissen wesentlich näherstanden. Zwar sind die Vertreibungsverluste und die damals vorgekommenen Grausamkeiten in den Empfehlungen nicht erwähnt, ebensowenig sind aber die Verluste des polnischen Volkes während des Zweiten Weltkrieges angeführt; niemand wird in Polen daraus den Schluß ziehen, daß sie in Zukunft nicht genannt werden sollten.

3) Für die Entscheidungen des Bundesverfassungsgerichts gilt das gleiche wie für den Hitler-Stalin-Pakt. Ihre Nichtnennung in den gemeinsamen Empfehlungen heißt nicht, daß den Schulbuchautoren (nur an diese und nicht an die Schüler wenden sich die Empfehlungen) ihre Existenz vorenthalten werden soll.

Einfach nicht erwähnt
(Dr. Herbert Hupka MdB: Leserbrief, FAZ, 12. 10. 1979)

In seinem Bemühen, sowohl die deutsch-polnischen Schulbuchempfehlungen als auch seine eigene Zustimmung als Mitglied der deutsch-polnischen Schulbuchkommission zu rechtfertigen (F.A.Z. vom 3. Oktober), hat Professor Dr. Gotthold Rhode ganz vergessen, obwohl er auf die Fundstelle verweist, daß er bereits recht deutlich von seinem Ja zu den deutsch-polnischen Empfehlungen (F.A.Z. vom 31. Januar) abgerückt war.

Er schrieb: „Deshalb enthalten hier manche Empfehlungen zur neueren Geschichte anfechtbare oder mißverständliche Formulierungen und sind in der Dosierung von Fakten uneinheitlich... Daß das Ribbentrop-Molotow-Abkommen nicht vorkommt – ebensowenig wie die Abkommen von Teheran und Jalta –, liegt an der die polnische Seite verpflichtenden Beschränkung auf die Bilateralität, die eine Voraussetzung für die Verhandlungen über die neueste Zeit darstellte. Daß hier Zwänge vorliegen, daß außerwissenschaftliche Erwägungen eine Rolle spielen – wer wollte das bestreiten."

Der Leiter der polnischen Delegation in dieser deutsch-polnischen Schulbuchkommission, Wladyslaw Markiewicz, hat es inzwischen noch deutlicher gesagt: „Wir verheimlichen nicht, daß wir nicht daran interessiert sind, dem polnischen Schüler eine solche Interpretation der Beziehungen zwischen dem Dritten Reich und der UdSSR zu vermitteln, die dem polnisch-sowjetischen Bündnis Schaden zufügen würde." Weil es die Sowjetunion nicht zuläßt und die Volksrepublik Polen strikt an Moskaus Befehl gebunden ist, steht nichts von der durch das Komplott der beiden Tyrannen Hitler und Stalin erst möglich gewordenen Entfesselung des Zweiten Weltkrieges in den Schulbuchempfehlungen, übrigens auch nichts über Katyn, die Ermordung von Tausenden polnischer Offiziere durch die Rote Armee.

Was soll man von Schulbuchempfehlungen halten, in denen, was jetzt auch Rhode zugeben muß, die ,,Nichterwähnung", die ,,Nichtnennung" – beide Ausdrücke finden sich in seiner Zuschrift – das auffallende Faktum sind. Auch wenn man den Text der deutsch-polnischen Schulbuchkommission nur als ,,Empfehlung" und nicht als ,,Schulbuchverpflichtung", als ,,Richtlinie" entsprechend der polnischen Auslegung wertet, kann doch keiner Empfehlung für Schulbuchautoren zugestimmt werden, die wichtige historische Fakten nicht erwähnt, nicht erwähnen darf, weil die Volksrepublik Polen kein souveräner Staat, sondern ein Satellit der Sowjetunion ist und darum die polnischen Teilnehmer der Schulbuchkommission gebunden waren.

Leider bedient sich auch Rhode der Methode der ,,Nichterwähnung", wenn er die Schulbuchempfehlungen gegen den Vorwurf verteidigt, die Vertreibung werde ,,Bevölkerungsverschiebung" genannt. Er vergißt, den ersten Absatz der 22. Empfehlung zu zitieren: ,,Die territorialen Veränderungen bei Ende des Zweiten Weltkrieges wurden mit umfangreichen Bevölkerungsverschiebungen verbunden.

Sie zielten darauf ab, staatliche und ethnische Grenzen nach Möglichkeit in Übereinstimmung zu bringen." Wer sich diesen Satz zu eigen macht, muß jetzt auch die ,,Bevölkerungsverschiebung" aus Vietnam akzeptieren, denn es werden eben nur die 1,2 Millionen Chinesen vertrieben, pardon verschoben, um ,,staatliche und ethnische Grenzen nach Möglichkeit in Übereinstimmung zu bringen".

Verharmlosende Terminologie
(Prof. Dr. Josef Joachim Menzel: Leserbrief, FAZ, 8. 10. 1979)

Die Leserbriefe von Dr. Botho Spruth (F.A.Z. vom 24. September) und Professor Dr. Gotthold Rhode (F.A.Z. vom 3. Oktober) werfen erneut die Frage nach dem Wert der deutsch-polnischen Schulbuchempfehlungen für unsere Schulbücher auf, wenn in diesen Empfehlungen – aus zugegebenermaßen politischen Gründen – keine Aussagen über so entscheidende, Deutsche und Polen betreffende historische Vorgänge wie den Hitler-Stalin-Pakt, mit dem geheimen Zusatzprotokoll über die vierte Teilung Polens, gemacht werden können. Dasselbe gilt für die auf dem Grundgesetz, höchstrichterlichen Erkenntnissen und einer einmütigen Entschließung des Bundestages beruhende Interpretation des Warschauer Vertrages sowie für das tief einschneidende geschichtliche Faktum der Vertreibung nahezu eines Viertels der deutschen Bevölkerung.

In den Empfehlungen wird zunächst die Vertreibung der Deutschen nach 1945 unter der Überschrift ,,Bevölkerungsverschiebungen" subsumiert, dann zutreffend von Evakuierung und Flucht etwa der Hälfte der deutschen Bevölkerung östlich von Oder und Neiße unter großen Verlusten noch vor Kriegsende gesprochen. Die essentielle Feststellung jedoch, daß diese Evakuierten und Geflüchteten nach Einstellung der Kampfhandlungen sogleich in ihre alten Wohngebiete zurückstrebten, von den polnischen Behörden aber daran gehindert und dadurch aus Evakuierten und Geflüchteten zu Vertriebenen wurden, unterbleibt freilich. Weiter heißt es: ,,Der größte Teil der in den Oder-Neiße-Gebieten verbliebenen deutschen Bevölkerung wurde in den Jahren 1945 bis 1975 ausgewiesen bzw. im Rahmen des interalliierten Transferabkommens zwangsumgesiedelt." ,,Ausgewiesen" werden in unserem konkreten Erfahrungs- und Vorstellungsbereich ,,unerwünschte Ausländer", sei es, weil sie keine gültige Aufenthaltsgenehmigung besitzen, sei es, weil sie sich etwas haben zuschulden kommen lassen.

Die Vertriebenen waren in ihrer angestammten Heimat weder Ausländer noch

persönlich schuldig. ,,Ausweisung" trifft also in keiner Weise den Sachverhalt. ,,Zwangsumsiedlung" bedeutet lediglich ,,Aus- und Wiederansiedlung unter Zwang", sagt aber nichts über weitere gravierende Umstände aus. So werden etwa heute widerstrebende Hausbesitzer, deren Häuser dem Straßenbau, oder Dörfer, die einem Stausee weichen müssen, zwangsumgesiedelt – ohne Verlust ihrer Bürger- und Persönlichkeitsrechte, ihres Eigentums, ihrer beruflichen Existenz, ihrer heimatlichen Umgebung Verwandtschaft usw. Die Ostdeutschen dagegen wurden 1945 z. T. buchstäblich (und schon vor der Potsdamer Konferenz) über Oder und Neiße getrieben, z. T. mit unzulänglichen Transportmitteln dorthin gebracht und ihrem Schicksal im kriegszerstörten Rumpf-Deutschland auf Gedeih und Verderb überlassen. Polnischerseits erschöpfte sich der Vorgang im zwangsweisen Entzug der Existenzgrundlagen der deutschen Bevölkerung und ihrer Abschiebung über Oder und Neiße – eben exakt in die Vertreibung.
Einen ,,Transfer" im Sinne des interalliierten ,,Transfer-Abkommens (,,in humaner und geordneter Weise") hat es bekanntlich nicht gegeben. ,,Transfer" müßte daher zumindest in Anführungszeichen gesetzt werden. Dies geschieht nicht. Dafür erscheinen wenige Zeilen später die ,,Heimatvertriebenen" in solchen Anführungszeichen, während ihre Darstellung in Polen ,,als Hort des Revisionismus" wieder ohne Anführungszeichen präsentiert wird. Mit Recht ist jüngst in einer Debatte des Mainzer Landtags gefragt worden, ob die verharmlosende Terminologie der deutsch-polnischen Schulbuchempfehlungen nicht Schüler und Jugendliche gegen menschliches Leid und Existenznot in der Welt der Gegenwart immunisiere und einer gewalttätigen Zukunft Vorschub leiste.

Interessen als Objekt
(Prof. Dr. Klaus Zernack: Leserbrief, FAZ, 1. 11. 1979)

Beharrlich halten die Kritiker der deutsch-polnischen Schulbuchempfehlungen (in der F.A.Z zuletzt Menzel am 8. Oktober und Hupka am 12. Oktober) an ihrer Methode fest, die dialogische Konzeption unserer Arbeit (die wir im Vorwort der Empfehlungen genau begründet haben) durch monologisch akzentuierte Einwände zu diskreditieren: Der Behutsamkeit, mit der wir in Terminologie und Interpretation das heute schon gemeinsam Mögliche herausgefunden haben, wird – die Kritik an Professor Rhode zeigt es wieder – ein radikaler Alles-oder-Nichts-Standpunkt gegenübergestellt.
Natürlich ändert keine Vereinbarung zwischen Historikern etwas daran, daß es nationale Interessengegensätze zwischen Deutschen und Polen gab und weiterhin gibt. Sie sind nicht zuletzt das Produkt einer fortwirkenden Vergangenheit, die über mehrere Generationen hinweg im Zeichen einer axiomatisch negativen Polen-Politik von deutscher Seite gestanden hat. Wenn man dies zwecks Erzeugung von Nachdenklichkeit in den Hirnen der jungen und künftigen Generation erörtern will, dann taugt es wenig, die bloßen Interessenstandpunkte in ihrer Gegensätzlichkeit nebeneinanderzustellen, wie unsere Kritiker es immer wieder fordern. Für ein solches Prinzip der kontrastierenden, nicht dialogisch erarbeiteten ,,Selbstdarstellung" hat es übrigens in der gemeinsamen Schulbuchkommission an schwierigen Stellen der Verhandlungen auf beiden Seiten Stimmen gegeben. Sie haben sich aus guten Gründen nicht durchzusetzen vermocht. Denn die Fehlerhaftigkeit deutscher und polnischer Schulbücher rührt gerade daher, daß sie das Problem der deutsch-polnischen Beziehungen prinzipiell aus der einen Interessenperspektive, also parteiisch darstellen, zum großen Teil

noch heute. Weil dies bis zu einem gewissen Grade unausweichlich ist und sein wird, wollte die gemeinsame Kommission zeigen, bis zu welchem Grade sich dagegen ein historiographischer, stärker distanzierter Standort als der der einseitigen nationalen Interessennahme gewinnen läßt. Wir haben damit versucht, was Wissenschaftler im Gegensatz zu Parteipolitikern versuchen müssen, nämlich die wirkenden politischen Interessen zum Objekt, nicht zum Movens ihrer Reflexion zu machen. Daß der Spielraum dafür auf beiden Seiten heute verschieden groß ist, ist selbst wiederum ein spezifisches Resultat des beziehungsgeschichtlichen Prozesses, der der Gegenstand unseres gemeinsamen Nachdenkens ist.

Dialog mit wem? – Zu den deutsch-polnischen Schulbuchempfehlungen
(Dr. Herbert Hupka MdB: Deutschland-Union-Dienst, 6. 11. 1979)

In einer von Befürwortern und Gegnern der deutsch-polnischen Schulbuchempfehlungen geführten Auseinandersetzung hat sich jetzt das deutsche Präsidiumsmitglied der gemeinsamen deutsch-polnischen Schulbuchkommission, Professor Dr. Klaus Zernack von der Universität Gießen, dahingehend geäußert, daß es nicht angehe, ,,die dialogische Konzeption unserer Arbeit (der deutsch-polnischen Schulbuchempfehlungen) durch monologisch akzentuierte Einwände zu diskreditieren."
Die Frage muß gestellt werden, mit wem denn überhaupt – als die deutsch-polnische Schulbuchkommission neunmal zusammentrat – der Dialog geführt worden ist. Auf eine derartige Frage hat allerdings der deutsche Professor bereits eine sybillinische Antwort parat: ,,Daß der Spielraum auf beiden Seiten heute verschieden groß ist, ist selbst wiederum ein spezifisches Resultat des beziehungsgeschichtlichen Prozesses, der der Gegenstand unseres gemeinsamen Nachdenkens ist."
Wäre es aber nicht besser gewesen, zuvor nachzudenken, ehe sich Demokraten und Kommunisten oder zumindest von der kommunistischen Staatsleitung Abhängige – also Deutsche aus der Bundesrepublik Deutschland und Polen aus der Volksrepublik Polen – zu einem sogenannten Dialog zusammensetzten, anstatt nach diesem Dialog diesen zum Gegenstand des Nachdenkens zu machen? Es gibt das gute Wort des Schriftstellers Theodor Plievier, der als überzeugter Kommunist das kommunistisch beherrschte Mitteldeutschland, um sich die Freiheit des Geistes zu wahren, verließ und dann die rhetorische Frage stellte: ,,Diskutieren Sie einmal mit einem Lautsprecher!"
Wie kann ein Dialog zustande kommen, wenn der Teilnehmer auf der anderen Seite des Tisches gebunden ist und bestimmte Themen des Gesprächs gar nicht behandeln darf, weil dies die Partei- und Staatsräson von ihm verlangt? Inzwischen haben die polnischen Teilnehmer der deutsch-polnischen Schulbuchkommission selbst zugegeben, daß sie zu keiner Erklärung bereit gewesen wären, die ihren großen Bundesgenossen Sowjetunion in irgendeiner Weise hätte provozieren können. Gemeint ist die Auseinandersetzung über die Entfesselung des Zweiten Weltkrieges, bekanntlich die verbrecherische Tat sowohl von Hitler als auch von Stalin. Darüber zu reden, war für die Polen tabu. Auch eine Behandlung der Vertreibung der Deutschen aus ihrer Heimat durfte nach kommunistischem und zugleich nationalistischem Verständnis der polnischen Gesprächsteilnehmer gleichfalls nicht erfolgen.
Wie kann man darum von einem Dialog sprechen? Und wenn man schon von einem Dialog spricht, warum soll daran nicht Kritik geübt werden? Was heißt ,,monologisch akzentuierte Einwände", wie man es in Zernacks Ausführungen liest? Darf niemand, der nicht an diesem höchst merkwürdigen Dialog teilgenommen hat, Kritik üben? Ist jetzt auch schon

dieser angebliche Dialog zum Tabu erklärt?
,,Das heute schon gemeinsam Mögliche" dieses ,,Dialogs" sollen wir begreifen lernen und ihm zustimmen! Gemeinsam möglich war aber nur, daß die Deutschen zu schweigen hatten, weil die andere Seite nicht zu reden bereit war und angesichts der politischen Verhältnisse im eigenen Lande, das sie zu diesem Gespräch entsandt hatte, auch nicht zu reden bereit sein durfte. Wer mit Nationalsozialisten einen Dialog führte, wußte, woran er war oder weiß es spätestens jetzt. Wer mit Kommunisten einen Dialog führen möchte und geführt hat, wie es uns die deutschen Teilnehmer der deutsch-polnischen Schulbuchkommission versichern, sollte uns nicht davon zu überzeugen versuchen, als kennten wir nicht die Spielregeln eines Dialogs mit Kommunisten.

Mit Lautsprechern läßt sich nun einmal kein Dialog führen.

Deutsch-polnische Nachbarschaft im Schulbuch. Empfehlungen und Alternativ-Empfehlungen
(Prof. Dr. Gottfried Schramm: Internationale Schulbuchforschung, Heft 2/1979)

Im April 1976 verabschiedete die UNESCO-Kommission der Bundesrepublik Deutschland und der Volksrepublik Polen über die Zusammenarbeit auf dem Gebiet der Schulbuchrevision als Frucht einer etwa dreieinhalbjährigen Arbeit die überarbeitete Fassung ihrer Empfehlungen zu den Fächern Geschichte (16 Seiten) und Geographie (4 Seiten).[1] Vorausgegangen war – in zwei Schüben 1972 und 1975 – die Veröffentlichung von Erstfassungen. Was mit den deutsch-polnischen Empfehlungen vorgelegt wurde, stellt sich in die Reihe der bei uns besonders von Georg Eckert und dem von ihm geleiteten Braunschweiger Schulbuchinstitut betriebenen Versuche, zum Nutzen der heranwachsenden Generation die Schulbücher Europas von Aggressionen, Vorurteilen und wissenschaftlich unhaltbaren Behauptungen zu entrümpeln, die sich gegen ein Partnervolk richten. (Der unvergessene Eckert war auch der erste, nach seinem Tode 1974 durch Walter Mertineit ersetzte Vorsitzende der deutschen Sektion in der deutsch-polnischen Schulbuchkommission.)
Die Empfehlungen, auf die nunmehr die Schulbuchautoren der Bundesrepublik und Polens bei der Behandlung der Nachbarschaft ihrer beiden Völker zurückgreifen können, haben, wenn ich recht sehe, in Polen ein ungeteilt positives Echo gefunden. Bei uns schloß sich dagegen, wie zu erwarten, eine lebhafte Diskussion an, in der Befürworter und Ablehner die Klingen kreuzten. Aufsehen erregte besonders, daß sich das Land Bayern weigerte, die Empfehlungen zu übernehmen. Die bislang fundierteste, am genauesten gezielte Kritik haben die Braunschweiger Vereinbarungen mittlerweile in den ,,Alternativ-Empfehlungen" von 1978 gefunden, die aus der Feder von drei unbestreitbar sachkundigen Autoren stammen. Der Kommissionstext ist in diesem Dokument an allen Stellen, wo es den Verfassern nach kritischer Durchsicht notwendig schien, abgeändert bzw. ergänzt worden. Man liest somit einen Text, in dem zwei Drucktypen abwechseln: die eine für den unveränderten Kommissionswortlaut, die andere *(kursive)* für die Korrekturen[2]. Diese wiederum werden am Schluß der 27 Einzelempfehlungen durch ,,Erläuterungen" begründet.
Wenn ich mich daranmache, diese wichtige Stellungnahme zu kritisieren, dann in Form einer hermeneutischen Überlegung. Nicht die Frage, ob das darin Gesagte stimmt oder nicht: ob es die historische Wahrheit besser trifft als die ,,Empfehlungen", wird meine Eingangsfrage, ja nicht einmal meine Leitfrage sein. Vordringlich scheint mir vielmehr, sozusagen quellenkritisch die unterschiedliche Natur und die unterschiedlichen Bedingtheiten der beiden gegeneinanderstehenden Texte auszuloten: wie sie entstanden sind, was sie bezwecken, was sie leisten. Erst im Rahmen einer solchen Bemühung um

ein allgemeines Textverständnis werden, möchte ich meinen, ihre Einzelausagen einer vernünftigen Wertung zugänglich.
Die ,,Empfehlungen" sind das Gemeinschaftswerk zweier Mannschaften, zwischen denen es tiefgefurchte Meinungsunterschiede zu überbrücken gab. Alte nationale Empfindlichkeiten spielten ebenso hinein wie aktuelle Standpunkte von zwei Staaten mit unterschiedlichen politischen Systemen und anderer Bündniszugehörigkeit. In die Entschließung ging nur ein, worauf die beratenden ,,Parteien" sich einigen konnten. Gelegentlich waren das nicht nur zwei Parteien, sondern mehrere, weil ja die nationalen Repräsentanzen keineswegs geschlossene, homogene Blöcke darstellten. Oft, vielleicht allzu oft, war nur ein Notbehelf zu erreichen und nicht das Optimum. Die ,,Alternativ-Empfehlungen" sind auf eine ganz andere Weise zustandegekommen. Hier haben sich drei Autoren, eben weil sie in der Grundkritik an den ,,Empfehlungen" übereinstimmten, zu einer Arbeitsgemeinschaft zusammengefunden. Das aber bedeutet für unsere textkritische Fragestellung, daß ,,Alternative" in diesem Falle nicht die andere, bessere Lösung *derselben* Aufgabe, sondern nur die Bewältigung einer *anderen* Aufgabe meinen kann. Der Verständigung zwischen unterschiedlich Denkenden wird die Selbstverständigung zwischen Gleichgesinnten entgegengestellt. Bei einem solchen Befund muß man sich vor einem voreiligen Qualitätsvergleich hüten. Er wäre ebenso sinnlos wie die Entscheidung, wer es wohl besser mache: drei Tandemfahrer auf der asphaltierten Uferstraße oder zwei Rudermannschaften, die, in ein und dasselbe Boot gepfercht, gegen bewegte Wellen anrudern?
Damit scheint mir der Einstieg zum Verständnis gefunden: die kursiv gedruckten Passagen in der ,,Alternative" sind keine Änderung, wie sie etwa die ,,Zweite Lesung" in einem Gesetzentwurf anzubringen pflegt: Korrekturen, die sich in das Grundmuster einfügen. Nein, zum Grundmuster gehört ja gerade, daß nur empfohlen wird, wozu Deutsche und Polen Ja gesagt haben. Die Alternative bietet, eingeblendet in eine deutsch-polnische Vereinbarung, Passagen, die kein polnisches Plazet haben.

2 Nun könnte man nach Lektüre des ,,Vorwortes", in dem die drei Alternativ-Autoren das Zustandekommen der ,,Empfehlungen" kritisieren, vielleicht den Eindruck gewinnen, dieses Plazet wäre zu haben gewesen, wenn der deutsche Standpunkt, dem die Alternative zu seinem Recht verhelfen will, bereits in den Kommissionsgesprächen energischer und sachkundiger geltend gemacht worden wäre. Die Verfasser klagen nämlich, daß die Erstfassung jener Thesen, die der Zeit bis 1945 gewidmet waren, 1972 in ,,gespannter politischer Atmosphäre vor Ratifizierung der umstrittenen Ostverträge . . . ohne eingehende Vorbereitung, aber mit großem publizistischem Aufwand" beschlossen wurden. ,,Renommierte wissenschaftliche Institutionen, die seit vielen Jahrzehnten im Überschneidungsbereich deutsch-polnischer Geschichte tätig sind, . . . hatten . . . keine Möglichkeit der Mitwirkung an den deutsch-polnischen Schulbuchgesprächen"[3]. Der Vorgeschichte entsprach dann auch das Echo: ,,Neben begeisterter Zustimmung vor allem von politischer und publizistischer Seite im Regierungslager (SPD/FDP) z. T. überaus heftige Kritik und Ablehnung nicht nur aus den Reihen der Vertriebenen und der CDU/CSU, sondern auch von vielen der für die Zulassung der Schulbücher zuständigen Kultusministerien".
Das soll doch wohl bedeuten, daß sich die (einseitig ausgewählten) deutschen Teilnehmer an den Gesprächen aus dem tagespolitischem Interesse, Schützenhilfe für die Ratifizierung von Ostverträgen zu leisten, auf einen faulen Handel einließen, bei dem die Wahrheit durch allzu große Kompromisse an die polnische Seite verdunkelt wurde. Eine unparteiischer zusammengesetzte, sorgsamer arbeitende und wissenschaftlich besser beratene deutsche Gruppe hätte zu überzeugenderen Ergebnissen gelangen können. Nehmen wir einmal an, alle die genannten Vorbedingungen wären erfüllt worden: Hät-

te sich eine deutsch-polnische Kommission auf einen Text einigen können, wie ihn die Alternativ-Autoren formulieren? Dazu zwei Stichproben:

a) Die ,,Empfehlungen" erläutern S. 33 Hitlers 1939 gefaßten Entschluß zum Kriege gegen Polen: ,,Die Danziger Frage war für ihn nur ein Vorwand. Polen hatte unter diesen Umständen nur die Wahl, auf seine Eigenständigkeit zu verzichten oder sich zur Wehr zu setzen."
Die ,,Alternative" schiebt vor dem letzten Satz ein: ,,*Ebensowenig war die zunehmend schwieriger werdende Lage der deutschen Minderheit in Polen, die sich nach dem September zu Blutopfern steigern sollte, ein wirklicher Kriegsgrund.*"
In Schulbüchern soll also – wie schon nach A. 18 S. 27 – von den Schwierigkeiten der deutschen Minderheit in Polen, aber nicht von den Polen in Deutschland die Rede sein. In einen Satz, der sich um die Vorgeschichte des Kriegsausbruches dreht, muß unbedingt ein Hinweis auf böse Ereignisse herein, die erst durch den Krieg ausgelöst wurden. Auf den ,,Bromberger Blutsonntag" wird verwiesen, nicht aber auf die Lügenpropaganda und die Racheprozeduren, die von den Nazis an dieses für sie nur erwünschte Ereignis angehängt wurden. Eine konsensfähige Empfehlung?

b) Auf S. 25 gehen die ,,Empfehlungen" in knappen zehn Zeilen auf die preußisch-deutsche Polenpolitik zwischen 1871 und 1914 ein. Die ,,Alternative" verlängert diesen auffällig kurzen Text um eine ganze Reihe von Hinweisen: Die Ausweisungen aus den preußischen Ostprovinzen hätten nur Einwanderer ohne preußische Staatsbürgerschaft und die Ansiedlungspolitik nur anderthalbtausend Hofstellen betroffen, die zumeist in deutscher Hand gewesen waren. Der nur leichte, aber kontinuierliche Rückgang der deutschen Bevölkerung in Westpreußen, Ostpreußen und der Provinz Posen erkläre sich aus dem stärkeren polnischen Geburtenzuwachs. Die Polen konnten in Preußen "*alle Elemente einer künftigen eigenen Staatlichkeit entwickeln*". Sie ,,*bildeten eine moderne Gesellschaft heraus und nahmen am allgemeinen Fortschritt teil*". Die polnische Nationalbewegung in Oberschlesien wurde von außen herangetragen und fand erst ,,*in der 2. Hälfte des 19. Jahrhunderts allmählichen Anklang. Sie wurde durch die zeitweise Einführung des Hochpolnischen als Schulsprache, durch deutsche Schulmänner in der preußischen Schulverwaltung aus humanistischen und christlichen Erwägungen heraus begünstigt*". Die Hinzufügung von Details, die aus dem Umriss-Schema der Vorlage ausbrechen, werden durch keinerlei Angaben ausbalanciert, die ähnlich genau auf die Diskriminierung der Polen eingehen. Zunmindest an einer Stelle hat der Wortlaut der Hinzufügung die Verhältnisse grob beschönigt: ,,*Alle Elemente einer künftigen Staatlichkeit*" konnten die Polen allenfalls in Galizien, unter österreichischer Herrschaft, ausbilden, wo ihnen das Forum eines Regionalparlamentes zur Verfügung stand und ihre Nationalität bei der Rekrutierung von Beamten und Offizieren aller Ränge keinen Benachteiligungsgrund darstellte. Sollten ihnen die gleichen Chancen wirklich auch in Preußen offengestanden haben? Der richtige und wichtige Gedanke, daß die preußischen Polen trotz aller Zurücksetzungen von der wirtschaftlichen Dynamik des deutschen Kaiserreiches profitierten, wird also in einem so offenkundig parteiischen Verbund serviert, daß man erneut nur von ,,Selbstverständigung", nicht von einem konsensfähigen Angebot sprechen darf. Oder aber, um den Autoren keine Absichten zu unterstellen, die sie nie hatten: Hier zeigt sich gerade, daß sie ihre Empfehlungen nicht so abfaßten, daß Polen ihnen beipflichten könnten. Vielmehr ging es ihnen um den ,,deutschen Standpunkt". Gerade eine solche Einseitigkeit aber hatten die ,,Empfehlungen" überwinden wollen.

3 Es scheint mir ein Vorzug der ,,Empfehlungen", daß sie nicht durchweg an dem Prinzip festgehalten haben, lediglich Ansichten zu präsentieren, die von beiden Seiten geteilt werden. S. 13 (über Schlesien und Pommern vom 10.–13. Jh.) wird in einem Beispiel, das hoffentlich in den künftigen Beratungen Schule machen wird, detailliert auf Unterschiede zwischen den beiden Geschichtsschreibungen hingewiesen. Wenn zwei Seiten sich näher kommen wollen, so gehört dazu auch, daß man es im Umgang mit bestimmten, besonders kontroversen Problemen vorerst bei zwei gegensätzlichen Standpunkten bewenden läßt. Schon damit ist etwas gewonnen, daß man den Standpunkt des anderen zur Kenntnis nimmt. Der ,,Alternative" läßt eine bloße Gegenüberstellung ohne Option keine Ruhe. Was von der polnischen Ansicht über die Loslösung Schlesiens aus der politischen Gemeinschaft Polens zu halten ist, klären sie zunächst durch einen Klammerzusatz. Sie wird *(irrtümlich)* auf die Jahre 1325/1348 datiert. (Empf. S. 15: A. S. 5.) In den ,,Empfehlungen" heißt es: ,,In den polnischen Büchern dagegen unterstreicht man die politische und kirchliche Bindung Schlesiens an den Patrimonialstaat der Piasten im Mittelalter." Daraus machen die Korrektoren flugs den *,,sich in Einzelteile auflösenden Patrimonialstaat"*, was die referierte These ansägen soll: Wenn etwas sich auflöst, kann man sich schlecht daran binden. Als ob die *,,polnischen Bücher"* den Zerfall der Staatseinheit in diesem Zusammenhang besonders hervorheben. Hier greift also der ,,deutsche Standpunkt" sogar in die Wiedergabe fremder Meinungen ein.

4 Die ,,Alternative" haben wir als eine Abwandlung der ,,Empfehlungen" kennengelernt, die ohne polnischen Konsens zustandekam, ja von vornherein gar nicht auf eine polnische Zustimmung abzielte. Was aber stellt, nach dieser Negativcharakterisierung, die ,,Alternative" dann nach *positiver* Textbestimmung dar? Sie kombiniert eine Kritik an Teilen der deutsch-polnischen Vereinbarung, die nach Meinung ihrer drei Kritiker in der beschlossenen Form nicht als Leitlinie für deutsche Schulbuchautoren taugen, mit zusätzlichen Aussagen, die in deutschen Lehrbüchern unbedingt berücksichtigt werden sollten. Nun behaupten die ,,Empfehlungen" ja gar nicht, die angeschnittenen Themen etwa auszuschöpfen und für die einschlägigen Abschnitte künftiger Schulbücher fertige Gerüste vorzugeben. Wer sich für den ,,Hausgebrauch der eigenen Nation" um weitere Aspekte ergänzt, der verfährt nicht alternativ, sondern komplementär zu der deutsch-polnischen Vereinbarung. Geht man den Text der drei Autoren durch, dann zeigt sich, daß der größere Teil ihrer Abänderungen aus Zusätzen besteht, die – ergänzt durch die zugehörigen ,,Erläuterungen" – vielfach nützliche Informationen und Verständnishilfen bieten (etwa S. 6 zum ,,deutschen Recht", zur Bildung der deutschen Neustämme östlich der Elbe, S. 10 f. – wenn auch mit einseitig hellen Farben aufgetragen – zur Herrschaftszeit der Sachsenkönige in Polen 1697-1763, S. 19 zum Frieden von Riga 1921, S. 22–24f. zu dem ethnischen, wirtschaftlichen und politischen Verhältnissen in den Gebieten Preußens mit hohen polnischen Bevölkerungsanteilen). Gewiß sind die Ergänzungen *einseitig* komplentär, da sie vor allem der kräftigen Hervorhebung des deutschen Standpunktes dienen wollen. Das schließt aber keineswegs aus, daß es unter den Hinzufügungen auch solche gibt, die in den vereinbarten Text hätten eingehen können und sollen. Eine Verbesserung der ,,Empfehlungen" scheint mir etwa die Alternativ-Formulierung 1. ,,Über die Entstehung der großen indo-europäischen sprachlich-ethnischen Gruppen u. a. die Germanen und Slawen, deren Urheimat und Wanderungen sowie die Ausbreitung der ostgermanischen *und westslawischen Stämme* gibt es *teilweise gesicherte Erkenntnisse* und verschiedene Hypothesen, und als solche sollten sie in den Schulbüchern gekennzeichnet werden" (S. 2) . . . . ,,Der europäische Kulturkreis des Mittelalters ist das Ergebnis der Synthese *romanischer* (statt: mediterran-christlicher), germanischer und slawischer Kultur". S. 8 wird in den Abschnitt über die Reformation in Polen ein Satz über den Calvinismus eingeführt. Der

macht in der Tat den historischen Zusammenhang klarer, auch wenn die Verfasser der Empfehlungen geltend machen können, sie hätten die Reformierten neben dem Luthertum und den Antitrinitariern nicht schlichtweg vergessen, sondern, da für die deutsch-polnische Beziehungen weniger bedeutsam, hier wohlweislich ausgespart.
Anderswo machen die Hinzufügungen, die eine Aussage berichtigen sollen, nach meinem Eindruck eine schiefe Formulierung nur noch schiefer. Die ,,Empfehlungen" regen an, des Copernicus (bekanntlich ein heißes Eisen in der deutsch-polnischen Diskussion) ,,als eines polnischen Reichsbürgers und Gelehrten von europäischem Rang" zu gedenken. Unglücklich an diesem Satz scheint, daß er den politischen Ort des großen Thorners vor seine gelehrte Leistung rückt, ja diese kaum angemessen umschreibt: Die Einstufung als ,,Gelehrten von europäischem Rang" würde für ein rundes halbes Hundert Zeitgenossen zutreffen, aber einen zweiten Gelehrten, der für den Durchbruch der modernen Naturwissenschaft ähnlich wichtig gewesen wäre wie Copernicus, gab es unter diesen Zeitgenossen nicht. Und die – sichtlich mühsam ausgehandelte – Formulierung ,,als polnischer Reichsbürger" (im polnischen Text: jako obywatel Rzeczypospolitej Polskiej) läßt nicht erkennen, daß der Ermländische Domherr seine Feder für die Hoheitsrechte des polnischen Königs eingesetzt hat. Das aber (und nicht die bloße Zugehörigkeit zu einem Staatsverband, die ja in der Lage unfreiwillig zu sein pflegt) ist für die Völkerbeziehung vor allem interessant. In der ,,Alternative" heißt es S. 8: ,,*Als eines preußischen Patrioten (im zeitgenössischen und seinem Selbstverständnis) deutscher (schlesischer) Abstammung und Zunge, Untertan des polnischen Königs als Landesherrn ‚Preußen Königlichen Anteils' und Gelehrten von europäischem Rang*". Hier klappert nun der Gelehrte Copernicus vollends hinter dem Sproß des deutschen Volkes und dem preußischen Patrioten hinterher. Und aus dem Streiter für seinen Landesherrn ist jetzt endgültig ein bloßer ,,Untertan" geworden. Copernicus war – als ausgesprochener Parteigänger dieses Landesherrn – eben mehr. Und wer seine mit aller Wahrscheinlichkeit deutsche Muttersprache hervorhebt, die man in Polen leider immer noch unterschlägt, sollte auch das politische Engagement des Preußen für seinen königlichen Herrn nicht verschweigen.
S. 9 heißt es in den ,,Empfehlungen", der generelle Aufschwung in Großpolen und Preußen königlichen Anteils sei um die Mitte des 17. Jh.s durch die ,,Schwedenkriege" unterbrochen worden. Zusatz der ,,Alternative" S. 9: ,,. . . *und Kosakenaufstände* . . .". Kosaken so weit westlich?

5 Es ist Zeit, die Details beiseite zu schieben und auf Abstand zu gehen. Die deutsch-polnische Schulbuch-Kommission hat nach meinem Urteil einen wesentlichen Beitrag zur Überwindung der Barrieren zwischen zwei Völkern geleistet, die dringend auf eine Versöhnung angewiesen sind. Als 1978 in Freiburg der Verband der Historiker Deutschlands einen Expertenkreis aus der polnischen Parallelorganisation zu einer Tagung über ,,Modernisierung und nationale Gesellschaft" zwischen den polnischen Teilungen und dem Ersten Weltkrieg empfing, da war bei diesem ersten offiziellen Treffen der beiden Historikerschaften sogleich handgreiflich, welche wichtige Vorarbeit die vorausgegangenen Schulbuchgespräche geleistet hatten. In Wirklichkeit traf man eben nicht das erste Mal zusammen, sondern konnte bereits an eine Tradition anschließen, zu der das sorgsame Hinhören auf den Standpunkt des anderen und die Vorannahme gehörten, daß man sich in den meisten Fragen einigen würde.
Die ,,Empfehlungen" bedeuten keinen Abschluß. Vielmehr gehen die Beratungen in regelmäßigen Abständen weiter. Wo gäbe es ähnlich enge, institutionalisierte Historikerbeziehungen zu einem anderen sozialistischen Lande als gerade Polen? Und wo wäre – von unseren westlichen Bundesgenossen natürlich abgesehen – heute schon offiziell anerkannt, daß zu einem Ausbau der Beziehungen zur Bundesrepublik auch ein Abbau von Polemik und Vorurteilen in den Schulbüchern gehört?

Der Gewinn hat auch seinen Preis gefordert. Wichtige Aspekte blieben in den ,,Empfehlungen" aus politischen Rücksichten ausgeklammert. So reden sie zwar von der Zarenherrschaft im 19. Jh. (Empf. 10). Ja, der Oktoberrevolution wird sogar ein ganzer Abschnitt (Empf. 15) gewidmet, der den Nutzen dieses Ereignisses für die polnische Unabhängigkeit wohl über Gebühr herausstreicht (Empf. 10). Der Einfluß Stalins auf die deutsch-polnischen Beziehungen ist dagegen sorgsam ausgeklammert. Die ,,Empfehlungen" schlagen erstmals eine Bresche in die überständige polnische Offizialvorschrift, den Weitergebrauch der Traditionsnamen für jetzt zu Polen gehörigen Orten selbst in deutschen Texten zu inkriminieren. Aber die vorgeschlagene Handhabung ist – wenn auch durchaus mit dem vernünftigen Usus vereinbar, nach einmaligen Klassenhinzufügungen heutiger offizieller Formen lediglich die in der jeweiligen Textsprache (deutsch oder polnisch) übliche Namensform zu benutzen – nicht unmißverständlich. Zum Preis, der gezahlt werden mußte, gehört auch, daß eine gewisse polnische Verstimmung gleichsam einprogrammiert war. In Polen, wo nur ein einziges Schulministerium das Sagen hat und wenige, verordnete Schulbücher in Gebrauch sind, ließen sich die ,,Empfehlungen" rasch in die Praxis umsetzen. In der Bundesrepublik mit der Kulturhoheit von elf Ländern, die wiederum in zwei Lager mit unterschiedlicher politischer Dominante zerfallen, und einem unablässig wuchernden Schulbuchdschungel war von vornherein nur mit einer langsamen und partiellen Umsetzung zu rechnen.
Was läßt sich, über die bereits unternommenen Anstrengungen hinaus, noch tun, um die Sache voranzubringen? Ich möchte anregen, daß auf der Basis der ,,Empfehlungen" ein oder am besten mehrere Bücher geschrieben werden, in denen die Probleme der deutsch-polnischen Nachbarschaft durch die Geschichte hindurch verfolgt werden. Damit bekämen die Schulbuchautoren nicht nur ,,Leitlinien" in die Hand, sondern auch die nötigen, ja oft nicht leicht beschaffbaren Informationen. Ein solches Buch sollte auch eine reichliche Auswahl von Schrift- und Bildzeugnissen anbieten, die einen lebendigen Einblick in die einzelnen Phasen des Themas möglich machen. Erst so, meine ich, besteht Hoffnung, daß in den zukünftigen Schulbüchern für das Fach Geschichte die Abschnitte über die deutsch-polnischen Nachbarschaftsfragen aus zureichender Sachkenntnis geschöpft und durch geeignete Quellenproben anschaulich gemacht werden. Das Buch, das mir vorschwebt, würde auch – genauer, als dies in den ,,Empfehlungen" möglich war – darüber unterrichten, in welchen Sachbereichen heute bereits eine weitgehende Grundübereinstimmung zwischen der deutschen und polnischen Forschung erreicht ist und wo sich – wie etwa in der Schlesienfrage – die Positionen noch unausgeglichen gegenüberstehen. Ich würde es begrüßen, wenn die geeigneten Verfasser durch ein Preisausschreiben ermittelt würden, bei dem Probekapitel einzuschicken sind. Vielleicht sollten die Preise in Stipendien bestehen, die es auch Schulmännern und unbeamteten Wissenschaftlern ermöglichen würden, sich ganz der Ausarbeitung eines solchen ,,Beziehungsbuches" zu widmen.

ANMERKUNGEN

1) Gemeinsame deutsch-polnische Schulbuchkommission: Empfehlungen für Schulbücher der Geschichte und Geographie in der Bundesrepublik Deutschland und in der Volksrepublik Polen (Braunschweig 1977) = Schriftenreihe des Georg-Eckert-Instituts für internationale Schulbuchforschung (bis 1975 Internationales Schulbuch-Institut), Bd. 22.

2) Prof. Dr. Josef Joachim Menzel, Prof. Dr. Wolfgang Stribrny, Stud. Dir. Eberhard Völker: Alternativ-Empfehlungen zur Behandlung der deutsch-polnischen Geschichte in den Schulbüchern (als Manuskript vervielfältigt) o. O. 1978). Die Abhebung durch unterschiedliche Drucktyen wird bei den Zitaten im folgenden übernommen. Empf. verweist auf die ,,Empfehlungen", Alt. (bzw. ,,Alternative") auf die ,,Alternativ-Empfehlungen".

3) Die deutsche Delegation sollte keine Institutionsvertreter, sondern Persönlichkeiten versammeln, die ihr eigenes wissenschaftliches Urteil, aber kein ,,imperatives Mandat" einbringen sollten. Daß bei diesem Verfahren Einrichtungen wie der Herder-Forschungsrat und die ostdeutschen Historischen Kommissionen von der Mitarbeit ausgeschlossen würden, scheint ein abwegiger Vorwurf. Denn zahlreiche Mitglieder des Forschungsrates und zwei Vorsitzende von Historikerkommissionen haben ständig oder zeitweilig mitgewirkt. Ich versage mir die Retourkutsche, daß ja auch die Alternativ-Autoren nur (oder eher glücklicherweise) aus eigener Legitimation und Überzeugung sprechen.

Bibliographie zu den deutsch-polnischen Schulbuchempfehlungen

a. Texte und Ausgaben

14 Empfehlungen zur Behandlung der deutsch-polnischen Beziehungen in den Schulbüchern der Volksrepublik Polen und der Bundesrepublik Deutschland. Bericht über die erste deutsch-polnische Schulbuchkonferenz der Deutschen und der Polnischen UNESCO-Kommission vom 22. bis 26. Februar 1972 in Warschau, Hrsg.: Deutsche UNESCO-Kommission, Köln 1972

17 Empfehlungen zur Behandlung der deutsch-polnischen Beziehungen in den Schulbüchern der Volksrepublik Polen und der Bundesrepublik Deutschland. Bericht über die zweite deutsch-polnische Schulbuchkonferenz der Deutschen und der Polnischen UNESCO-Kommission vom 11. bis 16. April 1972 in Braunschweig, Hrsg.: Deutsche UNESCO-Kommission, Köln 1972.

Vereinbarung zwischen den UNESCO-Kommissionen der Bundesrepublik Deutschland und der Volksrepublik Polen über die Zusammenarbeit auf dem Gebiet der Schulbuchrevision (vom 17. 10. 1972) in: aus politik und zeitgeschichte, B 47/77, 26. 11. 1977, S. 69 f.

Sechste deutsch-polnische Schulbuch-Konferenz vom 3.–7. Okt. 1974 in Warschau (einleitende Notiz von Martin Broszat), in: VjHZG, 22. Jg. 1974, S. 461–464

Deutsche UNESCO-Kommission, Empfehlungen zur Darstellung der Nachkriegsgeschichte in den Schulbüchern der Volksrepublik Polen und der Bundesrepublik Deutschland. Empfehlungen der 6. und 8. deutsch-polnischen Schulbuchkonferenz, Köln, Oktober 1975, in: GWU, 27. Jg. 1976, S. 699-703

Empfehlungen für Schulbücher der Geschichte und Geographie in der Bundesrepublik Deutschland und in der Volksrepublik Polen, in: aus politik und zeitgeschichte, B 47/77, 26. 11. 1977, S. 5–21; und in: Internat. Jahrbuch für Geschichts- und Geographieunterricht, Bd. 17

Deutschland, Polen und der Deutsche Orden, Sonderdruck der Deutschen UNESCO-Kommission (1974) und Ausgabe der Landeshauptstadt Hannover (1974)

Empfehlungen für Schulbücher der Geschichte und Geographie in der Bundesrepublik Deutschland und der Volksrepublik Polen. (Schriftenreihe des Georg-Eckert-Instituts für internationale Schulbuchforschung, Bd. 22). Braunschweig 1977

Josef Joachim Menzel/Wolfgang Stribrny/Eberhard Völker: Alternativ-Empfehlungen zur Behandlung der deutsch-polnischen Geschichte in den Schulbüchern. Als Manuskript vervielfältigt. (Kulturstiftung der Deutschen Vertriebenen) Bonn 1978

Verständigung durch Wahrheit. Die Alternativ-Empfehlungen zur Behandlung der deutsch-polnischen Geschichte in den Schulbüchern. (Gelbe Reihe der CDU Hessen, Nr. 15). Februar 1979

Schulbuch-Empfehlungen. (Schriftenreihe der Niedersächsischen Landeszentrale für politisches Bildung. Fakten, Meinungen, Argumente. Folge 5). Hannover 1979

b. zur Vorgeschichte der Empfehlungen

Die Diskussion ist nahezu ausschließlich geführt worden in: Internationales Jahrbuch für Geschichtsunterricht, ab 1965/66: Internationales Jahrbuch für Geschichts- und Geographie-Unterricht. Das Jahrbuch ist ab Band V/1956 im einzelnen durchzusehen. (Das Georg-Eckert-Institut für internationale Schulbuchforschung gibt das Jahrbuch an Interessierte kostenlos ab.)

c. wissenschaftliche Diskussion, Berichte (in chronologischer Folge)
Rosemarie Sievers: Deutsch-polnische Schulbuchrevision. In: Politik und Kultur, H. 3 (1974), S. 52 ff
Gotthold Rhode: Im Geist gegenseitiger Achtung des anderen Standpunktes. In: Kulturpolitische Korrespondenz, Nr. 248 (1975), S. 3 ff.
Jörg K. Hoensch: Das mühsame Geschäft der Schulbuch-Revision. In: Kulturpolitische Korrespondenz, Nr. 232 (1975), S. 9 ff.
Walter Mertineit: Weiterführung der deutsch-polnischen Schulbuchrevision. In: Politik und Kultur. Berlin 1975, S. 60 ff.
Walter Mertineit: Die deutsch-polnische Schulbuchkommission und ihre Empfehlungen zur Zeitgeschichte. In: Geschichte in Wissenschaft und Unterricht 1976, S. 329 ff.
Hans-Adolf Jacobsen: Von der Schwierigkeit im Umgang mit der „Wahrheit". In: Deutscher Ostdienst, Nr. 13 (1976)
Wladyslaw Markiewicz: Abschluß der ersten Etappe der gemeinsamen Schulbuchkommission Polens und der Bundesrepublik Deutschland. In: Polens Gegenwart, Nr. 1 (1976)
Klaus Zernack: Historische Bildung – Geschichtsbewußtsein – Nationalbewußtsein und die deutsch-polnischen Beziehungen. In: Politik und Kultur, Berlin 1976, S. 39 ff.
Hans Neuhoff/Hans-Günther Parplies: Die deutsch-polnischen Schulbuchempfehlungen zur Nachkriegsgeschichte. Eine kritische Stellungnahme. (Hrsg. v. Bund der Vertriebenen – Vereinigte Landsmannschaften und Landesverbände). Bonn 1976
Eberhard Völker: Sinn und Gefahr der deutsch-polnischen Schulbuchempfehlungen. In: Deutsche Ostkunde, H. 3 (1976), S. 60 ff.
Reinhard Roche: „Transfer" statt „Vertreibung"? Semantisch-pragmatische Überlegungen zur Lösung einer aktuellen, komplexen Sprachsituation. In: Muttersprache, H. 5 (1977), S. 314–320 (mit Faltblatt)
Siegfried Baske: Empfehlungen der deutsch-polnischen Schulbuchkommission. In: Informationsdienst zum Bildungswesen in Osteuropa, H. 26 (hrsg. Abt. für Bildungswesen in Osteuropa, Osteuropa-Institut an der Freien Universität Berlin), Berlin 1977, S. 42–58
Deutsche und Polen. Informationen zur politischen Bildung 142/143 (hrsg. Bundeszentrale für politische Bildung), Neudruck 1977
Siegfried Graßmann: Die deutsch-polnischen Schulbuchempfehlungen für Geschichte und der Geschichtsunterricht. In: Aus politik und zeitgeschichte. Beilage zur Wochenzeitung Das Parlamen, B. 47/77 (26. 11. 1977), S. 57–68
Hans-Adolf Jacobsen: Bilanz der 8. deutsch-polnischen Schulbuchkonferenz. In: Das Parlament, Nr. 49 (1977)
Herbert Hupka: Die deutsch-polnischen Schulbuchempfehlungen. Eine kritische Stellungnahme. In: Aus politik und zeitgeschichte. Beilage zur Wochenzeitung Das Parlament, B 47/77 (26. 11. 1977), S. 43–56
Walter Mertineit: Bericht über die deutsch-polnischen Schulbuchkonferenzen. In: Aus politik und zeitgeschichte, Beilage zur Wochenzeitung Das Parlament, B 47/77 (26. 11. 1977), S. 43–41
Artikel, Interviews, Materialien. In: betrifft erziehung (September 1977)
Gotthold Rhode: Polen und Deutsche in Schulbüchern zur Geschichte. Anmerkungen zu dem Aufsatz von Zbigniew Kulak. In: Beiträge zur Konfliktforschung 1 (1978), S. 129–135.
Deutschland und Polen. Die Bürgerschaft diskutiert die deutsch-polnischen Schulbuchempfehlungen. (Landeszentrale für politische Bildung). Hamburg 1978
Udo Arnold: Deutschordensgeschichte und deutsch-polnische Schulbuchgespräche. (Mit einem) Anhang: Konferenz der Historiker aus der Bundesrepublik Deutschland

und der Volksrepublik Polen zur Geschichte des Deutschen Ordens in Schulbüchern. Bericht (gemeinsam mit Z. Nowak). In: Von Akkon bis Wien. Studien zur Deutschordensgeschichte vom 13. bis zum 20. Jahrhundert. Festschrift zum 90. Geburtstag von Althochmeister P. Dr. Marian Tumler OT. (Hrsg. v. U. Arnold). Marburg 1978, S. 344-361. (Quellen und Studien zur Geschichte des Deutschen Ordens 20)

Udo Arnold: Schulbuchrevision zwischen Politik und Didaktik. Ein Beitrag zu den deutsch-polnischen Schulbuchgesprächen. In: Die Deutsche Schule 70 (1978), S. 81–90)

Udo Arnold: Schulbuchgespräche zwischen der Bundesrepublik Deutschland und der Volksrepublik Polen. Entwicklung – Probleme – Perspektiven. In: Bundesrepublik Deutschland – Volksrepublik Polen. Bilanz der Beziehungen und Perspektiven ihrer Normalisierung. (Hrsg. v. H.-A. Jacobsen, C. C. Schweitzer, J. Sulek, L. Trzeciakowski). Frankfurt/Main 1978, S. 328–366

Karl-Dietrich Erdmann: Zeitgeschichte im Ost-West-Dialog. In: Geschichte in Wissenschaft und Unterricht 1978, S. 149 ff.

Rolf Meinhardt: Die Berücksichtigung der Empfehlungen in den Bundesländern. In: Die Deutsche Schule, H. 5 (1978), S. 289–297

Rolf Meinhardt: Die Kritik der Vertriebenen-Verbände. In: Demokratische Erziehung, H. 1 (1978), S. 28–39

Carl August Schröder: Auswirkungen der deutsch-polnischen Schulbuchempfehlungen auf die Arbeit der Schulbuchverlage in der Bundesrepublik Deutschland. In: Blickpunkt Schule. Zeitschrift für moderne Unterrichtsmedien, H. 22 (Oktober 1978), S. 23–27

Rheinland-Pfalz, Kultusministerium: Untersuchung der Darstellung der deutsch-polnischen Beziehungen in den Geschichtsbüchern, die in Rheinland-Pfalz für den Unterrichtsgebrauch an Gymnasien zugelassen und im Schulbuchkatalog 1978 aufgeführt sind. (Umdruck). Dezember 1978

Schwalm, Eberhard: Probleme der polnischen und deutschen Geschichte auf Karten deutscher und polnischer Schulbücher und Atlanten. In: GWU (1978), S. 128 – 139.

Gotthold Rhode: Die Empfehlung Nr. 17 der Gemeinsamen deutsch-polnischen Schulbuch-Kommission. Einige Bemerkungen zur Kritik von Bbr. Dr. Wilhelm Steffen. In: Akademische Blätter 4 (1978), S. 147–149.

„Die Schulbuch-Empfehlungen im Prozeß der Normalisierung zwischen der Bundesrepublik Deutschland und der Volksrepublik Polen“. Eine Konferenz der Friedrich-Ebert-Stiftung und des polnischen Instituts für Internationale Angelegenheiten in Bonn vom 28. bis 30. November 1977. Dokumentation. (Hrsg. v. der Friedrich-Ebert-Stiftung, Redaktion Klaus Reiff). Bonn 1979 (2. Aufl.)

Josef Becker: Deutsche und Polen vor der Hypothek der Geschichte. In: Politische Studien, H. 243 (Januar/Februar 1979), S. 25–37

Eduard Huber: Königsberg oder Kaliningrad. Überlegungen zur Synonymie von Ortsnamen. In: Geographische Rundschau, H. 2 (1979), S. 78–80.)

Botho Spruth: Geschichtsverfälschung in deutschen Schulen. Lehrfreiheit in Gefahr. Die deutsch-polnischen Schulbuch-Empfehlungen. Grabert-Verlag 1979

Walter Mertineit: Wissenschaft und Versöhnlichkeit – Anmerkungen zu den deutsch-polnischen Schulbuchkonferenzen. In: Die Neue Gesellschaft H. 8 (1979), S. 702–708

Gerhard Jahn: Ausdauer und Sorgfalt sind notwendig. Überlegungen zur Arbeit mit den Deutsch-Polnischen Schulbuchempfehlungen. Ebenda: H. 8 (1979), S. 709 – 711

Rainer Riemenschneider: Internationale Schulbuchforschung und die deutsch-polnischen Bemühungen um eine Revision der Schulbücher. In: Europa im Schulbuch (hrsg. v. G. Neumann u. E. H. Schallenberger). Duisburg 1978, S. 91–103.

Wolfgang Jacobmeyer: Die deutsch-polnischen Bemühungen zur Verständigung auf dem Gebiet der historischen und geographischen Unterrichtswerke. In: Internationale Schulbuchforschung H. (1979), S. 23–30.